디오니소스 극장 유적 BC 5세기 무렵 아크로폴리스 남쪽에 돌로 지은 최초의 극장이었다. 이 극장에서 아이스킬로스, 소포클레스, 에우리피데스 등 뛰어난 희곡 작가들의 작품이 공연되었다.

델포이 원형극장 유적 BC 380년 무렵 건축된 델포이 신역에 있는 이 원형극장은 현존하는 극장 유적 가운데 가장 보존 상태가 좋다.

아틀라스와 프로메테우스의 징벌
라코니아의 큐릭스. BC 570년 무렵. 바티칸미술관

▲〈프로메테우스를 해방시키는 헤라클레스〉
흑상식 크라테르. BC 610년 무렵. 아테네 국립미술관

◀〈바위에 결박된 프로메테우스〉 귀스타브 모로. 1868. 파리, 귀스타브 모로미술관

▼〈독수리에게 간을 쪼아 먹히는 프로메테우스〉 루벤스와 스네이데르스. 1610년 무렵. 필라델피아 미술관

▲〈클리타임네스트라〉
피에르 나르시스 게랭.
1817. 파리, 루브르박물관

▶〈아가멤논의 죽음〉
적상식 꽃받침형 크라테르. BC 470년 무렵. 보스턴 미술관
그물로 뒤집어씌운 아가멤논을 살해하는 아이기토스. 뒤에 클리타임네스트라가 있다.

▲〈아가멤논의 무덤에서 오레스테스, 엘렉트라와 필라데스〉 적상식 히드리아. BC 330년. 나폴리 국립고고학박물관

아버지 아가멤논의 무덤으로 성묘를 간 엘렉트라는 시녀 코러스와 함께 슬퍼하며, 동생이 서둘러 귀국하여 아버지의 복수를 해 줄 것을 기도한다. 숨어 있던 오레스테스는 누나 앞에 나타나 정체를 밝힌다. 감격의 재회를 한 남매는 아이기토스 일당을 죽일 책략을 세운다.

◀〈오레스테스와 엘렉트라의 재회〉

▲〈복수의 세 여신에게 고통당하는 오레스테스〉 윌리엄 아돌프 부그로 클리타임네스트라의 망령은 신전에 잠들어 있는 세 명의 복수 여신을 깨워 오레스테스를 쫓는다. 아버지에 대한 의무를 다하라는 아폴론의 신탁에 따라 어머니를 죽인 오레스테스는 어머니에 대한 벌을 받아야 하는 처지에 이른다.

▶〈오레스테이아〉 3부작 제3부 '에우메니데스(자비로운 여신들)' 장면 그리스 화가 퓨톤. BC 4세기 항아리 그림. 델피신탁에서 복수의 여신들과 여사제 사이에 아테나, 필라데스와 함께 있는 오레스테스.

▲〈오이디푸스 발견〉 17세기 프랑스 회화. 영국 랭커셔, 볼턴 미술관
아버지 명령으로 기타이론 산 속에 버려져서 들짐승에게 먹힐 뻔했던 오이디푸스는 다행히 착한 양치기에게 구조된다. 그러나 무사히 어른이 된 그의 운명은 "차라리 갓난아이였을 때 죽는 편이 나았다"고 스스로 한탄할 정도로 비참했다.

◀〈오이디푸스와 스핑크스〉 귀스타브 모로. 1864. 뉴욕, 메트로폴리탄미술관
상반신은 여자이고 하반신은 사자인 날개 달린 괴물 스핑크스는 테베로 가는 사람들에게 수수께끼를 내고, 정답을 맞히지 못하는 사람은 모조리 죽여 버렸다. 그런데 그때 오이디푸스가 나타나서 멋지게 그 수수께끼를 풀고 테베를 구했다. 절망한 스핑크스는 절벽에서 몸을 던졌다.

▲〈두 아들을 저주하는 오이디푸스〉 퓌슬리. 런던, 빅토리아 앨버트미술관

▶〈자신의 아이들을 지켜달라고 신들에게 기도드리는 장님이 된 오이디푸스〉 가네로 베니네

▼〈이오카스테의 죽음〉 진 헤리엇. 1798.

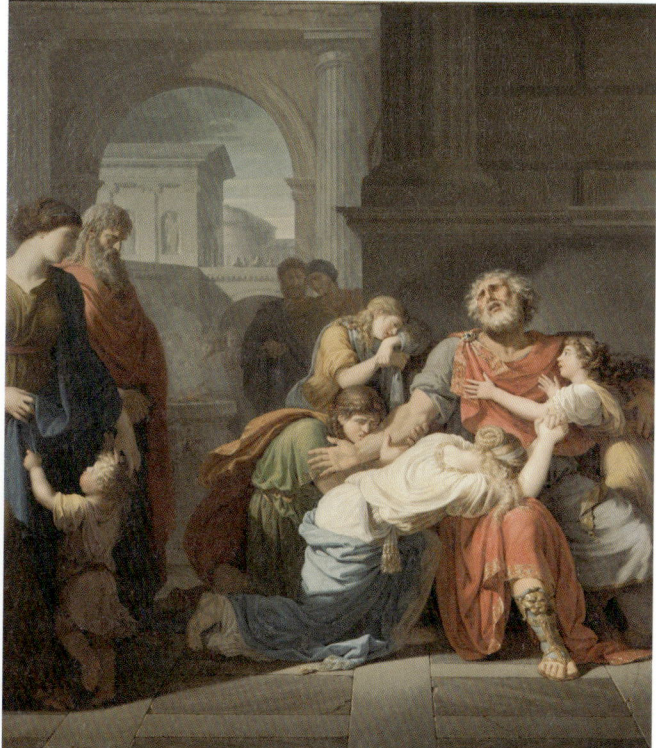

◀〈테베의 전염병〉샤를 프랑수아 잘라베르
테베에서 추방된 오이디푸스는 딸 안티고네와 함께 아테네 근교 콜로누스에 있는 '자비로운 여신들'의 성역에 이르러 과거 아폴론에게서 받은 신탁을 떠올린다.

▼〈콜로누스의 오이디푸스〉테오도르 지루스트. 1788. 달라스미술관
두 아들을 용서치 않은 오이디푸스는 아테네 왕 테세우스에게 자신의 무덤을 부탁하고 숨을 거두었다.

▲〈안티고네〉주역을 맡은 배우 도로시 덴의 무대 초상 프레데릭 레이튼. 1882.

▶〈에테오클레스와 폴리네이케스의 죽음〉 티에폴로. 1730. 베를린, 쿤스티스토리셰스 박물관

▼〈폴리네이케스 시신 앞에 나타난 안티고네〉 니키포로스 리트라스. 1865. 아테네 국립 박물관

▲〈황금양털을 손에 넣은 이아손〉 프랑수아 드 트루아. 1743.

◀〈메데이아에게 영원한 사랑을 맹세하는 이아손〉 프랑수아 드 트루아. 1743. 런던, 내셔널갤러리

▼〈독약을 제조하는 메데이아〉 아우구스투스 샌디스. 1868. 버밍엄미술관

▲〈메데이아〉 들라크루아. 1862. 파리, 루브르미술관
자식을 죽이려 하는 메데이아. 인륜에 어긋난 행위임을 잘 알면서도, 남편 이아손에게 배신당한 굴욕과 분노로 인해 광기에 사로잡히고 말았다. "오늘 하루만 내 자식이라는 것을 잊자, 나중에 실컷 울면 되니까……."

◀〈큰 뱀이 끄는 수레에 탄 메데이아〉 BC 400년 무렵 제작된 항아리 그림. 클리블랜드미술관
〈메데이아〉(BC 431년 상연) 마지막 부분에서 메데이아는 자기가 죽인 아들 시신과 함께 허공에 나타나 아이들을 위한 제의, 자신의 미래, 이아손의 죽음을 예언한다.

▲〈트로이 최후의 밤〉 게랑. 19세기 초. 앙제 시립미술관
한가운데에 트로이 왕 프리아모스, 그 뒤는 예언자이자 공주인 카산드라, 그리고 트로이 전쟁의 불씨인 헬레네가 도망치려는 모습이 오른쪽에 묘사되어 있다.

◀뮤지컬 〈트로이의 여인들〉 1955. 영국 국립극장 무대에서 제인 버킨이 연기한 안드로마케가 어린 아들 아스티아낙스를 품에 안고 있다.

▼영화 〈트로이의 여인들〉 마이클 카코얀니스 감독, 1971. 미국 영화
캐서린 헵번·바네사 레드그레브·이렌 파파스 등의 여배우들이 트로이 여인들을 연기했다.

▲영화 〈트로이의 헬레네〉 로버트 와이즈 감독, 로산나 포데스타 주연. 1955.

▶〈헬레네 납치〉 부분 레니. 1628. 파리, 루브르박물관
남편 메넬라오스가 자리를 비운 사이 파리스의 유혹에 넘어가 트로이로 떠나는 배를 탄 헬레네. 그런데 싫어하는 기색이 전혀 없다.

▼〈메넬라오스와 헬레네의 재회〉 항아리 그림. BC 450~440

◀〈헤르마 앞에서의 디오니소스 축제〉 니콜라 푸생. 1633.
헤르마는 헤르메스. 헤르메스는 이승과 저승을 오르내리는 영혼의 안내자.

◀〈포도덩굴 관을 쓰고 술을 마시는 디오니소스〉 카라바지오.

▼〈배 위의 디오니소스〉 고대 그리스의 접시에 그려진 그림
돛대 위로 포도덩굴이 자라고, 바다에는 돌고래로 변신한 못된 뱃사공들이 물살을 가르고 있다.

▲〈바카날리아〉 로비스 코린트. 1898.

▶〈디오니소스〉 19세기 꽃병 그림

▼〈디오니소스 신과 춤추는 여신도들〉 베를린, 고대컬렉션국립박물관
그리스 비극은 본디 디오니소스 신을 위한 제례에서 신자들이 연기하는 봉납연극이었다. 이 신은 술의 신으로 바쿠스로 불리기도 한다. 그를 모시는 신녀들은 떼지어 산과 들을 돌아다니며 미친 듯이 춤을 추었다.

〈히폴리토스에 대한 사랑에 번민하는 파이드라〉 알렉상드르 카바넬. 1880.

〈히폴리토스의 죽음〉 로렌스 알마태디마 경. 1860.

Aeschylos/Sophocles/Euripides
GREEK TRAGEDY
그리스 비극
아이스킬로스 소포클레스 에우리피데스/곽복록 조우현 옮김

동서문화사

디자인 : 동서랑 미술팀

그리스 비극
차례

아이스킬로스 ─ 곽복록 조우현 옮김
결박당한 프로메테우스 · 15
아가멤논 · 50
제주를 바치는 여인들 · 111
자비로운 여신들 · 151

소포클레스 ─ 조우현 옮김
오이디푸스 왕 · 194
콜로노스의 오이디푸스 · 243
안티고네 · 302
엘렉트라 · 345

에우리피데스 ─ 곽복록 조우현 옮김
메디아 · 398
트로이의 여인들 · 447
바쿠스의 여신도들 · 497
히폴리토스 · 550

아이스킬로스의 《오레스테이아》─ 폴 클로델 · 591
안티고네 대립과 소포클레스의 인간예찬 ─ C.P. 시갈 · 600
에우리피데스의 《바쿠스의 여신도들》─ K. 케레니 · 630
그리스 비극 극장 상연 관객 · 642
그리스·로마 연극사 연표 · 665

아이스킬로스

결박당한 프로메테우스—곽복록 옮김
아가멤논—조우현 옮김
제주를 바치는 여인들—조우현 옮김
자비로운 여신들—조우현 옮김

아이스킬로스

오레스테이아 3부작

아이스킬로스의 《오레스테이아》 3부작은 기원전 458년 봄에 아테네의 디오니소스 대극장에서 상연되었다. 지금까지 남아 있는 아이스킬로스의 희곡 가운데 마지막 작품으로, 그가 세상을 떠나기 2년 전의 것이다. 이 극이 그리스 비극 가운데에서도 특히 중시되고 눈길을 끄는 것은 이 시인의 대표작이며, 또한 그리스 비극의 전형적인 3부작 양식을 취하고 있기 때문이다. 3부작의 구성에도 여러 가지가 있겠지만, 여기에서는 단순히 한 제재의 3면을 나타낸다든가 세 가지 삽화를 다루는 게 아니라 가장 유기적인 구성, 바로 A의 결과가 필연적으로 B가 되고, C는 필연적으로 B의 전개가 되는 내용을 가지고 있어 하나의 극을 3막으로 이루고 있는 것과 비슷하다. 다만 이것이 3막이 아니고 독립된 3곡(曲)임은 하나하나의 곡이 지니는 독립성(형식상, 내용상, 또는 의도의)으로 나타나고 있다.

그리스 비극은 관객이 그 줄거리를 대체로 알고 있음을 전제로 하고 있다. 그러므로 여기에서도 이 3부작의 대강의 뼈대를 미리 말해 두는 것이 좋을 것이다. 오레스테이아, 즉 오레스테스의 이야기란 기원전 1300년 무렵, 그즈음 그리스 반도에서 위세를 떨치고 있던 미케네 왕(이라고 여기에는 되어 있다) 아가멤논이 왕비 클리타임네스트라와 그 정부 아이기스토스의 음모로 살해되고, 뒤에 아들 오레스테스가 귀국하여 어머니와 정부 두 사람을 죽이고 원수를 갚는 이야기이다.

이 이야기의 머리글을 보면 아가멤논 일가, 즉 증조부 탄탈로스에서 시작하여 할아버지 펠롭스에서 아버지 아트레우스를 거쳐, 아트레우스 집안(아트레이다이)이라고도 펠롭스 집안(펠로피다이)이라고도, 또는 탄탈리다이라고도 불리는 이 오래된 집안은 대대로 누리는 신의 은총으로 교만해져서 난폭한 행위를 거듭했다. 특히 아트레우스와 동생 티에스테스는 미테네와 아르고스의 왕위를 다투어 피를 피로 갚는 혈족끼리의 살육을 일삼아 왔다. 탄탈로스가 아들 펠롭스를 삶아 그 고기를 신들의 향연에 제물로 바친 일, 아트레우스가 티에스테스의 아들들을 토막내어 역시 그 고기를 아버지 티에스테스에게 먹인 일 등은 극 중에도 종종 시사되고 있다. 아트레우스 집안인 아가멤논 일가는 이들 아이들의 피로 물들어 있는 것이다.

아이기스토스는 이 티에스테스의 막내아들이어서 다행히 이런 재앙을 피했다. 그의 불의도 이를테면 일종의 복수 행위였다. 그러나 이같은 난폭함과 교만, 도리에 어긋난 행위도 정의의 재판을 받지 않으면 안 된다. 피를 피로 갚는 보복의 되풀이에서는 영원히 정상적인 평화로운 사회 정의를 구할 수 없기 때문이다. 그러나 아이스킬로스가 이 3부작에서 나타내려 한 것은 단순히 이러한 사회극이나 윤리극이나 사상극이 아니었다. 그것은 깊은 종교적인 바탕에 의해, 또 정의에 대한 사랑으로 침투되고 있기는 하다. 그러나 그것들 이상으로 훨씬 강하게 3곡 다 저마다의 취향을 가지고 장대한 구상 아래 깊은 인생에 대한 통찰과 힘찬 초자연적인 인물의 움직임을 화려한 환상의 비상(飛翔)과 늠름한 문구의 구사로 그리고 있다. 이 오레스테스 극을 가리켜 '인간의 심성이 만들어 낸 최대의 제작(스윈번)'이라고 하는 시인이 있는 것도 당연한 일이다. 그리고 사용한 원전에 관해 말하면, 대체로 Mason(파리, 뷔데틀)에 따랐으며, 《아가멤논》은 Fraenkel을 주로 하고 그밖에 Murray의 텍스트, Verral(좀 낡았지만), Blass의 독법(讀法) 등의 주석도 참조했지만 3곡 다 Rose(1957~1958)의 새로운 주석에 많은 도움을 얻었다.

그리스 3대 비극 시인의 한 사람인 아이스킬로스는 아테네에서 서북으로 20킬로미터쯤 떨어진 데메테르 여신의 유명한 영지(靈地) 엘레우시스에서 기원전 53년 무렵 태어났다고 한다. 아버지는 에우포리온에서 그곳의 오래된 신직(神職) 가문에 속해 있었다. 서정 시인인 핀다로스와 같은 나이로, 소포클레스보다는 30세쯤 위이고, 에우리피데스와는 40년의 차이가 있다. 20대에 극작가 대열에 끼었으나 연극 경연에서의 첫번 우승은 비교적 늦어 기원전 484년(41세)으로 되어 있으며, 그 뒤 열두 번의 우승을 거듭하고 있다. 그의 작품 가운데 이름이 전해지는 것은 고사본(古寫本) 목록에 72편, 그 밖에 7편을 더하여 79편에 이르는데, 고대 문학 사전에 의하면 90편에 이르렀던 것 같다. 가령 이것을 비극 상연의 예로써 판단한다면, 그의 우승률(한 번에 4편으로 치고)은 50퍼센트가 넘으므로 매우 높다고 하지 않을 수 없다.

아이스킬로스의 생애에 있어 가장 큰 사건은 아마 기원전 490년 무렵 제1차 페르시아 전쟁에 출정하여 마라톤 평원에서 싸운 일일 것이다. 그는 이것을 평생토록 자랑으로 삼았으며, 자찬(이라고 전해지는) 묘비명에도 그것을 서술하고 있는데, 형 귀네게이로스는 그 전투에서 전사했다. 그 뒤의 아이스킬로스의 생활에 관해서는 그리 상세하게 알려져 있지 않다. 다만 기원전 470년 무렵 지중해

아이스킬로스

서쪽의 패권을 잡고 대도시 시라쿠사의 참주(僭主)로서 유명한 히에론의 초청을 받아 시칠리아(이 지방에는 그리스인이 많이 옮겨와 번영한 도시도 많았다)로 건너가 자작의 비극 《페르시아인들》을 상연했다. 그는 또한 히에론이 건설한 아이토나 시를 위해 아이토나 조곡 4편을 제작했다. 여기에는 그리 오래 머무르지 않았으며, 기원전 467년에는 아테네에 있으면서 《테베로 가는 일곱 장군》을 포함한 3부작을 상연했고, 기원전 458년에는 《오레스테이아》 극을 상연하여 우승했다. 그 뒤 얼마 지나지 않아 아이스킬로스는 다시 시칠리아 섬으로 건너가, 마침내 기원전 456년 그 섬의 젤라 시에서 세상을 떠났다. 한 설에는 거북 한 마리를 낚아챈 독수리가 때마침 그의 머리 위를 날아가다가 그의 대머리에 눈이 부셔서(남국의 햇빛은 그토록 강렬했다. 어떤 전기에는 '머리를 바위인 줄 알고'라고 씌어 있으나 비논리적이다) 그만 거북을 떨어뜨린 것이 그의 머리에 맞아 곧 숨을 거두었다고 하지만, 그 진위는 몹시 의심스럽다. 그때 아이스킬로스의 나이는 69세였다.

아이스킬로스의 작품은 앞에서 말한 90편 가운데 지금까지 대체로 완전하게 전해진 것은 7편(로마 제정 때인 2세기 무렵 고전 교과서용으로 묶어진 선집에 따른다)뿐이다. 그 밖에는 79편의 희곡 이름과 500편 남짓한 단편(斷片 : 그 일부는 이집트에서 발굴된 파피루스로서, 그 가운데 《니오베》 9행, 《미르미돈족》 36행 및 사

티로스 극의 견본으로서 귀중한 《줄당기기》와 《이스토모스제(祭)에 가는 남자들》 등이 있다)이 호기심 많은 학자들을 유혹하기 위해 남아 있을 뿐이다. 그러나 이 7편은 아주 뛰어나다. 그의 대표작이라고도 할 수 있는 《오레스테이아》 3부작(《아가멤논》과 《제주를 바치는 여인들》과 《자비로운 여신들》로 이루어지는) 외에, 예부터 신인론(神人論)으로서 많은 문학자를 감동시킨 프로메테우스 극의 하나인 《결박된 프로메테우스》, 《테베로 가는 일곱 장군》(467년 상연, 테베 극의 하나, 오이디푸스 왕의 두 아들이 서로 싸우다 죽는다), 페르시아 전쟁에 관계된 《페르시아인들》(기원전 473년 상연), 다나오스의 50명의 처녀들의 운명에서 취재한 《구원을 찾는 여인들》이 알려져 있다. 제작 연대도 대개 이런 순서인데, 얼마 전 출토한 파피루스에 이 다나오스의 처녀들을 다룬 3부작과 함께 소포클레스의 극이 상연되었다는 기록이 보여 이 극의 추정 연대를 지나치게 끌어내림으로써 문제가 되고 있다. 이 극은 3부작 중 제1곡이므로 특히 코러스 부분이 많다.

　이 비극들을 보면, 아이스킬로스가 매우 분방하고 웅대한 상상력을 지녔으며, 기개와 도량이 고매한 시인이었다는 점을 알 수 있다. '도취한 가운데 정신없이 신의 힘을 빌려 비극을 제작했다'고 전해지는 것도 옳은 말이다. 신인(神人) 프로메테우스의 하늘과 땅에 대한 호소, 복수의 여신들의 광무(狂舞), 또는 다레이오스 왕 망령의 출현 등은 그가 아니고는 생각해 낼 수 없는 것들이다. 그런 한편으로 시구가 덜 다듬어졌다든가 우아하지 않다든가 거칠다든가(롱기노스), 또는 웅대하고 장중하지만 너무 과장되고 조야(粗野)하며 정돈되어 있지 않다(퀸틸리아누스)는 등의 평을 예부터 받아 왔다. 사실 기원전 5세기 무렵의 그리스인, 아테네 시민들은 이윽고 아이스킬로스의 장중함과 엄숙함을 멀리하기 시작하여 소포클레스의 균형이나 에우리피데스의 화려한 격정의 전개로 치우쳤다. 그러나 아이스킬로스에게는 아르카이크 조각의 걸작과도 비교할 수 있는 아취(雅趣) 있는 힘찬 아름다움, 도리스 원기둥의 신전과도 같은 장대함(그것은 남국의 강렬한 햇빛에도 지지 않는다)이 엿보인다. 참다운 시인, 위대한 사상가이며 예언자, 끝없이 솟아 나는 공상과 구상력의 소유자인 아이스킬로스는 힘차고 특히 남성적인(정녕 마라톤 평원의 승자인) 리듬과 가락에 몹시 뛰어나, 옛날과 오늘날을 통틀어 그 예를 찾아보기 드문 그리스적인 힘과 정의의 문학을 남겼다고 할 수 있을 것이다.

Prometheus Bound
결박당한 프로메테우스

나오는 사람

헤파이스토스 약하면서도 친절한 마음씨의 소유자, 제우스와 헤라의 아들, 불과 대장장이의 신
힘 제우스의 부하. 의인화된 악령
폭력 제우스의 부하, 의인화된 악령
프로메테우스 티탄의 일원, 인류를 동정하여 하늘 나라에서 불을 훔쳐 땅의 인간에게 가져다 준다.
오케아노스 잘난 체하며 남의 일에 참견을 잘하나 유머러스하고 인정미가 넘친다.
이오 강의 신 이나코스의 딸, 제우스가 사랑을 품자, 이를 질투한 헤라 때문에 황소로 변한 채 정처없이 방황한다.
헤르메스 프로메테우스와 같은 운명에 놓여 있는 무례한 청년. 권력이 있다고 뽐내지만, 내심 불안해한다.
코러스 오케아노스의 딸들로 구성, 모두 온순하고 관습의 테두리를 벗어나지 못하는 평범한 소녀들이지만 유사시에는 누구보다도 용감해진다.

무대

카우카소스[*1] 산맥에 있는 황폐한 발가숭이 바위산

제우스의 부하인 힘과 폭력(둘 다 악령), 그리고 대장장이 헤파이스토스*² 입장. 두 악령은 추상적인 가면을 쓰고 있어 그들의 표정에는 개성적인 면은 없다. 프로메테우스를 끌고 들어온다.

힘 자, 이제 이 세상 끝까지 다 왔군. 이곳이 바로 스키티아*³ 땅, 인적이 거의 없는 황무지야. 헤파이스토스, 아버지의 분부대로 이 악한을 쇠사슬로 꽁꽁 묶어서 저 높은 낭떠러지 바위에 꼼짝 못하게 해 놓으시오. 이놈이 훔쳐 저 인간들에게 넘겨준 것이 바로 그대의 꽃, 만물을 뜻대로 이루게 하는 기술의 빛인 불이었으니까. 그 죄 때문에 이놈은 신들에게 형벌을 받아야 하는 거죠. 제우스 신의 권력에 굴복하는 것을 배워야 합니다. 그리고 인간을 사랑하는 태도를 고쳐야 합니다.

헤파이스토스 힘과 폭력, 제우스가 자네들에게 시킨 일은 여기서 끝이 났네. 자네들 할 일은 다한 거야. 나는 이 신을 이처럼 폭풍이 부는 낭떠러지 바위 위에 묶어 놓을 용기가 나지 않는군. 그는 나의 친척이기도 하단 말이야. 그렇지만 용기를 내긴 내야겠어. 아버지의 말씀을 거역하는 이는 무거운 짐을 져야만 하니까.

(프로메테우스에게) 올바른 말만 하는 테미스*⁴의 아들이여, 숭고한 마음씨의 그대여, 그대 뜻에도 어긋나고 나 역시 하고 싶어하는 일은 아니지만, 높은 바위 꼭대기에 그 무엇으로도 끊을 수 없는 청동 쇠사슬로 그대를 묶어야만 하겠소. 누구 하나 얼씬도 못할 이곳에, 인간의 음성도, 인간의 그림자 하나도 나타나지 않을 이곳에 말이오.

태양의 따가운 빛에 살갗이 이글이글 온통 변해 버리겠구려. 별빛이 가득한 밤이 와서 햇볕을 몰아내 주면 좋으련만. 그러나 먼동이 트면 태양은 또다시 새벽녘의 이슬 방울을 산산이 흩어지게 하고 말겠지. 견딜 수 없는 이 고역에 그대는 기진맥진하고 말거야. 바로 이것이 그대가 인간을 사랑한 데 대한 대가란 말일세. 그대는 신의 처지에 있으면서도 다른 신들의 노여움을 두려워 않고 인간들에게 당치도 않은 선물을 주었네. 거기에 대한 벌로 그대는 이 무시무시한 바위 꼭대기에서 똑바로 선 채 잠도 못 자고, 한 번 제대로 쉬지도 못한 채 보초를 서야만 하게 된 거야. 그대 입에서 나오느니 신음뿐이고 말소리는 애통뿐이나, 그것도 아무 소용이 없을 걸세. 제우스 신의 마음은 쉽사리 풀리진 않을 테니까. 새로 왕이 되면 누구나 무자비해지는 법이니까.

힘 왜 이렇게 꾸물거리는 거죠? 쓸데없는 말을 왜 자꾸 하는 거예요? 모든 신이 증오하는 이따위 신을 왜 미워하지 않는 거예요? 당신의 명예를 배반하여 이놈이 인간들에게 불을 가져다 주었는데 미워하지 않는 건 무슨 까닭이죠?

헤파이스토스 핏줄이란 이상한 힘을 가지고 있는 법이지. 게다가 오랜 친구였으니까.

힘 그건 그렇지만 아버지 신의 말씀을 듣지 않는 것, 그건 두렵지 않으신가요?

헤파이스토스 자네는 언제나 무자비하지. 게다가 잔인하단 말이야.

힘 이따위 놈에게 동정을 해야 무슨 소용이 있나요? 아무 도움도 되지 않는 일을 가지고 공연히 헛수고만 하시는군요.

헤파이스토스 이따위 재주는 왜 배웠던가. 이젠 그것이 한스럽군.

힘 손재주를 탓하면 무얼 합니까? 그것 때문에 이런 일이 생긴 건 아니지 않습니까? 그건 분명하잖아요?

헤파이스토스 그렇지만 내가 아닌 다른 놈이 이런 기술을 가졌더라면 좋았으련만.

힘 하늘 나라의 왕을 빼놓고는 누구나 걱정을 하게 마련입니다. 오직 제우스께서만 자유로운 몸이니까요.

헤파이스토스 그건 나도 알아. 거기엔 할 말이 없네.

힘 자, 빨리 하세요. 쇠고랑을 채우세요. 아버지께서 주저하는 걸 보면 어쩌려고요.

헤파이스토스 쇠사슬은 여기 있어. 이걸 보게.

힘 이놈의 손을 묶으세요. 자, 이제 장도리로 내려치십시오. 바위에 못질을 하세요.

헤파이스토스 지금 하고 있지 않나. 놀고 있는 건 아냐.

힘 저쪽 팔도 단단히 묶으세요. 그래야 제까짓 놈이 아무리 날고 뛰는 재주를 가졌어도 제우스 신 앞에선 못난이 꼴밖에는 안 된다는 걸 알겠죠.

헤파이스토스 여태껏 나는 이 기술로 그 누구도 해친 일이 없었는데.

힘 자, 이 뾰족한 쐐기를 가슴에 박으세요. 마구 쳐요.

헤파이스토스 아, 프로메테우스, 그대의 고통을 보니 내 가슴이 아프오.

힘 또 동정을 하시나요? 제우스의 적을 보고 슬퍼하다니, 조심하시죠. 언젠가 자신을 동정할 날이 올지도 모르니까요.

헤파이스토스 눈으로는 차마 볼 수 없는 광경이야.

힘 자기가 저지른 일에 대한 대가를 치르는 거죠. 자, 이제는 허리를 쇠줄로 동여매세요.

헤파이스토스 해야 할 일은 할 테니까, 재촉 좀 그만하게.

힘 재촉을 해야죠. 더 요란하게 할걸요. 이젠 허리를 굽혀요. 그리고 저놈의 다리에 쇠고리를 채워요. 있는 힘을 다해서 하란 말예요.

헤파이스토스 이젠 다 됐어. 쉽사리 해치웠는걸.

힘 이번엔 발에 못질을 하세요. 우리 감독관은 아주 엄격한 분이라는 걸 기억하십시오.

헤파이스토스 자네 말은 어쩌면 생긴 것과 그렇게도 같은가.

힘 인정이 많으신 건 좋지만, 제발 내 고집과 사나운 성미를 두고 이러쿵저러쿵 탓하지 말아 주십시오.

헤파이스토스 돌아가자구. 손발을 다 묶어 놓았으니.

　헤파이스토스 퇴장

힘 (프로메테우스에게) 이제 이 바위 위에서 마음껏 날뛰어 보시지. 신의 특권을 훔쳐 하루살이 인간에게 갖다 주어 보시란 말이야. 인간의 힘으로 네놈의 고통을 얼마나 덜어 줄 수 있는가 말 좀 해 보렴. 네 이름이 '미리 생각한다'는 뜻이라지? 잘못된 이름이야. 너한테 필요한 것이 바로 그것이란 말이야. 이런 쇠사슬에서 벗어나려면 미리 생각을 꽤나 많이 해 두어야 할 테니까.

　폭력 퇴장

프로메테우스 (혼자 남아서 읊는다) 오, 하늘 나라의 대기여, 재빨리 날개치는 바람이여. 오, 흘러내려가는 강의 물줄기여, 수없이 물결치는 바다 위의 파도여, 만물의 모체이신 대지여.

오, 만물을 통찰하는 태양의 궤도여! 모두들 보라. 신들의 손에 고통을 당하는 내 모습을. 나 또한 신의 몸이건만 앞으로 천년만년 두고두고 그 어떤 고문을 견뎌 나가야 하나 잘 보아 두시오.

이러한 모욕과 굴레를 바로 새 왕이, 신들을 다스리다 새로 들어선 왕이 내게 씌워 놓았소. 오호라!

현재의 이 고통을 슬퍼하노라. 앞으로 다가올 슬픔을 애통해하노라. 얼마나 가야 내 이 고통을 풀어 주려는지 그것이 궁금하여 신음하노라.

그런데 그건 물어 무엇 하겠는가?

벌써부터 다 알고 있는 일.

무슨 일이 일어날지 나는 다 알고 있다. 그 어떤 고통도 내가 예기치 않았던 것은 없어. 참고 견디는 수밖에. 운명이 내게 보내 준 그것을 되도록 가볍게 견뎌 보아야지.

필연과 맞서 거역을 해 봐야 아무 소용도 없는 걸 나는 알고 있네.

앞으로 내게 닥쳐올 재앙에 대해 입을 벌릴 수도 없고, 그렇다고 가만히 있자니 그것도 못 견디겠군.

나는 인간에게 좋은 선물을 주었지. 그래서 이같이 사슬에 묶인 거야. 불의 숨은 원천을 찾아냈거든. 그걸 훔쳐 인간에게 주었어. 이 불은 인간에게 모든 기술을 가르쳐 주고 훌륭한 자원이 되는 거야.

내가 지은 죄란 바로 이것이야. 그래서 지붕도 없는 이 바위에 사슬로 묶인 채 꼼짝 못하게 된 거지.

그런데 이건 또 무엇인가? 무엇이 오는 건가? 무슨 소리일까? 무슨 냄새가 나는 걸까? 어떤 신의 날개가 바스락거리는 걸까, 아니면 인간일까, 그렇지 않으면 반신반인(半神半人)일까?

고통스러워하는 내 꼴을 구경하려 이 먼 산봉우리까지 누가 찾아온 것일까? 분명 그래서 온 거겠지. 보고 싶으면 보시오. 몰락해 버린 신의 모습을.

제우스의 적인 내가 사슬에 묶인 이 꼴을.

제우스의 궁전에 드나드는 모든 신이 저주하는 나를 말이오.

이렇게 된 까닭은 인간을 너무 사랑했기 때문이니라.
아, 새들이 다가오는군. 재빨리 휘몰아치는 날개 소리에 하늘도 흔들리는 듯. 그 무엇이 다가오건 내게는 두려울 뿐이야.

코러스*5 입장. 이들은 바다의 여신들로 날개 달린 달구지를 타고 무대에 나타난다.

코러스　(노래)
　　무서워할 것 없어요.
　　우린 친구들이니까.
　　서로 앞을 다투며 당신이 계신 이 산으로 달려온 거예요.
　　이곳에 보내 달라고 아버지를 많이 졸랐지요.
　　몰아치는 바람 덕분에 빨리 올 수 있었어요.
　　청동을 두드리는 소리가 바다 속 깊은 동굴에까지 들려오더군요.
　　그 소리에 놀라 처녀의 수줍음도 잊어버렸죠.
　　신발도 못 신은 채 날개 달린 달구지를 타고 달려온 거예요.
프로메테우스　이런 꼴을 보려고 왔구려. 테티스의 딸들이여. 이 세상 굽이굽이 쉬지 않고 흘러넘치는 신 오케아노스의 딸들이여. 나를 보시오. 낭떠러지 산 바위에 꼼짝없이 묶어 놓은 이 쇠사슬을. 이 산지기 신세를 부러워할 사람은 아무도 없을 것이오.
코러스　(노래)
　　당신을 바라보니 눈물과 두려움이 솟구쳐 올랐습니다.
　　당신의 몸이 이 낭떠러지 위에서 시들어 버리다니.
　　수치스런 쇠사슬에 매인 채 말이에요.
　　새 사람이 들어서서 올림포스*6를 다스리기 시작했기 때문이죠.
　　제우스는 새 율법을 따라 겁 없이 다스리죠.
　　그 옛날의 위대한 율법은 아랑곳없이 말이에요.
프로메테우스　차라리 제우스가 저 깊은 땅 속에, 죽은 자를 맞이하는 끝없는 암흑의 땅 속으로 나를 내동댕이쳐 버리기나 했으면.
　　그곳에서라면 제아무리 가혹한 쇠사슬이 나를 영원토록 묶어 놓는다 하더라도 신과 인간의 눈에는 뜨이지 않았을 것을.

그러나 이제 나는 바람의 노리갯감이 되어 버렸어. 내가 겪는 고역을 보고 적들은 기뻐 날뛰겠지.

코러스 (노래)
그 어떤 무정한 신이 이런 걸 보고 기뻐하겠나요?
제우스를 뺀 그 누가 당신의 고통을 슬퍼하지 않을 자가 있겠어요?
제우스만은 언제나 악의에 차 있고 자기 마음을 굽힐 줄 모르지요.
하늘 나라의 뭇 아들들을 그는 손아귀에 넣어 버렸군요.
그의 마음이 흡족해지기 전엔 그칠 줄을 모를 거예요.
그 누가 나타나서 교묘하게 그의 통치권을 빼앗아 버리기라도 하기 전에는.
그런 일이 있을 수 있을는지 모르지만.

프로메테우스 그렇지, 언젠가는 그가 나를 필요로 할 날이 오고야 말걸.
지금은 이렇게 쇠사슬에 매여 고문을 당하고 있지만, 그날이 오면 하늘 나라의 왕인 그에게 내가 필요하게 될 거야.
그의 왕위와 권력을 빼앗아 버릴 계교가 무엇인지를 알아내고자 나를 찾아 오고야 말걸.
그러나 제아무리 감언이설로 나를 꾀어도 나는 거기 넘어가진 않을 거야.
그 어떤 협박을 하더라도 내가 알고 있는 그 사실을 알아내진 못하지.
이 잔인한 감옥에서 나를 풀어 주고, 이 고역의 대가를 보상해 주기 전에는 어림도 없는 일.

코러스 (노래)
대담하신 분이군요. 이처럼 쓰라린 고통 중에도 굽히시지 않는군요.
자유로운 몸만이 할 수 있는 그런 말을 하시는군요.
날카로운 두려움이 내 가슴을 찌르고 있어요.
당신의 불운이 나를 두렵게 해요.
그 언제, 그 어디로 가야 당신은 이 고해를 벗어나
안식처에 도달하게 되시나요?
크로노스*7의 아들의 마음은 애원을 하여도 소용없고,
그 어떤 말로도 움직일 수 없는걸요.

프로메테우스 그가 야수와도 같다는 건 나도 알고 있어. 정의도 제 구미에 맞도록 꾸미고 있지. 그러나 언제나 멸망하는 날이 오면 그의 의지도 약해지고야 말걸.

굽힐 줄 모르는 그의 성미도 누그러지겠지.

그러면 나를 만나러 급히 달려올 거야.

나와 화해를 하고, 나와 손을 잡기 위해서 언젠가는 내게 오고야 말겠지.

코러스 대장 우리에게 모든 걸 알려 주세요. 어떻게 된 일인지 들려 주세요.

무슨 죄를 지었기에 제우스가 당신을 붙잡아 이처럼 잔인하고도 불명예스런 벌을 주게 되었나요?

말씀해 보세요. 말씀하셔도 괜찮다면요.

프로메테우스 말을 하자니 괴롭군. 말을 안 하는 것도 괴롭긴 마찬가지야. 이래도 저래도 마찬가지로 비참한 일이야.

처음 신들에게 파벌이 생겨 서로 싸우기 시작했을 때, 더러는 크로노스를 하늘에서 추방하고 제우스를, 바로 제우스를 왕으로 모시자고 했지.

또 한 패는 이에 반기를 들고 제우스가 통치를 해서는 절대로 안 된다고들 대들었지. 그때 나는 하늘과 땅의 아들들인 티탄[8]에게 현명한 충고를 했어. 그러나 실패하고 말았지. 내가 꾸민 방안은 교묘한 것이었어. 그러나 그들은 이것을 무시해 버렸어. 야수처럼 오만한 그들은 폭력만 쓰면 쉽게 이겨낼 수 있다고 생각했던 거야.

그러나 내 어머니 테미스는, 그녀는 대지라는 이름을 갖고 있지. 또 모습은 하나지만 이름은 여럿이거든. 내게 한 번만이 아니라 여러 번 앞날이 어떻게 운명지어질 것인지를 예언하셨어. '앞으로의 승리자는 폭력이나 무력으로 정복하는 것이 아니라 교묘한 술책으로 이룰 수 있다'고 말이야. 내가 그들에게 바로 이 말을 전했지. 그러나 그들은 내 말을 들으려고도 하지 않았어.

그러한 상태에서 내가 할 수 있는 최선의 길이란 어머니와 함께 제우스의 편에 가담하는 것이라고 생각했지. 제우스도 우리를 기꺼이 맞아들였어. 그래서 나의 충고 덕분에 늙은 크로노스와 그의 일당은 타르타로스[9]의 검은 구렁텅이에 깊이 파묻혀 버린 거야. 폭군을 위해서 세운 내 공로가 바로 이것이고, 거기에 대한 대가가 바로 이러한 고통으로 내게 보답하는 거지.

모든 폭군에게 뿌리박혀 있는 병이 곧 이거야. 옛 친구를 믿지 못하는 병 말이야.

그건 그렇고, 당신들이 내게 묻는 것은 무슨 죄를 지었기에 이런 형벌을 받게 되었느냐는 것이었지. 그걸 대답하지.

자기 아버지가 차지하고 있던 왕위를 제 손아귀에 넣기 무섭게 그는 곧 여러 신에게 특권과 권력을 고루 나누어 주었어. 그러면서도 가엾은 인간은 거들떠 보지도 않았지. 인간을 말살해 버리고 새로운 종족을 만들어 내려는 속셈에서였지.

이 계획에 반기를 든 것은 결국 나밖에 없었어. 나는 감히 그와 맞섰단 말이야.

인간이 산산이 파멸하여 마침내 땅 속 죽음의 세계로 빠지고야 말 뻔한 것을 내가 구해 줬지. 그래서 나는 이 바윗돌 위에서 고문을 받으며 모진 고역을 치르고, 보기에도 애처로운 이 꼴이 된 거야. 나 자신의 일은 생각지 않고 인간을 동정했더니, 그만 그 누구의 동정도 못 받는 신세가 되고 말았어. 나에게 형벌을 가하는 그는 무자비한 놈이니까. 그러나 이 광경이 언젠가는 제우스의 이름을 수치스럽게 만들고야 말 거야.

코러스 대장 프로메테우스, 당신의 고통을 보고도 애처롭게 생각지 않는 자가 있다면 그의 마음은 진정 돌이나 강철로 되었을 거예요.

오! 나도 이 모습을 보지 않았더라면 좋았을 것을. 막상 보고 나니 가슴이 아프군요.

프로메테우스 그렇지, 내 친구들 눈에야 보기가 애처롭겠지.

코러스 대장 혹시 말씀하신 것보다 더 지나친 일을 저지른 건 아니겠지요?

프로메테우스 인간들이 앞날의 운명, 다가올 재앙을 내다보지 못하도록 만들었지.

코러스 대장 불행을 내다본다는 건 좋지 못한 병이죠. 어떻게 그 병을 고치셨나요?

프로메테우스 그들에게 맹목적인 희망을 불어넣어 주었지.

코러스 대장 그것 참 훌륭한 선물을 주셨군요.

프로메테우스 그뿐 아니라 불도 주었어.

코러스 대장 그럼 인간들이 저 빛나는 불을 갖고 있군요?

프로메테우스 그렇소. 그걸 가지고 많은 기술을 배운 것이오.

코러스 대장 그러니까, 그런 일을 했다고 제우스가 당신을 죄인으로 몰아 끝없는 고통의 형벌을 가하고 있나요? 앞으로 이 고통을 면할 날이 오지 않는단 말씀인가요?

프로메테우스 제우스의 마음이 내키기 전에야 어림도 없는 일이지.

코러스 대장 언제쯤에나 마음이 내키겠어요? 헛된 희망이죠. 잘못을 저질렀다고 생각진 않으세요? 잘못하셨다고 말씀드리기는 나도 괴롭습니다만, 그런 말을 들으시면 괴로워하실 테니까요. 이런 말은 이제 그만 하기로 해요. 고통을 모면할 방도나 구해 보세요.

프로메테우스 당신네는 자유로운 몸이야. 그러나 내 발은 묶여 있어. 불행을 모르는 사람이 고생하는 놈에게 충고를 하고 꾸짖기란 쉬운 것이야. 나는 내 운명을 미리 내다보고 있었어. 그리고 내가 죄를 범했다면 나는 뚜렷한 목적이 있어서 그랬던 거야. 그것은 부정하지 않지. 나는 인간을 도왔고 그 때문에 고통에 빠지고 말았어. 그러나 설마 이처럼 외딴 바위 위에 외로이 매달려 고문을 당하리라곤 미처 몰랐네.

　그렇다고 지금 당장 내가 겪고 있는 이 고통을 애처로워하지는 마시오. 이제 그 달구지에서 내리시오. 그리고 앞으로 내게 어떤 고난이 닥쳐올지 끝까지 얘기나 들어 보시오. 자, 이제 내 말을 들어 봐요. 내 말을 들어요. 그리고 내게 동정을 해 주시오.

　근심 걱정이란 멀리멀리 떠돌아다니는 것같이 보이지만, 언제나 우리 주위에 가까이 있는 것이니까.

코러스 (노래)
　기꺼이 들어 드릴 테니 외쳐 보세요, 프로메테우스.
　질주하는 달구지에서 가볍게 뛰어내리겠어요.
　새들이 날아다니는 밝은 대기를 저버리고 돌멩이투성이 이 땅 위에 내려서겠어요.
　당신의 이야기를 끝까지 듣고 싶어서요.

　코러스, 날개 달린 달구지에서 내려온다. 네 발 달린 새를 타고
오케아노스 입장. 코러스는 오케아노스의 눈에 보이지 않는 곳으로 물러선다.

오케아노스 마침내 기나긴 여행을 끝마쳤군. 당신을 만나러 여기까지 온 거요, 프로메테우스.

　내가 타고 온 이 새는 굉장히 속도가 빠르거든. 고삐도 없이 오직 내 마음 하나로 여기까지 몰고 왔어.

　당신도 알다시피 이런 불행을 당하게 된 걸 무척 가슴 아파하고 있소. 그야 그럴 수밖에 없는 것이, 우리는 일가친척이니까. 설사 핏줄이 통하지 않았다 하더라도 나는 누구보다도 자네를 높이 평가하고 있으니까.

　내 말이 거짓이 아니라는 건 당신도 알게 될 것이오. 나는 아첨할 줄 모르는 놈이니까.

　자, 말해 봐요. 어떻게 하면 당신을 도울 수 있는지. 나보다 더 충실한 친구가 있다고야 말하지 않겠지.

프로메테우스 아니, 이건 또 뭐야. 자네가? 자네도 내가 고생하는 꼴을 구경하러 왔단 말이지?

　무슨 용기가 있기에 감히 여기까지, 무쇠를 만드는 이 땅까지 왔단 말인가? 자네와 같은 이름으로 불리는 그 물결, 바위를 지붕 삼은, 자네 손으로 길쭉한 그 궁전을 떠나서 여기까지 온 것은 내 고통스러워하는 꼴을 보고 눈요기를 할 셈이었던가. 아니면 나와 함께 슬퍼하러 온 것인가? 자, 잘 보아 두게. 내 꼴을 말이야. 제우스의 친구인 내가, 그를 도와 왕좌에 앉게 한 내가 말이야, 그의 지시에 따라 고통의 도가니 속에서 비비 꼬고 있는 이 모습을 말이야.

오케아노스 프로메테우스, 내 눈으로 보아 알고 있소. 제발 내 충고를 들어주시오.

　당신이 현명한 건 나도 알고 있지만, 당신은 자기 자신을 제대로 알고 있지는 못하오. 자기가 누구라는 걸 모르고 있단 말이오. 신들을 통치하는 왕이 새로 들어섰으니, 그대의 태도도 새 환경에 적응해야 하오.

　말조심하시오. 그렇게 칼날같이 모가 난 말만 하다간 머지않아 제우스의 귀에도 들어갈 것 아니오. 그의 왕좌가 저 높은 먼 곳에서 빛나고 있다곤 하지만 말이오. 그렇게 되면 지금의 고통은 그야말로 어린애 장난과도 같이 느껴질 만큼 새로운 형벌을 가할 것이오.

　가엾은 친구여, 화를 풀고 이 고통에서 벗어날 방법을 찾아보시오.

아마 내 말이 당신 귀에는 낡아 빠진 하찮은 소리로 들릴지 모르지만, 프로메테우스, 그렇게 오만불손하게 혀를 놀린 대가로 지금 이런 고문을 당하고 있지 않소. 아직도 당신은 굽히질 않는구려. 이러한 불행을 당하면서도 양보를 하지 않는구려. 오히려 더 큰 불행을 자초하려 하고 있군.

제발 한 번만 내 말을 들어 보시오. 가시밭을 향해서 발길질일랑 그만두란 말이오. 당신도 알지 않소. 그가 무자비하다는 것을? 그는 폭군이오. 제 마음대로 해치울 뿐 이러저러한 사유를 밝히지 않는 자요.

내가 한번 가서 당신을 풀어 주도록 애를 써 보리라. 그러니 제발이지 잠자코 계시오. 너무 말을 많이 하지 마시오. 쓸데없이 입을 놀리면 해가 닥쳐온다는 걸 모르신단 말이오?

프로메테우스 지혜롭다고? 그건 바로 자네한테나 할 소리야. 나와 함께 모든 일을 같이 감행했는데도 자네는 아무 비난도 받고 있지 않으니 말이야. 자, 이젠 그만 해 두게. 내 걱정일랑 더할 것 없어. 자네가 아무리 애를 써 봐야 그놈을 움직일 수는 없을 걸세. 그렇게 쉽사리 넘어갈 자가 아니니까.

단단히 정신이나 차리게. 나를 보러 왔다고 무슨 피해를 당하게 될지도 모르니까.

오케아노스 자기 일엔 어두우면서도 남에게는 충고를 잘 하시는구려. 말을 듣고 그러는 게 아니라 당신 행동을 보고 하는 말이오.

나를 말리지는 마시오. 제우스에게 꼭 가고 싶어서 그러는 거요. 틀림없이 내 간청에 따라 당신을 사슬에서 풀어 줄 것이오. 나는 그걸 확신하고 있소.

프로메테우스 고마워, 언제까지나 잊지 않겠어. 자네는 신의가 두터운 친구니까. 그러나 애쓸 것 없네. 애써 봤댔자 아무 소용 없을 테니까. 애를 써 봐야 내게는 아무 도움도 안 될걸.

그러지 말고 가만히 있게. 이 일에서 손을 떼란 말이야. 내가 불행하다고 해서 남에게까지 불행이 다가오기를 원하지는 않으니까. 그건 안 될 말이지. 이미 내 형제들이 당한 운명을 생각할 때 내 가슴이 아픈걸. 아틀라스*10만 해도 저 서쪽 땅에서 땅과 하늘을 받치는 기둥을 두 어깨에 짊어지고 있지 않은가. 그 견디기 어려운 짐을 말일세. 또 재빠른 티폰*11이 굴복한 모습을 보았을 때에도 내 가슴은 동정으로 가득 찼지.

킬리키아*12 땅 동굴 속에 살고 있던 그가 대지의 아들로서 백 개나 되는 머리를 가진, 불길 같은 괴물인 그가 모든 신을 적으로 맞섰지.

그의 무서운 입은 죽음을 뿜어냈어.

그의 눈에선 번쩍이는 불꽃이 튀어나왔지.

마침내 제우스를 무찌르고야 말 거라고 나는 생각했어.

그러나 그에게 제우스의 빈틈없는 화살이 하늘로부터 쏟아져 내려온 걸세. 불길을 내뿜는 벼락을 맞더니, 그만 모든 오만한 말소리는 자취를 감추지 않았는가.

바로 그의 가슴 속에 불길이 스며들어 타버리지 않았는가.

그의 힘은 재가 되어 버렸지.

이제 그는 무용지물이 되어, 힘없이 내동댕이쳐진 몸뚱이만 이 산모퉁이 밑창 에트나*13 옆에 있는 좁은 해협에 뒹굴고 있을 뿐일세.

산등성이 높은 곳엔 불의 신이 도사리고 앉아 용광로 속에서 녹은 무쇠를 용접하고 있지. 거기서 언젠가는 뜨거운 불의 개울이 터져나와 과실이 무르익는 넓은 시칠리아 벌판을 사나운 불길로 삼켜 버리고 말 게야.

티폰의 분노는 지글지글 끓어올라 그 무엇도 견딜 수 없는 불길을 뿜어내고야 말지. 비록 지금은 제우스의 화살 속에서 잿더미처럼 타 버리고는 있지만.

그러나 자네는 현명하니 내가 이런 걸 가르쳐 줄 필요도 없네. 자네 자신을 보호하게. 그 방법은 잘 알고 있지 않은가.

나는 제우스의 분노가 사라질 마지막 순간까지 견뎌 볼 테니까.

오케아노스 그렇지만 잘 알다시피 분노가 극도에 달했을 땐 부드러운 말로 설득을 해 보는 것이 약이 된다지 않소.

프로메테우스 화가 가득 차 폭발할 지경일 땐 억지로 눌러 봐야 아무 소용도 없는 걸세. 때가 올 때까지 기다려야지. 그러면 수그러질 테니까.

오케아노스 그렇지만 신중을 기하면서도 용감하게 나가면 될 것 아니오. 그래도 위험하단 말이오? 말해 보시오.

프로메테우스 자네는 헛수고를 하고 있어. 어리석을 정도로 친절하군.

오케아노스 그런 불행이라면 기꺼이 듣겠소. 내버려두시오. 신의를 지키는 친구가 될 수만 있다면야 어리석게 보여도 무방하니까.
프로메테우스 하지만 자네가 하는 일에 대한 보복이 결국은 모두 내게 쏟아지고야 말걸.
오케아노스 그런 말을 하신다면 할 수 없이 그냥 돌아가는 수밖에 없군요.
프로메테우스 바로 그래. 그렇게 해야만 내 걱정을 해 주는 자네에게 적이 생기지 않을 걸세.
오케아노스 적이라면 새로 들어선 왕을 가리키는 거겠죠?
프로메테우스 조심하게. 그의 비위를 거스르지 않도록 조심하란 말이야.
오케아노스 프로메테우스, 당신의 불행을 교훈으로 삼겠소.
프로메테우스 자, 어서 가게. 빨리! 바로 그 생각을 변치 말고 간직하면서 말이야.
오케아노스 그러지 않아도 가려고 하오. 벌써 이놈의 네 발 가진 새가 공중을 향해 날개를 뻗치고 있지 않소. 제 집에 돌아가 쉬고 싶은 모양이지.

오케아노스 퇴장. 코러스, 앞으로 다가선다.

코러스 (노래)
  아, 프로메테우스, 그대의 불행을 애처롭게 생각하노라. 내 얼굴은 눈물로 젖어 버렸어. 끊임없이 흐르는 물줄기처럼 눈물이 하염없이 쏟아지누나.
  홍수처럼 흘러내리네.
  제우스의 처사는 너무하도다.
  제멋대로 통치를 하고 있는 그.
  누구보다도 긴 창을 가지고 옛 신들에게 대들면서.

  이 땅의 만물이 애통해하며 울부짖는군. 그대의 일가 친족들의 명예를 생각하며 애통해하노라. 옛날 옛적부터 끊임없는 영광과 권위를 누려 온 그들 말이오. 성스러운 아시아는 수난에 빠져 버렸네. 그 속에 사는 모든 사람이 그대의 불행을 동정하여 애도하는구나.
  콜키스[*14] 땅에는 전쟁을 두려워할 줄 모르는 처녀들이 살고 있지요. 스키타이인*15 무리들은 이 땅 저 끝에 있는 마이오티스 호수 곁을 이리저리 몰려다니고.

그리고 아라비아의 꽃, 용감한 무사들, 카우카소스 산 가까이 높은 낭떠러지에서 요새를 지키고 있는 사람들, 뾰족한 창을 휘두르며 전쟁을 기다리는 사나운 사나이들, 이 모두가 그대의 불행을 걱정하노라.

그대 이외에 또 하나의 티탄이 수치스럽게도 사슬에 묶여 있지요. 그는 바로 아틀라스 신. 나는 보았어요. 그는 하늘과 땅을 받치는 지붕을 어깨에 메고 그 밑에서 등을 구부리고 신음하고 있어요.

물결치는 파도가 그의 신음에 맞추어 슬픈 소리를 내며,

저 땅 속 깊이 있는 죽음의 동굴조차도 슬픔에 잠겨 있어

맑은 강물도 그의 애달픈 고통을 슬퍼하고 있네요.

프로메테우스 (잠시 후에) 내가 입을 다물고 있는 것은 오만 때문도 아니고 고집 때문도 아니라오.

이와 같이 억울함을 당하고 있는 나 자신을 볼 때, 깊은 생각에 잠기게 되는구려.

새로운 신들에게 영광을 돌려 준 것이 나 외에 그 누구란 말이오? 그 얘기는 그만 하기로 합시다.

다들 알고 있는 일이니까. 그러나 이것만은 들어 두시오. 인간이 겪고 있는 고통이 어떤 것이었는가. 어찌할 바를 모르고 있는 인간을 보고 그들에게 생각하는 능력을 주었지. 나를 통해서 그들은 이해력을 얻은 거요. 그들을 원망하지는 않소. 내가 말하고자 하는 것은 그들에게 내가 선심을 베풀고 훌륭한 선물을 주었다는 그 사실뿐이오.

그들은 앞을 보지도 못하고 소리를 들을 줄도 몰랐지.

마치 꿈 속에서처럼 되는 대로 살고 있더군.

벽돌이나 잘 자란 나무를 가지고 태양을 가릴 만한 집 한 채도 지을 줄 몰랐어.

가냘픈 개미 떼들이 햇빛도 안 드는 저 땅 속 깊이 묻혀 살 듯이 인간들은 동굴 속에서 살고 있었어.

겨울이 다가오고, 꽃이 피는 봄이나 과실이 무르익는 더운 여름이 다가오는 것조차도 모르고 살아왔지.

사계절을 가늠하는 별들이 떴다 졌다 하는 것을 찾아내는 것도 나한테 배웠고, 무엇보다도 으뜸가는 기술인 셈하기와 문자의 사용법 같은 것도 가르쳐 주었어.

모든 예술의 어머니인 상상력도 주었지.

짐승을 붙잡아 멍에를 걸고 인간 대신 땅을 갈게 해 힘든 일을 시키도록 한 것도 바로 나였어.

고삐 달린 말을 마차에 매달아 부자들의 사치심을 충족시킨 것도 나야.

뱃사람들이 타고 있는 저 날개 돋친 배를 발명해 낸 것도 바로 나였지.

인간들에게 이러한 모든 것을 가르쳐 가며 도와 주었으나, 이제 와서는 나 자신을 구출할 만한 지혜조차도 없는 내가 말이야.

코러스 대장 자신의 병을 고치지 못하는 의사처럼 수치를 당하고 계시는군요. 남의 질병을 모두 고쳐 주신 그대가 이제 와서 정신은 흩어지고 마음은 희미해져 자기 병에 맞는 약을 찾아내지도 못하게 되었군요.

프로메테우스 끝까지 들어 보시오. 그러면 더욱더 놀라겠지.

내가 인간에게 준 선물 가운데 가장 훌륭한 것은 바로 병을 낫게 하는 기술이었어.

누구나 병에 걸리기만 하면 먹을 것도 마실 것도 없었고, 먹는 약도 바르는 약도 없었지.

질병을 물리쳐 주는 약초를 고루 섞어 쓰는 방법을 가르쳐 줄 때까지 그들은 병만 나면 그대로 죽고 말았어.

또 온갖 점치는 방법도 가르쳐 주었어. 꿈에서 본 것 가운데 어떤 일이 실제로 일어날 것인가. 그것을 가려내는 방법을 가르쳐 주었고, 해석하기 어려운 불길한 소리를 분간할 수 있도록 해 주었지.

한길에서 생기는 일을 보고 길흉을 가려내는 방법, 날아가는 새를 보고 길조와 흉조를 알아내는 법도 가르쳐 주었지.

또 인간이 살아가면서 서로 사랑하고 미워하고 다정한 모임을 갖는 법과 미래를 알고자 신에게 바치는 제물의 내장이 어떤 색과 어떤 모양이어야 신의 마음에 든다는 것도 가르쳤어.

신에게 영광을 돌리는 제사장에서 고깃덩이를 기름에 싸돌리고 긴 넓적다리 뼈 따위를 제단 화롯불에 태우는 방법도 내가 가르쳐 주었지. 그뿐 아니라 인간을 이끌어 어려운 과학의 세계를 소개한 것도 바로 나였어.

불길이 갖고 있는 길흉의 징조 같은 것도 내가 가르쳐 주기 전까지는 인간에겐 무의미한 것이었어. 발명에 관한 얘기는 그만하기로 하고, 땅 속 저 깊은 곳에는 인간에게 유익한 물건들이 숨겨져 있지. 금, 은, 동, 철 등이.

이러한 것들을 내가 일러 주기 전에 파낸 일이 있다고 말할 자가 어디 있는가?

아무도 없지. 허풍을 떠는 자를 제외하고는 말이야.

모든 기술, 모든 물질이 바로 내 손에서 인간에게 넘어간 거야.

코러스 대장 불운한 그대여, 이제는 인간들 걱정은 그만하고, 자신을 돌보세요. 일단 사슬에서 풀려나기만 하면 그대도 제우스 못지않게 힘이 세어질 것이라는 희망을 나는 아직도 가지고 있으니까요.

프로메테우스 모든 일을 매듭지을 운명의 신이 아직까지는 나를 석방시킬 그러한 결정을 하지는 않았어. 나는 오랜 세월을 두고 고통과 슬픔에 잠겨 있어야 해. 그렇게 해야만 사슬에서 풀려 나올 수 있을 거야.

그 어떤 재주를 부려 보아도, 꾀를 내 보아도 모두 필연 앞에선 어리석은 것에 불과할 테니까.

코러스 대장 필연을 움직이는 신은 누구신가요?

프로메테우스 세 가지 얼굴을 가진 운명의 신과 그 무엇도 잊을 줄 모르는 복수의 여신이지.

코러스 대장 제우스는 이들보다 힘이 없나요?

프로메테우스 그럼, 아무리 제우스라도 이미 운명지어진 것에 반항할 수는 없으니까.

코러스 대장 그러면 제우스가 앞으로 끝끝내 이곳을 통치하도록 운명지어져 있지는 않은가요?

프로메테우스 그건 묻지 말아 주오. 더는 내게 묻지 마시오.

코러스 대장 그대의 침묵 뒤에는 그 어떤 무서운 비밀이 숨겨져 있군요.

프로메테우스 다른 일을 생각하시오. 아직 그런 얘길 할 때가 오지 않았으니까. 이 비밀은 암흑 속에 잘 숨겨 두어야만 하는 거요. 그래야만 언제고 나는 이 수치와 슬픔과 속박에서 빠져 나갈 수 있게 될 테지.

코러스 (노래)

모든 것을 지배하는 제우스가 앞으로 내 뜻을 가로막는 일이 없도록 하여 주소서. 나의 아버지 오케아노스의 굽이굽이 넘치는 물결 옆에서 소를 잡아 제물로 바치는 제상에 거룩한 신들이 모여 앉아 잔치를 벌이는 곳이면 언제나 달려가서 경의를 표해야겠네. 내 입에서 나오는 모든 말이 언제까지나 언제까지나 죄됨이 없을지어다.

이 모든 것이 언제나 나와 같이하여 녹는 눈처럼 사라지는 일이 없도록 하실지어다.

희망이 있을 때, 희망에 신념이 깃들 때, 기나긴 인생도 즐거운 것이 되리니.

즐거운 생각에 마음이 힘차게 부풀어 오를 때 인생은 감미로운 것, 즐거운 것.

그러나 깊은 수심에 빠져 있는 그대, 보기만 하여도 온몸이 오싹해지는 그대.

제우스의 이름을 듣고도 두려워할 줄 몰랐기 때문이로다. 제우스의 뜻대로 하지 않고 자기 마음이 내키는 대로 고마워할 줄도 모르는 인간에게 과분한 선물을 보낸 탓이지.

친절을 베풀었건만 이제 무슨 보답이 있나요. 말해 보아요, 그대여. 그대를 돕는 자가 어디 있는가를. 아침에 일어나 저녁이면 사라지는 이슬 같은 인생이 무슨 힘으로 그대를 돕겠나요? 보시지 않았나요?

그들의 연약한 숨소리, 꿈과도 같은 희미한 실에 엉켜버린 인간들, 눈먼 포로들을 말이오.

인간이 제아무리 꾀를 내봐야 제우스의 법을 벗어나지는 못할 터이니.

그대의 고통을 바라보며 나는 알게 된 거예요. 프로메테우스.

슬픈 노래가 저절로 나오는군요.

그대의 혼례식 날 부른 축하의 노래와는 너무도 거리가 먼 것이죠. 그대 침실에서 혼인을 축하하며 축가를 불렀지요.

아름다운 선물이 아가씨의 마음을 움직여 바다의 딸, 우리들의 언니 헤시오네[*16]는 그대의 아내가 되어 같은 잠자리에 들었지요.

이오 입장. 이오는 이나코스*17의 딸로 머리에 쇠뿔을 달고 다 떨어진 옷에 머리를 풀어 헤친 채 정신없이 들어온다.

이오 (읊음) 여기가 어디일까? 여긴 누가 살고 있을까? 바위에 묶여 고민하고 있는 저이는 누구일까? 죄를 진 대가를 치르고 있는 것인가? 말씀해 주세요. 발이 가는 대로 따라온 이곳이 어디인가요?

　오, 오, 저놈의 쇠파리가 또 찌르는군. 오, 비참한 내 신세여. 저것은 사실은 쇠파리가 아니에요. 대지의 아들 아르고스*18지요. 눈이 네 개나 달린 소 치는 목동이에요.

　제발 저놈을 쫓아 버려 주었으면, 아르고스의 모습만 보아도 저는 겁에 질려 버려요.

　아, 저자가 오는군!

　그의 눈은 사방팔방을 동시에 보지요. 죽은 몸인데도 무덤에 박혀 있질 않아요. 지옥에서 곧장 올라와 버렸거든요.

　저놈은 나를 잡는 사냥꾼. 나는 저놈의 사냥감에 불과하죠.

　긴 바닷가 모래밭으로 나를 몰고 간답니다. 먹을 거나 마실 것을 얻으려 걸음을 멈추지도 못하게 하지요.

　풀을 밀랍으로 붙여 만든 목동의 피리를 갖고 다니며 부는 바람에 메뚜기 소리같이 졸음 오는 곡조에 나는 잠도 이루지 못하게 된답니다.

　오, 비참하도다. 오, 비참하도다. 방황하는 나의 발걸음은 나를 어디까지 이끌고 왔단 말인가.

　도대체 내가 무슨 짓을 했다고, 무슨 죄를 지었다고, 크로노스의 아들은 나를 이토록 비참한 신세로 만들어 버렸을까.

　무서운 쇠파리에 미친 듯이 쫓겨다니게 하였을까. 차라리 나를 불살라 버리소서.

　땅 속에 파묻어 버리소서. 깊은 웅덩이에 사는 괴물에게 내 몸을 동댕이쳐 주옵소서.

　주인이시여, 이 기도를 허락하여 주시옵소서.

　이만하면 방황할 대로 방황했고, 이만하면 시련도 받을 대로 받았습니다. 그런데도 불행을 벗어날 길이 없군요.

(프로메테우스에게) 제 이야기를 들으셨지요? 이렇게 말하고 있는 저는 처녀랍니다. 머리에 뿔은 달려 있을망정.

프로메테우스 내 귀에 들려오는 이 목소리는 틀림없이 아가씨의 목소리. 쇠파리에 쫓겨다니는 이나코스의 딸이 아닌가? 이 아가씨는 제우스의 가슴을 온통 사랑의 불꽃으로 태워 버렸지. 그래서 헤라[19]의 질투 때문에 끝없는 도피 행각에 나서게 된 것이야.

이오 (읊음) 어떻게 우리 아버지의 이름을 아시나요? 댁은 누구시기에? 말씀해 주세요.

제 이름을 바로 알아맞힌 당신은 도대체 누구신가요?

신이 내게 보내준 이 재앙, 나의 생명을 좀먹고, 내게 고통을 주며 나를 미친 듯이 내내 쫓아다니는 이 재앙을 알고 계시는군요.

저는 야수처럼, 굶주린 야수와 같이 헤라의 질투에 쫓겨 이리 비틀 저리 비틀 정신없이 뛰어다니고 있지요.

창피스러워요.

불운한 자 중에도 나같이 고통스러워하는 자가 또 어디 있겠어요? 여보세요, 제게 말씀해 주세요.

앞으로 나한테 다가올 고통이 무엇인지를 똑똑히 말씀해 주세요. 구원의 길이 열리게 될까요? 이 괴로운 고통을 고쳐 줄 약이라도 있나요? 알고 계시다면 말씀해 보세요.

프로메테우스 말씀드리죠. 친구가 친구에게 얘기하듯 분명히 말이오. 나는 인간에게 불을 준 프로메테우스요.

이오 모든 인간을 구해 낸 분이 바로 당신이시라고요? 용감하고 인내심 많은 프로메테우스가 바로 당신이세요? 그런데 왜 여기서 이런 고통을 겪고 계시는 거죠?

프로메테우스 방금 그 얘기를 끝마쳤어요.

이오 하지만 한 가지 의문을 풀어 주시지 않겠어요?

프로메테우스 물어보시오. 당신이 알고자 하는 것은 내가 다 알고 있으니까요.

이오 그러면 당신을 이 바위에 묶은 자가 누구인지 들려 주세요.

프로메테우스 음모는 제우스의 머리가 꾸민 것이고, 나를 묶은 손은 불의 신이었지요.

이오 무슨 죄를 지으셨기에 형벌을 받게 되셨나요?

프로메테우스 그만 하십시오. 더 이상 말하진 않겠습니다.

이오 그러면 제가 어디까지 방황해야 하는지 말씀해 주세요. 저는 너무 비참합니다. 언제라야 끝장이 나는 것일까요?

프로메테우스 그건 모르는 게 좋을 겁니다.

이오 제발이지 제가 겪어야 할 고통이 무엇인지 감추지 말고 알려 주십시오.

프로메테우스 마음이 인색해서 그러는 것은 아니오.

이오 그렇다면 왜 모든 걸 밝혀 주지 않으시는 거죠?

프로메테우스 악의로 그러는 게 아니오. 당신을 놀라게 할까봐 염려해서 그러는 거죠.

이오 자신보다도 저를 아끼실 건 없습니다.

프로메테우스 자꾸 조르시니 말씀드리지 않을 수가 없군요. 그럼 들어 보십시오.

코러스 대장 잠깐만, 저도 한몫 끼어 재미를 보게 해 주세요. 이 끔찍한 운명이, 이 재앙이 왜 저 여자를 따르게 되었는지, 본인의 입으로 직접 들어 봤으면 좋겠네요.

　아가씨의 얘기를 들어 봅시다. 그 다음에 앞으로 다가올 시련을 알려 주시면 되잖아요?

프로메테우스 이오 아가씨! 이분들은 당신 아버지의 누이들인데, 듣고 싶다니 한번 얘기를 해 주십시오. 가슴이 아플 때 같이 울어 줄 수 있는 사람과 얘기를 하는 것도 좋은 일이니까요.

이오 말씀을 거역할 수 없으니 다 얘기하겠어요. 그렇지만 말하기가 창피스러워요. 신이 보낸 폭풍에 맞아 이같이 변하고 추물이 되어 버린 얘길 말이에요. 누가 이런 짓을 했는지 생각만 해도 가슴이 아프군요.

　날마다 밤이 되면 꿈 같은 것이 나타나 홀로 자고 있는 제 침실로 들어오는 거예요. 그러고는 부드러운 음성으로 저에게 속삭이는 거예요.

　'아가씨, 축복받은 아가씨. 왜 아직도 이렇게 혼자 계시나요? 이 세상에서 가장 높은 분과 혼인을 하실 수도 있는 처지에. 제우스는 지금 아가씨를 탐내 어쩔 줄을 모르고 있지요. 아가씨와 같이 사랑의 잠자리에 들지 못해 확확 달아올랐어요. 그분을 모욕하지 마십시오. 아가씨! 풀이 무성한 레르네의 초원으로 나가시오. 그대 아버지의 양과 소들이 떼지어 놀고 있는 그 들판으로 나가시오. 그리하여 제우스의 욕망을 풀어 주시오.'

밤이면 밤마다 이런 꿈에 사로잡히곤 했지요.

저는 불안했어요. 마침내 용기를 내어 아버지에게 꿈 얘기를 한 거예요.

아버지께서는 피톤[20]과 도도나[21]에 사람들을 보내 신의 비위를 거스르지 않으려면 어떠한 언행을 취해야 할 것인지 물어오게 하셨죠. 그런데 심부름 간 이들한테 우리의 힘으로 이해할 수 없는 수수께끼 같은 신탁만 말하는 거예요.

그러다 마침내 아버지 이나코스에게 확실한 지시가 왔어요. 저를 우리 집에서, 그리고 우리 고장에서 쫓아내어 이 세상 끝까지 정처 없는 행각에 나서도록 하라는 것이에요. 만일 이대로 하지 않으면 제우스가 천둥 벼락을 내려 우리 온 가족을 멸망시키고야 말 것이라는 신탁을 내린 거예요. 아폴론[22] 신이 내린 신탁이 바로 그것이었고, 아버지 이나코스는 그것에 복종을 한 거예요.

아버지께선 저를 내쫓고 문을 잠가 버리셨어요. 아버지도 저도 눈물을 흘렸지요. 제우스의 말 한 마디에 아버지는 마음에도 없는 일을 하셔야만 했어요.

그러자 어느새 제 모습과 마음은 온통 변해 버리고 일그러졌지요. 보시는 바와 같이 뿔이 달리고 사납게 쪼아 대는 쇠파리에게 찔리면서 물맛이 좋은 케르크네 강변과 레르네의 샘물 옆을 미친 듯이 이리 뛰고 저리 뛰고 했지요. 대지의 아들이며 목동인 아르고스는 그칠 줄 모르는 분노를 품은 채 저를 따라다니더군요. 백 개나 되는 눈을 온통 부라리며 내가 가는 길을 샅샅이 찾아내고야 말았어요. 그러다가 뜻하지 않은 운명이 갑자기 닥쳐와 그의 생명을 앗아가고 말았지요.

다음부터는 신이 보낸 재앙인 쇠파리에게 쫓겨 이 땅 저 땅을 헤매다 온 거예요. 이것이 제 얘기랍니다. 앞으로 또 어떤 재앙이 저를 기다리고 있는지 알고 계시다면 말씀해 보세요.

저를 동정하시느라고 거짓말은 말아 주세요. 거짓으로 엉킨 말이란 고약한 질병과도 같은 것이니까요.

코러스 (노래)
참으로 안됐군. 정말 믿을 수 없는 얘기야. 이렇게 이상야릇한 얘기를 듣게 되리라곤 생각조차 못했지.
보기에도 끔찍하고 듣기에도 언짢은 얘기, 비참하고 더럽고 무서운 일인걸. 양쪽으로 날이 선 칼처럼 내 가슴을 찌르는군.
그런 운명을 당하다니 이오 아가씨를 보기만 해도 온몸이 오싹해지네.

프로메테우스 벌써부터 눈물을 흘리고 두려워하시다니, 끝까지 들어나 보십시다.

코러스 대장 그럼 끝까지 말씀해 보세요. 고민하는 자에겐 앞으로 어떤 고통이 다가올 것인지 똑똑히 알고 있는 게 차라리 나은 법이니까요.

프로메테우스 그대가 처음으로 내게 한 부탁 말씀은 쉽게 이루어졌습니다. 저 아가씨의 고행담을 직접 들어 보시겠다고 하셨지요. 자, 이제는 이 아가씨가 헤라 때문에 앞으로 참고 견뎌야 할 고통이 무엇인가를 들어 보십시오. 이나코스의 따님, 내 말을 들어 보십시오. 잘 들어 가슴 속에 간직해 두십시오. 그대의 행로가 언제 그칠는지 알아 두시란 말씀입니다. 첫째로 해뜨는 쪽을 향해 한 번도 사람의 손이 닿아 본 일이 없는 벌판을 걸어가시오. 그러면 유랑의 무리 스키타이 족들이 바퀴 달린 달구지 위에 버들가지 집을 짓고 사는 것이 보일 것입니다. 그들은 무장을 하고 있어요. 멀리서도 맞힐 수 있는 활을 가지고 있지요. 그들이 있는 곳에 가까이 가면 안 됩니다. 대신 파도가 소리치는 해안을 따라 그들의 땅을 지나쳐 버리십시오. 왼쪽에는 무쇠를 손질하며 사는 칼리베스족이 있을 겁니다. 이들도 조심하셔야 합니다. 유순한 종족은 아니니까요. 낯선 사람이 감히 다가설 수 없는 무리들이죠.
다음엔 '오만불손'이란 이름을 가진 강에 다다를 것입니다. 이름값을 하는 강이지요. 여기서 강을 건너시면 안돼요. 쉽사리 건너갈 수 있는 강이 아니랍니다. 우선 카우카소스 산까지 가세요. 이 산은 세계에서 가장 높은 곳이라 강줄기가 바로 산등성이에서 흘러내리고 있으니까요. 별 가까이까지 높이 솟은 이 산봉우리를 넘으십시오. 다음에 남쪽을 향해 아마존족[23]을 만날 때까지 걸어가세요. 이들은 남성을 미워하는 여인족으로, 언젠가는 테미스킬라에 있는 테르모돈 근처에 살게 될 겁니다. 그곳에는 사르미데소스*24의 날카로운 바위가 사나운 입을 벌리고 바다에 뻗쳐 있지요.
　이 바위는 뱃사람들이 싫어하는 것으로 배에게는 계모 같은 존재랍니다.
　아마존 여인들은 기쁜 마음으로 그대의 갈 길을 가르쳐 줄 겁니다. 그러면 호수의 좁은 문이 있는 킴메리코*25에 도착할 겁니다. 용기를 내어 이곳을 떠나 마이오티스의 좁은 물길을 건너가세요. 그러면 이때부터 사람들은 언제나 그대가 이 물을 건너간 얘기를 할 것입니다. 그들은 이곳을 당신의 이름을 따서 '암소의 개울'이라고 부를 것입니다. 거기서 유럽 땅을 떠나 아시아로 가십시오. 자, 이쯤 하면 신의 통치자인 그자가 누구한테나 마찬가지로 악하게 군다는 걸 아시겠지요?
　신의 몸으로 있으면서 인간인 이 처녀를 탐내더니 이렇게 방랑이란 저주를 퍼부어 버렸지요. 애인치고는 참으로 고약한 자를 만났군요. 아가씨, 여태껏 말씀드린 것이 전부가 아닙니다. 서곡에 불과하지요.

이오　오, 비참하군요, 비참해요.

프로메테우스　그까짓 걸 가지고 통곡을 하십니까? 나머지를 다 들으시면 어떻게 하시려고.

코러스 대장　그보다 더한 고통거리를 또 얘기하실 게 있습니까?

프로메테우스　겨울 바다 같은 번민과 파멸이 기다리고 있지요.

이오　그렇다면 살아서 무슨 소용이 있겠어요. 어디 바위 봉우리에서 굴러 떨어져 버리기나 해야지. 그래야만 이 걱정을 면하게 될 테니까. 평생토록 두고두고 고민하며 사느니 차라리 바로 죽어 버리는 게 나을 테니까.

프로메테우스　아가씨는 내가 겪는 시련은 겪지 않으시겠군요. 한 번 죽으면 모든 고통이 끝나는 거죠.
　그러나 내 운명은 죽지도 못하도록 되어 있습니다. 제우스가 권력을 잃기 전에는 나한테는 끝이 없지요.

이오　제우스가 언젠가는 권력을 잃게 될까요?

프로메테우스　그런 일이 일어난다면 기뻐하시겠죠?

이오　그자 때문에 이 꼴을 당하고 있는데, 어찌 기뻐하지 않겠어요?

프로메테우스　틀림없이 그렇게 되고야 말 것입니다. 잘 알아 두십시오.

이오　그런 폭군의 손에서 왕권을 빼앗을 자가 누구일까요?

프로메테우스　제놈의 손으로 그렇게 될걸요. 제정신을 잃고 말걸요.

이오 어떻게요? 말씀해 주세요. 말해도 괜찮으시다면.

프로메테우스 결혼을 해서 망하게 됩니다.

이오 그 여자는 신인가요, 아니면 인간일까요? 말씀하실 수 있다면 가르쳐 주세요.

프로메테우스 말할 수 없습니다. 알려고 하지 마십시오.

이오 그의 부인이 그자를 왕위에서 몰아낸단 말씀인가요?

프로메테우스 그 여자가 낳을 아들이 제 아비보다 힘이 셀 겁니다.

이오 그럼 그것을 피할 방법이 없단 말씀인가요?

프로메테우스 안 되죠. 나를 풀어 주기 전에는.

이오 하지만 제우스를 거역하고 당신을 풀어 줄 자가 어디 있을까요?

프로메테우스 당신의 후손이죠. 그렇게 운명지어져 있어요.

이오 그게 무슨 말씀이신가요? 그러면 내 아들이 당신을 석방시킨다는 건가요?

프로메테우스 그렇습니다. 13대째의 후손이죠.

이오 당신의 예언은 이해하기 어렵군요.

프로메테우스 그럼 그쯤 해 두죠. 자기의 불행을 더 알려고 하지 마십시오.

이오 선심을 쓰다 그만두지 말아 주세요.

프로메테우스 두 가지 중에 한 가지만 알려 드리죠.

이오 그건 무언가요? 말씀해 보세요. 제가 선택하도록 해 주세요.

프로메테우스 그러죠. 아가씨 앞에 놓여 있는 고난의 길과 나를 풀어 줄 사람의 이름, 이 둘 중의 하나만 확실히 알려 드리겠습니다. 어느 것으로 하겠어요?

코러스 대장 둘 중 한 가지만 저 아가씨에게 말씀하세요. 그리고 저한테도 선심을 써 보세요. 저도 들을 자격이 있으니까요. 아가씨한테는 어디까지 방랑을 해야 하는가를 알려 주시고, 저한테는 누가 당신을 풀어 줄 것인지를 일러 주세요. 제 소원이에요.

프로메테우스 열성이 지극하니 요구를 들어 드리기로 하죠. 들으시오, 이오 아가씨. 우선 당신의 슬픈 방랑길을 알려 드리죠. 제 말씀을 잘들어 두십시오. 마음 속에 잘 새겨 두십시오.

　유럽과 아시아를 가름하는 냇물을 건너거든 햇볕이 이글이글 타오르는 동쪽을 향해 가십시오. 거품이 끓는 바다 기슭을 건너 고르곤*26이 사는 키스티네 땅 넓은 평야에 다다를 거요. 그곳에는 포르키스*27의 늙은 딸들이 살고 있습니다. 백조 모양을 하고 있는 세 여인은 통틀어 눈이 하나에 이빨 하나를 같이 나누어 쓰는 괴물이지요. 일찍이 햇볕도 달빛도 비쳐 본 일이 없는 땅에 살고 있습니다. 또 그 근처에는 이들의 언니가 셋 있는데, 날개 돋친 고르곤으로 머리칼은 뱀이요, 사람은 무서워서 쳐다볼 수도 없거니와 한번 보면 다시 살아날 수도 없게 되지요. 그 지방의 경비를 맡고 있습니다. 그 밖에도 무서운 것을 보게 됩니다. 제우스의 개들이죠. 새처럼 뾰족한 이빨을 가졌으나 짖을 줄은 모르죠. 이놈들을 조심하세요. 그리고 또 눈이 하나밖에 없는 아리마스포이 무리가 말을 타고 다니며 황금이 흘러나오는 개울가에 살고 있습니다. 가까이 가시면 안 됩니다. 여기서 멀리 떨어진 곳에 검둥이들이 사는 땅이 있습니다. 아이티오프스*28 강이 있는 태양의 원천에서 가난하게 살고 있는 사람들이죠. 그곳에 가시거든 강둑을 따라 폭포가 있는 데까지 가십시오. 비블리네의 언덕에서 나일 강의 성수가 흘러내려 맑은 물로 목을 축이기가 좋습니다. 이 강이 안내하는 대로 가시면 삼각형으로 된 나일 지방에 가시게 됩니다. 그곳에서 이오 아가씨, 당신은 운명이 시키는 대로 거처를 정하고 당신과 당신의 후손들이 오래도록 살게 될 것입니다. 혹시 내 말이 분명치 않다거나 알아듣기 어려우시거든 다시 물어서 확실히 다 알아 두세요. 나야 시간은 얼마든지 있으니까요.

코러스 아직도 아가씨의 숙명적인 방랑길에 대해 하실 말씀이 남아 있거든 마저 얘기하십시오. 그렇지 않으면 이번에는 우리가 부탁드린 그 얘기를 해 주셨으면 좋겠군요. 기억하시겠죠?

프로메테우스 이제 방랑의 얘기는 다 끝났습니다. 하지만 여태껏 내가 한 얘기가 헛소리가 아니라는 걸 증명하기 위해서 아가씨께서 여기 오시기 전에 겪은 고생담을 맞혀 보겠습니다.

수많은 슬픔을 겪으셨어요. 일일이 얘기할 수가 없을 정도죠. 그러나 마침내 몰로소스 평야가 드높은 도도나 능선을 둘러싸고 있는 곳에 가셨죠. 거기가 바로 신탁을 내리는 제우스 테스프로티아가 있는 곳이죠. 거기엔 믿을 수 없는 신기한 게 있습니다. 말하는 떡갈나무들이 있죠. 여기서 아가씨는 앞으로 제우스의 영광된 아내가 될 것이라고 크게 외치는 소리를 들었죠. 어물어물 한 말이 아닙니다. 아주 분명하게 잘라 말했죠. 아가씨는 미칠 것만 같이 되었죠. 거기서부터 쇠파리에 쫓겨 바다 기슭의 통로를 따라 넓은 레이아 만에 다다랐죠. 그러나 폭풍우에 이리저리 방황했어요. 앞으로 이 만은 그대의 여행을 모든 사람들이 기억하게 하기 위해 '이오'라는 이름으로 불릴 것입니다. 이 이야기가 바로 증명을 해 줄 겁니다. 내 마음의 눈이 먼 앞날에 일어날 일을 내다본다는 것을요.

그럼, 이제 과거는 그만해 두고 미래에 대한 이야기를 여기 계신 여러분에게 들려 드리기로 하죠.

이 세상 저 끝, 나일 강의 원천이며 입구 가까이에 카노보스라는 고장이 있습니다. 그곳에서 제우스는 아가씨를 손으로 어루만져 다시 제정신을 찾게 해 줄 것입니다. 그대는 그 손을 두려워하지 않을 거예요. 그것만이 그대의 병을 고쳐 줄 수 있는 것입니다. 아가씨는 살갗이 검은 아들을 잉태하여 낳을 것입니다. 제우스가 어루만진 손길을 기념하기 위해서 그 아이는 에파포스라는 이름을 갖게 되지요. 이 에파포스는 넘쳐흐르는 넓은 나일 강물에서 자라난 그 고장의 모든 열매를 거두어들일 거예요. 그로부터 4대(代)가 흐르고 5대째에 들어서 50명의 딸들이 옛 아르고스 땅으로 도망쳐 갈 것입니다. 삼촌의 아들들과의 근친 결혼을 피해서 말입니다. 그러나 사나이들은 맹목적인 욕정에 사로잡혀 마치 유순한 비둘기를 쫓아가는 매처럼 달아나는 처녀 뒤를 따라가 율법에 어긋나는 혼사를 치르려 하지요. 그러나 신은 그들에게 처녀의 몸을 내주지 않을 겁니다. 그리하여 펠라스기아 땅은 그들의 죽음을 보고야 말 것입니다. 그날 밤 어두워지자 여인네들은 살인을 하지요. 신부들은 양쪽에 날이 선 칼을 휘두르면서 각각 자기 신랑을 찔러 피를 쏟으며 죽게 할 것이에요. 제발 사랑의 여신께서 나의 적에게도 이런 식으로 나타나 주셨으면 좋겠군.

그러나 50명 중 단 하나만이 사랑의 위력에 눌려 계획을 바꾸게 되지요. 그리하여 옆에 누운 사나이를 죽이지 않고 살인자가 되는 대신 비겁자란 이름을 받는 겁니다. 그 여자가 아르고스의 왕족을 잉태할 것입니다. 이 이야기를 끝까지 하려면 너무 길어집니다. 하여간 그 여자의 후손 중에서 영웅이 하나 태어날 것입니다. 용감무쌍한데다가 활의 명수지요. 그가 바로 나를 석방시켜 줄 것입니다.

　이 신탁이 바로 나의 늙으신 어머니, 티탄의 테미스가 내게 들려 주신 것입니다.

　그러나 언제 어떻게 이것이 실현될 것인지를 이야기하려면 너무 길어집니다. 그뿐 아니라 그런 걸 들어 두어도 아무 이득도 없으실 테니까요.

이오　(읊음) 아 슬퍼요. 참 슬프군요.

　또다시 발작이 일어날 것 같아요, 꼭 미쳐 버릴 것만 같군요. 속이 타요. 그리고 이놈의 쇠파리가 쏘아 붙이는군요. 그 어떤 불길에도 녹을 줄 모르는 쇠로 된 화살이에요. 무서워서 가슴이 막 두근거리는군요. 광기가 일어나 눈이 빙글빙글 돌아요. 발도 말을 안 듣는군요. 마치 바다에 빠진 사람이 밀려오는 파도 속에서 허우적거리듯 혀가 제대로 돌지 않아요.

코러스 노래 시작하자 이오 퇴장

코러스　(노래)

　그는 현명하도다. 현자로다. 태초에 그런 걸 생각해 내어 훌륭한 격언을 만든 자는 현명하도다. 결혼이란 같은 지위와 같은 신분끼리 하는 것이 최상이라고. 가난한 집의 딸들은 부(富)나 문벌을 자랑하는 남자와 결혼을 하려 들어서는 안 된다고 했지.

　운명의 신이시여, 신과 인간을 통솔하는 운명이시여.

　바라옵기는 무서운 제우스의 침실에 저를 가까이 가지 않게 하여 주옵소서. 올림피아의 왕과 혼인을 하지 않도록 하여 주소서. 저는 천한 오케아노스의 딸이니까요. 헤라의 질투에 쫓긴 불행한 이오, 남편도 없고 친구도 없이 그것을 보니 두려워집니다.

　같은 신분의 남자와의 혼인은 두려워하지 않으리. 그러나 힘이 센 신에게 사랑을 받는다면 그의 눈앞에선 아무 것도 숨길 수도 없으니.

　그런 사랑은 제발 내게 다가오지 않도록.

　사랑에 사로잡힌 신과의 싸움은 싸움이 아니라 절망이기에 교활한 제우스한테 걸린다면 도대체 어디로 도망칠 수 있단 말인가.

　어찌 피할 수 있단 말인가.

프로메테우스 제우스는 오만한 고집 때문에 기어코 혼인을 치르고야 말걸. 그자는 왕좌와 권력에서 밀려날 테지.

그 후로는 그자를 기억조차 하지 않을 거야.

제우스의 부친 크로노스가 오래 지켜 오던 왕위를 빼앗기면서 자기 아들에게 내린 저주가 드디어 이루어지게 되는 거지.

수많은 신 중에 오직 나만이 불행을 모면할 길을 일러 줄 수 있어. 사실을 아는 것도, 피할 방법을 아는 것도 나 혼자 일인걸.

그러니 왕좌에 자신만만하게 눌러 앉아 하늘에서 천둥 벼락을 치며 불길을 내뿜는 화살을 휘두르겠거든, 어디 실컷 해 보라지.

이 모든 것을 손에 쥐고도 아마 견딜 수 없는 패배를 막아 내지는 못할 테니. 내 힘을 빌리지 않고는 불명예스런 끝장을 보고야 말 테니까.

그를 물리칠 적수는 도저히 이겨 낼 수 없는 용사인데. 제우스는 지금도 자기를 무찌르고야 말 적을 키워 주고 있는 셈이야.

제우스의 적은 기적 중의 기적을 이루어 번개보다 더 빠른 불길과 제우스의 천둥 소리를 무색하게 하는 뇌성을 만들어 내어 바다의 신 포세이돈*29의 세 발 달린 창을, 천지를 뒤흔드는 바다의 독소를 산산조각이 나게 하고야 말걸.

제우스는 그에게 굴복하면서 왕과 노예의 처지에는 천지의 차가 있다는 걸 깨닫게 되겠지.

코러스 대장 이 끔찍한 얘기는 다만 그렇게 되기를 바란다는 말씀이시겠죠.
프로메테우스 그야 내 소망이기도 하지만 실제로 그렇게 되기도 하지.
코러스 대장 하지만 제우스를 굴복시킬 자가 과연 어디 있겠어요.
프로메테우스 정복당할 뿐 아니라 지금의 나보다 더한 고통을 겪게 될걸.
코러스 대장 그런 말씀하시는 게 두렵지 않으신가요?
프로메테우스 두려워할 필요가 어디 있지? 아무래도 나는 죽을 운명은 아닌걸.
코러스 대장 하지만 이보다 더한 고통을 가할지도 모르니까요.
프로메테우스 더할 테면 하라지. 모든 것을 받아들일 준비가 되어 있으니까.
코러스 대장 하지만 현자는 네메시스*30에게 굴복을 하는데요.
프로메테우스 그럼 굴복을 해보시오. 아첨을 하시오. 오늘의 통치자를 섬겨 보시오. 그러나 나는 제우스 같은 건 안중에도 없소. 제멋대로 해 보라고 하시오. 그럴 날이 얼마 남지도 않았으니, 마음껏 권력을 행사하려면 하시오. 신들을 통치할 날이 오래진 않을 테니까요.

  아, 저걸 보시오. 제우스의 심부름꾼이 오는군. 새 임금, 왕을 모시고 있는 사자가 오는군. 틀림없이 새로운 소식을 전하러 오는 모양이군 그래.

헤르메스, 손에는 사자의 지팡이를 들고 발에 날개를 단 채 입장. 프로메테우스에게서 얼미 떨어진 비위 위에 선다.

헤르메스 이 악한아, 표독하고도 표독한 놈. 불을 도둑질한 녀석. 신을 배반하고 인간에게 명예를 돌려 준 네놈에게 얘기하는 거야. 아버지의 명령이셔. 왕위를 빼앗고야 만다고 네가 뽐내며 지껄이고 있는 그 혼인이란 과연 무엇인지 아뢰라는 분부이시다. 말을 하되 수수께끼같이 얼버무리지 말고 조목조목 분명하게 여쭈어야 한다. 내가 두 번 걸음을 하지 않도록 하란 말이다. 프로메테우스, 제우스 신께서 애매모호한 것을 좋아하시지 않는 건 너도 알고 있겠지?

프로메테우스 잘난 체하는 그 말투, 뽐내는 꼴, 과연 신의 심부름꾼답구나. 폭정을 시작한 지 얼마 안 되는지라, 네가 살고 있는 궁전에는 영영 슬픔이 오지 않으리라 생각하는군. 하지만 이미 그 자리에서 폭군이 둘이나 쫓겨나는 걸 내 눈으로 보았다. 그리고 세 번째는 지금 왕이지. 그가 완전히 망하는 걸 보고야 말 테다. 새 신들 앞에서 내가 허리를 굽히고 벌벌 떨 줄 알았던가? 천만의 말씀. 썩 가거라! 오던 길을 다시 돌아가란 말이다. 아무리 물어도 말하지 않을 테니.

헤르메스 그놈의 오만 때문에 이런 꼴이 되고서도 그러는구나.

프로메테우스 하지만 너 같은 노예 신세보다는 차라리 지금의 이 고통이 나으니 그리 알아라.

헤르메스 아, 그야 그러시겠지. 제우스 신이 믿어 주는 전령이 되는 것보다는 이 바위를 섬기는 게 훨씬 나을 테니까.

프로메테우스 나를 모욕한 자를 나도 모욕했을 뿐이야.

헤르메스 이런 꼴이 된 것을 자랑으로 여기는 모양이구나.

프로메테우스 뭐라고? 내 적들이 기뻐 날뛰겠지. 너도 그 중의 하나야.

헤르메스 네가 겪는 고통이 나 때문이란 말인가?

프로메테우스 한마디로 말해서 내 선행을 악으로 갚는 모든 신들이 내 적이다.

헤르메스 말을 들으니 너는 미쳤구나. 진정 미쳐 버렸구나.

프로메테우스 적에 대한 증오심을 광기라고 부른다면 나는 미친놈이다.

헤르메스 이런 고통을 겪으면서도 이 모양이니, 그렇지만 않았던들 너는 그야말로 당해 낼 수 없는 존재일 게다.

프로메테우스 오호라!

헤르메스 오호라? 제우스 신께선 그런 말을 알지도 못하신다.

프로메테우스 때가 되면 알겠지. 세월은 흘러가면서 모든 것을 가르쳐 주는 법이니까.

헤르메스 하지만 시간이 아직 네놈에게 지혜를 가르쳐 주질 않았구나.

프로메테우스 사실이야. 내게 지혜가 있다면 너 같은 노예와는 얘기도 안 할 거니까.

헤르메스 그래, 아버지께서 알고자 하는 일을 대지 않겠다는 것이군.

프로메테우스 내게 베푸신 친절에 보답해야 한다 그거지?

헤르메스 나를 어린애 다루듯 놀리고 있군 그래.

프로메테우스 (몹시 화가 나서) 그럼 어린애가 아니란 말이냐? 너는 어린애보다도 더 어리석은 놈이야. 나한테 무슨 말을 들으려 하다니. (쇠사슬을 가리키며) 나를 이 무서운 쇠사슬에서 풀어 주기 전에는 제아무리 고문을 하고 꾀를 부려 봐야 내 입을 열게 할 수는 없을걸. 그러니 멋대로 번갯불을 뒤흔들어 보라지. 그리고 백옥같이 하얀 눈과 저 땅 속 깊이 으르렁대는 천둥이 함께 엉키도록 온 세상을 뒤엎어 보라지. 그래도 나를 굴복시키진 못할 걸. 저를 왕좌에서 몰아낼 자가 누군지를 내 입에서 알아내진 못한다니까.

헤르메스 이 마당에 그래 봐야 무슨 이득이 있는지 잘 생각해 보시지 그래.

프로메테우스 그건 벌써 생각해 두었어. 계획도 세워 둔걸.

헤르메스 이 못난 놈아! 아주 망해 버리기 전에 굴복을 하고 좀 현명해지란 말이야.

프로메테우스 차라리 저기 가서 밀려오는 파도나 설득해 보지 그래. 나를 아무리 괴롭혀도 아무 소용 없는 노릇이야. 제우스의 고집을 두려워한 나머지 여자의 마음처럼 돼 버리리라는 꿈은 애초에 버리는 게 나을걸. 사슬에서 풀어 주십사 하고 원수 앞에 나아가 두 손을 모아 애원할 줄 아는가? 얼토당토않은 일이야.

헤르메스 아무리 말을 해 봐야 소용이 없네. 호소를 해도 네 마음을 풀 수도 달랠 수도 없구나. 마치 갓 멍에에 묶인 망아지처럼 재갈을 물어뜯고 고삐를 벗으려고 반항하는군그래. 그러나 아무리 노발대발해 보아야 대단한 것은 못 된다. 어리석은 녀석이 게다가 고집만 부리면 결국은 지상 최대의 약자밖에는 안 되는 법이니까. 내 말을 안 들으면 무서운 폭풍우와 멸망의 파도가 세 겹씩 밀려올 거야. 그걸 생각해 보지 그래. 피할 길도 없을걸. 우선 아버지께선 벼락과 번갯불을 가지고 이 험한 산 바위를 쩍 갈라지게 하실 거야. 그리고 그 갈라진 바위 틈에 끼어 네 몸뚱이는 깊이깊이 묻혀 버리고 말걸.

　오랜 세월이 지난 다음에야 너는 또다시 바깥 세상을 보게 되겠지. 그러나 사냥개의 피로 벌겋게 물든 제우스의 날개 돋친 독수리가 내려와 네 몸을 갈기갈기 찢어 놓을 것이다. 이 불청객은 매일같이 찾아와 고깃점을 뜯어 가고, 시커멓게 피로 물든 네 간 덩어리를 맛있다고 먹어 대겠지.

　이런 고통이 끝날 날이 오리라고는 생각도 말란 말이야. 어떤 신이든지 제 발로 걸어와 너 대신 벌을 받겠다고 하기 전에는 말이야. 네 고통을 대신 지고 너 대신 저 검은 죽음의 골짜기로, 햇빛을 볼 수 없는 암흑 구덩이로 들어가겠다고 나서는 신이 나타나기 전에는 어림도 없는 일이다. 잘 생각해 보고 결심을 하도록. 난 지금 터무니없이 허풍을 떠는 게 아니라 정말로 진실을 말하고 있는 거야. 제우스 신께선 거짓말을 하지 않으신다. 그분의 말씀은 한마디 한마디 실현되고야 말지. 깊이깊이 생각해 보아라. 고집을 부리는 것이 현명한 충고보다 낫다고 생각해서는 안 된다.

코러스 대장 들어 보니 헤르메스의 말도 그릇된 건 아니군요. 고집을 버리고 현명한 충고를 들으라는 말을 하고 있어요. 그의 말대로 하세요. 그렇게 현명하신 분께서 잘못을 저지르는 건 참 수치스런 얘기니까요.

프로메테우스 (읊음) 그가 말하기 전에 나는 이미 모든 걸 알고 있었네.

하지만 적의 손에 당하는 고통이 다 수치스러울 건 없다.

아! 번개야, 내려 쳐라! 꿈틀꿈틀 덩굴손 같은 불길을 내 머리에. 천둥아, 천지를 울려 보아라. 폭풍아, 지구를 뿌리째 흔들려무나.

사나운 흙탕물아, 밀어 올려라. 저 하늘의 별과 바다의 파도를 함께 반 죽이라도 하려무나.

잔인한 소용돌이 속에 내 몸을 휘어감아 지옥의 구렁텅이에 내동댕이치려무나.

그래도 나를 죽이지는 못하리니.

헤르메스 아, 이건 분명 미친놈이 외치는 소리구나. 틀림없이 돌아 버렸군. 이보다 더 정신이 돌 수야 없지.

이따위 놈을 동정하고 있는 아가씨들이여, 물러가시오. 어서 떠나요.

천둥이 울립니다. 무자비한 뇌명(雷鳴)이지요.

여러분의 정신을 뒤흔들어 놓기 전에요.

코러스 그런 충고는 헛수고니 말도 말아요. 그따위 말을 들을 수 없어요.

이 마당에 우리더러 비겁자가 되라니 당치도 않은 말이죠.

저분과 함께 닥쳐오는 고통을 겪는 거예요.

친구를 배신하다니. 그보다 더 고약한 게 어디 있어요.

배신하는 건 구역질 나는 짓이니까요.

헤르메스 기억하라, 내가 충고한 일을. 그리고 멸망당했을 때 운명을 탓하지 마라. 자기가 한 일이니까. 예기치 못한 상처를 제우스 신께서 내리셨다고 외치지는 마라. 바로 자신이 저지른 잘못 때문에 멸망의 구렁텅이에, 피할 수도 없는 길에 빠진 거니까. 갑자기 당하는 것도 아니다. 비밀리에 다가오는 것도 아니다.

헤르메스 퇴장. 천둥 번개가 섞인 폭풍우가 몰아친다. 바위가 갈라진다. 코러스가 좌우로 흩어지며 프로메테우스 천천히 가라앉는다.

프로메테우스 말은 끝나고 이제는 행동이구나.

천지가 흔들리는군.

벼락 치는 소리가 울려오는군.

무서운 번개가 번쩍거리네.
회오리바람에 흙이 구름처럼 말려 올라간다.
돌풍이 서로 얽혀 이리저리 부딪치네.
하늘과 땅이 맞붙었도다.
제우스가 분풀이를 하는군.
제우스의 분노가 내게 공포와 광란을 내려 숨막히게 하는군.
아, 나의 거룩한 어머니 대지이시여
오, 대기여, 태양이여
나를 보라.
억울하도다!

〈주〉

*1 카우카소스 : 흑해와 카스피 해 사이에 있는 코카서스 지방의 산맥으로 유럽에서 제일 높은 엘브르스 산이 끼어 있다.
*2 헤파이스토스 : 제우스와 헤라(천계의 여왕)의 아들. 불과 대장장이의 신.
*3 스키티아 : 흑해와 카스피 해 동북부에 있던 지방.
*4 테미스 : 프로메테우스의 어머니. 테미스는 우라노스(하늘의 신)의 딸로 법률, 질서, 정의의 여신.
*5 코러스 : 이들은 대양의 님프(아름다운 반신반인의 소녀들)로 아버지는 티탄족인 대양의 신, 어머니는 역시 티탄의 일원인 테티스.
*6 올림포스 : 그리스의 북부 테살리아와 마케도니아의 경계에 있는 연산(連山) 동쪽 끝에 있는 높은 봉우리. 태고에 이곳엔 주신 제우스 밑에 아폴론, 아프로디테, 아레스, 데메테르, 헤라, 헤파이스토스, 헤르메스, 포세이돈, 디오니소스, 그리고 때로 헤라클레스, 헤스티아 등 여러 신이 살고 있었다고 함.
*7 크로노스 : 티탄(거인)의 한 사람으로 우라노스와 가이아(지신)의 아들. 아버지의 왕위를 빼앗았으나 후에 자기 아들 제우스에게 쫓겨 남.
*8 티탄 : 우라노스와 가이아 여신 사이에 태어난 거인 신족. 이들은 올림피아의 신들에 반항하여 싸웠으나, 패한 후 타르타로스에게 갇혀 버렸음.
*9 타르타로스 : 지하 망령세계. 지옥, 명부(冥府).
*10 아틀라스 : 프로메테우스의 형제. 다른 티탄족과 더불어 제우스에 반항함.
*11 티폰 : 플루토와 가이아의 아들로 머리가 100개 있는 괴물. 티탄의 패배 후에 제우스와 맞섰으나 결국 제우스가 내린 벼락에 맞아 에트나 산 밑에 파묻혀 버림.

*12 킬리키아 : 소아시아 동남부, 지중해 연안에 있던 고대 국가.
*13 에트나 : 시칠리아에 있는 화산.
*14 콜키스 : 흑해 동북부에 있던 옛 지방.
*15 스키타이인 : 고대 스키티아 지방에서 활약한 이란계 유목 민족.
*16 헤시오네 : 트로이 왕 라오메돈의 딸. 헤라클레스가 바다의 괴물을 물리치고 구원하였음.
*17 이나코스 : 강의 신. 아르고스 최초의 왕.
*18 아르고스 : 100개의 눈을 가진 거인. 황소로 변신한 미녀 이오를 지키고 있었으나 헤르메스의 피리 소리에 잠이 들어 이오를 놓쳤기 때문에 헤라는 몹시 화를 내어 그를 죽이고 그의 눈을 공작 꽁지 깃에 붙였다고 함.
*19 헤라 : 제우스의 아내
*20 피톤 : 델포이의 옛 이름. 아폴론 신의 신탁소가 있었음.
*21 도도나 : 고대 그리스 서북부 에페이로스의 도시. 유명한 제우스 신전의 소재지. 그 신탁은 가장 오래된 것으로 떡갈나무 잎이 스치는 소리로 설명되었음.
*22 아폴론 : 제우스와 레토의 아들로 태양, 예언, 의료, 궁술, 음악 및 시의 신.
*23 아마존족 : 고대 카우카소스 산맥과 흑해 연안에 살며 전쟁과 사냥을 일삼았다는 용맹스러운 여인족. 스키티아나 아프리카에도 있었다고 함.
*24 사르미데소스 : 흑해 연안 트라키아 지방에 있는 험준한 바위.
*25 킴메리코 : 호메로스의 시에 세계의 서쪽 끝 저 멀리 안개와 암흑 속에서 산다고 노래함.
*26 고르곤 : 포르키스의 딸. 머리카락이 뱀이기 때문에 보는 사람은 무서운 나머지 돌로 변해 버렸다는 세 자매.
*27 포르키스 : 바다의 신으로 고르곤 자매와 그라이아이 자매의 아버지.
*28 아이티오프스 : 아프리카 동북부 일대에 대한 옛 이름. 오늘날의 이집트, 수단, 에티오피아 및 당시 알려져 있던 그 이남의 땅을 포함.
*29 포세이돈 : 바다의 신. 로마 신화의 넵투누스에 해당. 제우스의 형제로 제2인자. 언제나 뾰족한 삼지창을 들고 다니며 무엇이나 닥치는 대로 무찌르고 파헤치곤 했음. 그래서 보통 '대지를 흔드는 신'이란 이름으로 불리게 됨.
*30 네메시스 : 응보와 천벌의 여신. 거만한 자, 부정하게 부자가 된 자 등을 빠뜨리지 않고 벌하였음.

Agamemnon
아가멤논

《오레스테이아》 3부작의 서편(序篇)이다. 여기에서는 트로이 원정군 총수 아가멤논의 개선에 이어 왕비의 음모와 흉행의 성취를 거쳐 코러스를 이루는 아르고스 장로들의 불안과 공황, 그리고 함께 음모를 꾸민 왕비의 정부 아이기스토스의 등장과 호언(豪言)으로 끝난다. 도입부에서는 망대에 봉화 파수병을 올려보내 전쟁의 불안과 시민들 사이에 가득찬 어두운 기분, 불길한 예상을 말하게 하고, 이어서 트로이 함락의 눈부신 불꽃을 공상의 하늘에 올린다. 이윽고 개선을 전하는 전령으로부터 왕이 등장하기까지 곡 전체의 절반은 깊은 불안과 극적인 긴장 조성으로 이루어져 있다. 본편의 중요 부분은, 강인한 의지로 심한 증오와 원한을 능란한 말 솜씨 뒤에 숨기는 왕비 클리타임네스트라의 움직임과, 그와 반대로 본디 트로이의 왕녀였으나 지금은 포로로 굴욕을 당하는 아폴론 무녀(신을 배반한 벌로 그 예언을 사람들이 믿어주지 않는다) 카산드라의 절규에 있다. 등장에서 자신의 죽을 운명을 예언하며 성 안으로 들어갈 때까지 카산드라의 행동과 비통한 부르짖음은 긴장과 불길한 예상으로 극장 안을 가득 채우는 시인의 뛰어난 창조이다. 한편 아르고스의 장로들로 이루어진 코러스는, 아이스킬로스 특유의 높은 모럴과 깊은 종교적인 사념으로 아트레우스 집안의 운명과 집념의 결말, 교만과 포만이 파국을 부른다는 것, 사람들은 오직 고뇌에 의해서만 배운다는 것, 행위에는 반드시 보답이 있다는 것을 노래한다. 그 기조(基調)는 차라리 일신교적(一神敎的)인 제우스의 정의와 섭리에 대한 신앙이다. 따라서 겉으로는 모략과 부정의 승리로 끝나는 이 곡이 이어서 제2, 제3의 단계로 복수와 정의(그것은 벌이며 보상이며 권리이기도 하다)를 향해 이끌려 간다.

나오는 사람

파수병

코러스 아르고스 장로들로 이루어짐

전령　막 상륙한 아가멤논의 군대로부터 온
클리타임네스트라　아르고스 왕비
아가멤논　아르고스 왕
카산드라　트로이 왕녀, 포로로 아가멤논의 시녀가 됨
아이기스토스　왕의 사촌동생이며 왕비의 정부(情夫)

무대

아르고스 성 왕궁 앞. 안쪽 출입문 입구에 몇 개의 신상이 서 있고 그 앞에 제단이 마련되어 있다. 제단 아래에는 회의장이 있다. 때는 늦가을 새벽.

파수병　(지붕 위에서 독백) 신께 부탁드려 온 일이지만 이런 고생은 이제 질색이야. 만 2년 동안이나 파수만 보며, 아트레우스 집안의 궁전 지붕에 첫새벽부터 개처럼 엎드려 있어야만 하다니. 밤하늘에 나오는 수많은 별들도 이제는 모두 외어 버렸어. 그 가운데에서도 겨울이나 여름을 인간 세상에 알려 준다는 하늘에 유달리 두드러지게 반짝이는 큰 별들, 그것들이 사라지는 시각도, 또 새로 나타나는 시각도 이젠 다 알고 있지.

그런데 여전히 횃불 신호를 계속 지켜봐야 하다니! 트로이로부터 소식을 알려오는 불빛, 쳐부수어 빼앗았다는 기별을. 그것도 원인을 따져 보면 한 여인이 음모를 꾸민 마음 탓이다.

그래서 밤 동안에도 안절부절못하며 비와 이슬에 젖고 있으니, 꿈조차 내 침상을 찾을 겨를 있을라구. 잠 대신 언제나 두려움이 떠나지 않아 잠이 와도 눈이 감겨지지 않는다. 또한 마음이 내켜 노래를 부르거나 흥얼거릴 때면, 그것도 잠을 쫓기에 알맞은 약이라 할 수 있으리⋯⋯

이 저택의 불행을 한숨 섞어가며 울고 있는 것이다. 옛날처럼 모든 일들이 잘 처리되지 않으니까. 하지만 이번에는 운 좋게 모든 고생을 벗어날 수 있을지도 모르겠다. 어두운 밤 사이 기쁜 소식을 가져다 주는 불빛이 오르고 있으니.

먼 하늘이 환해지면서 횃불이 아득히 보인다.

오, 기쁜 불빛이여, 밤에도 대낮처럼 빛나는 불빛이여. 수없는 기쁨의 노래와 춤이 아르고스 거리에 이어지겠지.

만세!

왕비께 당장 알려 드리자. 지체없이 침상에서 일어나시어 온 궁중 안에 이 불빛에 대한 새벽의 찬가를 불러 올리시겠지. 정녕 이 횃불이 알려 주기로 되어 있는 것처럼. 만일 트로이 성이 함락되었다면, 그렇다면 내가 맨 먼저 춤과 노래로 그것을 알려 드릴까. 주인님의 행운은 곧 나에게도 이로운 것, 횃불을 지키는 운명의 주사위는 세 번 모두 여섯이라는 숫자가 나왔으니까. [1]

잠시 입을 다물고 깊은 생각에 잠긴다.

그럼, 우선 이 궁전의 주인께서 돌아오시어 이 손으로 그리운 주인님의 손을 잡고 인사드릴 수 있게 되기를 빌자. 그 밖의 것은 더 바라지 않으리. 거대한 소가 혓바닥 위에 올라탔구나. 이 궁전이 소리를 낼 수만 있다면 모든 것을 다 이야기할 테지. 아니, 알고 있는 자는 내 말을 이해하겠지만 모르는 자들은 무슨 뜻인지 전혀 이해하지 못하지.

얼마 동안 파수병의 보고로 일어난 듯한 궁전 안의 웅성거림, 불빛, 환성, 이어서 음악 소리, 무대 정면 제단에 불이 지펴진다. 아르고스 장로들로 편성된 코러스 등장.

코러스 (노래)
    벌써 10년이라는 세월이 흘렀구나.
    프리아모스를 쳐부수려
    메넬라오스님과 아가멤논님
    제우스 신의 높은 뜻을 받드신 두 분께서
    1천 척의 배를 거느리고 아르고스 병사들을
    이끌고 이곳을 떠나신 지 어언 10년.
    노여움에 불타 무서운 기세로 외치면서
    마치 새끼 잃은 독수리처럼
    크나큰 슬픔 때문에
    보금자리 위 하늘을
    날개를 파닥이며 빙빙 돌았지만
    새끼들의 잠자리를 지키는 노력도
    지금은 허사로
    돌아가고 말았도다.

    하늘 위에서 그것을 듣는
    아폴론, 판, 또는 제우스일지라도
    그 새의 슬프고 높은 울부짖음을 들으시고

우리 일족들을 '가엾이 여기사'
도리에 벗어난 그 잘못을
벌 주려고 복수의 신을 나중에 보내 주셨도다.
우선 그와 같이 아트레우스 집안의 권속들을 파리스에게로 보내
손님의 법도를 세운 제우스, 광대하고 무변한 신이 파견되도다.
몇 명씩 사나이를 거느리는 여인을 위해
정력과 끈기를 다하는 끝없는 싸움을……

진흙탕에 무릎을 적시고
혼례의 예고로서 삿대를 뚝 꺾어버리며,
그리스 군병들에게도 트로이 군병들에게도 부과시키려고.
지금도 마찬가지이지만, 끝내는 정해진 운명처럼 되리.
불도 지피지 않고 술을 따라 바치는 일 없이
불을 사용하지 않는 제물에도 의지하지 않고
완고한 고집들도 언젠가는 부드럽게 풀릴 날이 온다.
하지만 우리는 이미 늙어서 몸이 약하여
그때의 싸움에도 나가지 못했고
어린이 같은 연약한 힘을
지팡이에 기대어 이처럼 기다리고 있다오.
아직 가슴 속에서 문득 솟아오르는
어린 마음이 늙은이와 비슷한들
아레스(군신)에 관한 일은 전혀 마음에도 없는 것을……
나이든 늙은이는 무엇인가.
잎들도 시들어 다 떨어져 버린 나무처럼
거리를 비실비실 거니는 것은
대낮의 환상인 양 쓸모없는
어린이와 조금도 다름없다.
하지만 틴다레오스의 따님이신
클리타임네스트라 왕비시여
무슨 일입니까, 무슨 소식입니까,

아니면 무슨 말씀을 들었기에 포고문을 돌리고 제단에
희생물을 바치려 하십니까.
모든 신들, 하늘신, 땅신의 제단은
희생물을 굽는 연기로 자욱하여
왕가의 신성한 기름과 떡, 거짓없는
다정한 설득에 달래어져
하늘까지 닿을 듯 그 연기가 피어오른다.
그러한 모든 뜻을 왕비님의 힘이 닿는 한
또한 지장이 없는 한 밝히어서
우리의 이 근심을 고쳐 주는 따뜻한 손길이 되어 주소서.
아니, 그 근심도 때로는 불길한 일이면서
희생을 바치는 제단에서 밝혀지는
정다운 희망이, 풀 길 없는 마음의 근심을 씻어 주리라.

이야기하는 것은 우리에게도 허락된 일, 한창 나이인
사람들에게 어울리는 출발의
격려사를. 그것은 아직도
신의 세계로부터 내려온 설득력이 살아서
세월과 더불어 자라난
수많은 노래의 힘이다.
이 아카이아 나라의
왕좌를 나란히 하는 두 임금,
그리스 젊은이의 마음을 하나로 합치게 하는 대장들을
활을 잡아 복수의 싸움터로
사납디사나운 새의 조짐이
트로이의 땅으로 출발케 한 것이다.
새들의 왕이 배를 이끄는 바다의 왕자들처럼,
검독수리와 낭군인 흰독수리가 왕궁 바로 가까이 모습을 나타내어
더욱이 창을 든 오른쪽
사람들 눈에도 잘 띄는 곳에서

새끼를 밴 토끼들을 잡아먹고 있었다.
거의 다 보금자리에 와닿은 토끼를
가엾어라, 하지만 행운이 이길 수 있도록 해 주소서.

부지런한 군대 안의 점술가들은
그때 기풍도 서로 비슷하고 용맹스러운
아트레우스 집안의 두 어른을 보고
이 토끼를 잡아먹는 독수리야말로
원정군 대장을 가리킨 것이라고 깨달았도다.
그리하여 이렇게 점을 쳐 말했다.
시간이 지나면 이 원정 싸움은
프리아모스 성을 공략하리라고
또한 그 성루 안으로 쳐들어가기 전에
국민들이 가진 수많은 재물도 모두 폭력에 의해
운명이 빼앗아 가리라고
오직 바라는 것은 천신의 노여움이
트로이를 제어하는 재갈인 양
이 땅에 모여드는 군대 앞을
어두운 그림자가 되어 가리우지 않기를!

거룩한 아르테미스님은 아버지 신의 날개를 단
개들에게 원한을 품고 있으니.
가엾은 토끼를 그 뱃속에 든 새끼째
출산 전에 잡아먹은 까닭에
역시 독수리들의 향연을 증오한다.
가엾어라, 하지만 행운이 이길 수 있도록 해 주소서.

거룩한 여신이여, 거칠고 사납디사나운 사자의
새끼들을 귀여워하고
또 애타게 젖을 찾는

모슨 산짐승과 들짐승들의 어린 새끼들을 사랑하심은
이 전조가 가리키는 바를 나타내시기 위함 같다.
새들이 보여 준 징조는
기쁜 소식이면서 한편 고난의 뜻도 없지 않으니.
우리가 찾으려는 신은 모든 것을 바르게 다스리는 파이안님.
혹시나 그리스군에게
뱃길을 막는 역풍이 불어
바다를 건너지 못하는 일이 없도록
다시금 법도에 어긋나는
희생을 권하지 마시기를, 나눌 수도 없는
육신(肉身) 사이의 다툼을 만들어
그에 반역케 하는 원인이 되는 것, 무서워라.

지금도 늘 가문에 집착하여 집념으로 자식의 원수를 갚으려는
마음의 그 원한에는 변함이 없노라고
이같이 칼카스님은 출발할 때
새점(鳥占)으로 우리 주인 집안에 대해
크나큰 행운까지도 담은 예언을 매우 엄숙하게
말했지만
그것과 이제 소리를 합하였으니
가엾어라, 하지만 행운이 이길 수 있도록 해 주소서.

제우스 신이여, 정말은 어떤 분이신지 잘 모르오나
이름 불러 올림을 가상히 여기신다면
그 이름으로 기도를 드리나이다.
미루어 생각하건대 우리의 이 가슴 속에서
공연한 근심 걱정을 진실로 없애 줄 수 있는 분은
제우스 신 말고는 없나이다.

그 옛날, 크나큰 힘을 가지고

모든 것을 이길 수 있노라고 교만해하던 자가
옛 이야기인 양 사라져 갔듯이,
그 다음에 일어난 자[*2]도 제3의 강자에게
정복되면서 사라져 갔다.
하지만 제우스 신에게 정성을 다하여
승리의 영광을 바치는 자만은
모든 것에 올바른 생각을 갖는다 할 것이다.

고뇌를 통하여 깨닫는 일을
이 세상의 법칙으로 정하시고
인간을 깊은 생각으로 인도한 신이시니
잠든 사이에도 마음 속의 아픔과 쓰라림을
잊지 못하는 고뇌야말로
피를 흘려서 바라지 않고도 스스로 올바른 마음을 가져온다.
이는 거룩한 힘으로 조종하시는
신의 은혜시리니.

그즈음 그리스 선대(船隊)의
총대장이신 연장자 어른도
점술가에겐 티끌만큼도 책망을 않고
불어닥치는 운명의 바람에 휩쓸려 복종하셨다.
그리스 병사들이
칼키스[*3] 건너편 해안, 아울리스 바닷물이
철썩거리는 곳에 배를 멈추어
출범하지 못하고
군량이 떨어져 투덜거릴 때.

질풍은 스트리몬으로부터 계속 불어와
출범을 미룬 병사들은 굶주림에 떨고, 항구에
발이 묶인 사람들은 혼란에 빠지고, 배도 부서져

계속 오랫동안 기다리게 하여
아르고스 용사들의 정력과 끈기를
다 빼앗아 갔다. 바로 그 무렵
무서운 폭풍을 피하는 방법을
——대장들에게는 한층 더 심한 일이었지만——
아르테미스 신을 증인으로 점술가가
선언한 것이었다. 아트레우스 집안
어른들은 대지를 지팡이로 두드리며
눈물을 그치지 않았다.

연장자 어른은 입을 열어 말하였다.
'(그 명령에 따르지 않는다면 내 운명은 가혹하리라.
만일 내가 우리 집안의 기쁨인
저 딸을 죽이지 않으면 안 되고
아버지의 이 손을, 처녀를 죽인 그 피로
제단 언저리를 더럽히게 된다면, 이 또한
가혹한 일. 그 어느 한쪽이든 불행한 재난이 아니고 무엇이랴.
어떻게 내가 우리 군대를 버리고
선대(船隊)를 버릴 수 있으랴.
병사들은 폭풍을 가라앉힐 희생물로
오로지 처녀의 피만을 애타게 요구하는데
신의 뜻인 고로), 그 바람 또한 정당하도다.
그러니 좋은 전조를 보여 주소서'라고.

이같이 필연의 멍에를 걸머진 뒤로는
신을 두려워 않고, 또한 깨끗지 못해 신의 뜻에 어긋나는
마음에, 바람이 부는 대로 기분을 바꾸어
그 뒤부터는 어떠한 일도 다 해치우려고 결심하셨다.
비겁한 마음은 사람을 앞뒤 생각 없이 마구 덤비게 만드나니
무참한 화근을 가져오는 비뚤어진 생각이니라.

어쨌든 국왕은 아내의 원수를 갚으려는
싸움을 도우며, 또한 배를 나아가게 하기 위한
첫 희생물로 자기 딸을
죽이는 자가 되려고 하셨다.

여러 차례의 기도도
부왕에 대한 간절한 부탁도
처녀의 목숨마저도
싸움만 서두르는
대장들은 돌아보지 않았다.
부왕은 기도한 뒤
옷자락에 매달리어
진심으로 애원하는 자기 딸을
어린 양같이 제단 위에 높이 쳐들고
어여쁜 얼굴의
그 입술에서 왕궁에 대한 저주의 말이
나오지 않게 억지로

재갈의 힘으로 목소리를 막았다.
사프란 물들인 옷을 땅에 끌며
희생을 바치는 제례에 참여한 이들에게 낱낱이
동정을 구하는 눈초리를
처녀는 쏘아보냈지만…… 그리하여 과연
그림에 그린 듯 무언가 애원하는
모습으로 보였고, 그전에는 여러 번
성대한 부왕의 연회장에서
노래하고 춤추던 그 청신한
처녀의 목소리로 사랑스러운 아버님의
헌주식(獻酒式)에 축복하는 찬가를
아주 행복스레 노래 불렀었는데

그로부터 생긴 일은 보지도 말하지도 않으리.
칼카스님의 행위는 모두 성취되지 않을 리 없으니,
하지만 고생한 자만이 깨우침을
얻는다는 것은 당연한 법칙
앞날의 일은 일어났을 때
언젠가는 듣게 된다, 그때까지는 생각하지 않는 게 좋으리.
그것은 미리부터 탄식함과 같은 일
언젠가는 아침 햇살과 함께 뚜렷해지리니
지금은 일이 잘되어 행운이 있기를
우리의 가장 가까운 아피아*4 나라의
유일한 요새가 요구하는 대로 되기를……

왕비 클리타임네스트라, 궁전 문 앞에 나타난다.

코러스 황공하게도 이렇게 어전에 나왔습니다. 클리타임네스트라 왕비님.
  낭군님의 자리가 비어 있어도 왕비님을 공경하오음은 마땅한 우리들의 길입니다.
  그런데 왕비님께서 반가운 소식을 들으셨는지, 기쁜 소식을 바라시는 제식(祭式)을 올리시는 그 사유를 들려주십시오. 들려주시지 않는다 해도 원망은 않겠습니다.
클리타임네스트라 (장로들을 보며) 반가운 소식은 속담에도 있듯, 이 새벽은 따뜻한 어머니인 밤으로부터 비롯되는 것이오.
  하지만 그대들은 예측보다 더 큰 기쁨을 들을 것이오. 프리아모스의 도성을 아르고스의 병사들이 함락시켰다 하오.
코러스 대장 뭐라고 말씀하셨습니까? 말씀하신 뜻을 확실히 이해하기 어렵습니다. 너무나 믿기 어려운 말씀이군요.
클리타임네스트라 트로이가 그리스군 손 안에 들어갔다 하오. 이래도 확실히 모르겠소?
코러스 대장 기쁨이 이 몸을 흔들어 눈물까지 납니다.
클리타임네스트라 과연 그 고마운 정성을 그대들의 눈이 증명해 주고 있구려.

코러스 대장 하지만 확실한 증거라도 있으신지?

클리타임네스트라 물론이오. 만일 신께서 속이지만 않으신다면.

코러스 대장 그렇다면 꿈의 계시를 굳게 믿으신단 말씀이신지?

클리타임네스트라 아니오. 무거워진 마음의 추측 따위는 상대도 않소.

코러스 대장 그러면 무슨 소문이라도 들으시고 그러신지?

클리타임네스트라 나를 어린아이처럼 여기는구려.

코러스 대장 그러면 언제, 며칠 전에 그 성이 함락되었다는 것입니까?

클리타임네스트라 지금 이 아침이 훤히 밝아 오기 전 새벽 무렵의 일이오.

코러스 대장 대체 누가 그 소식을 이토록 일찍 전해 왔습니까?

클리타임네스트라 '불의 신' 헤파이스토스요. 이데 산에서 불을 밝혀 햇불에서 햇불로 불의 파발을 이곳까지 전해 온 것이오.

이데로부터 렘노스의 헤르메스 바위로, 그 섬에서의 큰 화톳불을 아토스 해변의 제우스 산봉우리가 세 번째로 인계받고, 넓은 바다 등허리도 단숨에 뛰어넘을 듯 급히 나아가는 등불의 높고 큰 기세……

신호 봉화가 태양같이 금빛을 내뿜는 불길을 마키스토스의 망루로 전해 보내면, 그 영마루는 조금도 망설임 없이, 또 맥없이 잠에 빠져들어 전령의 임무를 게을리하는 법도 없이 다음으로 전하며, 봉화의 불길은 에우리포스의 해협을 넘어 메사피오스 수비대에까지 알려졌소.

그러면 이번에는 쌓아올린 건초더미에 불을 붙여 그곳 사람들이 다시 다음 지방으로 화톳불을 전해 보내는 것이오.

이렇게 점점 커진 불빛은 좀처럼 기세가 꺾이는 일 없이 아소포스[5]의 강변도 단숨에 뛰어넘어 환한 달빛인 양 키타이론의 영마루를 향해 봉화를 지키는 파수병들을 깨워 놓지요.

그곳 파수병은 먼 지방에서 차례차례 전해 온 빛을 받자마자 명령대로 더욱 환하게 봉화를 올리고, 빛은 고르고피스 만을 멀리 뛰어넘어 아이기플랑크토스 산봉우리에까지 이르러, 그곳 사람들에게 봉화 올리는 일을 게을리 말도록 재촉했던 것이오.

거기서 힘껏 지펴 올린 커다란 불꽃이 살로니카 만을 내려다보는 산 자락 너머에까지 비칠 만큼 환히 비치며 가닿은 곳은 수도에 이웃한 아라크네 산 봉우리지요. 오, 그곳에서 이번에는 이 아트레우스 집안 궁전에 이른 것이오.
 그 봉화의 빛은 이데 산 봉화의 적손(嫡孫)이라 해도 좋을 것이오.
 내가 정한 횃불을 전하는 경주는 이런 식으로 차례차례 이어져 임무를 마치게 되어 있소. 그 우승자는 말하자면 처음과 마지막을 달리는 자이오.
 자, 이것이 트로이로부터 내게 남편의 소식을 보내왔다는 증거, 또한 그 확실한 증거임을 알게 되었을 것이오.

코러스 신께 거듭거듭 감사드립니다, 왕비님. 하지만 지금 하신 말씀을 다시 한 번 상세히 듣고 싶습니다.

클리타임네스트라 트로이를 그리스군이 바로 오늘 아침 점령했소. 그 거리의 서로 뒤섞여 들리지 않는 외침 소리가 뚜렷이 들려오는 것만 같구려.
 초와 술을 한 그릇에 담으면 서로 섞여들지 않고 따로따로 노는 것을 보았을 것이오. 마찬가지로 정복된 자와 정복한 자의 소리에서 서로 어울리지 않는 소리를 뚜렷이 분간할 수 있소.
 한쪽은 시체 곁에 털썩 주저앉아 남편과 형제와 아버지와 아들의 죽음을 통곡하지요. 거기에는 또한 나이 어린 자와 노인들도 있을 것이오. 지금은 이미 노예가 되어 버린 그들은 목에서 목소리를 짜내어 그리운 사람의 운명을 탄식하겠지.
 또 다른 한쪽에서는 전쟁으로 말미암아 밤에도 쉬지 못하고 군량마저 모자랐던 자들이, 그 도시가 지닌 만큼의 아침 식사를 이제는 나누어 가질 여유도 없이 닥치는 대로 운에 따라 빼앗아 갖겠지.
 그리고 이미 함락시킨 트로이의 모든 집으로 들어가 지금까지는 하늘 아래에서 비와 이슬에 젖으며 지냈지만, 그것을 면하여 대부호처럼 파수병도 필요없는 하룻밤을 깊이 잠들 수 있을 것이오.
 또한 모두가 그 도시를 지키는 신들, 점령된 그 땅의 신들의 신전을 잘 모신다면, 승리를 얻은 사람들이 이번에는 반대로 비참한 경우를 생각하지 않아도 될 게요.
 부디 병사들 모두가 탐욕에 빠져서 손 대선 아니될 것을 약탈하려는 생각을 하지 않았으면 좋으련만. 이제부터는 고향으로 탈 없이 돌아와야 되니까.

가고 오는 길은 둘, 아직도 그 한쪽 길이 남아 있으니. 게다가 비록 이 크나큰 군대가 신들에게 죄를 짓지 않고 돌아온다 해도 전사한 이의 괴로움은 잠만 깨면 늘 떠나지 않는 법. 당장에는 재난이 닥치지 않는다 해도 언제 어느 때 닥칠지 모르는 일이니.

어쨌든 이런 것이 여자의 몸인 나한테서 듣는 이야기요.

하지만 행운이 눈으로 분간하지 못하는 일이 없을 만큼 뚜렷이 나타나기를 기도합시다. 내가 택한 것은 많은 행운을 받들고 가는 길입니다.

코러스 대장 왕비님, 분별있는 남정네처럼 현명하신 말씀입니다. 우리가 왕비님의 확실한 증거를 들은 이상 신께 깊이 감사의 뜻을 올릴 준비를 마련하겠나이다. 이제까지의 수고를 충분히 보상할 은혜를 내려 주셨으니까요.

클리타임네스트라, 궁전 안으로 들어간다.

코러스 (노래)
　　오, 제우스 신이여,
　　또한 기막힌 영광을 가져다 준 밤, 다정한 밤이여,
　　트로이의 집과 탑 위에 가득
　　그물을 덮어, 어른도
　　어린 자도 누구 한 사람
　　포박의 망을 빠져 나가지 못하게 하여
　　모조리 사로잡게 하셨으니

　　과연 주객(主客)의 의(義)를 지키는 제우스 신께 공경을 다하여 감사드립니다.
　　파리스에게 미리부터 활을 당기시어
　　마침내 복수를 하셨습니다.
　　표적에 닿지 않는다든가, 별의 세계를 넘는다든가 하는
　　공연한 화살은 날리지 않도록 하셨습니다.

코러스1 사람은 말한다, 제우스로부터 모든 화근이 비롯된다고.

하지만 어쨌든 그 근원을 더듬는 것은 나도 할 수 있으리.
미리 결정하신 대로 신들은 성취하신다.
인간이 손 대어서는 아니될 성스러운 것에 대한 외경심을 잊고
짓밟는다 해도 신은 개의치 않는다고
말하는 사람도 있지만, 그것은 경건한 마음을 잊어버린 말.
어차피 용서치 못할 음모가 낳은 화근
파멸이 이윽고 그 모습을 뚜렷이 나타내리.
아무리 그 기세가 맹렬할지라도
또 집안이 번성하고 재물이 넘칠지라도
가장 알맞는 것은 정도를 넘지 않는 일.
분별심이 충분히 갖추어진 인간은
모든 게 충분할 만큼 곤궁하지만 않는다면 그것으로 만족한다.
부(富)나 재물이라도
교만한 자에게는 아무 도움이 되지 못한다.
정의로운 신의 제단을 업신여기고
결국 멸망을 불러일으키는 자에게는.

어디까지나 무참한 설득의 힘에 밀려서 한 일
줄거리를 만드는 파멸은 여신의 반항하지 못하는 딸이라 일컫는다.
더욱이 구원도 소용없고 숨을 길도 없다.
무서운 광채 앞에 화근이 뚜렷이 모습을 보인다.
마치 불순한 놋쇠처럼 정의의 심판을 만나
'시금석'을 닦고 음미해 보면
검은 손때를 드러내리
새를 쫓는 아이들처럼 쓸데없는 기도
백성들에게 견딜 수 없는 재난을 가져다 준다면
신도 그 기원하는 말을 받아들이지 않고
책망 들을 자를
죄인이라 정하신다.

파리스의 소행도 이와 같은 것
아트레우스 집안의 궁전에 와서 모처럼
손님을 환대하는 마음씨를
아내를 훔침으로써 짓밟고 모독했다.
시민들에게는 방패와 창을 들고
출진(出陣)하는 웅성거림을
뱃사람들에게는 무장을 갖추게 하고
트로이에는 멸망을 지참금으로 가지고
헬레네는 몸도 가벼이 성문을 나서서 사라졌다.
해서는 안 될 일을 하고서. 몇 번이고
이렇게 말하며 왕궁의 점술가들은 탄식했다.
'아, 슬프다. 궁전과 주인 어른
그 침실과 다정한 옛님의 미련이여'라고.
지금 또한 배반당하고 버림받은 사람들의 욕됨을 참고
더욱이 욕설도 않고 그저 침묵만 지키는 모습을 볼 수 있으리.
바다 건너 떠나간 여인에게 애오라지 마음이 끌려
왕궁의 주인은 넋 빠진 속 빈 강정, 빈 껍질인 양 보이나니
자태도 아름답게 나란히 서 있는 입상(立像),
그 요염한 모습마저 홀로 남은 임에겐 그저 한스럽고
없는 여인을 애타게 찾는 눈초리와
공허로운 모습에는 도무지 힘이 없다.

꿈 속에 나타나는 고뇌에 찬 환영은 있어도
그것은 헛된 위로를 가져다 줄 뿐
공허한, 손 닿는 곳에 보인다 생각한 것이……
순식간에 날개 돋친 듯
팔 사이로 빠져 나가
잠 속의 꿈길을 따라 사라져 버린다.
궁전에 얽힌 비탄, 그 속을 채우는 것은
이러한 것, 그 위에 또 강한 것도 있다.

하지만 세상을 통틀어 그리스 전체를 원정군으로 보낸 뒤
어느 집이나 가슴에 견딜 수 없는
비탄을 지니지 않는 이 없으니
간장을 태우는 일은 수없이 많다.
용사를 내보낸 집들은 그들의 모습을
잊지 못하는데, 그리운 그 사람을
대신하여 고향에 돌아온 것은
하나의 항아리와 재뿐이라니

몸을 황금으로 바꾸는 군신 아레스가 사고 파는 것은 사람의 몸이요
그 저울은 창을 휘두르는 싸움터와
싸움터 사이에 걸려 있다.
그리고 불에 태워 트로이에서
고향 사람들에게 보낸 것은 참혹하게
눈물에 흠뻑 젖은 무거운 모래알
사람을 대신한 재로
항아리 하나를 가득 채워서
그 사람을 애도하고 또한 서로 슬퍼하며
칭송하네. 싸움의 재능도 무디지 않아
혈전(血戰)의 마당에서 용감히 쓰러져 간 이를
그것도 모두 남의 아내 때문에
남몰래 이같이 한 사람이 탄식하여 말하면
싸움만 재촉하는 아트레우스 집안 사람들에게로
슬픔에 젖은 사람의 원한은 저절로 일어난다.

또는 그대로 트로이의 땅에서
성벽을 둘러싼 무덤을
형태도 다치지 않고 지닌 자도 있다.
트로이의 군주들은 그들의 무덤에 묻혔거늘.

원한 품은 시민들이 말하는 소문은 중대한 것
군중들이 말하는 저주는 반드시 보상을 요구한다.
근심 속에 우리가 들으려 기다리는 것은
어둠에 가리운 그 어떤 소식
많은 목숨을 해친 자들을
신의 눈은 결코 놓치지 않으므로
무서운 복수의 신은 옳지 않으면서
번영하는 사를 언젠가는 반드시
거꾸러뜨리고, 그 생활을 바꾸어
멸시해 버리지. 마침내 일단
이 세상에서 사라지면 아무 힘도 없어져 버린다.

특히 세상에서 행운을 칭송받음은
위험한 일, 높은 자리는 자칫하면
제우스의 벼락을 맞기 쉬우니
질투를 받지 않는 행운을 우리는 바라지.
성을 함락시킨 대장군도 되기 싫고
포로의 몸으로 남의 종 노릇 하며
삶을 이어가는 것도 싫은 일.

이하 코러스 사이의 응답.

고마운 봉화 신호에
소식은 당장 온 거리로 퍼져간다.
하지만 이게 정말인지
그 누가 알랴. 아니면 신께서 속이시는 걸까.
누가 이렇게 어린이처럼 분별을 잃어버리겠는가.
봉화 신호를 받아
곧 가슴에 불을 붙여서. 그 뒤에
이야기가 바뀌어 난처해질 것도 생각지 않다니

여자란 꾀임당하기 쉬운 기질로서는
확인하기도 전에 성급히 믿어 버림은 흔히 있는 일.
멍청히 남을 잘 믿는 여인의 말은
손쉽게 받아들여지기 쉬운 것, 하지만
그녀의 억측이 지어낸 이야기처럼 사라져 버린다.

코러스 대장 곧 알게 될 것이오, 빛을 가져다 주는 그 봉화의 뜻을. 또한 불이 차례차례 전했다는 이야기가 사실인지, 아니면 또 이 날 밝고 기쁜 빛이 꿈 속처럼 정신을 흐리게 해 버릴 것인지를.
 저것 보시오, 저 바닷가에 전령이 오고 있소. 올리브 가지를 들어올리는 게 보이지 않소. 저 흙의 이웃인 마른 흙먼지가 우리에게 잘 가르쳐 주는구려.
 저 사나이야말로 말없는 사람과는 달리, 또 산상의 봉화를 피워올리고 그 연기로 신호하는 것과는 달라서, 한층 더 '기뻐하라'고 인사해 주는가, 아니면…… 그 반대의 소식은 사양하고 싶소. 우선 이제까지의 행운에 한층 행운이 더하기를 바랄 뿐이오.
 그 누구라도 이에 관해 나라를 위하여 달리 기도드리는 자는, 자기 스스로 마음의 과오에 대한 대가를 받음이 마땅하리라.

전령 등장. 지금 막 상륙한 아가멤논 군대의 선발대로부터 보내진 전령이다. 그는 몸을 땅에 던져 흙에 입맞춘다.

전령 오, 대대로 이어온 아르고스 나라의 그리운 땅이여, 10년이 지난 오늘 새벽 햇살을 따라 그대 품에 돌아왔다. 수없는 희망이 깨어진 뒤 가까스로 그 하나를 얻은 것이다.
 아니, 정말 이제까지 이 아르고스 땅에서 일생을 마치고, 가장 좋은 무덤에 묻히리라곤 생각지도 않았었다.
 하지만 이제야말로 이 땅에 호소한다. 태양빛보다 더욱 높은 곳에 계시는 이 고장의 제우스 신, 그리고 피톤의 왕께서도 활을 들어 이제는 더 이상 우리에게 화살을 쏘지 마소서. 아폴론 신이여, 당신의 노여움이 스카만드로스 해안에서 적을 도와 주었으나, 이번에는 세상을 구하시어 치유의 신으로서 돌아오소서. 또한 이곳에 모이신 모든 신께 호소하나이다, 특히 우리 수호신인 헤르메스님, 우리를 조국으로 돌려보내 주신 신들이여, 살아남은 아르고스군사들을 고이 받아들여 주소서.

오, 대대로 내려온 궁전, 그리운 저택이여. 그리고 거룩하신 자리, 또 동쪽을 향한 신들(의 거룩한 상)이여…… 정말 무척이나 오래 되었도다. 자, 이제야말로 눈을 반짝이며, 오랜 세월이 지난 뒤 돌아오시는 임금님을 성대히 맞아 주소서.

아가멤논 왕께서 와 닿으셨으니 어두운 밤에 빛을 가져다 주소서. 특별히 이곳에 있는 모든 사람에게……

정성껏 왕을 환영해 주소서. 그것은 당연한 일입니다. 트로이를, 정의를 세우시는 제우스 신의 괭이로 굴복시킨 어른을 맞이한다는 것은, 그것으로 평지를 완전히 파헤치고 주춧돌도 분간키 어려울 만큼 모든 신전도 온 나라의 씨도 모두 멸해 버린 것입니다. 이와 같은 멍에를 트로이 나라에 씌워 놓고 아트레우스 집안의 연장자 어른은 행복한 분으로 돌아오십니다. 지금 세상에 살아 있는 사람들 가운데 그 누구보다도 보답받기에 어울리는 자로서 파리스도, 그 짊어진 빚을 나누는 도시도 한 일이 당한 일 이상이라고는 말하지 못하리.

약탈과 도둑의 죄를 벌주는 데 있어 훔친 것을 빼앗았을 뿐더러 모든 것을 다, 선조의 집까지 멸망시켜 버렸으니, 프리아모스 일족은 자기 죄를 이중으로 치르고 말았습니다.

코러스 대장 잘 왔네, 출정나간 그리스군의 전령이여.
전령 고맙습니다. 이미 죽었다 하더라도 신들에게 불평하지는 않았을 것입니다.
코러스 대장 선조 대대로 이어온 조국에 대한 그리움, 그 일념에 몹시 괴로움을 받아서인가?
전령 물론입니다. 너무나 기쁜 나머지 눈에 눈물이 넘쳐 흐릅니다.
코러스 대장 그렇다면, 그대도 기쁜 나머지 슬퍼진단 말이오?
전령 대관절 왜 그럽니까? 무슨 뜻입니까?
코러스 대장 그대를 고대하던 우리를 그대도 그리워했단 말이오.

전령 그럼 우리가 돌아오기를 기다렸다는 거군요. 우리인들 어찌 돌아오고 싶지 않았겠습니까?

코러스 대장 얼마나 어두운 마음으로 우리가 이제까지 비탄에 젖어 왔는지.

전령 무슨 까닭으로 그렇듯 고뇌에 찬 불쾌감이 당신네들을 찾아왔습니까?

코러스 대장 오래 전부터 침묵 지키는 것을 우리는 재난을 막는 약으로 삼아 왔었소.

전령 그건 또 왜지요? 주인께서 안 계시는 동안 누군가를 두려워하고 있었단 말입니까?

코러스 대장 지금 그대 말씀과 같이 죽는 게 훨씬 고마울 정도요.

전령 어쨌든 이젠 잘되었습니다. 이렇듯 오랜 세월 동안에는 본디부터 운이 좋았다고 할 수 있는 것도 나빠질 수 있으니까요. 하지만 신들 말고 그 누가 한평생 아무 괴로움 없이 지낼 수 있겠습니까?

여러 가지 힘든 일이라든가, 진지에서 지내는 고통 등…… 좁고 답답한 데다 덮을 것도 없는 침상이라든가, 대낮에도 모자라는 것뿐이라 불평을 하지 않을 때가 없을 정도였었는데…… 상륙하면 상륙한 대로 한층 심한 불쾌가 더해 갔지요. 우리의 진지가 적의 성벽 바로 옆이었는데, 하늘에서는 이슬이 내리고 나지막한 목장 지대에서는 습기가 차서 늘 의복을 적셨으니까요. 게다가 머리에는 서캐가 우글댔지요. 또 겨울이면 저 이데 산의 눈보라가 큰 새들도 얼어 죽인다는 견딜 수 없는 추위를 가져옵니다. 더위로 말하면, 바다가 대낮에 바람도 없이 잠들 듯 가라앉아 물결도 일지 않는 그 노곤함, 그 더위는 말로도 못합니다.

하지만 그것을 원망할 필요가 있겠습니까. 고생도 이젠 옛일, 죽어 버린 사람들도 다시는 살아날 수 없는 옛일이 되어 버리고 말았습니다.

그러니 이제 여러 운명에게 깨끗이 작별 인사를 하려 합니다.

우리들, 아르고스군 생존자들에게는 저울에 달아 보면 이익 쪽이 훨씬 크고, 괴로움은 훨씬 가벼울 터이니까요.

왜 죽은 자를 생각해야 합니까? 살아 있는 자가 사나운 운명에 학대받고 있는데.

저 태양처럼 바다 위, 육지 위를 두루 날아다니면서 자랑스럽게 전합시다.

"트로이를 일찍이 아르고스 군대가 함락시켰는데, 이 전리품들은 그들이 신에게, 그리스 안의 모든 신전이란 신전에 바쳤던 오랜 전통의 기념품이라고."

이 말을 들은 이는 이 나라와 장군들을 찬양하지 않을 수 없을 것입니다. 또 그것을 성취시킨 제우스 신에게 감사합니다. 내가 할 말은 이것뿐입니다.

코러스 대장 과연 그대의 의견은 훌륭하오. 노인이라도 배움에 있어서는 언제나 젊은 법이니까. 하지만 이 소식은 궁정 사람들, 특히 클리타임네스트라에게는 중요할 것이오. 우리는 그저 그 혜택을 조금 입을 뿐이지만.

왕비 클리타임네스트라, 시녀를 거느리고 등장.

클리타임네스트라 나는 벌써부터 기쁨에 만세를 불렀소. 첫 번째 저 봉화가 밤 사이에 찾아와 트로이가 함락되었다고 알려 왔을 때 말이오.

그때 누군가는 나를 나무라며 말했었지. "봉화지기에 설득당하여 그대는 트로이가 이미 함락되었다고 생각하는가. 과연 여자의 마음이로다, 그렇게 자만함은."

이렇게 말하여 내 생각을 잘못으로 취급하려 했었지.

하지만 나는 제사를 올리도록 명했소. 그리하여 부인들의 관습에 따라 축복하면서 기쁨의 함성을 온 거리 곳곳에 지르게 했던 것이오. 신들이 머무르시는 곳에서 향을 사르는 향그러운 불꽃을 피워 올리면서.

그런데 어찌하여 더 자세히 내가 그대로부터 들을 필요가 있는가. 왕에게서 모든 이야기를 들을 수 있을 텐데.

그보다는 그리운 나의 낭군이 돌아오게 되었으니 한시바삐 정성을 다해 맞이할 수 있게 해야겠소. 아내의 입장에서 이보다 즐거운 일이 또 있는가. 전쟁터에서 신의 가호로 낭군이 무사히 돌아오심을 문을 열어 맞이하는 날보다 더한 기쁨 없을진대. 이렇게 왕에게 전해다오. 하루 속히 시민들에게 그립고도 씩씩한 모습을 보여 달라고. 그리고 돌아오셔서 궁중에 성실한 아내가 있음을 보아 달라고. 출발할 때와 마찬가지로 성실한 궁중의 감시인이며 당신에겐 충실해도 원수에겐 엄한 여자를. 하지만 그 밖의 것은 조금도 변치 않았으며, 견고한 봉인도 이 오랜 세월 동안 한 번도 찢은 적이 없다.

또 다른 사나이에게 향락을 구하여, 좋지 않은 소문을 내는 일 따위는 청동의 담금질과 같이 나와는 아무 관계 없는 일이라고.

나의 자랑이란 이러한 것. 그 속에 가득 담긴 진실은 지체 높은 여자로서도 입에 올려 부끄럽지 않을 것이오.

클리타임네스트라, 궁 안으로 퇴장.

코러스 대장 (전령에게) 왕비는 저같이 말씀하셨소. 생각하면 당연한 이야기로 느껴지지요.

하지만 전령이여, 말해 주오. 아르고스의 두 번째 용장 메넬라오스 왕에 관한 일, 그분은 이미 귀국길에 올라 아무 탈 없이 함께 돌아오셨는가.

전령 거짓말을 꾸며 이야기함은 도저히 안 될 일, 그리고 친한 사람들을 언제까지나 기뻐하도록 내버려 둘 수도 없지요.

코러스 대장 어떻게 하면 즐거운 이야기를 하면서 진실을 전할 수 있을까. 그것이 따로따로 나뉘어 있다면 끝까지 감출 수 없는데.

전령 그분께서는 그리스군대에서 자취를 감추어 버렸습니다. 승선한 배도 함께. 제 말에는 거짓이 없습니다.

코러스 대장 분명 트로이에서 따로 출발하신 것을 보았는가, 아니면 모든 사람이 싫어하는 폭풍 때문에 함대에서 떨어져 나간 것인가?

전령 활의 명수처럼 정확하게 적중시키어 오랜 재난을 짤막한 글귀로 말씀하셨군요.

코러스 대장 다른 전우들은 그분의 생사에 관해 어떻게들 말하고 있는가?

전령 누구 한 사람 그것을 확실하게 이야기할 만큼 잘 알고 있는 이는 없습니다. 지상의 만물을 키우시는 저 태양 말고는.

코러스 대장 그래, 신의 노여움으로 보내진 그 폭풍이 어떤 식으로 바다를 건너는 군대를 습격했는지, 자세한 이야기를 들려 주오.

전령 거룩한 길일을 나쁜 소식을 알리는 말로 더럽히는 것은 좋지 않은 일,

그런 임무는 저희에게 어울리지 않습니다. 패한 군대의 무서운 고난을 알리는 사자가 어두운 얼굴로 고국에 소식을 알려왔을 때, 시민들은 온 나라가 짊어져야 할 상처, 또 수많은 집들은 저마다 여러 사나이를 희생물로 빼앗겨 버렸고, 군신 아레스가 좋아하는 저 쌍갈래 채찍, 칼끝이 둘인 재난의 장본인, 피로 물든 칼날에 고난을 산더미같이 겪어온 자는 복수의 여신 에리니에스에게 찬가를 불러올림이 마땅할 것입니다.

그러나 나라를 지키고 안녕을 가져오는 기쁜 소식을 전하는 자로서 기쁨에 차 고고 수도에 돌아온 이 몸이 어찌 기쁜 이야기를 나쁜 이야기와 섞어서 하겠습니까. 그리스군에 대한 신들의 노여움을 보이는 폭풍 따위를 들춰내어서 말입니다. 지금까지 원수였던 불과 바다가 서로 짜고서 운 나쁜 그리스군을 곯리고, 속마음을 드러내어 보여 주었기 때문입니다. 이 심한 파도와 폭풍에 의한 재난이 닥친 것은 한밤중이었지요. 트라키아로부터 세찬 바람이 불어닥쳐 배를 서로 부딪치게 하고, 질풍으로 아우성치는 산 같은 파도에 산산이 흩어지고 말았습니다. 서투른 목동에게 쫓기는 양 떼처럼, 햇빛이 눈부시게 쏟아지기 시작할 때 우리가 본 것은, 아이가이아의 바다 가득히 그리스군의 병사와 부서진 배의 잔해가 꽃처럼 흩어진 광경이었습니다.

하지만 우리와 그 배만은 선체에 아무 탈이 없어, 누가 피하게 해 주었는지, 부탁하여 남겨 놓았는지 아무튼 무사했지요. 틀림없이 인간이 아닌 어느 신께서 키를 잡아 주셨을 겁니다. 행운의 여신이 구세주처럼 배에 올라타시어 무서운 기세로 닥쳐오는 파도가 배 안에 들어오거나, 또는 암초에 걸리지 않도록 지켜 주었던가 봅니다. 이렇게 바다의 저승길을 가까스로 빠져 나온 뒤로는 대낮에도 아직 마음놓을 수 없어 가슴 속으로 조금 전까지 있었던 재난을 이리저리 생각해 보았지요. 온 군대가 지독한 고생을 겪고 엉망진창이 되어 버린 꼴을. 지금까지 그 같은 동료 중에서 누가 살아남았다면, 우리를 이미 죽은 자로 이야기할 것이 뻔합니다. 우리 역시 그들을 마찬가지로 죽었다고 생각하고 있으니까요.

하지만 희망적으로 여기는 게 좋습니다. 게다가 메넬라오스님은 누구보다도 먼저 돌아왔다고 생각해도 좋을 것입니다. 만일 그렇지 않다면, 화살 같은 태양의 빛이 아직도 그 나라가 '어디선가' 죽지 않고 눈을 뜨고 있음을 알고 있다면, 자기 후손을 결코 끊으려 하지 않는 제우스 신의 배려로 언젠가는 다시 궁전으로 돌아오리라는 희망이 있지요. 우선 이런 정도가 내가 말할 수 있는 사실입니다.

코러스의 합창과 무용.

코러스 (노래)
    대체 누가 이렇게 이름 붙였는가
    모든 점에까지 진실한 이름을
    누군가가 눈에 보이지 않는 힘의
    운명으로 정해진 바를
    미리 알고 알아맞혔는가.
    창으로 신랑을 다투고, 싸움의 표적이 된 여자를
    헬레네라고 하다니. 진실로
    배를 전멸시키고 사람을 죽게 하고 또 나라를
    망치게 한 자, 부드럽고 눈부시게 아름다운
    휘장 뒤에서 빠져 나와, 크나큰
    서풍(제피로스)의 입김에 밀려 바다를 건너간 헬레네
    수없는 용사, 방패를 손에 든 사냥꾼들이
    뒤쫓아간 건 분간키 어려운 여러 개의 노 저은 자국,
    시모이스 기슭에, 머지않아
    피투성이의 싸움에 짓밟힐, 숲 속 물가로 배를 댄 그 사람의 자국이었다.
    트로이와의 관계와 그 이름이 정녕
    어울리는 헬레네, 그 뒤를 집념에 넘친
    분노가 쫓아갔다. 멸시당한
    환대의 법도와 집안 잔치를 굽어보시는
    제우스 신에 대한 무례를 뒷날 복수하려고, 신부를
    맞이하는 춤과 노래를 소리 높이 기리는 이들에게 복수하려고
    그때에는 신랑의 살붙이라 하여
    불러올리기로 정해진 혼례의 노래를

그 송가(頌歌)의 종류를 낱낱이 바꾸어 가며 배우고
이제 프리아모스 왕의 옛 도성은
비탄에 잠긴 가락을 소리 높이 신음한다.
'무서운 약속자'라고 ……
이제까지 계속 비참하게 떠밀려온
시민들의 참담한 피와 탄식으로 가득찬 세월을 참기 어려운 도시이므로.

아기사자가 어미와 헤어저
애타게 젖을 찾는 것을 양치는 사나이가
집으로 데려와 키워 왔다.
처음 자라날 때는
온유하여 아이들과 잘 어울리고
노인들의 마음에까지 들었었다.
순진한 젖먹이처럼
가슴에 안겨 여러 가지 것을 얻어먹고
사람의 손만 보면 눈을 반짝이며
배가 고프면 별 수 없이 꼬리를 흔들었지.

차츰 세월이 흐르면서
부모에게서 물려받은 기상을 보이기 시작했다.
양육한 은혜에 대한 보답으로
거칠게 굴고 양을 죽여
불청객처럼 먹어 버렸다.

온 집안은 피로 물들고
하인들에게는 어찌할 수 없는 고민의 대상
수많은 사람들을 해친 그 재난은 이루 헤아릴 수 없을 정도였다.
하늘의 뜻에 따라, 말하자면 재난의 성직자로서
집에 빌붙어 자라난 자다.

처음 트로이의 도시로 헬레네는
바람도 없는 잔잔한 날씨처럼 왔었다.
건들건들 제멋대로 구는 부(富)의 우상
그 눈썹에서는 부드러운 화살을 쏘아 대어
가슴을 찌르는 애련의 꽃과 같이
하지만 순식간에 변해 버려 혼례의 뒤끝을
쓰디쓴 종말로 만들었다.
거처하는 곳마다 모든 반려자들에게
불행을 불러 일으킨
손님을 지키는 제우스에 의해
프리아모스 일족에게 보내진
눈물의 신부인 복수의 여신인 까닭에

옛부터 인간 세상에 전해 오는 속담에
사람의 행복이 너무 커져 버리면
자식에게 저주를 가져온다고 했다.
더욱이 기막히게 좋은 행운으로부터는 그 자손에게 아무리 해도
가라앉힐 수 없을 만한 불행이 싹터 자란다고
하지만 나는 그 사람들과 다른 의견을
갖고 있다. 신을 두려워하지 않는 불경스러운 일이야말로
뒷날 더욱 꼬리를 달아 자기 혈통과 가문에
어울리는 자식을 낳겠지만
바르고 늘 정의를 지키는 집에서는
언제나 변함없이 훌륭한 자손을 얻게 될 운명이라고.

지난날의 교만한 마음은 그 당연한 소치로 비뚤어진 사람에게
언젠가 때에 따라 또한 가장 앳된 교만심을 낳는 법
새로운 자식을 낳는 가장 중요한 날이 오면
다시 항거도 적대도 불가능한 신령
불경하고 불손한 마음도

부모를 닮아 그 궁전을 어둡게 휩싼다, 사랑에 어두운 여신마저도.

그런데 정의는 그을음투성이가 된 집안에서도 빛을 밝히고
절도 있는 사람을 칭찬하지만
온통 황금으로 칠한 주택이라도 손을 죄로
더럽힌 자에게서는 눈길을 돌려
그곳을 떠나 올바른 집을 찾아간다. 잘못하여 부가
영예의 표적을 준다 해도, 그 권세는 존경하지 않고
만물을 종말로 이끄시는 신이시다.

트로이로부터 돌아온 아가멤논 왕, 수레를 타고 오른쪽에서 등장. 뒤따르는 수레를 타고 트로이 왕녀 카산드라가(지금은 여자 노예로서) 미쳐 버린 듯 공허한 눈길로 바라본다. 병사들 여럿. 코러스가 환영의 노래를 부른다.

코러스 대장 오, 어서 돌아오십시오, 왕이시여.
트로이를 멸망시킨 아트레우스의 계승자, 승전의 귀환을 축하합니다.
정복의 영광을 어떻게 정성들여 말씀드려야 좋을지요,
지나침도 부족함도 없이 예절에 맞게 하려면.
대부분의 사람들은 그저 그렇게 겉으로 보이는 것을
진실보다 중요하게 여겨 정도(正道)에서 벗어나는 법입니다.
불행한 사람들을 위한 비탄은 누구나 다 알고 있는 터이지요.
하지만 그 고뇌의 아픔은
결코 가슴 깊이 스며 있는 게 아니어서
또한 비슷한 외관을 꾸미고, 웃을 수도 없는
얼굴에 억지로 웃음지어 함께 기뻐하는 척합니다.
하지만 충분히 자기 양을 식별할 수 있는 사람이라면
지금 친절한 마음씨에서 동정한다고 보이는 사람의
눈초리가 사실은 겉보기의 우정이며
그저 아첨뿐이라는 것을
간파하게 될 것입니다.

나리께서도 전에는 헬레네를 위해
원정군을 일으켰으니…… 이제 와서 감출 것도 없습니다.
내 눈에는 어지간히 실망의 대상으로밖에 비치지 않았습니다.
그래서 분별의 키를 잡는 법도 모르는 분이라고밖에……
우리로부터 떠난 대담무쌍한 여인을
많은 사람을 죽여 가면서까지 데려오려 하다니
하지만 지금은 결코 겉마음이 아니라 진심으로 인정합니다.
운 좋게 일을 성취시킨 자에게는 고생마저 기분 좋은 것이라는 말을
이제부터 차차 잘 살피시면, 시민들 가운데에서 어느 누가 올바로 나라를 지켜 왔는가, 또 누가 형편에 맞지 않는 방법으로 나라를 다스려 왔는지 깨닫게 될 것입니다.

아가멤논 맨 먼저 내가 할 일은 이 아르고스와 천지신명께 인사를 드리는 일이다. 그 신들이야말로 우리의 귀국과, 또 프리아모스의 수도에 대해 우리가 내린 옳은 '보복'에 힘을 주셨다. 입에 의하지 않는 정의의 요구, 무사들의 죽음을 건 보복, 트로이의 멸망을 신들은 받아들이시어 피투성이 그릇에 모두들 한결같이 마음을 합해 투표해 준 것이다. 반대측 그릇에는 혹시나 하는 희망이 손을 갖다 대긴 했어도 표는 던지지 않았다. 함락된 도시는 지금도 연기로써 그것을 알 수 있다.

재난의 돌풍은 아직도 생명을 유지하고 꺼질 듯 말 듯한 잿더미의 불은 풍성한 부(富)의 남은 향기를 피워 올린다.

그 보답으로 신들에게 가슴에 깊이 명심하는 감사의 표적을 바치지 않으면 안 된다. 비록 노한 김에 약탈을 마음대로 하고, 또 한낱 여인 때문에 한 나라를 아르고스라는 맹수가 멸망시켰다 해도 말이다.

그 유명한 젊은 준마, 방패를 휘두르는 무사들이 묘성(昴星)이 떨어질 무렵에 나라를 뛰쳐나간 일을 가리키며, 성채 벽을 뛰어넘어 날고기를 삼킨 사자와도 같이 트로이 군신(君臣)들의 피를 빨아 마신 것이다. 신들을 모시고 먼저 감사의 뜻을 전할 것은 우선 이 점이다.

그런데 그대들이 한 마음 속의 말, 그에 대해서는 들어서 알고 있다. 그대들의 의견도 마찬가지, 호소하려는 이유도 모두 마음에 이루어지리라. 행복한 이에 대해 질투하지 않고, 기꺼이 이를 받아들이려는 마음씨를 본

디부터 지닌 사람은 아주 드문 법이며, 이것이 세상의 관습이다.
    악한 마음의 화살은 단단히 가슴에 그 뿌리를 박고, 질투에 사로잡힌 자의 괴로움을 두 배로 하는 법.
    자신의 고민으로 마음이 무겁게 울적해지면, 다른 사람의 행복을 바라보고는 긴 한숨만 몰아쉬는 것이다.
    이렇게 말함은 일찍이 경험이 있어서이다. 이미 충분하게 거울에 비치는 그림자에 지나지 않는 인정을 깨닫고 있기 때문이다. 지금은 더없이 친절하고 다정해 보이는 이들도 그저 그림자의 그림사, 환상에 지나지 않는다.
    하지만 오디세우스만은 본디 자신의 뜻과 달리 전쟁에 참가했으면서도, 우리의 전우가 된 뒤로 언제나 나의 좋은 벗이 되어 주었다. 그가 죽었건, 또는 살아 있건 이것은 말해 주어야 한다. 그 밖에 도시와 신들에 대한 것은 시민 모두가 모여서, 그 모인 자리에서 충분히 의논할 것이다. 그리하여 지금 형편이 좋은 것을 언제까지나 오래오래 계속 좋도록 도모하지 않으면 안 된다.
    또한 의료 수단을 필요로 하는 상황에 대해서는 불로 지지거나 잘라내거나 그 병독의 뿌리를 없애는 수술을 펼 것이다.
    그럼, 지금부터 궁 안으로 들어가 신들에게 우선 인사를 드리려 한다. 그 신들이야말로 우리를 내보내어 다시 돌아오게 해 주신 분이시니. 이제까지 우리에게 승리가 따랐듯 그렇게 변함없이 있어 주기를!

클리타임네스트라, 궁전에서 시녀를 거느리고 등장한다. 여러 가지 비단 직물을 손에 받들고 있는 사람들.

클리타임네스트라   시민 여러분, 여기 계시는 아르고스 장로들. 내 낭군에 대한 지극한 생각을 여러분께 이야기해도 그리 부끄럽지 않습니다. 시간이 흐르면서 사람의 소극적인 수줍음은 차츰 사라져 갑니다. 남의 힘을 빌리지 않고 지금까지 나의 쓸쓸한 생활을 말씀드리겠습니다. 나의 낭군이 트로이에 가 계신 동안의 생활을.
    첫째, 여자 몸으로 남편과 떨어져 홀로 쓸쓸히 집에 들어앉아 있는 것은 무척이나 쓰라린 일이었습니다. 여러 가지 흉한 소문을 이 사람 저 사람이 차례차례로 엄청나게 전해 주니까요.

　정말이지 부상만 해도, 만일 여기 계시는 낭군께서 궁중으로 흘러들어 온 소문만큼 입으셨다면, 그 상처야말로 그물보다도 더 많이 구멍이 뚫려 있을 것입니다.

　또 죽음을 당하셨다면 끊임없이 들려온 소문처럼, 육신을 셋 가지고 있다는 거인 게리온처럼 세 벌의 흙 잠옷을 뒤집어 쓰고 누워 있을 것입니다. 각 몸뚱이마다 한 번씩 죽는다 치고 말입니다. 이처럼 수없이 많은 심술궂은 나쁜 소문 때문에 죽으려고 마음먹은 적이 한두 번이 아니었어요. 들보에 맨 밧줄을 몇 번이고 내 목에서 다른 사람들이 강제로 풀어 주었던 것입니다. 이런 까닭으로 내 오레스테스도 이곳에는 없습니다. 그애야말로 나에게, 또 당신에게 있어서도 믿음직하고 착실한 중개자가 되어 줄 수 있을 터인데.

　하지만 걱정하실 필요는 없습니다. 그애는 지금 우리와 각별히 친한 친절하신 포키스의 왕 스트로피오스님 아래에서 지내고 있으니까요. 그분은 말씀하셨지요. 제 몸에 재난이 일어날지도 모르고, 트로이에서 낭군께 뜻하지 않은 일이 생기거나, 또한 밑에서들 난잡한 소동을 일으켜 어떤 모략을 해올지도 모른다고. 쓰러진 이를 더욱 짓밟으려는 게 사람들의 본성이니까요. 아무튼 이같은 변명에 결코 거짓이 있을 수는 없습니다.

　하지만 내 몸에 이미 솟구치는 눈물의 샘도 지금은 아주 말라 버리고 한 방울도 남아 있지 않습니다. 밤 늦게까지 잠 못 이룬 눈은 퉁퉁 부어올라 아파오지요. 내 님이 돌아온다는 횃불이 행여나 오를까 밤마다 기다리며, 도무지 염려하지 않을 수 없음을 한탄했었어요. 그리고 잠이 들어서도 모기 소리에마저 눈을 뜨는 게 보통이었으며, 내가 잠으로 보낸 그 시간보다 내 님께서 여러 가지 일을 당하시는 꿈을 꾸는 시간이 더욱 많았습니다.

　지금은 이같은 모든 일을 견디어 내고 근심을 떠난 마음에 여기 계시는 낭군을 양치는 개처럼 맞이하려 합니다. 배를 무사히 지켜 주는 밧줄, 높은 지붕을 버티는 튼튼한 굵은 기둥, 또 아버지에게 있어 단 하나뿐인 외아들처럼. 폭풍 뒤의 화창한 햇빛처럼, 길을 가는 목마른 나그네가 맑은 물이 솟는 샘을 만난 것처럼. 어쨌든 모든 고통이 지나갔다는 것은 기쁘기 한이 없는 일입니다.

그러니 이와 같은 말로 당신을 불러 보고 싶습니다. 투기 따위는 하지 않겠습니다. 이제까지도 꽤 많은 고생을 참아 왔는걸요. 자, 그러면 그리운 님이시여, 그 수레에서 내려오소서. 그 발로 땅을 밟지 마시고, 자, 낭군이시여, 트로이를 함락시킨 어른.
　　애들아, 뭘 꾸물대고 있느냐. 전부터 일러둔 대로 지나가실 땅에 비단을 깔아 보랏빛으로 장식된 길을 만들어라. 그리고 돌아오시리라고 예기치 못한 궁전 안으로 나리를 맞아들이자.

　　시녀들이 비단을 깐다.

　　이제 남은 일은 악몽에 시달리지 않고 신께서 명하시는대로 옳게 해나가면 되는 거예요.

아가멤논　(수레에 앉은 채로) 레다의 딸[*6]이여, 나의 궁전을 지키는 이로서 내가 오래 궁전을 비웠던 동안에 어울리는 말을 했구려. 어지간히 긴 이야기였으니 말이오. 하지만 정도에 맞는 칭찬이라면, 그 칭찬은 마땅히 다른 사람으로부터 나와야 하오.
　　또 그 밖에도 여자다운 심성으로 나를 너무 응석받이로 만들지 마오. 또 동쪽 나라 임금에게나 하는 것처럼 나를 향해 땅에 엎드리어 입을 열고 큰 소리로 이름을 부르지 마시오. 몸에 걸친 옷을 땅에 깔고, 신과 사람의 질투를 사는 것도 좋지 않을 것이니, 오직 신에게만 그와 같은 높은 영예를 바치는 게 옳을 것이오.
　　찬란하게 꾸민 비단 위를 언젠가는 죽어야 할 인간의 몸으로 걷는다는 것이 나는 두렵소. 나를 신이 아닌 남편으로서 공경해 주오.
　　발을 엮은 깔개와 취향껏 꾸민 비단은 없을지라도 사악하지 않은 사려가 가장 좋은 신의 선물이니, 행복 속에서 세상을 마친 자를 행복한 사람이라 할 수 있을 것이오. 이것이 나로서 안심하고 할 수 있는 행동인 거요.

클리타임네스트라　네, 하지만 한 가지만 더 말씀해 주세요, 내 뜻에 반대하시지 않겠다고.

아가멤논　내 의견은 이미 바꿀 수 없는 것이오.

클리타임네스트라　무서운 일을 당하셨을 때 신께 그렇게 맹세하셨군요.

아가멤논 분별있는 자라면 그렇게 하는 법이오.

클리타임네스트라 프리아모스 왕이 이런 공훈을 세웠다면 어떻게 하리라 생각하시나요?

아가멤논 그야 틀림없이 아름다운 비단 위를 걸었겠지.

클리타임네스트라 그러시다면 사람들의 나무람은 상관 않으시겠군요.

아가멤논 하지만 국민들 가운데에서 일어나는 비판에는 큰 힘이 있소.

클리타임네스트라 남에게서 질투를 받지 않는 자는 부러움도 못 받는 자이옵니다.

아가멤논 싸움을 좋아하여 요구함은 부녀자들이 취할 태도가 아니오.

클리타임네스트라 하지만 행복에 빛나는 분은 좀 양보하셔도 좋지 않습니까?

아가멤논 정말로 그대는 이 말다툼에서 온 힘을 다하여 이기려 하는가?

클리타임네스트라 부디 알아 주소서. 흔쾌히 양보해 주시는 게 승리자의 길입니다.

아가멤논 그럼, 그대가 꼭 그렇게 바란다면. 누가 이 발의 신을 빨리 벗겨 다오. 발의 종 노릇 하는 이 신을. 이 보랏빛 깔개 위를 걸어가는 내 머리 위에 멀리서부터 신의 질시의 눈초리가 던져오지 않기를. 귀중한 부(富), 은으로 바꾼 비단을 모독으로 물들여, 흙 묻은 신으로 집 안의 보물을 짓밟는 것은 그야말로 삼가야 할 일이다.

그런 것들은 이만해 두고, 여기에 내가 데려온 여인이 있소. 이 여인을 정답게 궁 안으로 맞아 주기 바라오. 사람을 부리는 데 있어 부드럽게 하면 신께서도 먼 곳에서 이를 보시고 기꺼이 받아들이신다 하오. 누구나 스스로 노예의 멍에를 쓰고자 할 사람은 없을 것이오. 이 처녀는 수많은 보배로운 재물 가운데에서 가려진 꽃으로, 온 군대의 선물로 보내져서 나를 따라온 것이오. 그러면 이제 그대의 말을 따라야 한다면 보랏빛 비단 위를 밟고 궁전 안으로 들어가기로 하겠소.

아가멤논, 수레에서 내려 조용히 궁 안으로 걸어간다. 클리타임네스트라, 이를 바라보면서 혼잣말을 한다.

클리타임네스트라 바다가 있다. 그것을 누가 다 말려 버릴 수 있으랴. 그 속에는 순은과도 비슷한 귀중한 보랏빛 조개를 잔뜩 기르고 있다. 끊임없이 솟아나는 새빨간 액체로 옷감을 염색해 내는 빛깔. 궁 안에는 얼마든지 신의 도움으로 그러한 것들이 있습니다, 나리. 우리의 집은 모자람을 도무지 모르므로 얼마든지 그런 직물을 발로 밟을 깔개로 바칠 수 있습니다. 이 가엾은 목숨을 되찾는 궁리를 할 때, 신의 계시를 받는 신전에서 그런 지시가 내려졌다면.

그 뿌리가 남아 있나면 무성한 가시와 잎들은 다시 집으로 돌아와 저 천랑성(天狼星)[7]의 빛도 가릴 그늘을 펼 것이며, 궁정 깊은 비밀스러운 곳으로 나리께서 돌아오셨으니, 추운 겨울에 납시어도 여름이 온 듯 느껴집니다. 또한 제우스 신께서 아직 덜 익어 떫은 포도송이로 술을 빚으실 때에는 이미 궁중에 추위가 되돌아옵니다. 훌륭히 임무를 마치신 나리께서 집 안에 와 계시다면. (아가멤논, 궁 안으로 걸어 들어간다)

제우스 신이여, 기원을 이루어 주시는 제우스 신이여. 내 소원을 이루어 주소서. 그러면 이루시려고 하시는 그 무엇이든지 뜻대로 이루어질지니.

클리타임레스트라, 뒤따라 궁 안으로 들어간다. 문은 열려진 채 있다. 다음 수레에는 트로이의 왕녀 카산드라가 말없이 앉아 있다.

코러스 (노래)
어찌하여 이렇듯 변함없이 두려운 마음이 떠나지 않는가.
앞날을 점치는 내 마음을 쉴새없이 지배하며
부탁도 받지 않고, 돈도 받지 않은 채 노랫소리는 예언하는가.
그러면 이루기 어려운 꿈처럼
침을 뱉어 버릴 수도 없으니
자기 가슴 깊숙한 곳에
그저 믿음으로써 간직해 둘까.
닻줄을 물 속에 던져넣을 때
바닷가 모래가 날아오른 지도 벌써

몇 해가 지났던가, 트로이를 향해
원정의 군선들이 떠나가고 나서부터.

하지만 지금 눈으로 보아 알고 있다,
귀국의 광경을, 스스로 증인이 되어
더욱이 나의 마음은 거문고 소리도 없이
복수의 여신들의 슬픈 노래를
절로 깨달아 가슴 속으로 은근히 노래한다.
희망이 주는 충분히
고마운 안도감도 간직하지 못하고서
오장육부는 결코 거짓을 말하지 않는다.
올바른 것을 지키는 가슴을 향해, 심장은
성취를 가져다 주는 순환을 계속한다.
하지만 우리가 기원하는 것은, 끝내
이 기대가 헛된 무(無)로 끝나
성취의 표적을 가져다 주지 않으리라는 것.

아주 건강한 몸일지라도
만족을 모르는…… 질병이
담장을 사이한 이웃으로 덮쳐오는 까닭에
또한 사람이 행운의 외길로 나아가면
숨겨진 암초에 발이 걸린다.
쌓아올린 재물만 해도 조심스러운 염려가
분수를 알아채고 적당히 내려놓으면
정도에 넘치는 재물의 넉넉함 때문에
모든 집들의 몰락을 막고
그 배도 바다에 침몰치 않게 된다.
제우스로부터의 선물은 풍부하면서도 광대하여
해마다 수확을 가져오는 논밭에서
기아라는 병을 털어 버린다.

하지만 일찍이 땅에 떨어진
인간의 목숨이 흘린 검은 피를
그 누가 주문을 잘 외었다고
다시 제자리로 돌려보낼 수 있으리.
바른 길을 아는 자일지라도
죽은 자 가운데에서 다시 불러오는 것은
남을 해치는 일이 없도록 제우스께서 금하시는 것이다.
이미 정해진 '나의' 운명이 신들에게서 지나친 일을
못하도록 금지되어 있는 게 아니라면
내 마음은 입보다 먼저
이 '염려스러운 예측'을 다 털어놓았을 것을
하지만 지금은 어둠으로, 오직 가슴을 죄며
알맞게 실을 다 감는 것도
바라지 못하고 그저 중얼댈 뿐
가슴의 장작불을 돋우면서.

클리타임네스트라 홀로 등장, 카산드라를 향하여

클리타임네스트라 안으로 들라, 그대도. 카산드라라 했던가? 제우스 신께서 노여워하지도 않고 그대를 궁중에서 다른 자와 성수(聖水)를 함께 쓰게 하고 여러 종들과 더불어 신의 제단 옆에 서게 해 주셨으니, 그 수레에서 내려라. 그렇게 뽐내면서 앉아 있지만 말고. 저 알크메네의 아들(헤라클레스)도 한때는 노예로 팔려 종들이 먹는 좁쌀죽까지 어쩔 수 없이 먹었다 하지 않느냐?

하지만 아무래도 이런 운명에 빠질 수밖에 없다면, 옛날부터 유복한 주인이란 정말 고마운 것이란다. 갑자기 뜻하지 않게 재산이나 권력을 잡은 이들은 모든 점에 있어 종들에게 무자비하고 규칙도 지키지 않는 법이지만, 이곳에서는 뭐든지 관습대로 해 주고 있다.

클리타임네스트라, 입을 다문다. 카산드라는 여전히 듣지 못한 듯 꼼짝도 하지 않고 있다.

코러스 대장 (사이에서 끼어들어 중재하듯 카산드라를 향해) 지금 말씀은 당신에게 하신 것이오. 운명의 그물에 걸려 붙잡혀 있는 이상 들으시는 게 좋을 게요. 아니면 일부러 듣기를 거절하는 건지?

클리타임네스트라 자, 만일 제비처럼 뜻모를 다른 나라 말을 쓰고 있지 않다면 이해할 수 있는 말을 해 주겠는데.

코러스 대장 (카산드라에게) 어서 따라가시오. 지금 당신 처지에 가장 친절한 말씀을 해 주고 있으니 말씀하신 대로 하시오, 그 수레에서 내려서.

카산드라, 여전히 꼼짝도 하지 않고 다만 눈을 허공으로만 보내고 있다.

클리타임네스트라 이제는 이 문 밖에서 이렇게 꾸물거리고 있을 틈이 없어. 지금 궁중 안 불가에서는 벌써 양고기가 구워지고 있을 거야. 이러한 자비를 받을 줄은 꿈에도 생각지 못했을 터이나, 네가 그것을 그냥 놔 두지 않으려면 어서 빨리 서둘러라. 만일 뜻을 몰라 내 말을 알아듣지 못한다면, 그대는 말 대신 손짓 발짓으로라도 대답하면 어떤가.

코러스 대장 다른 나라 여자에겐 확실한 통역이 필요한 것 같습니다. 방금 붙잡혀 온 들짐승과 같아서.

클리타임네스트라 정말 정신이 이상한 것 같구나, 멍청한 것이. 이 여자는 함락된 고장을 떠나온 지 얼마 되지 않아 아직도 입에 재갈을 물리게 될 것도 알지 못하는 모양이군. 자기 힘을 피투성이 거품으로 애써 뿜어 낼 때까지는. 아니, 더 이상 입을 열어 바보짓하는 건 그만두기로 하겠다.

클리타임네스트라, 다시금 궁 안으로 들어간다. 문은 열린 채이다.

코러스 대장 (카산드라에게) 우리들은 그대를 가엾이 여기므로 화는 내지 않겠다.
  자, 어서 이리 오게나. 가엾은 여인, 그 수레에서 내려서. 이같이 부득이한 운명에는 복종하여 새로운 고삐를 받아들이는 게 좋을 게야.

카산드라, 여전히 꼼짝하지 않고 있다가 이윽고 천천히 수레에서 내려 문 쪽으로 걸어가 그 앞에 있는 아폴론 상을 보고 공포에 질린 표정으로 우뚝 선다. 그리고는 공허한 눈길로 소리친다.

카산드라 아, 슬프다. 오, 대지여, 그리고 아폴론. 오, 아폴론.
코러스 대장 어찌하여 그리 슬피 외치느냐, 록시아스(아폴론) 신을 향해서.
 죽은 자를 애도하는 슬픈 노래로 맞이하기에는 그 신은 어울리지 않을 것인데.
카산드라 아, 슬프다. 오, 대지여, 그리고 아폴론, 오, 아폴론.
코러스 대장 저 여인은 아직도 신께 불길한 말로 외치고 있다.
 슬픈 마당에 임하시기엔 전혀 어울리지 않는 신이신데.
카산드라 아폴론, 아폴론.
 모든 길의 신, 나의 아폴론, 나를 멸망시키는 분이여,
 당신은 두 번씩이나 나를 멸망시켰습니다.
코러스 대장 자신의 불행을 예언할 생각임에 틀림없다.
 노예가 된 마음에도 아직 한 가닥 성스러운 힘이 남아 있어.
카산드라 아폴론, 아폴론.
 모든 길의 신, 나의 아폴론이여.
 아, 어디로 나를 데려오셨단 말인가요. 어느 궁정으로.
코러스 대장 아트레우스 궁정이다. 그대가 그걸 알지 못한다면 내가 알려주마. 그것까지 거짓이라고는 하지 않겠지?
카산드라 아, 그야말로 신의 미움을 받은 집, 얼마나 많은 나쁜 짓을 했던가.
 혈육을 죽이고 목을 잘랐다……
 인간을 찢어발긴 집, 게다가 어린이의 피를 뿌린 집.
코러스 대장 아무래도 이 여인은 개처럼 냄새를 잘 맡는 모양이다.
 그래서 뒤쫓아가 살인 장면을 발견하겠다는 건가.
카산드라 자, 그 증거를 보면 확실하다.
 죽어 가면서 울부짖는 어린애들[*8]
 불에 구운 살덩이를 아버지에게 먹이기도 하고.
코러스 대장 예언을 잘 한다는 너의 소문은 일찍이 들어 잘 알고 있다.
 알고는 있지만 우리는 지금 너에게 점쳐 달라는 게 아니다.

카산드라 (공포에 질린 목소리로) 어머나, 이 무슨 일을. 도대체 무슨 음모를
 꾸미고 있는가……
 무슨 이런 참혹한 짓을
 엄청난 재난을 이 궁중에서 꾸미고 있는가.
 혈육 사이에서는 도저히 참을 수 없고
 다시는 돌이킬 수도 없는 짓을. 구원은 훨씬 먼 거리에 떨어져 있는데.
코러스 대장 지금 예언하고 있는 말은 전혀 알 수 없구나.
 하지만 아까 그 말은 이미 알고 있다. 그건 온 나라에 퍼져 있는 소문이니
 까.
카산드라 정말 지독한 여자구나.
 그런 짓을 하다니. 침실을 함께하는 남편을 말끔히 목욕시키고 나서……
 그 다음을 어떻게 말하리.
 머지않아 그 다음은 오겠지만.
 뻗쳐요, 손이. 손 뒤에서 곧장.
코러스 대장 아무래도 알 수 없는 일이군. 이번엔 암시로
 그럴 듯한 신들린 말을 하니 통 걷잡을 수 없구나.
카산드라 아, 저런, 저런, 저기 보이는 게 무엇일까.
 글쎄, 황천의 그물 같은 거야.
 아니, 그보다도 옭아매는 그물이다.
 침실을 같이하는 여자가 살인 공모자이다.
 만족을 모르는 혈육끼리의 싸움에
 개가의 함성을 소리 높이 지르도록 하라.
 구덩이 속에 생매장하는 희생물을 바치고서.
코러스 대장 그대는 이 궁정을 향해 함성을 지르라 한다.
 그자는 복수의 여신인가, 우리에게는 달갑지 않은 말이로다.
코러스 노랗게 물든*9 핏방울이 심장을 향해 밀려 왔다,
 마치 싸움에서 쓰러진 자의 끊길 듯 끊길 듯한 마지막 임종의
 빛과 함께 종말을 고하듯, 재난의 시기는 재빨리 다가온다.
카산드라 어머나, 저것 좀 봐.
 저 암소로부터 떼어놓은

황소*10를 옷으로 감싸듯
붙잡아 놓고, 검은 뿔로 들이친다.
그러면 물 담긴 그릇 속에 쓰러진다.
속여서 죽이는 그 가마솥 음모를
당신에게 지금도 알려 주고 있건만.

코러스 대장 나는 신탁의 말씀을 푸는 재주가 없지만
이건 아무래도 불길한 일 같구나.

코러스 신탁으로부터 대체 어떤 길보(吉報)가
이 세상에 보내지고 있는가. 여러 가지 불행에 대해
점치는 점술가들의
말 많은 요술이란
인간에게 두려움을 알리고 가르쳐 주는 것일 뿐.

카산드라 아, 타고난 나의 비참한
악운이여, 자신의 불행을 쏟아 노래 부르다니
대체 그 어떤 곳에, 비참한 나를 데리고 오셨나?
끝내는 나도 함께 죽이려 할 텐데.

코러스 아무래도 그대는 귀신이 씌어 미쳐 버린 것 같구나.
자신에 대해 노래 부르고 있다,
가락도 없는 노래를. 저 엷은 주황색
새처럼 아무리 울어대도 부족한 것처럼
슬픈 가슴에
이티스, 이티스라고, 여러 가지 불행에 가득찬 인생을
탄식하는 꾀꼬리같이.

카산드라 아, 탄식하는
꾀꼬리의 운명이라니. 하지만 그 새를 신께서는
날개 있는 모습으로 꾸미셨다,
즐거운 생애를 눈물 없이 보내라고.
하지만 내가 기다리고 있는 것은 날카로운 칼로 베어지는 일.

코러스 무엇에 그리 재촉받고 어느 신의 힘을 빌려서
그러한 알 수 없는 불길한 말을 지껄이느냐.

더욱이 그 무서운 구절구절을 저주스러운 가락에 맞춰
큰 소리로 외쳐대다니.
누구한테 그 영감에 찬
예언의 불길한 말을 받아 왔는가.

카산드라 이 무슨 혼례인가, 파리스의 혼례는.
사랑하는 사람에게
파멸을 가져다 주고. 아, 슬픈 조국의 스카만드로스 강이여.
지난날 네 강둑에서 이 가엾은 몸을 키워 왔는데
이제는 목놓아 슬피우는 강가, 황천길의 강기슭
그 언저리를 아무래도 나는 신의 신탁을 노래 부르며 갈 것인가.

코러스 무엇인가? 그렇게 뚜렷하게, 너무나 뚜렷하게 예언한 것은
갓 태어난 인간도 금방 알아차릴 만큼
피로 물든 상처 모양
처참한 운명에 들볶이어 자기의 불행을 원망하며
노래 부르는 이 여인으로 하여 내 가슴마저 견딜 수 없다.
듣기에도 진정 애처롭구나.

카산드라 아, 가련함, 모두 멸망해 버린 도시의 가련함이여.
아, 그 성을 지키려고 아버님은 풀을 뜯는 소와 양을 수없이 바치셨건만.
그것도 아무 효과가 없었다.
나라에 이 참혹함을 받게 하지 않으려고 했는데
나도 붉은 피를 언젠가는 곧 땅에 뿌리리.

코러스 계속해서 또 이런 예언을 함은
이는 틀림없이 어느 신께서 그대를 저주하여
무서운 힘으로 사람의 죽음을 전하는
비탄의 참혹하고 슬픈 노래를 부르게 하는 것이리.
하지만 그것이 가리키는 것은 우리가 전혀 알 수 없는 일.

카산드라, 수레에서 내려 코러스 쪽으로 간다.

카산드라 하지만 내 예언은 아직 결혼식을 올리기 전에 신부가 면사포 사

이로 엿보는 그런 게 아니라 분명히 아침 해가 떠오를 무렵, 세차게 불어 닥치는 바람처럼 기세 좋게 나타나, 마치 파도를 보듯 빛을 향해 한층 커다란 재난을 가져올 것입니다. 이번에는 수수께끼 같은 말로 하지 않고 확실히 말하겠어요.

그러니 여러분도 함께 따라와 내가 전부터 행해져 온 여러 가지 악행의 흔적을 탐지해 내는 데 증인이 되어 주십시오.

이 지붕 아래 한시도 노래 부르며 춤추는 무리들이 떠나지 않을 것입니다. 정녕 듣기 좋은 송가(頌歌)는 아니랍니다. 한층 대담성을 더하려고 사람의 피에 취한 무리들이 이 궁전 안에 머물러 있어요. 복수의 여신들이 쫓아내려 해도 쫓아낼 수가 없어요.

방마다 들어앉아 자기네들 신의 노래를 부릅니다. 먼저 처음에 저지른 죄를, 그러고 나서 차례대로 잘못을 따져 갑니다. 형제의 침실을 짓밟은 자에겐 증오로써.

내가 잘못 알아맞히었을까요? 아니면 활쏘는 사람처럼 표적을 맞히었을까요? 내가 집집마다 문을 두드리며 지껄이고 다니는 가짜 점쟁이인가요. 자, 결백을 증명해 주어요, 먼저 맹세부터 하고 나서. 내가 이 집의 예부터의 죄과를 전해 들어 아는 바 없다는 것을.

코러스 대장 하지만 어떻게 약속된 맹세가, 비록 명예를 걸고 맹세받았다 하더라도 그 재난을 치유할 방법이 될 수 있단 말인가. 다만 탄복해 마지 않는 것은 바다 건너에서 태어난 그대가 남의 나라 도시에서 일어난 일을 너무나도 잘 알아맞히는 일이다. 그대가 그때 그곳에 있었던 것처럼.

카산드라 예언의 신 아폴론이 이러한 임무를 내게 주셨어요.

코러스 대장 설마 신의 몸으로 연모의 정에 빠져 그러신 것은 아니겠지?

카산드라 이제까지는 조심스러운 마음 때문에 남에게 말하는 건 삼갔지요.

코러스 대장 그야 누구나 한창 형세가 좋을 때에는 더 새침해지는 법이니까요.

카산드라 나를 여간 끔찍이 생각하시지 않았어요.

코러스 대장 그래서 정해진 대로 아이라도 생겼나요?

카산드라 일단 승낙하고서 록시아스(아폴론) 신을 속였지요.

코러스 대장 이미 그때 예언의 힘을 몸에 지니고 있었소?

카산드라 네, 이미 도시 사람들에게 고난을 모두 예언했지요.
코러스 대장 대체 어찌하여 록시아스의 노여움에도 벌 받지 않고 지내왔을까.
카산드라 누구 한 사람 내 말을 곧이듣지 않았어요. 그 죄를 범한 뒤로는.
코러스 대장 하지만 우리에겐 어쨌든 당신의 예언이 맞는다고 생각되는데.

카산드라, 잠시 입을 다물고 있다가 갑자기 다시 신들린 사람처럼 멍해지더니

카산드라 아, 이 괴로움! 또다시 무서운 신탁의 괴로운 형벌이 나를 질질 마구 끌고 다닌다…… 예고하는 노래로 마구 휘저으며. 아, 저기를 보아요. 저 궁전 앞에 앉아 있는 어린이들. 꿈에 본 모습과도 같은 혈육 사이에 살해당한 어린이 같다……두 손에 가득 고기를 들고 자기 살을 먹으라고 내장까지 함께. 이 얼마나 참혹한 손의 무게일까. 받쳐든 모습이 눈에 환히 보여요. 그것을 아버지가 먹었어요. 그 결과 누군가가 복수를 계획하고 있어요. 확실히 사자가. 하지만 그것도 겁많은 사자, 자기 집 언저리를 서성대며 망을 보던 사자가 이 어인 일인가. 돌아오는 주인을 위해……

우리 주인이에요. 하지만 노예의 계율(戒律)은 순종해야 합니다.
그러나 함대의 총대장, 트로이를 멸망시킨 그분은 밉살스러운 암캐의 혀가 은밀한 거짓 변명을 길게 늘어놓고 어떤 일을, 어떤 흉한 운명을 준비하고 있는지 알 까닭이 없는 걸요.

이 얼마나 끔찍한 일인가, 여자의 몸으로 남편을 죽이다니. 정말이지, 어떤 더러운 짐승의 이름을 부르면 잘 어울릴까요.

머리가 두 개 달린 뱀? 저 뱃사람들을 잡아먹는다는 아니면 바위 틈에 사는 스킬라[11]라고 할까? 제물을 잡아죽이는 황천의 모신(母神)인가, 혈육 간에 사정 없는 싸움을 걸어오다니.

이 무슨 복수의 함성인가. 더할 수 없이 큰 죄를 지은 여인이 승전하여 무사히 귀국한 남편을 환영하는 듯 꾸며 보이면서.

하지만 이런 말을 믿건 믿지 않건 결과는 같아요. 안 그런가요? 올 것은 꼭 오고야 마니까요. 진실로 당신이 당장 이 자리에서 너무나도 진실한 예언이었다고 가엾이 여기면서 말할 겁니다.

코러스 대장 티에스테스가 받은 향연, 거기서 자기 자식들의 살을 먹은 애기를 지금 듣고서 몸을 떨었지만, 듣기만 해도 정말 두려워지는군요. 조금도 거짓이 없는 사실이니까. 하지만 다른 얘기는 아무리 그렇다고 우겨도 도무지 종잡을 수가 없소.

카산드라 아가멤논의 최후를 보게 되리라고 말하고 있잖아요.

코러스 대장 아니, 삼가지 못할까. 불길한 말을 하는 가련한 여인이여.

카산드라 하지만 (아폴론은) 구원의 신으로 내 얘기 속에 임하진 않습니다.

코러스 대장 아니, 정말 오신다 해도 그런 일은 없었으면 좋겠소.

카산드라 당신이 아무리 소원해도 그 사람들은 죽이려고 합니다.

코러스 대장 도대체 어떤 사나이의 손으로 그 참혹한 짓이 준비되고 있단 말이오.

카산드라 당신도 어지간히 내가 말한 예언을 못 알아듣고 있군요.

코러스 대장 하지만 그런 짓을 하려는 사나이의 방법에 대해서는 아직 듣지 못했으니 말이오.

카산드라 그렇게 말해도 나는 충분히 그리스 말을 알고 있어요.

코러스 대장 그야 아폴론의 신탁이 아니겠소. 하지만 역시 알아 듣기 힘드오.

카산드라 (다시금 환상을 보는 듯한 시선으로) 아, 저것 좀 봐. 저 굉장한 불길이 이쪽으로 오고 있네요. 아, 구해 주세요, 리케이오스의 아폴론님. 아, 이를 어쩌나,

　　저기에 두 다리 가진 암사자가 늑대와 함께 누워 있어요. 훌륭한 집안에 태어난 수사자가 없는 틈을 기회로 삼아서요.

　　비참한 나까지 죽여요. 독약을 만드는데, 나까지 자기 원한의 덤으로 집어 넣으려 해요. 살인의 칼날을 갈면서 나를 데려온 그 원수를 죽이겠다고 큰소리치고 있어요.

　　무엇 때문에 자신을 웃음거리로 만드는 이런 물건들을 지니고 있겠는가. 이 지팡이와 무녀가 목에 거는 털방울 따위를, 내가 최후를 맞기 전에 이것들을 부숴 버려야지.

　　자, 부서져라. 힘껏 팽개쳐서 복수해 줄 테니까. 누군가 다른 여자를 나 대신 불행하게 해줘요.

몸에 지닌 아폴론 무녀의 표지인 지팡이와 털방울을 땅에 내동댕이친다.

저 봐요, 아폴론님이 손수 나한테서 예언의 의복을 벗겨요. 이런 장식들을 지니게 해 놓고 조롱당하는 것을 실컷 보시고 나서……
이편과 적 양쪽으로부터 다 조롱당하는 것을. 나는 집없는 거렁뱅이라든가, 떠돌이라든가, 참혹하게 굶주려 죽는 이가 되다 만 자라 불리어도 참아 왔어요.
그 결과 이번에는 그 예언의 신께서, 예언하는 나의 임무도 마지막이라는 듯, 이러한 죽음의 운명으로 나를 인도한 것입니다. 그리고 선조로부터의 사당 대신 사형대가 기다리고 있어요. 내 앞에 처형당한 자의 피가 아직도 따뜻한 붉은 대(臺)가.
하지만 그렇다고 신에게 버림을 받아 죽는 것은 아닙니다. 이번에는 우리의 원수를 갚는 다른 사람이 올 것입니다. 자기 어머니를 죽이기 위해 태어난 자, 아버지의 원수를 갚을 사람. 그 사람은 고향을 등지고 이 땅을 떠난 후에 여러 나라를 떠돌아다니다가 다시 돌아올 것입니다. 피를 나눈 자들에게 이 악업을 마치게 하기 위해서. 그 사람을 불러오는 것은 살해되어서 땅에 쓰러진 부왕의 시체입니다.
한데 도대체 왜 내가 이렇게 가련하게 슬퍼해야만 하는가. 애당초 트로이의 도시가 저런 꼴이 되는 것을 목격한 후로는, 또한 도시의 점령자들이 신의 심판으로 이런 파국에 빠져들었으니, 나도 자진해서 그 꼴을 당하고 죽음도 달게 받자. 중대한 맹세가 신들에 의해 이미 세워졌으니.
하데스의 궁전 앞에서 나는 인사를 보냅니다. 그리고 내 소원은 단 일격에 버둥대지도 않고 편히 죽을 수 있는 겁니다.
있는 피를 다 쏟고 이 눈을 감아 버릴 수 있도록.

코러스 대장 오, 여러 가지로 가엾은 얘기를 그대는 길게 늘어놓았지만, 진실로 자기의 최후를 알고 있다면, 어찌하여 신 앞으로 끌려가는 소처럼 겁도 없이 제단 쪽으로 향하는가.

카산드라 이제 와서는 어떻게 할 도리가 없습니다.

코러스 대장 하지만 최후를 맞는 지금이 가장 중요한 때라고 하지 않소?

카산드라 그날이 왔어요. 피한들 무슨 소용이 있겠어요.

코러스 대장 과연 그대는 두려움을 모르고 참을성이 있는 사람이구려.
카산드라 행복한 사람이라면 누구도 그런 말을 듣지 않을 것이에요.
코러스 대장 그러나 욕되지 않게 죽을 수 있음은 사람으로서 다행한 일이오.
카산드라 아, 가엾은 아버지. 그리고 당신의 귀한 자식들.

이런 외침과 함께 카산드라는 치마를 끌고 궁전 쪽으로 걸어가려 한다. 그러나 곧 무엇엔가 충격받은 듯 공포에 질린 표정으로 돌아선다.

코러스 대장 무슨 일인가? 도대체 뭐가 두려워 돌아서는가?
카산드라 (공포에 떨면서) 아, 너무해, 너무 심하다.
코러스 대장 뭘 가지고 그러는가. 아니면 좋지 못한 정신착란인가.
카산드라 이 궁전에는 살인의 피 냄새가 풍기고 있어요.
코러스 대장 뭐라고? 그건 궁전 안에서 제물로 바친 짐승의 냄새이다.
카산드라 분명히 무덤 속에서 새어나오는 바로 그 냄새예요.
코러스 대장 궁전에서 피우는 향내가 아닐까?
카산드라 (다시금 궁전 쪽으로 걸어가면서) 하지만 가겠어요. 설사 궁전 안에서 아가멤논의 운명을 슬퍼하며 울게 될지라도. 살 것은 다 살았으니까요.
    자, 여러분, 나는 새처럼 두려움에 떨며 숲 사이를 아무 보람도 없이 그저 울며 헤매는 게 아닙니다. 다만 죽은 후에 증인이 돼 주십시오.
    여자인 나의(죽음을) 위해서, 어떤 여자가 죽고, 나쁜 아내를 가진 사나이 때문에 다른 사나이 하나가 죽을 때에는. 이제 죽기 전에 이 마지막 말을 여러분에게 부탁합니다.
코러스 대장 아, 가엾어라. 슬픈 것은 예언된 그대의 운명이다.
카산드라 한 가지 더 하고 싶은 말이 있어요. 나는 내 자신의 슬픔을 노래 부를 생각은 없습니다.
    다만 태양을 향해 기도를 드릴 뿐, 마지막 햇살을 향해 (나의 원수를 갚아 주는 사람들이 나를 죽인 자에게, 왕뿐만 아니라 나에 대한 빚까지도 함께 갚아 주도록).
    죽어 간 여자 노예, 쉽게 손댄 자에 대한 빚을.
코러스 아, 덧없음은 세상의 인간사, 행복하다는 것도 알고 보면
    그림자와 같은 것.

또한 운이 나쁘다 해도
젖은 걸레로 한두 번 훔치면 당장에 지워질
그림과 다를 바 없다.
그러니 이것이야말로 사람들의 운명보다
더욱 슬픈 일.

카산드라, 걸음을 옮겨 마침내 궁전 안으로 들어간다. 그 뒤로 궁전 문이 닫혀진다.

코러스   부귀영화를 누린다는 것은 모든 인간에게
  만족한 시기를 알지 못하는 것, 비록 그 집을 가리키면서
  누구 한 사람 "결코 들어오지 말라"고 하며
  행운을 물리치는 자는 없다.
  그러므로 우리 왕에게 행운을 가져다 주는
  신들이 프리아모스의
  성을 함락시킬 것을 허락하고
  거룩한 명예를 얻어
  고국에 돌아오게 했다.
  이번에는 옛사람들이 흘린 피의 대가를 치르고
  자기의 죽음을 과거의 사자(死者)들 틈에 가담케 하여
  이미 죽어 간 생명의 보복을 성취시킨다면
  도대체 사람의 몸으로 그 누가 이것을 들으며
  재난을 모르는 운명 아래 태어났다고 자랑하리.

궁 안에서 갑자기 아가멤논의 외침 소리가 울려퍼진다,
그 모습은 보이지 않은 채.

아가멤논   악, 당했구나, 치명상을.
코러스 대장   쉿, 조용히. 누가 치명상을 입었다고 외치고 있다.
아가멤논   음, 또 당했구나. 두 번째 치명상을.
코러스 대장   염려하던 그 음모가 이루어진 모양이다. 우리 왕의 저 신음 소

리. 자, 여러분, 우리도 확실한 대책을 말해 보기로 합시다.
코러스 1   그럼, 내가 먼저 의견을 말하겠소. 이 궁전으로 시민들이 구원하러 오도록 모두에게 알리는 게 어떻소?
코러스 2   나는 한시바삐 안으로 들어가 보는 게 좋으리라 생각하오. 그리하여 아직도 피가 뚝뚝 떨어지는 칼로써 범행을 확인하는 것이오.
코러스 3   나도 비슷한 의견으로 당장 뛰어드는 데 찬성이오. 꾸물대지 않는 것이 중요하오.
코러스 4   신중히 조심하는 것도 좋을 것이오. 이것을 계기로 온 나라에 압정(壓政)을 베푸는 징조를 보이고 있을지도 모르오.
코러스 5   우리가 이렇게 머뭇거리고 있으니까 그러오. 주저하는 자들의 명예를 짓밟고 나서 쉬지 않고 놈들은 악행을 계속할 것이오.
코러스 6   난 무슨 말을 해야 좋을지 모르겠소. 계획을 세운다는 것도 또한 실행자가 할 일이니까.
코러스 7   나도 같은 의견이오. 아무리 말해 봤자 죽은 사람을 소생시킬 방법은 없을 테니까.
코러스 8   그렇다면 우리는 저기 궁전을 더럽힌 자를 어른으로 받들고 그저 목숨만 이어 가면 좋단 말인가.
코러스 9   아니, 그건 참을 수 없는 일, 차라리 죽는 것이 낫지. 죽음의 운명이 압제보다는 훨씬 견딜 만할 테니까.
코러스 10   하지만 저 무서운 신음 소리만 듣고 우리 왕께서 돌아가셨다고 결정해도 좋단 말인가.
코러스 11   사태를 충분히 확인한 뒤에 이야기하지 않으면 안 된다. 억측과 분명히 안다는 것은 전혀 다른 것이니까.
코러스 12   (코러스 대장) 여러분도 지금 의견에 찬성하시는군요. 아트레우스의 영주께서 지금 어떻게 하고 계신지 똑똑히 확인해 볼 것을 말이오.

장로들이 회의하는 도중 궁전문이 열리고 클리타임네스트라가 나타난다. 발치에는 피묻은 옷이 펼쳐져 있고, 그 위에 엎드린 아가멤논, 그 옆에는 카산드라의 시체가 있다.

클리타임네스트라   (앞으로 나와 장로들 쪽을 향한다. 손에는 아직 피묻은 칼을 든 채) 아까 여러 가지로 그 자리에 합당하게 한 말에, 지금 또 반대되는 말을 하는 것을 나는 별로 부끄럽게 생각하지 않겠소. 그렇게 하지 않으면 적을 향해서 그들을 치려고 할 때, 그 적이 자기 편인 체하고 있는데, 재앙의 함정을 뛰어넘어 달아나지 못하도록 높이 그물로 덮어씌울 수가 없을 것이오.

나에게 있어 이번 일은 벌써부터, 그 옛날 말다툼을 마음에 두고 있을 때 찾아온 거요, 좀 늦기는 했지만. 쓰러뜨린 그 자리에 나는 서 있어요. 내가 해낸 일을 앞에 두고.

바로 이렇게 해낸 것이오. 그것을 나는 숨기지 않겠소. 도망도 또 죽음의 운명에도 거역하지 못하도록 피할 수 없는 그 투망을, 마치 물고기를 잡을 때와 같이 홱 펼치고…… 그러고는 이 사람을 두 번 찔렀습니다. 그러자 두 번 신음 소리를 내더니 축 늘어진 것입니다. 그래서 쓰러진 사람을 세 번째 내리쳤어요. 지하에 계신 죽은 자의 수호신 하데스에 대한 감사 기도를 겸하여서.

이렇게 해서 그 사람은 쓰러지고 마지막 숨을 거두었던 것입니다. 하지만 그때 칼자국 상처에서 피가 몹시 흘러 새빨간 핏줄기가 검붉게 내 몸을 물들였는데, 나는 그게 어찌나 기뻤는지, 마치 하늘에서 내리는 자비로운 비를 받아 기뻐하는 통통한 껍질 속의 보리알처럼 말입니다.

그러니 아르고스의 여기 모이신 장로들이여, 기뻐해 주시오.

기뻐할 수만 있다면 말입니다. 나로서는 큰 자랑이니까요. 시체를 향해 술잔을 올리는 데 어울릴 기회가 있다면, 지금이 바로 그때일 것입니다. 아니, 그 이상입니다. 수없이 많은 재앙의 저주를 이 사람은 궁전 안에서 술잔에 채워 놓고, 귀국해서 자신이 마셔 버렸으니까.

코러스 대장 당신 말씀에는 그저 놀랄 뿐입니다. 정말 대담도 하십니다. 남편인 영주에 대해 그와 같은 말씀을 버젓이 하시다니.

클리타임네스트라 여러분은 나를 지각없는 여자로 업신여기고 시험해 보려고 하는군요. 그래도 나는 두려움을 모르는 마음으로 알 만한 사람들에게 말하겠어요. 여러분이 내 말에 찬성하건 비난하건 마찬가지지만. 자, 이것이 나의 남편 아가멤논, 하지만 지금은 한갓 시체, 내 오른팔에 죽어 간 남편, 정의(正義)의 조화죠.

코러스 이 얼마나 악독한 여자인가
 땅 속 깊은 곳에서 솟아난 독초같이
 파도처럼 밀려오는 독한 음료를 마시고
 이 같은 흉행(凶行)을 하여 민중의 저주를
 온몸에 받다니
 하지만 시민들의 무겁고 심한 미움의 표적이
 되어 국외로 추방되리라.

클리타임네스트라 이번엔 나를 이 도시로부터 추방시키려 하는군요. 그리하여 시민들의 증오와 모든 사람의 저주를 받도록. 지난번에는 여기 있는 남편에 대해서 전혀 아무런 반대도 하지 않더니.
 이 사람이 아무 거리낌없이 마치 가축이라도 죽이듯, 털북숭이 가축 떼 속에 양들이 많이 있는데도 불구하고 자기 딸을, 내 배를 아프게 한 귀여운 자식을 몰아치는 트라키아 태풍을 가라앉히기 위해 제물로 바쳤을 때, 이 사람이야말로 이 나라에서 추방시켰어야 하지 않았나요? 신에 대한 모독죄로 말입니다. 그런데도 내가 한 일에 대해서 당신네들은 엄격한 재판관이 되겠다는 거군요.
 하지만 말해 두겠는데 그와 같은 위협은 이쪽에서도 충분히 준비가 돼 있어요. 그리고 같은 입장에서 맞싸워 이긴 다음에는 나를 마음대로 심판해도 좋아요. 하지만 그 반대를 신께서 허락할 때에는 징계 처분을 받고 나서야 겨우 깨닫게 되겠죠.

코러스 당신은 아주 잘못된 생각으로 분별없는 말씀을 했소.
 하긴 지금은 살인의 피바다 속에 마음이 뒤집힌 탓일까.
 두 눈에 모두 붉은 핏자국을 뚜렷이 보이고 있소.
 그런데다 당신은 편들어 줄 사람도 잃고
 복수를 위해 휘두른 칼을 되받아
 그 대가를 치르지 않으면 안 됩니다.

클리타임네스트라 그리고 이렇게 내가 맹세하여 정한 것을 기억해 주시오. 아테와 에리니에스[*12]의 이름으로 성취된 딸을 위한 복수에서, 그 신들에게 이 사람을 나는 희생물로 바쳤는데, 그렇다고 해서 공포가 이 집에 발을 들여놓는 것을 용서하지는 않겠다고. 적어도 우리 집 부뚜막의 불을 아이기스토스님이 지켜 주는 동안에는. 전부터 나를 위해서 많은 힘을 써 주고 계시는 분이지요. 이분은 우리에게 적지 않은 안도의 방패요.

이렇게 아내를 욕보인 사나이는 쓰러져 있어요. 트로이 성벽 아래에서 크리세이스의 정부(情夫)였던 사람, 그리고 여기 그의 포로 여인도 쓰러져 있어요. 점쟁이로서 이분에게 시중들며 신탁(神託)의 말씀을 밝혀 낸 여인, 충실한 침방의 상대, 배 위에서도 자리를 함께한 여인입니다. 둘 다 벌을 받아야지요.

남자는 이와 같이, 또 여자는 새와 같이 최후의 임종을 알리는 슬픈 노래를 부르고 나서 이 사람 옆에 다정히 누워 있어요. 나는 이 사치스러운 향연(饗宴)에 덤으로 곁들인 국 모양 데려온 것입니다.

코러스   (노래)
  아, 어떤 죽음이 빨리 와 줄 것인가.
  큰 괴로움도 없이 병석에 오래 눕지도 않고
  우리에게 한없는 숙면을 항상 변함없이 가져다 주는 죽음이.
  비할 데 없이 마음씨 고운 우리의 수호자도
  여자를 위해 정성을 다하고 여러 가지 괴로운 일을 겪은 끝에
  여자의 손에 최후를 마치었으니.

  오, 미쳤는가, 헬레네여.
  그대는 혼자서 수많은, 이토록 수많은
  인명을 트로이 땅에서 멸망케 한 후
  지금은 또한 모든 사람의 수령, 영원히 잊을 수 없는
  영광스러운 관을 씻지 못할 피로써
  몸에 새기었다.
  정녕 그 궁전에서는
  상대를 때려눕히는 싸움이 벌어졌다,
  남편에겐 파멸을 주어 가면서.

클리타임네스트라   결코 죽음의 운명을 바라서는 안 됩니다.
  이런 것을 괴롭다 하여, 또한 헬레네에 대해 원망과 증오심을 품는 것도 좋지 않은 일 혼자서 수많은 다나오이 사람들의 생명을 빼앗은 뒤 치유하

기 어려운 고뇌를 가져왔다 하여.

코러스 (노래)
신령이여, 이 궁전에 탄탈로스의 후예인
두 갈래의 족속에게 덤벼들어
여자들 손에 의해 승리를 얻은
(저주의) 영혼이여, 나의 가슴을
저미는 승리를 얻은 신령이여
시체 위에 불길한
갈가마귀처럼 우뚝 서서
노래 부른다고 자랑스럽게 떠들어 대는가.
(오, 미쳤는가, 헬레네여. 그대는 혼자서 수많은,
이토록 수많은 인명을
트로이 땅에서 멸망케 한 후
지금은 또한 모든 사람의 수령,
영원히 잊을 수 없는 영광스러운 관(冠)을
씻지 못할 피로써 몸에 새기었다.
정녕 그 궁전에서는
상대를 때려눕히는 싸움이 벌어졌다.
남편에겐 파멸을 주어 가면서.)

클리타임네스트라 자, 이번에는 당신네들도 말씨를 바꾸어 이 집안에 엉킨, 세 번이나 배를 살찌게 한 악마를 불러냈군요.
결국에는 거기에서 이 피를 빨아먹으려는 욕망이 가슴에 싹터 올 테니까.
지난날의 고난이
아직도 사라지기 전 이미 새로운 유혈이 있었던 것이죠.

코러스 (노래)
하긴 당신이 칭찬받는 것은 이 집안을 해치는
심한 노여움을 품는 무서운 신령의 노래
만족할 줄 모르는
재앙에 가득 찬 운명의 저주스러운 소행
아아, 이것도 제우스 신께서 하시는 일

102 그리스 비극

삼라만상을 일으키고 모든 것을 다스리는
거룩한 신께 기대하지 않고
그 무엇을 인간 세상에서 성취시킬 수 있으리.
이들 중 그 어느 하나도 신의 뜻에 의하지 않는 것이 있으리.
아아, 우리의 영주여
어떻게 당신을 위해 슬퍼하며 울어야 할 것인가.
당신을 애타게 그리워하는 마음에서 도대체 무슨 말을 해야 좋을까.
당신은 거미줄에 걸려
이처럼 신을 두려워 않는 죽음에 의해
일찍이 세상을 떠난 것을
슬프도다. 이처럼 욕 많은 안식으로 모략의
손에 굴복당하고 쓰러져
자기 아내의 손에 들린 칼에 찔리어 죽음을 당하다니.

클리타임네스트라 그대들은 이것을 나의 소행으로 삼으려는군요. 하지만
결코 나를 아가멤논의 아내로 생각지 말아 주시오.
여기 죽어 있는 사람의 아내 모습을 빌려
저 옛날부터의 무서운 복수자
참혹한 잔치를 베푼 아트레우스에게
복수하려는 자가
이 사람을 (살해된) 아이들을 위해서
제물로 바치어 속죄한 것입니다.

코러스 (노래)
이 흉측한 일에 왕비께서 아무런 책임도 없다고
증언할 사람이 대체 어디에 있겠나이까.
그건 안 될 말씀. 조상으로부터 전해 오는 복수심
그 악마가 다시 돕는 일은 있을 것이오.
같은 피를 나눈 육친의 피를 흘리게 하여
검은 아레스(군신)는 맹렬히 사나워지고
다시 어린이를 잡아먹은 핏자국 위에
보복의 뜻을 가져올 때에는

(아, 우리의 영주여, 어떻게 당신을 위해 슬퍼하며 울어야 하리.
당신을 애타게 그리워하는 마음에서
도대체 무슨 말을 해야 좋으리.
당신은 거미줄에 걸려
이처럼 신을 두려워 않는 죽음에 의해
일찍이 세상을 떠난 것을.
슬프도다, 이처럼 욕 많은 안식으로
모략의 손에 굴복당하고 쓰러져
자기 아내의 손에 들린 칼에 찔리어 죽음을 당하다니.)

클리타임네스트라 아니오, 이분이 욕된 죽음을 당했다고는 생각지 않습니다……. 왜냐하면 이분이 먼저 모략질을 집안 사람들에게 하지 않았던가요?
　이분과 나와의 사이에서 자란 어린아이 아무리 슬퍼해도 시원치 않은 이피게네이아에게 그런 짓을 했으니, 그 당연한 보답을 받았다고 해서 결코 황천길에 내려가 큰소리치게 내버려 둘 수는 없지요.
　칼에 맞아 죽음으로써 자기가 먼저 범한 죄의 보상을 받았을 뿐이니까요.

코러스　(노래)
우리는 분별을 잃어 어찌해야 될지
좋은 생각도 떠오르지 않는다.
궁궐이 무너진다 하는데
심하게 쏟아지는 큰비가, 그 피투성이 비가
궁궐을 부수지나 않을까 염려되네.
비는 방금 그쳤지만 정의의 칼을 다시 다른 죄업에 이용하고자
하늘의 운명은 다른 숫돌에다 갈고 있는 참이다.
오, 대지여. 차라리 나를 (그 가슴에) 받아 주오.
이처럼 욕조를 영주께서 침대로 삼고
쓰러진 광경을 눈으로 보기 전에.
누가 장례식을 치르리, 누가 그 슬픈 노래를 부르리.
아니면 그대가 뻔뻔스럽게 그 장례식까지 치르겠단 말이오?
자기 손으로 자기 남편을 죽여 놓고 울음까지 울고자 하오?

그 혼백에 예의가 아닌 예(禮)를 치름으로써
훌륭한 업적에 대한 보상을 다하기 위해
그 누가 또 무덤가에 서서 이 영웅에게
눈물 섞인 찬가를 바치고자 마음의 진실을 털어놓으리.

클리타임네스트라 당신네들은 그런 걱정까지 해 주지 않아도 돼요.
이분은 우리 손에 쓰러져 목숨을 마쳤으니 우리가 장례식도 치르겠어요.
집안 사람들의 곡성 속에 전송되지 않더라도 이피게네이아가 바삐 딸로서 어울리게끔 맞아들일 테지요. 저 빠른 흐름의 탄식의 강나루까지 나와서 말이에요.
그리고 다정히 팔을 벌려 입맞출 테지요.

코러스 (노래)
이와 같이 문책(問責)에 문책으로 응수해 오니
이 논쟁에 판단을 내리기는 쉽지가 않구나.
빼앗은 자는 빼앗긴다, 죽인 자는 그 보상을 받는다.
제우스 신이 옥좌에 계시는 한, 일을 저지른 자가
(그 벌을) 받음은 정해진 운명, 그것이 법칙인 이상에는.
그 누가 이 저주의 씨앗을 궁전에서 제거하겠는가.
이 집안에는 재앙이 아교처럼 단단히 붙어 있는 것을.
(오, 대지여. 차라리 나를 (그 가슴에) 받아 주오.
이처럼 욕조를 영주께서
침대로 삼고 쓰러진 광경을 눈으로 보기 전에.
누가 장례식을 치르리, 누가 그 슬픈 노래를 부르리.
아니면 그대가 뻔뻔스럽게 그 장례식까지 치르겠단 말이오?
자기 손으로 자기 남편을 죽여 놓고 울음까지 울고자 하오?
그 혼백에 예의가 아닌 예(禮)를 치름으로써
훌륭한 업적에 대한 보상을 다하기 위해
그 누가 무덤가에 서서 이 영웅에게
눈물 섞인 찬가를 바치고자 마음의 진실을 털어놓으리.)

클리타임네스트라 하긴 진실로 이분까지는 신탁(神託)의 말씀이 사실로 되었습니다. 나는 이제부터 플레이스테네스*13 집안에 붙은 악마와 서약을 맺으려 합니다.

　이제까지의 일은 몹시 괴로운 일이었지만 체념하고 그 대신 앞으로는 이 궁전을 나서서 다른 집안을 혈족 간의 살육으로 공격하도록.

　집과 보물과 그 밖의 몇 가지만 있으면 나에겐 모든 게 충분합니다. 이 궁전 안에서 서로 죽이고 죽는 광기만 없앨 수 있다면 말입니다.

아이기스토스, 심복 병사들을 거느리고 등장. 잠시 클리타임네스트라의 옆에 머물러 있다가 장로들을 향해 손을 들고서

아이기스토스 아, 정의를 가져다 주는 오늘의 고마운 광명이여. 이제야 인간 세상의 갖가지 고뇌에 올바른 심판으로써 보답해 주시는 신께서 아득한 하늘 위로부터 내려다보신다고나 할까. 복수의 여신들이 짜 놓은 옷에 감싸여, 이 사나이가 이렇게 쓰러져 있음을 본다면 말이다. 우리에겐 기쁜 일이 아닐 수 없지. 마침내 조상들이 저지른 음모의 보상을 할 처지가 되었으니.

　그것은 이 사나이의 아버지이며 이 나라의 왕이었던 아트레우스가 나의 아버지인 티에스테스를, 좀더 분명히 말한다면 자기 형제를 왕위에 대해 뭐라고 트집을 잡았다는 구실로 이 도시에서 추방시켰기 때문이다.

　그러나 다시 고국으로 화해를 구하려 돌아왔을 때, 티에스테스가 발견한 것은 움직일 수 없는 좋은 운명이었다. 그 자리에서 살해되어 조상의 침상을 피로 물들이지 않아도 좋은 운명이었다.

　하지만 신을 두려워 않는 이 사나이의 아버지 아트레우스는, 내 아버지에게 아주 친절한 접대를 하여 희생물을 잡고 고기를 바치는 축제를 지극히 성대하게 베풀면서 자식들의 살점을 식탁 위에 올려놓고 권했다. 다리와 손가락 등을 잘게 썰어서…… 혼자 외딴 자리에 앉아 있는 그에게. 이 무엇인지 알 수 없는 것을 그는 그 자리에선 알지 못한 채 집어들어 먹었던 것이다. 그 모든 사람들이 보는 앞에서 저주받은 음식을 말이다.

　그 자리에서 이 괘씸한 소행을 깨닫자 소리내어 울부짖었다. 그리하여 땅에 쓰러져 살점을 뱉어 내면서 펠롭스의 후예들에게 무서운 운명이 내려지기를 기원했다. 그 저주의 힘을 빌려 식탁을 발길로 차 버리고 이렇게

말했다. '플레이스테네스의 족속은 이와 같이 모조리 멸망하라.'

이로서 보는 것과 같이 이 사나이가 살해된 까닭을 짐작할 수 있을 것이다. 그리고 나는 정의에 의한 이 사나이의 암살을 계획했다. 까닭인즉, 가엾은 부친에게는 정의를 찾는 셋째(자식)에 해당된다 하여, 아버지와 같이 아직도 강보에 싸인 어린 나를 내쫓았는데, 그 후 어른이 되어 정의는 다시금 나를 데려온 것이다.

그래서 밖에 있으면서 나는 이 사나이를 죽였다. 재앙을 꾀하는 온갖 수단을 다 써서 말이다. 그러니 이제 죽어도 나에겐 불만이 없다. 이 사나이가 이렇게 정의의 심판이라는 그물에 걸려 죽은 것을 본 이상에는.

코러스 대장 아이기스토스님, 불행 속에(있는 자를) 욕되게 하는 것은 좋지 않은 일이오. 한데 당신은 이분을 자진해서 살해했다고 말씀하시는 거요? 혼자서 이 비참하고 끔찍한 범죄를 저질렀다고? 그렇다면 당장 심판을 받고 당신의 몸은 시민들의 저주를 받아 생매장의 형벌을 받아야 마땅할 것이오.

아이기스토스 그대들은 배를 젓는 수부보다 더 아랫자리에 있는 몸이면서 윗자리에서 배를 지배하는 사람에게 그런 말을 하는가? 늙은이로서 그토록 나이를 먹고서도, 분별을 배운다는 게 얼마나 어려운지 잘 알았을 것이다. 결박의 괴로움, 또는 단식의 배고픔은 늙은이를 가르치는 데 가장 알맞은 마음의 의사(醫師) 같은 것. 이 꼴을 보면서도 그대들은 알지 못하는가. 뾰족한 말뚝에는 발길질하지 말라. 부딪쳐서 오히려 아프다고 울 것이니.

코러스 대장 이 비겁한 자여, 당신은 집에 남아서 싸움터에서 금방 돌아온 용사를, 더욱이 대장부의 침방까지 더럽혀 놓은 주제에, 총사령관이신 영주께 이런 일을 저지르다니.

아이기스토스 그 말이 울상을 지을 원인이 될 것이다. 그대들의 혀는 오르페우스*[14]와는 정반대로구나. 그자의 혀는 즐거운 음성으로 모든 사람을 홀렸지만, 그대들은 쓸모 없이 지껄여서 사람을 노하게만 하니. 하지만 머지 않아 혼이 나서 얌전해질 테지.

코러스 대장 그렇다면 당신은 아르고스의 지배자가 되려는 것이오? 암살 음모를 꾸며 놓고 막상 실행할 때는 혼자 해치울 용기도 없었던 주제에?

아이기스토스 속임수를 쓸 때는 여자가 제일일세. 나는 마땅히 의심을 살 테니까. 물론 조상 때부터의 원수로서 말일세. 이자의 재산을 밑천삼아 나는 시민들을 통제해 나갈 방도를 찾겠네. 내게 복종하지 않는 자는 무거운 멍에를 씌우겠네. 고삐를 단 말보다도 보리를 덜 먹이면서. 하지만 저 어둠과 사이가 좋은 굶주림이 놈들을 조용하게 만들어 줄 것이다.

코러스 대장 그렇다면 왜 영주를 자기 힘으로 쓰러뜨리려 하지 않았소? 여자를 시켜 죽이게 한 것은 겁 많은 성격 때문이오? 이 나라를, 또한 나라의 수호신들을 모독해 가면서까지. 오레스테스*[15]님이 그 어디엔가에서 햇빛을 보고 계셔서 이 나라에 돌아와, 은혜로운 행복으로 이 두 사람을 짓눌러서 죽여 버려 주었으면 좋으련만.

아이기스토스 뭐라고? 그 따위 소리를 지껄인다면 당장에 혼을 내주겠다. 자, 병사들아. 어서 빨리 일을 시작하라.

코러스 대장 여러분, 칼자루를 쥐고 준비를 하시오.

아이기스토스가 거느린 병사들, 모두 칼자루에 손을 대고 자세를 취한다. 코러스 장로들도 역시 열지어 서서 칼에 손을 댄다.

아이기스토스 좋아, 나 역시 칼자루에 이렇게 손을 대고 사생결단도 사양치 않으리라.

코러스 대장 사생결단이라니, 우리에겐 좋은 징조의 말, 그렇다면 자, 한번 운을 시험해 보자꾸나.

클리타임네스트라 두 줄 사이를 헤치고 들어와 손을 들어 말리면서

클리타임네스트라 당치도 않은 말씀이오, 나의 그리운 님 여기서 또 재앙을 다시 자초하시다니. 이것만 가지고도 불행한 수확을 거둬들이기에 충분해요. 고난은 더 이상 필요없어요. 이제 피는 더 이상 흘리지 말아요.
  자, 정중한 장로님들이여. (운명에 의해 주어진) 자기 거처로 돌아 가시오. 무례한 짓을 하거나 당하기 전에. 우리의 행동은 부득이한 것이었어요. 그러므로 이제까지의 여러 재난으로 충분하다면 이것으로 그만둡시다. 신령의 엄한 채찍에는 이미 뼈가 아프도록 맞아 왔으니까요. 참고가 된다면 이것이 여자의 생각이에요.

아이기스토스 하지만 이자들이 나에게 이렇게 마구 욕설을 퍼붓고 운명에 대항하는 이런 말을 지껄여 대다니. 게다가 분별을 잃고 지배자를 모욕하지 않는가.

코러스 대장 아르고스에는 악인에게 꼬리치는 아첨배는 아마 없을걸.

아이기스토스 내가 훗날 단단히 혼내 줄 터이니 그리 알라.

코러스 대장 무슨 말씀을. 신께서 오레스테스를 이곳에 보내 주시기만 한다면.

아이기스토스 나도 잘 알고 있다. 겉만 꾸미는 자는 희망을 양식으로 산다는 것을.

코러스 대장 멋대로 해라. 할 수 있는 동안에 정의를 모독하고 얼마든지 살찌려무나. 아이기스토스, 잘 기억해 두게. 머지않아 그 욕설의 대가를 치르게 해 줄 터이니.

코러스 대장 실컷 으스대게나. 암탉 옆에 있는 수탉처럼.

클리타임네스트라 저런 아무 짝에도 소용없는 개짖는 소리에 신경 쓰실 필요는 없습니다. '내가' 당신과 함께 이제부터 이 궁전 주인으로서 잘 처리해 나갈 테니까요.

아르고스 장로들의 코러스, 욕설을 퍼부으며 오른쪽으로 끌려 나간다. 그동안 아이기스토스는 무대에서 궁전 안으로 들어가고, 클리타임네스트라도 따라 들어간다. 그 뒤로 정면 문이 닫힌다.

〈주〉
*1 주사위놀이는 예부터 행해졌으며, 희랍 비극에서도 가끔 보인다. 4면 또는 6면 입방체로 되어 있으며, 셋 또는 네 개가 한 조를 이룬다. 여기서는 물론 세 개이나 여섯을 세 번 보여 준 것은 가장 큰 길조를 뜻한다.
*2 그 다음에 일어난 자 : 하늘신 우라노스로부터 권력을 뺏은 크로노스를 말한다. 그는 자기 아들 제우스에게 쫓겨난다.
*3 칼키스 : 에우보이아 섬의 도시. 아우리스는 그 맞은편 해안에 있는 보이오티아의 외딴 마을.

*4 아피아 : 이 1행에 대해서는 다른 의견이 많다. '아피아의 요새가 우리에게 가장 시급한 문제'라는 뜻. 아피아는 펠로폰네소스 반도의 옛 이름.
*5 아소포스 : 보이오티아 동남쪽 아티카와 잇닿은 경계를 흐르는 강. 키타이론은 남서쪽으로 경계를 이룬다.
*6 레다의 딸 : 클리타임네스트라는 스파르타 왕 틴다레오스와 레다의 딸.
*7 천랑성 : 시리우스 별을 가리킨다. 한여름 해질 때에 뜬다.
*8 죽어 가면서 울부짖는 어린애들 : 아트레우스에게 살해되어 아버지 티에스테스의 식탁에 올려진 아이들.
*9 노랗게 물든 : 죽으면 체액이 노래지고 그 때문에 피부 빛깔이 노랗게 된다고 여겨져 왔다.
*10 황소 : 아가멤논을 가리킴. 암소는 클리타임네스트라.
*11 스킬라 : 《오디세이아》에 나오는 소용돌이 바다(괴물) 카리브디스에 이어진 동굴에 살면서 뱃사람들을 잡아먹는 여자 요괴.
*12 '아테'는 재앙의 여신. 신들이나 인간을 불문하고 도덕적 판단을 그르치게 하고 맹목적으로 행동하게 하는 광기의 의인화. 이 여신을 아이스킬로스는 특히 강조한다. 에리니에스는 복수의 여신.
*13 플레이스테네스 : 펠롭스 후예의 한 사람. 그의 계보는 불확실하며, 많은 다른 전설들이 있다.
*14 오르페우스 : 전설적인 음악가. 음악으로 새, 짐승, 나무, 돌까지도 감동시켰다고 함.
*15 오레스테스 : 아가멤논과 클리타임네스트라 사이의 맏아들. 아가멤논이 트로이 전쟁에 나가 있는 동안 아이기토스와 불륜에 빠진 뒤, 승전하고 돌아온 아가멤논을 살해하였다. 이때는 어린 오레스테스가 이미 누나 엘렉트라에 의해 큰아버지인 포키스 왕 스트로피우스에게 보내지고 없을 때였다.

The Choephori
제주를 바치는 여인들

《오레스테이아》극의 제2곡. 원명 코에포리(Choephori)는 무덤에 바칠 제주(祭酒 : 대개 술을 섞지 않은 꿀과 우유와 기름으로 만든다)를 나르는 사람들이라는 뜻으로, 이 극의 코러스를 이루는 여인들의 명칭에 나와 있다. 아가멤논을 죽인 뒤, 몇 년 동안 권력은 클리타임네스트라와 아이기스토스의 손에 있다. 왕녀 엘렉트라는 냉대와 멸시 속에서 비참한 삶을 보내다가 나쁜 꿈을 꾸고 선왕의 넋을 달래려 시녀들과 함께 성묘를 하러 간다. 거기서 마침, 어른으로 자라서 머리카락을 잘라 아버지 무덤에 바치러 온 남동생 오레스테스와 사촌 오빠 필라데스를 만난다. 그 기쁨과 호소, 죽은 왕의 넋에 대한 기도와 제주 공양은 이 극의 중요한 부분으로 200행에 이른다. 두 사람은 의논하여 왕비, 즉 어머니에 대한 복수를 꾸민다. 여기서 조연인 오레스테스의 늙은 유모(사령)의 등장은 뛰어난 정경의 구성이라고 일컬어진다.

이 극의 절정은 어머니와 아들의 심한 응수(應酬), 투쟁, 그 뒤에 다음 곡에 대한 복선으로서 오레스테스의 광기와 복수의 여신들의 집요함이다. 오레스테스는 그에게 아버지의 원수를 갚기 위해 어머니를 죽이라고 명령한 아폴론의 구원을 청하러 델포이 신전으로 간다.

이 극은 두 가지 장면 전환을 가지고 있다. 성 밖 왕의 무덤 앞과 아르고스 왕궁의 문 밖, 그리고 왕비의 거처 가까이이다. 이것은 간단한 배경의 변화로 관중의 상상에 호소하여 이루어졌다고 생각된다.

나오는 사람

오레스테스 아르고스 왕이었던 죽은 아가멤논의 아들.
필라데스 오레스테스의 사촌이며 친구.
코러스 왕비를 섬기는 시녀들로 이루어짐.

엘렉트라 아가멤논의 딸, 오레스테스의 누나.
종복 왕비의 종.
클리타임네스트라 죽은 아가멤논의 왕비.
유모 오레스테스의 유모.
아이기스토스 왕비의 정부(情夫).
시동 아이기스토스의 종.

무대

오케스트라 한복판에 아가멤논의 무덤, 아르고스의 궁성 밖 그 한 옆에 헤르메스 상을 떠받친 기둥(헤르마)이 서 있다. 저편에 아트래우스 집안의 왕궁, 세 개의 문이 있다.

오레스테스와 필라데스가 무대에 등장해 헤르메스의 기둥을 향해 기도한다. 오레스테스는 손에 머리카락 두 다발을 들고 있다.

오레스테스 저승을 다스리는 헤르메스 신이시여. 아버지 신께서 내린 일을 지키고 계시다면, 도움을 청하는 나의 구주(救主)가 되어 주소서. 지금 나는 고국으로 돌아왔습니다. 이 봉분 위에 올라가, 이렇듯 아버지께 호소드립니다. 아무쪼록 내가 소원을 성취하도록 도와 주시기를. (두 개의 머리카락 다발을 내놓으며) 이 머리 다발 하나는 길러 주신 감사의 뜻에서 이나코스 강에 바칩니다. 또 하나의 머리 다발은 이렇게 의젓하게 자란 지금 애도의 뜻으로 아버지 무덤 앞에 바칩니다. 나는 아버지께서 운명하실 때 옆에 지켜서서 울지도 못했고, 유해를 운반할 때 이 손으로 거들지도 못했기 때문입니다……

오른편에서 코러스 등장, 검은 옷차림의 여인들 손에 제주 그릇이 들려 있다.

  저게 뭘까? 저쪽에서 몰려오는 저 여자들의 무리는? 검은 옷차림을 하고 있으니 어떻게 상상하면 좋단 말인가. 집에 또 새로운 불행이 찾아온 것일까? 아니면 그냥 땅 속의 넋을 달래려고 아버지 무덤으로 제주를 날라오고 있는 것일까? 그래, 그것이 틀림없어. 저기 오고 있는 건 엘렉트라 누나야. 어두운 비탄의 모습이 역력하구나. 제우스 신이시여, 부디 내게 아버지를 죽인 원수를 갚게 해 주소서. 참다운 내 편이 되어 주소서.
  필라데스, 잠시 옆으로 비켜 있자. 저 여자들이 왜 여기 왔는지 그 까닭을 확실히 알고 싶구나.

오레스테스와 필라데스, 옆으로 피한다. 코러스는 들어와 무덤 앞에 단지와 주발을 내려놓기 좋게 늘어선다.

코러스 (노래)
  지시에 따라 궁전에서
  무덤에 제주를 바치러 온 우리들

심하게 머리를 손으로 치는 소리
붉게 물든 볼의 손톱 자국, 그 생생함만 보아도
우리 슬픔을 아시리이다.
가슴은 아직 변함없이 오랜 슬픔을 짓씹고 있도다.
베로 짠 이 옷
고뇌로 가슴팍에서
요란한 소리를 내며 찢어졌다.
수많은 재난 때문에
준엄한 타격을 받아 웃음을 잊고.

궁전의 꿈을 풀이하는 예언자가
소리 높여 꿈나라에서 인간의 원한을 불러일으켜
밤의 어둠 속에서 외친 소리
무서움에 머리칼이 쭈뼛해진다.
그 목소리는 아낙네들의 안방을 뒤흔드네.
꿈을 풀이하는 사람들은
신의 힘에 의지하여 말하기를
땅 속에서 죽은 자들이 유독
'자기를' 죽인 자를 원망하여
마음 속의 원한을 잊지 않는다고 하였네.

그래서 그 화근을 없애고자 없는 정을 구하려
애꿎은 저희들을
그 신을 경멸하는 부인이 보냈습니다.
이런 말은 입에 담기조차 끔찍한 일
땅을 물들인 핏자국을 무엇으로 씻고 속죄하랴.
아아, 그립고 그리운 이 궁전
저주받은 수많은 방들
세상 사람들을 꺼려 하고 햇빛마저 들지 않아
어둠이 이 집을 대왕의 무참한 죽음으로 감싸고 있네.

공경하는 마음이 전에는 백성들을 온전히 사로잡아
귀나 가슴을 통해 항거하지 못하게
억누르고 있었건만, 그것이 이제는 사라지고
모두 두려움에 사로잡혀 있네.
교활하게 행동하는 것
그것만이 만인의 신이요
신 이상으로 숭상받는 일이 되었도다.
정의란 저울은 빛이 비치는 사람들만
조속히 저울질하지만
어둠 속을 헤매는 고뇌가 기다리고 있어
꾸물거리는 사람
또는 끝내 뜻을 이루지 못해
밖에서 붙잡히는 사람도 있네.
생명을 기르는 땅이 흠뻑 들이킨 피
그 원수를 찾는 애꿎은 죽음은
굳게 스며들어 녹아 없어질 줄 모르는 채
그 죄인을 쫓아 영원히 떨어지지 않는
끊임없는 고뇌를 초래하는 저주야말로
그 죄인을 쫓아 영원히 떨어지지 않는
근심으로 가득 채우리라.
이를테면 신부의 침실을 더럽힌 자에게는
어떠한 희망도 수단도 없을 것이며,
이 땅의 모든 강 줄기를 하나로 합쳐
피로 더럽혀진 손을 아무리 씻어도
깨끗해지지 않으리라.

그러나 우린 신의 뜻으로 고향 땅을
어쩔 수 없이 조상 대대의 집을 떠나 종 신세가 된 운명을 짊어진 이상
정의도 부정도 참아야 함이 뜬세상의 관습인 것처럼
체념하고 따를 수밖에 없지

마음 속의 분노를 억누르고
　　　그러나 옷자락은
　　　왕의 불행을 슬퍼하는 눈물로
　　　젖는 것을 누가 알랴.

춤을 끝내고 모두 무덤 앞에 늘어선다. 엘렉트라가 무덤 앞에 다가가더니 머리 다발을 보고 잠시 망설이다가 이윽고 코러스 쪽을 돌아보고 말한다.

엘렉트라 시중들어 주는 여러분들은 늘 궁궐의 방을 말끔히 치워 주고 있죠. 지금 나와 함께 이렇게 성묘를 하러 왔으니 의논 상대가 되어 주어야겠어요. 이 무덤에 제물을 바치며 아버지께 무슨 말을 하면 좋을까? 무슨 말을 하면 아버지가 좋아하실까? 사랑하는 아내가 사랑하는 남편에게 이 제물을 바친다고 이야기할까? 내 어머니로부터라는 말이겠지만, 감히 그런 말을 할 수가 없어. 이 제주를 아버지 무덤에 뿌리면서도 무슨 말을 하면 좋을지 모르겠어. 이렇게 말하면 어떨까? 세상 사람들의 관습대로 이 꽃관을 보낸 이에게 응분의 보답이 있기를 바란다…… 저지른 일에 대한 응분의 보답을!
　　아니면 비참하게 아무 말도 안 하고 아버지가 돌아가셨을 때 부정(不淨)을 몰아내는 사람들이 하였듯이, 땅에 제주만 뿌리고 뒤도 돌아보지 않고 그릇을 던지고 가 버릴까.
　　부탁이니 어떻게 하면 좋을지를 생각 좀 해 줘요. 궁궐에 있으면서 우리는 늘 같은 증오심을 가지고 있었으니, 두려워하지 말고 가슴 속에 숨겨 두지 말고 말해 줘요. 운명으로 정해진 일은 자유로운 사람이든 남의 종살이를 하는 사람이든 피할래야 피할 수 없는 일이니까요. 좋은 생각이 있다면 가르쳐 줘요.
코러스 대장 왕의 무덤은 저희들에겐 제단같이 성스러운 곳, 그 앞에서 명령하시니 말씀드려야겠지요. 저희 마음에서 우러난 생각일지라도.
엘렉트라 그래요, 말해 주어요. 아버지 묘를 경모하는 그 마음으로.
코러스 대장 엄숙하게 기도를 드리세요. 제주를 부어 놓고 왕의 묘를 경모하는 사람을 위하여.

엘렉트라 그래, 그 친절한 분들이 대체 누구란 말인가요?

코러스 대장 첫째는 공주님 자신이고, 다음에는 아이기스토스를 미워하는 모든 사람들이지요.

엘렉트라 그렇다면 나를 위해서, 그리고 여러분들을 위해서 기도를 하란 말인가요?

코러스 대장 그것은 알아서 하십시오.

엘렉트라 하지만 그렇다면 여러분 말고 다른 분들은 편들어 줄 사람이 없지 않아요.

코러스 대장 타국에 계시다 할지라도 오레스테스님을 잊지 마세요.

엘렉트라 정말 그렇군요. 깨우쳐 주셔서 고마워요.

코러스 대장 다음에는 그분을 살해한 장본인들에 대해서도 잊어버리지 마시기를……

엘렉트라 무슨 뜻인지 가르쳐 줘요. 뜻을 알 수 없으니 설명해 줘요.

코러스 대장 그 사람들에게 신이든 사람이든 누군가가 대항해서……

엘렉트라 심판자나 복수자를 말하는 건가요?

코러스 대장 정확히 말하면 살해한 보답으로 살해해 주려는 사람들이지요.

엘렉트라 그런 것을 신에게 기원해도 불경죄가 되지 않을까요?

코러스 대장 물론이지요. 적에게 화를 화로써 보복함은 정당한 일이니까요.

엘렉트라 (오른손을 들고 기도한다) 이승과 저승의 신들 가운데에서도 특히 존귀하신 전령의 신이신 지하의 헤르메스 신께 바랍니다. 부디 지하에 군림하는 신들께서 내 기원을 들어주시게 해 주소서. 궁전에 흘린 아버지의 피를 보신 그 신령과 스스로 만물을 낳고 기른 다음 다시 그 씨를 거두시는 대지도 들어 주소서. 나는 돌아가신 분을 위하여 이 제주를 부으며 아버지께 호소합니다. 부디 나와 사랑스러운 오레스테스를 불쌍히 여기시어 우리가 본디대로 집안의 주인이 되게 해 주소서. 지금 우리는 우리를 낳은 어머니로부터 팔려가 떠돌이 신세가 되었습니다. 어머니는 아이기스토스를 남편으로 맞아들였습니다. 무엄하게도 아버지를 살해한 공모자를 말입니다. 그래서 나는 종과 같은 신세가 되었고, 오레스테스는 궁궐과 재물을 두고 다른 나라로 쫓겨났으며, 뻔뻔스럽게도 그들이 아버지께서 쌓으신 부귀를 즐기고 있습니다.

아버지, 부디 내 소원을 이루게 해 주소서. 아무쪼록 오레스테스가 이곳으로 돌아와 어떻게 해서든 좋은 결과를 가져오도록, 또한 내게는 어머니 보다 더 절도 있는 마음과 신을 공경하는 손을 갖게 해 주소서. 이것이 우리를 위한 기도입니다. 아버지를 위해서는 복수를 해 줄 이가 나타나 아버지 적을 멸망케 하고, 살인자들이 이번에는 응당한 보답으로 거꾸로 피살되며, 그들의 기도가 내 기도 때문에 길이 막혀 오히려 저주를 받게 되기 바랍니다. 우리에게 기도대로 복된 은혜를 베풀어 주시고, 아울러 신들의 도움과 대지와 승리를 가져오는 정의의 심판이 있기를 기원합니다.

이처럼 아버지께 기원하며 이 제주를 붓는 동안, 여러분들은 애도의 눈물로 경모하는 것이 관습이니, 높은 소리로 돌아가신 분에 대한 찬미가를 불러 주세요.

코러스 (노래)
　눈물을 흘리세요, 소리 높이 슬픔의 눈물을
　불행한 왕을 한탄하면
　이 재앙을 막으리라, 복을 지키는 울타리 아래
　무덤에 뿌려지는 반갑잖은 이 제주의 저주도
　그 먹구름 같은 눈물로 씻어지리라.
　들어 주소서, 거룩하신 왕이시여
　슬픔에 찬 어두운 마음으로 하는 기원을
　아아, 누군가 무적의 창을 들고 달려와서
　이 궁궐을 본래대로 돌려 줄 자 없을까.
　손에 아레스처럼 활시위를 당겨 쥐고
　혹은 창을 의기양양하게 휘두르며
　칼을 겨누어 꿋꿋이 맞설 자 없을까.

엘렉트라 (제주를 다 뿌리고 나서) 이제 땅에 제주를 뿌리는 일도 끝났습니다, 아버지. (코러스 여인들을 향해) 또 다른 말을 물어보고 싶은데, 들어 주시겠어요?

코러스 말씀하세요. 무서워서 가슴이 떨리는 것 같습니다만.

엘렉트라 여기 갓 잘라 낸 머리 다발이 무덤 앞에 있군요.

코러스 누구의 것일까요? 깊이 띠를 맨 처녀의 것일까?

엘렉트라 이건 누가 봐도 금방 알 수 있어요. 표가 나니까요.
코러스 어떻게 알 수가 있지요? 우리보다 나이가 적고 젊지만 가르쳐 주세요.
엘렉트라 나 말고는 이것을 갖다 바칠 사람이 없을 거예요. 하지만……
코러스 머리칼을 잘라 애도의 뜻을 표할 사람은 다 적수가 되어 있는데.
엘렉트라 그래요. 보세요, 똑같아요.
코러스 누구의 머리칼과 같다는 거지요? 가르쳐 주세요.
엘렉트라 내 것하고 말이에요. 보기에 꼭 같잖아요?
코러스 설마하니 오레스테스님이 몰래 와서 이것을 바친 것은 아닐 테지요.
엘렉트라 머리칼만 보냈겠지요. 아버지를 애도하는 뜻에서.
코러스 그렇다면 우리에게는 지난번 일 못지않은 슬픔이 되겠습니다. 만일 이 고장에 두 번 다시 발을 들여놓지 않으신다면.
엘렉트라 나 역시 슬픔이 이 가슴 가득 물결치고 있어요. 가슴팍을 정면으로 창에 찔린 것처럼 눈물이 막을 길 없이 흘러내려요. 갑자기 터진 조류처럼. 이 머리칼을 보고 있으니 말이에요. 이 고을 사람들 가운데 이런 머리칼을 갖고 있는 사람은 없을 거예요. 또한 남편을 죽인 여인이 머리칼을 잘랐을 리도 없어요. 내 어머니 말이에요. 자식들에 대한 모정이라고는 손톱만큼도 없는 사람, 신들마저 두려워하지 않는걸요.

하지만 난 갑자기 이런 생각이 드는군요. 이 머리칼은 내가 가장 아끼는 오레스테스의 것이 틀림없다는 기대를 걸어도 좋을 것 같다고. 아, 이 머리칼이 상쾌한 목소리를 가지고 있다면 좋으련만…… 기별을 알리는 사자처럼…… 이런저런 궁리를 하느라고 애태우지 않아도 되게끔 말이에요.

그렇다면 분명히 마음도 정할 할 수 있으련만. 이 머리칼이 원수의 머리에서 잘린 것이라면 힘껏 내던져 줄 것이고, 피를 나눈 형제의 것이라면 나와 슬픔을 나누는 심정에서, 아버지를 애도하는 뜻으로 이 무덤 앞을 장식할 텐데.

아무튼 나는 신께 호소하겠어요. 심한 풍랑 속을 가는 뱃사공처럼 우리가 얼마나 시달림을 받고 있는지 잘 알고 계실 테니까요. 우리가 아무 탈 없도록 도우신다면 조그만 씨앗이 큰 나무가 될 수 있다는 사실을 보여 줄 수도 있을 거예요.

이것 보세요, 발자국이 있어요. 두 번째 증거가. 내 것과 똑같은 발자국이에요. 그런데 두 가지 발자국이 있는 걸 보니, 함께 따라온 사람이 있는 모양이군요. 발뒤꿈치와 땅에 닿지 않은 장심(掌心)의 길이도 대보니 내 것과 꼭 맞는군요. 보세요, 이렇게 맞잖아요. 아, 가슴이 터질 것 같아. 정신이 아찔해지는군요.

오레스테스와 필라데스가 나타난다.

오레스테스 (엘렉트라를 향해) 앞으로는 신께 기도를 드릴 때, 실현이 확실한 기도임을 모두에게 장담하고 언제나 훌륭하게 성취됨을 자랑하십시오.
엘렉트라 그렇다면 신의 도움으로 어떤 소망이 이루어졌다는 말인가요?
오레스테스 아까부터 기도로 바라시던 바로 그 사람이 지금 눈앞에 있습니다.
엘렉트라 내가 부르던 이가 어떤 사람인 줄 알고 그러세요?
오레스테스 알고 말고요. 오레스테스를 갈망하고 있었지요.
엘렉트라 그래, 나의 기도가 어떤 진실로 나타났단 말인가요?
오레스테스 내가 바로 그 사람입니다. 더 이상 찾을 필요가 없습니다.
엘렉트라 아마 나를 속이려는 것이겠지요.
오레스테스 그렇다던 내가 나를 속이고 있는 격이 됩니다.
엘렉트라 아니면 내 비참한 신세를 조롱할 셈이군요.
오레스테스 그렇다면 나 자신을 조롱하는 것이 되겠지요.
엘렉트라 진정 당신이 오레스테스라는 말인가요?
오레스테스 이렇게 나를 직접 보시면서도 못 알아보시다니, 답답도 하여라. 애도의 뜻에서 자른 이 머리칼을 아까 보셨을 때는 나를 실제로 보는 듯 기뻐하더니. 그리고 내 발자국을 보고도 그토록 좋아하더니. 이 머리칼을 이렇게 대고 똑똑히 보십시오. 정말로 동생임을 알게 될 겁니다. 누님의 머리칼과 똑같으니까요. 그리고 이 천을 보세요. 누님이 손수 짠 천입니다. 사냥하는 무늬가 아닙니까.

엘렉트라, 오레스테스를 껴안으려 한다.

모든 것을 마음 속에 감추고, 기쁨으로 냉정을 잃지 않도록 하세요. 가장 다정해야 할 사람이 우리 두 사람에게는 몹시 심술궂다는 걸 잊지 마시고 말이에요.

엘렉트라 정말이지, 아버지의 궁궐에서도 진심으로 모두에게 사랑받던 네가 지금 우리가 눈물로 바라는 그 구원의 씨가 되었구나. 용기를 불러일으켜 아버지 가문을 다시 회복시켜 다오. 너는 나에게 네 곱으로 귀한 사람, 첫째는 어떤 일이 있어도 너를 아버지 대신으로 불러야겠다. 그리고 어머니에 대한 애정도 너에게 돌리는 수밖에 없구나. 그분은 당연히 증오의 대상이니까. 그리고 가엾게 희생된 언니에 대한 애정도. 또 무엇보다도 너는 내가 사랑하는 소중한 동생이니까. 바라건대 힘과 정의와 위대하신 제우스님이 우리를 도와 주시기를!

오레스테스 제우스, 제우스님이시여. 우리의 모습을 부디 굽어살펴 주소서. 아비 독수리를 잃은 새끼들을. 아비는 독사의 덫에 걸려 독사에게 친친 감겨 죽었습니다. 우리 남은 새끼들은 아버지가 잡아 놓은 먹이를 집에까지 나를 힘이 아직 없기에, 심한 굶주림에 시달리고 있습니다. 아, 나와 엘렉트라는 둘 다 그처럼 아버지를 잃은 자식으로 집에서 쫓겨난 신세입니다.

그러니 늘 제물을 바쳐 제우스님의 제단을 경건하게 지켜 온 아버지의 자식들인 우리를 멸망시킨다면, 어디서 다시 그와 견줄 만한 훌륭한 제물, 풍부한 제사를 기대하실 수 있겠습니까. 또한 그 독수리의 일족을 멸망시켜 버리신다면 제우스님의 확실한 하늘의 예언을 인류에게 전달할 수도 없거니와, 제사를 지낼 집의 근본이 완전히 말라 없어지면, 소를 잡아 제사를 지내야 할 날이 와도 제단을 지킬 수조차 없습니다. 부디 지켜 주소서. 이제는 완전히 쓰러진 것과 다름없는 이 집을 무력함에서 일으켜 본디의 위대함으로 되돌려 주소서.

코러스 대장 두 분은 아버지 가문을 재건할 분이니 말조심하세요. 말이 새어나가 권력자들의 귀에 들어가는 날에는 큰일이니까요. 나는 그들이 부글부글 송진이 끓는 화염 속에서 타 죽을 꼴을 보았으면 좋겠어요.

오레스테스 아폴론 신의 위대하고 강력한 예언이 결코 헛되지는 않을 것입니다. 나에게 이 위험한 일을 해내라고 명령했으니까. 계속 새벽 일찍 깨

제주를 바치는 여인들 121

워서 뜨거운 간이 서늘해지는 일을 알렸으니까. 심한 재난이 몸에 닥칠지라도, 아버지를 쓰러뜨린 장본인들에게 같은 방법으로 원수를 갚아야겠습니다——같은 수단으로 죽여라. 돈으로는 보상할 수 없는 죄여, 심한 분노를 일으켜라. 그것이 안 되면 나 자신이 자신의 생명으로 그 보상을 해야 된다는 것입니다. 그것도 숱한 고생을 겪은 뒤에.

 그것은 땅 밑의 혼이 원한을 품고 노함으로써 우리에게 지독한 병이 생길 것이라고, 인간 세계에 예언을 하는 신은 말했습니다. 그 병은 참혹하게도 아가미로 살점을 좀먹어, 타고난 육체마저 파먹는 어루러기 같은 것, 그 병 때문에 관자놀이까지 허옇게 될 것이라고 했습니다. 또한 아버지의 피로 만들어진 복수의 정령들이 노여움을 못이겨 한밤중에 내 앞에 나타날 것이라는 말도 했습니다. 동족에게 피살된 이들의 넋이 저승에서 어둠을 뚫고 날아온 창이 되어 형태 없는 공포, 발길을 따라오는 악귀, 광기어린 저주처럼 나를 쫓을 것이고, 나의 고문당한 몸을 인간 사회에서 내쫓으려고 청동 막대기로 후려칠 것이라고 했습니다. 그리고 이런 복수를 게을리하는 자는 잔치 자리에도 끼지 못하고, 신에게 바치는 제주도 부을 수 없고, 눈에는 안 보이는 아버지의 노여움으로 제단에도 가까이 못 가고, 누구 하나 쉬어갈 방도 나누어 주지 않을 것이랍니다.

 이렇게 모든 사람들에게 업신여김을 당하고 친구도 없이 끝내는 죽는데, 그것도 불쌍한 미라 같은 꼴로 비참하기 이를 데 없이 죽으리라는 것이니, 어찌 그 말씀을 거역할 수 있겠습니까? 그 말씀을 믿지 않는다 할지라도 이 일은 내가 해치우지 않을 수 없습니다. 여러 가지 요구가 그것을 향해 합쳐지고 있으니까요. 신도 명령하시고 돌아가신 아버지에 대한 깊은 애도의 정도 있고, 끝으로 부귀를 모두 빼앗긴 고통도 있으니 말입니다. 그리고 무엇보다 세계에서도 으뜸으로 명예로운 국민이, 영광스러운 정신으로 트로이를 정복한 사람들이 두 여자에게 이토록 좌우되고 있는 것을 구해야겠습니다. 두 여자라고 한 것은, 다른 한쪽도 마음은 여자나 마찬가지니까요. 여자가 아니라고 우긴다면 당장에라도 결판을 내 보여 주지요.

코러스, 아가멤논 왕의 무덤 앞에 늘어서서 추도의 노래를 교대로 부른다.

코러스　위대한 운명의 신들이여,
　　　원컨대 제우스의 위력으로 정의가
　　　우리 편으로 찾아와 모든 일이 종말을 고하게 해 주소서.
　　　증오의 말에는 증오의 말로써
　　　보상케 하겠다고, 누구에게나 당연한 빚을 재촉하는
　　　정의의 여신을 소리 높이 부르짖네.
　　　피묻은 칼에는 피묻은 칼로 보답하라.
　　　사람을 해친 자는 보복을 받는다——
　　　예부터 속담은 이렇게 외치고 있다.
오레스테스　아, 아버지, 비참하게 돌아가신 아버지
　　　뭐라고 말씀드리면, 아니 어떻게 해드리면
　　　삶과 죽음의 바다에 머물러 계시는 아버지께
　　　이 마음을 통하게 할 수 있을까요.
　　　어둠과 빛은 경계를 달리하는 것
　　　그러나 우리가 지금 지내는 이 추도의 제사는
　　　궁전에서 쫓겨난 몸이라고는 하나
　　　영광된 자에 대한 진정어린 애도라 할 수 있으리이다.
코러스　도련님, 왕성하게 타오르는 화염의 이빨도
　　　죽은 이의 마음을 진정시킬 수는 없습니다.
　　　뒷날에 그 원한은 세상에 나타나게 마련이고
　　　죽은 자가 정중하게 애도를 받으면
　　　반역한 자들의 모습은 뚜렷이 나타납니다.
　　　그러므로 아버지를, 육친인 어버이를 애도하는
　　　자식의 한탄은
　　　사정없이 그 보상을 찾을 것이오이다.
　　　원한에 사무쳐 끝끝내 쫓아가며.
엘렉트라　들어 주세요, 아버지.
　　　차례차례, 눈물로 가득찬 슬픈 노래를
　　　두 자식이 무덤 앞에서 슬피 부르는 애도의 노래는
　　　아버지를 이승으로 되불러 드릴 것입니다.

우리를 지금 받아들인 곳은 이 무덤뿐입니다.
다같이 도움을 청하며, 다같이 집을 쫓겨난 우리를
이 세상에 무슨 행복이, 화 아닌 그 무엇이 있겠습니까? 불행이야말로
진정 어쩔 수 없는 것.

코러스 그러나 언젠가는 신의 위대한 힘으로 지금 상태에서
벗어나 더 즐거운 음악을 들을 수 있을 겁니다.
무덤 앞의 슬픈 노래 대신
왕궁의 넓은 방 안에 기쁨의 송가를
새로이 화합된 술잔을 나누게 하여 주시기를.

오레스테스 차라리 아버지는 트로이 성벽 밑에서
리키아 병사들의 창끝에 쓰러진 편이 나왔을 것을.
그랬더라면 훌륭한 명예를 고향 집에 전했을 것이고
자식들의 앞날에까지도 국민들로부터
우러러보이는 생애를 남겨 주시고
아버지께서는 우뚝 솟은 봉분을 무덤의 표지로
바다 건너 이국 땅에 가지시게 되셨을 것을.
자식들도 은밀히 찾아가기 쉽도록.

코러스 그랬다면 싸움터에서 훌륭히 죽은 친한 벗들
그 사람들의
사랑을 받으며 저승에서도
훌륭한 군주로 존경을 받으셨을 것을.
저승을 다스리고 심판을 내리시는
위대한 저승의 신들을 섬기시면서
이승에 계셨을 때는
스스로 하늘이 정한 거룩한 의무를 다하시고
백성을 따르게 하시어
많은 영주들로부터 군주라 불리던 분이었기에.

엘렉트라 아버지, 아버지께서는 트로이의 성벽 아래서 돌아가셔서는 안 되었고 창에 찔려 죽은 다른 병사들과 함께 스카만드로스 강변에 묻히셨대도 서러웠을 것입니다.

그 대신, 먼저 아버지의 살해자들이 죽었어야 할 것을 그래서 고향에서 그들에게 죽음을 가져다 준 운명의 상태를 멀리 전해 들을 수 있었더라면 …… 이같은 원한도 모르고 살았을 것을.

코러스 공주님, 그런 헛된 희망은 우리 능력 밖에 있는 황금이나
극락에 사는 선녀들의 행복을 갈망하는 것과 같습니다.
입으로 말하기란 쉬운 법이지요.
하지만 두 분의 기도가 자아내는 가책의 소리는 저승까지 울릴 것이며
지금 세도를 부리는 무리들은 신을 더럽힌 자들
운명은 두 분의 편을 들 것입니다.

오레스테스 그 노래 구절은 화살처럼 깊고 예리하게 내 귀에 못박혔소. 제우스 신이여, 저승으로부터 머지않아 언젠가는 보복을, 인간의 무참한 손, 어떤 무도함도 저지르는 손에 보복을 가하게 하시는 신이시여, 비록 악을 저지른 이가 어버이일지라도 보복은 이루어질 것입니다.

코러스 언젠가는 목청껏 환성을
지를 수 있을 것입니다.
타살된 사내 위에 겹쳐져서 죽어 가는 여인을 눈 앞에 보며
이 심정 어째서 숨겨 둘 필요가 있을까요.
억눌려도 여전히 흥분되는 것을.
그리고 뱃머리 정면에는 가슴에 있는 분노
그 노여움이 심한 폭풍이 되어 불어 때리는 것을 증오와 원한을 간직하고.

엘렉트라 하지만 우리의 부모이신 제우스님께서는 언제 처단의 손길을 내려 주실까. 아, 정말이지, 그들의 목을 잘라 정의의 진실을 이 나라에 보여 주셨으면 좋으련만. 무도함의 뒤에서 정의의 길을 구하는 것입니다. 대지의 여신도, 거룩한 지하의 신도 들어 주소서.

코러스 그러나 죽은 자의 피가
땅을 적시면 또 다른 피를 부르게 되는 법.
그 재난은 복수의 여신 에리니에스를 부릅니다.
전에 죽은 이들로부터 또다시 파멸을
이전의 파멸이 이어 가져다 주는 에리니에스를 말입니다.
오레스테스, 아, 저승을 다스리시는 여신들과 살해된 자들의 힘찬 저주

들이여, 보아 주소서. 아트레우스 집안의 잔해가 지금 얼마나 무력하고 비참한 꼴이 되어 있는가를 보아 주소서. 흉측한 집안의 몰골을. 하지만 이 사실을 어디에 호소하리까. 아, 제우스 신이여.

코러스 그 한탄을 지금 또 듣고 보니
　　새삼 우리 가슴이 죄어듭니다.
　　그 한탄 자체가 희망을 잃게 하니
　　마음과 가슴이 한 마디 한 마디로
　　검은 구름이 끼게 됩니다.
　　하지만 다시 용기를 내어
　　대담하게 나아가시노라면, 언젠가는 기쁨의 서광이 비쳐
　　그 슬픔도 사라질 것입니다.

엘렉트라 어떻게 호소하면 좋을까요. 우리가 받은 고뇌와 한탄, 친어머니로부터 받은 피해를. 어머니는 우리 비위를 맞추며 애걸할지도 모르지요. 하지만 결코 그런 애걸에 넘어가지는 않을 거예요. 사나운 늑대처럼 난폭해진 내 마음은 이제 어머니도 어쩔 수 없게 되었으니까요.

코러스 동방의 슬픈 노래처럼 슬픔을 노래하고
　　페르시아 여인들의 울음 소리 같은
　　곡에 맞추어 가슴을 치고 눈물을 흘리는 이 모습을 보세요.
　　손을 들어 아래위로 가슴을 치고 머리를 치는 소리
　　그 소리에 우리의 비참한 머리도 울린답니다.

엘렉트라 어쩌면 이렇듯 대담한 짓을 하셨을까.
　　지독한 어머니, 이런 장례식을 하다니.
　　국민들에게도 알리지 않고 한 나라의 왕을
　　정식으로 애도도 하지 않고
　　의식도 없이 묻어 버리다니.

오레스테스 무례하기 짝이 없는 장례식을 이제야 듣고 알았는데, 이럴 수 있단 말인가. 아버지를 그토록 욕보인 대가는 머잖아 신의 뜻에 따라 그 몸에 닥치리라. 우리 손으로 복수한 다음에는 나도 이 목숨을 끊으리라.

코러스 팔다리를 잘린 채 묻혔습니다. 모두 털어놓는다면
　　이처럼 왕을 묻었듯이 또

당신의 일생에 견딜 수 없는 괴로운 운명을
안겨 주려는 마음에서 꾀한 일.
아버지께서 당하신 욕은 들으신 바대로입니다.

엘렉트라 아버지 신상은 지금 말한 대로이다. 나는 아버지 곁에서 밀려나와 장난꾸러기 강아지처럼 집구석에 처박혀 웃음 대신 슬픔과 눈물로 어둠 속에서 살아왔다. 이런 형편을 잘 듣고 마음 속에 새겨 두도록 해라.

코러스 오레스테스님도 침착하게 귀 기울여
이제 하신 말씀을 마음에 새겨 두세요.
이제까지의 상태는 지금 하신 말씀대로이니
나머지는 스스로의 심한 분노에 대고
물어 보시는 게 좋겠지요.
그러므로 무엇에도 움직이지 않는 의지를 가지고
시작하심이 좋을 겁니다.

오레스테스 (위치를 바꾸고) 아버지, 부탁드립니다. 우리 편에게 부디 힘을 빌려 주소서.

엘렉트라 나도 함께 눈물에 젖어
목소리를 모아 아버지를 부릅니다.

코러스 우리들 이 한무리도 다같이 입을 모아 말씀드립니다.
부디 빛의 세계로 나오셔서 들어주소서.
원수들에 맞서서 힘을 도와 주소서.

오레스테스 정의와 정의가 맞부딪칠 것이다. 원수의 정의와 우리의 정의가.

엘렉트라 아, 신들이시여. 올바르게 정의를 이루어 주소서.

코러스 그 기도를 듣기만 해도 손발이 떨립니다.
운명은 이미 결정된 것
그것이 지금 우리의 기도로 실현되기를.
아, 일족에게 뿌리를 내린 고난
노래로도 부를 수 없는 피어린 재난의 타격으로
견딜 길 없는 심한 한탄의 번뇌
그리고 언제 끝날지 모르는 이 고통
그러나 이러한 깊은 상처를 치유하는

단 한 가지 방법은 다른 이의 도움을 기다리지 않고
스스로의 힘으로 만들어 내는 것
처절한 피투성이 투쟁에 의하여.
이것이 저승의 신들에게 바치는 노래입니다.

코러스 대장 저승을 다스리는 신들이시여, 이제까지의 기도를 들으시고 왕의 자제분들의 힘이 되어 승리의 길로 인도해 주소서.

코러스들 무덤 앞에서 물러선다. 오레스테스와 엘렉트라, 무덤 앞에 꿇어 엎드려 땅을 치며 부르짖는다.

오레스테스 아버지, 왕의 체통에 어울리지 않는 죽임을 당하신 아버지. 내 기도를 들어 주시고, 나에게 왕가를 다스릴 수 있는 힘을 주소서.

엘렉트라 나도 아버지께 부탁드릴 말씀이 있습니다. 아이기스토스에게 심한 고통을 줄 수 있도록 하여 주소서.

오레스테스 그래야 인간 세상의 법도대로 영전에 제사를 지낼 수 있을 것입니다. 그렇지 않고는 지상의 훌륭한 희생 제물을 받을 영혼들에 대해서도 면목을 잃게 될 것입니다.

엘렉트라 그래야만 나 역시 혼례 잔치를 위해 갖추어 놓은 술을 조상 대대의 궁궐에서 이 무덤 앞으로 가져올 수 있을 것입니다. 그렇게 되면 무엇보다도 아버지 무덤에 경의를 표하겠습니다.

오레스테스 오, 대지여. 지금부터의 투쟁을 보시게끔 아버지를 이 세상에 보내 주소서.

엘렉트라 아, 저승의 여왕이시여. 우리에게 승리를 주소서.

오레스테스 목욕탕을 잊지 마소서, 거기서 아버지가 살해되셨습니다.

엘렉트라 그 투망을 떠올려 주소서. 그것을 어떻게 썼던가를.

오레스테스 쇠뭉치도 안 달린 끈에 아버지는 걸리셨습니다.

엘렉트라 흉측한 누더기에 씌워져서.

오레스테스 이런 모욕을 당하신 이상 아버지도 일어서시지 않을 수 없을 것입니다.

엘렉트라 그리운 그 머리를 꼿꼿이 드시지 않을 수 없을 거예요.

오레스테스 그러면 우리에게 힘을 나타내는 '정의'를 보내 주소서. 아니, 그것보다도 그들이 한 흉계와 똑같은 수법을 쓰게 해 주소서. 그때의 패배를 잊으시고 승리로 보복하기를 바라신다면.

엘렉트라 그리고 내가 마지막으로 호소하는 것도 들어 주소서. 자식들이 이렇듯 무덤 앞에 앉아 있는 것을 보시고, 남아와 마찬가지로 여식인 나에게도 연민의 정을 베풀어 주소서. 아무쪼록 펠롭스 일족의 종자를 이 세상에서 멸망시키지 마시기를. 그러시면 몸은 저승에 가셨어도 생명이 멸하지 않을 것입니다.

오레스테스 자식이란 최후를 맞은 무사에겐 그 이름을 지켜 나가는 실마리지요. 말하자면 어망을 뜨게 하는 부표와 같은 것이니, 그물이 바다 깊이 가라앉는 것을 막아 줍니다. 하오니 아버지를 위해 우리가 부르는 조가(弔歌)를 구절구절 들으시고, 당신께서 이 기원의 뜻을 기리시어 스스로를 지키실 수단을 강구해 주소서.

두 사람, 무덤에서 내려온다.

코러스 대장 과연 지금 드린 기도는 나무랄 데 없는 것이어서 지금까지 애도마저 받을 수 없었던 선왕에게는 좋은 보상이 되었습니다. 하지만 일을 벌이기로 작정하신 바에는 운을 하늘에 걸고 과감하게 행동으로 옮기십시오.

오레스테스 그래, 물어봐도 소용없겠지. 무엇 때문에 어머니가 제물을 새삼스레 보냈는지를……. 이젠 늦어버려 변명도 안 되는 자기 소행을 감추려고 한 것을.

 죽어서 이 세상 일 따위는 생각도 않는 이에게는 아무 소용도 없는 일일 텐데. 그 제물을 어떻게 비유해야 좋을지 모르겠으나, 저지른 죄에 비한다면 너무나 부족한 선물이다. 이미 흘린 한 사람의 피의 대가로 있는 모든 것을 털어 바친다 해도 그것은 노력의 낭비일 뿐이지. 그러나 그 속셈을 알고 싶으니, 알거든 말해 주시오.

코러스 대장 알고 있습니다, 도련님. 마침 자리에 있었으니까요. 밤에 찾아드는 무서운 꿈 때문에 신을 두려워하지 않는 마님께서 이와 같은 제물을 보내게 된 것입니다.

오레스테스 그럼, 그 꿈이 어떤 것인지 알고 계시오? 자세히 모두 이야기할 수 있을 만큼.

코러스 대장 뱀을 낳은 꿈을 꾸셨다고 말씀하셨습니다.

오레스테스 그래, 결국 어떻게 되었는지를 말해 주오.

코러스 대장 포대기 속에 어린아이를 싸안듯 그 뱀을 싸안았다고 합니다.

오레스테스 그래 그 갓 태어난 짐승이 무엇을 먹으려 했다고 하오?

코러스 대장 꿈 속에서는 자신의 젖을 빨렸다고 합니다.

오레스테스 그래, 어떻게? 그 끔찍한 짐승이 젖꼭지를 깨물지 않았는지?

코러스 대장 듣기에는 젖속에서 핏덩어리가 나왔다고 합니다.

오레스테스 결코 그 꿈이 헛되지 않으리라.

코러스 대장 마님께서는 꿈에서 깨어나 기겁하시며 소리를 지르셨습니다. 그래서 전에는 밤이면 암흑과도 같았던 방에 마님을 위해 다시 등불이 환히 켜지고, 이렇게 제사를 지내기 위해서 제물을 보내게 되셨습니다. 모든 고뇌를 없애려는 수단으로 삼고자 말입니다.

오레스테스 그래요. 그렇다면 이 대지와 아버지 무덤에 기도를 드려야지. 이제 그 꿈이 나에게 소원 성취의 징조가 되어 주기를. 내가 그 꿈을 판단하건대 아주 앞뒤가 맞는 이야기요. 같은 배에서 나도, 또 그 뱀도 태어났소. 어린아이처럼 포대기에 싸여서 내가 빨던 젖까지 빨았는데, 그 달콤한 젖에 핏덩어리가 섞여 있었다고 했소. 놀란 어머니는 고통에 비명을 질렀소. 자기가 기른 괴물, 피의 죽음, 이는 바로 나를 말하니, 뱀과 흡사하게 어머니를 죽이는 것이 나란 말이오. 이제 그 꿈이 알려 주듯 내가 어머니를 죽이게 되리라.

코러스 대장 우리도 당신이 풀이한 꿈의 해석을 택하겠습니다. 아무쪼록 그렇게 되어 주었으면 좋으련만. 그리고 나머지 일에 대해서도 우리에게 지시해 주세요. 너희는 이렇게 하라든가 저렇게 하라고 말씀해 주세요.

오레스테스 그리 번거로운 일은 없소. 누님께서는 궁궐로 돌아가고, 그대들은 내 계획을 입 밖에 내지 마시오. 둘이서 간계를 꾸며 남편을 살해했으니, 나도 마찬가지 방법으로 두 사람을 올가미에 씌워 죽이겠소. 아폴론 신의 신탁 그대로. 예부터 아폴론 신은 결코 거짓말을 않는 신이었소.

    나는 타국에서 온 나그네로 꾸며 장구(裝具)를 갖추고, 여기 있는 이 사람과 함께 궁궐로 곧 가겠습니다. 이 필라데스는 나와 친척 사이기도 하거니와 무술을 같이 배운 사람이오. 우리 둘은 포키스 지방의 말씨를 흉내 내어 파르나소스 사투리를 쓰기로 하겠소. 어쩌면 문지기들이 반갑게 맞아들여 주지 않을지도 모르지. 성 안이 온통 잇따른 재난으로 제정신을 잃고 있을 테니까. 하지만 기다리고 있느라면 사람들이 우리 옆을 지나가다 이런 말을 할 게 틀림없소. 어쩌면 아이기스토스는 탄원하러 온 사람들을 외면한 채 문을 잠그고 있을 수 있을까 하고 말이오.

이렇게 해서 뜻대로 성문을 들어서게 되어 그 사내가 전에 아버지께서 앉아 계시던 옥좌에 앉아 있는 걸 보게 된다면, 또는 그가 가까이 와서 나와 정면으로 마주보고 이렇게 말한다면……, 물론 틀림없이 나를 만나 주게 될 테니까……. 그렇다면 그놈이 '당신은 어디서 온 사람이오' 하고 묻기도 전에 시체로 만들어 주겠소. 날렵한 칼로 쳐서. 복수의 여신 에리니에스는 이미 충분히 살인을 했겠지만, 다시 석 잔째의 잔 가득히 생생한 피를 마시게 될 것이오.

그러므로 다들 궁궐 안의 동태를 잘 살펴 감시해 주오. 계략이 잘 진행되도록 그대들은 다만 말만 삼가면 되는 것이오. 입을 다물어야 할 때는 굳게 침묵을 지키고 말을 하더라도 단지 속에 든 물건처럼 하란 말이오. 나머지는 여기 있는 이 무덤의 주인께서 보살펴 주소서. 칼을 뽑아 싸우는 마당에서 나를 승리로 이끌어 주시기를.

오레스테스와 필라데스 왼편으로 퇴장.

코러스 (열을 짓고 춤추며 노래한다)
대지가 기르는 무서운 괴물 종류는
수없이 많다.
바다 깊은 곳에는
인간에게 적대하는 큰 고기와 괴물들
하늘과 땅 사이 하늘에는
불을 뿜는 수많은 유성들
날개 돋친 새, 땅을 가는 짐승들은

휘몰아치는 질풍의 노여움을 알고 있으리라.
그러나 끝없이 커지는
인간의 교만심을 그 누가 알랴.
또한 무참한 여인의 가슴에서 솟아나
인간 세상의 재난을 늘 함께하는
대담무쌍한 그 애욕을
정들었던 부부의 인연도
여심을 사로잡는 끔찍한 욕망 때문에
깨어짐은 짐승이나 인간이나 마찬가지.

들뜬 마음이 아니라 깊은 생각을
배운 이는 모두 다 알리라.
무참히도 아들을 죽인 알타이아[*1] 역시
아들의 생명이 깃든 것
그것을 불태운 그 착상을.
아궁이 뒤에서 주운 타다 남은 나무토막
그것은 멜레아그로스가 어머니의 뱃속에서
갓 태어나 소리를 질렀을 때
그 생명을 같은 길이로
운명의 여신이 정해 준 날까지 보존될 터
또 한 가지 전설에는 또 하나의 처녀
불길한 피에 물든 스킬라 역시
적을 위해 사랑하는 아버지를
멸망시켰다. 크레테 제품인
황금 팔찌에 매혹되어⋯⋯
그것은 미노스의 뇌물이었다.
경솔하게도 아버지 니소스의
생명을 영원토록 지켜 주는 머리칼을 자른 것
깊이 잠든 틈을 타서 부끄러움도 모르고
헤르메스가 그녀를 저승으로 보내긴 했지만.

인정사정 없는 옛날의 예를
늘어놓은 것도 가문을 위해 좋지 않은 부부의 인연을 원치 않기 때문
그것도 음모를 꾸며
원한을 품은 원수놈을 남편으로
바꾸어 무장한 용사, 훌륭한 남편을 살해했다.
한때 아늑했던 보금자리가 차가워졌으며
이제는 여자의 비겁한 창이 집안을 다스린다.

재난의 선두로 맨 먼저 전해 듣는 것은
렘노스 사람들의 이야기, 누구나 모두
이 말에는 비난의 소리를 지르며
무도한 이야기는 늘 이 렘노스 섬의 사건에
지금도 비유된다. 남자를 모두 근절시킨
그 백성들은 신들로부터도 미움받고
사람들도 꺼려해 멸망하고 말았다.
아무도 신이 싫어하는 걸 존중하는 자 없으므로
모범을 본떠 잘못되는 일이란 있을 수 없다.
날카로운 칼을 폐장 가까이
푹 찌르는 것도
정의에 의한 것, 왜냐하면
제우스에 대한 신심을 짓밟고
법도를 어김은 무도하기 짝이 없는 일이기 때문이다.

정의의 대좌는 확고한 것
칼을 만드는 운명의 여신이야말로 이에 대비해
칼을 벼리어, 선왕이 낳은 자식을
궁궐로 데려가라.
깊은 사려로 이름 높은
에리니에스야말로
죄의 보상을 재촉하리라.

무대는 바뀌어 아르고스 궁성 앞. 오레스테스와 필라데스, 종들에게 짐을 지워서 왼편에서 등장. 오레스테스와 필라데스, 번갈아 궁전 문을 두드린다.

오레스테스 (필라데스) 여봐라, 문지기는 없는가. 이 문 두드리는 소리가 안 들리느냐. 거기 아무도 없는가? 한 번 더 두드려 봐야지. 그러면 이번이 세 번째이다. 어서 문을 열어라, 아이기스토스님의 사람 대접이 좋다면.
문지기 네, 나갑니다.
 어디서 온 뉘신지요?
오레스테스 (필라데스) 이 궁성 주인에게 전해 다오. 급한 소식을 갖고 왔다고. 잠시도 늦어선 안돼. 검은 밤의 수레가 급히 다가오니 나그네가, 이미 손님을 맞아들이는 집에 닻을 내릴 시각이다.
 누군가 이 궁성을 다스리는 분이 나와 주실 수 없을까? 여왕이라도——아니, 그보다도 남자 쪽이 편리하겠다. 여자는 이야기하는 데 어색함을 느껴 분명한 말을 못 하겠지만, 남자 대 남자의 대면이라면 거리낄 것 없이 하고 싶은 말을 분명하게 할 수 있을 테니까.

문이 열리고 클리타임네스트라, 시녀를 거느리고 안에서 나타난다.

클리타임네스트라 나그네들, 무슨 일인지 볼일을 말해 보시오. 이 집에서 될 수 있는 일이라면 뭐든지 도와 드릴 테니까. 따스한 목욕이든, 피곤을 풀어주는 잠자리나 정직한 사람들의 예의바른 대접이건 모두. 좀더 중요한 볼일이라면 그건 남자의 일이니 그쪽에 맡기기로 하리다.
오레스테스 (필라데스) 우리는 포키스 주의 다우리케에서 온 사람입니다. 짐을 지워 아르고스로 오다가 조금 전에 짐꾼을 돌려보내고 오는 길입니다만, 그때 난데없이 태어나서 처음 보는 낯선 사람을 만났는데, 그가 내 방향을 묻고는 자기 갈 길을 말하며 우리에게 일러 주지 않겠습니까?
 듣자니 포키스 주에 사는 스트로피오스라는 사람이었는데, 이런 말을 했습니다. '당신이 아르고스에 닿거든 오레스테스의 부모를 찾아 오레스테스는 이미 죽었다고 전해 주시오. 친척들의 의견에 따르겠지만, 그의 유골을 고향으로 가지고 올 것인지, 타국에 묻어 영영 타향의 흙으로 만들 것인지, 그 어느 쪽으로 할 것인지를 좀 알아봐 주시오. 이 청동 유골 항아리에 충분히 애도를 마친 그의 유골이 들어 있지요'라고. 그래서 그 사람의 말을 전해 드리는 것입니다. 그분과 가장 가까운 분에게 이야기를 해야겠는데, 당신께서는 그 부모님을 잘 알고 계시겠지요?

클리타임네스트라 원, 이럴 수가. 그 말이 사실이라면 이제 모든 게 끝장이구나. 이 집에 따라다니는 저주는 저항할 수 없는 것, 멀리멀리 피해 놓았는데도 겨냥이 정확한 활로 먼 데서 쏘아버리다니.

가엾은 나에게서 아들을 앗아가 버렸어. 이번에는 또 오레스테스가……그 애는 사려가 깊어 파멸의 구렁에는 발을 들여놓지 않도록 해 두었는데……, 집안의 심한 소동을 고칠 수 있는 오직 하나의 희망이던 그 애를 눈앞에서 없애 버리다니.

오레스테스 (필라데스) 나로서도 이런 훌륭한 댁에 올 바에야 모처럼 좋은 소식을 가져왔더라면 친근함을 느낄 수도 있고, 나그네로서도 응분의 대접을 받을 수 있었을 텐데. 나그네와 주인 사이의 깊은 호의처럼 소중한 것은 없으니까요.

하지만 내가 하는 이런 생각조차 도리에 벗어나는 일 같습니다. 만일 소식을 전한다는 일을 맡고도 손님으로서 접견되고 친구의 부탁을 이행하지 못 한다면.

클리타임네스트라 아니, 응분의 대접 이하의 대접은 않겠습니다. 이 집의 친한 분으로서 맞아들이겠어요. 당신이 아니라도 누군가가 이 소식을 갖고 왔을 테니까요.

아무튼 하루 종일 걸어오신 손님에게 먼 거리에 알맞은 보수를 드려야지요. (하인에게) 이분을 깨끗이 정돈된 객실로 안내해 드려라. 같이 오신 분도 함께. 그리고 알맞은 응분의 대접을 하도록. 성의껏 책임을 지고 보살피도록 하라. (오레스테스와 필라데스, 하인에게 인도되어 궁전 안으로 들어간다)

그러면 나도 이 소식을 이 집 주인에게 전하겠어요. 가까운 사람들도 많으니, 이 일을 잘 상의해 보도록 하겠어요.

클리타임네스트라, 마찬가지로 궁전 안으로 퇴장.

코러스 대장 (노래)
　　　우리처럼 궁성에서 일하는 벗들이여
　　　언제까지 오레스테스님을 위해
　　　입으로나마 이바지할 수 있는 날을 기다리겠단 말인가요.
　　　오, 거룩한 대지, 성스러운 무덤의 봉분
　　　그 밑에 그 옛날 함대의 우두머리요
　　　나라의 주인이셨던 분의 유해가 묻혀 있다.
　　　이제야말로 귀 기울여, 이제야말로 도움을 내리소서.
　　　이제야말로 사람을 속이는 설득의 여신께서 함께
　　　이 싸움에 나가 주셔야 할 때입니다. 그리고 저승의 헤르메스님
　　　암흑의 헤르메스님께서 안내해 주실 때입니다.
　　　검을 휘둘러 서로 싸우는 이 마당에.

궁성 안에서 노파가 나온다.

코러스 대장 아마도 저 나그네는 나쁜 일을 저지를 것 같아. 저기 오레스테스님의 유모가 나오는군. 눈물을 흘리면서 말이야. 어디 가는 길이오, 킬리사? 밖으로 나가다니? 슬픔을 가득 담고. 그 슬픔은 삯도 받지 않고 당신을 따라다니는 것 같구려.

유모 아이기스토스님을 모시러 가요. 마님 말씀으로는 손님들이 곧 좀 뵙잔다고 한대요. 그래서 남자 대 남자의 대면으로 이제 들은 그 소식을 직접 물어보게 하겠다는 거예요. 하인들 앞에서는 슬픈 얼굴을 지어 보였지만, 눈 구석에는 틀림없이 기쁨이 도사리고 있었어요. 자기로서는 계획이 기막히게 잘 들어맞았으니까요. 그 손님들이 알려 준 소식이 사실이라면, 이 댁으로서는 더할 나위 없는 불행일 터이지만.
　　　정말 아이기스토스로서는 이 말을 듣기 무섭게 기뻐 날뛸 것입니다. 아, 이 슬픈 소식. 이 아트레우스 집안에 닥쳐온 예부터의 수많은 재난은 무던히도 내 마음을 아프게 했지만, 그래도 오늘처럼 내 마음을 괴롭힌 적은 없었다오. 과거의 모든 재난은 잘 참아 왔지만, 아, 이제는 귀여운 오레스테스님이, 내가 목숨을 건 분이……. 어머니의 뱃속에서 태어나자마

자 내 손으로 기른 오레스테스, 울 때마다 밤잠도 안 자며 보살펴 기른 보람도 없이 모두 헛일이 되었단 말인가. 철이 들기까지는 짐승이나 다름없이 키워야 하는 법. 그렇지 않은가요? 이건 생각하기에 달렸다오. 포대기에 싸여 있는 동안은 말도 할 줄 모르니까요. 배가 고파도 목이 말라도 오줌이 마려워도, 아기의 배는 제멋대로 작용하니 그런 것을 미리 알아서 보아 주었지요. 하기야 무척 속기도 했지만. 아기의 기저귀를 채우고 빨래도 하고 두 가지 일을 겸했지만, 두 가지를 다 잘 해내어 선왕을 위해 오레스테스님을 맡아 기를 수 있었건만. 그런데 그 도련님이 돌아가셨다니 이런 슬픈 소식이 어디 있담.

지금 찾아가는 것도 집안에 재난을 불러일으킨 사내이니……, 이 말을 전해 들으면 얼마나 기뻐할까.

코러스 대장 그래, 어떻게 채비를 해가지고 오라는 분부였던가요?
유모 뭐라고요? 한 번 더 말해 보구려. 분명하게 알아듣도록.
코러스 호위대와 함께 오라고 하던가요, 혼자서 걸어오라고 하던가요?
유모 창을 든 부하들을 데리고 오라는 분부였다오.
코러스 대장 부디 그 사람을 원망한다면 그런 말은 전하지 마세요. 그리고 혼자 오세요. 상대편에게 겁주지 말고 이야기를 들을 수 있도록 권하란 말입니다. 좋은 소식이니 한시바삐 오라고. 사자에 따라서 비뚤어진 말도 옳게 전해진다잖아요.
유모 그렇다면 당신도 이 소식을 즐겁게 생각하고 있단 말인가요?
코러스 대장 머잖아 제우스 신께서 이 재난의 방향을 돌려 주실 거예요.
유모 어떻게 말인가요? 이 집안의 희망인 오레스테스님이 돌아가셨는데?
코러스 대장 당치도 않은 소리. 그렇게 인정하는 것은 서투른 점쟁이뿐이에요.
유모 그게 무슨 소리요? 그럼, 그 소식과 다른 사실이라도 있단 말인가요?
코러스 대장 가서 분부받은 용건이나 전해요. 무슨 일이든 신께서 뜻하신 바는 신께서 처리하실 테니까요.
유모 그럼, 갔다 오리다. 당신이 시킨 대로 해 보지요. 신들의 힘으로 모든 일이 다 좋게 되어 주었으면 좋겠건만.

　　　　퇴장.

코러스　(세 번째 춤. 원전에 전해 내려온 것이 뜻이 정확하지 않으므로 대강만 전한다)
　　　　지금 이렇듯 기도드리는 우리 소원을,
　　　　올림포스에 계신 신들의 아버지 제우스 신이시여
　　　　들어 주소서, 왕가가 또다시
　　　　재건될 수 있도록, 경건한 마음으로
　　　　정의를 구하는 사람들을 위해 기도드리오니
　　　　제우스 신이시여, 아무쪼록 보호해 주소서.
　　　　저렇게 원수를 향해 저분은
　　　　궁성으로 오셨습니다. 제우스 신이시여
　　　　당신의 자비로 큰일이 이루어진다면
　　　　두 배 세 배로 그 은혜
　　　　보답드리겠습니다.
　　　　보시다시피, 소중한 분을 빼앗긴
　　　　젊은 말은 재난의 수레에 매였습니다.
　　　　아무쪼록 말을 타고 아무 탈 없이
　　　　질주할 수 있도록
　　　　말을 부리는 도구를 한 벌 내려주소서.
　　　　광장을 가로질러 목적지로 치달리려는
　　　　그 씩씩한 모습을 볼 수 있도록.

　　　　저렇게 원수를 향해 저분은
　　　　궁성으로 오셨습니다. 제우스 신이시여
　　　　당신의 자비로 큰일이 이루어진다면
　　　　두 배 세 배로 그 은혜
　　　　보답드리겠습니다.

　　　　또한 궁성 안에서 윤택한 부(富)를
　　　　즐기는 안방에 계신 수호신이여

그 신들께서도 쾌히 들어 주소서.
자…… 그 옛날
저지른 죄로 흘린 피를
새로운 정의의 심판으로 지워 주소서.

늙은이의 살인이 더 이상 여기서
새로운 자식을 낳지 않도록
또한 동굴 속의 거창한 사당에 계시는
신(아폴론)이시여, 아무쪼록 탈 없이 저분의 집이
복귀될 수 있도록 해 주소서.
그래야만 밝은 자유의 빛을 기쁜 눈초리로
어두운 장막을 벗기고 보실 수 있습니다.

부디 마이아님의 아드님 헤르메스 신께서도
이 일이 잘 되도록 도와 주소서.
여러 가지 숨은 일을 즐겨 계시하시겠지만
분간도 할 수 없는 말로
인간의 눈에 밤의 어둠을 덮으시면
한낮에도 밤낮을 분간하지 못하게 하시는 신이니
또한 동굴 속의 거창한 사당에 계시는
신이시여, 아무쪼록 탈 없이
저분의 집이 복귀될 수 있도록 해 주소서.
그래야만 밝은 자유의 빛을 기쁜 눈초리로
어두운 장막을 벗기고 보실 수 있습니다.

그러면 그때, 언젠가 이 소망이 이루어지는 그때
이 궁성이 구출된 기쁨의 노래를
순풍의 숨결에 실어 우리 여인들이
여태까지의 탄식 대신
방방곡곡에 울려 보내리다.

오, 기뻐라 우리들
우리들의 기쁨도 늘어나리라.
그러면 불행도 사라져간다.

그대도 꿋꿋하게, 일할 차례가 돌아오거든
아버지 분부를 가슴에 새기고
그 여자가 그대에게 '내 아들아' 하고 부를지라도
주저 말고 단행하세요. 탓할 수 없는 험한 일을

또한 가슴에는 페르세우스의
참고 견디는 마음을 간직하고
지하에 있는 친척들, 또는
이 세상의 다정한 벗들을 기쁘게 해 줄 양으로
무서운 고르곤의 피투성이
파멸(을 초래할 생각)을 마음 속에 간직하고
살해의 장본인을 몰살하세요.
그대도 꿋꿋하게, 일할 차례가 돌아오거든
아버지 분부를 가슴에 새기고
그 여자가 그대에게 '내 아들아' 하고 부를지라도
주저 말고 단행하세요. 탓할 수 없는 험한 일을.

오른편에서 아이기스토스 등장, 호위병은 거느리지 않고 시동 하나만 데리고 온다.

아이기스토스 내가 여기 온 것은 전갈을 받았기 때문인데, 듣자니 타국의 어떤 나그네가 변고를 알려 왔다는구나. 달갑지 않은 소식, 오레스테스가 죽었다고 하니, 옛 재난으로 해서 상처받은 이 집에 또 피가 날 것 같은 짐을 안겨 주는 꼴이구나. 이것을 믿어도 좋을 것인가? 아니면 여자들의 공포증에서 생긴 풍문이어서 한때는 높이 올랐다가 곧 흔적도 없이 사라져 버리는 그런 것인가? 어느 쪽이 참말인지 내가 똑똑히 알 수 있도록 말해 주지 않겠나.

코러스 대장 우리도 듣기는 했으나 자세히는 모르니 안에 들어가서서 나그네에게 들으십시오. 한 사람 건너서 듣는 말은 본인에게서 듣는 말보다 못하니까요.

아이기스토스 물론 나도 그 나그네를 직접 만나서 물어 볼 작정이다. 그가 죽을 때 그도 그 옆에 있었는지, 아니면 뜬소문을 듣고서 하는 말인지를. 모든 일을 내다보는 내 마음을 결코 속이지는 못할 테니까.

(궁성 안으로 들어간다)

코러스 제우스 신이여, 무슨 말을 하면 좋을까요.
어떻게 이 기도를 신들께 호소하면 좋을까요.
나의 이 일념을 나타내려면
끝으로 무슨 말을 하면 좋을까요.
지금 곧 그 피투성이 격투가 시작됩니다.
용사를 베는 칼날의 격투
그것으로 아마 아가멤논님의 가문이
파멸되기로 정해지든가
불타는 찬란한 빛같이 자유를 가져와
나라를 다스리는 그 왕권도
대대로 누려 온 부귀도 다시금
되찾게 되는가 하는 그토록 중대한 대격투를 말입니다.
혼자서 둘을 향하여
용감하신 오레스테스님은 지금부터 하실 판이니
아무쪼록 승리를 안겨 주소서.

안에서 아이기스토스의 절규가 들려온다.

아이기스토스 앗! 사람 살려!
코러스 1 아이구머니나, 큰일났구나.
코러스 2 어떻게 되었을까, 어떻게 해결되었을까, 궁성 안에서는.
코러스 3 우리는 멀리 떨어져 있도록 해요. 일이 끝나기까지는 이 살인에 관계되는 것처럼 보이지 않도록. 지금 결투의 결판이 나고 있는 중이니까.

코러스 한쪽으로 물러선다. 아이기스토스의 시동이 달려나와 여인들 거처의 문을 두드린다.

시동 큰일났다. 크, 큰일났다. 주인께서 피살되었다. 큰일났다고 한 번 더, 벌써 세 번째 외치고 있건만. 아이기스토스님께서 돌아가셨다. 그러니 어서 열어라. 빨리 여왕님 방으로 가는 문의 빗장을 열어라. 필요한 건 젊은 사람들의 힘이야. 한데 이미 죽은 사람에게는 힘으로 돕는다는 것도 이젠 소용없겠지. 하지만 좌우간 문을 열어라.
  어이, 어이. 다 귀머거리인가 자고 있는가. 아무리 불러도 나오지를 않으니 부르나마나구나. (고함을 지르며) 클리타임네스트라님은 어디 계셔? 어떻게 하고 계시나?
코러스 아마 이제는 그분의 목도 참수대 옆에 떨어질 모양이구나. 처형으로 잘리어서.

클리타임네스트라 등장.

클리타임네스트라 왜 그러느냐, 왜 그리 소리를 지르느냐, 궁성 안에서.
시동 살아 있는 분을 죽은 사람이 죽였습니다.
클리타임네스트라 드디어 왔구나. 알았다. 그 수수께끼 같은 말뜻을. 계략으로 죽였구나. 우리가 전에 계략으로 죽였듯이. 어서 가서 용사를 죽인 손도끼를 가져오너라. 한시라도 빨리 이기느냐 지느냐 결판을 짓겠다. 이런 지독한 지경에 내 몸이 빠진 이상 피하지는 않으리라.

클리타임네스트라, 중앙 문으로 향한다. 그 문이 갑자기 열리며 안에서 오레스테스와 발 밑에 쓰러진 아이기스토스가 밀려나온다. 손에 칼을 들고 필라데스도 같이 나온다. 시동은 도끼를 가지러 가다가 기겁하고 달아난다.

오레스테스 (클리타임네스트라에게) 당신을 찾고 있었습니다. 이 사내는 충분히 응징했습니다.
클리타임네스트라 세상에 이럴 수가, 죽어 버렸군요. 사랑하는 아이기스토스님이, 아!

오레스테스 이 사내가 그립습니까? 그렇다면 같은 무덤에 묻어 주지요. 죽은 뒤에는 서로 배반하지 못할 테니까.

클리타임네스트라, 땅에 엎드려 가슴의 옷을 찢고 유방을 들이댄다.

클리타임네스트라 잠깐, 잠깐만 멈추어라, 오레스테스. 이것을 봐서, 이것을 봐서라도, 내 아들아. 이 젖, 이 젖에 매달려 잠들면서 이빨 없는 잇몸으로 물며 맛있는 젖을 담뿍 빨아먹지 않았느냐?
오레스테스 필라데스, 어떻게 해야 할까. 어머니를 죽이는 건 삼가야 할까?
필라데스 그렇다면 어떻게 되는 거야. 앞으로 아폴론 신의 예언은? 델포이에서 주신 신탁과 엄숙하게 맹세한 그 진심은. 누구든지 모두 적이라고 생각해, 신들을 적으로 삼기보다는.
오레스테스 자네 말이 옳아. 자네는 훌륭하게 충고해 주었다. (클리타임네스트라에게) 따라오시오. 그 사내 곁에서 죽게 해 드리다. 그 사내가 살아 있을 때에도 아버지보다 그 사내를 더 좋아했으니까요. 죽고 나서도 그놈과 잠자리를 같이하시오. 그 사내를 좋아했으니까. 그놈 때문에 응당 사랑해야 할 사람을 미워하지 않았나요.
클리타임네스트라 나는 너를 길렀다. 함께 살며 늙어 가고 싶구나.
오레스테스 아버지를 죽여 놓고도 나와 함께 살고 싶다고요?
클리타임네스트라 이렇게 된 건 다 운명이 거들어서 그렇단다, 애야.
오레스테스 그렇다면 이 최후의 채비를 거들어 준 것도 운명이겠지요.
클리타임네스트라 그럼 어미의 저주도 넌 두렵지 않단 말이냐?
오레스테스 네, 나를 낳은 어머니가 나를 불운 속에 내던졌으니까요.
클리타임네스트라 내던진 게 아니다. 먼 친척집으로 보냈을 뿐이다.
오레스테스 훌륭한 아버지를 가진 자유로운 몸인데도 나는 두 번씩이나 팔렸소.
클리타임네스트라 그렇다면 너를 판 돈이 어디 있단 말이냐?
오레스테스 부끄럽지도 않습니까? 그런 말을 하고.
클리타임네스트라 하지만 마찬가지로 네 아버지 잘못도 생각해 봐라.

오레스테스 밖에서 고생하는 사람을, 집 안에 편히 앉아 탓하다니.

클리타임네스트라 여자로서는 남편과 떨어져서 사는 것만큼 괴로운 일은 없단다.

오레스테스 하지만 남자가 밖에서 고생하는 것은 여자를 집 안에서 편히 살게 만들기 위해서지요.

클리타임네스트라 그렇다면 넌 아무래도 어미를 죽여야겠다는 말이구나.

오레스테스 아닙니다. 내가 아니고 어머니 자신입니다. 어머니가 자신을 죽이는 겁니다.

클리타임네스트라 조심해라. 어미의 원한에 찬 저주의 개들을 조심해라.

오레스테스 만일 어머니를 죽이지 않는다면 아버지의 저주, 그 복수의 신들을 어떻게 피할 수 있겠습니까?

클리타임네스트라 마치 산 사람이 무덤에 대고 쓸데없는 넋두리를 하고 있는 것 같구나.

오레스테스 아버지의 운명이 어머니를 이렇게 죽게 만든 것입니다.

클리타임네스트라 원 이럴 수가! 내가 낳아 기른 것은 독사였구나.

오레스테스 꿈을 꾸고 느낀 두려움은 정확한 예언이었습니다. 죽여선 안 될 사람을 죽였으니, 자, 받아서는 안 될 벌을 받으십시오.

오레스테스, 어머니를 쫓아 성 안으로 들어간다.

코러스 대장 (뒤를 보며 감개무량하게) 아, 이 광경을 보고는 두 배의 불행을 탄식하는 수밖에 없구나. 가엾기는 하지만, 그래도 오레스테스님이 여러 차례 피투성이 소동의 결말을 지으셨다. 이제 이렇게 된 바에는 우리는 이 궁성의 소중한 분이 파멸되지 않도록 기원하는 게 제일이겠지.

코러스 (춤, 제4 스타시몬)
    정의의 벌은 프리아모스[*2] 일족에게도
    드디어 내려졌도다.
    무거운 보복의 그 처벌이.
    아가멤논의 성관에도 나타났네.
    두 마리의 사자, 두 분의 군신

그래서 끝까지 쳐들어갔다.
델포이의 신탁받은 나그네는
신의 도움에 기운을 얻어
자, 기쁨의 소리 지르자, 주인님의 성관이
불행에서, 또 재산의 낭비로부터
벗어난 것을, 왕가를 어지럽힌 두 사람 때문에
재난의 길로 가다 벗어난 것을

또한 남몰래 계략을 꾸민 자에게도 마침내 내려졌다.
음모에 의한 그 처벌이
그 싸움을 손수 인도하시는 분은
제우스의 따님, 정의의 여신이라고
우리들이 부르는 분
인간으로서 옳게 붙인 이름······
그분이 원수에게 원한과 죽음에 대한 마음을 불어넣었네.

자, 기쁨의 소리를 지르자, 주인님의 성관이
불행에서, 또 재산의 낭비로부터
벗어난 것을, 왕가를 어지럽힌 두 사람 때문에
재난의 길로 가다 벗어난 것을
과연 그것이
파르나소스에 계신 아폴론의 말씀
대지 속 드넓고 깊은 곳에 계시며
드높이 하신 말씀, 계략 아닌 계략을 가지고
오래오래 이어진 근심 위에 내려졌네.
그 신의 지시는
악인들을 돕지 말고
하늘 높이 세계를 다스리시는 신을 경배하라고.

이제는 빛을 자유로이 우러르게 되었다.

제주를 바치는 여인들 145

성관에 걸린 멍에도 벗겨졌다.
자, 일어납시다. 온 성관의 사람들, 너무 오래
이제까지 땅에 엎드려 있던 사람들.

머지않아 모든 일을 해내는 '시간'이
성관의 문을 지나갈 것입니다.
모든 더러움이 난롯가에서 말끔히 없애지고
재난을 쫓는 의식이 거행될 때
그 뒤엔 오직 아름다운 행복만 보면 될 뿐
우리들 모두 드높이 노래 부르며
성관에 있던 이방인은 또다시 쫓겨납니다.

이제는 빛도 자유로이 우러르게 되었다.
성관에 걸린 커다란 멍에도 벗겨졌다.
자, 일어납시다. 온 성관의 사람들, 너무 오래
이제까지 땅에 엎드려 있던 사람들.

중앙의 문이 열리자, 안에서 수레에 탄 오레스테스가 아이기스토스와 클리타임네스트라의 시체를 내려다보고 있는 모습이 보인다. 오레스테스가 큰 소리로 국민들에게, 관객석을 향해 외친다.

오레스테스 보십시오. 이 나라의 권위를 농락한 두 사람, 아버지를 살해하고 성관을 약탈한 자들의 시체를. 왕좌에 앉아 있을 때는 위신도 있었지요. 지금도 금실이 좋다는 것을 이 꼴로 미루어서 알 수 있을 것입니다. 둘이서 공모하여 가엾은 아버지를 살해하자고 맹세했고, 죽어도 같이 죽자고 서약한 이 두 사람은 그 맹세를 지킨 것입니다.

사람들 모여든다. 아가멤논이 싸여 죽은 보랏빛 비단옷을 가지고 온다. 오레스테스, 그것을 땅에 펴고 관중들에게 손으로 가리키며 말한다.

보십시오, 여러분. 이 두 사람의 거사는 들었겠지만, 이번에는 그 계략의 장치를. 가엾은 아버지를 결박한 포승, 두 손과 두 다리를 묶은 가쇄입니다. 이것을 펴서 보여 주시오. 가까이 와서 군주를 결박했던 이 물건을 보시오. 자, 손에 들어 보여 드리세요. 아버지도 보실 수 있도록…… 우리 아버지만이 아니라 만물을 굽어살피시는 태양도 볼 수 있도록. 내 어머니의 이 무모한 행위 하나하나를. 그리하여 언젠가는 있을 심판 때 나의 증인이 되어 주기를. 내가 마침내 어머니의 죽음을 요구한 것도 도리에 어긋난 일이 아니라고 말입니다.

아이기스토스의 죽음에 관해서는 아무 말도 않겠습니다. 법도대로 불의를 저지른 자가 받을 응분의 보복을 받았으니까요. 어머니는 남편에게 이와 같이 끔찍한 일을 범했습니다. 그분의 자식을 품에 안고 처음에는 소중히 여기기도 했습니다만, 이제는 이 무슨 재난일까. 다 알다시피 원수가 되고 말았습니다. 어떻게 생각합니까, 무엇으로 보입니까——물뱀, 아니면 독사일까요. 아마 그런 것이겠지요. 물지 않고 닿기만 해도 사람을 죽이니까요. 대담한 행동이나 도리에 벗어난 행동으로…….

이런 여자를 무어라 부르면 알맞을까요. 짐승을 잡는 덫? 관 속에 넣을 시체의 발을 감싸주는 천? 어망이나 사냥꾼의 그물, 다리를 묶는 가쇄라고나 할까? 강도들은 그런 것을 써서 나그네의 눈을 속이고 금품을 갈취하여 생계를 꾸릴 것이오. 이런 계략을 써서 숱한 사람들의 생명을 빼앗고도 자랑스러울 수가 있을까요? 이런 배우자라면 나는 결코 내 집에 들여놓지 않겠소. 차라리 신이여, 그전에 나로 하여금 자식 없이 죽게 하여 주소서.

코러스 대장 아, 이 무슨 끔찍한 소행, 불길한 죽음을 마치셨을까.
그러나 남은 사람 또한 머지않아 괴로운 변을 당할 거예요.

오레스테스 그가 죽였는지 안 죽였는지는 여기 있는 이 비단옷이 증명하리라. 아이기스토스의 칼에 붉게 물들었다는 사실을. 그 색색의 무늬를 시커멓게 칠한 핏자국이야말로 언제까지나 그 사실을 증명하는 것이오.

이제야 나는 겨우 떳떳하게 아버지를 애도할 수 있소. 이 비단옷을 살해자로 선고하고……. 이 소행, 이 승리 끝에는 다만 꺼림칙한 핏자국을 얻었을 뿐이니까.

코러스 그 누구도 사람으로서 재난 없는
생활을 일생 동안 계속할 수는 없는 법, 보상 없이는
아, 그 무거운 짐은 곧 닥치든가, 또는
앞으로 닥쳐오리라.

오레스테스 내 말을 잘 들어 주시오. 내가 이러는 것은, 이 결말이 어떻게 될지 모르기 때문이오. 마차를 타고 고삐는 잡았으나 차가 길 밖으로 뛰어나가듯 설치는 것은 마음뿐, 나를 억지로 끌고 가고 있소. 그러나 두려움이 기다리고 있소, 내 심장 앞에. 언제든지 노래를 부르려고. 그래서 내 마음도 그 장단에 맞추어 춤추려 하고 있는 것이오. 그러나 아직 내가 제정신으로 있는 동안에 나의 후원자들에게 분명하게 말하리다. 내가 어머니를 죽이긴 했으나, 그것은 결코 정의에 어긋난 일은 아니라고. 아버지의 피로 더럽혀진 자, 신들로부터도 미움을 받은 존재였으니까.

그리고 이런 행위를 하게 만든 원인, 촉진제가 되었던 것은 델포이의 예언이 가장 큰 힘을 가지고 있소. 그 말씀에는, 내가 비록 복수를 해치울지라도 심한 벌은 받게 되지 않으리라는 부분이었소. 그러나 복수를 하지 않고 두었더라면…… 그 벌은 지금 말하지 않겠소. 활을 들더라도 그 재난을 알아맞힐 사람은 아마 없을 테니까요.

오레스테스, 털솜을 단 올리브 나뭇가지 관을 기도자로서 머리에 쓴다.

그런데 자, 나의 모습을 보십시오. 이 나뭇가지로 엮은 관을 쓰고 세계의 한복판에 안치된 아폴론의 신궁으로 가렵니다. 꺼지는 일이 없는 영원의 불이라 불리는 광명을 향하여 육친을 죽인 죄를 씻기 위하여. 아폴론 신께서 나더러 가라고 명령하신 곳은 그곳이었습니다.

그리고 아르고스 사람들에게 부탁해 두고 싶은 것은…… 메넬라오스가 온다면, 어찌하여 이 재난이 일어났는지…… 증인이 되어 주기 바라오. 나는 이제부터 이 고을을 떠나 방방곡곡을 떠돌아다니겠습니다. 살아 있든 죽은 뒤든 이 평판을 세상에 남겨 두고.

코러스 그러나 훌륭하게 해치웠습니다. 결코 사악한 말에 입을 빌려 주지 마세요. 나약한 말일랑 하지 마세요. 이 아르고스의 고을을 온통 자유롭게 해 주었습니다. 두 마리의 뱀 대가리를 잘라서 말입니다.

오레스테스 아, 저것을 보시오. (복수의 여신의 환상 때문에) 시녀들이, 저기 고르곤 같은 것이…… 검은 옷을 입고 머리에는 뱀들이 친친 감겨 있네…… 더 이상 이러고 있을 수 없다.

코러스 무슨 환상이 괴롭히는 걸까. 아버지께서 누구보다도 사랑하신 도련님. 정신 차리세요, 겁내지 말고. 위대한 승리를 얻었으니까요.

오레스테스 아니오, 이것들은 나에 대한 재난의 환상 같은 것이 아니오. 똑똑히 보시오, 이건 어머니의 원한을 품고 있는 개들이오.

코러스 아닙니다. 손에 묻은 생생한 핏자국 때문에 마음이 흐려진 것뿐입니다.

오레스테스 아, 아폴론 신이시여. 저것들이 마구 몰려옵니다. 눈에서는 증오에 찬 피를 흘리면서.

코러스 이것을 밝히는 방법은 꼭 한 가지밖에 없어요. 아폴론 신의 손에 닿으면 이런 재난에서 벗어날 수 있을 것입니다.

오레스테스 그대들의 눈에는 이 개들이 보이지 않는 모양이구려. 그러나 내 눈에는 똑똑히 보이오. 나를 쫓아오고 있소. 더이상 여기 있을 수 없소.

코러스 대장 그렇다면 안녕히 가시오. 신께서 도련님을 보호해 주시고 행복을 내려 주시기를.

오레스테스, 오른편으로 악령에게 쫓기는 듯 미쳐서 퇴장. 코러스도 이것을 바라보며 줄을 짓고 퇴장한다.

코러스 (노래)
　이로써 또 이 궁성에는
　세 번째 폭풍이 일었도다.
　갑작스러운 돌풍을 휘몰아
　처음에는 티에스테스의 가련한 자식들
　그 살을 신들의 상에 올린 불상사.
　다음에는 한 나라의 군주된 자의 고난

그리스 원정군의
장수였던 군주가 욕탕에서 피살된 일
이번에 또한 세 번째의 재액이 왔다.
구제일까, 죽음일까, 그 결말은
어떻게 될 것인가. 어떤 결말이 날 것인가
이 재난의 기세가 가라앉을 때에는.

　모두 퇴장.

〈주〉

＊1 알타이아 : 플레우론 왕 테스티오스의 딸, 멜레아그로스의 어머니. 알타이아는 자기 형제들을 죽인 아들 멜레아그로스를 그의 운명인 타다 남은 장작개비를 불태움으로써 죽여 버린다.
＊2 프리아모스 : 트로이 전쟁 당시 트로이 왕.

Eumenides
자비로운 여신들

　제3곡 《자비로운 여신들》. 본디 제목 에우메니데스(Eumenides)도 전의 곡과 마찬가지로 그 이름을 코러스에 힘입고 있다. 그러나 이 곡에서는 코러스가 단순히 코러스일 뿐만 아니라 구성의 요점을 이룬다. 아테네의 옛터로서 아테나 여신의 유명한 처녀 신궁이 있는 아크로폴리스 언덕은 북서로 낮아지면서 아레스의 언덕(Areopagos)이 된다. 그곳은 전설에서 군신 아레스가 포세이돈의 아들 할리로 티오스를 죽이고 신들의 심판을 받은 곳이라고 하며, 아테네의 최고 법정이 설치되었던 곳이다. 그 언덕 밑 동굴에 모셔진 '현명한 여신들(Semnai)'을 아이스킬로스는 복수의 여신들(에리니에스)에 견주어 정하고, 오레스테스를 아테네로 불러들여 이 언덕에서 아테네 시민으로 이루어진 심판자들의 재판을 받게 했다. 말하자면 유서(由緖) 이야기이기도 한데, 오레스테스의 사면에 불만을 가진 씨족 사회의 기강을 다스리는 복수의 여신들이, 아테나의 권고에 따라 여기서 법치국가에 그 덕성을 유지시키고 국가와 시민의 복지를 수호하는 자비로운 여신으로 전화(轉化)하는 데 좀더 큰 의의를 찾아볼 수 있을 것이다.

　이 곡은 또 오레스테스와 열두 심판자 외의 등장 인물이 모두 신의 속성이나 악마의 속성을 가졌다는 점에서도 특이하며, 특히 첫머리의 아폴론 신전 안에서 복수의 여신들이 미친 오레스테스를 둘러싸고 졸음이 와서 자고 있는 부분은 뛰어나, 지은이의 웅대한 환상이 춤춘다. 무대 장면은 이 극에서도 두 번 바뀌는데, 델포이 신전에서 언덕 위의 아테네 신전 앞, 그리고 아레스 언덕 위의 법정으로 오레스테스를 따라 옮아간다. 첫머리 뒤의 움직임이 비교적 적지만 힘찬 대사의 응수와 함축성의 깊이는 대시인의 작품임을 긍정하게 한다.

나오는 사람

무녀　아폴론 신전의 무녀
아폴론 신　델포이 신전에 있으며 오레스테스를 보호해 준다.
오레스테스　죽은 아가멤논 왕의 아들. 어머니를 죽이고 미쳐서 여러 나라를 떠돌아다닌다.

망령 클리타임네스트라의 망령
코러스 에리니에스(뒤에 '자비로운 여신'으로 바뀜) 무리로 이루어짐
아테나 여신 오레스테스를 재판할 때 최후의 투표를 한다.
심판관들 아테네의 최고 법정 아레오파고스에서 심판을 맡아 보는 아테네 시민들

무대

앞부분 제1경 델포이에 있는 아폴론 신전 앞, 정면으로 통하는 입구
뒷부분 제2경 아테네에 있는 아테나 여신의 신궁, 여신의 상이 그 앞에 서 있다.
　　　　제3경 아레스 언덕 위의 법정

제1경. 이른 아침, 델포이 신전에 종사하는 무녀가 오른편에서 등장, 신탁을 전하는 일을 시작하기 위해 신전으로 들어가려고 집 앞에 서서 기도를 드린다.

무녀 신들 가운데 맨 먼저 기도를 올릴 분은 최초의 예언자이신 가이아(대지)의 신, 다음은 테미스 신 이분이야말로 어머니 신의 성점전(聖占殿)을 두 번째로 물려받은 신이라고 세상에 전해지는 신입니다. 그리고 세 번째로 물려받은 분은 정당한 합의를 거쳐서 인수한 대지의 신의 또 하나의 자식 티탄족의 포이베. 포이베 여신이 생일 축하의 선물을 아폴론 신에게 바친 것이 이 성점전이며, 모든 사람들이 이곳의 이름을 포이보스라고 부르는 이유도 바로 여기에 있습니다.

아폴론 신께서는 델로스의 호수와 언덕을 떠나 배들이 떼지어 있는 팔라스 해안(아테네)에 와 닿으셨고, 이어 이 땅과 파르나소스의 신전으로 옮기셨습니다. 신을 위해 헤파이스토스[1]의 자식들(아테네의 백성)이 험준하고 황폐한 땅을 다져 길을 만들었습니다. 그리하여 이 사람들과 지도자이신 델포스님이 이 고장을 신의 안식처로 바쳤습니다. 제우스 대신께서는 신에게 예언의 신탁을 부여하시어 이 신전의 네 번째 예언의 신으로 명하셨으니, 아폴론 신께서는 아버지이신 제우스의 신탁을 전하시는 신입니다. 이 신들에게 먼저 기도의 전주로써 기도드립니다.

무녀, 몸을 돌려 사방의 신들에게 기도한다.

또한 전하는 바에 의하면, 팔라스 프로나이아의 신께서도 존경을 받고 있다 하오니, 님프들과 코리키온의 동굴에 사는 신들에게도 기도드립니다. 새들이 즐겨 쉬던 동굴이요, 신령들의 휴식처라 일컬어진 이곳은 브로미오스의 바쿠스 신이 살고 계시던 곳, 잊을 수는 없을 것입니다. 그 옛날 여신도의 무리를 이끌고 나가시어 토끼를 잡듯 펜테우스를 죽인 곳이니 말입니다.

마지막으로 플레이스토스의 샘과 바다의 신 포세이돈, 가장 높으신 제우스 신에게 기도드립니다. 이로써 나는 신탁을 전하는 자로서 오늘의 일을 시작하기로 하겠습니다.

오늘의 맡은 바 일을 전보다 더 훌륭히 수행하게 해 주소서. 그리스에서 오신 분은 늘 그렇게 했듯이 제비로 차례를 정하고 오십시오. 제우스 신의 지시대로 점을 쳐드릴 테니.

무녀, 신전 안으로 들어간다. 잠시 뒤 두려움에 정신을 반쯤 잃은 상태가 되어 비틀거리며 나온다.

아, 말하기조차 무섭고 보기만 해도 끔찍한 것에 쫓기어 아폴론님의 신전에서 도망쳐 왔는데, 힘이 빠져 똑바로 설 수조차 없어 두 손으로 더듬어서 기어나왔네. 다리로 뛰어나올 수 없어서 공포가 닥치면 늙은 여자는 글렀단 말이야. 정말 어린애나 다름없어. (사이)
방금 내가 금줄로 장식한 신전에 들어갔더니 성스러운 신의 돌 온파로스 옆에 죄로 더럽혀진 사내가 용서를 비는 모습으로 앉아 있었다. 손에는 아직도 핏방울이 떨어지는, 땅에서 갓 뽑아든 칼을 들고 있었으며, 또 한 손에는 우거진 올리브의 우듬지 가지를 들고 있었다. 그것에는 무척 큰 금줄이 둘러져 있었다. 새하얀 양털로 된 것이라고 하면 잘 알아들을 수 있을까.
그리고 그 사람 앞에 무어라 말할 수 없이 괴상한 모습을 한 여자들 무리가 계단 위에 앉아서 졸고 있었어. 아니, 여자라기보다 고르곤들이야. 고르곤과도 모습이 달랐어. 전에 나는 피네우스 왕의 식탁에서 음식을 가로채 가는 하르푸이아[2]의 그림을 보았는데, 그것과 날개 없는 꼴만 다르지 검은 차림이며 보기에 흉측한 모습이 똑같아. 그것들이 코를 고는 무서운 숨소리는 가까이 갈 수도 없을 정도였어. 눈에는 흉측한 독즙이 뚝뚝 떨어지고. 옷도 거룩한 신의 상 앞에서는 감히 입을 수 없고, 일반 가정에도 그것을 걸치고는 차마 들어가지 못할 거야. 이런 무리들은 일찍이 본 적이 없어. 그 어떤 나라에서도 이런 무리들은 보살펴 주지 않을 거야. 그러나 앞일을 나 같은 것이 어떻게 감당할 것인가. 이 신전의 주인, 위광 높으신 아폴론 신께서 심판해 주시겠지. 모든 재난을 꿰뚫어 보시고 모든 가정을 깨끗이 씻어 주시는 전능하신 분이시니.

무녀, 오른편으로 퇴장. 신전의 문이 열리고 안이 보인다. 오레스테스, 신의 돌 옆에 웅크리고 있고 복수의 여신 에리니에스들이 그를 둘러싸고 졸고 있다. 아폴론과 헤르메스 두 신이 오레스테스 곁에 나타난다.

아폴론　내 결코 그대를 버리지 않을 것이다. 계속 지금처럼 그대를 지킬 것이며, 멀리 떠나도 그대를 보호하리라. 그대에게 적의를 품는 자에겐 결코 상냥한 신이 되지 않을 것이다. 지금 보는 바대로 여기 있는 이것들, 이 악귀들은 사로잡혀서 잠에 빠져 있다. 이 흉측한 처녀들은 나이 먹은 늙은 처녀들, 이것들은 신들 중 누구도, 어떤 인간도, 짐승 한 마리와도 접촉을 할 수 없는 존재들이다. 이들이야말로 악을 위해 태어난 것, 불길한 암흑 속에서 살며, 지하의 타르타로스*³를 거처로 삼고 인간 세계로부터도, 올림포스의 신들로부터도 미움을 받고 있다.
　그러나 어쨌든 지금은 피하도록 하여라. 절대로 마음을 늦추지 말고. 저것들은 끝까지 그대를 쫓을 것이니까. 넓은 땅을 거쳐 그대가 헤매는 곳이라면 어떤 곳이라도, 바다를 건너 섬으로 가더라도 저 악귀들은 그대를 쫓을 것이다. 그러니 고생한 보람을 잊지 말고 좌절되는 일이 없도록 하라. 그래서 팔라스의 도성(아테네)에 당도하거든 무릎을 꿇고 그곳 여신의 유서 깊은 신상에 매달려라. 그러면 거기서 이 사건을 위한 재판역을 얻게 될 것이며, 그들이 변명하여 이 고난으로부터 그대를 오래오래 벗어날 수 있는 수단을 강구해 줄 것이다. 그대에게 어머니를 죽이라고 설득한 것도 바로 나였으니까.

오레스테스　(잠에서 깨어나) 아폴론 신이시여, 저를 그릇되게 인도하시지는 않으시리라 믿사옵니다. 신께서 그렇게 판단하신 이상, 실수가 없도록 하여 주시옵소서. 그 위광이야말로 훌륭히 처리를 해주실 수 있는 보증이오니.

아폴론　잊지 않도록 하라, 공포에 져서 의지가 좌절되지 않도록. 그리고 (헤르메스 신을 향해) 그대 피를 나눈 나의 참된 형제, 아버지 신을 같이하는 헤르메스여. 부디 이 젊은이를 호위해 주오. '길잡이의 신'이라는 별명을 갖는 그대이니, 나에게 기원하는 이 젊은이를 인도해 주오. 제우스 신도 율법 밖에 놓여 있는 자들을 동정하시나, 이 기원자를 복된 안내로 인간 세계로 내보내 주기를.

아폴론 사라진다. 헤르메스는 오레스테스를 데리고 왼편으로 퇴장. 잠시 후 클리타임네스트라의 망령이 신전 안에 나타난다.

망령 잘도 자는구나. 잠만 자는 것들이 나에게 무슨 도움을 준담. 죽은 자들 틈에서도 나는 멸시를 받고 있어. 내가 살인을 했다고 죽음의 세계에서도 나를 욕하고 있지. 비참한 꼴로 어쩔 줄을 모르고 있건만. 눈을 뜨고 참을 수 없는 이 죽은 자들의 증오를 호소하는 내 말을 들어다오.

가장 가까운 자에게 무자비하게 피살됐건만, 복수를 하라고 말하는 신이 하나도 없구나. 모친 살해범의 손에 내가 찔려 이렇게 쓰러졌는데도. 자, 마음의 눈으로 심장의 피가 쏟아진 이 상처 자국을 봐요. 잘 때는 마음이 눈의 역할을 한다고 하니. 낮에는 인간의 운명 따위는 식별할 수 없는 것이지만. 너희들은 내가 바친 제물을 많이들 맛보았겠지. 술기가 없는 제주라든가, 불이 활활 타는 난롯가에서 이슥한 밤 천상의 신들이 나오지 않는 시각에 엄숙하게 바친 제물들을.

아, 그런데 이 모든 내 봉사는 허무하게 발길에 채이고 말았어. 그놈은 사슴새끼처럼 너희들의 추적을 피하고 있어. 포위망을 그처럼 쉽게 빠져나가 우리를 멸시하면서 멀리 달아나고 말았어.

들었느냐, 내가 하는 말을. 내 영혼에 관계되는 일이니, 눈을 뜨고 들어줘. 황천의 여신들, 꿈 속에서 지금 너희들을 이렇게 부르고 있는 것은 클리타임네스트라이다.

코러스 (일제히 나직한 신음 소리를 낸다)

망령 아아, 잘도 중얼거린다. 놈은 멀리 달아났어. 놈에겐 보호해 줄 신이 있지만 나에겐 없어.

코러스 (또 신음 소리를 낸다)

망령 아, 깊은 잠에 빠져 내 고통을 몰라 주는구나. 살인자인 오레스테스, 여기 있는 이 어미를 죽인 놈은 도망을 갔건만.

코러스 (아까보다 좀더 크게 소리를 낸다)

망령 오, 소리가 점점 커지는구나, 잠에 빠져서. 너희들이 할 수 있는 일은 지옥의 재난뿐.

코러스 (큰 소리를 낸다)

망령 잠과 고된 일이 한몸이 되어 무서운 뱀의 기세를 꺾어 버렸느냐.
코러스 (전보다 더 요란한 소리를 낸 다음 저마다 외친다) 잡아라, 잡아라, 놓치지 말고.
망령 꿈 속에서 사냥감을 쫓으며 소리를 지르고 있구나. 사냥개처럼. 제 일에 열중하고 있는 사냥개 같아. 뭣들 하고 있는 거지. 어서들 일어나요. 일에 지치지 말고 잠에 녹아나서 내가 당한 억울한 일을 잊지 말도록. 가슴 가득히 정당한 분노로 명심해다오. 그것은 분별있는 사람들에겐 채찍과 같은 작용을 한다.
 그러니 너희들의 피비린내 나는 숨결을 그놈에게 불어 줘라. 뱃속의 불길 같은 기운으로 그놈을 말려 버려라. 자, 쫓아가자, 다시 한 번 쫓아가서 숨통을 끊어다오.

망령이 사라진다. 이윽고 복수의 여신 에리니에스들이 눈을 뜨고 하나씩 앞으로 달려 내려온다. 오레스테스를 찾는 눈치. 도망친 것을 알자 저마다 소리를 지른다.

코러스 일어나라, 일어나. 자, 모두들.
 일어나자, 너도 나도 일어나.
 아직 자고 있구나. 자, 일어나자,
 잠을 쫓아 버리고
 잘 보자, 이 앞에서 무슨 실수나 없었는지.

 아아, 큰일났다. 야단났어, 다들 봐요.
 그토록 애를 썼는데 허사가 되고 말았으니
 이럴 수가, 이를 어쩐담
 참을 수 없는 일이로다.
 우리가 잡은 짐승이 그물에서 도망을 쳤어.
 잠에 빠져 먹이를 놓치고 말았다.

 이것 보세요, 제우스의 아드님 (아폴론)
 당신은 도둑이구려.

나이도 젊은데, 늙은 신들을 짓밟아 버렸어.
기원자에게 동정하여 극악무도한 사내를
부모에게 모진 짓을 한 자를 소중히 하다니
어머니를 죽인 자를 우리 손에서
훔쳐내다니
당신도 신인 주제에
이것이 잘한 짓이라고 말할 이
어디에 있을까.

꿈 속에서 비난의 원성이 들이닥쳐
마차를 모는 마부처럼 채찍으로
심하게 나를 내리쳤어,
가슴팍 명치께를
적의를 품은 집행인의 채찍이다.
공적인 그 처형의
유독 가혹한 아픈 떨림이 달라붙어 있다.

젊은 신들이 하는 일들은 이렇다.
모든 것을 권한 이상으로 지배하려는 것이니
살인의 피가 뚝뚝 떨어지는 왕좌를
다리 둘레에, 또 머리 옆에
세계의 중심인 성스러운 초석
그것이 무참히도 피로 물들어
더럽혀진 것을 볼 수 있으리라.

예언의 신이면서
스스로 초래한 죄의 더러움으로
신전을 더럽혔다.
신들의 율법을 무시하고 인간을 존중하여
오래된 옛부터의 관습을 어기고.

우리 역시 싫어하는 자이니 그놈을
용서하여 놓아 주지는 않을 것이다.
땅 속으로 도망간다 해도
결코 자유로운 몸은 되지 못하리라.
지금은 구원을 받았더라도, 언젠가는
앞길에서 다른 복수자를 만날 것이다.

아폴론이 활을 들고 홀연히 나타난다.

아폴론 나가! 나의 명령이다. 이 신전에서 썩 물러가라. 점을 치는 이 신전에서 냉큼 물러가란 말이다. 이 황금의 활에서 퉁겨나가는 날개 돋친 흰 살촉이 독사가 달려들듯 너희들의 심장을 꿰뚫어 고통에 못 이겨 검은 거품을 뿜는 일이 생기기 전에. 인간의 몸에서 빨아먹은 선지피를 토하면서 고통을 맛보기 전에. 처음부터 이 신전에 손을 대려는 생각부터 너희들의 잘못이었어. 너희들의 거처는 목을 치거나 눈알을 후벼 내는 처형의 고장, 목을 찢고 또 종족을 멸종하기 위해 소년들을 거세하여 내시로 삼고, 손발을 토막내고 돌로 쳐 죽이고, 말뚝에 등을 꿰뚫려서 오랫동안 고통으로 울게 하는 나라이다. 너희들도 들어서 알겠지. 어떤 축연을 즐기다가 너희가 신들로부터 미움을 받게 되었는가를. 모든 것이 너희들의 그 흉측한 모습과 흡사하다. 피를 빠는 사자의 동굴이 너희 같은 자의 거처로는 어울리는 곳, 이 신탁소에 와서 성스러운 신전을 더럽히지 말도록.
　자, 나가라. 목자도 없이 헤매는 무리들이여, 너희 같은 짐승의 무리들을 즐겨 보살펴 주는 신은 없을 것이다.

코러스 대장 아폴론 신이여, 이번에는 저희들의 말도 들어 주세요. 당신은 이 재난의 한 부분이 아니라 모든 원인이요, 책임자이기도 하니까요.

아폴론 어째서냐? 그 이유만은 말하게 해 주겠다.

코러스 그자에게 어머니 살해의 신탁을 주신 분은 당신이었으니까요.

아폴론 나는 아버지의 원수를 갚으라고 했다. 그게 어쨌단 말인가?

코러스 그리고 다음에는 당신께서 직접 새로운 피의 인수인이 되셨습니다.

자비로운 여신들　**159**

아폴론 그렇기 때문에 이 신전으로 난을 피하라고 일렀다.
코러스 그래 놓으시고도 우리가 이 신전을 호위하는 것을 비난하시려는 겁니까.
아폴론 너희들이 이 신전에 오는 것은 합당하지 않기 때문이다.
코러스 그러나 그의 뒤를 쫓는 것은 우리가 분부받고 있는 임무입니다.
아폴론 흠, 임무라고? 무슨 임무냐. 그게 옳은 일이라고 자만하느냐?
코러스 어머니의 살해범을 모든 집에서 쫓아내는 것이 임무이지요.
아폴론 그렇다면 남편을 죽인 아내는 어떻게 하겠느냐?
코러스 그 죄는 피를 나눈 가까운 사람을 죽인 것과는 다를 것입니다.
아폴론 정말이지, 너희들 말 같아서는 헤라와 제우스 신의 굳은 맹세마저 업신여기고, 사랑의 신마저 멸시하여 내몰자는 심보로구나. 그 신에 의하여 인간들 사이의 사랑도 생기는 것인데, 혼인이야말로 부부에게는 맹세로 두 사람의 운명을 규정하는 것, 그러므로 정의의 이름 아래 보호되어야 하는 것이다. 때문에 부부 사이에서 남편이 아내를, 또는 아내가 남편을 살해했을 때 너희들이 이를 용서하고 무관심하게 분노마저 느끼지 않는다면, 너희들이 오레스테스를 쫓는 일을 결코 옳다고는 할 수 없을 것이다. 너희들은 한쪽에 대해서는 노여움을 폭발시키면서, 또 한쪽에 대해서는 용서를 하여 그 죄를 적게 보려고 한다. 그러나 이번 일에 대해서는 팔라스 아테네가 그 옳고 그름을 가릴 것이다.
코러스 그 사내를 절대로 내버려 두지 않는다는 사실을 알아 주시오.
아폴론 그렇다면 마음대로 쫓도록 해라. 골탕 먹는 것이 고작일 테니.
코러스 우리의 임무를 잔소리로 방해하지는 마세요.
아폴론 아무렴, 그런 임무를 너희들로부터 맡는다는 건 질색이니까.
코러스 제우스 신의 성좌 앞이라 위세를 부리고 계시겠지만, 우리도 어머니의 피가 휘몰아대는 이상, 정의가 내리는 벌을 찾아 그 사내를 사냥꾼처럼 쫓아가고야 말겠어요.

복수의 여신들, 사냥개를 모는 사냥꾼들처럼 미친 듯이 소리치며 원편으로 달려나간다.

아폴론 나는 몸을 의탁해 온 그 젊은이를 지키고, 머지않아 그 죄도 씻어 주리라. 신들이나 인간들이나 기원이 배반되었을 때의 노여움은 무서운 것이니까. 나부터도 만일 그를 버린다면 당하게 될 것이다.

신전 안으로 들어간다. 문을 닫는다. 사람이 없는 공허.

무대는 바뀌어서 아테네의 아크로폴리스이고, 신전 앞에는 아테나의 신상이 놓여 있다. 이윽고 오레스테스가 왼편에서 등장하여, 신상 앞에 꿇어 엎드려 아테나 신상의 발을 붙잡는다.

오레스테스 아테나 여신이시여, 아폴론 신의 지시에 따라 이곳에 온 이 방황아를 자비롭게 받아들여 주시옵소서. 더러운 손을 하고 구원을 찾아온 것은 아니옵니다. 그 붉은 피는 많은 집들과 많은 사람 사이를 다니는 동안 지워져서 이제는 거의 다 사라졌습니다. 육지를 돌고 바다를 건너오는 동안에……. 아폴론 신의 신탁을 충실히 지켜, 마침내 이 신전에 당도하여 여신님을 의지하여 심판의 결과를 기다리고 있습니다.

복수의 여신들로 구성된 코러스, 왼편에서 들어와 오레스테스를 살핀다.

코러스 대장 됐다. 여기 우리가 찾는 사내의 발자국이 있다. 소리를 내지 않는 고소인의 말에 따르자. 개가 상처입은 새끼사슴을 쫓듯이, 핏자국을 따라 찾아내자. 너무 고생해서 숨이 다 차는구나. 넓은 땅, 넓은 바다를 끝에서 끝까지 배보다 빨리, 날개는 없지만 새처럼 날아 사내의 뒤를 쫓아다녔으니 그럴 수밖에. 한데 드디어 여기 어딘가에 숨어 있는 모양이다. 땅에 스며든 인간의 피냄새가 웃음을 던지고 있어.

모두 사방을 찾는 시늉을 한다.

잘 찾아봐요, 다시 한 번 사방팔방을 찾아봐요. 어머니를 죽인 죄인이 어딘가에 달아나 숨어 있지 않는지.

하나가 오레스테스를 발견한다.

저기, 저기 있다! 하지만 이번에도 또 후원자를 안고 있구나. 불사의 여신상을 안고 있다. 자신의 팔이 한 행위에 대한 심판을 받을 양으로. 하지만 그렇게는 안 된다. 한번 흘린 어머니의 피를 본래대로 되돌릴 수는 없고, 엎지른 물을 다시 담을 수는 없는 법이다. 그러므로 너는 산 채로 그 수족에서 시뻘건 선지피를 죄의 대가로 우리에게 먹여 줘야 한다. 끔찍한 짓이긴 하나 배를 채우기 위해 너를 빨아먹어야겠다.

그리하여 너를 산 채로 말려 저승으로 끌고 가리라. 어머니를 죽인 죄로 갖은 고통을 다 받게 해서. 거기서 딴놈들을 만나게 될 것이다. 인간의 몸으로 신과 친구와 부모를 욕보이고 죄를 범하여, 마땅한 죄를 받고 있는 놈들을. 그렇게 되는 것도 지하의 염라대왕님께서 모든 인간의 불법을 낱낱이 기록하고 판단하고 계시기 때문이란다.

오레스테스, 에리니에스의 말에는 아랑곳없이 아테나의 신상을 주시하며 기원을 계속한다.

오레스테스 저는 많은 불행을 겪으며 마음을 씻는 방법이 많다는 것을 깨달았습니다. 어떤 경우에 말을 할 것이며, 어떤 경우에 침묵을 지키는 것이 옳은가를.

그래서 이번 사건에 관해 총명한 가르침의 스승에게서 입을 열어 호소하라는 명령을 받았기에 이렇게 서 있습니다. 핏자국은 색채마저 없어지고 사라졌습니다. 어머니를 살해해 받은 저주도 깨끗이 씻겨 없어져 버렸습니다. 그 핏자국이 아직도 생생할 때, 아폴론 신전의 난롯가에서 돼지를 희생 제물로 바쳤을 때 깨끗이 씻어 버렸습니다.

그러나 처음부터 그 이야기를 되풀이한다면 너무나 시간을 끌 것입니다. 제가 찾아다닌 사람을 모조리 말씀드린다면요. 하지만 그들에게 해를 끼치지는 않았습니다. 시간은 모든 것을 옛것으로 만들어 모든 것을 밝혀 줍니다. 이제 깨끗해진 입으로 경건하게 이 땅의 주인이신 아테나 여신께 기원합니다. 아무쪼록 저의 후원자로서 오셔서 저를 보호하여 주시옵소서. 그렇게 해 주시면 전쟁에 의하지 않고서도 이 몸과 아르고스 땅과 백성들을 정당하게 성실한 동맹자로서 얻게 되실 것입니다. 하오니 지금 리비아 땅의, 여신께서 탄생하신 트리톤 호수 근처로 동맹자들을 보호하시기 위해 나가 계시든가, 플레그라 평원에서 용감한 무사들의 전쟁을 관장하고 계시든 간에 제발 이리로 내림하여 주시옵소서.

복수의 여신들의 코러스, 오레스테스에게 다가간다.

코러스 천만의 말씀, 아폴론 신이든 광대한 아테나 신이든 너를 죽지 않게 도와 주지는 않을 게다. 기쁨이 어떤 것인지 까맣게 잊은 핏기없는 그림자 같은 우리의 먹이가 되고 말 것을.

그 사이, 오레스테스 말이 없다.

　대꾸도 않는구나. 내 말을 무시하는군. 우리의 희생물이 되게끔 키워져서 바쳐진 주제에. 신전에 제물로 바쳐지는 것이 아니라 산 채 우리의 먹이가 되는 것이란 말이다. 너를 사로잡을 노래나 들어 봐라.

코러스의 노래, 행진곡식의 가락으로.

　　노래하며 춤을 출 대열을 짜자
　　끔찍하고 무서운 노래 있음을
　　세상에 알리려고 결정한 이상
　　인간에게 우리의 힘을 보여 줘야지.
　　우리는 정의의 심판관이니
　　순결한 손을 내미는 사람이라면
　　결코 우리의 노여움을 사지 않고서
　　일생을 무사히 지내게 되리라.
　　그러나 여기 이 사내처럼 죄를 범하고
　　피 묻은 손을 뒤로 돌려 숨기는 자에겐

살해된 자를 위하여 바른 증인으로서
끝까지 편이 되어 피의 대가를
받아 내주고야 말 것이로다.

복수의 여신들, 아테나 상을 에워싸고서 오레스테스의 주위를 손을 잡고 노래하며 춤을 춘다.

죽은 자, 산 자들에게 고통을 주기 위해
우리를 낳은 어머니, 암흑의 어머니
부디 들어 주소서.
레토의 자식인 신이 우리를
모욕하였습니다. 저기 있는 토끼를
우리로부터 빼앗으려 하고 있나이다.
어머니를 죽인 자, 죄를 씻기에
알맞은 희생물이 될 자를.

이것이 바로
제물로 바쳐질 자에 대한 노래
이성과 의지를 물러서게 하는
광기 어린 에리니에스들의 축제의 노래이다.
악기도 없이 영혼을 죄어
생명을 말려 버리는 노래.

이거야말로 위대하신 운명의 여신께서
정하신 임무로서 단단히 지키도록 명령하셨다.
스스로 죄를 범한 자에게
그자들이 저승에 가다라도
달라붙어 떨어지지 말라고
그들은 죽은 뒤에도
영원히 피할 수 없을 것이다.

이것이 바로
제물로 바쳐질 자에 대한 노래
이성과 의지를 물러서게 하는
광기 어린 에리니에스들의 축제의 노래이다.
악기도 없이 영혼을 죄어
생명을 말려 버리는 노래.

우리가 태어났을 때, 이 일을 수행할 숙명을 지니었다.
나머지 신들이여, 우리의 일
이 축제에 참여치 말라.
축제의 흰옷과는 상관이 없다.
그리고 그것을 우리는 모른다.

집집마다 뒤엎는 것이 우리의 임무
군신(아레스)이 가족을 죽일 때
우리는 소리지르며 그자를 쫓는다.
제아무리 강해도 잡아 죽인다.
새로운 피를 위해서.

우리는 다른 이들의 힘을 덜기 위해 애를 쓰는 것이다.
우리의 활동으로 신들이 편히 지낼 수 있도록
또한 심판도 하지 않아도 되도록
제우스 신께서는 피에 물들고 증오에 찬 자들과
말하는 것조차 더러워하시니
집집마다 뒤엎는 것이 우리의 임무
싸움의 신이 가족을 죽일 때
우리는 소리지르며 그자를 쫓는다.
제아무리 강해도 잡아 죽인다.
새로운 피를 위해서.

인간 세상의 자랑, 그 명예가 제아무리
천하에 숭상된다 하더라도
드디어는 쇠퇴하여 멸시를 받고 멸망하리라.
검은 옷 입은 우리의 공격을 받고
심술궂은 우리의 춤으로.

그렇기에 힘껏 뛰어올라
억센 발길로 높은 곳에서
내리차는 그 기세는
잽싼 도망자도 쓰러뜨리리.
견딜 수 없는 재난으로써.

정신없이 넘어지면서도 우리가 자기 옆에 붙어 있는 걸 모르는 자
그만큼 더럽혀진 암흑이 그 죄인을
따라다니는 거다.
그러면 음산한 그림자가 집안을 뒤덮는다고
깊은 한탄 속에 세인들의 소문이 소리친다.

그렇기에 힘껏 뛰어올라
억센 발길로 높은 곳에서
내리차는 그 기세는
잽싼 도망자도 쓰러뜨리리.
견딜 수 없는 재난으로써.

끄떡도 않는다, 어디까지나
술책을 다하여 뒤를 쫓으며
나쁜 일은 결코 잊지 않는 무서운 신들
우리는 사람들의 기도 따위는 듣지 않고
모두가 싫어하는 무참한 임무를
신들과는 관계없이 수행하고 있다.

햇빛도 들지 않는 어둠 속에서
눈을 뜨고 있는 자에게나 죽은 자에게나
다같이 괴롭고 고통스러운 면을 보여 주리라.

인간 세상에 그 누가 이를 존경하지 않고
두려워하지 않을 자 있을 것인가.
운명에 의해 정해지고 신들로부터
부여받은 이 율법을
내 입으로부터 듣는다면
또한 우리에겐
예부터 물려받은 영예로운 직분이 있으니
남의 멸시 따윈 받지 않는다.
비록 땅 밑의 빛도 닿지 않는
저승에 부서를 두고 있을지라도.

아테나 여신, 대에 올라 허공에 나타난다.

아테나 멀리서 너희들이 불러대는 소리를 들었다. 스카만드로스 강가에서. 그곳은 내가 얻은 땅, 아카이아군의 장군과 기수들이 전리품으로 얻은 것 중에서 우수한 몫으로 고스란히 나에게 나누어 준 것. 바로 테세우스[*4]의 자식들에게 골라 바친 선물이다. 거기서 피곤을 모르는 발걸음으로 날개는 없지만 아이기스의 방패를 펄럭이는 바람에 울리면서, 혈기 왕성한 말에게 이 수레를 끌게 하여 여기까지 왔다.

그런데 이 땅에 보지 못하던 무리들이 보이는데, 두려움은 없으나 내 눈에 괴이하게 보이는구나. 너희는 무엇이냐? 모두에게 묻는 말이다.

여기 내 상 앞에 엎드려 있는 나그네와 너희들, 인간과는 닮지 않은 무리들에게 말이다. 신들 사이에서도 볼 수 없는 것이요, 그렇다고 인간의 모습과도 다르니…… . 하지만 가까운 자들을 각별한 잘못도 없이 나쁘게 말하는 것은 옳지 않은 일, 도리에도 어긋나는 일일 것이다.

코러스 대장 모든 것을 간단하게 말씀드리겠습니다, 제우스의 따님이시여,

저희는 밤과 끊으려야 끊을 수 없는 인연의 자식들, 이승에서는 '저주'라 불리는 것들이랍니다.

아테나 너희들의 근본과 그 호칭은 잘 알았다.

코러스 그러면 저희들의 임무도 말씀드리겠습니다.

아테나 말해 봐라. 분명하게 말하도록.

코러스 사람을 죽인 자들을 집집에서 쫓아냅니다.

아테나 그렇다면 그 살인자가 발길을 멈출 곳은 어딘가?

코러스 지금까지 기쁨이라는 것이 통용되지 않은 곳이라면.

아테나 그렇게까지 해서 이자를 끝까지 쫓으려는 건가?

코러스 네, 자진해서 어머니의 살해자가 되고자 한 자이니까요.

아테나 그것은 부득이해서 한 일인가, 누군가의 원한을 두려워하여 한 일인가?

코러스 하지만 어디에 감히 어머니를 죽이게 할 강한 동기가 있겠습니까?

아테나 그것은 한쪽만이 할 말이고, 또 한쪽의 견해도 있을 것이다.

코러스 하지만 이 사내는 맹세를 다른 사람한테서 받지도 않을 것이고, 스스로도 하지 않을 것입니다.

아테나 너희들은 실제로 정당한 것보다도 말로써 하는 것으로 만족하는 모양이구나.

코러스 어째서입니까. 가르쳐 주십시오. 당신은 머리가 명석한 분이시니까요.

아테나 맹세만으로 부정한 것이 승리를 거둘 수는 없다는 말이다.

코러스 그렇다면 충분히 음미하시고 정당한 심판을 하여 주십시오.

아테나 나에게 이 규문(糾問)의 결말을 지어 달라는 말인가?

코러스 네, 물론이지요. 당연히 지니고 계시는 권위는 저희들도 존중합니다.

아테나 (오레스테스에게) 그렇다면 이에 대해 뭐라고 말할 것인지, 나그네여. 그대의 고향과 집안과 이름, 그리고 개인 사정을 말하여 이제 말한 죄에 대해 변명을 하라. 그대가 정의에 의지하여 내 신상을 붙들고 익시온[*5]처럼 슬기로운 탄원자가 되기를 바란다면, 내 물음에 대해 낱낱이 분명한 대답을 함이 좋을 것이다.

오레스테스 아테나 여신이시여, 먼저 여신께서 물으시는 마지막 대목부터 황공하신 걱정을 덜어 드릴까 합니다. 처음부터 저는 부정함을 씻으려고

온 자가 아닙니다. 또한 제가 더러운 손으로 신상을 붙들고 있던 것도 아
닙니다. 그 증거로 지금 하는 제 말을 들어 주십시오. 사람을 죽인 범인은
그 피의 부정함을 씻는 힘을 가진 자에게 갓난 돼지새끼를 잡아 그 피로써
부정함을 씻는 의식이 끝나기 전에는 말을 하면 안 되게 되어 있습니다.
오래 전에 저는 의식을 올려 그 부정함을 씻었습니다. 수많은 집에서, 그
리고 바다나 육지의 한길에서도 말입니다. 그러니 이 점에 대해서는 걱정
하실 것이 없으십니다.

　다음은 제 신분에 대해서 말씀드리겠습니다. 고향은 아르고스, 아버지
는 잘 알고 계시는 아가멤논, 함대 용사들의 우두머리로서 신의 가호로 트
로이인들의 성터 트로이를 무찌르시고 고향에 돌아와 속절없이 비운의 최
후를 마쳤습니다. 그것도 흉측한 제 어머니가 살해하였습니다. 교묘한 계
략으로 그물을 씌워 죽였는데, 그것이 아직도 욕탕에서 있었던 살해의 증
인 노릇을 하고 있습니다.

　저는 그때 유배되어 고향을 떠나 있었습니다만, 돌아와서 어머니를 살
해하였습니다. 그 점을 부인하지는 않겠습니다. 이것은 사랑하는 아버지
의 원수를 갚기 위해서였습니다. 아버지에게 죽음을 안겨준 자들에게 이
러한 복수를 하지 않으면 마음을 찌르는 침의 가책을 저에게 지우겠다는
아폴론 신의 신탁을 받았기 때문입니다. 하오니 여신께서 제 행위가 옳았
는지, 잘못이었는지 판단해 주시옵소서. 어떠한 조치든 판결하신 대로 따
르겠습니다.

아테나　이 사건을 사람이 판결하기에는 너무 중대한 것이라고 간주한다면,
나 역시 심한 분노를 내포하는 이 살해에 관하여 심판을 내린다는 것은 보
통 조치로는 가당치도 않을 것이다. 그러나 그대는 부정함을 씻고 신전을
해치지 않는 떳떳한 탄원자로서 이곳에 온 몸이라 비난할 여지가 없는 자
로서 받아들이겠다만, 이자들도 쉽사리 처분할 수 없는 직분을 가지고 있
는 이상 쫓아버릴 수는 없다. 이 사건에서 승리를 거두지 못한다면 그들의
노여움은 전염의 독소를 이 땅에 뿌려 두고두고 치유될 길 없는 영원한 병
폐가 될지도 모른다.

　일이 이쯤되었으니 어느 쪽을 붙들고 어느 쪽을 내쫓을 수도 없는 나로
서는 곤란한 일이 되었구나. 아무튼 이렇게 된 바에는 이 살해의 판관들을

자비로운 여신들　169

내가 선정하여 선서를 시킨 다음, 영원한 법정을 마련토록 하겠다. 그러니 그대들도 증인과 증거품을 준비하여 재판에 도움이 되도록 하라. 나도 시민들 중에서 가장 우수한 자를 뽑아 오도록 하겠다. 이 안건을 성실하게 재판하겠다는 맹세를 지켜, 조금도 비뚤어진 마음으로 해서는 안 되는 일이니까.

아테나 오른편으로 퇴장. 복수의 여신의 코러스 춤, 그 사이에 무대는 아레스 언덕의 법정이 된다.

코러스 살인자의 이유가 통한다면은 예부터의 율법은 있으나마나
  어머니 살해범이 승리를 거둔다면
  새 악이 생기는 징조. 그렇기에
  모든 이런 행위는 법에 맡겨져야 한다.
  후세의 부모들도 이 범죄를 슬퍼하여
  자식들의 칼끝에 자기들이 찔릴 것이라는 공포에 빠질 것이다.

  왜 그러냐고? 인간들을 감독하는
  복수의 여신들마저 이런 행위에 대해
  원한을 갚아 주지 않는다면,
  사람들은 이렇게 외치게 될지도 모른다.
  '오, 그들은 고통을 받고 있어요, 쓰러져 죽어 갑니다, 내 주위에서.'
  그럼 다른 사람들은 이렇게 대답하리라.
  '오, 슬픔이 사라지기를 바라는 자들이여,
  검은 그림자가 몰려와 그대를 억누른다.
  사라지는 것만이 구원의 길
  모든 위안은 헛된 욕망일 뿐.'

  그렇기에 어떠한 불운에
  시달려도 부르짖지 않을 것이다
  '오오, 정의여, 오오, 에리니에스들의 성좌여' 라고.

자식에게 피살되는 부모의 애원은
아무 일 없이 끝난다,
정의의 집이 무너지고 말았으니.
이따금은 무서운 것도
있을 법한 일.
또한 사람의 마음 속에 감시꾼이
들어앉아 있는 것도 소중하다고 한다.
고통당하기가 싫어서
도리를 지켜 나가는 것도 나쁘지 않다.
그 어떤 인간이,
그 어떤 국가가 마음 속에
공포를 지니지 아니하고
정의를 경모한 적이 있는가.

절도 없는 생활이나
압제하의 생활도
바람직하지 못하나니,
신은 무엇보다도 중용에
승리를 주었으나, 각각
그 형편에 따라 다르다.
내가 말하는 것은 정도에 알맞는 것.
무릇 신을 두려워하지 않는 마음은
진실로 교만에서 생기는 것,
건전한 분별로부터 모든 사람이
구하는 바람직한 행복이 온다.

그러니 무엇보다도,
정의를 모신 신전을 공경하라.
결코 신을 저버린 발끝으로
이익에 눈이 멀어 정의를 무시하고

발길질하지 마라, 벌을 받는다.
언젠가 반드시 벌 받을 날이 오리라.
그러니 각자 부모를 공경하고,
집을 찾아드는 손님들을
후히 접대할 것을
꿈에도 잊지 마라.

스스로 자진해서 정의를
숭상하는 자에게는 복과 덕이 있으리라.
또한
재난의 구덩이에 빠지지도 않을 것이다.
그러나 교만하여 똑똑한 체
정의를 어겨 더러운 재물을 쌓은 자,
이런 자는 때가 지나면 어쩔 수 없이
돛을 내릴 것이다, 돛대 끝이
부러져 어려움이 닥칠 터이니.

그리하여 들리지도 않는 사람들에게
소리를 지른다. 소용돌이치는 파도 속에서
그러나 신은 이 똑똑한 사나이를 웃을 뿐이다.
앞날의 고생 하나 예기치도 못하고
의기양양하던 자가 의기소침하여
곶(岬)마저 넘지 못하는 꼴을 보시고서
그러니 지난날의 부귀나 영광도 이제 영원히
정의의 암초에 부딪쳐 풍비박산이 되면
한탄도 못하고 흔적 없이 사라져 가는 것.

아레스 언덕 위의 법정 장면. 복수의 여신들의 코러스는 무대 한쪽에 모여 있다. '무자비의 돌' 위에. 이에 비해 아폴론과 그의 보호 아래 있는 오레스테스는 '비행의 돌' 위에 있다. 아테나 여신, 전령을 동반하고 오른편에서 등장. 12명의 시민으로 구성된 재판관들이 이를 따른다.

아테나 전령이여, 포고문을 읽고 시민들을 자리에 앉도록 하라. 하늘 높이 낭랑하게 에토르스키의 나팔을 인간의 숨결로 채워 우렁찬 목소리를 시민들에게 전하라. 그리하여 이 회의장에 사람들이 모일 때까지 모두 침묵 속에서 내가 정한 율법의 판정을 받도록. 또한 이 도성 전체도 앞으로 영원히 이에 따를 것이며, 양쪽 다 심판이 옳게 거행되기를 기다리는 것이 좋을 것이다.

아폴론에게
아폴론 신이여, 신의 관할에 속한 것이라면 마음대로 통치하시겠지만, 어찌하여 이 사건에 관계를 하시는지요?

아폴론 나도 증언을 하기 위해서 왔소. 이 젊은이는 나에게 탄원한 자이며, 내 신전 난롯가의 손님이기도 하오. 나는 이자를 흘린 피로부터 씻어 주고 난 다음 스스로 변호도 맡을 생각이오. 이 젊은이가 모친을 살해한 데 대해 나에게도 책임이 있소. 그러니 그대는 재판을 진행시켜 이 사건의 심판을 확증하여 주시오. 아테나 (에리니에스들에게), 그러면 재판을 시작할 테니 먼저 그대들 쪽에서 발언하도록 하라. 원고가 먼저 얘기하는 것이 남에게 사건을 알려 주는 것이니.
코러스 우리는 여럿이지만 얘기는 간단하게 하겠습니다. (오레스테스에게) 묻는 말에 하나하나 순서에 따라 답변하라. 첫째, 모친을 살해했는가?
오레스테스 살해하였소. 부인하지 않겠소.
코러스 세 가지 물음의 승부에서 벌써 한 번은 졌어.
오레스테스 아무리 우쭐대도 나는 쓰러지지 않소.
코러스 어떻게 살해하였는지, 그것을 말해야겠다.
오레스테스 말하지요. 칼을 뽑아들고 목을 쳤소.
코러스 누구의 설득으로, 누구의 계략을 듣고 그 짓을 했나?
오레스테스 이분의 신탁으로. 여기 증인으로 나오셨소.
코러스 이 예언의 신이 너에게 어머니를 죽이라고 가르쳤단 말인가?

자비로운 여신들 173

오레스테스 그렇소. 그리고 지금까지 해 온 일을 후회는 하지 않소.
코러스 선고가 내리면 그런 말을 못할 거다.
오레스테스 알고 있소. (사이) 무덤 밑에서 후원자가 올 것이오, 아버지가 보내 주는.
코러스 어머니를 살해한 죄인 주제에, 죽은 자들을 어디 마음대로 믿어 보라지.
오레스테스 이중의 죄악을 범한 것은 어머니였으니까요.
코러스 무슨 뜻이냐, 그것은. 재판관들에게 분명히 말해 보라.
오레스테스 남편을 죽이고, 내 아버지를 살해하였소.
코러스 하지만 너는 살아 있어. 네 어머니의 살인죄는 이미 없어진 거다.
오레스테스 그렇다면 왜 어머니가 살아 있을 때 쫓아다니지 않았지요?
코러스 죽인 그 사내와 같은 핏줄이 아니었기 때문이다.
오레스테스 그럼, 나도 어머니의 피를 나누고 있단 말인가요?
코러스 아니, 너를 품에 안고 젖을 먹이며 얼마나 애지중지 키웠는데. 이 파렴치한 살인자 좀 봐. 가장 소중한 어머니의 피를 부인하겠다는 말인가?
오레스테스 (아폴론에게) 부디 증인이 되시어 설명을 해 주십시오. 아폴론 신 이시여, 만일 그 두 사람을 살해한 것이 정당하다면 말입니다. 그것은 실제로 한 것, 저는 그 사실을 부인하지 않습니다. 다만 흘린 그 피가 신의 뜻에 비추어 정당한 것인지 아닌지를 말씀해 주십시오. 이자들에게 말해 주겠습니다.
아폴론 내가 하는 말은 여기 모인 아테네의 거룩한 법정을 향해서 하는 것인데, 그것은 정당한 행위였다. 예언을 전하는 자로서 거짓말은 하지 않으리라. 나는 예언의 신좌(神座)에서 남자, 여자, 또는 국가에 대해 올림포스 신들의 아버지인 제우스 신이 명하신 것 이외엔 전한 적이 없었다. 나의 정당한 변호가 얼마나 강력한 것인가를 잘 이해하여 제우스 신의 율법에 따르도록 해 주기 바라는 바다. 맹세도 제우스 신의 권위를 능가할 수는 없는 것이다.
코러스 그렇다면 제우스 신께서 신탁을 신게 주시고, 그것을 신게서 오레스테스에게 명하였다는 말씀입니까. 아버지의 죽음에는 복수를 해도 어머니는 전혀 소중히 하지 않아도 된다고.
아폴론 그렇다. 지체 높은 용장이 제우스 신께서 주신 왕홀을 들고 명예롭게 세상을 끝내는 것과, 여자 손에 죽는 것과는 결코 같지 않다. 그것도 아마존 같은 힘센 활촉에 맞아 죽었다면 몰라도. 그러니 듣는 바에 따라 아테나 여신께서도, 또 투표 자리에 참석한 분들께서도 이 사건을 잘 판결하심이 좋으리라.

그 여자는 원정에서 승리를 거두고 돌아온 남편을 반갑게……(1행 빠짐) 맞아들여 욕실로 인도하여 막 목욕이 끝나려 할 때, 큼직한 망토로 덮어씌워 분간할 수 없는 올가미로 남편을 죽였다. 그 누구보다 뛰어난 함대의 총수, 그 용장의 최후는 지금 그대들이 들은 바대로였소.

그 아내가 그런 여자였다고 말함도 결국은 시민들, 이 사건을 결정하기 위해 모인 재판관 여러분께 알려 불같이 노하게 만들기 위함이었소.
코러스 신의 증언에 따르면 제우스 신께서는 부친 쪽을 더 소중히 생각하신 듯한데, 그러면서도 제우스 신께서는 부친인 크로노스 노신(老神)을 옥사에 가두었습니다. 그러니 어떻게 지금 하신 증언에 모순이 없다고 할 수 있겠습니까? (판관들에게) 여러분께서도 그것을 충분히 확인하여 주시기를 요구합니다.
아폴론 오오, 가증스러운 괴물들. 신들의 혐오의 대상이여, 올가미는 어떻게 해서라도 풀 수가 있다. 그것을 풀 수 있는 길, 그 방법은 많다. 그러나 한번 살해되어 장부의 피가 땅을 적시면 다시는 소생할 수 없는 일. 나의 부신(父神)께서도 이 일에 대해서만은 기도문을 만들어 놓지 못하였다. 그 밖의 일은 권위에 따라 모든 것을 뜻하신 대로 마음대로 허용하였지만.
코러스 뭣 때문에 이 죄인을 옹호하시려는 것인지 모르겠군요. 이 자가 땅에 흘린 것은 피를 나눈 제 어머니의 피란 말이에요. 그래도 아르고스에서, 아버지의 궁성에서 살 수가 있단 말인가요? 이 땅의 백성들이 용납하는, 어떤 제단에서 제사를 지내겠다는 건가요? 또 어떤 신전의 제수(祭水)를 이 부정한 사내에게 이 고을 백성들이 쓰게 할 줄 아십니까?
아폴론 그것도 곧 가르쳐 주리라. 그러면 내 말이 옳다는 것을 그대들도 알게 될 것이다. 어머니란 그 어머니의 자식이라 불리는 자의 혈친이 아니라, 그 태내에 새로 깃든 씨를 기르는 데 불과한 것이다. 자식을 만드는 것은 아버지이며, 어머니는 오직 주인이 손님을 접대하듯 그 어린싹을 보육해 나가는 것이다. 이런 이치의 증거라고 하면, 어머니는 없더라도 아버지는 있을 수 있는 예가 세상에 적지 않으며, 현재 우리 가까이에도 증인으로서 올림포스의 제우스 신의 딸 아테나 여신이 있지 않은가? 여신은 일찍이 태내의 어둠 속에서 양육을 받은 적이 없다. 그러나 세상의 그 어떤 신도 이처럼 아름다운 신을 키우지는 못할 것이다.

그러나 팔라스 아테나여, 나로서는 무슨 일에서나 그대의 도성과 그 백성이 위대해지게끔 만들기 위해서 한 일, 지금 이 젊은이를 그대 신전에 기원자로서 보낸 것도 앞으로 영원히 그가 그대에게 신의를 가지고 동맹자로서 그와 그의 후계자들도 함께 의지할 수 있게끔, 또 자자손손에 이르기까지 이들이 그대의 보호를 오래 누릴 수 있게 해 주기 위함이었소.

아폴론, 변론을 마치고 손을 내린다. 코러스들 동요. 아테나, 복수의 여신들에게

아테나 변호는 이것으로 충분한 것 같으니, 재판관들은 의견을 정하여 정당한 투표를 해 주기 바라오.
코러스 저희도 이제 갖고 있는 말의 화살을 다 쏘아 버렸습니다. 이제는 이 재판이 어떻게 결정될 것인지, 그것만 기다릴 뿐입니다.
아테나 (아폴론에게) 그렇다면 그대들은, 그대들에게 어떻게 처리하면 비난을 받지 않을 수 있을까요.
아폴론 (시민인 재판관에게) 모두가 들은 바대로이니, 투표를 할 때 재판관들은 이 사건을 옳게 처리한다는 맹세를 명심하도록.
아테나 아테네 시민들이여, 흘려진 피의 심판을 하는 이 최초의 법정에 나온 마당에 정해진 법률을 들어 주시오. 이곳은 또한 앞으로 아이게우스의 국민들에게 영원한 재판장이 될 것이오. 이 아레스의 언덕은 그 옛날 아마존의 여무사들이 테세우스를 증오하여 공격했을 때 진을 치고 막사를 폈던 곳, 여기 새 성채를, 그 성벽도 하늘을 찌를 듯 높이 쌓아올려 아레스 신께 바쳤던 곳이었소. 그런 이유로 이름도 아레스의 언덕이라 불리었는데, 여기서 시민들의 경건한 마음, 그리고 그 형제들의 두려움이 밤이나

낮이나 한결같이 그들을 정의에 위배되지 않게끔 지킬 것이오. 시민들이 스스로 이것을 바꾸거나, 파괴하지 않는 한은 말이오. 아무리 깨끗하고 빛나는 흐름이라도 더럽혀지면 그것은 이미 마실 수는 없는 것.

그러므로 나는 시민들에게 무질서나 포학한 전제 정치를 결코 환영하지 말도록 권하는 것이오. 또한 두려움을 아는 마음을 이 도성 밖으로 내던지지 말도록. 사람으로서 두려움을 모르는 자가 어찌 몸을 옳게 처신할 수 있을 것인가. 이같은 외경심을 간직하고 정도에서 벗어남을 두려워한다면, 향토의 수호와 국가의 안녕은 기필코 기대될 수 있을 것이오. 또한 스키티아나 펠롭스 땅이라 할지라도, 인간 세계에서는 다시 볼 수 없는 것이 되리라.

또한 이 판정은 금전에 의해 더럽혀지지 않고, 모든 사람의 존경을 받으며, 분노에 대해 예민하고, 잠든 이들을 위해 항상 눈을 뜨고 국토를 감시 하게끔 만들어야 하오.

이것이 시민들을 위해 내가 하는 권고인데, 이에 따라 시민들도 일어서서 투표의 돌멩이를 집어 맹세를 존중하고 흑백을 가리는 판결을 내려 줌이 좋을 것이오. 이것으로 내 말은 끝났소.

열두 판관들, 일어서서 단지 안에 돌을 던진다. 이 다음의 대사는 그 사이에 투표를 견제하기 위해 이야기된다.

코러스 우리는 이 땅에 온 소중한 손님이니 멸시하지 말도록 충고해 두겠어요.
아폴론 나 역시 나의 것, 또한 제우스 신의 것이기도 한 신탁을 두려워하도록 권고한다. 그것을 헛되이 끝내지 말도록.
코러스 신께서는 자신의 담당도 아닌 피묻은 일에 집착을 하시는데, 그래서야 어떻게 신을 찾는 자에게 결백한 예언을 내려 줄 수 있겠습니까?
아폴론 그렇다면 나의 아버지께서도 실수를 했다는 말인가? 첫 살인자인 익시온의 탄원을 받아들였다고 해서?
코러스 얼마든지 좋도록 말씀하세요. 그러나 재판에 이기지 못한다면 우리가 이 나라에 다시 올 때 괴로움을 줄 테니 그렇게만 아세요.

자비로운 여신들 177

아폴론 너희들은 젊은 신이나 늙은 신들 할 것 없이 모든 신들의 멸시를 받고 있어. 이 재판은 나의 승리가 될 것이다.

코러스 신께서는 페레스*6의 집에서도 같은 수법을 썼어요. 운명의 여신을 설득해서 인간을 죽지 않게 했었지.

아폴론 나를 숭상하는 자에게 은혜를 베푼 것이 뭐가 나쁜가. 특히 그 사람이 중대한 처지에 놓여 있을 때에.

코러스 신은 예부터의 직분을 무시하고 오래 된 여신들을 술로 속였습니다.

아폴론 너는 틀림없이 이 재판에 지면 독을 뿌리겠지만, 그래 봤자 적은 아프지도 않을 것이다.

코러스 젊은 신이면서 늙은 나를 짓밟으려 하지만 판결이 내릴 때까지 기다리자. 이 나라에 화를 낼 것인가는 아직 생각을 정할 수 없는 일이니.

이 사이에 투표가 끝난다. 아테나 일어서서 선고한다.

아테나 최후의 심판을 결정하는 것이 나의 임무이다. 그러니 나는 이 투표를 오레스테스 쪽에 던지기로 하겠다. 나에게는 어머니가 없으므로 모든 일에 있어 남성의 편을 들겠다. 결혼 상대로서는 절대 안 되지만. 나는 마음 속으로부터 아버지 편이므로, 가장인 남편을 죽인 여자의 죽음을 중요하다고는 보지 않는다. 그러므로 투표가 같은 수로 결정되면 오레스테스의 승소로 한다. 자, 그 투표 단지에서 돌을 꺼내오. 이 재판의 판결을 맡은 심판관 여러분.

투표를 센다.

오레스테스 오오, 포이보스 아폴론 신이시여, 이 재판이 어떻게 결정될까요.

코러스 오오, 밤이여, 검은 어머니시여! 어떻게 될 것인지 보고 계시겠지요.

오레스테스 지금이 내 목을 맬 마지막 밧줄이냐, 빛을 볼 수 있느냐의 경계선이구나.

코러스 우리 역시 하직을 하느냐, 앞으로 명예를 보존할 수 있느냐의 경계선이다.

아폴론   재판관들이여, 투표를 정확히 세도록 하오. 몸을 삼가, 결정에 부정함이 없도록. 한 표가 모자라서 큰 재난이 생기기도 하고, 한 표가 더해져서 집안이 재건되기도 하는 것이니.

표를 세고 나서 판관들은 그 결과를 아테나에게 보고한다.

아테나   투표의 결과가 반반으로 나왔으니, 이 젊은이는 살인의 재판에서 무죄로 결정되었다.

오레스테스   오, 팔라스 아테나님이시여. 당신께서는 제 집을 구해 주셨고, 선조 대대의 땅을 빼앗겼던 저를 다시금 복귀시켜 주셨습니다. 이제부터 그리스 사람들은 말할 것입니다. '오레스테스는 다시 아르고스 시민으로 복귀했으며, 선조 대대의 왕권을 계승하였는데, 이는 다 아테나 여신과 아폴론 신 덕분이다' 라고. 그리고 세 번째로는 일을 성취시켜 주시는 구세주, 제우스 신의 덕분입니다. 신께서는 부친의 최후를 불쌍히 여기시어, 어머니와 한패가 된 무리들로부터 저를 구해 주셨습니다.

지금 고향으로 돌아가는 이 마당에서, 저는 이 땅과 당신의 국민에게 맹세를 하겠습니다. 앞으로 영원히 저의 나라의 군주로서 백성을 통치하는 자는 결코 이 고장으로 창끝을 돌리지 않게 할 것입니다. 왜냐하면 제 자신부터 그 무렵엔 무덤 속에 있을지라도 지금의 맹세를 어기려는 자가 있다면, 항거할 수 없는 모든 어려움으로 방해를 할 테니까요. 혹은 병사들의 의기를 소침하게 하고, 불길한 징조로 길을 막거나 해서 그들이 한 짓을 후회하게 만들겠습니다.

이 맹세를 그들이 옳게 지키고, 팔라스 아테네의 도성을 항상 존중하여 동맹의 의리를 바꾸지 않는다면, 저도 그들에게 언제나 호의를 베풀 것입니다. 안녕히 계시기를. 신께서도 또 도성을 지키는 시민들도, 원컨대 적들이 어떻게도 피할 수 없는 술책을 써서 나라를 보전하며, 또 싸움에서도 승리를 거두시기를.

오레스테스 퇴장. 아폴론은 조금 먼저 슬며시 사라진다.

코러스 (불만스러운 무서운 형상으로 읊는다)
　이 몹쓸 젊은 신들
　옛부터의 우리의 권리를
　잘도 짓밟아 버렸구나.
　이토록 비참하게 모욕을 받은 이상
　우리는 갚으리라, 그 심한 원한
　한탄 대신 이 땅에
　독소를 뿌리리라.
　심장에서 뿜어내는
　독소 방울은 이 고장을
　석녀로 만들 것이니, 그로 인해
　나뭇잎도 말리는 곰팡이가 피면
　모든 생물의 종자도 말라 버린다.
　복수다, 보복의 벌이다.
　땅 위에 독소 방울이 떨어지면
　사람을 해치는 오염이 나라에 번지리라.
　한숨만 나오니 어쩌면 좋담
　시민들에게 고통을 안겨 줄까.
　아아, 이런 봉변이 어디에 있담
　불운한 우리들
　밤의 딸들
　욕을 당하고 한탄만 하네.

아테나 내 말에 따르도록 하고, 너무 탄식만 하며 괴로워하지 말도록 하라. 결코 너희들은 패한 것이 아니다. 같은 표수가 나왔으니 불명예스러울 것도 없느니라. 다만 제우스 신께서 증명으로써 빛나는 것을 내주시고, 신탁을 하신 신께서 스스로 증인이 되시어, 제우스 신의 뜻에 따라 오레스테스가 거행하였기에 벌을 주어서는 안 된다고 증언하셨던 것이다.

　너희들은 이 땅에 심한 원한을 퍼붓겠다고 말했는데, 잘 생각해서 분노를 가라앉히도록 하라. 세상에 없는 독소를 뿌려 대자연의 종자를 무자비하게 말려 죽인다는 생각일랑 말아다오. 나는 너희들에게 충분한 성의를 가지고 약속하겠다. 훌륭한 은신처, 훌륭한 사당을 이 땅에 마련해 주겠다. 좋은 자리를 난롯가에 마련하여 이 나라 백성들이 늘 존중하며 제를 올려 우러러 받들게끔.

코러스　(아까와 같이 아직도 분격한 형상으로 읊는다)
　　이 몹쓸 젊은 신들
　　예부터의 우리의 권리를
　　잘도 짓밟아 버렸구나.
　　이토록 비참하게 모욕을 받은 이상
　　우리는 갚으리라, 그 심한 원한
　　한탄 대신 이 땅에
　　독소를 뿌리리라.
　　심장에서 뿜어내는
　　독소 방울은 이 고장을
　　석녀로 만들 것이니, 그로 인해
　　나뭇잎도 말리는 곰팡이가 피면
　　모든 생물의 종자도 말라 버린다.
　　복수다, 보복의 벌이다.
　　땅 위에 독소 방울이 떨어지면
　　사람을 해치는 오염이 나라에 번지리라.
　　한숨만 나오니 어쩌면 좋담.
　　시민들에게 고통을 안겨 줄까.
　　아, 이런 봉변이 어디에 있담.
　　불운한 우리들
　　밤의 딸들
　　욕을 당하고 한탄만 하네.

아테나　욕을 당한 것이 아니다. 그러니 여신의 몸으로 분격한 나머지 인간에게 그들의 국토를 살기 어려운 고장으로 만들지 않도록. 나 역시 제우스 신에 의지하는 몸, 그 말만으로 충분하리라. 또한 번개를 봉인하여 비장하고 있는 곳간의 열쇠를 알고 있는 것도 신들 중 나뿐이다. 하지만 그럴 필요는 없다. 너희는 내 말을 들어 쓸데없는 혀를 놀려 이 고장에 악독한 말을 던지지는 않을 테니까. 그 검실검실한 높은 물결의 심한 기세를 가라앉혀라. 나와 같은 신전에 살며, 세상의 존경을 받도록 하자. 그러면 이 광대한 국토의 햇곡식과 태어난 아기에 대한 선물, 지체없는 혼례식의 선물들을 받고 영원히 나의 권유를 기리게 될 것이다.

코러스 우리가 이런 변을 당하다니
　　　　 우리들 오랜 율법을 지키는 신들이
　　　　 이 고장에서 멸시를 받고
　　　　 혐오를 받아가며 살아갈 줄이야.
　　　　 모든 것이 분노와 원한으로 불탄다.
　　　　 아, 한심하도다.
　　　　 가혹한 아픔이 가슴을 쑤신다.
　　　　 이 괴로운 마음 살펴 주소서,
　　　　 밤의 어머니 우리들 예부터 있는 자의 명예를
　　　　 신들이 나쁜 계략을 꾸며
　　　　 엉망으로 만들어 버렸습니다.

아테나 그 노여움을 굳이 탓하지는 않겠다. 너희들은 나보다 나이가 많으니까. 물론 너희들도 사리를 잘 판단하겠지만, 제우스 신께서는 나에게도 뒤떨어지지 않는 분별심을 주셨다. 너희들이 타국, 타향으로 간다면 틀림없이 이 고을이 더 좋았다는 것을 알게 될 것이다. 자, 나의 예언을 들어다오. 앞으로 다가올 시대에는 이 땅이 다른 곳보다 더 큰 명예를 받게 될 것이다. 여기서 너희들은 에렉테우스*7 신전 옆에 명예로운 신전을 차지하고, 타국 사람들 사이에서는 결코 바랄 수 없는 남녀 시민, 그들 참배자들로부터의 존경을 받게 될 것이다. 제발 이 땅에서는 유혈을 자아내는 투쟁의 숫돌, 젊은이들의 마음을 좀먹는 선동을 던지지 말아다오. 술에 취하는 것보다 심한 흥분의 미친 짓일랑. 그리고 시민들 사이에 수탉의 혈기 같은 다툼, 기를 쓰고 하는 서로간의 싸움 등을 불러일으키지 말도록. 전쟁은 나라 밖에서 하는 것으로 충분하니 명예에 대한 강한 욕망은 거기서 얼마든지 채워질 것이다. 한우리 안에서의 닭 싸움은 쓸데없는 짓이다. 나는 지금 이와 같은 길을 너희들에게 택하도록 권하는 것이다. 기분좋게 해주면 기분좋은 대우를 받고 기분좋게 세상 사람들의 존경도 받게 될 것이다.

신들이 가장 사랑하는 나라인 이 땅에서 나와 함께 신들의 은총을 나누자는 것이다.

코러스 (여전히 불만스럽게)
우리가 이런 변을 당하다니, 아아
우리의 오랜 율법을 지키는 신들이
이 고장에서 멸시를 받고
혐오를 받아가며 살아갈 줄이야
모든 것이 분노와 원한으로 불탄다.
아아, 한심하도다.
가혹한 아픔이 가슴을 쑤신다.
이 괴로운 마음 살펴주소서,
밤의 어머니 우리들 옛부터 있는 자의 명예를
신들이 나쁜 계략을 꾸며
엉망으로 만들어 버렸습니다.

아테나 나는 끝까지 너희들을 위해서 말하겠다. 예부터 있던 여신이 젊은 여신인 나한테서, 또 이 땅에 사는 시민들한테서 멸시와 모욕을 받고 쫓겨 났다는 둥, 이 땅이 나그네를 푸대접하는 나쁜 땅이니 하는 소리를 하지 못하도록.

그러니 영험있는 설득의 여신 페이토의 이름을 존경한다면, 내 말의 상냥한 회유와 마음을 녹이는 힘에 따라 쭉 이 땅에 있도록 해라. 또 이 땅에 머무르고 싶지 않다고 하더라도 시민들에게 노여움이나 저주, 또는 무슨 나쁜 짓을 가하려는 것은 잘못된 생각이다. 왜냐하면 너희들은 이 땅에서 정당한 권위를 인정받고 명예를 얻어 떠나기 때문이다.

코러스 아테나 여신이여, 우리가 어떤 은신처를 얻게 될까요?

아테나 어떠한 재앙도 없는 곳. 그러니 승낙하여라.

코러스 승낙하겠습니다. 그러면 어떤 명예가 저희에게 주어지는 걸까요?

아테나 그 어떤 집도 너희들 없이는 번영할 수 없는 권위를 주겠다.

코러스 그렇게까지 해 주시려는 겁니까? 저희들에게 그토록 큰 권한까지 주시겠다고.

아테나 그렇다. 나를 공경하는 자들에게만 그런 행복을 주겠다.

코러스 그러면 그런 힘을 끝까지 변함없이 부여해 주시겠습니까?

아테나 해 줄 생각이 없다면 말하지 않았을 것이다.

코러스 이제 원한이 사라졌습니다. 여신의 설득에 마음이 진정되었습니다.

아테나 이 땅에 있게 되면 많은 편을 얻게 될 것이다.

코러스 그래서 여신께서는 이 땅을 위해 어떤 주문을 외라는 것입니까?

아테나 이를테면 패함이 없는 승리를 지향하는, 또는 대지로부터의 모든 은총, 하늘로부터의 바람결이 화창한 이 국토로 불어 오도록, 또는 대지의 수확과 가축들의 풍요로움이 항상 백성들을 찾아 끝없는 번영을 가져오도록, 또 인간도 편안하게 탈이 없도록. 그 대신 불경한 자들은 엄격하게 응징하도록 하라. 나는 나무를 기르는 정원사처럼 옳은 사람들에게 태어난 백성들이 탈 없이 지내게 되기를 바라기 때문이다.

　　이것이 너희에게 주어질 임무이다. 그러나 꼭 해야만 할 전쟁, 그것도 정당한 전쟁이라면 이 도성을 아낌없이 공공연한 승리로 찬양하고 빛낼 것이다.

코러스 아테나님과 함께 지낼 것을 승낙하겠습니다.
　또한 이 도성을 멸시하지도 않겠습니다.
　이곳은 전능하신 제우스 신과 아레스 신이
　신들의 감시를 하시는 곳
　그리스 신령들의 제단을 지키는 믿음직한 성채
　우리는 이 고장을 위해
　상냥한 마음씨의 신탁으로 기도합니다.
　끊임없이 복된 삶이
　태양의 찬란한 빛이 차례로
　대지로부터 싹트게 해 주소서.

아테나 그것은 내가 마음을 다하여 이 도성 시민들을 위해 도모하리라. 노여움을 진정시키는 한 훌륭한 여신들이 여기에 머무르게 되었으니까. 또한 그 여신들이 인간 세계의 모든 일을 관장하게 될 것이니까. 이 엄격한 여신들에게 참배하지 않는 자들은 어디서 인간사의 타격이 오는지도 모를 것이다. 그 것은 조상이 범한 죄가 이러한 재앙으로 사람을 몰고 가서 각자에게 파멸을 주며, 호언장담하는 자까지도 심한 증오의 격정으로 멸망시켜 버리기 때문이다.
코러스 초목을 해치는 재난이, 타는 듯한 더위로써 휘몰아쳐
나무의 싹을 말리지 않도록, 꼬투리에서 피어나는 봉오리를
막지 않도록 하리라……
이것이 지금 내가 하는 자비의 한 마디
또한 결실을 없애는 무서운 질병이
결코 닥쳐오지 않도록
소나 양들도, 정해진 철이 오면
대지가 두 배로 늘어서 키워 번성케 하도록
그리하여 풍요한 대지가 낳는 보배는
장엄한 선물로서 신들께 바치리이다.
아테나 들었나, 아테네 시를 지키는 시민들이여. 얼마나 위대한 일을 하겠다 하였는가를. 이 에리니에스 여신들의 힘은 하늘에 계신 불사의 신들, 또 황천의 신들 밑에서도 광대한 것. 그리고 인간 세계에서는 완벽하고 확실한 힘을 휘둘러 어떤 인간에게는 즐거운 노래를, 어떤 인간에게는 눈물에 젖어 지내는 일생을 계속하게 할 것이다.
코러스 사람을 약하게 하여 수명을 줄이는
운명일랑 가까이 못 오게 하고
사랑스러운 처녀들에게는
남편을 맞는 즐거운 삶을 부여하시도록
인간의 모든 귀중한 일을 장악하는
어머니와 진배없는 자매들인 운명의 여신들
심판도 정당한 분들께 원하나이다.
집집마다 한결같이 들어가
언제나 변함없이 올바른 모임으로
단란케 하는, 매사에 있어
신들 중에서도 가장 존귀한 분에게.
아테나 그런 자비를 이 땅에 내리겠다는 그대들의 마음을 기쁘게 생각한다. 또한 설득의 여신께도 감사드리오. 타협을 거절하던 저 여신들을 설복하게끔 내 혀를 이끌어 주었으니까. 어쨌든 회담의 자리에선 제우스 신께

서 일을 다스리기 때문에 우리의 선의에 의거하는 의론의 힘이 언제나 승리를 거두는 법이다.

코러스 온갖 재난에도 지치지 않는
심한 당파의 항쟁이 이 도성에는
결코 타오르는 일이 없도록
또한 시민들의 검은 피를 빨아먹고
먼지 티끌이 복수를 원하는 노여움으로 하여
보복의 살육으로써 이 도성을
파멸에 빠뜨리는 일이 없도록
원컨대 서로서로 아끼는 마음에서
기쁨을 나누어 갖도록 하여 주소서.
이것이야말로 인간 세상에서는
모든 것의 구원이 되는 것.

아테나 과연 뛰어난 말솜씨로다. 그와 같은 생각을 그대들이 갖는다면, 그대들 무서운 형상의 여신들로부터 이곳 시민들은 큰 이득을 얻게 되리라. 기분좋게 자비로운 신을 계속 정성을 다하여 공경하면, 반드시 국토도 백성도 한결같이 올곧은 정의로 인해 영원히 안락하게 지낼 수 있을 것이다.

코러스 그럼, 안녕히, 잘 있어요.
도성 사람들도 잘 있어요.
즐겁고 복되게 잘 살아요.
제우스 신의 따님의 가호 아래
사랑받고 사랑하며 안락하게
대대손손 경건하게 잘 살아요.
팔라스 아테나의 날개 밑에서
지내는 자는 부신(父神)도 애지중지할 것입니다.

아테나 그대들도 안녕하기를. 그럼 내가 앞장서서 아늑한 거처로 안내함이 당연하리라. 여기 있는 제단의 불빛을 의지하여. 자, 이 엄숙한 희생의 제물을 들고 땅밑의 신전으로 가자. 땅밑에 내려가거든 불상사를 피하고 도움을 주어 우리에게 승리를 보내 주도록 (시민인 장로들에게). 그러면 도성을 관장하는 사람들, 아테네의 옛 왕 크라나오스의 자손들이여, 여기 있는 손님들을 안내하라. 좋은 일을 위하여 좋은 분별심을 도성 사람들도 갖도록 하라.

코러스 안녕히, 안녕히.
거듭 말하겠어요, 나의 맹세를
이 도성에 사는 모든 분들
신들도 인간들도
팔라스 아테네에 사는 분들
그대들이 우리를 소중히 여긴다면
평생토록 불행을 한탄하게 되지는 않으리이다.

아테나 과연 그 맹세는 훌륭하였다. 그러면 빛을 전달하는 횃불을 들고 안내하겠다. 이 언덕 땅 밑의 동굴로, 내 종들과 내 신상을 지키는 사람들과 함께. 자, 테세우스 땅 전체의 눈동자가 나가는 것이니 아이들과 아낙네들의 명예로운 행렬, 또는 늙은 할머니들의 행렬도……(자, 나와서 따르도록 하여라) 붉은 옷을 입고 찬양하도록, 찬란한 불빛을 떨치도록. 그리하여 이 고장에 온 여신들이 끝까지 시민들을 지키는 많은 행복에 자비롭게 나타날 수 있도록.

시민들, 사제들과 먼저 행렬을 짓고 나간다.

시민들 (퇴장의 노래)
자, 걸음을 옮기소서.
위대하고 명예로운 밤의 늙은 딸들이여
즐거운 행렬을 따라.
도성 사람들은 경건하게 기다리고 있나이다.
땅 밑의 동굴 속, 그곳에서는
옛부터의 의식과 제물로써
귀한 대접을 받으시도록
도성 사람들은 경건하게 기다리고 있나이다.
이 땅을 향해, 상냥하고 자비롭게
이리로 오세요, 두렵고 거룩한 여신들이여

활활 타오르는 횃불을 따라
모두들 춤을 추며 드높이 노래부르자.

긴 군중들의 외침 소리.

집집마다 행복을 향한 평화의 맹세를
팔라스 아테네의 시민들은 얻을 수 있으리라.
전능하신 제우스 신과 운명의 신이 그렇게 결정하셨으니
모두들 춤을 따라 드높이 노래부르자.

군중들의 외침 소리.
모두 퇴장.

〈주〉
*1 헤파이토스 : 제우스와 헤라 사이의 아들. 불과 대장장이 신.
*2 하르푸이아 : 처녀의 얼굴, 긴 발톱을 가진, 언제나 굶주림으로 창백한 얼굴을 한 새.
*3 타르타로스 : 망령 세계. 제우스가 티탄을 가둔 곳.
*4 테세우스 : 아테네 왕 아이게우스의 아들. 아티카의 왕.
*5 익시온 : 헤라를 사랑한 죄로 제우스에 의해 불수레바퀴에 묶이는 벌을 받았다.
*6 페레스 : 페라이 왕. 아들 아드메토스가 죽게 되었을 때 아폴론의 도움을 받아 살려냈다.
*7 에렉테우스 : 헤파이스토스의 아들. 아테나 여신에 의해 양육되고, 아테네 왕이 됨.

소포클레스

오이디푸스 왕—조우현 옮김
콜로노스의 오이디푸스—조우현 옮김
안티고네—조우현 옮김
엘렉트라—조우현 옮김

소포클레스

 소포클레스(기원전 496~406년)는 아테네 변두리인 콜로노스 히피오스에서 무기 제조업자 소필로스의 아들로 태어났다. 고향을 무대로 한 《콜로노스의 오이디푸스》에서 그는 이 고향 땅에 아름다운 찬사를 보냈다. 유복한 기사 계급에 잘생긴 얼굴과 뛰어난 재능을 지닌 그는, 기원전 468년에 이미 선배이며 그즈음 첫째 가는 비극 시인 아이스킬로스를 비극 경연에서 물리치고 1등상을 받았다. 평생 동안 24번의 승리를 차지했다고 전해진다. 기원전 443~423년 사이에는 아테네 제국의 재무관 헬레노타미아스 자리에 임명되었다. 기원전 441년에는 장군으로 페리클레스와 함께 사모스에 원정했고, 펠로폰네소스 전쟁 동안에는 니키아스의 동료로 다시 장군이 되었으며, 시칠리아 원정 뒤에 일어난 나라의 위기에 맞닥뜨려서는 프로블로스로 선출되어 조국의 재건을 위해 힘썼다. 이같이 영예스러운 지위는 이온의 회상록 가운데에서 소포클레스가 직접 말하고 있듯, 그가 군사(軍事)나 재정에 유능했기 때문이 아니라 시인 및 문학가로서 그에 대한 아테네 시민들의 존경을 나타낸 것이라고 하겠다. 소포클레스는 또한 의신(醫神)의 신관으로서 아스클레피오스 신을 아테네에 받아들여 그 신전이 완성될 때까지 자기 집을 신의 거처로 내놓았으므로, 죽은 뒤 덱시온('영접하는 사람'이라는 뜻)이라는 이름으로 존경받았다고 한다. 90세의 늙은 나이로 세상을 떠날 때까지 그의 창작력은 조금도 쇠퇴하지 않았으니, 걸작 《콜로노스의 오이디푸스》는 그의 유작이다.
 그는 아이스킬로스의 뒤를 이어 비극의 완성을 위해 노력했고, 코러스 대원의 수를 12명에서 15명으로 늘렸다. 지금까지 2명이었던 배우 수를 3명으로 늘리고 무대 배경에도 새로운 방법을 끌어들였다. 한편 아이스킬로스는 3부작 형식을 취했으나 소포클레스는 그 관습을 버리고 동시 상연의 세 비극을 저마다 독립시켰다.

소포클레스

그의 작품은 총 133편인데, 그 가운데 7편의 비극 《안티고네》《아이아스》《엘렉트라》《오이디푸스 왕》《트라키스의 여인들》《필록테테스》《콜로노스의 오이디푸스》 등과 그밖에 파필루스에 의해 되살려진 사티로스 극 《추적자》의 단편과 잃어버린 극의 여러 단편 등 90여 편의 제목이 오늘날 남아 있다.

이들 극은 모두 소포클레스가 50세의 고개를 넘어선 원숙기에 쓴 것이었다. 여기에 옮긴 《안티고네》《오이디푸스 왕》《콜로노스의 오이디푸스》《엘렉트라》에 대해서는 다시 설명할 필요도 없겠지만, 앞의 3편은 테베 왕 오이디푸스와 그 아이들의 운명에 관한 영웅 전설에서 취한 것으로, 지금까지 남아 있는 소포클레스의 작품 가운데 중심이 된다. 집필 연대는 지은이의 장년기로부터 늘그막에 이르는 때이다. 《필록테테스》는 80세를 넘은 사람의 작품으로 여겨지지 않을 만큼 생동감이 있으며, 트로이 원정담 가운데에서 그 소재를 얻고 있다.

소포클레스의 작품은 지은이 자신이 아이스킬로스와 같은 장엄하고 화려한 것, 다음은 기교적이고 엄숙한 것, 끝으로 성격 묘사에 알맞는 것의 3단계로 나누었는데, 오늘날 남아 있는 작품의 대부분은 제2기 끝무렵부터 제3기에 드는 작품들이다. 《안티고네》《아이아스》《트라키스의 여인들》에서 공통적으로 느껴지는 것은 극의 주인공이 도중에 자살하기 때문에 중심을 잃는 경향이 있다는 점이다. 왜 이런 동일한 구성을 취했는지, 그 까닭은 비교할 다른 작품이 지금 남아 있지 않으므로 결론을 내리기 어렵다. 그러나 《안티고네》《아이아스》《헤라클레스》의 세 주인공은 죽은 뒤에도 극의 플롯의 추진력으로 중심이 되어, 그 영향력 밑에서 극이 진행되고 있음을 알 수 있다. 《엘렉트라》의 경우도 엘렉트라와 오레스테스의 두 주인공 사이에 중심이 나누어진다. 이 작품과 《오이디푸스 왕》은 똑같이 지은이가 냉혹할 만큼 자기 감정을 숨기고 플롯을 위해 작중 인물을 완전한 포석으로 다룬 탓으로 아이스킬로스와 같은 인간적 따뜻함이 결여되어 있다. 지은이는 무서울 만큼 깊이 파고들어 인간과 신의 상극을 추구하고 있다. 작품의 주인공은 고귀하고 성급한 자기의 의지를 관철시키기 위해 어떤 희생도 마다하지 않는 사람들이다. 신은 냉혹하고 인간의 착한 마음 따위는 달걀 껍질처럼 짓밟아 버린다. 여기에 무서운 비극이 생겨난다. 그러나 뒤의 3편에서 지은이는 아름답고 따뜻한 인간성과 신과의 화해를 추구하고 있다. 《트라키스의 여인들》역시 그의 늘그막의 작품이 아닌가 하는 것도 그런 까닭이다.

아이스킬로스의 3부작을 해체한 소포클레스는 비극의 구성을 더욱 긴밀히 했고, 하나하나를 주옥과 같은 완전한 작품으로 만들었다. 완전한 구성력과 언어로 조성한 박력에 무서울 만큼 위력이 있다. 여기에는 냉엄하고 다가가기 어려운 엄격함이 있다. 그러나 늘그막의 작품에서는 이것을 깨뜨렸다. 우리는 소포클레스의 위대함을 이 늘그막의 작품의 아름다움을 통해 더욱 친근하게 느끼게 된다.

오이디푸스 왕

테베 창립자인 카드모스의 후예 랍다코스의 아들 라이오스 왕은, 아폴론 신으로부터 왕비 이오카스테와의 사이에서 태어난 아이의 손에 죽을 운명에 놓여 있다는 계시를 받았다. 그래서 갓난아기를 양치기에게 맡겨 키타이론 산 속에 버리게 했는데, 양치기는 이 아기를 가엾이 여기어 그 아이를 코린토스의 양치기에게 주었다. 아이는 그곳의 왕 폴리보스와 왕비 메로페를 친부모로 알고 자라났다. 이리하여 오이디푸스는 전혀 모르고 친아버지인 라이오스 왕을 죽이게 되었다. 테베 시에 수수께끼를 걸어 그것을 풀지 못하는 동안은 사람을 제물로 바치기를 요구하던, 사람 머리에 사자 몸을 한 괴물 스핑크스를 물리치고, 그 공으로 어머니인 줄도 모르고 이오카스테와 결혼하여 2남 2녀를 두었다. 이 비극은 여기에서 시작된다. 오이디푸스는 천인공노할 자신의 비행 때문에 신이 보낸 염병이라는 재앙을 물리치기 위해, 라이오스의 살해자를 밝혀 내려다가 마침내 자기 자신이 살해자임을 발견한다. 《오이디푸스 왕》은 이 탐색을 훌륭한 구성 아래 숨막힐 듯한 긴장 속에서 한 걸음 한 걸음 진전시켜 나간다.

오이디푸스는 자기의 지혜와 정의에 가슴 속 가득히 신뢰를 두고 있는 사나이다. 이 자신 때문에 그의 언동에는 때로 너무나 성급하고 너무나 교만한 점이 보인다. 그러나 소포클레스의 오이디푸스는 사람으로서, 왕으로서 항상 옳은 모습이다. 그는 자기가 정당하다고 믿을 때는 무슨 일이든 겁내지 않고 돌진한다. 그 때문에 분노했고, 분노에 내맡겨 라이오스를 죽였으며, 분노에 못 이겨 스스로의 눈을 찌른다. 그러나 이 극에서 무서운 것은 소포클레스의 다른 극에서도 그렇듯, 사람으로서는 헤아릴 수 없는 신들의 길이다. 이오카스테의 온갖 선의에도 불구하고 오이디푸스의 신은 냉혹하고 무정하게 자기의 길을 달성한다.

특히 무서운 것은 신의 의지가 분명하게 미리 표시되고, 그것을 피하려는 노력이 모두 허사로 돌아가는 일이다. 신들 세계의 거대한 톱니바퀴는 소리없이 돌아가, 보잘것없이 작은 인간은 모두 그 속에 휘말려 들어가 버린다. 소포클레스는 마치 인간의 모든 덕의 무가치함을 나타내려 하고 있는 것만 같다. 그러나 오이디푸스의 모습은 특히 마지막 장면에서 자세히 바라보면, 결코 완전한 패배자는 아니다. 그는 분노한 나머지 고통에 못 이겨 눈을 찔러 장님이 되었지만, 닥쳐올 운명에 감연히 맞설 용기를 지니고 있다. 어떤 운명이든지 올 테면 오너라, 나는 그것에 견디어 내 보이겠다는 마음의 자세가 그의 불공평한 재앙에 짓눌린 참혹한 모습 뒤에 깃들여 있다. 오이디푸스는 숙명론자는 되지 않았던 것이다. 조용한 체념 같은 경지에는 결코 편안히 들어앉지 못한다. 신들의 길은 신들의 길이고, 사람인 나는 나대로 꿋꿋이 걸어가겠다고 외치고 있는 것 같다. 소포클레스의 무서울 정도의, 사람으로서의 비애와 용기가 이 불운한 왕을 통해 우리에게 육박해 온다. 《오이디푸스 왕》의 비극적인 아름다움은 여기에 있다.

나오는 사람

오이디푸스   테베 왕
신관
크레온   이오카스테의 남동생
코러스   테베의 장로들로 이루어짐
테이레시아스   눈먼 예언자
이오카스테   오이디푸스의 왕비
사자(使者)   코린토스에서 옴
양치기   라이오스 왕의 양치기
다른 사자   왕궁에서 옴.

무대

테베의 오이디푸스 왕궁 앞뜰. 한가운데 대문 앞에 제단이 있고, 그 앞의 층계에 남녀노소 시민들이 탄원을 하며 앉아 있다. 흰 내리닫이 옷을 걸치고, 머리에는 흰 끈을 매고 있다. 제단 위에는 양털실을 감은 올리브 나뭇가지가 놓여 있다.

오이디푸스 왕이 왕궁에서 나온다.

오이디푸스 그 옛날, 카드모스*¹의 후예인 내 자손들아, 이렇게 털실을 늘인 올리브 가지를 들고 탄원하며 앉아 있는 건 무슨 까닭이냐. 온 장안에 향연(香煙)이 감돌고, 병의 회복을 비는 기도와 비통한 소리로 가득찬 것은 무슨 일이냐. 내 자손들아, 남들한테서 전해 듣기만 해서는 마음에 차지 않아, 이렇게 스스로 이 자리에 나왔다. 나는 세상에 널리 알려진 오이디푸스 왕이니라.

여보게, 노인장(제우스의 신관에게). 대표로 말하는 것은 당신의 의무이니, 무슨 마음과 무슨 뜻으로 여기에 와 있는지 설명을 하게. 무슨 두려운 일이라도 있단 말인가? 부탁이라도 있는가? 무슨 청이든 기꺼이 들어 주지. 그런 애원에 마음이 움직이지 않고서야 인정없는 사람이 될 뿐이니.

신관 이 나라를 다스리시는 오이디푸스님. 보시다시피 이곳에는 멀리 날지도 못하는 햇병아리 같은 어린애들과 나이 들어 허리가 굽은 늙은이들, 그리고 제우스 신을 섬기는 저 같은 신관들과 뽑혀 온 젊은이들이 왕의 제단을 둘러싸고 있습니다. 다른 사람들은 이렇게 털실을 드리운 나뭇가지를 들고 장터, 팔라스의 두 제단 둘레, 그리고 이스메노스*²가 불로 신탁을 내린 곳에 앉아 있습니다.

온 장안의 심한 재앙은 보시다시피 죽음의 크나큰 파도 아래에서 벗어날 수가 없고, 땅에 나는 곡식의 싹과 목장에서 풀을 먹는 소들과 여인들의 산고(産苦)에도 죽음의 손이 뻗치고 있습니다. 더욱이 염병 귀신이 불을 뿜어 장안을 황폐케 하고 카드모스의 집은 걷잡을 수 없이 황폐해져, 이 어두운 지옥의 세계는 탄식과 슬픔으로 가득 차 있습니다.

저와 어린것들이 탄원자로서 지금 이곳에 왔다고 해서 왕께서 신들과 똑같다고 생각한 것은 아닙니다. 그러나 왕께서는 이 세상의 모든 흔한 일들에서나, 신들로 해서 인간들이 당하는 일에서나 인간 중에 으뜸가시는 분이라고 저희는 믿고 있습니다. 그런 분이 카드모스의 나라에 오셔서, 저 몰인정한 스핑크스의 노래*³에 저희들이 바칠 세금에서 벗어나게 하여 주셨습니다. 그것도 저희들로부터 무슨 도움이 되는 바를 들으셨던 것도 아니고, 가르침을 받으셨던 것도 아닙니다. 아니, 오직 신의 도우심으로 저희들을 구해 내신 것이라고 다들 말하며 그렇게 믿고 있습니다.

그러니 위대하신 오이디푸스 왕이여, 신의 음성으로든 사람의 가르침으로든 저희들을 위하여 구원의 길을 찾아내 주십시오. 지난날 많은 경험을 쌓은 사람들의 조언은 그 효과 또한 가장 크다는 것을 알고 있기 때문입니다.

가장 출중한 분이시여, 우리나라를 다시 구해 주십시오. 그 명성을 지켜 주십시오. 왕께서 그전에 도우셨던 까닭으로 이제 이 나라는 왕을 구세주라고 부르고 있습니다. 처음에는 흥했다가 나중에는 망했다는 기억을 당신의 대(代)에 남기시지 않도록 하십시오. 저희들을 끌어올리시고 이 나라를 반석 위에 놓아 주십시오.

그전에는 길조(吉兆)와 함께 저희에게 행복을 가져다 주셨거니와 지금도 그와 똑같이 보여 주시옵소서. 당신께서 앞으로도 지금처럼 이 나라를 다스리신다면, 사람 없는 폐허가 아니라 살아 있는 사람들을 지배하시는 왕이 되셔야 합니다. 성벽도 배도 그 안에 사람이 없고서야 있으나마나 한 것입니다.

오이디푸스 내 가엾은 자손들아, 그대들이 여기에 오게 된 소원을 알고 있다. 잘 알고 있다. 그대들 모두 괴로움을 당하고 있다는 것을 잘 알고 있다. 그렇긴 하지만 그대들이 괴로움을 당하고는 있어도 그 괴로움이 나보다 더한 사람은 없으리라. 그대들의 고통은 제 한몸을 괴롭힐 뿐 남에게까지 미치는 것은 아니지만, 내 영혼은 이 나라, 나 자신, 그리고 그대들을 위해서 슬퍼하고 있다.

그러니 그대들이 나를 잠에서 깨워 준 것은 아니다. 아니, 그대들을 위해서 나는 많은 눈물을 흘렸고, 이 궁리 저 궁리로 편한 날이 없었다. 그래서 생각을 거듭한 끝에 유일한 치료의 수단을 찾아내어 실행에 옮겼다. 내 처남이자 메노이케우스의 아들인 크레온을 피톤*4에 있는 포이보스의 궁전으로 보내어, 어떤 행위나 말이 이 나라를 구할 수 있겠는지 알아 오도록 했다. 지난날을 헤아려보니 이미 돌아왔어야 할 터인데, 아직 돌아오지 않고 있으니 어떻게 되었는지 걱정스럽구나. 그러나 그가 돌아왔을 때에도 내가 신께서 보여주신 모든 것을 실행치 않는다면, 나는 옳지 못한 사람이겠지.

신관 아니올시다. 마침 잘 말씀하셨습니다. 크레온님이 가까이 오셨다는 소식이 들립니다.

오이디푸스 오오, 아폴론 신이시여, 그의 얼굴이 빛나듯이 빛나는 소식을 가져오게 하옵소서.

신관 아무래도 기쁜 소식인 것 같습니다. 그렇지 않고서야 저렇게 열매가 주렁주렁 달린 월계관을 쓰셨을 리가 없으니까요.

오이디푸스 곧 알게 되겠지. 목소리가 가까이 들려온다. 내 집안 사람이여, 메노이케우스의 아드님이여. 무슨 말씀을 신에게서 받아왔나?

크레온 등장.

크레온 반가운 소식입니다. 모든 일이 올바르게 되어 간다면, 아무리 견디기 어려운 고난이라도 끝내는 만사형통일 것입니다.

오이디푸스 그런데 신의 말씀은 어떠하시던가? 그대의 말로는 걱정을 해야 할지 마음놓아도 좋을지 갈피를 잡을 수 없군.

크레온 이 사람들 앞에서 들으셔도 좋으시다면 당장 말씀드리겠습니다. 안 되시겠다면 안으로 들어가시죠.

오이디푸스 모든 사람에게 말해 주게. 나는 내 한 목숨보다는 이들을 위해서 슬퍼하고 있으니.

크레온 그러시다면 신의 말씀을 들은 대로 아뢰겠습니다. 이 땅에서 키워지고 있는 더러운 일을 몰아내어 우리를 파멸케 하지 않도록 하라고 아폴론 신께서는 말씀하셨습니다.

오이디푸스 어떤 방식으로? 어떤 재앙이란 말인가?

크레온 한 사람을 쫓아내거나 피를 피로 갚으라는 것입니다. 바로 그 피가 이 나라를 더럽히고 있으니까요.

오이디푸스 그래, 신께서 보여주신 그 운명은 누구의 것이란 말인가?

크레온 왕이시여, 당신께서 이 나라를 이끌어가시기 전에는 라이오스 왕께서 이 나라의 지배자이셨습니다.

오이디푸스 그건 들어서 잘 알고 있지. 그분을 뵌 적은 없지만.

크레온 그분이 살해당하셨으니 이제 신의 분부는 분명합니다. 살해자들이 누구이건 그들을 벌 주라는 것이었습니다.

오이디푸스 그래, 그놈들은 도대체 어디 있단 말인가? 그토록 오래 묵은 죄의 희미한 자취를 어디서 찾으란 말인가?

크레온 '이 땅에서'라고 신은 말씀하셨습니다. 찾으면 잡을 수 있지만, 찾지 않으면 놓치고 말 것입니다.

오이디푸스 라이오스 왕께서 일을 당하신 것은 궁 안인가, 들판인가? 아니면 다른 나라에서였단 말인가?

크레온 신께 참배하시겠다고 다른 나라로 떠나신 채 영영 돌아오시지 않았습니다.

오이디푸스 그리고는 아무도 그 소식을 전하는 사람이 없었단 말이지? 사건을 목격한 수행자도 없었단 말인가? 그자에게서 뭔가 전해 들으면 실마리를 잡을 수도 있을 텐데.

크레온 다 죽고 겁에 질려 도망쳐 온 자가 한 사람 있었는데, 그도 자기가 본 일 중에서 단 한 가지밖에는 이렇다 할 것을 말하지 못했습니다.

오이디푸스 그래, 그것이 무엇이었나? 한 가지가 모든 일의 실마리가 될 수도 있겠지. 작더라도 희망의 단서를 얻을 수만 있다면.

크레온 그자의 말로는 도둑이, 그것도 한 놈이 아니라 여럿이 나타나서 살해했다 합니다.

오이디푸스 도둑들이 어찌 그렇게 당돌한 일을 저지를 수 있었던가. 이곳의 누군가에게서 매수되지 않고서야……

크레온 그렇게 짐작도 되었지요. 그러나 라이오스 왕께서 살해되신 뒤, 어찌나 재앙이 잇따라 일어나는지 아무도 원수를 갚는 사람이 없었습니다.

오이디푸스 나라의 왕께서 그런 참변을 당하셨는데도 그걸 밝혀내지 못할 만한 재앙이란 무엇이란 말인가?

크레온 요사스러운 노래를 부르는 스핑크스가 지나간 어두운 일은 내버려두고, 당장 바쁜 일에만 마음을 쓰도록 만들었답니다.

오이디푸스 그렇다면 내가 새로 그 어두운 일들을 밝혀내야겠다. 포이보스께서 고인을 위해 이렇게 마음을 쓰셨구나. (크레온을 향해서) 처남도 마찬가지요. 그래서 나도 거기에 맞도록 이 땅을 위해, 또한 신을 위해 (여러 사람들에게) 그대들과 한편이 되어 이 원수를 갚아야겠다. 먼 친구를 위해서가 아니라 내 자신을 위해서 이 부정(不淨)을 씻어내야겠다. 왕을 살해한 자가 누구이건, 그자는 내게도 칼날을 돌릴 터이니. 그러니 왕을 위한 일은 곧 나를 위한 일이다.

    자아, 내 자손들아. 이 탄원의 나뭇가지들을 들고 일어나라. 그리고 카드모스의 모든 백성들을 이곳에 모이도록 하라. 나는 온갖 수단을 다하겠다. 신의 도우심으로 성공하거나 아니면 망할 뿐이다.

오이디푸스와 크레온은 궁 안으로 들어간다.

신관 자, 애들아, 일어서자. 왕께서 하신 약속은 바로 우리가 구하던 일이다. 원컨대 이 신탁을 보내주신 포이보스님, 오셔서 재앙으로부터 우리를 구원해 주소서.

모두 퇴장.

코러스 등장.

코러스 (노래)
    오, 제우스의 딸의 감미로운 말씀이여
    황금에 가득찬 피톤으로부터
    빛나는 테베로
    무슨 마음으로 오셨던가요?
    이 몸은 상심되어 마음은 두려움에 떨고
    오오, 사람마다 우러러 모시는 델로스의 치료 신이여
    당신 앞에 조아리나이다, 저를 위해 무엇을 하시겠는지
    일찍이 없었던 일인가,
    아니면 돌고 도는 세월따라 되돌아오는 일인가?
    황금 같은 희망의 자손이여
    알려 주옵소서, 그대 불멸의 음성이여.

제우스의 따님, 거룩한 아테네여
우선 당신을 부르리이다.
또한 우리나라를 지키시고 둥근 장터 한가운데
그 이름도 높은 옥좌를 차지하신 이 나라의 여신이며
당신의 동생인 아르테미스를
그리고 멀리서도 활을 쏘시는 포이보스를
오오, 죽음을 물리치는 세 겹의 힘*5으로 나타나시옵소서.
이 나라에 닥쳐오던 파멸을 막으시려고
이 땅에서 불 같은 재앙을 몰아내셨으니
이제 다시 한 번 오시옵소서.

아, 슬프다, 나는 숱한 고난을 지고 있구나.
백성은 다 병들고
아무리 궁리해도 막을 길이 없다.
영광스러운 땅은 열매를 맺지 못하고
여인들은 쓸데없이 산고(産苦)에 울부짖는다.
보이리라, 날쌘 날개의 새처럼
거센 불길보다도 빨리
목숨에 목숨을 이어 서녘 신*6의 강가로 날아가고 있음을.

헤아릴 수 없는 헛된 죽음으로 이 나라는 무참하게 망하고 있다.
그 자손들은 슬퍼하는 자도 없이
죽음을 퍼뜨리며 땅에 쓰러지고
젊은 아내들과 백발의 노파들은 여기저기의 제단 층계에서
재앙에서 구원받으려 빌며 탄식한다.
오, 제우스의 황금의 따님이시여,
당신의 화사한 구원의 얼굴을 보여 주소서.

지금은 강철의 방패는 없어도
외치는 싸움 소리 속의 불 같은 입김으로

닥쳐오는 사나운 아레스를
우리나라에서 재빨리 돌아서서 달아나
암피트리테*7의 넓은 거처*8로
또는 의지할 길 없는 트라키아 해의 파도로
질풍을 타고 쫓겨나게 하옵소서.
밤이 이루지 못하였다면 낮이 이룰 것이니.
오, 불꽃의 번개의 힘을 쓰시는
아버지 제우스 신이시여, 당신의 벼락으로
그 신을 멸망케 하여 주소서.

리키아*9의 왕이시여, 황금으로 꼰 활줄에서
무적의 화살을 쏘아 적의 얼굴에 퍼부어 주소서.
또 저 리키아의 산들을 건너 뛰며
들고 다니는 아르테미스의 횃불을 보내주소서.
황금으로 머리를 땋고
이 나라의 이름으로 불리시는
마이나드스*10의 친구이시며 우리가 공경하는
붉은 얼굴의 바쿠스여
그 밝은 횃불로 비추어
신들께서 천하게 보시는 악신(惡神)을
우리와 한편이 되어 몰아내어 주소서.

오이디푸스 등장.

오이디푸스 그대들은 그렇게 기도를 드리고 있구나. 내 말을 기꺼이 받아들여 그 병에 손을 쓸 마음이 있다면, 재난으로부터 보호되고 구원될 것이다. 나는 그 이야기도 그 일도 전혀 몰랐던 사람으로서 다음의 말을 공고(公告)한다. 아무런 실마리 없이는 그것을 탐색할 수 없기 때문이다. 그러나 이제는 내가 그 일이 있은 뒤에 테베 시민의 한 사람이 되었으니, 나는 너희들 모든 국민에게 이렇게 선포한다.

너희들 중의 누구든지 랍다코스의 아들인 라이오스 왕께서 누구의 손에 시해되셨는지 아는 자는 남김없이 내게 고하라. 만약 스스로 저지른 죄가 두렵거든 자수하여 자기에 대한 고발을 면하도록 하라. 그렇게 하면 이 땅에서 추방될 뿐, 그 밖엔 아무 벌도 받지 않을 것이다. 그리고 또 만약 그 살해범이 다른 나라 사람임을 아는 자가 있다면, 숨겨서는 안 된다. 그것을 알려 준 사람에게는 상을 주겠고, 그는 나의 치사(致謝)를 받을 것이다.

하지만 만약 너희들이 숨긴다면, 너희들 중의 누구든 두려운 나머지, 자신을 위해서나 친구를 위해서나 이 명령을 소홀히 한다면, 그때 내가 어떻게 할 것인가 잘 들어 두어라. 나는 명령하거니와, 그자가 누구이건, 내가 다스리고 그 왕좌를 차지하고 있는 이 나라에서는 그 어느 누구도 그자를 감추거나 그자와 말을 나누지 못하고, 또한 그자와 기도며 제물을 함께 드리거나 불제(祓除)도 베풀어서는 안 된다. 또 모든 사람은 피톤의 신의 말씀이 밝혀 주셨듯이 그자는 부정(不淨)하니 너희들의 집 밖으로 쫓아내야 한다. 이렇게 하는 것이 신과 고인에 대한 나의 의무이다. 나는 엄숙하게 기도드린다. 그 알려지지 않은 살해범이 한 사람이든 공범자가 있든, 그의 잔악한 행위처럼 평생토록 불행한 일생을 갖게 되라고. 또한 내가 알고도 그자를 내 집에 받아들였다면, 방금 내가 남에게 내린 것과 같은 저주가 내 위에 떨어지기를 기원한다. 또 너희들은 나를 위하여, 신을 위하여, 그리고 이토록 처참하게 불모(不毛)로 황폐한 이 나라를 위하여 이 명령을 지켜야 한다.

설사 신의 명령이 없다 하더라도, 그렇게도 고귀하고 너희들의 왕인 분이 살해당한 일이니 이렇게 추악한 일을 그대로 두어서는 안 된다. 밝혀내야만 한다. 그리고 이제 나는 그분이 쥐고 있었던 왕권과 그분의 침상(寢床)과 그분의 아기를 낳았던 아내를 이어받고 있으니, 왕께서 후손을 이을 소망이 꺾이지 않으셨더라면……. 그러나 그렇듯 그분 머리 위에 애석한 운명이 내리덮치고 말았지만……. 한 어머니에게서 태어난 자손들이 그분과 나를 가까운 인연으로 맺어 놓기도 했으련만. 그런즉 이제 나는 내 친아버지를 위해서 하듯이 그분을 위하여 싸우겠으며, 그 옛날 아게노르의 아들이었던 옛 카드모스의 아들인 폴리도로스의 아들 랍다코스의 아들을 위해서 살해자를 찾아내기에 온갖 힘을 다 기울이리라.
　그리고 명령에 복종치 않는 자들에게는 신들께서 땅 위의 수확도, 출산의 복도 주시지 않고, 지금의 이 재앙, 아니 그보다 더 큰 재앙으로 그들을 파멸로 몰고 가시라고 나는 기도하리라. 그러나 나에게 충성된 너희들 카드모스의 백성들에게는, 우리 편이신 정의의 신과 모든 신들께서 영원히 함께 하시옵소서.

코러스　그렇게 저희를 맹세로 묶으셨으니, 왕이시여. 저도 맹세코 말씀드리겠습니다. 저는 살해자도 아니고 그자를 짚어내지도 못합니다. 이 문제에 관해서는, 그것을 알려 주신 포이보스 신께서 그 살해범이 누구인지 밝혀 주셔야 합니다.

오이디푸스　그 말이 옳기는 하다마는, 그러나 어느 누구도 신의 뜻을 억지로 말하게 할 수는 없다.

코러스　그러면 또 한 가지 방책이라고 생각되는 것을 말씀드리겠습니다.

오이디푸스　또 세 번째 것이 있다면, 그것도 남김없이 말하라.

코러스　테이레시아스님이야말로 포이보스 신께 가장 가까운 예언자라고 믿습니다. 그 누구보다도 이 사건을 밝혀내는 데 가장 도움이 될 것입니다.

오이디푸스　그것도 내가 생각하지 않은 것은 아니었다. 크레온의 권고에 따라 이미 두 번이나 부르러 사람을 보냈다. 어째서 아직도 오지 않는지 궁금하구나.

코러스　오래 된 소문이 있는데, 그것은 희미한 옛날 이야기입니다.

오이디푸스　무슨 소문이란 말인가? 나는 온갖 이야기를 다 들어야겠다.

코러스　왕께서는 길에서 나그네들 손에 돌아가셨다고 합니다.

오이디푸스　나도 그 얘긴 듣고 있지만, 아무도 본 사람이 없다.

코러스　하오나 그놈이 조금이라도 두려움을 아는 자라면, 왕께서 저주하신 말씀을 들으면 가만히 있지는 못할 것입니다.

오이디푸스　그러나 악행을 두려워하지 않는 자가 말 따위를 무서워하겠느냐.

코러스　그러하오나 그놈을 벌주실 분이 계십니다. 사람들 중에서 오직 그 한 분에게만 진리가 깃들여 있는, 신과도 같은 그분을 여기 모셔오고 있습니다.

테이레시아스가 한 소년에게 이끌려 들어온다.

오이디푸스 말할 수 있는 것이든 없는 것이든, 하늘의 일이건 땅의 일이건, 모든 것에 통달하고 있는 테이레시아스님이여. 비록 앞을 보지는 못하지만, 역병(疫病)이 이 나라를 덮치려 하고 있는 것을 그대는 알고 있소. 위대한 예언자여, 그대야말로 우리의 보호자이며 유일한 구원자요. 그대가 이미 심부름꾼에게 들어 알고 있겠지만 다시 한 번 말하리다. 포이보스께서는, 우리가 그 가르치심을 받들러 보낸 사람에게 라이오스 왕의 살해자를 찾아내어 사형에 처하거나 나라 밖으로 추방하는 것이 이 재앙을 면하는 단 하나의 길이라고 대답하셨소. 그러니 점치는 새의 소리이든 그 밖의 무엇이든 그대가 아는 온갖 점복술(占卜術)을 아끼지 말고, 그대 자신과 나라와 이 몸을 위하여 그의 죽음으로 인해서 일어난 모든 재앙에서 구해 주오.
　우리 운명은 그대 손에 달렸고, 또한 힘을 다해서 남을 돕는 것이 사나이의 가장 고귀한 일이 아니겠소.

테이레시아스 아, 지혜가 아무 쓸모도 없을 때, 안다는 것은 얼마나 무서운 일인가! 어쩌자고 내가 그것을 알면서도 잊었단 말인가. 그렇지 않았던들 여기 오지 않을 것을.

오이디푸스 무슨 소리요? 그 무슨 슬픈 얼굴이란 말이오.

테이레시아스 돌려보내 주십시오. 왕께서는 왕의 운명을, 나는 내 운명을 지고 가는 것이 가장 편한 길입니다.

오이디푸스 대답을 거절함은 이상하기도 하려니와, 그대를 키워낸 이 나라에 대해서 충성된 일도 아니오.

테이레시아스 왕의 말씀은 사리에 어긋납니다. 나도 같은 실수를 하고 싶지는 않습니다.

오이디푸스 신들께 맹세하고 부탁이니, 알고 있거든 숨김없이 말해 주오. 우리 모두가 그대에게 애원하고 있으니.

테이레시아스 모두들 아무것도 모르고 있기 때문입니다. 당신의 불행을 들추지 않기 위해서, 내 불행도 결코 들추어 내지 않으렵니다.

오이디푸스 무슨 소릴 하는 건가? 알고 있으면서도 말하지 않으려 하다니,

우리를 배신해서 이 나라를 망칠 셈인가?

테이레시아스 나는 나 자신이나 왕을 괴롭히고 싶지 않습니다. 이롭지도 않은 일을 어째서 물으십니까? 내게선 아무것도 들으실 것이 없습니다.

오이디푸스 뭐라고? 이 괘씸한 놈, 돌에도 마음이 있다면 화를 낼 것이다. 그래도 말을 않겠는가? 어디까지 고집을 피울 셈이냐?

테이레시아스 내 성질을 나무라시지만, 자신에게 깃들여 있는 것도 모르시면서 나만 나무라시는군요.

오이디푸스 이 나라를 모욕하는 말을 듣고 누군들 화가 나지 않겠는가?

테이레시아스 내가 말하지 않더라도 올 것은 저절로 옵니다.

오이디푸스 와야 할 일이라면, 그대도 말해야 할 것이 아닌가.

테이레시아스 더는 말하지 않겠습니다. 그러니 화가 나시거든 얼마든지 내십시오.

오이디푸스 암, 내고 말고. 내 생각대로 말하겠다. 직접 손만 대지 않았을 뿐, 네가 그 악행을 꾸며내어 저질렀을 게다. 앞을 못 보니 망정이지, 그렇지 않았더라면 혼자서 다 저질렀을 게다.

테이레시아스 그렇게 말씀하시렵니까? 그렇다면 들어 보십시오. 당신은 자신의 입으로 말한 것을 지키고, 이제부터는 이들에게나 나에게 아무 말도 마십시오. 바로 당신 때문에 이 나라가 괴로움을 받고 있습니다.

오이디푸스 뻔뻔스럽게도 어디서 그런 말이 나온단 말인가. 그러고도 그 벌을 피할 수 있을까?

테이레시아스 이미 피하고 있지요. 진실이 내 힘입니다.

오이디푸스 그걸 누구에게서 배웠느냐? 적어도 네 재주는 아니다.

테이레시아스 당신입니다. 싫다는데 억지로 말하게 했으니까요.

오이디푸스 무슨 소리냐? 잘 알아듣도록 다시 말해 봐라.

테이레시아스 못 알아들으셨단 말입니까. 아니면 나를 위협하시려는 겁니까?

오이디푸스 아니야, 알아듣지 못했다. 다시 한 번 말해 봐라.

테이레시아스 당신이 찾는 그 살인자는 바로 당신이란 말입니다.

오이디푸스 두 번씩이나 그런 무서운 말을 하다니, 후회하게 될걸.

테이레시아스 더 말하면 화만 내시겠지.

오이디푸스 말하고 싶은 대로 말해 봐라. 다 헛소리다.

테이레시아스 당신은 가장 가까운 핏줄과 부끄러운 관계를 맺고서도 어떤 재앙에 빠져 있는지 모르고 있단 말입니다.

오이디푸스 그 따위 말을 하고도 과연 무사하리라 생각하는가?

테이레시아스 그렇고말고요, 진리에 힘이 있다면.

오이디푸스 그야 그렇지. 다만 너를 위한 힘은 아니다. 네게는 그 힘이 없어. 귀도 마음도 눈도 병신이니까.

테이레시아스 불쌍한 사람이로군. 여기 있는 모든 사람들이 이제 곧 당신을 향해서 퍼부을 욕설을 내게 퍼붓다니.

오이디푸스 너는 끝없는 어둠으로 키워지고 있다. 그러니 너는 나나 그 밖에 햇빛을 보는 누구든 결코 해치지 못한다.

테이레시아스 나 때문에 당신이 쓰러지는 것이 운명은 아닙니다. 그건 아폴론 신으로 충분하고, 그분의 손으로 이 일은 이루어질 터이니까.

오이디푸스 그건 크레온의 계책이냐, 아니면 네 자신의 것이냐?

테이레시아스 천만에, 크레온님은 당신의 재앙이 아닙니다. 당신 자신이 당신의 재앙입니다.

오이디푸스 아, 부(富)여, 왕권이여. 이승의 격렬한 경쟁에서 온갖 재주를 넘어선 재주여. 너희들에게 붙어다니는 질투심이란 얼마나 큰 것이냐. 내가 바라지 않았는데도 이 나라가 내게 맡긴 권세 때문에, 내 충실한 크레온, 오랜 친구인 크레온이 은밀히 나를 쫓아낼 궁리를 하여, 이욕에 눈이 팔리고 예언에는 눈이 먼 이 교활한 협잡꾼, 이 간악한 놈을 선동하다니. 자, 말해 봐. 어디서 네가 한 번이라도 참다운 예언자임을 보여 준 일이 있었더냐? 저 요사한 노래를 부르는 암캐가 이곳에 나타났을 때, 너는 어째서 그때 이 백성들에게 피할 방책을 가르쳐 주지 않았느냐? 그 수수께끼는 아무나 풀 수 있는 것이 아니었다. 예언자의 재주가 있어야 했다. 그 재주를 너는 새의 점으로도, 어떤 신의 계시로도 분명하게 보여주지 못했다. 한데 내가 나타났다. 아무것도 모르는 이 오이디푸스가 나타나서, 새에게 배운 것이 아니라 내 지혜로 해답을 얻어서 그 입을 봉했던 것이다. 그런 나를 너는 크레온의 권세에 빌붙을 셈으로 몰아내려 하는구나. 하지만 네놈과 너와 함께 일을 꾸민 놈은 자신의 짓을 후회할 것이다. 아니, 네놈이 늙어 보이지만 않았더라면, 따끔한 맛을 보여서 깨닫게 했을 텐데.

코러스 저희들 생각으로는, 오이디푸스 왕이시여. 저분도, 왕께서도 모두 홧김에 말씀하신 것 같습니다. 그러나 지금은 그런 말이 필요한 때가 아니라, 신의 명령을 가장 잘 이루어낼 방도를 찾으셔야 합니다.

테이레시아스 당신이 왕이시긴 하지만, 적어도 대답할 권리는 둘이 다 동등해야 합니다. 그 점에서 나 역시 권리를 갖고 있습니다. 나는 왕의 노예가 아니고, 내가 섬기는 분은 록시아스*[11]님이십니다. 그리고 나는 크레온에게 매인 사람도 아닙니다. 왕께서 나의 눈먼 것을 모욕하셨으니 하는 말씀입니다만, 당신은 눈을 뜨고 있으면서도 얼마나 처참한 일에 빠져들어 있는지, 어디서, 그리고 누구와 함께 살고 있는지 보지 못하고 있습니다. 당신께서 누구의 자손인지나 아십니까? 당신은 살아계신 분과 돌아가신 분에게 큰 죄를 짓고 있습니다. 마치 칼의 두 날처럼 아버지와 어머니의 무서운 저주가 당신에게 닥쳐서 언젠가는 당신을 이 나라 밖으로 몰아내고, 지금은 밝은 그 눈도 그때는 끝없는 어둠밖에 보지 못할 것입니다. 어디에고 당신의 비통한 소리가 미치지 않는 데가 없을 것이며, 머지않아 키타이론*[12]의 방방곡곡에 메아리치지 않는 곳이 없겠으니, 그때 당신은 그렇게도 행복한 항해 뒤에 그 집에서 맺은 저주스러운 결혼의 의미를 알 것입니다.

　게다가 당신이 알아차리지 못하는 더욱 비참한 재앙이 있으니, 그것은 당신 자신을, 당신을 아버지라 부르는 아이들의 자리에 돌려 놓을 것입니다. 그러니 크레온과 내 말을 실컷 비웃으십시오. 사람들 가운데서 당신만큼 처참한 꼴을 당할 사람도 없을 것이니까요.

오이디푸스 이놈의 이런 괘씸한 말을 듣고도 참아야만 할까? 나가 죽어라! 어서 없어져라! 이 집에 다시는 발걸음을 마라!

테이레시아스 누가 오고 싶어 왔나, 불러서 왔지.

오이디푸스 네놈이 이렇게까지 어리석은 소리를 늘어놓을 줄은 몰랐기 때문이다. 알았더라면 네놈을 언제까지나 내 집에 부르거나 하진 않았을 것을.

테이레시아스 당신 눈에는 내가 어리석은 자로 보이겠지만, 당신을 낳으신 부모께서는 분별있는 분들이었답니다.

오이디푸스 부모라니? 잠깐, 나를 낳은 사람이 누구란 말이냐?

테이레시아스 오늘의 이 날이 당신을 낳고, 당신을 망칠 것입니다.

오이디푸스 정말로 네놈은 수수께끼같이 모를 소리만 하는구나.
테이레시아스 당신이야말로 수수께끼를 푸는 데 가장 뛰어난 재주가 있지 않았던가요?
오이디푸스 그 위대한 재주를 네놈이 욕보이는구나.
테이레시아스 바로 그 행운이 당신을 망친 것입니다.
오이디푸스 이 나라를 구할 수 있다면 내 한 몸은 아무래도 좋다.
테이레시아스 그렇다면 난 가겠습니다. 얘야, 나를 데려가 다오.
오이디푸스 그렇지, 데려가거라. 네놈이 여기 있으면 방해가 되고 귀찮다. 없어지고 나면 더이상 나를 괴롭히지는 못하겠지.
테이레시아스 가기는 가지만, 당신의 얼굴쯤 두려워하지 않고 내가 여기 온 까닭을 말해야겠습니다. 당신이 결코 나를 해칠 수는 없으니까요. 내 말이란 이겁니다.

　당신이 이제껏 찾아내려는 사람, 당신이 위협하면서 라이오스 왕의 살해 죄를 밝혀내겠다고 선포하고 있는 사람, 그자는 바로 여기 있습니다. 여기서 그는 다른 나라 사람으로 알려져 있지만 테베 태생임이 이제 곧 드러날 것이고, 그는 그런 운명을 기뻐하지는 않을 것입니다. 밝았던 눈은 멀고, 부유했던 몸은 비렁뱅이가 되어, 지팡이에 의지해서 낯선 땅을 헤매고 다니게 될 겁니다.

　그리고 함께 사는 자기 자식들의 형제이자 아비, 자기를 낳아 준 여자의 아들이자 남편, 아비의 침실을 이어받은 자, 그리고 아비의 살해자임이 밝혀질 것입니다.

　그러니 안으로 들어가셔서 이 말을 잘 생각해 보십시오. 그리고 내 말의 잘못이 드러나거든, 앞으로는 내 예언이 아무것도 아니라고 말씀하셔도 좋습니다.

　　테이레시아스가 퇴장하고, 이어서 오이디푸스는 궁으로 들어간다.

코러스 (노래)
　델포이의 바위에서 나온 신의 말씀이
　피비린내 나는 손으로 형언치 못할

죄악을 저질렀다고 말씀하신 것은 누구냐.
질풍같이 빠른 말의 다리보다도 강하게
그를 도망가게 하라.
불붙은 번개로 무장한 제우스의 아드님은 달리어
저 무섭고 피할 길 없는
복수의 여신과 함께 그를 덮친다.

눈 덮인 파르나소스의 산에서 방금 나온 신의 소리는
온갖 수단을 다해서 그 숨은 살인자를 찾아내라 하신다.
야생의 숲과 땅굴 속, 바위틈을
황소처럼 불쌍하게도 홀로 외로이 헤매는 그는
대지(大地)의 한복판 신전(神殿)에서
거룩한 소리를 피하려 한다.
그러나 그 소리는 영원히 그치지 않고
그의 둘레를 맴돈다.

정녕 그 현명한 예언자는
무섭고 무섭게 나를 괴롭힌다.
옳다고도 아니라고도 말할 수 없어
두려움에 가슴 죄며, 지금도 앞날도 분별이 안 된다.
랍다코스*13의 집안과 폴리보스*14의 아들 사이에
옛날도 지금도 싸움이 있었다고는 듣지 못했고,
아무 증거도 없으니 오이디푸스라는 널리 알려진 이름에
의심을 품을 수도 없으며
이 괴이한 죽음을 위하여
랍다코스 집안 원수를 갚을 길도 알 수 없다.

제우스와 아폴론은 명철하시어 이 세상의 것을 모르심이 없지만
모든 사람 가운데는 남보다 뛰어난 지혜를 가진 이가 없지 않지만
그러나 예언자가 내 지혜를 능가한다고 말할 수는 없다.

남들이 그대를 욕하고 떠들어도 나는 믿지 않으리.
저 날개 돋친 요괴가 그대 앞에 나타났을 때
그대는 큰 지혜를 보여 이 나라를 구했으니
내 어찌 그대에게 죄가 있다고 생각할 수 있으랴.

크레온 등장.

크레온 시민 여러분, 나는 오이푸디스 왕께서 내게 악의에 찬 비난을 퍼부으셨다는 말을 듣고, 참을 수가 없어서 이리로 왔습니다. 왕께서 지금의 이 재앙을 당해서 그분이 말로든 행동으로든 나 때문에 해를 입었다고 생각하신다면, 그런 욕스러운 말을 듣고서는 더 살고 싶지 않습니다. 나에게 그런 소문의 피해는 불명예 이상의 크나큰 일이니, 이 나라가 나를 배신자라고 부른다면 내 친구인 여러분들에게서도 배신자라 불릴 테니까요.

코러스 대장 그런 말씀은 아마도 역정이 나셔서 하는 말씀이지, 깊은 생각에서 나온 것은 아니겠지요.

크레온 그래, 왕께서는 그 예언자가 내 말에 선동되어서 거짓말을 했다고 말씀하시던가요?

코러스 대장 그렇게 말씀은 하셨지만, 무슨 생각에서인지는 모르겠습니다.

크레온 내게 대한 그런 비난을 눈 하나 까딱 않고 본심에서 하시던가요?

코러스 대장 그건 모르겠습니다. 웃어른께서 하시는 일은 알 수가 없습니다. 마침 그분께서 궁전에서 여기로 나오시는군요.

오이디푸스 등장.

오이디푸스 이놈, 네 무슨 일로 여길 왔느냐? 내 문전에 오다니, 네 무슨 철면피란 말이냐? 분명히 내 목숨을 노리고 나의 왕관을 훔치려는 놈이면서. 신들께 걸고 어서 말해라. 그런 일을 꾸미다니, 너는 나를 겁쟁이, 바보로 알았더냐? 내가 네놈의 짓을 눈치채지 못할 만큼 어리석고, 또 그것을 알면서도 내버려둘 줄 알았더냐? 네놈의 꾀는 얼마나 어리석으냐. 동지와 돈 주머니가 있어도 왕의 자리는 손에 들어올까말까인데, 너는 동지도, 한패도 없이 노리고 있으니.

크레온 나 좀 보세요. 그런 말씀에 대한 내 대답도 좀 들어주시고, 그런 다음에 판단을 내리십시오.

오이디푸스 네놈은 말재주가 능하지만, 나는 네게선 들을 것이 없다. 네가 내 흉악한 원수라는 것을 깨달았으니까.

크레온 바로 이 일에 관해서 내 설명을 들어 주십시오.

오이디푸스 네놈이 배반자가 아니라는 따위의 말은 하지 말아야 한다.

크레온 분별없는 고집을 무슨 장점이나 되는 줄 알고 계시다면 현명치 못하십니다.

오이디푸스 동기간에 악행을 저질러 놓고도 아무 죄도 받지 않으리라고 생각한다면 네놈 역시 제정신이 아니다.

크레온 지당한 말씀입니다. 그러나 내게서 무슨 해를 입으셨다는 것인지 말씀해 주십시오.

오이디푸스 그 잘난 예언자를 불러야 한다고 권고한 사람은 너 아니었더냐. 아니란 말이냐?

크레온 지금도 그 생각엔 변함이 없습니다.

오이디푸스 대체 그때부터 얼마나 지났단 말이냐, 라이오스 왕께서…….

크레온 왕께서 어찌 되셨다고요? 무슨 뜻인지 모르겠군요.

오이디푸스 그 흉악한 손에 돌아가신 지가?

크레온 그건 꽤 오래 된 일입니다.

오이디푸스 그렇다면 그때도 이 예언자는 예언을 하고 있었던가?

크레온 그렇죠. 지금과 다름없이 능했으며 역시 존경받고 있었습니다.

오이디푸스 그렇다면 그때도 그가 뭔가 내게 대한 말을 한 일이 있었던가?

크레온 아닙니다. 내 앞에서는 한 번도 없었습니다.

오이디푸스 그러나 그 살인범을 찾아내려 하지 않았던가?

크레온 물론 찾아내려 했지요. 하지만 허사였습니다.

오이디푸스 그렇다면 어째서 그 지혜로운 자가 그때 그 이야기를 하지 않았던가?

크레온 모르지요. 나는 알지도 못하는 일은 말하고 싶지 않습니다.

오이디푸스 그러나 적어도 한 가지만은 그대도 알고 있고, 확실히 말할 수 있을 텐데.

크레온 그게 무슨 말씀입니까? 내가 아는 것이라면 다 말씀드리겠습니다.

오이디푸스 그자가 그대와 공모하지 않고서야 내가 라이오스 왕을 살해했다는 따위의 말은 결코 하지 않았을 것이다.

크레온 만약 그가 그렇게 말한다면 왕께서 가장 잘 아시겠지요. 그러나 왕께서 나에게 물으시듯이 나도 왕께 여쭈어 보고 싶습니다.

오이디푸스 무엇이든 물어라. 그러나 내게서 그 살해의 죄를 찾아내지는 못할걸.

크레온 그렇다면 말하죠. 왕께서는 내 누님과 결혼했지요?

오이디푸스 그래, 그게 어쨌단 말이냐?

크레온 그러니 왕비도 같은 권력으로 이 나라를 다스리고 계시죠?

오이디푸스 그녀가 원하는 것은 다 주고 있다.

크레온 그렇다면 나는 세 번째 자리에서 영예를 차지하고 있는 사람이 아닙니까?

오이디푸스 그렇지. 바로 그렇기 때문에 그대가 반역할 생각을 한 거란 말이다.

크레온 그렇지 않습니다. 나처럼 스스로 가슴에 물어 보십시오. 먼저 생각해 보십시오. 왕과 같은 권력을 가지고 있는 사람이라면 무엇 때문에 이 무섭고 불안한 속에서 이 나라를 지배하기 위해 조용한 평화를 버리겠습니까? 나는 왕으로서 행세하기는커녕 왕이라고 불리기를 바라는 마음조차 조금도 없습니다. 그 누구라도 생각이 있는 사람이라면 다 그럴 것입니다. 지금 나는 온갖 필요한 것을 아무 두려움도 없이 당신으로부터 얻고 있습니다. 그런데 내가 왕이라면 싫어도 여러 가지 일을 하지 않으면 안 될 것입니다. 그렇다면 내가 순탄한 지배와 권력을 버리고 왕의 자리를 바랄 까닭이 어디 있겠습니까? 나는 내게 이로운 명예보다도 다른 명예를 더 바랄 만큼 아직 그렇게까지 잘못되어 있진 않습니다. 지금 모든 사람이 나에게 호의를 가지고 있으며, 모든 사람이 나를 반겨줍니다. 왕께 소청이 있는 사람은 우선 나를 먼저 찾아옵니다. 거기에 그들의 소원을 이룰 길이 있다는 것을 잘 알기 때문입니다. 그런데 내가 이 생활을 버리고 다른 것을 취할 까닭이 어디 있습니까? 어림없는 말씀입니다. 그런 현명치 못한 행동은 하지 않습니다. 나는 그런 야심에 끌린 적이 없으며, 남이 그런다 해도 그런 데에는 결코 어울리지 않을 것입니다.

　그 증거로 우선 피톤의 신전으로 가서 내가 전한 신탁이 사실인지 아닌지를 알아보십시오. 그 다음엔 만약 내가 그 예언자와 공모한 것이 드러나거든, 왕 혼자서가 아니라 나와 왕과의 공동 선고로 나를 잡아서 사형에 처하십시오. 그러나 어림짐작으로 무작정 죄를 씌우지는 마십시오. 악인을 덮어놓고 선인이라고 말하거나 선인을 악인이라고 말하는 것은 다같이 옳은 일이 못 됩니다.

　진정한 친구를 버리는 것은 자기가 가장 아끼는 생명을 버리는 것이나 다름없습니다. 머지않아 왕께서는 그것을 확실하게 깨달을 것입니다. 오직 시간만이 옳은 사람을 가려내 주기 때문이지요. 그러나 악인은 단 하루에도 드러나고 맙니다.

코러스　왕이시여, 실패를 두려워하는 사람에게는 훌륭한 말씀이었습니다. 속단이란 위험한 법입니다.

오이디푸스　은밀한 음모자가 급하게 다가올 때는 이쪽도 급히 대책을 세워야 한다. 주저앉아서 기다리고만 있으면, 그의 음모는 이루어지고 나는 망하고 만다.

크레온　그렇다면 나를 어떻게 하시겠다는 겁니까? 나를 나라 밖으로 추방하시렵니까?

오이디푸스　아니, 절대로! 추방이 아니라 사형이다. 질투가 어떤 것인지 보여주기 위해서.

크레온　양보도 않으시고 나를 믿지도 않으신단 말씀입니까?

오이디푸스　너 같은 놈을 믿을 수 있다고는 생각되지 않는다.

크레온　아무래도 제정신이 아니시군요.

오이디푸스　적어도 내 일에서는 정신을 차리고 있다.

크레온　내 일에서도 그렇게 좀 생각해 주시죠.

오이디푸스　뭣 때문에, 너 같은 악당을 위해서?

크레온　아무것도 모르고 계시다면.

오이디푸스　그래도 나는 지배해야 한다.

크레온　잘못된 지배라면 해선 안 됩니다.

오이디푸스 아아, 내 나라, 내 나라여.
크레온 이 나라는 내게도 관계가 있습니다. 당신의 것만이 아닙니다.
코러스 어르신네들, 그만들 해 두십시오. 마침 궁전에서 이오카스테님이 나오고 계십니다. 저분의 도우심으로 이 불화를 원만하게 마무리지어 주십시오.

이오카스테 등장.

이오카스테 참 딱한 분들. 어쩌자고 그처럼 분별없는 말다툼을 벌이십니까? 부끄럽지도 않으신가요? 온 나라가 이렇게까지 고난을 당하고 있는 때, 사사로운 일로 다투시다니. 왕께서는 궁으로 들어가세요. 크레온도 집으로 돌아가고. 그리고 하찮은 일을 크게 벌이지 말아요.
크레온 누님, 누님의 남편이신 오이디푸스님이 나에게 무서운 일을 하겠다고 하십니다. 조상으로부터의 이 땅에서 추방하든가, 잡아서 죽이든가, 둘 중의 하나를 택하겠다는 것입니다.
오이디푸스 그렇소, 왕비. 저놈이 흉측한 술책으로 내게 못된 짓을 하려다 잡혔으니.
크레온 내가 그렇게 비난받을 짓을 하였다면 나는 행운의 버림을 받고 악담으로 죽을 것입니다.
이오카스테 오이디푸스님, 제발 부탁입니다. 그의 말을 믿어 주세요. 무엇보다도 신께 드린 그의 엄숙한 맹세를 위해서, 그리고 나와 여기 당신 앞에 있는 사람들을 위해서.
코러스 살피셔서 받아들이십시오. 왕이시여, 간청하옵니다.
오이디푸스 무엇을 받아들이란 말인가?
코러스 전에도 현명했고, 지금도 굳게 맹세한 사람을 존중하십시오.
오이디푸스 그대들이 무엇을 구하고 있는지 아는가?
코러스 알고 있습니다.
오이디푸스 그렇다면 말해 보라.
코러스 그렇게까지 맹세로 자기를 묶는 친구에게 근거없는 소문으로 불명예스러운 욕을 보여서는 안 됩니다.

오이디푸스 그러면 잘 듣거라. 그대가 내게 이것을 구할 때, 이 몸의 파멸이거나 이 땅으로부터의 추방을 구하고 있는 것이다.

코러스 아닙니다. 모든 신들보다도 앞서는 신, 해의 신에게 맹세코 아닙니다. 내가 그런 생각을 가졌다면, 축복도 친구도 없이 불행의 밑바닥에서 죽기라도 하겠지요. 황폐한 나라 꼴에 불행한 가슴이 막힙니다. 지나간 재앙에 두 분에게 생긴 불화까지 겹치다니.

오이디푸스 그렇다면 그자를 용서하여 주어라. 내가 살해당하건, 치욕을 당하고서 이 땅에서 추방되건, 그저 그대의 애원을 듣고 가엾어졌기 때문이지, 그놈의 말 때문은 아니다. 그가 어디 있건 나는 그를 증오할 것이다.

크레온 양보하시기엔 싫은 얼굴을 하시고, 노여움엔 과격하시군. 성미가 그렇고서야 자기 몸을 자기가 들볶아 마땅하지.

오이디푸스 나 좀 편하게 내버려 두고, 물러가지 않겠느냐?

크레온 가렵니다. 왕은 잘못 생각하셨지만, 이 사람의 눈으로는 내가 옳습니다.

크레온 퇴장.

코러스 왕비님, 어째서 이분을 다시 궁 안으로 모셔가기를 주저하십니까?

이오카스테 무슨 일인지를 알고 나서 그렇게 하겠소.

코러스 소문에서 터무니없는 혐의가 생겼으니, 그 불의(不義)에 가슴이 아픕니다.

이오카스테 그건 양편에선가?

코러스 그렇습니다.

이오카스테 그래, 그 얘기란 무엇이었소?

코러스 이젠 됐습니다. 그것으로 충분합니다. 나라가 이렇게 고난을 당하고 있는 때에 그건 그저 이대로 끝내는 것이 상책인가 합니다.

오이디푸스 그대의 착한 마음씨에서 나온 것이겠지만, 내 노여움을 가라앉히고 누그러뜨려서 어떤 일이 일어날지 그대는 알고 있기나 한가.

코러스 왕이시여, 그건 여러 번 말씀드렸습니다. 왕을 버리게 된다면, 우린 정녕 생각없는 미치광이겠지요. 사랑하는 이 나라가 고난에 허덕일 때 올바른 번영으로 이끄셨고, 지금도 좋은 지도자이신 분을.

이오카스테 제발 저에게도 말씀해 주세요. 대체 무슨 까닭으로 그렇게 역정이 나셨는지.

오이디푸스 말해 주리다. 내게는 이 사람들보다 그대가 더 소중하니까. 크레온이 화근이란 말이오. 그놈이 음모를 꾸몄단 말이오.

이오카스테 말씀해 주세요. 어째서 그 싸움이 일어났는지 분명히 말씀하실 수 있다면.

오이디푸스 내가 라이오스 왕을 살해했다는 거요.

이오카스테 자기가 그걸 알고 하는 말인가요, 아니면 남의 말을 듣고 그러는 건가요?

오이디푸스 그놈이 자기는 입을 깨끗이 씻고, 그 고약한 예언자를 대신 써먹고 있단 말이야.

이오카스테 그렇다면 당신이 말씀하신 일에 마음을 상하지 마시고 내 말씀 좀 들어 주세요. 아무도 인간으로서는 예언술 따위를 가진 자가 없습니다. 간단한 증거를 보여 드리겠어요.
　언젠가 라이오스 왕께 신탁이 내린 적이 있었습니다. 직접 포이보스 신으로부터 내린 것이라고는 말씀드리지 않습니다만, 그분을 섬기는 자들로부터였지요.
　그 신탁이란 왕과 저 사이에서 태어난 아들의 손에 왕께서 살해당할 운명이라는 것이었습니다.
　그런데 적어도 소문으로는, 그분이 큰 삼거리 한복판에서 다른 나라 도둑들의 손에 살해당하셨다는 것입니다. 아들이 태어난 지 겨우 사흘밖에 안 되었을 때, 왕께서는 그 아들의 두 발뒤꿈치를 뚫고 그것을 한데 엮어서 사람을 시켜 인적이 없는 산 속에 버렸습니다. 그래서 아폴론 신은 그 애가 아비를 죽이는 자가 되지 않고, 또 그것을 매우 두려워하시던 라이오스 왕께서는 아들의 손에 죽는 일이 없도록 하셨던 것입니다.
　예언의 결과는 이렇게 되었습니다. 하지만 그런 것은 조금도 심려하실 일이 아닙니다. 신께서 필요해서 구하시는 일은 그 자신께서 쉽게 밝혀 주실 것입니다.

오이디푸스 왕비, 당신의 말을 들으니 마음은 갈피를 잡지 못하겠고, 지나간 일로 생각이 산란하오.

이오카스테 그건 또 무슨 생각에서 하시는 말씀입니까?

오이디푸스 당신의 말로는, 라이오스 왕께서는 삼거리 한복판에서 돌아가신 것 같은데.

이오카스테 그렇다더군요. 아직도 그 소문은 그치지 않고 있어요.

오이디푸스 그 흉사가 일어난 곳은 어디오?

이오카스테 그 고장은 포키스라고 합니다. 거기서 갈라진 길이 델포이와 다우리아로 통하고 있지요.

오이디푸스 그래, 그 사건이 일어나고서 얼마나 지났소?

이오카스테 그건 당신이 이 나라를 지배하기 바로 전에 나라 안에 퍼진 소문이었습니다.

오이디푸스 아, 제우스 신이여. 저에게 무엇을 행하려고 하셨나요?

이오카스테 오이디푸스님, 그것이 뭐 그렇게까지 걱정이 되시나요?

오이디푸스 아직은 묻지를 마오. 라이오스 왕께서는 키가 얼마나 크시고, 연세는 얼마나 되셨소?

이오카스테 키는 크셨고 흰 머리가 더러 섞이기 시작하셨는데, 모습은 당신과 그리 다르지 않으셨지요.

오이디푸스 아, 맙소사! 당장 무서운 저주 속에 스스로 이 몸을 던지고 있으면서도 그걸 모르고 있었구나.

이오카스테 무슨 말씀이세요? 뵙기에도 무서운 그 모습은?

오이디푸스 무서운 의심이지만, 그 예언자에게는 정말 보이는지도 모른다. 한 마디만 더 말해 준다면 그것은 더욱 분명해질 것이오.

이오카스테 정말 무서워집니다. 하지만 물어보세요. 무엇이든 다 말씀해 드리지요.

오이디푸스 그때 왕께서는 몇몇 사람만 거느리셨소, 아니면 왕의 행차답게 많은 수행자를 거느리셨소?

이오카스테 다 해서 다섯, 그 가운데 한 사람은 길잡이였고, 라이오스 왕을 모신 마차 한 대가 있었지요.

오이디푸스 아, 너무나 분명하구나! 왕비, 대체 누가 그 이야기를 전하였소?

이오카스테   집의 종입니다. 그녀석만이 겨우 살아 돌아왔습니다.
오이디푸스   그래, 그 종은 아직도 이 집에 있소?
이오카스테   없어요. 그 종은 거기서 돌아와 돌아가신 라이오스 왕 대신 당신께서 집권하고 계신 것을 알고, 내 손에 매달려 이 나라에서 되도록 멀리 보이지 않는 곳에 있도록 시골의 목장으로 보내 달라고 간청했습니다. 그래서 보내 주었지요. 노예치고는 좀더 잘 해 주어도 좋을 만한 정직한 사람이었어요.
오이디푸스   당장 그를 이리로 데려올 수 없겠소?
이오카스테   쉬운 일입니다. 그런데 어째서 그런 분부를 내리십니까?
오이디푸스   왕비, 내가 너무 말이 많았나 보오. 아무튼 그자를 만나 보고 싶소.
이오카스테   그러시다면 불러오도록 하지요. 하지만 왕이시여, 당신의 걱정거리를 저도 알 권리가 있다고 생각하는데요.
오이디푸스   그렇지. 내 근심이 이쯤 되었으니 숨길 건 없지. 운명이 이 지경에 이르렀으니, 당신 말고 누구에게 말하겠소?
  나의 아버지는 코린토스의 폴리보스 왕이었고, 어머니는 도리스 사람인 메로페였소. 나는 나라 안에서는 가장 훌륭한 사나이로 알려져 있었지. 그러던 중에 어떤 놀라운 일이 일어나지 않았겠소. 그렇게 걱정을 할 만한 일은 아니었지만, 한 잔치 자리에서 한 사람이 술이 거나하게 취해서 나에게 내 아버지의 진짜 아들이 아니라고 떠들어 댔던 것이오. 화가 났지만, 그 날은 꾹 참고 있다가 그 다음 날 부모님께 사실을 여쭈어 보았소. 부모님께서는 그런 소리를 지껄인 자에게 매우 역정을 내셨지요. 나도 그것으로 마음이 놓였지만, 그 소문은 쉬지 않고 퍼져 갔으므로 늘 내 마음을 괴롭히고 있었소. 그래서 나는 어머니 아버지께는 말씀드리지 않고 피톤으로 갔었소. 포이보스 신께서는 내가 묻는 일에 관해서는 가르쳐 주시지 않고, 괴롭고 무섭고 비참한 다른 이야기를 알려 주셨소. 그건 내가 내 어머니와 결혼해서, 차마 볼 수 없는 자손을 세상에 내놓고 나를 낳은 아버지를 죽일 운명이라는 것이었소. 그 말을 듣고 나는 코린토스를 피하여, 오직 별들만을 의지해 그곳의 위치를 재며 내게 대한 그 비참한 신탁의 불길한 일이 이루어지지 않을 곳으로 달아났소. 그렇게 길을 가고 있던 중 당신이 왕께서 돌아가셨다고 말한 바로 그곳에 이르렀던 거요……. 자, 왕비여, 나는 당신에게 바른 대로 말하리다.

 내가 그 삼거리에 다다랐을 때, 한 사람의 길잡이와 당신이 말한 것과 같이 망아지가 끄는 마차에 탄 사람을 만났소. 그러자 그 길잡이와 그 노인이 억지로 나를 길에서 몰아내려 했소. 나는 화가 나서 나를 몰아내려고 하는 그 마부를 때렸지. 이것을 본 그 노인이 내가 옆으로 지나는 것을 기다렸다가 마차 안에서 끝이 두 갈래로 갈라진 몽둥이로 내 머리를 힘껏 후려치지 않겠소. 그러나 그는 더 큰 앙갚음을 받았소. 그는 내 지팡이로 재빠르게 한 대 얻어맞고서는 벌렁 나가떨어졌고, 나는 그들을 모조리 죽여버리고 말았소.

 만일 그 낯선 사람이 라이오스 왕과 무슨 관계라도 있다면 이 몸보다 더 불행한 사람이 또 있을까? 나보다 더 신의 미움을 받은 자가 있을까? '다른 나라 사람도, 이 나라 사람도 그 자를 집에 들여놓아서는 안 된다. 말을 걸어서도 안 된다. 그들의 집에서 몰아내야 한다'는 저주가 내게 떨어졌고, 게다가 이 저주를 내린 것은 바로 내가 아닌가. 이 두 손으로 죽인 그 사람의 침실을 내가 더럽히고 있다. 그렇지, 나는 더러운 놈이 아니냐? 온 몸이 더럽혀진 놈이 아닌가? 나는 추방되어야 하고 추방된 이 몸은 집안끼리도 만나지 못하고, 나의 나라에 발을 들여놓아서도 안 된다. 그렇지 않으면 어머니와 결혼해서 나를 낳고 키워 주신 내 아버지, 폴리보스 왕을 죽일 운명이라니. 이것을 나에게 내린 신의 가혹한 처사라고 판단한다면, 그 누가 이것을 그르다 할 것인가? 아니, 결코, 결코, 신성하고 존귀한 신이시여, 그런 날이 오지 않도록 하소서! 아니, 그런 더러운 불행을 당하기 전에 차라리 이 세상에서 없어지게 하소서!

코러스 왕이시여, 우리에게도 과연 이것은 무서운 일입니다. 그러나 그 자리에 있었던 당사자에게서 들으실 때까지는 희망이 있습니다.

오이디푸스 과연 희망이라곤 단 하나, 그 양치기를 기다리는 일뿐이다.

이오카스테 그 사람이 오면 어떻게 하시겠습니까?

오이디푸스 말하리다. 그 자의 말이 당신 말과 맞는다면, 나는 재앙을 면하게 될 것이오.

이오카스테 제 말씀 중에서 각별히 마음에 걸리시는 점은 무엇입니까?

오이디푸스 당신 말에 따르면, 그 양치기는 도둑들이 왕을 살해했다고 말하더라는 것이었소. 만약 그가 말하는 것이 역시 여러 도둑들이라면, 내가 죽인 것은 아니오. 하나는 여럿과 같을 수가 없을 것이기 때문이오. 그러나 단 한 사람의 나그네였다고 그가 말한다면, 거기선 피할 길이 없소. 그건 바로 나를 가리키는 것이오.

이오카스테 아무튼 그가 그렇게 말한 것은 틀림없습니다. 지금 와서 그가 스스로 말한 것을 물릴 수는 없습니다. 저만이 아니라 온 나라가 그 얘기를 들었으니까요. 그리고 설사 처음 얘기와 조금 다른 점이 있다 하더라도, 왕이시여. 라이오스 왕께서 예언대로 돌아가셨다는 것을 그자도 결코 보여 주진 못할 것입니다. 록시아스께서는 분명히 왕은 친자식 손에 돌아가시게 된다고 말씀하셨기 때문입니다. 하지만 가엾은 그 애는 왕을 죽이기는커녕 먼저 죽고 말았습니다. 그래서 저는 앞으로는 예언 때문에 여기저기 기웃거리진 않겠습니다

오이디푸스 옳은 생각이오만, 사람을 보내어 그 종녀석을 이리로 불러오도록 하오. 이 일을 소홀히 생각하지 마오.

이오카스테 지체없이 사람을 보내겠습니다. 어쨌든 안으로 들어가시죠. 결코 심기를 상하실 일은 하지 않겠습니다.

이오카스테, 오이디푸스 왕 퇴장.

코러스 내 운명은, 저 드높고 맑은 하늘에 태어나서
　　　숭고한 불멸의 법을 다루고자 모든 말이나 행동에서
　　　경건한 정결을 지키는 이 몸과 운명을 함께 할지어다.
　　　이 법은 올림포스만을 아버지로 하고 죽어야 할
　　　인류가 만든 것은 아니며
　　　결코 망각의 잠 속에 빠지지 않는다.
　　　신은 그 법에서 위대하시며 늙음을 모르신다.
　　　오만은 폭군을 낳는다.
　　　오만은 어울리지도 않고 이롭지도 않은 재물에 이끌려
　　　드높은 돌벽 끝을 기어오르고

험난한 운명의 절벽에 떨어져서
발 디딜 데도 없다.
그래도 나라에 이바지하려는 열망에 불탄
참다운 애국자를 신께서 보호해 주시옵소서!
신을 나의 보호자로 영원히 받들겠나이다.
정의를 두려워하지 않고
신의 모습을 공경하지 않고
말이나 행동에서 오만한 자는
그 불행한 오만 때문에 재앙을 받으리라.
그가 바르게 이득을 구하지 않고
성스럽지 못한 행동을 피하지 않고
어리석게도 신성한 것들을 더럽힌다면
그런 일들이 있을 때
그 누가 신들의 화살에서 그 생명을 지킬 수 있으랴?
그런 죄가 명예스럽다면
내 어찌 성스러운 춤과 노래에 끼어들겠는가?
만약 저 신탁이 누구에게나 분명해지지 않는다면
대지(大地) 한복판의 신전에도
아바에*15와 올림피아에도 나는 다시 참배치 않으련다.
모든 것을 주재하시는 불멸의 힘
제우스 신이시여, 그 이름이 옳으시다면
옛 신탁을 밝혀 주시옵소서.
라이오스 왕의 옛 기억은 희미해지고
그 무서운 사건도 잊혀져
아폴론의 영광을 존중하는 자는 줄어들고
신들에게의 믿음은 식어 가고 있으니.

이오카스테, 궁으로부터 꽃가지와 향을 들고 다시 등장.

이오카스테 이 나라의 어른 되시는 분들, 나는 이 탄원의 꽃가지와 향을 손에 들고 신들의 사당을 참배하려고 마음먹었습니다.

　오이디푸스 왕께서는 온갖 괴로움으로 지나치게 상심을 하셔서, 분별있는 사람처럼 옛 경험으로 지금 일을 판단하려 하시진 않고, 무서운 말을 하는 자의 뜻대로 되고 계시니까요. 제가 무슨 말씀을 드려도 아무 소용이 없군요.

　리키아의 아폴론 신이시여, 당신께선 가장 가까이 계시오니 이런 제물을 가지고 빌러 왔습니다.

　아무쪼록 저희들을 부정(不淨)에서 벗어나게 하시고 구원해 주시옵소서! 마치 배의 키잡이의 근심스러운 얼굴을 보는 것 같아 저희들은 모두 걱정이 태산 같습니다.

코린토스에서 온 사자 등장.

사자　여러분들, 오이디푸스 왕의 궁전이 어디 있는지 가르쳐 주시지 않으렵니까? 아니, 그보다는 왕께서 어디 계신지 아시면 일러 주십시오.
코러스　이것이 궁전이고, 그분은 이 안에 계십니다. 낯선 분, 바로 이분이 그분 자녀들의 어머님 되십니다.
사자　그분의 훌륭한 왕비님이시니, 왕비님과 왕가에 영원히 행운이 깃들기를 기원합니다.
이오카스테　나도 그대를 축복합니다. 그대의 다정한 말에 대한 당연한 보답이지요. 그런데 무슨 일로, 또 무슨 소식이 있어서 왔는지 말씀하시오.
사자　왕비님, 왕가와 왕께 좋은 소식이올시다.
이오카스테　무슨 소식이죠? 누가 보낸 사자인가요?
사자　코린토스에서 왔습니다. 제 말씀을 들으시면, 참으로 기뻐하실 겁니다. 하기야 한탄도 되시겠지만.
이오카스테　무엇이라고요? 어째서 그런 두 가지 의미가 있단 말인가요?
사자　이스트미아*[16] 땅의 백성들은 그분을 그곳의 왕으로 모시고 싶어합니다. 거기서 그렇게들 말하고 있더군요.
이오카스테　무엇이라고요? 폴리보스 왕께서는 이미 재위(在位)치 않으시는가요?

사자 그렇습니다. 돌아가셔서 무덤 속에 계십니다.
이오카스테 무슨 말이요, 노인장. 폴리보스 왕께서 돌아가셨다고요?
사자 제 말씀이 거짓이라면 죽어도 좋습니다.
이오카스테 시녀들아, 어서 빨리 가서 왕께 말씀을 올려라. 아아, 신들의 말씀이여, 어찌 되었단 말인가! 오이디푸스님께서는 운명으로 그분을 죽이게 될까 봐 오랫동안 두려워하시면서 멀리 피해 계셨는데, 이제 그분은 천명(天命)으로 돌아가셨군요. 오이디푸스님의 손으로서가 아니었군요.

  오이디푸스 등장.

오이디푸스 내 사랑하는 이오카스테, 무슨 일로 나를 여기 불러냈소?
이오카스테 이 사람 말씀을 들어 보세요. 그걸 들으시고, 신들의 무서운 신탁이 어떻게 되었는지 판단하십시오.
오이디푸스 이 사람은 누구요? 나에게 무엇을 알리려는 거요?
이오카스테 코린토스에서 온 사람입니다. 아버지이신 폴리보스 왕께서는 이미 이 세상에 안 계시고 돌아가셨다는 기별입니다.
오이디푸스 무엇이라고? 노인. 그대의 입으로 직접 들려 주오.
사자 우선 그 소식부터 분명하게 밝혀야 한다면 말씀드리지요. 그분은 돌아가셨습니다.
오이디푸스 암살이었나, 아니면 병환이었나?
사자 저울대가 조금만 기울어도 노인은 가고 맙니다.
오이디푸스 애처롭게도 병환으로 돌아가신 모양이로군.
사자 그렇죠. 게다가 연세가 연세이니만큼.
오이디푸스 아, 왕비여, 이건 참으로, 어찌하여 피톤의 신탁이나 하늘에서 우는 예언의 새들에게 마음을 쓸 필요가 있을까? 내가 내 아버지를 죽인다고 말하고 있었더니 아버지께서는 돌아가셔서 이미 땅 속에 묻히셨구려. 그런데 나는 여기 있고, 창칼에는 손도 대지 않았는걸. 내 생각이 간절해서 돌아가신 것도 아니고, 만약 그렇다면야 과연 내가 돌아가시게 했다고도 말할 수 있겠지. 그러나 그 예언은 아무 값어치도 없는 것이야. 폴리보스 왕께서는 당신과 함께 예언을 이미 하데스(저승)로 몽땅 가지고

가셨단 말이야.

이오카스테 오래 전부터 제가 그렇다고 말씀드리지 않았습니까?

오이디푸스 그랬지. 하지만 나는 무서워서 어리둥절했던 거요.

이오카스테 이젠 그런 일들에 더는 심려 마세요.

오이디푸스 허나 어머니와의 결혼이라는 것에 관해서는 두려워하지 않을 수 없지 않은가?

이오카스테 인간이 걱정해 본들 무엇하겠어요? 인간에게는 운명이 절대적이라서, 무엇 하나 앞일은 분명히 알 수 없으니까요. 그저 마음 내키는 대로 살아가는 것이 상책입니다. 어머니와의 결혼이라는 것도 무서워할 것이 못 돼요. 꿈에 어머니와 동침했다는 사람도 많습니다. 하지만 그런 따위 일들을 아무렇지 않게 생각하는 사람이 가장 속편하게 세상을 살아갑니다.

오이디푸스 내 어머니가 생존해 계시지 않다면야, 당신 말이 과연 옳기는 하오. 그러나 그분이 살아 계시니 당신의 말이 비록 옳다 해도 아무래도 두려워하지 않을 수가 없구려.

이오카스테 하지만 아버님이 돌아가신 일만도 불행 중 다행입니다.

오이디푸스 그건 그렇지. 그러나 살아 계신 그분이 무섭단 말이오.

사자 그 여자가 누구길래 그렇게 무서워하시나요?

오이디푸스 노인장, 메로페라는 폴리보스 왕의 왕비라오.

사자 그런데 그분이 어째서 무섭단 말씀입니까?

오이디푸스 그건 노인장, 신의 무서운 말씀이 있었기 때문이라오.

사자 남이 들어도 괜찮은 것입니까? 들어서는 안 되는 것입니까?

오이디푸스 아무렴, 괜찮구말구. 전에 록시아스 신께서 말씀하시기를, 나는 내 어머니와 결혼하고 내 손으로 내 아버지의 피를 흘릴 운명에 있다는 것이오. 그래서 나는 코린토스에서 오랫동안 멀리 떨어져 살고 있는 것이오. 과연 행복하게 지내고는 있지만 어버이의 얼굴을 뵙고 싶은 마음이 그지없구려.

사자 그러면 정말 그것이 두려워서 그 나라를 떠나 계신 겁니까?

오이디푸스 노인, 내 아버지의 살해자가 되고 싶지 않기 때문이오.

사자 그렇다면 왕이시여, 제가 기쁜 소식을 가져왔는데도, 어째서 그 근심은 사라지질 않습니까?

오이디푸스 그야 물론 당신의 소식에는 응분의 상을 내려 주어야지.

사자 저 역시 왕께서 고국으로 돌아가시는 날에는 제게도 좋은 일이 있으려니 생각했기 때문에 이곳에 온 것입니다.

오이디푸스 아니, 나는 다시는 부모님 곁으로 가지 않겠소.

사자 헌데 당신은 무엇을 하고 계신지 도무지 모르시는군요.

오이디푸스 어째서? 노인, 부디 그 까닭 좀 말해 주오.

사자 그것 때문에 고국으로 돌아가시기를 꺼려 하신다면.

오이디푸스 그렇지, 나는 포이보스 신의 말씀이 이루어질까봐 두려워하고 있소.

사자 양친의 일로 죄를 저지르기가 두려운 것이죠?

오이디푸스 바로 그렇소, 노인. 나는 그것이 늘 무서운 거요.

사자 그렇다면 전혀 아무것도 아닌 것을 가지고 두려워하고 계신 줄을 모르십니까?

오이디푸스 아무것도 아니라니, 내가 바로 그 양친에게서 태어났는데도?

사자 왕께서는 폴리보스 왕과 아무 핏줄도 닿아 있지 않습니다.

오이디푸스 무슨 소리요? 폴리보스 왕이 내 아버지이 아니시라고?

사자 이 늙은이하고나 마찬가지지요. 전혀 다를 바 없습니다.

오이디푸스 어째서 내 아버지가 아무것도 안 되는 사람과 같을 수 있는가?

사자 그분은 저나 마찬가지로 왕의 아버지가 아니십니다.

오이디푸스 그러면 왜 그분이 나를 아들이라고 부르셨단 말이오?

사자 제가 선물로 그분께 앞에 계시는 왕을 바쳤다는 것을 알아 두십시오.

오이디푸스 그래도 남에게서 받은 것을 그렇게까지 극진히 귀여워해 주셨단 말이오?

사자 그때까지 어린애가 없었기 때문이죠.

오이디푸스 그렇다면 노인은 그때 나를 샀던가, 아니면 어쩌다 주운 것인가?

사자 키타이론의 첩첩이 깊은 산골짜기에서 발견했습니다.

오이디푸스 대체 그런 곳을 어째서 지나가게 되었던가?

사자 거기서 양 떼를 치고 있었죠.

오이디푸스 뭐, 양치기였었다고? 그때 노인은 떠돌이 품팔이꾼이었군.

사자 그렇죠, 그때 당신을 구해 드렸습니다.
오이디푸스 그대가 나를 팔에 안았을 때, 나는 어떤 고난을 당하고 있었던가?
사자 그야 당신의 발뒤꿈치가 증명하고 있지요.
오이디푸스 아, 어쩌자고 내 옛 상처를 말한단 말인가?
사자 두 발목 뒤를 뚫고서 한데 묶은 것을 풀어드렸죠.
오이디푸스 그렇지, 내게는 갓나서부터 부끄러운 상처가 있었지.
사자 바로 그 운명 때문에 지금의 이름*17으로 불리게 되었답니다.
오이디푸스 제발 부탁이오. 누가 그랬던가, 어머닌가 아버진가, 말해 주오.
사자 모르겠습니다. 그건 당신을 저에게 준 사람이 더 잘 알 겁니다.
오이디푸스 그러면 남에게서 받았고 그대가 발견한 것은 아니었구만?
사자 그렇습니다. 다른 양치기가 저에게 주었습니다.
오이디푸스 그가 누구란 말인가? 그가 누군지 말해 보오.
사자 라이오스 왕 댁의 사람이라고 불리는 것 같더군요.
오이디푸스 오래 전에 이 나라를 다스리셨던 왕 말인가?
사자 맞습니다. 그분의 양치기를 하고 있었습니다.
오이디푸스 그 사람이 아직도 살아 있는가? 내가 만나 볼 수 있을까?
사자 그건 이 나라 사람들이 가장 잘 알고 있겠지요.
오이디푸스 여기 있는 사람들 중에서 이 노인이 말하는 양치기를 아는 사람은 없는가? 그자를 시골이나 여기서 본 사람은 없는가? 곧바로 알려라. 이 일을 분명히 할 때가 왔다.
코러스 앞서 만나고 싶다고 하신 농사꾼 말씀인 듯합니다. 그러나 누구보다도 이오카스테님께서 가장 잘 말씀하실 수 있을 것입니다.
오이디푸스 왕비, 조금 전에 우리가 부르러 보낸 사람을 알고 있겠지? 이 노인은 그자를 말하는 것인가?
이오카스테 이 사람이 말씀드린 자를 어쩌시겠다는 겁니까? 내버려 두세요. 그런 따위에 마음 쓰실 것 없습니다. 공연한 일입니다.
오이디푸스 이만큼 실마리가 잡혔는데도, 내 출생을 밝혀내지 않고 버려둘 수는 없어.
이오카스테 제발 당신의 목숨을 소중히 여기시거든, 그렇게 들춰내는 일은 그만두세요. 이젠 더 견딜 수가 없군요.

오이디푸스 염려 마오. 내가 설사 3대 전부터 노예의 어머니에게서 태어났다 하더라도 당신의 명예에 누를 끼치지는 않을 것이오.
이오카스테 하지만 제 말씀 좀 들어 주세요. 제발 그만해 두세요.
오이디푸스 그럴 수는 없어. 이 일은 밝혀내야 해.
이오카스테 그렇지만 저는 당신을 위해서 가장 좋은 길을 권해 드리고 있는 겁니다.
오이디푸스 그 가장 좋다는 것이 이젠 나를 괴롭히고 있단 말이야.
이오카스테 불행도 하셔라! 자기가 누군지 모르고 지내시기를!
오이디푸스 누구든지 어서 가서 그 양치기를 데려오너라. 이 여자에게는 그 고귀한 지체를 자랑하도록 내버려두면 된다.
이오카스테 아, 가엾은 분! 이것이 당신께 대한 제 마지막 말입니다. 다시는 아무 말도 않겠습니다.

　　　이오카스테, 궁 안으로 퇴장.

코러스 오이디푸스님, 어찌하여 왕비께서는 저렇게까지 비통해하시면서 가 버리셨습니까? 그 말없는 속으로부터 무슨 불길한 일이 터져나올 것만 같습니다.
오이디푸스 터질 테면 터지라지! 내 지체가 아무리 천하다 하더라도, 알지 않고는 못 배기겠다. 여자들에게 흔히 있는 자존심 이상으로 그 여자는 틀림없이 나의 천한 출신을 부끄러워하고 있겠지. 그러나 나는 은총 많은 행운의 신의 아들이라고 생각하고 있으니, 조금도 부끄러울 것이 없다. 그런 어머니에게서 태어나서, 내 동기간인 변천하는 달과 더불어 나도 때로는 흥하고 때로는 기울기도 하는 것이다. 나는 그렇게 태어났으니, 내 출신을 밑바닥까지 들추기를 두려워하진 않겠다. 그 무엇도 나를 달리 만들 수는 없다.
코러스 만약에 내가 예언자이며 지혜 깊은 자라면
　　　오오, 키타이론이여
　　　올림포스의 끝없는 하늘을 날아
　　　내일의 둥근 달에 오이디푸스는

그대를 낳은 땅, 길러 낸 유모, 어머니로서 공경하고
우리 왕께 대한 온정 때문에
우리는 그대를 춤추며 칭송하리.
오오, 우러러 받드는 포이보스여, 이를 가상하게 여기시옵소서!

내 아들아
너를 낳은 자가 누구냐
장수하는 요정 중의 누구인가
산을 떠도는 판과 맺어서 그대의 어머니가 되신 분은?
목장을 사랑하는 록시아스의 신부인가?
높은 곳의 목장을 이 신은 사랑하시니.
혹은 킬레네를 다스리시는 신*[18]인가
또는 산마루에 사는 바쿠스가 언제나 즐겨 노는
헬리콘*[19]의 님프에게서 새로운 기쁨*[20]을 얻으셨나?

오이디푸스 여러 어른들, 아직 그자를 만난 일은 없지만, 짐작컨대 저기 보이는 사람이 우리가 아까부터 기다리고 있었던 양치기 같군요. 늙기도 이 노인과 비슷하고, 게다가 그를 데려오는 자들은 내 집 하인들 같고. 그러니 그대는 저 양치기를 전에 본 적이 있다면, 아마 나보다 더 잘 알고 있겠지.

코러스 알고 말고요. 라이오스 왕을 모신 양치기로서 매우 충실한 사람이었습니다.

양치기 등장.

오이디푸스 우선 코린토스의 나그네, 그대에게 묻겠는데, 저 사람이 그대가 말한 바로 그 사람이오?

사자 당신께서 보고 계시는 바로 그 사람입니다.

오이디푸스 자, 그러면 할아범. 고개를 들고 내가 묻는 말에 대답을 해라. 너는 전에 라이오스 왕을 섬기고 있었더냐?

양치기 그렇습니다. 팔려 온 노예는 아니었고 댁에서 자랐습니다.

오이디푸스 어떤 일을 했고 어떻게 지내고 있었더냐?

양치기 대개는 양을 보살피고 있었습니다.

오이디푸스 주로 많이 있었던 곳은 어딘가?

양치기 그건 키타이론이기도 했고, 그 근처이기도 했습니다.

오이디푸스 그렇다면 그 근처에서 저 노인을 본 기억이 나겠군.

양치기 무슨 말씀이십니까? 누구를 보았다고 말씀하시는 겁니까?

오이디푸스 여기 이 사람 말이다. 전에 만난 일이 있느냐?

양치기 글쎄올시다. 얼른 생각이 나지를 않는군요.

사자 그것도 그럴 것입니다. 그러나 제가 그의 기억을 분명하게 되살려 놓겠습니다. 저희가 키타이론 땅에 있었던 때의 일은 잘 생각날 것입니다. 저 사람은 두 떼의 양을, 저는 한 떼의 양을 몰고 꼬박 3년, 봄부터 가을까지 반 년씩 거기에 있었습니다. 겨울이면 저는 양 떼를 저의 우리에, 저 사람은 라이오스 왕의 우리에 몰아넣었습니다. 내 말이 맞지, 안 그런가?

양치기 옳은 말이오. 하지만 오래 전 일이로군.

사자 그럼 묻겠는데, 그때 자넨 나에게 한 어린애를 주지 않았나? 나더러 양자를 삼아 기르라고.

양치기 뭐라고? 그건 왜 묻지?

사자 이 사람아, 자네 앞에 서 계신 분이 바로 그때 그 어린애란 말이다.

양치기 염병을 할 놈! 입 닥치지 못해?

오이디푸스 늙은이, 이 사람을 나무랄 것이 아니다. 이 노인보다는 네 말을 더 나무라야겠다.

양치기 높으신 어른, 어째서 제가 잘못입니까?

오이디푸스 이 노인이 묻고 있는 그 어린애에 관해서 너는 아무 대답도 안 하기 때문이다.

양치기 저자는 아무것도 모르는 주제에 허튼 소릴 지껄이고 있습니다.

오이디푸스 바른 대로 말하지 않으면 따끔한 맛을 보여 주겠다.

양치기 그저 이 늙은이를 용서하십시오.

오이디푸스 여봐라, 당장 이놈의 두 손을 묶어라.

양치기 아이구, 이게 웬일입니까? 무엇을 더 들으시겠단 말씀입니까?

오이디푸스 이자가 묻고 있는 그 어린애, 네가 이 사람에게 주었지?

양치기 주었습니다. 차라리 그날 내가 죽어 버릴걸.

오이디푸스 바른 대로 말하지 않으면 그렇게 될 게다.

양치기 아닙니다. 말하면 더욱 큰일인 걸요.

오이디푸스 아직도 우물쭈물할 셈이로구나.

양치기 아닙니다. 저 사람에게 주었다고 아까 말씀드렸습니다.

오이디푸스 어디서 얻었느냐? 네 집에 있었더냐, 아니면 남이 주었더냐?

양치기 제 애는 아닙니다. 어떤 분에게서 받은 것이었습니다.

오이디푸스 여기 시민들 중의 누구에게서? 뉘 집에서?

양치기 제발 소원입니다, 왕이시여. 더는 묻지 마십시오.

오이디푸스 또다시 내가 물어보게 하면 너는 죽임을 당하리라.

양치기 그건…… 라이오스 왕 댁의 아기였습니다.

오이디푸스 노예인가? 그의 친자손인가?

양치기 이거 참, 딱하군. 아무래도 무서운 말을 해야겠으니.

오이디푸스 듣겠다는 나도 마찬가지이다. 하지만 기어이 들어야겠다.

양치기 왕의 친아드님이라고들 말했습니다. 그러나 안에 계신 왕비님께서 그 사연을 가장 잘 말씀하실 것입니다.

오이디푸스 뭐라고? 왕비가 내주었단 말인가?

양치기 그렇습니다.

오이디푸스 무엇 때문에?

양치기 저더러 죽여 없애라는 것이었지요.

오이디푸스 그럴 수가? 제 자식이면서!

양치기 불길한 신탁이 두려웠기 때문이랍니다.

오이디푸스 무슨 신탁?

양치기 그애가 아버지를 죽인다는 것이었습니다.

오이디푸스 그럼, 어째서 너는 그애를 저 노인에게 주었더냐?

양치기 그 어린것이 하도 가엾어서 그랬습니다. 이 사람이 다른 데로, 자기 나라로 데려가려니 생각했습니다. 그렇지만 제가 살려 놓았기 때문에 큰 일이 벌어졌습니다. 왕께서 바로 이 사람이 말하는 분이시라면, 정말 불행하게 태어나셨군요.

오이디푸스 아, 모든 것이 분명해졌구나. 모든 사실이! 오, 빛이여, 다시는 너를 보지 못하게 해 다오! 이 몸은 저주스럽게 태어나서, 저주받은 혼인을 하고 해쳐서는 안 될 분의 피를 흘렸구나!

오이디푸스, 궁 안으로 뛰어들어간다.

코러스 아, 사람의 자손들이여
너희들은 하루살이 목숨
그는 누군가, 누군가, 저 행운도 이름뿐
속절없는 행운
행운보다 더한 것을 얻은 자는 누군가?
좋은 훈계다, 그대의 운명은
그대의, 그대의 운명은
아, 불행한 오이디푸스님이여
이 세상 일, 무엇을 행운이라 하랴!

저 님은 비길 데 없는 솜씨로 과녁을 맞추어
모든 것에서 영화로운 행운을 얻었다.
오오, 제우스 신이여
저 굽은 손톱의 요사스러운 스핑크스를 넘어뜨리고
나라를 위하여 재난을 막는 수호자가 되셨다.
그때부터 당신은 우리의 왕이라 불리어
가장 높은 분으로 받들려 테베를 다스리셨다.

그러나 이제 누가 이보다 더 슬픈 이야기를 들을까?
누가 이처럼 격심한 재앙과 덧없는 삶에서
고뇌를 함께 할 자가 있을까?
오오, 이름 높은 오이디푸스님이여
같은 휴식의 자리는 아들이면서
또 아버지로서의 당신에게 혼인의 침실을 제공하였다.
아, 가없은 자여. 당신 아버지가 씨 뿌린 밭이

그런 잘못을 어찌 그토록 오래 견딜 수 있었던가?

모든 것을 뚫어보는 세월은
깨닫지 못한 당신의 죄를 들추어
오랫동안 이미 아버지이자 아들인 이 엄청난 혼인을 심판한다.
아아, 슬퍼라. 라이오스의 아들이여.

차라리 당신을 보지 말 것을!
나는 슬픈 노래가 터져나오듯 한탄을 한다.
과연 당신으로 하여 되살아났고
또 당신으로 하여 어둠은 내 눈을 덮었다.

안에서 다른 사자 등장.

사자 이 나라 최대의 영예를 지니신 분들, 만약 여러분께서 한 핏줄로서 랍다코스 집안일을 걱정하신다면, 이런 일들을 들으시고 이런 일들을 보셔야 하다니, 이런 큰 슬픔을 당하시다니! 이스트로스나 파시스의 강물도 이 집 핏자국을 깨끗이 씻어내지는 못할 것입니다. 알고 한 일이지만, 이 댁의 숱한 재앙에서 하나는 숨기고 있고 하나는 곧 드러납니다.[*21] 스스로 불러들인 불상사로 고통은 더욱 큰 것입니다.
코러스 이제까지 알고 있는 일만 해도 딱하기 이를 데 없다. 이 외에 또 무얼 알리겠단 말인가.
사자 아주 짧게 말씀드리죠. 왕비 이오카스테님께서 돌아가셨습니다.
코러스 아아, 가엾은 분. 도대체 어찌 된 일인가?
사자 스스로의 손으로. 이번 일에서 가장 비참한 것을 당신들은 못 보셨기 때문에 여러분의 괴로움은 크지 않을 것입니다. 그러나 내가 기억하는 한에서 내가 본 그 불행하신 분의 운명을 말씀드리겠습니다.
  그분은 미친 듯이 집안으로 뛰어들더니 머리채를 두 손으로 쥐어뜯으시면서 침실로 곧장 가셨습니다. 방에 들어가자마자 문을 잠그시고는 이미 오래 전에 돌아가신 라이오스 왕의 이름을 소리쳐 부르셨습니다. 예전에 그 몸에서 태어난 아드님을 생각하셨던 것이지요. 아버지를 죽이고 어머니를 저주받게 한 그 아들, 그 엄청난 아들을 말입니다. 불쌍하게도 남편에게서 남편을, 자식에게서 자식이라는 이중의 출산을 본 그 혼인을 통탄하셨습니다. 그 다음에 어떻게 돌아가셨는지는 모릅니다. 오이디푸스 왕께서 소리치시며 뛰어들어오셨기 때문에 그분의 임종은 보지 못하고, 누구나 왕께서 서성대는 것을 물끄러미 보고만 있었습니다.

 왕께서는 오락가락하시면서 '칼을 달라. 아내이면서 아내가 아니고, 자기와 자기 애를 함께 낳은 사람이 어디 있느냐'고 외치셨습니다. 그렇게 미친 듯이 외치시는 동안, 아무도 보진 못했지만, 인간 이외의 무슨 힘에 이끌렸던지 왕께서는 소리를 지르면서 문에 덤벼들어 빗장을 비틀어 벗기고 방 안으로 뛰어드셨습니다. 이미 왕비께서는 몸을 매달고 있었습니다. 밧줄의 고리로 목을 졸리고 있었던 것입니다. 왕께서는 그 모습을 보시자 목이 멘 소리를 내시면서 밧줄을 풀었습니다. 그러고는 그 가엾은 시체를 내려 눕히고 나서, 차마 못 볼 일이 일어났습니다. 왕께서는 왕비가 입고 계신 옷에서 황금으로 된 장신구를 빼어 높이 치켜드셨다가 당신의 두 눈알을 콱 찌르시고는, 이런 말씀을 하셨습니다.

 '너희들이 내게 덮친 수많은 재앙, 내가 저지른 수많은 죄업을 보는 것도 이것이 마지막이다. 내가 보아서는 안 되었던 사람을 보고, 내가 알고 싶었던 사람을 알아차리지 못하게 했던 너희들은, 이제부터는 영원한 어둠 속에 있을 것이다.'

 이렇게 저주의 말을 되풀이하시면서 몇 번씩 손을 치켜 드셨다가는 눈을 찌르시니, 그때마다 눈에서 흘러내리는 피가 수염을 적셨습니다. 아니, 핏방울이 떨어졌다기보다는 시꺼먼 피가 억수같이 쏟아져 나왔습니다. 이런 무서운 일이 한편에서만이 아니라 내외분에게 일어난 것입니다. 예부터 내려오던 이 집안의 행복은 그전까지는 행복이었지만, 오늘은 비탄과 파멸과 죽음의 치욕, 온갖 재앙이라 할 재앙은 없는 것이 없었습니다.

코러스 그래, 그 불쌍한 분은 이제는 고통이 좀 가라앉으셨는가?
사자 이렇게 호통을 치십니다. '떗장을 벗기고 모든 카드모스 사람들에게 보여 주어라. 아비를 죽인 자, 그의 어머니의…… 그러나 내 입으로 부정한 말을 되풀이할 수는 없습니다. 그분은 '나를 이 나라에서 내몰아라. 여기 더 머물러서 스스로 말한 저주를 이 집에까지 끼치지 않도록 하라'는 것이었습니다. 그러나 그분에게는 힘도 없고, 이끌어 드리는 사람도 없습니다. 사람으로서는 차마 견딜 수 없는 고통입니다. 당신도 곧 보시겠지만, 저기, 빗장이 열리고 있습니다. 이제 곧 그 모습이 보일 것입니다. 너무나 슬픈 일이라 혐오를 느끼는 사람이라도 가엾어할 모습입니다.

앞을 못 보는 오이디푸스, 두 눈에서 피를 몹시 흘리면서 등장.

코러스 아, 이 얼마나 무서운 일인가!
일찍이 본 적도 없는 처참한 모습이란 말인가!
아, 이 무슨 광증이 당신을 덮쳤습니까!
그 무슨 운명의 마귀가 덮쳐서 당신을 망쳤나요?
아, 딱하다, 애처롭다
묻고 싶고 듣고 싶은 것은 많아도
눈이 끌리면서도 차마 볼 수 없군요.
무섭기만 합니다.
오이디푸스 아, 슬프다, 재앙의 이 몸!
나는 어디로 가나?
내 목소리가 지향없이 날아가다니!
아아, 내 운명이여. 너는 어디로 가느냐?
코러스 무서운 곳으로
차마 보기도 듣기도 처참한 곳으로.
오이디푸스 아, 무서운 먹구름의 이 어둠!
손을 쓸 수도 없고 형언할 수도 없이
점점 죄어오는구나.
아아, 비참도 해라!
상처의 아픔과 불행한 기억이
얼마나 이 마음을 깊이 찔렀던가!
코러스 이렇게 큰일, 겹친 한탄
겹친 괴로움을 느끼신다 해도 이상할 것 없습니다.

오이디푸스　아, 친구여
　　　그대는 아직도 변함없이 나를 생각해 주는가
　　　아직도 이 소경을 걱정해 주는가
　　　아직도 내 가까이 있는가
　　　내게 들리는 것은 그대 음성이로군
　　　비록 그대 얼굴은 보이지 않지만.
코러스　무서운 일을 하신 분, 어찌하여 이렇게 눈을 상하셨습니까?
　　　그 무슨 마귀가 몰아친 탓인가요?
오이디푸스　아폴론이다, 친구들이여,
　　　내게 쓰리고 괴로운 재앙을 가져온 것은 아폴론이다.
　　　그러나 눈을 찌른 것은 바로 불쌍한 나다.
　　　무엇 때문에 나는 보아야 하나?
　　　눈이 보인들 무엇 하나
　　　즐거운 것이라곤 없는데.
코러스　옳은 말씀입니다.
오이디푸스　말해 다오, 친구들이여. 어디에 볼 만한 아름다움이 있느냐?
　　　어디에 듣기에 기쁜 것이 있느냐?
　　　어서 빨리 나라 밖으로 데려가 다오
　　　친구들이여, 데려가 다오.
　　　절망과 저주의 사람으로서
　　　누구보다도 신들의 미움을 받은 이 사람을!
코러스　자책과 불행으로 비통이 겹친 분, 차라리 뵈옵지 않았더라면 좋았을 것을!
오이디푸스　그 목장에서 내 발 사슬을 풀고 나를 죽음에서 살려 낸 사람을 저주한다. 반갑지도 않다. 그때 죽고 말았더라면 친구에게도 내게도 이런 고통은 없었을 것을.
코러스　저 역시 그렇기를 바랐을 것입니다.
오이디푸스　그랬더라면 내 아버지의 피를 흘리지도 않았겠고
　　　나를 낳은 사람의 남편이라고 불리지도 않았겠지.
　　　그러나 지금은 신들에게서도 버림받은 자

　　　　부정한 어머니의 아들
　　　　이 불행한 나를 낳은 아버지의 침실을 이어받은 자
　　　　비통한 것 중에도 비통한 것이 있다면
　　　　그것이야말로 오이디푸스의 운명이다.
코러스　그렇다 하더라도 그 행동이 잘된 일이라고는 말할 수 없습니다.
　　　　눈이 멀고 사느니, 차라리 죽는 편이 나았을 것을.
오이디푸스　그 일들이 가장 잘된 일이 아니라는 훈계 따위는 걷어치워라. 충고는 더 필요치 않다. 저승에 가서 무슨 눈으로 내 아버지를, 내 불쌍한 어머니를 뵈올 수 있을 것인가. 두 분께 목을 매고 죽어도 모자랄 죄를 저질렀다. 그렇게 해서 많은 내 자식들을 어떻게 볼 수 있을까? 이 나라도, 그 성벽도, 신들의 귀하신 모습도, 이처럼 비참한 나의 몸은 테베 땅에 태어난 으뜸가는 젊은이였건만, 이젠 두 번 다시 보아서는 안 된다고 스스로 선고하게 되었구나!

　　누구든지 이 더러운 사내, 신들이 더러운 놈이라고 보신 이 사내, 라이오스 왕의 피를 받은 사내를 쫓아내라고 직접 명령했다. 아, 그런 더러운 사내임을 스스로 알면서 내 어찌 이 사람들을 똑바로 바라볼 수 있겠는가? 결코 그럴 수는 없다! 결코 그럴 순 없다. 귀로 듣는 근원을 막아버리는 길만 알았더라면 눈뿐이겠는가. 나의 두 귀도 들리지 않게 이 참혹한 몸뚱아리를 기꺼이 감옥으로 만들어 버렸으련만. 마음이 슬픔을 벗어나서 사는 것은 즐거운 일이니까.

　　아, 키타이론이여. 어쩌자고 나를 숨겨 주었던가? 어찌하여 받아들이자 곧 죽여 없애지 않았던가? 그랬더라면 이 운명이 세상에 드러나지 않았을 것을.

　　오, 폴리보스 왕이시여. 코린토스여. 그리고 옛 조상의 집이라고 불려온 것이여. 그토록 아름다운 겉치레 뒤에 재앙을 감추고 있으면서 나를 키워주다니! 이제 나는 악인이요, 악하게 태어났음을 알았다.

　　저 삼거리 길이여, 숨은 골짜기여, 세 갈랫길의 숲과 오솔길이여. 너희들은 내 손에서 나와 피를 나눈 내 아버지의 피를 마셨구나. 잊지야 않았겠지? 내가 너희들이 보는 앞에서 무슨 짓을 저질렀는지, 그리고 그 뒤에 이곳에 와서 다시 무슨 짓을 행했는지!

오오, 운명의 결혼이여, 너는 나를 낳고 나를 낳았으면서도 다시 같은 사나이의 씨를 받았다. 아버지와 형제와 자식, 그리고 새색시와 아내와 어머니, 육친끼리 피를 섞는 죄를 낳았다. 그렇다, 인간 세상에 다시없이 더러운 죄업이로구나. 그러나 더러운 일은 입에 올리기조차도 더럽다.

자아, 제발 부탁이다. 어서 나를 어디든지 나라 밖으로 보내다오. 죽이든가 바닷속으로 던지든가, 다시는 보이지 않는 곳으로! 이리 와서 이 불행한 자를 붙들어라. 부탁이다, 두려워할 것 없다. 내 죄는 나밖에는 그 누구와도 상관없는 것이니.

코러스 마침 제때에 크레온님께서 오시는군요. 저분이 소원을 풀어 주시거나 의논해 주시겠죠. 저분밖에는 당신을 대신해서 나라를 지킬 사람이 남아 있지 않으니까요.

오이디푸스 아아, 그에게 무엇이라고 말을 걸어야 할까? 어떻게 해야 나를 믿어 줄까? 앞서 내가 그렇게까지 모질게 대했으니.

크레온 등장.

크레온 오이디푸스님, 내가 온 것은 빈정대거나 지난 잘못을 비난하려는 것이 아닙니다. (수행인들에게) 너희들, 사람의 몸에서 태어난 자를 더는 귀하게 여기지 않는다고 하더라도, 적어도 만물을 키워 주시는 태양의 불길을 공경하고, 땅도 하늘의 거룩한 비도 햇빛도 받아들일 수 없는 이런 부정을 숨김없이 누구에게나 들춰내기를 삼가야 한다.

자아, 어서 빨리 궁 안으로 모셔 드려라. 집안의 불행은 집안 사람만이 보고 듣는 것이 가장 경건하고 합당한 일이니까.

오이디푸스 부디 부탁이오. 그런 갸륵한 마음씨로 내게 와서, 이 극악무도한 나의 불안을 물리쳐 주었으니 꼭 들어주오. 나를 위해서가 아니라 그대를 위해서 말하는 것이오.

크레온 그렇게까지 원하시는 것이 대체 무엇입니까?

오이디푸스 어서 빨리 나를 이 땅에서 쫓아내 주오. 누구 하나 말을 걸 사람이 없는 곳으로.

크레온 그렇게 해드려도 좋긴 하겠지만, 우선 신의 분부를 기다려 봐야겠지요.

오이디푸스 신의 말씀은 이미 분명하오. 아비를 죽인 자, 신을 모독한 자를 파멸시키라는 것이오.

크레온 그렇긴 했습니다. 그러나 일이 이렇게 되었으니, 어떻게 해야 할는지 분명하게 알아보는 것이 좋겠습니다.

오이디푸스 이런 비참한 자를 위해서도 알아보아 주겠단 말이오?

크레온 그렇고말고요. 이젠 당신께서도 신을 믿으실 거니까.

오이디푸스 그렇지. 그리고 이것은 그대를 믿고 간청하는 것이오. 저 안에 있는 사람을 그대의 뜻대로 잘 묻어 주오. 그대의 누님이니까. 그대가 당연히 처러줄 마지막 소임이오.

 그리고 내 일이란, 내가 살아 있는 동안에는 내 아버지의 나라에 살면서 이 나라를 더럽혀서는 안 된다는 것이오. 그렇지, 나를 저 인연 깊은 키타이론의 산에서 살게 해 주오. 내 양친께서 아직 생존하셨을 때, 나의 무덤으로 삼으려던 곳이오.

 그러니 나를 죽이려던 분들이 정하신 대로 죽기 위해서 말이오. 그러나 이것만은 알고 있소. 병이나 그밖의 일이 나를 파멸시키지는 못한다는 것이오. 그렇지 않고서야 죽으려던 것이 구원받지는 않았을 터이니까. 아니지, 어떤 무서운 불행에 빠지기 위한 것이었지.

 에라, 이놈의 팔자, 될 대로 되라지. 다만 애들에 관해서는 크레온이여, 두 사내놈들은 걱정할 것 없소. 사내놈들이니 어디 간들 제 밥 구실은 하겠지.

 그러나 불쌍한 딸들은 늘 나와 함께 식사를 했고, 내가 함께 없었던 일이 없었으며, 내가 먹는 것을 늘 함께 먹은 딸들을 아무쪼록 잘 돌보아 주기 바라오. 될 수만 있다면 그 애들을 이 손으로 만져 보고, 내 불행을 실컷 울게 해 주오. 허락해 주오. 그대 갸륵한 마음씨를 가진 사람, 부디 소원이오. 손으로 어루만질 수 있다면 눈이 보일 때와 마찬가지로, 그 애들이 내 곁에 있는 것 같을 거요.

크레온의 부하, 안티고네와 이스메네 두 딸을 데리고 온다.

저, 저것이 무슨 소리요? 신들이여, 내 귀여운 것들이 울고 있는 것이 아니오? 크레온이 나를 불쌍히 여겨서 내 귀여운 애들을, 저 두 딸들을 보내 주셨는가? 그렇지?

크레온 그렇습니다. 내가 그렇게 했습니다. 전에 그렇게도 기뻐하셨으니, 지금도 기뻐하시리라는 것을 알고 있었기 때문입니다.

오이디푸스 아무쪼록 그대에게 행운이 있기를. 그리고 내 딸들을 데려다 준 보답으로 신께서 나보다도 그대를 친절하게 지켜 주시기를! 애들아, 어디 있느냐? 이리 오너라. 형제 간이기도 한 나의 손에 와다오. 이 손이 너희들 아비의 밝았던 눈을 이 모양으로 만들었구나. 그 아비는, 애들아, 조금도 눈치채지 못하고, 나도 모르게 나를 낳은 사람에게서 너희들의 아비가 되었다. 나는 너희들을 위해서 운다. 너희들을 볼 수는 없지만, 이제부터 너희들이 세상의 풍파에 시달리며 살아가지 않을 수 없는 쓰라린 생활을 생각하기 때문이다. 어떤 시민들의 모임에서도 상대를 해 주지 않을 것이고, 무슨 축제를 보러 가도 구경은커녕 눈물로 되돌아서지 않는 일이 있을 까? 시집갈 나이가 되어서도, 애들아, 내 자식들에게도 너희 자식들에게도, 틀림없이 매정스러운 비난을 받아들이는 모험을 할 사내놈이 있을까? 비참한 일 치고는 없는 것이 없구나! 너희들의 아비는 제 아비를 죽였다. 자기를 낳은 어미를 아내로 삼았다. 그리고 제가 태어난 몸에서 너희들을 낳았다. 너희들은 그런 조롱을 받겠지. 그렇게 되면 누가 결혼을 해 주겠느냐. 애들아, 너희는 자식도 없는 처녀로 시들고 말겠지.

아아, 메노이케우스의 아들이여, 우리를 낳으신 부모는 두 분이 다 돌아 가신 바에야 그대는 이 두 애들의 단 하나 남은 아버지이니, 한 핏줄인 이 두 애들이 가난하고 시집도 못 간 채로 거리를 헤매는 일이 없도록, 나 같은 불행에 빠지는 일이 없도록 지켜주오. 아무쪼록 불쌍히 여겨주오. 이런 어린 나이로는 그대에게밖에는 아무에게도 기댈 데가 없구려. 후덕한 사람이여, 승낙의 표시로 내 손을 만져주오. 그리고 애들아, 너희들이 철이 들었더라면, 일러두고 싶은 말이 많다. 그러나 지금으로서는 이렇게 기도해 다오. 너희들이 허락된 곳에서 살아가고, 너희들의 아비보다는 행복하게 살아갈 수 있게 하여 주십사고.

크레온 이젠 더 상심치 마시고, 안으로 드시죠.

오이디푸스 그렇게 해야겠지, 괴롭긴 하지만.
크레온 무엇이든 다 때가 있게 마련입니다.
오이디푸스 무슨 약속으로 내가 안으로 들어가는지 알겠소?
크레온 말씀해 보십시오. 들어 보지요.
오이디푸스 나를 나라 밖으로 쫓아내 주오.
크레온 신들께서 정하실 일을 제게 말씀하시는군요.
오이디푸스 그러나 나는 신들께서 가장 미워하시는 자가 되었소.
크레온 그렇다면 곧 소원을 이루시겠죠.
오이디푸스 그럼, 들어 주겠지?
크레온 마음에도 없는 것을 나는 함부로 말하지 않습니다.
오이디푸스 그렇다면 나를 여기서 데려가 주오.
크레온 그럼, 이리로. 그러나 애들은 놓으십시오.
오이디푸스 아니, 애들을 내게서 뺏어가진 마오.
크레온 무엇이고 뜻대로 지배하실 생각은 마십시오. 모처럼 손에 넣으신 권세도 평생을 따르진 않았으니까요.
코러스 조국 테베 사람들이여
　보라, 이이가 오이디푸스이시다.
　그이야말로 저 이름 높은
　수수께끼를 알고, 권세가 이를 데 없었던 사람
　누구나 그 행운을 부러워했건만
　보라, 이제는 저토록 거센 비운의 풍랑에 묻히고 말았다.
　그러니 마지막 날을 보기를 기다려
　괴로움을 벗어나서 삶의 끝에 이르기 전에는
　누구든 사람으로 태어난 몸을 행복하다고 부르진 마라.

〈주〉
*1 카드모스 : 페니키아의 티로스 왕 아게노르의 아들. 테베(카드메이아) 나라를 세우고 여신 아테네의 도움으로 왕위에 올라 테베 국민의 시조가 되었다.
*2 이스메노스 : '강의 신'으로서 테베에 있는 강의 이름. 그 강가에 아폴론 신전이 있다.
*3 스핑크스는 아름다운 여자의 머리에 사자 몸을 한 괴물로, 테베 시 서쪽 산에 도사리

고 앉아 지나는 사람에게 수수께끼를 걸었다가 못 풀면 잡아먹었다고 한다. '스핑크스의 노래'란 그 수수께끼를 말하며, '스핑크스에게 바치는 세금'이란 곧 사람의 목숨.
* 4 피톤 : 델포이의 옛 이름. 델포이는 파르나소스 산에 있는 아폴론 신의 성지. 아폴론 신은 이곳에 신탁소를 두었다. 이곳을 그리스 사람들은 땅의 한복판이라 하여 종교적, 정치적 중심지가 되었다.
* 5 아폴론, 아테네, 아르테미스 세 신의 힘
* 6 저승을 다스리는 신(하데스)을 말한다. 죽은 자의 나라는, 호메로스에서는 서쪽 끝에 있는 것으로 되어 있다.
* 7 임피트리테 : 바다의 신 포세이돈의 아내. 바다의 여왕.
* 8 대서양을 말한다.
* 9 리키아 : 아폴론을 뜻한다. 아폴론의 또 다른 이름은 리카이오스.
* 10 또는 마이나스라고도 한다. 어린 디오니소스(술의 신)를 키워 언제나 따라다니는 님프(산천초목의 여신)의 다른 이름.
* 11 아폴론을 말한다.
* 12 키타이론 : 테베의 서남쪽에 있는 산맥. 오이디푸스는 낳자마자 이 산 속에 버려졌다.
* 13 랍다코스 : 라이오스 왕의 아버지.
* 14 폴리보스 : 코린토스의 왕. 오이디푸스는 그를 친아버지로 알고 그 밑에서 자라났다.
* 15 아바에 : 아폴론 신전이 있는 곳.
* 16 이스트미아 : 코린토스에 있는 땅 이름. 코린토스를 가리키는 말.
* 17 발(pod—)이 부어서(oidein)=오이디푸스.
* 18 킬레네를 다스리는 신 : 제우스의 막내아들로 아르카디아의 클레네 산 속에서 태어난 헤르메스(상업·발명·체육을 다스리고, 양 떼와 나그네를 지키는 신)를 말한다.
* 19 헬리콘 : 보이오티아 땅에 있는 높은 산. 나무가 많고 큰 샘이 둘 있다.
* 20 님프는 디오니소스(바쿠스)와 사랑을 맺는다.
* 21 하나는 자살한 이오카스테의 시체, 또 하나는 스스로 눈을 찌른 오이디푸스.

콜로노스의 오이디푸스

《콜로노스의 오이디푸스》는 소포클레스가 세상을 떠난(기원전 406년) 뒤 기원전 401년에 그의 손자에 의해 비로소 상연된 유작으로, 시인의 마지막 작품으로 여겨지고 있다.

오이디푸스가 태어난 테베의 랍다코스 왕가에는 신들의 저주가 걸려 있다. 오이디푸스는 그 때문에 운명이 이끄는 대로 아버지인 줄 모르고 라이오스 왕을 살해하고, 어머니인 줄 모르고 이오카스테를 아내로 맞아 두 아들 폴리네이케스와 에테오클레스, 두 딸 안티고네와 이스메네의 아버지가 된다. 《오이디푸스 왕》은 이 몰랐던 자기 신분의 발견과 그에 따르는 분노와 슬픔의 격정 때문에 어머니이며 왕비인 이오카스테를 죽음으로 몰아넣고, 자신은 스스로 눈을 찔러 장님이 된 오이디푸스를 다룬 것이다.

그 뒤 그는 아버지의 피를 흘린 부정한 사람으로서 쫓겨났는데, 그때 그의 자식들은 아버지를 위해 아무런 노력도 하지 않고 그냥 내버려두고 있었다. 그러나 맏딸 안티고네는 방랑의 나그네 길에서 눈먼 아버지의 손을 잡고, 비렁뱅이 생활 속에서 아버지를 돌보며 함께 고생하다가 마침내 아티카의 콜로노스에 있는 어느 신전 숲에 이르렀다. 오이디푸스는 이곳이 에우메니데스 여신의 신역(神域)으로 자기의 마지막 휴식지이며, 자기의 시체는 잠들고 있는 곳의 수호신이 된다는 것을 신탁에 의해 알고 그를 쾌히 맞아준 아티카의 왕 테세우스에게 보호를 청하고, 그 대신 자기가 죽은 뒤 아티카를 지킬 것을 약속한다.

극은 아버지가 쫓겨난 뒤 테베의 왕좌를 다투는 그의 두 아들이 오이디푸스가 줄 수 있는 은혜를 신탁을 통해 알고, 그를 자기 쪽으로 끌어들이려 하는 노력과 그에 대한 오이디푸스의 노여움과 거절에서 생기는 갈등을 거쳐, 마침내 그가 신들의 부름에 따라 천둥 번개 아래 홀연히 자취를 감추는 기적을 그리고 있다.

소포클레스가 이 극에서 다룬 전설이 무엇에서 유래하는지는 알 수 없다. 서사시에서 오이디푸스는 이오카스테가 죽은 뒤에도 왕좌에 남아 있었고, 이웃나라인 오르코메노스와의 전투 때 전사한 것으로 되어 있다. 어쨌든 이와 같이 오이디푸스의 무덤이 아티카의 수호가 되고 있는 이 전설은, 적어도 소포클레스가 태어난 콜로노스에 있었을 것이다. 이리하여 이 위대한 극시인은 인생의 마지막에 있어 신들과 오이디푸스를 화해시키고 자기 고향을 찬미했다.

테베 사람인 크레온을 포악한 지배자로 그리고, 가엾고 힘없는 오이디푸스의 두 딸을 폭력으로 빼앗으려다 아테네 왕 데세우스에게 저지된다는 줄거리는, 이 극을 쓸 그즈음 아테네가 펠로폰네소스 쪽과의 전쟁에서 바야흐로 패배하려 하고 있던 비운에 대한 시인의 애국심의 발로라고 볼 수도 있다.

에우메니데스는 본디 혈연의 피를 흘린 것에 대해 복수를 하는 무서운 여신들인 에리니에스이다. 그것이 아이스킬로스의 《오레스테이아》에서 볼 수 있는 것처럼, 아버지의 복수를 위하여 어머니를 죽인 오레스테스의 추구에 실패한 뒤 '에우메니데스(호의있는 자)'라는 이름 아래 콜로노스에 모셔졌으나, 마찬가지로 모르고 그랬다고는 하나 어버이의 피를 흘린 오이디푸스가 이 여신들의 신역(神域) 속에 영원한 안주의 장소를 발견한 것은 우연일 수 없다. 영웅의 시체가 수호 역할을 한다는 신앙은 오이디푸스 이외에도 있으므로 신기하지 않지만, 이것이 이 여신들과 관계되어 있는 점에 특별한 의의가 있다고 생각된다.

소포클레스는 신들의 길이 인간의 어떠한 생각도 뛰어넘는 무서운 것이라는 점을 깊이 생각한 시인이다. 신들은 잔인해서 인간의 어떠한 노력도 그것이 옳다든가 나쁘다든가 하는 것에 관계 없이 신들이 정한 길을 바꾸는 데 아무 도움이 되지 않는다. 그런데도 이 작품의 마지막에서 시인은 오이디푸스를 신들과 화해시켰다. 그러나 여기서 주의할 점은 이 화해는 신들 쪽에서 제의한 것이며, 오이디푸스는 끝까지 의연하게 자기 길을 걸어가고 있다는 사실이다. 소포클레스가 생각한 길도 여기에 있었던 것으로 생각된다. 그가 그린 어둡고 무서운, 내일이라는 날에 대해 아무 안심도 가질 수 없는 인간의 덧없음도 이 인간성의 강함을 통해 버티어지고 있다. 인간은 신들에게 굴복하고 있지 않는 것이다.

소포클레스는 꿋꿋한 사람이었다. 그의 유명한 원만하고 온화한 인격은 이와 같은 꿋꿋함에서 나오고 있다. 《콜로노스의 오이디푸스》가 지니는 형언할 수 없는 정밀함은 이러한 뒷받침을 통한 것이라고 생각된다.

나오는 사람

오이디푸스　테베의 전 왕.
안티고네　오이디푸스의 맏딸.
이스메네　오이디푸스의 둘째 딸.

테세우스　아테네 왕.

크레온　테베 왕.

폴리네이케스　오이디푸스의 아들(흔히 둘째 아들로 알려져 있으나, 여기서는 그 형인 에
테오클레스가 동생으로 되어 있다).

콜로노스 사람　콜로노스 본고장 사나이.

사자(使者)

코러스　콜로노스 본고장의 장로들로 이루어짐.

무대

　아테네의 중심인 아크로폴리스에서 서북쪽으로 2킬로미터쯤 떨어진 에우메니데스 여신의 성지인 콜로노스의 조그만 숲 앞.

앞을 못 보는 오이디푸스가 안티고네에게 이끌려 왼편에서 등장.

오이디푸스 앞 못 보는 이 늙은이의 딸 안티고네야. 우리는 어느 곳에, 어떤 사람들의 나라에 와 있느냐? 떠돌아다니는 우리에게 오늘은 누가 얼마 안되는 동냥이나마 줄까? 조금밖에 바라지 않지만, 바란 것만큼 얻지도 못하는구나. 그래도 그것으로 족하다. 고생도 했고 오랜 세월을 함께 다녔으며, 그리고 마지막으로는 고귀하게 태어났다는 것이 나에게 참을성을 가르쳐 주니까.

 애야, 사람의 땅이건, 신들의 숲이건, 어디 앉을 만한 데가 있거든 앉혀 주려무나. 우리가 어디에 와 있는지 물어보고 싶구나. 우린 나그네이니, 이 고장 사람에게 물어서 그들이 하라는 대로 해야지.

안티고네 아버지, 가여우신 오이디푸스님. 이 나라를 지키는 성탑은 제가 보기엔 아직도 먼 것 같습니다. 하지만 여기는 분명히 성스러운 곳인가 봅니다. 계수나무와 올리브와 포도덩굴이 무성하여, 그 속에서 수많은 꾀꼬리들이 우는 소리가 아름다운 음악을 연주하는 듯합니다. 여기 이 돌덩이 위에 앉으세요. 나이드신 몸으로 너무 먼길을 걸으셨으니까요.

오이디푸스 그러면 날 앉히려무나. 그리고 이 장님을 지켜 다오.

안티고네 오랜 동안의 일이니까 말씀하지 않으셔도 잘 압니다.

오이디푸스 그래, 우리가 어디에 와 있는지 알겠느냐?

안티고네 아테네 같으면 잘 알겠지만 여긴 모르겠어요.

오이디푸스 지나는 사람마다 그렇게들 말하더라.

안티고네 그러면 여기가 어딘지 제가 가서 알아보고 올까요?

오이디푸스 애야, 그러려무나. 사람이 살고 있는 데라면.

안티고네 틀림없이 살고 있어요. 하지만 그럴 필요가 없겠어요. 저편에 사람이 가까이 보이니까요.

오이디푸스 이리 오고 있느냐, 저리 가고 있느냐?

안티고네 벌써 옆에 온걸요. 그 사람이 여기 있으니 뭣이든 말씀하세요.

콜로노스 사람 등장.

오이디푸스 여보시오, 앞을 못 보는 나는 눈을 가진 이 아이에게서, 당신이 우리의 궁금증을 풀어 주기에 알맞은 때에 가까이 오셨다고 들었습니다.

콜로노스 사람 묻기 전에 우선 이 자리에서 물러나시오. 당신은 발을 들여 놔서는 안 될 곳에 와 있소이다.

오이디푸스 여기가 어디길래? 무슨 신성한 곳인가?

콜로노스 사람 아무도 건드려서는 안 되는 땅이오. 머물러서는 안 되는 곳이외다. 가이아[*1]와 스코토스[*2]와의 따님들인 무서운 여신들[*3]께서 사시는 곳입니다.

오이디푸스 그분들이 누구시라고? 그분들의 거룩한 이름을 듣고 간청을 해야겠소.

콜로노스 사람 이 고장 사람들은 모든 것을 보시는 에우메니데스님이라고 부르고 있는데, 다른 고장에서는 다른 이름들을 쓰고 있나 봅디다.

오이디푸스 그렇다면 그 여신들이여, 간청하는 이 사람을 인자스럽게 받아들여 주소서! 나는 이 고장의 내 휴식처를 다시는 떠나지 않을 작정이니까.

콜로노스 사람 그게 무슨 뜻이죠?

오이디푸스 내 운명의 암호[*4]요.

콜로노스 사람 아니오. 나로서는 이 일을 보고하고, 어떻게 해야 할 것인지 나라의 허락이 없이는 당신을 억지로 몰아내지 않겠소이다.

오이디푸스 그렇다면 여보시오. 신들께 걸고 나 같은 방랑객을 거절하지 말고, 내가 부탁하는 것을 가르쳐 주시오.

콜로노스 사람 말씀하시오, 그렇게 하면 거절은 않겠으니.

오이디푸스 그러면 우리가 지금 있는 곳은 어디란 말이오?

콜로노스 사람 내가 아는 것을 다 들려 드리리다. 이곳은 다 거룩한 땅입니다. 어마어마하신 포세이돈님이 다스리시는 땅입니다. 그리고 이곳에는 불을 가져오신 신인 티탄의 프로메테우스님도 모셔 놓고 있습니다. 그러나 지금 당신이 딛고 계신 자리는 이 고장의 '청동의 문턱'[*5] 또는 '아테네의 버팀줄'이라고도 부르고 있습니다. 이 근처 땅은 기사인 콜로노스를 그 으뜸가는 주인으로 모시고, 모든 사람들은 흔히들 그 이름을 따서 자기들의 이름으로 삼고 있지요. 이젠 아시겠지만, 여보시오, 여기는 그런 곳이

콜로노스의 오이디푸스 247

고, 시나 노래에는 그 이름이 없지만 이 고장에서 생활하는 사람들에게는 더욱 사랑스럽게 여겨지는 곳이지요.

오이디푸스 이곳엔 정말 사람이 살고 있나요?

콜로노스 사람 살고말고요. 그 신의 이름으로 불리고 있는 사람들이 살고 있지요.

오이디푸스 그들에게는 왕이 계신가요? 또 백성들에게는 발언할 수 있는 자유가 있나요?

콜로노스 사람 이 고장은 이 나라(아테네)의 왕께서 다스리십니다.

오이디푸스 말과 힘으로 다스리고 계시는 그분은 누구요?

콜로노스 사람 테세우스님이라는 분이죠. 선왕 아이게우스님의 아드님입니다.

오이디푸스 당신들 중에 누가 그분께 심부름을 갈 사람은 없을까?

콜로노스 사람 무슨 말을 하시려고? 아니면 그분을 오시게 하려고?

오이디푸스 조금만 친절하게 해 주면 큰 이득이 있을 거요.

콜로노스 사람 앞 못 보는 사람에게서 이득은 무슨 이득?

오이디푸스 내 말은 다 눈을 뜨고 있소이다.

콜로노스 사람 여보시오, 정신 차리세요. 나는 당신에게 해가 없길 바랍니다. 당신의 운명이 어찌되었든 간에, 보기엔 귀한 분 같으니까요. 시내(아테네)가 아니라 이곳 사람들에게 내가 가서 이 일을 말하기까지는 이 자리라도 좋으니 그대로 계세요. 이 고장 사람들이, 머물러도 좋을지 물러가야 좋을지 결정해 주겠지요.

콜로노스 사람 퇴장.

오이디푸스 애야, 그 사람은 갔느냐?

안티고네 갔습니다, 아버지. 가까이 있는 것은 저뿐이에요. 무엇이든지 마음놓고 말씀하실 수 있습니다.

오이디푸스 무서운 모습의 여신들이시여. 이 땅에서 내가 처음으로 앉은 것은 여러분들의 자리이니, 포이보스님과 나에게 인자하게 대해 주시옵소서.

그분이 나에게 여러 가지 슬픈 운명을 예언하셨을 때, 먼 훗날 내가 머무를 이곳을 이렇게 말씀하셨습니다. 송구스러운 여신들의 자리와 나를 반겨 보호해 주는 땅, 그곳에 내가 도달하면 거기서 내 고달픈 일생은 끝나리라. 그리고 내가 거기 머무르면 나를 맞아주는 사람들에게는 혜택이 있고, 나를 쫓아낸, 나를 추방한 사람들에게는 재앙이 있을 것이라고 말입니다. 그리고 이어서 그분은 지진이나 천둥이나 제우스의 번갯불에서 이런 일들의 징조가 있으리라고 경고하셨습니다.

이제야 나는 이 나그네 길에서, 여러분의 참다운 징조가 확실히 나를 이 숲으로 이끌어 오셨다는 것을 알게 되었습니다. 그렇지 않고서야 내가 방랑의 길에서 여러분들을 먼저 만나지는 않았을 것입니다. 술을 끊은 내가 술을 싫어하는 여러분*6을 만나거나, 사람의 손을 타지 않은 이 엄숙한 자리에 앉지는 않았을 겁니다.

그러하오니 여신님들이시여. 내가 영원히 땅 위에서 가장 아픈 일을 당해야 할 은혜받지 못할 자라면, 아폴론님의 말씀대로 내 일생의 마지막인 저승으로의 길을 베풀어 주시옵소서. 부디 태고의 어둠의 아름다운 따님들이시여! 부디 위대한 팔라스 나라라고 불리고 모든 나라 중 가장 영광스러운 아테네여. 오이디푸스의 이 가엾은 허깨비를 불쌍히 여기시옵소서. 저는 이미 옛날의 그 사나이는 아니니까요.

안티고네 쉬잇! 웬 늙은이들이 아버지께서 쉬고 계신 곳을 살피러 오는 모양이에요.

오이디푸스 입 다물고 있으마. 너는 그들이 무슨 말을 하는지 알 때까지 나를 숲 속에 감춰다오. 그들이 하는 생각을 알면 우리가 앞으로 하는 일에 조심을 할 수 있을 터이니.

오이디푸스와 안티고네 퇴장. 콜로노스의 연장자들로 된 코러스가 열심히 무엇을 찾으며 등장.

코러스 조심해라, 누구라고? 그가 어디 있는가?
이 세상의 모든 사람 중에서도 가장 뻔뻔스러운 놈이 어디 갔는가?
찾아라, 잘 보아라, 구석구석까지 찾아봐라!
떠돌이다, 그 늙은이는
떠돌이다, 이 고장 사람이 아니다.

그렇지 않고서야
아무도 겨룰 수 없는 여신들의 금단의 숲으로 들어왔을 리 없다.
우리는 그 이름을 입에 올리기조차 몸이 떨린다.
앞을 지날 때는 눈을 돌리고
소리도 말도 죽이고 말없이 기도를 드리고 간다.
그런데 여기 여신들을 업신여기는 자가 왔다는 소문이지만
구석구석 이 거룩한 곳을 둘러봐도 어디 있는지 알 수가 없구나.

오이디푸스가 안티고네와 함께 숨었던 곳에서 나온다.

오이디푸스 그건 바로 나요. 옛말에 있듯이 나는 소리로 보니까.
코러스 아, 보기도 무섭고 듣기도 무섭구나!
오이디푸스 부탁이오, 나를 무법한 사람으로 보진 마오.
코러스 제우스여, 우리를 지켜 주소서! 이 늙은이는 누구요?
오이디푸스 당신네들이 부러워할 만큼 그리 행복한 자는 아니오.
아아, 이 땅을 지키는 사람들이여
그건 분명하오. 그렇지 않으면
이렇게 남의 눈을 의지해서 걷거나
덩치가 큰 사람이 약한 자의 부축을 받지는 않을 것이오.
코러스 아이구, 배냇소경이었나? 보아하니
기나긴 세월에
고생도 많았던 것 같소.
그러나 내가 도울 수만 있다면
적어도 그 불행에
이 저주를 덧붙여 주고 싶진 않소.
너무 깊이 들어가 있소
너무 깊이! 그러나 저기 저 항아리의 물과 꿀로 된 제물이
흘러서 맞닿는 고요한 숲 속 풀밭 안으로
마구 밟고 들어가지 않도록 조심하시오.
불쌍한 나그네, 물러서시오

조심해요, 물러서시오, 꽤 멀리 있는데
고생스러운 나그네, 우리 말이 들리오? 무엇인가
내게 말할 것이 있거든
그 금지된 땅을 떠나서
누구에게나 허락된 곳에서
이야기하오.
그러나 그때까지는 기다리시오.

오이디푸스 애야, 어떡하면 좋으냐?

안티고네 아버지, 이 고장의 풍습에 따라야 합니다. 이런 경우엔 굽히기도 하고 귀를 기울이기도 해서.

오이디푸스 그럼, 네 손을 빌려다오.

안티고네 여기 있어요.

오이디푸스 여러분, 여러분을 믿고 이 자리를 떠난 다음에, 부당한 일을 당하지 않도록 해 주시오.

코러스 노인, 결코 아무도 당신을 이 휴식처에서 억지로 몰아내지는 않을 것이오.

오이디푸스 (차츰 앞으로 나서면서) 더 나갈까?

코러스 더 앞으로 나오시오.

오이디푸스 더?

코러스 아가씨, 더 앞으로 모셔요. 아가씨는 알고 있으니까.

안티고네 ……*7

오이디푸스 ……

안티고네 ……자, 아버지. 제가 모시는 대로 그 어두운 발걸음을 이리로 옮기세요.

오이디푸스 ……

코러스 낯선 고장에 온 손님
아, 가엾은 사람
이 나라가 싫어하는 것은 안 하도록 하고
좋아하는 것은 존중하도록 하오.

오이디푸스 그렇다면 애야, 신들께서 나무라시지 않는 곳으로, 말도 하고 듣기도 할 수 있게 나를 데려가 다오. 어쩔 수 없는 일에서는 다투지 않도록 하자.

코러스 거기, 그 자연석의 바닥에서 더 나가진 마시오.
오이디푸스 이만큼이면 되오?
코러스 됐소, 말한 대로요.
오이디푸스 여기 앉을까?
코러스 그렇지, 옆으로 비껴서 그 바위 끝에 걸터앉으시오.
안티고네 아버지, 그건 제가 할 일입니다, 조용하게.
오이디푸스 아아, 됐군, 됐어.
안티고네 차근차근 발을 맞추어서 늙으신 몸을 제 다정한 팔에 의지하세요.
오이디푸스 아아, 내 신세야!

    안티고네, 그를 바위에 앉힌다.

코러스 아, 가엾은 사람!
    이젠 편하게 됐으니 묻겠는데, 당신은 누구의 아들이오?
    그렇게 고달픔에 이끌려 온 당신은 누구란 말이오?
    당신의 나라는 어디요?
오이디푸스 여러분, 나는 나라에서 쫓겨난 사람이오, 그러나 부탁이오······.
코러스 노인, 무슨 부탁이란 말이오?
오이디푸스 부탁이오, 제발 부탁이오, 내가 누구냐고 묻진 마시오. 더 묻지 마시오.
코러스 그게 무슨 소리요?
오이디푸스 무서운 출생인지라.
코러스 말하시오.
오이디푸스 아아 참, 애야, 무어라고 할까?
코러스 어떤 집안이길래······. 나그네, 말하오, 아버지는 뉘시오?
오이디푸스 괴로운 일이로군. 애야, 나는 어떻게 될 것이냐?
안티고네 말씀하세요. 이젠 어쩔 수 없으니까요.
오이디푸스 그럼, 이야기할까. 숨길 수 없으니.

코러스 둘이서 무엇을 우물쭈물하는 거요, 자아, 어서!
오이디푸스 라이오스 왕의 아들을 아시오?
코러스 아이고! 아이고!
오이디푸스 랍다코스*8의 자손을 아시오?
코러스 아아, 제우스여!
오이디푸스 저 불쌍한 오이디푸스를.
코러스 당신이 바로 그란 말이오?
오이디푸스 내 말을 결코 두려워하지 마시오.
코러스 아!
오이디푸스 딸애야, 대체 어떻게 될 것이냐?
코러스 이 땅 밖으로 멀리 나가시오.
오이디푸스 그럼, 당신네들의 약속은 어떻게 된단 말이오?
코러스 앞서 입은 해를 되갚는 자는
　　아무도 운명의 벌을 받지 않는다.
　　한 편의 거짓이 다른 편의 거짓과 맞으면
　　그 갚음은 혜택이 아니라 괴로움이다.
　　여기서 물러나거라.
　　우리 땅에서 어서 빨리 먼 데로 가 버려라!
　　우리나라에 또다시 무거운 짐이 내리지 않도록
안티고네 후덕하신 여러분,
　　늙고 앞 못 보는 아버지께서 모르고 저지른 죄의
　　소문을 들으시고 참으실 수 없다면
　　적어도 불행한 나를
　　부디 여러분, 부탁입니다, 가엾게 여겨 주십시오.
　　오직 아버지만을 위해서 부탁합니다.
　　볼 수 있는 이 눈으로
　　여러분의 피를 나눈 딸처럼
　　이 불쌍한 사람이 동정을 얻을 수 있기를
　　간청합니다. 비참한 우리의 운명을
　　신께 의지하듯이 여러분에게 의지하고 있습니다.

부탁입니다. 감히 말씀드리지만
은혜를 베풀어 주십시오.
여러분께서 나온 모든 다정한 것을 두고
여러분의 자녀들에게, 부인에게, 재물에게
그리고 신께 의지해서 간청 드립니다.
신께서 그를 이끌어 주시는 한
여러분이 깊이 생각해 주신다면
인간으로서는 피할 수 없는 길임을 알게 되실 겁니다.

코러스 오이디푸스의 따님, 분명히 말해 두지만 우리는 아가씨나 이 사람이나 그 불행 때문에 딱하게 생각은 하오. 그러나 신들의 심판이 두려우니 앞서 말한 것밖에는 더 말할 수가 없소이다.

오이디푸스 세상의 칭찬이나 훌륭한 명성이 그저 헛되게 끝난다면, 그것이 무슨 이로울 것이 있을까. 흔히 말하듯이 아테네야말로 신께 경건하고, 이 나라만이 괴로워하는 사람을 보호하고, 이 나라만이 그런 사람을 도울 수 있다 한들, 대체 내가 어디서 그런 것을 찾아볼 수 있단 말이오?

나를 이 바위에서 일으켜 세운 다음, 오직 내 이름이 두려워서 나를 쫓아낸다면, 정녕 나라는 사람이나 내 소행을 두려워해서가 아니오.

내 소행이란 적어도 내가 했다기보다는 당한 일이오. 내 부모의 이야기를 당신들에게 말해야 한다면 말이외다. 그것 때문에 당신들은 나를 두려워하죠. 그건 나도 알고 있소.

그러나 내가 어찌 천성이 악할 수 있었겠소? 나는 그저 부당한 행위에 정당한 방위를 했을 따름이오.

그러니 내가 알고 했다 해도 나를 나쁘다고 할 수는 없소. 나는 어디로 가는지 전혀 모르고 내 길을 갔던 것이오. 반대로 나에게 해를 입힌 자들은 알면서 나를 망치려 했소.

그러니 여러분, 신들께 걸고 당신들에게 부탁하오. 나를 저 자리에서 물러서게 했듯이 나를 보호해 주시오. 그리고 여러분들이 신들을 공경한다면, 마땅히 신들께서 받으셔야 할 것을 신들께 바치기를 거절하지 마시오. 신들께서는 인간들 중에서 경건한 자를 눈여겨보시고 또 경건치 못한 자도 보시어, 신을 두려워할 줄 모르는 인간들은 결코 피할 수 없다고 생각해야 하오.

　그 신들의 도우심을 받아, 아테네의 빛나는 명성을 불경스러운 짓으로 흐려서는 안 되오. 내 간청을 여러분이 받아들이기로 약속했으니, 끝까지 도와 나를 지켜 주시기 바라오.

　내 얼굴이 보기에 흉하다 해서 나를 업신여기지는 마시오. 나는 성스럽고, 경건하고, 게다가 이 나라 사람들에게 안락(安樂)을 가져다 주는 자로서 이곳에 왔소이다.

　그러니 여러분의 왕이 누구이시건 그분이 여기 오실 때, 여러분도 모든 것을 듣고서 알게 될 것이오. 그때까지는 결코 잘못된 일은 하지 않기를 바라오.

코러스　노인, 당신이 생각하는 것은 매우 끔찍한 일이오. 그 말은 무서운 힘을 가지고 있소. 그러나 나는 이 나라를 다스리시는 분에게 이 일을 판단하시도록 맡겨 드리겠소이다.

오이디푸스　그러면 여러분, 이 땅의 임자는 어디 계시오?

코러스　그분은 이 땅의 조상부터의 나라에 계시오. 우리를 이곳에 보낸 그 사자(使者)가 그분을 모시러 갔소이다.

오이디푸스　그분이 이 소경을 소중히 여기시거나 동정하셔서, 친히 이곳에 와 주실 건가?

코러스　그야 확실하지, 당신의 이름을 아시게 되면.

오이디푸스　그 소식을 누가 그분께 전해 드리러 가는 거요?

코러스　길은 멀지만, 나그네들에게서 나온 여러 가지 소문이 전해져서 그 얘기를 들으시면 꼭 오실 것이니 염려 마시오, 노인. 당신의 이름은 방방곡곡에 널리 퍼져 있으니, 편히 쉬고 계시다가도 당신 얘길 들으시면 곧 이곳에 오실 거요.

오이디푸스　그분의 나라를 위해서도 나를 위해서도 와 주신다면 다행이겠는데. 어찌 훌륭한 사람이 그분의 친구가 아니겠소.

안티고네　아, 제우스님, 무엇이라고 말씀드릴까요? 아버지, 어떻게 생각해야 옳을까요?

오이디푸스　왜 그러느냐? 얘, 안티고네야.

안티고네　여자 한 사람이 이리로 오고 있는 것이 보입니다. 에트나의 망아지*9를 타고 있군요. 햇빛에서 얼굴을 가리느라고 테살리아 모자를 쓰고 있습니다. 무엇이랄까, 그 여잔가? 아닌가? 내가 내 정신이 아닌가? 그렇군요. 아니에요, 뭐가 뭔지 모르겠어요. 아아! 그렇지, 틀림없어요, 그 여자가 점점 다가오면서 눈으로 저에게 인사를 합니다. 제 앞에 있는 것은 바로 이스메네예요.

오이디푸스 애야, 무슨 소릴 하고 있느냐?
안티고네 아버지의 딸, 제 동생이 보입니다. 이제 곧 목소리로 아실 수 있을 겁니다.

　이스메네 등장.

이스메네 아아, 아버지. 정말 그리운 분들. 겨우 뵙게 됐군요. 그런데도 눈물이 앞을 가려서 보이지가 않습니다.
오이디푸스 내 딸아, 네가 왔느냐!
이스메네 아아, 아버지, 가엾으신 분!
오이디푸스 애야, 이젠 만났구나!
이스메네 그렇지만 고생이 심했어요.
오이디푸스 나를 만져 봐다오.
이스메네 두 분 손을 다 잡겠어요.
오이디푸스 아, 내 자식들, 아아, 같은 피를 나눈 내 자식들아!
이스메네 비참하고도 불행한 생활!
오이디푸스 네 언니와 내 생활 말이냐?
이스메네 게다가 저까지 합쳐서 불행하군요.
오이디푸스 애야, 대체 무슨 일로 왔느냐?
이스메네 아버지 걱정이 돼서.
오이디푸스 내가 그렇게도 보고 싶더냐?
이스메네 네, 그리고 제 입으로 소식을 전해 드리려고요. 제게 있는 단 하나의 충직한 하인을 데리고 왔어요.
오이디푸스 이렇게 필요한 때에 네 젊은 오라비들은 어디서 무엇을 하고 있단 말이냐?

이스메네 있기는 있지만, 참 큰일이에요.
오이디푸스 아, 그애들은 정신도, 생활도 꼭 이집트의 방식과 흡사하구나. 이집트에서는 사나이들은 집안에 들어앉아서 길쌈질을 하지만, 아낙네들은 그날그날의 밥벌이를 위해서 밖에서 일을 한다더라. 그런데 너희들 경우도 마땅히 이런 고생을 해야 할 녀석들은 계집애들처럼 집 안에 있고, 너희들 둘이 그놈들 대신에 불행한 나의 재난을 견디고 있구나.
　한 애는 어린 시절을 지나서 여자의 구실을 할 때부터 나와 함께 고달픈 방랑의 길에서 나를 이끌어 주었다. 가끔 끼니도 잇지 못하고 발을 헐벗은 채로 인적 없는 숲 속을 헤매고, 몇 번이나 억수 같은 비와 내리쬐는 더위에 시달리면서도 아비의 시중만 들 수 있다면, 집 안의 즐거움 같은 것은 마음에 두지도 않았다.
　또 너는 그전에는 카드모스네 사람들 모르게 아비에 관한 모든 신탁을 알려 주었다. 내가 그 땅에서 쫓겨났을 땐, 나를 위해서 충실한 감시자의 구실을 해 주었다. 그런데 이번엔 이스메네야, 이 아비에게 무슨 소식을 가져왔느냐? 무슨 일로 집을 떠나왔느냐? 무작정 왔을 리는 없다. 내가 잘 알지. 무엇인가 무서운 말을 전하러 온 것이겠지?
이스메네 아버지, 아버지께서 살고 계신 곳을 찾으려는 동안 고생한 일들은 말씀드리지 않기로 하겠어요. 괴로운 일을 다시 말씀드려서 고통을 되풀이하고 싶지는 않으니까요. 다만 아버지의 저 불행한 아들들에게 이제 닥쳐온 액운을 말씀드리러 온 것입니다.
　처음에는 크레온님에게 왕위를 맡겨서, 나라가 부정을 타지 않기를 그분들은 바라고 있었습니다. 그것은 예부터의 혈통에 대한 저주와 아버지의 불행한 집안에 저주가 어떻게 덮쳤는가를 냉정히 생각했기 때문입니다. 그런데 이제 와선 어느 분인지 몰라도 신들과 죄 많은 마음에 흔들려서 환장을 한 그들은, 서로 지배자가 되어 왕권을 잡으려고 삼중(三重)의 불행한 경쟁심에 사로잡히고 말았습니다.
　혈기 왕성한 작은오빠는 손위의 폴리네이케스에게서 왕위를 빼앗고 나라 밖으로 쫓아냈습니다. 그러나 큰오빠는, 저희들 사이에 널리 퍼진 소문입니다만, 망명자가 되어 아르고스의 들판으로 가서 새 친척과 전우들을 얻었습니다. 아르고스가 명예롭게 카드모스의 땅을 곧 차지할 건가, 아니면 그 땅의 이름을 하늘에까지 떨치게 할 건가를 결정하려는 속셈입니다.
　　이것은 아버지, 빈말이 아니라 무서운 사실입니다. 신들께서는 도대체 어디에서 아버지의 괴로움을 불쌍히 여겨 주실 것인지, 저로서는 짐작이 가지 않습니다.

오이디푸스　뭐라고? 너는 신들께서 나를 불쌍히 여기셔서 언젠가는 구원해 주시리라는 희망을 갖고 있었느냐?

이스메네　그렇습니다, 아버지. 이번 신탁으로……

오이디푸스　그 신탁이란 무엇이냐? 얘야, 어떤 예언이었더냐?

이스메네　아버지께서는 살아 계셔서나 돌아가셔서나 그 땅의 사람들이 자기들의 행복을 위해서 찾는 분이 되신다는 것입니다.

오이디푸스　나 같은 사람이 누구의 도움이 된다던?

이스메네　그들의 힘은 아버지께 달렸다던데요.

오이디푸스　내가 아무 쓸모도 없는 이때에 와서도 말이냐?

이스메네　그렇구말구요. 이제야말로 신들께서는 아버지를 이끌어 올려 주십니다. 전에는 파멸시키려 하셨지만.

오이디푸스　젊어서 망했던 사람을 늙어서 이끌어 올려야 별수 없지.

이스메네　그렇지만 적어도 그 때문에 크레온님이 먼 앞날이 아니라 곧 이곳으로 오실 줄 알고 계십시오.

오이디푸스　얘야, 무엇 때문에? 까닭을 말해 다오.

이스메네　아버지를 자기들의 손아귀에 넣고, 그러면서도 국경 안에 발을 들여놓지 못하게 하기 위해서 아버지를 카드모스 땅*10 근처로 모셔가려 합니다.

오이디푸스　내가 나라 밖에 있으면서 어떻게 그들에게 쓸모가 있다는 것이냐?

이스메네　아버지의 무덤을 잘 모시지 않으면 그들에게 화가 닥칩니다.

오이디푸스　그것쯤이야 신의 도움이 아니라도 누구나 다 알 수 있지.

이스메네　그래서 그들은 아버지를 그들의 땅 근처로, 아버지를 자유롭지 못한 곳으로 모셔가려 합니다.

오이디푸스　그러면서도 그들은 나를 테베 땅에 묻겠다는 거냐?

이스메네　아녜요, 아버지. 같은 핏줄의 죄 때문에 그건 안 됩니다.

오이디푸스 　그렇다면 그놈들이 결코 내 주인은 안 될 것이다.
이스메네 　그래서 언젠가는 그것이 카드모스 사람들의 슬픔이 되겠지요.
오이디푸스 　얘야, 무슨 일이 일어났을 때란 말이냐?
이스메네 　그들이 아버지의 무덤 앞에 섰을 때, 아버지의 노여움으로.
오이디푸스 　얘야, 그런 말을 누구에게서 들었느냐?
이스메네 　델포이의 부뚜막에서 온 신의 사자(使者)들로부터 들었습니다.
오이디푸스 　포이보스님이 과연 내게 관해서 그렇게 말씀하시더냐?
이스메네 　테베로 돌아온 그 사람들이 그렇게 말했습니다.
오이디푸스 　그래, 아들놈들 중의 누가 그걸 들었단 말이냐?
이스메네 　둘 다 잘 알고들 있습니다.
오이디푸스 　그걸 알고 있으면서도 그 괘씸한 놈들은 나를 그리워하는 마음보다 왕위가 더 대단했다더냐?
이스메네 　그런 말씀은 듣기가 괴롭습니다. 그래도 참아야지요.
오이디푸스 　그렇다면 그놈들의 숙명적인 싸움을 신들께선 말리지 마시옵고, 그들이 지금 서로 벌이고 있는 싸움의 결판을 저에게 맡겨 주시옵소서! 지금 왕의 자리에서 권세를 떨치는 자도 길지 않고, 또한 쫓겨난 자도 다시는 돌아가지 않도록 하기 위해서. 그들은 내가, 그들의 아비가 그렇게도 욕스럽게 내 나라에서 쫓겨날 때, 그것을 막으려 하지도 않았고 나를 지켜주지도 않았어. 아니, 내가 집도 없이 쫓겨나는 것을 보고, 큰 소리로 공포된 내 추방의 선고를 그저 듣고만 있었단 말이다.
　　그러나 그것은 그때 내 스스로가 원했던 것이고, 나라에서는 그 소원대로 나에게 적당히 그런 혜택을 베풀었다고 말할 사람도 있겠지. 그렇진 않다. 그 첫날, 나는 울화가 치밀어 그저 죽고만 싶어서 돌로 맞아 죽기를 바라기만 했었을 때, 어느 누구도 그 소원을 들어 주는 사람이 없었다. 그러나 세월이 흘러 내 괴로움도 이제는 다 누그러지고, 한때의 분노가 지나간 잘못을 지나치게 벌 주려고 했었다고 느끼기 시작했을 무렵, 바로 그 무렵에 내 나라는 억지로 나를 쫓아내려 했던 것이다. 그 기나긴 동안을 내버려 둔 뒤에 말이다. 그리고 그 아들놈들이란, 이 아비의 아들로서 나를 도울 수 있었으련만, 그렇게 하지 않았다. 짧은 말 한 마디도 없었기 때문에 나는 쫓겨난 거렁뱅이로서 언제나 떠돌아다녔던 것이다.

다만 두 딸들이 비록 여자이긴 하지만 힘이 닿는 대로, 그 날의 끼니와 편히 쉴 자리와 도움을 주고 있다. 그런데 형제 놈들이란 왕의 자리와 제 아비를 바꿔서 왕권을 휘둘러 영토를 다스리고 싶었더란 말이다. 나는 그 놈들과 결코 한편이 되진 않는다. 그렇게 해서 카드모스의 땅을 지배해 본들, 아무런 수도 생기진 않는다. 이번 신탁을 듣고 포이보스님께서 드디어 나를 위해서 이루신 내 마음 속의 옛 예언이 생각날 때, 나는 그것을 알 수 있다.

그러니 나를 찾기 위하여 크레온이건 그밖의 누구건, 테베의 유력한 자를 보낼 테면 보내라. 그것은 여러분, 만약 여러분이 여러분과 함께 살고 계신 무서운 여신들의 옹호와 더불어 내게 힘을 빌려 준다면, 이 나라를 위해서는 큰 조력자를 얻는 것이 되며, 나의 원수를 위해서는 고난을 주는 일이 될 것이오.

코러스 오이디푸스님, 당신도 이 따님들도 참으로 불쌍하고, 이 하소연에 덧붙여 당신이 우리나라를 구하는 힘이 된다고 말씀하시니 나는 당신에게 도움이 되는 것을 말씀해드리죠.

오이디푸스 고맙기도 하시지. 그렇다면 나는 무슨 일이든 하라는 대로 하겠으니 힘이 되어 주기 바라오.

코러스 그래서 말씀인데, 당신이 처음에 와서 발을 들여놓은 이곳의 여신들께 치를 것을 치러야 하오.

오이디푸스 어떤 의식으로? 일러 주시오.

코러스 우선 마르지 않는 샘물에서 깨끗한 손으로 성스러운 물을 길어 오시오.

오이디푸스 그 깨끗한 물을 길어 와서는?

코러스 사발*11이 있소. 정교한 기술자가 만든 것인데, 그 사발 앞부분과 양편의 손잡이를 치장하시오.

오이디푸스 나뭇가지? 양털로 짠 천? 아니면 어떻게 하는 것이오?

코러스 새끼 암양의 갓 자른 털로 치장하시오.

오이디푸스 좋소, 그리고 나서 마지막으로는 어떻게 하는 거요?

코러스 동쪽을 향해 서서 그 성스러운 물을 따르시오.

오이디푸스 당신이 말한 그 사발로 쏟으면 되는 거요?

코러스 그렇소. 세 번씩 붓되, 마지막에는 단번에 비우는 것이오. *12
오이디푸스 무엇으로 그것을 채워야 하오? 그것도 가르쳐 주시오.
코러스 물과 꿀로. 그러나 술을 섞어서는 안 되오.
오이디푸스 그런데 저 나무 그늘 밑의 침침한 땅이 그걸 빨아들이면?
코러스 올리브나무 잔가지를 아홉 개씩 두 손으로 세 번 그 위에 놓고, 그 동안에 이 기도를 올리는 것이오.
오이디푸스 그 기도를 듣고 싶구려, 가장 중요한 것이니.
코러스 이 신들을 우리는 에우메니데스님이라고 부르고 있으니, 자애로우신 마음으로 이 탄원자를 구해 주십사고 기도하는 것이오. 이것은 당신이 직접 해도 좋고, 남을 대신 시켜도 좋소. 들리지 않게 외고 소리를 내서는 안 되오. 그러고는 물러가되 뒤돌아보지 마시오. 그 일만 마치면 우리도 기꺼이 당신 편을 들겠소. 그렇지 않고서는 나는 당신이 걱정되는구려.
오이디푸스 딸들아, 이 땅에 살고 계신 이분들의 말씀을 들었느냐?
안티고네 들었습니다. 저희들은 어떻게 해야 하는지 말씀해 주세요.
오이디푸스 나는 갈 수가 없다. 내게는 그럴 힘도 없고 보이지도 않으니, 재앙이 겹겹이구나. 너희들 중의 하나가 가서, 이 일을 해다오. 착한 뜻을 가지고 간다면, 한 사람으로도 천 사람을 위한 빚을 갚기에 충분하리라고 생각한다. 그러니 어서 가거라. 다만 나를 혼자 버려두진 마라. 혼자서, 이끌어 주는 사람 없이는 움직일 수가 없으니까.
이스메네 그러시다면 제가 가서 하겠어요. 하지만 그 장소가 어딘지 가르쳐 주세요.
코러스 아가씨, 이 숲의 저편 끝이오. 무엇이고 모자라는 것이 있으면 거기 있는 궁지기가 가르쳐 줄 것이오.
이스메네 그러면 가겠습니다. 언니, 언니는 여기서 아버지를 모시고 계세요. 우리 어버이시니, 괴로운 일이라도 괴롭게 여겨서는 안 되겠지요.
코러스 나그네여, 지나친 슬픔을 불러일으키기란
 무서운 일이긴 하지만, 그래도 역시 듣고 싶소.
오이디푸스 무엇을 말이오?
코러스 저 비참하고 벗어날 길 없는, 당신이 말한 그 괴로움 말이외다.
오이디푸스 손님에 대한 당신의 친절에 걸고, 내가 당한 치욕을 들추지 말기 바라오.

코러스 그 애기가 널리 퍼져 가라앉지를 않고 있소. 나그네여, 그러니 나는 사실을 듣고 싶소.

오이디푸스 아!

코러스 부탁이오, 들려 주오.

오이디푸스 아, 아!

코러스 들려 주시오, 우린 당신의 청을 다 들어 주었소.

오이디푸스 여러분, 나는 끔찍히도 불행했소. 아무것도 모르고 저지른 일이오. 어느 한 가지도 내가 원해서 한 일은 없소.

코러스 그래, 그게 무슨 일인데요?

오이디푸스 테베는 아무것도 모르는 나를 흉측한 부부의 잠자리에서, 이 몸의 저주가 된 결혼으로 맺어 놓았소.

코러스 소문으로는 어머니를 잠자리의 짝으로 삼았다던데, 그럴 수가 있을까?

오이디푸스 아아, 듣고 있자니 죽기보다 쓰리구나. 여러분, 그리하여 이 두 딸애는 나의······.

코러스 무슨 말을 하려는 거요?

오이디푸스 이 두 딸들! 이 두 저주!

코러스 아아, 제우스여!

오이디푸스 나와 한배에서 태어났소.

코러스 그러면 이들은 당신의 자식이자······.

오이디푸스 그렇소, 바로 그들 아버지의 누이들이오.

코러스 아아!

오이디푸스 아아, 정말 무섭구나. 숱한 재앙이 다시 닥치는구나!

코러스 괴로웠겠군.

오이디푸스 견디기 어려운, 무서운 괴로움이었소.

코러스 죄를 저질렀으니.

오이디푸스 죄는 아니오.

코러스 무엇이라고?

오이디푸스 나는 선물을 받았지만 얼마나 불행한 것이었나! 나라를 위해 바친 그 보답을 나는 받지 말았어야 했을 텐데.
코러스 가엾은 사람! 그러고서는? 그 피를 흘렸던가?
오이디푸스 어째서 그런 말을 하오? 무엇이 알고 싶단 말이오?
코러스 아버지의 핀가?
오이디푸스 아아 또 한 번 맞는구나, 상처 위의 상처!
코러스 죽였군.
오이디푸스 죽였지, 하지만 거기엔.
코러스 거기엔 무슨?
오이디푸스 그럴 만한 까닭이 있지.
코러스 어떤?
오이디푸스 말하지. 내가 그렇게 안 했으면 내가 죽인 자들은 날 죽였을 거요. 나는 법률 앞에서는 깨끗해. 모르고서 이 궁지에 빠졌소.
코러스 자아, 저기 우리의 왕이신 아이게우스의 아드님이신 테세우스님께서 당신의 부름을 받고 오셨소이다.

테세우스 등장.

테세우스 당신이 눈을 상해 피투성이가 되었다는 것은 오래 전부터 많은 사람들에게서 듣고 있었기 때문에, 라이오스의 아드님, 나는 당신을 알아보았지만, 지금 이리로 오는 길에 소문을 듣고 이제는 더할 수 없이 확실해졌소. 당신의 옷과 그 불행한 얼굴은 당신이 누구인가를 분명히 나타내고 있소. 불쌍히 생각하여 묻겠는데, 운 사나운 오이디푸스여, 이 나라나 나에게 당신과 옆에서 부축하는 불우한 따님은 무슨 소원이 있길래 찾아왔는가, 말을 하시오. 당신이 말하는 운이 과연 비참하긴 하여도 내가 그 일을 모른다고 할 수는 없을 것이외다. 나 역시 당신과 마찬가지로 나라 밖에서 키워졌기에, 누구 못지않게 남의 나라에서 목숨을 걸고 위험과 싸웠던 것이오. 그러니 지금의 당신과 같은 다른 나라 사람들을 피하거나 돕기를 거절하거나 하지는 않겠소이다. 나는 내가 인간임을, 그리고 내 신세가 당신 못지않게 내일 어떻게 되는지 모른다는 것을 잘 알고 있기 때문이오.
오이디푸스 테세우스님, 당신의 갸륵한 마음씨는 그 짤막한 말씀으로 잘 나타나 있습니다. 그러니 나는 길게 얘기할 필요가 없습니다. 내 이름, 내 아버지, 내 나라는 당신이 말씀하신 것과 같습니다. 따라서 내 소망을 말하는 것밖엔 남지 않았습니다. 내 얘긴 끝났습니다.

테세우스 그러니 바로 그 소망을 말씀하시오. 내가 잘 알아듣도록.

오이디푸스 나는 이 비참한 몸을 당신에게 선물로 바치려고 왔습니다. 보기엔 별로 신통치 않지만, 거기서 생기는 이득은 아름다운 모습보다 훨씬 좋습니다.

테세우스 무슨 이득을 가져왔다는 겁니까?

오이디푸스 머지않아 아시겠지만, 아직은…….

테세우스 그렇다면 그 혜택이란 언제 밝혀지겠소?

오이디푸스 내가 세상을 떠나고, 당신이 나를 묻어줄 때.

테세우스 당신은 이 세상의 마지막 것을 바라고 있지만, 그 때까지의 일을 잊으셨는가, 아니면 개의치 않는 건가.

오이디푸스 그렇죠. 그것만 이루어지면 나머진 저절로 얻게 됩니다.

테세우스 그렇다면 당신이 내게 바라는 것은 작은 것이로군.

오이디푸스 그러나 조심하십시오. 이건 가벼운 일이 아닙니다, 결코.

테세우스 당신 아들들과 나 사이를 말하는 것이오?

오이디푸스 왕이시여, 그들은 나를 그곳으로 데려가고 싶어합니다.

테세우스 그러나 당신도 그러길 바란다면야, 나라 밖에 있는 것이 좋은 일은 아니오.

오이디푸스 아닙니다. 내가 그러길 바라고 있었을 때, 그들은 거절을 했소.

테세우스 어리석기도 하오. 불행한 때에 화를 내는 것은 어울리지 않는 일이오.

오이디푸스 내 얘길 듣고 충고하십시오. 그때까진 참으십시오.

테세우스 들어 봅시다. 아무것도 모르고서는 말할 것이 아니오.

오이디푸스 테세우스님, 겹쳐 오는 참혹한 흉사로 나는 고생했습니다.

테세우스 당신 집안의 예부터의 재앙을 말하려는 거요?

오이디푸스 아니, 그게 아닙니다. 그건 헬라스 천지에 알려져 있습니다.

테세우스 그렇다면 인간의 슬픔을 넘어선 슬픔이란 무엇이오?

오이디푸스 그건 이렇습니다. 나는 나라에서 내 자식들의 손으로 쫓겨났지요. 그리고 아버지를 죽인 죄 때문에 다시는 되돌아갈 수 없는 신세입니다.

테세우스 그런데 당신네들이 따로 떨어져서 살아야만 한다면, 왜 그들이 당신을 불러 가려 하오?

오이디푸스 신의 입이 그들에게 강요할 것입니다.

테세우스 그 예언의 무엇이 두려워서?

오이디푸스 그들이 이 땅에서 파멸당할 운명에 있다는 것이죠.

테세우스 그런데 왜 그들과 나 사이에 다툼이 있어야 한단 말이오?

오이디푸스 나의 친구인 아이게우스의 아드님, 오직 신들만이 늙지도 죽지도 않습니다. 그 밖의 모든 것은 온갖 것을 극복하는 시간에 굽히고 맙니다. 땅의 힘도 쇠퇴하고 몸의 힘도 기울어집니다. 신의는 죽고 불신이 생겨납니다. 친한 친구 사이에도 나라와 나라 사이에도, 한결같은 마음이 결코 오래 가지를 않습니다. 어떤 자는 당장에, 또 어떤 자는 나중에, 즐거움은 괴로움으로, 그리고 또다시 사랑으로 바뀝니다. 테베와 당신 사이가 오늘은 햇빛 아래에서 아름답다 해도, 숱한 세월에는 많은 낮도 밤도 있으며, 그 동안에는 하찮은 일에서 오늘의 화목의 맹세가 창끝으로 갈라지기도 합니다.

　　그때 땅 속에 잠든 나의 차디찬 시체는 언젠가는 그들의 뜨거운 피를 빨아먹을 것입니다. 만일 제우스께서 아직도 제우스이시며, 그 아드님이신 포이보스께서 진실을 말씀하신다면. 그러나 나는 덮어두어야 할 일까지 말하고 싶지는 않으니, 내가 말하기 시작한 데서 끝내도록 허락하시기를 바랍니다. 당신이 앞에서 한 약속만은 지켜 주시고. 그렇게 하시면 신의 말씀에 거짓이 없는 한, 공연히 오이디푸스를 받아들여 이 땅에 살게 한 것이 조금도 이롭지 않은 일이었다는 말을 듣지는 않을 것입니다.

코러스 왕이시여, 처음부터 이 사람은 이 땅을 위해서 이런 약속과 그와 같은 것을 지킬 작정이라고 말하고 있습니다.

테세우스 그렇다면 누가 그런 사람의 호의를 마다할 수 있을까? 첫째로 그런 사람에게는 우리쪽에서도 한집안같이 늘 터놓고 지낼 수 있는 권리를 가지고 있다. 그리고 둘째로 그가 우리 신들의 보호를 구하는 사람으로서 이 땅에 와서, 이 땅과 나에게 적지 않은 보답을 가져오고 있다. 나는 그런 일을 존중해서 이 사람의 호의를 결코 물리치지 않고, 이 나라 사람으로서 맞아들이겠다. 이 사람이 기꺼이 이곳에서 살겠다면, 나는 이 사람을 지켜드리도록 너희들에게 명령한다. 만약 나와 함께 가기를 바란다면 이 두 가지 중의 어느 것이든, 오이디푸스님, 마음대로 택하시오, 그대로 하겠으니까.

오이디푸스 아, 제우스여. 이분들에게 은총을 베푸소서.
테세우스 그러면 어떡하시겠소? 내 집으로 오시겠소?
오이디푸스 내게 허락하신다면야. 그러나 여기가 바로 그곳입니다.
테세우스 여기서 어떡하겠단 말이오? 막지는 않겠소만.
오이디푸스 나를 쫓아낸 놈들을 여기서 패망시키겠습니다.
테세우스 당신이 여기에 있음으로 해서 큰 선물을 약속하시는군.
오이디푸스 그렇지요, 약속한 것만 지켜 주신다면야.
테세우스 내게 관해서는 걱정할 것 없소이다. 결코 배신하지는 않겠습니다.
오이디푸스 그렇다면 믿지 못하는 자처럼 당신을 맹세로 얽매지는 않겠습니다.
테세우스 그렇다 해도, 내 언약보다 더한 것을 얻지는 못할 것이외다.
오이디푸스 그럼 어떻게 하시겠습니다.
테세우스 무엇이 두렵단 말이오?
오이디푸스 놈들이 올 것입니다.
테세우스 아니, 그건 이자들이 대항할 것이오.
오이디푸스 나를 그냥 두고 가신다면 어떻게 되는지.
테세우스 내가 할 일을 가르칠 것은 없소.
오이디푸스 그러나 공포가 강요를 하는군요.
테세우스 내 마음은 아무것도 두렵지가 않소.
오이디푸스 당신은 위협을 모르시니까……
테세우스 어느 누구도 내 뜻을 어겨서, 당신을 여기서 데려가는 일은 없으리라는 것을 나는 알고 있소. 많은 위협과 많은 말들을 홧김에 쓸데없이 늘어놓았지만, 제정신으로 돌아가면 위협이고 뭐고 없어지고 마는 것이오. 그들이 우쭐해서 당신을 데려간다는 따위의 큰소릴 치지만, 내가 알기로는 아마 건너지 않으면 안 될 바다가 넓어서 그다지 쉬운 항해는 아닐 것이외다.

내 결심은 어찌되었든, 포이보스님께서 당신을 보내셨다면, 안심해도 좋을 줄 아오. 그러나 내가 이곳에 없다 하더라도, 내 이름은 확실히 당신을 무사하게 지켜 줄 것이오.

테세우스 퇴장.

코러스 나그네여, 그대는 이 명마(名馬)의 고장
　　　이 세상에서 가장 아름다운 안식처
　　　이 흰 땅*13의 콜로노스로 오셨다.
　　　여기 꾀꼬리는 쉴새없이 와서
　　　푸른 나무 그늘에서 우짖는다.
　　　포도빛 짙은 그늘에
　　　숱한 열매 맺어
　　　햇빛이 찾아들지 못하니
　　　비바람에도 끄떡없는
　　　인적 없는 신의 숲의 꾀꼬리가
　　　여기서 술의 신 디오니소스가
　　　자기를 키운 여신들과 함께
　　　늘 거닌다.

　　　하늘에서 내리는 이슬로 키워져
　　　탐스러운 꽃송이의 나르키소스*14는
　　　아침마다 피어나는
　　　위대하신 여신*15들의 예부터의 화환이다.
　　　금빛나는 크로코스도 꽃핀다.
　　　잠들 줄 모르는 샘물은 케피소스*16의 흐름을 키우고
　　　일찍이 줄어든 일 없이
　　　나날이 언제나 맑은 물을 담아
　　　부푼 대지의 가슴을 달려
　　　풍요를 가져다 준다.

콜로노스의 오이디푸스 267

뮤즈의 여신들의 코러스도
황금 고삐를 쥔 아프로디테도 여기를 기꺼이 찾아 주신다.

또 이곳에는 아시아에서도, 또한 펠롭스의 크나큰
도리스 섬에서도 생겨났다고 듣지 못했던
사람의 손을 빌리지 않고
저절로 솟아난
적의 창에는 두려움이 되는 것
이 땅에서 무성하게 자라는 나무[17]
그것은 어린애를 키워 주는 회색 잎의 올리브[18]
젊은이도 늙은이도 파괴의 손을 내밀지 못한다.
모리아스의 디오스[19]와 은빛나는 눈의 아테나[20]가
언제나 눈을 뜨고 지키고 계시다.

그뿐이랴, 우리의 이 어머니 나라에는
위대한 신의 선물
둘도 없는 자랑이 있다.
준마(駿馬), 훌륭한 망아지, 그리고 아름다운 바다
오, 크로노스의 아드님, 우리 주 포세이돈님
당신은 이 나라에 그런 자랑을 베푸셨다.
여기 이 길에서 비로소 사나운 말을 다루는 고삐를 보여 주셨다.
또 사람 손으로 마음대로 움직이는 노(櫓)가 백 개의 다리를 가진 네레이데스[21]의 뒤를 따라 바다 위를 놀라운 속도로 달려간다.

안티고네 아, 세상에 둘도 없이 찬양받는 나라여, 당신의 빛나는 이름을 행동으로 보일 때는 바로 지금입니다.
오이디푸스 애야, 또 무슨 새로운 일이 일어났느냐?
안티고네 아버지, 저기 크레온님께서 다가오십니다. 부하들을 거느리시고요.
오이디푸스 아아, 친절한 노인들, 걱정없다고 내게 약속한 마지막 증거를 보여주시오.
코러스 염려없소이다. 그 증거를 보여 드리지요. 나는 늙었어도 이 나라의

힘은 늙지 않고 있소이다.

크레온, 부하들을 거느리고 등장.

크레온 이 땅에 사시는 귀하신 분들, 여러분의 눈에는 내가 온 것을 왠지 두려워하는 빛이 보이지만, 겁을 낼 것은 없습니다. 그리고 거친 말을 해서도 안 됩니다. 나는 무슨 억지를 부리려는 생각에서 온 것은 아닙니다. 나는 늙었고, 또한 헬라스에 힘있는 나라가 있다고 해도 그 중에서 가장 강한 나라에 왔다는 것을 잘 알고 있으니까요. 다만 나는 저기 있는 저분에게 함께 카드모스의 나라로 돌아가자고 권하기 위해서, 이 늙은 나이로 여기까지 심부름을 왔습니다.

나는 어느 한 사람의 심부름으로 온 것이 아니라, 온 나라 사람의 명령에 따른 것입니다. 한집안 사람으로서 나라 안의 누구보다도 그분의 불행을 슬퍼하는 것은 나로서는 당연한 일일 것입니다.

자아, 불행한 오이디푸스님, 내 말대로 집으로 돌아가 주시오. 카드모스의 모든 시민들이 당신을 부르고 있습니다. 특히 가장 천한 사람이 아닌 바에야 나야말로 당신의 이 불행을 누구보다도 슬퍼하고 있습니다.

노인, 당신은 불행한 나그네, 방랑자로 딸 하나를 의지해서 끼니도 잇지 못하고 떠돌아다니고 계시니까요. 그 따님이 지금까지 겪었던 것 같은 비참한 일을 당하리라고는 생각도 못했습니다. 참으로 불쌍한 아이입니다. 궁한 중에서 늘 당신의 생활을 돌보고 있으며, 그 좋은 나이에 시집도 못 가고, 처음 걸리는 자의 좋은 밥이 되는지도 모릅니다. 아아, 당신에게 그리고 나에게, 또한 온 집안 사람에게 내가 던진 이 비난이 잔인하게 들리진 않습니까? 그러나 이왕에 드러난 이 부끄러운 일은 감출 길 없습니다. 그러니 오이디푸스님, 조상의 신들 이름으로 그것을 감추어 주십시오. 내 말대로 조상의 나라와 집으로 돌아가기로 하십시오. 그러나 그보다 앞서 이 나라에는 친절하게 작별을 하십시오. 이 나라는 그럴 만한 나라입니다. 그렇지만 일찍이 당신을 키워 준 고향은 다른 곳보다 더 존중해야 합니다.

오이디푸스 이 당돌한 놈! 그럴 듯한 핑계를 꾸며서 간교한 잔꾀를 부리고 있구나. 어째서 또다시 한번 빠졌다 하면 고통스럽기 짝이 없는 함정 속으로 끌어들이려는 거냐. 지난날 내가 불러들인 불행에 괴로워하여 나라에서 쫓겨나길 바랐던 때는, 내 소원대로 이루어 주려 하질 않았다. 그런데 그 뒤 분한 것도 겨우 가라앉아 집에 있기가 즐거웠을 때, 그때 너는 나를 집에서, 나라에서 쫓아내어, 그 무렵부터 나는 집에 대해서는 아무런 애정도 갖지 않았다. 그런데 이제 또다시 이 나라와 온 백성이 호의를 가지고 나를 반겨 주는 것을 보고, 굳은 마음을 부드러운 말로 감추어 나를 꾀어 내려 하는구나. 그러나 바라지도 않는 친절을 기뻐할 리가 있을까. 뭔가 간절히 바라고 있을 때는 아무것도 주지도 돕지도 않다가, 바라던 것으로 이미 마음이 채워져서 은혜가 고맙지도 않을 때에 베풀어 주는 것이나 같구나. 그런 기쁨이란 아무 보람도 없는 것이라고 생각지 않느냐?

　네놈이 내게 주고 있는 것은 바로 그런 것이야. 말은 좋지만 실속은 흉악하다.

　나는 네가 악인임을 밝히기 위해서 이 사람들에게 말해 두겠다. 네가 날 데리러 온 것은 고국으로 데려가기 위한 것이 아니라, 국경 가까이에 두어서 네놈의 나라가 이 나라로부터 봉변을 무사히 면하기 위한 것이야. 그러나 소원대로 되진 않을 게다. 그것이 네 운명이다. 영원히 그 땅, 그 곳에 붙은 내 저주다. 그리고 내 자식놈들에겐 내 땅 중에서, 바로 거기서 죽기에 알맞을 만큼의 땅만 떼어 주겠다.

　테베의 운명에 관해서는 너보다 내가 더 잘 알지 않느냐? 그렇지, 훨씬 더. 나는 포이보스님과 그 아버지 되시는 제우스 신에게 들어 알고 있으니까. 그러나 너는 칼날보다 얄팍한 혀로 거짓말만 가지고 왔다. 말해 봤댔자 네가 받을 것은 구원보다는 재앙일 게다. 그러나 네게 그런 말이 통하지 않으리라는 것은 알고 있다. 가거라! 그리고 우리가 여기서 살게 내버려 두어라. 우리가 만족하고 있는 한, 비록 이런 꼴이지만 우리의 살림은 비참하지 않다.

크레온　그런 말로 어느 쪽이 곤란하다고 생각하시오? 당신이 나를 해치는 것일까? 아니면 당신이 스스로를 해치는 것일까?

오이디푸스　네놈이 나를, 그리고 이분들을 설득할 수 없다면 그것으로 족하다.

크레온 불쌍한 사나이, 그 나이로도 철이 안 들다니. 오래 살아서 그 나이에 욕을 보일 셈인가?

오이디푸스 대단한 주둥아리로구나. 그러나 어떤 일에서든 말 잘하는 놈치고 정직한 놈은 못 보았다.

크레온 말이 많은 것과 적절한 말을 하는 것과는 다른 문제요.

오이디푸스 네 깐엔 말은 짧아도, 적절하다고 여기는 모양이로구나.

크레온 그렇지도 않을 게요, 당신 같은 머리를 가진 사람에게는.

오이디푸스 돌아가라. 그리고 이 사람들을 대신해서 말하는 것이다! 내가 머무르기로 정해진 곳에서 서성거리면서 날 귀찮게 굴지 말아라.

크레온 당신이 아니라 이 사람들이 증인이오. 그러나 당신 핏줄에 대한 그 대답은, 내가 당신을 잡는 날엔…….

오이디푸스 이렇게 우리 편이 있는데, 누가 감히 날 잡아?

크레온 이제 곧 혼이 날 게요.

오이디푸스 무슨 근거로 그런 장담을 하느냐?

크레온 당신 딸 중의 하나는 벌써 잡아서 보냈고, 또 하나도 곧 데려가겠소.

오이디푸스 아, 이런!

크레온 곧 더 기막힌 일이 있을 게요.

오이디푸스 내 딸을 잡았단 말이냐?

크레온 이제 곧 이 딸도.

오이디푸스 아, 여러분, 어떡하시렵니까? 날 버릴 셈입니까……. 이 고약한 놈을 이 땅에서 몰아내지 않으렵니까?

코러스 꺼져라, 네 이놈. 어서 여기서 사라져라. 네가 지금 하는 짓도 옳지 못하려니와, 이미 저지른 일도 옳지 않다.

크레온 (부하들에게) 너희들, 우물쭈물하지 말고 저 계집애가 순순히 가려 들지 않거든 억지로라도 끌고 갈 때가 됐다.

안티고네 아, 어쩌나, 어디로 달아날까? 신이나 사람의 도움을 어디서 찾을까?

코러스 무슨 짓이냐, 이놈!

크레온 저자에겐 손대지 않겠다. 그러나 이 계집앤 내 것이야.

오이디푸스 부탁합니다, 이 땅의 어른들!

코러스　이놈, 네놈의 하는 짓이 괘씸하구나.
크레온　정당하다.
코러스　어째서 정당하냐?
크레온　내 걸 내가 데려가는 거다.

　　　안티고네를 잡는다.

오이디푸스　아, 이 나라여!
코러스　이놈, 무슨 짓이냐! 놓지 못할까? 어느 편이 강한지 곧 보여주마.
크레온　비켜라.
코러스　그런 속셈을 가지고 있는 동안은 비키지 않겠다.
크레온　나를 해치면 테베 나라와 싸움이 붙을 것이다.
오이디푸스　내 그렇게 말하지 않더냐?
코러스　그 아가씨를 당장 놓아줘라!
크레온　힘도 없는 주제에 명령은 마라.
코러스　네놈에게 말하는 거다. 어서 놔!
크레온　(부하들에게) 너희들에게 명령한다. 어서 데려가거라.
코러스　모여라, 이 고장 사람들아. 모여라, 어서, 어서. 나와라, 우리나라가 폭행을 당하고 있다. 어서 구하러 오너라.
안티고네　저는 끌려가요, 여러분, 여러분.
오이디푸스　딸아, 어디 있느냐?
안티고네　억지로 끌려갑니다.
오이디푸스　애야, 손을 내라.
안티고네　되질 않습니다!
크레온　(부하들에게) 어서 끌어가거라.
오이디푸스　아아, 어쩌면 좋으냐?

　　　부하들과 안티고네 퇴장.

크레온　이젠 저 둘이 네 발걸음을 이끌어 주지는 않을 게다. 너는 네 나라와 친구들을 이기려고 생각하고 있으니……. 나는 왕이긴 하지만, 그들의 명령으로 이 일을 하고 있는 것이다. 곧 알 수 있을 게다. 친구를 업신여기고 언제나 네 재앙이 되는 노여움에 함부로 몸을 맡겨, 지금이나 예나 너에게 해로운 일을 했다는 것을.

부하들의 뒤를 따르려 한다.

코러스 멈춰라, 이놈.
크레온 손대지 마라.
코러스 저 두 아가씨를 빼앗겼으니, 너는 못 보낸다.
크레온 그렇게 하면 곧 테베에 더욱 큰 증거를 보이는 셈이 된다. 내가 잡는 것이 저 두 애로 그치진 않을걸.
코러스 무슨 수작을 부리려는 거냐?
크레온 이 사람도 잡아가겠다.
코러스 큰소릴 치는군.
크레온 당장에라도 해보이지.
코러스 그렇지, 이 땅의 주인께서 막지만 않으신다면야.
오이디푸스 아아, 뻔뻔스러운 소리! 정말 내게 손을 댈 셈이냐?
크레온 닥쳐라.
오이디푸스 이곳의 여신들께서 부디 내게 저주를 하게 해 주시옵소서. 이 못된 놈아, 어둠 속에 있는 내 눈을 대신해 주고, 내 눈이라고도 할 가엾은 애들을 억지로 잡아갔구나. 그 앙갚음으로 너와 너의 족속에게 모든 것을 보살피시는 헬리오스 신께서 나와 같은 노후를 내리실 것이다.
크레온 보았지요, 여러분?
오이디푸스 그들은 너와 나를 다 보고 있다. 그리고 나는 행동으로 해를 입고 있으면서도, 그것에 대해 겨우 말로 갚고 있다는 것을 그들도 알고 있다.
크레온 이젠 참을 수 없구나. 내 비록 혼자인데다가 늙어서 느리긴 하지만 억지로라도 끌고 가겠다.

오이디푸스를 잡으려는 듯 다가간다.

오이디푸스 아, 기가 막힌다!
코러스 이놈, 이 일을 해낼 수 있다고 생각한다면, 어지간히 간이 크구나.
크레온 아무렴.
코러스 그렇다면 이 나라는 이미 나라가 아닌 것과 같구나.
크레온 옳기만 하면 약자도 강자를 이긴다.
오이디푸스 저놈의 말을 들었소?
코러스 그러나 그렇겐 안 될걸. 제우스께서 아신다.
크레온 제우스께선 아시겠지만 넌 몰라.
코러스 건방진 소리!
크레온 건방져도 할 수 없지.
코러스 여보시오, 여러분, 여보시오. 이 고장 분들, 어서들 오시오, 어서. 이놈들이 우리 국경을 넘어가려 하오.

테세우스 등장.

테세우스 무슨 소란들이냐? 무슨 일이냐? 무엇이 두려워서, 이 콜로노스를 다스리시는 바다 신의 제단에 제물을 바치고 있는 나를 어지럽게 하느냐? 말해라, 다 알 수 있도록. 그것 때문에 나는 숨이 가쁘게 이리로 달려왔으니.
오이디푸스 아아, 친구여, 나는 당신의 음성을 압니다. 방금 나는 이놈에게 봉변을 당했습니다.
테세우스 무슨 일을 당했단 말이오? 누가 그런 짓을 했소? 말하시오.
오이디푸스 저기 보이는 저놈, 크레온이 둘밖에 없는 내 자식들을 빼앗아 갔습니다.
테세우스 무슨 말이오?
오이디푸스 지금 들으신 대로 당했습니다.
테세우스 너희들, 누군가 한 사람 어서 빨리 저편 제단으로 가서, 걷는 자건 말탄 자건 모두들 제물 바치기를 그만두고, 말을 달려 저 큰길의 갈림

길로 달려가게 해라. 그 처녀들을 놓쳐 내가 폭력에 굴했다고 이자의 웃음거리가 안 되도록. 내 명령대로 어서 가거라, 빨리! 이자에게 내가 합당한 화를 낸다면, 내 손으로 결코 이자를 그냥 보내진 않겠다. 자, 이놈을 제가 가져온 바로 그 법률로 고쳐 주어야겠다. (크레온에게) 네놈은 이리로, 내 눈앞에 그 처녀들을 데려다 놓기 전에는 이 땅 밖으로 내보내지 않겠다. 네놈은 내게도, 네 족속들에게도, 그리고 네 나라에도 불명예스러운 짓을 했어. 정의를 존중하고 매사에 법을 따르는 나라에 왔으면서도 이 나라의 권위를 무시하고, 함부로 침입해서 제멋대로 사람을 데려가고 폭력으로 납치를 했다. 이 나라엔 사람도 없는 듯이, 노예의 나라인 것처럼, 그리고 나를 있으나마나로 생각했던 것이야.

그러나 테베가 너의 그 천한 마음을 가르친 것은 아니다. 그 나라는 무도한 사람을 키우길 좋아하진 않는다. 만약 네놈이 내 것을 빼앗고, 신들의 것을 범하고, 그 가엾은 애원자들을 억지로 끌고 가려던 것을 알면, 그 나라도 너를 칭찬하진 않을 게다. 내가 만약 네 땅에 발을 들여놨다고 한다면, 무엇보다도 정당한 이유가 있다 하더라도 그가 누구이든 간에, 그 땅의 통치자의 허락 없이는 함부로 빼앗거나 끌어가지는 않을 게다. 아니, 다른 나라 국민으로서 그 나라 사람들 사이에서 어떻게 처신해야 할까를 알아차렸을 것이다. 그런데 네놈은 부당하게도 한 나라를, 게다가 자기 나라를 욕되게 하고 오래 살아서 망령이 든데다가 분별도 못하게 되었구나.

앞서도 말했고, 지금도 말해 두거니와 어서 빨리 그 처녀들을 이리 데려다 놓아라. 그렇지 않으면 억지로라도 네놈을 이 땅에 발 묶어 놓겠다. 그저 윽박지르려고 하는 소리가 아니라 진심으로 이렇게 말하고 있는 것이다.

코러스 이놈, 어떻게 됐는지 알지? 제대로 태어난 것 같긴 한데, 하는 짓이 고약하구나.

크레온 아이게우스의 아드님, 내가 이런 일을 한 것은 당신이 말하듯, 이 나라에 사람이 없다든가 어리석다고 생각했기 때문은 아니오. 다만 나는 이 나라 사람들이 내 뜻을 어겨서까지 내 집안의 사람들을 감쌀 만큼 그들에게 깊은 애정을 갖고 있으리라고는 생각하지 못했기 때문이었소. 아비를 죽인 더럽혀진 자, 어머니와 아들 사이의 추잡한 결혼을 한 자를 받아들일 리가 없다는 것을 나는 알고 있소. 이 땅에는 아레스 언덕의 지혜로운 심판이 있고, 그것은 이런 떠돌이를 이 나라에서 함께 살게 하지 않는다는 것을 나는 잘 알고 있습니다. 그렇게 믿었기 때문에 그를 잡으려 했던 것이오. 게다가 저 사람이 나와 나의 일족에게 모진 악담을 퍼붓지 않았더라면 그러진 않았을 것이오. 그렇게까지 당하고서야 이 정도쯤은 갚아도 마땅하다고 생각했지요. 노여움의 감정이란 죽을 때까지 늙는 일이 없는 법이지요. 고통을 모르는 것은 죽은 자뿐이오.

그러니 좋도록 하시오. 내 말이 옳긴 하지만 혼자서는 약하니까. 나는 늙기는 했지만, 당한 만큼은 갚아 줄 작정이오.

오이디푸스 이 철면피야! 대체 어느 쪽이 욕을 당했느냐? 이 늙은 나인가, 그렇지 않으면 너인가? 네놈은 나에게 살인이니 근친상간이니 불행이니 지껄이고 있지만, 그것은 비참한 이 몸이 본의 아니게 견뎌온 일이다. 예부터 우리 집안에 격분하고 계신 신들이 바라는 것이었으니까.

내 자신에게서는, 내게도 육친에게도 그런 죄를 지어야 될 만한 아무런 실책도 찾아볼 수 없을 것이다. 자, 말해 보아라. 자기 아들의 손에 죽을 운명이 신탁으로 그 아버지에게 왔더라도, 그때 아직 아버지에게서도 어머니에게서도 삶을 얻지도 않고 태어나지도 않은 내가 그처럼 죄인이라고 비난받아야 할 까닭이 있을까? 나처럼 불행한 별 밑에 태어나 무엇을 하고 있는지, 누구를 상대로 하고 있는지 아무것도 모르면서 아버지와 싸워서 죽게 했다 하더라도, 그렇게 모르고 저지른 죄를 비난하는 것이 옳을까?

그리고 어머니에 관해서는, 이 철면피야, 너와 남매간인 내 어머니와의 결혼을 억지로 나에게 말하게 한 것이 부끄럽지도 않으냐? 이젠 입을 열어야겠다. 네가 그렇게까지 더러운 입을 놀렸으니, 나도 입을 다물고 있진 않겠다. 나를 낳은, 그렇지, 낳았다. 아, 기막혀라, 서로 모르고서 나를 낳은 그녀가 부끄럽게도 내 아이를 낳았다. 그러나 나는 분명히 이 한 가지만은 알고 있다. 네놈은 나와 그 여자에게 좋아라 하고 욕을 퍼붓지만, 내가 자진해서 그녀를 아내로 삼은 것은 아니었다. 그리고 내가 좋아서 그것을 입에 올리고 있는 것도 아니다. 그러나 그 결혼에 관해서도, 또 네놈이 언제나 나를 모질게 욕하는 아버지의 살해에 관해서도 죄라고 부르진 못할 것이다.
　다만 한 가지, 내가 묻는 것에 대답해 보아라. 지금 여기 누군가가 다가와서 정의로운 너를 죽이려고 한다면, 너는 그 살인자가 아버지인지 아닌지 물어보겠는가? 너도 목숨이 아까운지라 그 죄인에게 덤벼들지, 그것이 옳으냐 그르냐 하고 이유 따위를 찾고 있진 못할 것이다. 내가 빠진 재앙도 그것과 같다. 빠뜨린 것은 신들이었다. 아버지의 혼백이 되살아나신다 해도, 이 점에서는 내게 반대하지 않으실 게다.
　그런데 네놈은 옳지 않을 뿐만 아니라 말해도 좋은 것과 나쁜 것을 가리지 않고 무엇이건 말하면서 이 사람들 앞에서 내게 욕설을 퍼부었다. 게다가 고명하신 테세우스님에게도, 또 아테네에도 훌륭하게 다스려지고 있다고 아첨을 할 때라고 생각하고 있다. 그러나 그렇게 칭찬을 늘어놓으면서도 신들을 바른 예식으로 숭앙하기를 알고 있는 나라들 중에서 이 나라는 어떤 다른 나라보다도 으뜸간다는 것은 잊어버리고 있다. 이 나라로부터 구원을 청하고 있는 이 늙은 나를 훔치려 하고, 딸들은 벌써 데려가고 말았다. 그래서 나는 이제 이곳의 여신들의 이름을 부르고 탄원하여, 구원자로 오셔서 나를 위하여 싸워 주시길 기원한다. 그렇게 하면 네놈도 이 나라를 지키는 것이 어떤 사람들인지 잘 알 수 있을 게다.

코러스　왕이시여, 이 나그네는 훌륭한 사람입니다. 그 운명은 비참하지만, 저희들이 도와 줄 만한 사람입니다.

테세우스　말은 그것으로 충분하다. 죄를 저지른 자들은 황급히 달아나고 있는데, 일을 당한 우리는 그저 가만히 있구나!

크레온　그럼 이 힘없는 사람에게 어쩌란 말이오.

테세우스　길잡이를 해라, 내가 따라가겠다. 우리가 찾는 그 처녀들을 이 근처에 두고 있거든, 네가 직접 내게 알려라. 그러나 잡아갔다면 우리는 아무것도 할 일이 없구나. 다른 자들이 쫓아가고 있으니까. 그들의 손에서 나라 밖으로 도망가서 신들께 감사 기도를 드리는 일이란 결코 있을 수 없을 것이다.
　자, 앞장서라. 잡은 자가 잡히고 포수가 운명의 올가미에 걸렸다. 옳지 못한 수단으로 얻은 것은 곧 잃고 만다. 그리고 네 목적으로는 남의 도움은 얻을 수가 없다. 네가 혼자서 이런 오만한 짓을 할 리가 없다는 것을 잘 알고 있다. 아니, 누군가를 믿고서 그런 짓을 했겠지. 그걸 찾아내야겠다. 그리고 이 나라가 남자 하나에게 지는 일이 있어서는 안 되겠다. 내 말을 알아듣겠는가? 아니면 지금의 말이 네가 처음에 획책했을 때와 마찬가지로 헛소리같이 생각되는가?

크레온 당신이 여기 있는 동안엔 무슨 말이든 하고 싶은 대로 하시오. 그러나 내 나라로 돌아가면, 나도 어떻게 할까를 알게 되겠지.

테세우스 지금은 위협을 해도 좋다. 자아, 나서자. 그리고 오이디푸스님, 안심하고 여기 계시오. 따님들을 돌려 드리기 전에는 내가 먼저 죽지 않는 한, 결단코 손을 떼지 않으리라는 것을 믿고.

오이디푸스 테세우스님, 그 갸륵한 마음씨와 내게 대한 자상한 배려에 신들의 은총이 내리시옵소서.

테세우스와 그 부하들이 크레온을 앞세우고 퇴장.

코러스 (노래)
적이 다시 되돌아 닥쳐
곧 요란한 싸움 소리가 들려오겠지.
우리도 그곳에 가고 싶구나.
피톤*22의 강가일까,
횃불이 휘황한 모래사장일까,
거기는 여신들*23께서 인간을 위하여
엄숙한 의식을 행하는 곳.
그 인간들의 입을
신의 종인 에우몰포스*24가
황금 자물쇠로 잠그고 있다.
아마도 그곳에서
싸움을 일으키는 테세우스와
그 처녀 자매는 곧 만나겠지,
나라 안의 믿음직한 외침 소리 속에서.

아니면 그들은 오이에의
눈 덮인 바위산
서쪽 초원으로
말들의 빠르기를 겨루는 전차를 타고
달아나고 있는 중일까.
그놈은 패망할 게다.
이 땅의 사람도
테세우스의 신하들도
싸움에선 무섭다.
말재갈은 다같이 빛나고
기사의 여신 아테네와,
이 땅을 지키는 바다의 신
레아의 귀여운 아드님을
우러러 모시는 모든 기사들은
고삐를 말에 맡기고 질주한다.
싸우고 있을까, 아직은 아닐까?
저 무서운 일을 당한,
한집안 사람에게서 참혹한
꼴을 겪은 처녀들을
어쩐지 곧 만날 것만 같구나.
오늘이야말로 제우스
신의 힘이 나타나겠지.
내게는 승리의 예감이 든다.
질풍같이 빠른 비둘기가 되어
드높이 뜬 구름을 타고,
위에서 싸움을 내려다보고 싶구나.

오, 모든 신들을 다스리시고,
모든 것을 보살피시는 제우스님,
이 땅의 방위자들이

승리에 빛나는 힘으로 적을 무찔러 이길 수 있게 하옵소서.
또한 준엄하신 여신 팔라스 아테네님,
사냥꾼이신 아폴론님,
날쌘 꽃사슴을 쫓는 그 누이,
아무쪼록 신들의 힘으로
이 나라와 그 백성을 지켜 주시옵소서.

코러스 대장 아이, 방랑의 친구여, 당신을 지키는 자가 거짓 예언자라 하진 않겠지. 저기 저 딸들이 호위를 받으며 이리로 오는 것이 보이는군.

오이디푸스 어디, 어디? 무엇이라고, 무엇이라고 말했나?

안티고네, 이스메네, 테세우스와 그 신하들 등장.

안티고네 아버지, 아버지, 이분을 신께서 아버지가 보실 수 있게 해드릴 순 없나요! 이분이 저희들을 이리로, 아버지께 데려다 주셨습니다.

오이디푸스 애야, 정말 거기 있느냐?

안티고네 그렇고 말고요, 테세우스님과 그분의 충성스러운 부하들이 저희들을 살려 주셨답니다.

오이디푸스 이리 오너라, 애야. 어디 안아 보자꾸나. 다시는 돌아오지 못할 줄 알았던 네 몸을.

안티고네 소원대로 하세요, 저희들도 그렇게 하고 싶어요.

오이디푸스 어디냐, 어디 있느냐?

안티고네 저희들이 지금 다가가고 있습니다.

오이디푸스 아, 귀여운 내 자식들아.

안티고네 부모는 다 자식이 귀엽습니다.

오이디푸스 너희들은 내 기둥이야.

안티고네 불쌍하신 아버지의 불쌍한 동반자들입니다.

오이디푸스 내가 사랑하는 것들이 돌아왔구나. 너희들이 곁에 있으니 이젠 죽어도 여한이 없다. 애들아, 이 아비의 양 옆으로 꼭 안겨서 지금까지 외롭고 참혹하도록 시달린 고달픔을 쉬도록 해라. 그리고 될 수 있는 대로 짤막하게 그 사건을 들려다오. 너희들 같은 처녀가 말이 많으면 못 쓴다.

안티고네 여기, 저희들을 구해 주신 분이 계십니다. 이분에게서 그 얘기를 들으셔야 합니다. 아버지, 그분 덕택이니까요. 그러면 저의 일도 가벼워집니다.

오이디푸스 친구여, 뜻밖에도 애들이 돌아오고 보니 이렇게 얘기가 길어졌다고 해서 이상히 여기지는 마십시오. 애들에게서 받는 기쁨은 바로 당신 덕분임을 잘 알고 있습니다. 바로 당신이 이 두 애들을 살려 주셨습니다. 아무쪼록 신들께서 당신과 이 땅에 내 소원대로 복을 내려 주시옵소서. 신을 공경하고 정의를 존중하며, 또한 거짓이 없는 것을 나는 오직 당신에게서만 찾아보았기 때문입니다. 그것을 알았기 때문에, 이렇게 인사 말씀을 드리지 않을 수 없습니다. 내가 가지고 있는 것은 바로 당신 덕택입니다. 자, 왕이시여, 오른손을 내밀어 주십시오. 그 손을 만지고, 또한 무례하지 않다면 당신 볼에 입을 맞추고 싶습니다. 그런데 내가 무슨 소리를 하고 있는 것일까? 이렇게 비참한 몰골이 된 내가, 온갖 죄로 더럽혀진 이 몸뚱이에 어찌 감히 당신의 살을 갖다대 달라고 바랄 수가 있겠습니까? 아아, 아니지, 설사 원하신다 해도 그렇겐 할 수 없습니다. 그저 그런 속에 말려든 자만이 이 불행을 나눌 수 있기 때문입니다. 당신이 서 계신 자리에서, 내 인사를 받아 주십시오. 그리고 앞으로도 지금까지와 마찬가지로 변함없이 나를 보살펴 주시기 바랍니다.

테세우스 따님들에게서 기쁨을 찾고 이야기가 좀 길어졌기로서니, 또 내 얘기보다 따님들의 말을 먼저 들었기로서니 나는 조금도 이상하게 생각지도 않고, 그것 때문에 심기를 상하거나 하지도 않았소이다. 나는 내 일생을 행위보다 말로 장식하려고 생각하진 않소이다. 나는 그 증거를 보였소이다, 노인장. 내가 당신에게 서약한 것은 하나도 어긴 일이 없소. 나는 따님들을 산 채로 위험에서 아무 상처도 없이 데려왔으니까. 싸움에서 어떻게 이겼는지, 그런 것을 내 입으로 쓸데없이 자랑할 것은 없소이다. 그것은 이 두 사람과의 이야기에서 당신이 직접 들을 수 있을 테니까. 다만 내가 이리로 오는 도중 귀에 들어온 것이 있는데, 거기에 관해서 지혜를 빌려 주시오. 대단할 건 아니지만 이상한 일이오. 사람이란 무슨 일이든 소홀히 여겨서는 안 되니.

오이디푸스 무슨 일인가요, 아이게우스의 아드님? 말씀해 보십시오. 묻고 계신 것을 아무것도 모르고 있으니까요.

테세우스 듣건대 당신 나라 사람은 아니지만 당신 집안의 누군가가, 내가 이리로 떠나오기 전에 제물을 바치고 있었던 그 포세이돈의 제단에, 무슨 일인진 모르지만 엎드려 탄원을 하고 있었다는 것이오.

오이디푸스 어느 고장 사람이랍니까? 무엇을 탄원하고 있다는 것입니까?

테세우스 내가 아는 것은 한 가지뿐이오. 듣자니, 당신과 좀 이야기를 하고 싶다더군요.

오이디푸스 무슨 일인가요? 그렇게 기원을 드리다니, 작은 일은 아닐 겁니다.

테세우스 그는 당신과 이야기하고, 무사히 제 길로 돌아가길 바랄 뿐이라더군요.

오이디푸스 대체 신께 탄원하는 그 사람은 누구란 말입니까?

테세우스 이런 일을 당신이 이루어 주기 바라는 한집안 사람이 아르고스에 있는지 생각해 보구려.

오이디푸스 제발, 더 묻진 말아 주십시오.

테세우스 어쩐 일이오?

오이디푸스 묻지 마십시오.

테세우스 무슨 일인지 말해 주시오.

오이디푸스 당신 말씀을 듣고 그 탄원하는 사람이 누군지 알았습니다.

테세우스 대체 그가 누구요? 내가 탐탁지 않게 여기는 그자란.

오이디푸스 왕이시여, 내 자식놈입니다. 그놈의 소리만 들어도 누구보다 더 미운 자식놈입니다.

테세우스 그냥 듣기만 하고, 싫거든 하지 않으면 되지 않소? 어째서 그렇게 듣기조차 싫단 말이오?

오이디푸스 그놈의 소리는 아비에게 가장 미운 소립니다. 들어주란 말씀은 제발 마십시오.

테세우스 하지만 그렇게 탄원을 하고 있으니 안 들어 줄 수 있겠는지 생각해 보시오. 당신은 신을 공경하는 마음을 가져야 하오.

안티고네 아버지, 나이는 어리지만 제 말씀도 들어 주세요. 아무쪼록 이분이 생각하시는 대로, 그리고 신께서 바라시는 대로 해 드리십시오. 그리고 저희들을 위해서도 오빠가 이리 오도록 허락해 주세요. 오빠가 아버지를 위해서 해로운 말로 억지로 결심하신 것을 바꾸도록 할 염려는 없으니까요. 말만 듣는 일에 무슨 해가 있겠어요? 나쁜 죄는 말에 나타나게 마련입니다. 아버지께선 오빠의 어버이십니다. 제아무리 고약한 행패를 부렸다 해도, 아버지, 오빠에게 보복을 할 순 없습니다.

　자, 오빠가 오도록 허락해 주세요. 다른 사람들은 못된 자손을 두어 화를 잘 내기도 합니다만, 친구가 달래는 충고를 받아들여서 마음이 누그러지기도 합니다.

　지금이 아니라 옛일을, 아버지의 부모님에게서 받으신 그 괴로움을 다 생각해 보세요. 그런 일들을 생각하신다면, 저는 잘 압니다만, 나쁜 노여움이 얼마나 흉한 일로 끝나는지 아시게 될 겁니다. 다시는 되돌아오지 않는 그 눈을 잃으신 일로도 여러 가지 생각하시는 것이 있을 것입니다.

　제발 저희들에게 양보를 해 주세요. 옳은 소원을 가진 자를 너무 애태우는 것도, 친절을 받고서 갚을 줄 모르는 것도 보기 좋은 일이 아닙니다.

오이디푸스　애야, 너는 나를 설복시키고서 내게서 이 쓰라린 기쁨을 얻었구나. 하지만 너희들 좋을 대로 해라. 다만 여보시오, 그 녀석이 이리 오더라도, 어느 누구든 내 목숨을 위협하는 자가 없도록 부탁합니다.

테세우스　노인장, 그런 것은 한 번으로 넉넉하오. 두 번 들을 것도 없소이다. 자랑은 아니지만, 신들께서 내 목숨을 지켜 주시는 한 당신의 목숨은 안전하다고 생각하시오.

코러스　적당한 수명에는 만족하지 않고,
　　더 오래 살고 싶어하는 사람은,
　　내가 보기에는 참으로 어리석은 자이다.
　　오래 살면 기쁨보다
　　슬픔이 많고,
　　지나치게 오래 살면
　　어디서도 즐거움은 없다.
　　마지막으로는 구원의 손길이 누구에게나 고르게 나타난다.
　　결혼의 축가도, 칠현금 소리도, 춤도 없이
　　하데스의 운명이 나타날 때,
　　분명 마지막은 죽음이다.

아예 태어나지 않는 것이 무엇보다도 좋은 일이지만,
태어난 바엔 온 곳으로 속히 되돌아감이 둘째로 좋은 일이다.
경망스러운 어리석음에 청춘이 지나면,
어떤 괴로운 불행을 면할 수 있을까?
어떤 고통이 덮치지 않을 수 있을까?
질투, 내분, 싸움, 전쟁,
그리고 살인. 마지막으론 누구나 싫어하는 힘없고
친구 없고, 아무도 상대하지 않는 늙음이
온갖 불행과 함께 닥쳐온다.

나 혼자만이 아니라, 저 가엾은 사람도 그 나이가 되었다.
사방에서 성난 파도에 부대끼는
북녘으로 향한 곶처럼
이 사람에게도 무서운 고생이 떠나질 않고,
물결치는 파도인 양
밀어닥쳐 온다.
어떤 것은 해가 기우는 쪽에서,
어떤 것은 해가 뜨는 쪽에서,
어떤 것은 대낮 햇빛 쪽에서,
어떤 것은 어둠의 리파이[*25] 산 쪽에서.

안티고네 저기, 아마 다른 고장 사람이 왔나 봐요. 혼자 눈물을 흘리면서 이리로 오는군요.

오이디푸스 누구란 말이냐?

안티고네 아까부터 저희가 생각하고 있었던 폴리네이케스 오빠가 왔습니다.

폴리네이케스 등장.

폴리네이케스 아아, 어쩌면 좋단 말이냐? 내 불행부터 한탄할까, 누이들아, 아니면 저기 연로하신 아버지의 불행을 한탄할까? 아버지께선 이런 낯선 고장으로 쫓겨서, 너희들과 함께 이곳으로 오셨구나.

옷은 이런 걸 입으시고, 쌓이고 쌓인 더러운 때가 몸에 눌어붙고, 앞 못 보시는 머리에는 빗질도 해 보지 못한 머리털이 바람에 나부끼고 있구나. 굶주린 배를 채우려는 양식도 아마 그 모습에 못지않는 것이겠지.

괘씸하게도 저는 지금까지 그걸 모르고 있었습니다. 아버지의 봉양에 관해서는 저는 이를 데 없이 고약한 놈이 되었습니다. 제가 어떤 인간인지 제 입으로 말씀드리지요. 그러나 제우스님께서는 그가 하는 모든 일에서 그 자리를 함께 하는 자비의 여신이 옆에 계십니다. 아버지, 아버지 옆에도 여신이 오시옵소서. 이 허물은 고칠 수 있지만, 여기서 더 나빠질 리는 없기 때문입니다.

어째서 가만히 계십니까, 아버지? 말씀을 들려 주십시오. 고개를 돌리시지 마세요. 한 마디 말씀도 들을 수 없겠습니까? 아무 말씀도 없이, 무엇 때문에 역정이 나셨는지 말씀도 않고 저를 쫓아버리시겠습니까? 너희들, 한몸에서 태어난 내 누이들아, 신계 탄원까지 했는데도 이렇게 아버지께선 한 마디 말씀도 없이 무심하게 쫓아내지 않도록, 제발 아버지의 완고하고 풀리지 않는 입이 움직이도록 힘 좀 써봐 다오.

안티고네 가엾은 분, 무엇을 구하고 계시는지 직접 말씀드리세요. 이 얘기 저 얘기하는 동안에는 기쁜 일, 화나는 일, 불행한 일도 있어 말씀하지 않던 입이 짐짓 열리실지도 모르니까요.

폴리네이케스 그럼, 아주 터놓고 말씀드리지. 네 충고가 옳으니까. 먼저 신의 도우심을 빌기로 한다. 그 신이 계신 곳에서 이 땅의 왕께서 저를 이리로 오도록 세워 주었고, 저에게 말씀도 하고 듣기도 하고서 무사히 돌아가도록 보장해 주었습니다. 그러니 이 고장 여러분들도, 누이들도, 그리고 아버지께서도 저에게 그렇게 지켜 주시기 바랍니다.

자, 그러면 아버지, 제가 왜 이곳에 왔는지 말씀드리겠습니다. 저는 추방자가 되어 조국에서 쫓겨났습니다. 아버지의 것이었던 왕의 자리를 먼저 태어난 자의 권리로서 요구하였기 때문입니다. 그런데 에테오클레스는 아우인 주제에 저를 나라에서 몰아냈습니다. 그것도 말로나 힘이나 재주로 겨뤄서 그랬던 것이 아닙니다. 국민들을 설복시켜서 자기 편을 만든 것입니다. 그렇게 된 것도 아버지의 집안에 붙어다니는 에리니에스들 때문이라고 생각합니다. 그 뒤에 예언자들에게서도 그렇게 듣고 있습니다. 저는 도리스의 아르고스에 가서 아드라스토스의 딸을 아내로 삼고, 아피아*26 땅에서 창칼을 잘 쓰기로 이름 높은 쟁쟁한 사람들을 다 제 동맹자로 만들었습니다. 테베로 향하는 일곱 장군, 다시 말해 창칼의 용사인 일곱 무리의 군대를 모아 정의의 싸움에서 죽든가, 아니면 그렇게 무도한 놈들을 그 땅에서 몰아내든가 한판 해 볼 작정에서였습니다.

그런데 제가 이제 여기 온 까닭은, 아버지께 소청이 있기 때문입니다. 그것은 제 소원이기도 하고, 제 동맹자들의 소원이기도 합니다. 저희들은 지금 일곱 명의 장군과 일곱의 군대를 가지고 테베의 광야를 모조리 둘러싸고 있습니다. 그 장군들은 우선 창을 잘 쓰기에 으뜸이요, 새의 점을 치기에서도 으뜸인 암피아라오스, 둘째로는 아이톨리아 사람인 오이네우스의 아들 티데우스, 셋째로는 아르고스 태생의 에테오클로스, 넷째로 히포메돈, 그 아버지인 탈라오스의 분부에 따라서 왔습니다. 다섯째의 카파네우스는 테베를 불바다로 만들겠다고 장담하고 있습니다. 여섯 번째로는 아르카디아의 파르테노파이오스*27가 달려왔습니다. 이 사람은 아탈란테*28의 믿음직한 아들로서, 그 여자가 오랫동안 처녀로 있다가 훨씬 뒤에 어머니가 되어 낳았기 때문에 그런 이름을 가지고 있습니다. 마지막으론 아버지의 아들인 접니다. 아들이 아니라고 하신다면, 흉한 운명이 낳은 아들로서, 이름만이라도 아버지의 아들인 제가 두려움을 모르는 아르고스의 군대를 이끌고 테베로 향합니다.

저희들이 누이들과 아버지 목숨을 위해서도, 아버지, 모두들 아버지께 간청합니다. 저를 몰아내고 나라를 뺏은 아우를 벌 주러 가는 제게 갖고 계신 역정을 풀어 주십시오. 만약 예언이 조금이라도 믿을 수 있다면, 아버지께서 편드시는 쪽이 이긴다고 하니까요.

저희들의 성스러운 샘물*29과 온 가족의 신들께 걸고, 허락하고 양보해 주시기 바랍니다. 저도 거지이며 추방된 자, 아버지께서도 추방당하신 분입니다. 아버지도 저도 같은 운명을 짊어지고 남의 인정에 매달려서 살 곳을 얻고 있습니다. 그런데 그놈은 집안에서 왕이 되고, 괘씸하게도 우리 둘을 비웃고 있습니다. 하지만 아버지께서 제 계획을 도와 주시면, 작은 수고와 시간으로 산산이 부숴 놓겠습니다. 그러면 그놈을 몰아내고, 아버지를 모셔 가 집에 들게 해드리고, 저도 들어가겠습니다. 아버지께서 저와

합심해 주신다면 큰소릴 칠 수 있지만, 협력해 주시지 않는다면 저는 살아서 돌아갈 수가 없습니다.

코러스 이 사람을 이곳으로 오게 하신 분을 위해서도, 오이디푸스님, 뭔가 정당하다고 생각되는 말씀을 해서 돌려보내시지요.

오이디푸스 그렇다면 이 땅을 지키시는 여러분, 내 대답을 들어야 한다고 해서 이놈을 이곳에 보내신 분이 테세우스님이 아니셨다면, 이놈은 내 말을 결코 듣지 못했을 것입니다. 그러나 이제 그는 되돌아가기 전에 그의 일생이 결코 행복해지지 않을 말을 나에게서 들을 것입니다.

이 고약한 놈 중에서도 고약한 놈아, 네놈의 아우가 테베에서 쥐고 있는 왕위와 왕권을 네놈이 가지고 있을 때, 너는 아비를 쫓아내어 나라를 잃게 하고 이런 옷을 입도록 했다. 그러고서는 이제 제놈도 나와 같은 궁지에 빠지니까 이 옷을 보고 눈물을 흘리고 있구나. 울 때는 지났다. 아니, 내가 살아 있는 한 나를 죽인 놈이 네놈이라고 생각하고 잊지 않을 테다. 나를 이런 수렁에 빠지게 한 것은 바로 네놈이야. 네놈이 나를 쫓아 냈다. 네놈 때문에 이렇게 떠돌아다니면서 그 날의 끼니를 남에게 구걸하고 있다. 이 딸애들이 태어나서 나를 도와 주지 않았던들, 네놈 따위의 도움이야 어떻든 나는 죽고 말았을 것이다. 지금은 이 두 딸들 덕분에 목숨을 이어가고 있다. 이 애들에게 봉양받고 있다. 이 애들은 나와 함께 고생하는 아들이지, 딸이 아니다. 그런데 네놈들 둘은 내 자식이 아니라 남의 자식이다.

그러니 군대가 테베를 향해서 실제로 진군하고 있다면, 운명의 신은 지금 너를 보고 있는 눈초리와는 다른 눈초리로 보게 될 것이다. 그 나라를 쓰러뜨리기는커녕, 그보다 먼저 네놈과 네 아우가 피투성이가 되어 쓰러지고 말 게다. 앞서도 내가 이런 저주를 했지만, 지금도 나는 그 저주를 내 편으로 불러들이겠다. 어버이를 공경할 줄 알고, 이런 자식들을 낳은 아비가 장님이 되었다고 해서 어버이를 업신여겨서는 안 된다는 것을 깨닫도록 말이다. 이 딸애들은 그렇겐 하지 않았다. 그러니 정의의 여신이 옛부터의 영원한 율법으로 제우스의 옆자리를 차지하고 계시다면, 너의 탄원도, 너의 그 왕위도 내 악담에는 맥을 못출 것이다.

이놈, 물러가거라. 너는 내 자식이 아니다. 이 흉악하고도 흉악한 놈아.

내가 네게 퍼붓는 저주를 뒤집어 쓰고서, 내 동족의 땅을 창칼로 쓰러뜨리지도 못하고, 산으로 둘러싸인 아르고스로 돌아가지도 못하고, 게다가 네 피를 나눈 자의 손에 죽고, 너를 쫓아낸 자를 죽일 것이다. 이렇게 나는 네놈을 저승으로 데려가라고, 저 타르타로스*[30]의 무서운 조상 대대의 어둠을 부른다. 이 고장의 여신들을 부른다. 네놈들에게 난폭한 미움을 일으키는 아레스 신을 부른다. 이 말을 듣고 물러가라. 그리고는 가서 모든 카드메이아 사람들에게, 또 네놈의 충실한 동맹자들에게 전해라. 오이디푸스가 자기 자식들에게 이런 상을 나눠 주었다고.

코러스 폴리네이케스님, 그대가 지금까지 걸어온 길은 마땅치 않소. 어서 빨리 돌아가시오.

폴리네이케스 아아, 겨우 왔는데, 글렀구나. 불쌍한 우리 무리들. 우리가 아르고스를 떠난 운명이 어찌 이런 결과가 되었단 말인가? 아아, 불행도 하여라. 우리 편의 아무에게도 말하지 못할 마지막이다. 그렇다고 해서 군대를 되돌릴 수도 없고, 말없이 이 운명을 당할 수밖엔 없구나. 내 누이들아, 너희들도 아버지의 이 냉혹한 악담을 들었으니 나는 신들께 걸고 너희들에게 부탁한다. 만약 아버지의 악담이 이루어져서 너희들이 고국으로 돌아갈 수 있게 되면, 나를 욕되게 하지 말고 묻어서 장례를 치러다오. 그렇게 하면 너희들이 지금 아버지께 바친 고생으로 저분에게서 받은 칭찬은, 나를 위해서 힘쓴 일로 그것 못지않은 또 하나의 칭찬을 가져올 것이다.

안티고네 폴리네이케스 오빠, 제발 제 청도 하나 들어 주세요.

폴리네이케스 사랑하는 안티고네야, 무엇인지 말해 보아라.

안티고네 군대를 어서 아르고스로 되돌리세요. 오빠와 나라를 망치지 않도록 하세요.

폴리네이케스 그건 안 될 일이야. 내가 움츠리면 어떻게 또다시 같은 군대를 통솔할 수가 있겠느냐?

안티고네 하지만 오빠, 무엇 때문에 또 그렇게 화를 내세요? 조국을 망치고 무슨 소득이 있겠어요?

폴리네이케스 나라에서 쫓겨난 것은 치욕이다. 게다가 맏아들인 내가 동생에게 이렇게 조롱당하고서야 얼굴을 들 수가 없구나.

안티고네 그렇다면 오빠들 둘이 서로 죽인다는 아버지 예언이 이루어져도 좋단 말이에요?

폴리네이케스 아버지께선 그렇게 되길 바라신다. 그러나 물러설 수가 없어.

안티고네 아아, 딱하기도 하여라! 그분이 말씀하신 예언을 듣고 누가 오빠를 따르겠어요?

폴리네이케스 난 나쁜 소식은 전하지 않겠다. 명장은 좋은 것만을 말하고 나쁜 것은 말하지 않는 법이다.

안티고네 오빠, 그럼 이미 결심하셨군요?

폴리네이케스 그렇다, 말리지 말아라. 나는 아버지와 에리니에스 여신들의 저주와 재앙의 이 길을 걸을 수밖에 없다. 그러나 내가 죽은 뒤에 내 부탁대로 해 준다면, 제우스께서 너희들 둘의 길을 복되게 하시기를, 생전엔 내게 아무것도 해 줄 수가 없으니까. 자아, 놓아다오, 잘 있거라. 이젠 살아서 다시 만날 수는 없겠지.

안티고네 아아, 딱도 하여라.

폴리네이케스 나를 위해 슬퍼하진 마라.

안티고네 하지만 오빠, 뻔히 죽을 걸 알면서도 재촉하는 오빠를 어떻게 슬퍼하지 않겠어요?

폴리네이케스 죽어야 한다면 죽을 수밖에 없지.

안티고네 아녜요, 안 돼요, 제발 제 말을 들어주세요.

폴리네이케스 쓸데없는 소리 마라.

안티고네 오빠를 잃고 나면, 전 어떻게 합니까?

폴리네이케스 그건 운명의 신께 달렸다. 너희들 둘에게는 불행한 일이 없도록 신들께 기원한다. 누가 봐도 너희들은 불행할 리가 없으니까.

폴리네이케스 퇴장.

코러스 새로운 재앙이 또 왔구나.
  무거운 운명을 띠고서, 저 앞 못 보는 다른 나라 사람에게서,
  아니면 운명이 그 마지막으로 다가가고 있는 것인가.
  신들의 선언이 믿지 못할 것이라고 말해선 안 된다.

보고 있다, 보고 본다. 언제나 세월이 어떤 것은 망치고
또 어떤 것은 이튿날 다시 일으키고.
오, 제우스님, 천둥이다!

오이디푸스 애들아, 애들아, 거기 누가 있거든 모든 일에 으뜸가는 테세우스님을 좀 모셔 와다오.

안티고네 아버지, 무슨 일로 부르십니까?

오이디푸스 제우스의 이 날개 돋친 벼락은 나를 곧 하데스로 데려갈 것이다. 어서 빨리 모셔 오너라.

코러스 들거라, 부서지는 듯한,
형언할 수 없는 제우스님께서 던지시는 요란한 소리.
머리털이 곤두서고,
가슴은 뛴다. 또다시 하늘엔 번갯불.
어찌 될 것이냐, 무섭구나.
저것이 번쩍이면 심상치 않다, 불길하다.
오, 위대한 하늘이여,
오, 제우스님이여.

오이디푸스 애들아, 내게 정해진 이승의 마지막이 왔다. 피할 길은 없다.

안티고네 어떻게 그걸 아세요? 무엇으로 그런 일을 짐작하십니까?

오이디푸스 나는 잘 안다. 어서 누구든지 가서 이 땅의 왕을 모셔 와다오.

코러스 아이쿠, 들어라, 또다시 천둥 소리가 울려퍼진다.
살려 주소서, 오, 신이여, 살려 주소서,
어머니이신 이 땅에 어둠을 내리시려면,
자비를 내리시옵소서. 저주받은 사람을 보았다 하더라도
무익한 갚음을 받지 않도록 하시옵소서!
우리 주 제우스님, 당신께 애원합니다.

오이디푸스 그분은 오셨느냐? 애들아, 내게 아직 목숨이 있고, 내 정신이 맑은 동안에 뵈올 수 있을까?

안티고네 가슴 속 깊이 간직하고 싶으시다는 맹세란 무엇입니까?

오이디푸스 내가 그분에게서 은혜를 입었을 때, 약속한 보답을 하고 싶구나.

코러스 부디 왕이시여, 오시옵소서, 오시옵소서.

골짜기 깊은 곳에서 바다의 신인
포세이돈께 산 제물을
바치고 계시더라도, 이리로 와 주시옵소서.
이 노인은 당신과 당신의 나라와 친구들에게
당연한 보답을 하고 싶어합니다.
어서 왕이시여, 오소서.

테세우스 등장.

테세우스 무슨 일로 너희들은 또다시 나를 소리쳐 부르느냐? 분명히 이 나라 사람들의 소리도, 나그네의 소리도 들리는 것 같다. 제우스의 천둥 때문인가, 내려 쏟아지는 우박 때문인가? 신께서 이렇게 비바람을 일으키실 때는 온갖 일이 생각되는구나.
오이디푸스 왕이 오시길 고대했습니다. 이렇게 다행스럽게 여기 오신 것은, 오직 신의 은혜입니다.
테세우스 라이오스의 아드님, 또 무슨 일이 새로 생겼단 말인가요?
오이디푸스 내 목숨의 저울이 기울고 있습니다. 그래서 내가 약속한 것을 당신과 이 나라에 믿음직스럽게 지키고 죽으려 하는 것입니다.
테세우스 그래, 당신의 임종이 다가오고 있다는 확증은 무엇이오?
오이디푸스 신들께서 직접 알려 주고 계십니다. 미리 정해진 징조를 조금도 어기시지 않고.
테세우스 노인장, 어떻게 그것을 알려 주고 있단 말씀인가요?
오이디푸스 당할 자 없는 신의 손에서 던져지는 저 쉴새없는 벼락 소리, 끊임없이 번뜩이는 번갯불이지요.
테세우스 알았소이다. 당신의 수많은 예언에는 거짓이 없었으니까요. 어떻게 해야 하는지 말씀하시오.
오이디푸스 아이게우스의 아드님, 세월도 해를 입히지 못하는, 이 나라의 보배가 될 것을 가르쳐 드리겠습니다. 이제 곧 아무런 도움도 없이, 혼자서 내가 죽을 곳으로 인도하겠습니다. 그러나 그곳은 아무에게도 말씀해선 안 됩니다. 그것이 어디 숨겨져 있는지도, 어떤 지역에 있는지도, 그렇게 하면 그 땅은 수많은 방패보다도, 이웃 나라가 도와 주는 창칼보다도 영원한 방비가 될 것입니다.

금단의 비밀은 말로 더럽힐 것이 아니라 왕께서 혼자 그곳에 가실 때 스스로 깨닫게 되십니다. 그것은 이 나라의 어느 누구에게도, 또한 아무리 사랑하지만 나의 딸들에게도 내가 입 밖에 내어서는 안 되는 일입니다. 아니, 왕께서 언제까지나 그 비밀을 지키셨다가, 이 세상을 떠나실 때 맏아들에게만 밝히시고, 그분은 또 그 맏아들에게 대대로 가르쳐 전하는 것입니다.

그렇게 하면 용(龍)의 이빨의 일족(一族)*31으로부터도 이 나라를 무사히 지킬 것입니다. 많은 나라들이 다른 나라에게, 아무리 바르게 살아간다 하더라도 까닭없이 난폭한 짓을 하게 마련입니다.

인간이 신을 섬기기에 소홀하고 미쳐 날뛸 때는, 신들은 느리긴 하지만 어김없이 벌을 내리십니다. 아이게우스의 아드님이시여, 당신께서는 그런 일을 당하시지 않길 빕니다. 아니, 이런 일은 내가 가르쳐 드릴 것까지도 없이 잘 알고 계십니다.

그러나 신의 부르심이 급하시니, 그곳으로 어서 가야겠어. 우물쭈물하지 말아야겠다. 애들아, 따라오너라. 너희들이 내게 그렇게 했듯이, 이번엔 내가 너희들의 길잡이가 되었구나. 자아, 오너라, 내게 손대진 말고. 내가 이 땅에 묻히기로 정해진 그 무덤을 나 혼자서 찾아내게 해다오.

여기다 이렇게, 이리로 가는 거다. 길잡이하시는 헤르메스와 저승의 여신*32께서 나를 이리로 이끌어 가시니까.

아아, 빛 없는 빛이여, 전에는 그대도 내 것이었는데, 이제는 내 몸에 그대의 손이 닿는 것도 이것이 마지막이로구나.

나는 지금 내 일생의 끝을 하데스에게서 숨기러 가기 때문이다. 그럼, 친구 중의 친구여, 당신과 이 땅과 당신 나라 사람들이 부디 행복하길 빕니다.

그리고 번영 속에서도 당신들의 영원한 복을 위해서, 죽은 나를 잊지 말아 주십시오.

오이디푸스, 안티고네, 이스메네, 테세우스, 그의 부하들 퇴장.

코러스 모습을 나타내시지 않는 여신*33과 당신을
　　　삼가 빌어 모시도록 허락된다면,
　　　밤의 어둠의 왕*34이여,
　　　아이도네우스*35님, 아이도네우스님, 바라옵건대
　　　평안히, 괴로운 한탄의 운명에 따르지 않고서
　　　저 다른 나라 사람을
　　　모든 것을 감추는 죽은 자의 들로,
　　　저 스틱스*36의 집으로 보내시옵소서.
　　　숱한 괴로움이
　　　까닭없이 그이를 덮쳤지만,
　　　대신 정의의 신은 다시 그를 드높이 끌어올리시겠지.

　　　오, 지하의 여신들*37이여, 수많은
　　　손님을 맞아들이는 문 옆에서 살며,
　　　동굴 속에서 사람에게 짖어대는
　　　사나운 하데스의 문지기라고
　　　옛부터 이야기로 전해 내려오는
　　　무적의 짐승*38이여,
　　　오, 대지와 타르타로스의 아들이여,
　　　간절히 비옵건대, 저 손님이
　　　죽은 자들의 지하의 들로 가는 길을
　　　그가 가로막지 말기를
　　　영원한 잠을 주시는 이여, 기원합니다.

　　사자(使者) 등장.

사자 여러분, 오이디푸스님께서 돌아가셨다는 보고입니다. 이 사건은 짤막하게 이야기할 수도 없고, 또한 거기서 일어난 일도 그렇게 간단한 것이 아니었습니다.
코러스 불쌍하게도, 세상을 떠나셨는가?

사자 분명히 그분은 이 세상을 영원히 하직하셨습니다.

코러스 어떻게? 신께서 내리신 편안한 운명으로?

사자 참으로 놀라운 일입니다. 다른 이의 부축을 받지 않고 자신이 우리를 인도해서, 그분이 여길 떠난 것은 당신도 여기 계셨으니 아실 것입니다.

거기에서 청동 층계[39]를 따라 대지에 깊이 뿌리박은 험난한 문턱에 이르렀을 때, 그곳의 여러 갈래로 갈라진 길 중의 하나에서 멈추셨습니다. 그것은 테세우스님과 페이리토우스님의 영원히 변하지 않는 맹세를 기념하는 바윗돌이 팬 곳 근처입니다.[40] 그분은 그 팬 곳과 토리코스[41]의 바위의 가운데쯤에 이르러, 속이 우묵하게 팬 배나무와 대리석 무덤 중간에 앉았습니다. 그리고는 더러운 옷을 벗었습니다.

그리고 딸들을 불러서 몸도 씻고 신께 물도 바치기 위해서 어딘가 샘터에서 물을 길어 오라고 일렀습니다. 두 사람은 바로 보이는 푸른 호수의 신인 데메테르의 언덕으로 가서 아버지의 분부대로 물을 길어다가 그를 깨끗이 씻고 옷을 갈아입혔습니다.

모든 일을 만족스럽게 끝마치고, 바라던 것이 한 가지도 소홀함이 없게 되었을 때, 저승의 제우스님께서는 천둥 소리를 일으키고, 그 처녀들은 이것을 듣고 놀라 떨면서 아버지의 무릎에 엎드려 울며, 잠시 동안은 가슴을 치고 소리내어 울기를 그치지 않았습니다.

그분은 두 따님이 갑자기 뼈아프게 외치자, 두 따님을 팔에 안고 이렇게 말했습니다. '애들아, 오늘 너희들의 아비는 이 세상을 떠난다. 내 모든 것은 끝이 났고, 앞으로는 나를 봉양키 위해서 너희들은 더 고생을 안 해도 될 것이다. 애들아, 무거운 짐이었지. 그러나 단 한 마디가 이 모든 고생을 풀어 준다. 나만큼 너희들을 사랑한 사람은 없으니까. 그러나 앞으로 내내 아비 없이 평생을 살아가야 하겠구나.'

이렇게 셋이 서로 부둥켜안고 눈물에 젖어 있었습니다. 이럭저럭 그런 비탄도 끝나서 울음소리도 들리지 않게 되자, 주위가 조용해졌습니다. 그러자 갑자기 누군가의 목소리가 그분을 크게 불렀기 때문에 모두들 무서워서 머리털이 곤두섰습니다. 신이 그분을 몇 번이고 거듭거듭 불렀기 때문입니다. '거기 있는 오이디푸스여, 오이디푸스여, 왜 그대는 가기를 망설이는가? 그대는 너무 늦었느니라.' 그러자 그는 신의 부르심을 받고 있는 것을 깨닫고, 이 땅의 왕이신 테세우스님이 자기에게 가까이 오시기를 부탁했습니다. 그리고 왕께서 옆에 오자 말씀하셨지요.

'아, 다정하신 친구여, 내 딸들에게 오른손을 주고 굳게 서약해 주십시오. 애들아, 너희들도 이분께 그렇게 해라. 그리고 이 애들을 결코 당신 쪽에서 버리시지 않고, 이 애들을 위해서 좋다고 생각하는 것은 언제까지나 정성을 다하시겠다고.' 이것을 듣고 왕께서는 훌륭한 남자답게 슬픔을 비치지 않으시고, 친구를 위해 정성을 다해서 지키겠다고 약속하셨습니다.

그렇게 하자, 오이디푸스님은 보이지 않는 손으로 따님들의 몸을 어루만지면서 말했습니다. '애들아, 각오를 하여 이곳을 떠나고, 보아서 안 될 것을 보거나 들어서 안 될 일을 들으려고 해서는 안 된다. 어서 속히 떠나거라. 다만 허락된 왕께서만은 여기 남아 계셔서, 일어나는 일들을 직접 보아 주십시오.'

그가 이렇게 말하는 것을 우리는 다같이 들었습니다. 그래서 눈물을 흘리며 슬픔에 젖어 우리는 그 처녀들의 뒤를 따랐습니다. 그러나 우리가 물러나고 조금 있다가 되돌아보니, 이미 그분은 그곳에 계시지 않고, 왕께서 혼자서만 무엇인가 보기에 끔찍하고, 차마 볼 수 없는 것이 나타나기나 한 듯이 눈을 가리듯 손을 얼굴에 대고 계신 것이 보였습니다. 그리고 조금 지나자 왕께서는 땅에 입을 맞추시고, 동시에 신들의 자리인 올림포스를 향해서 손을 치켜들고 기도드리는 것이 보였습니다.

그분이 어떤 운명으로 돌아가셨는지 테세우스님밖에는 아무도 말할 수가 없습니다. 그분을 그때 마지막으로 가게 한 것은 신의 벼락불도 아니고, 갑자기 일어난 바다의 비바람도 아니었습니다. 신들께서 보내신 길잡이라도 왔었는지, 아니면 저승이 그분을 환영해서 괴로움이 없도록 대지가 열렸는지, 그분은 번뇌도 없고 병고를 치르는 일도 없이 사람으로서는 가장 놀라운 마지막을 보내셨습니다. 만약 제가 말씀드리는 것이 어리석게 생각되신다면, 그렇게 생각하는 사람에게 믿어 주길 바라진 않겠습니다.

코러스 그러면 그 따님들과 함께 간 사람들은 어디 있는가?

사자 그리 멀진 않습니다. 슬퍼하는 소리가 그들이 가까이 오고 있는 것을 알려주고 있으니까요.

안티고네와 이스메네 등장.

안티고네 아, 슬퍼라, 우리들 가엾는 자매.
　　아버지에게서 받은 저주의 피를
　　언제까지나 가슴 깊이 한탄해야 하는구나.
　　이제까지 오랜 세월을 쉴 새도 없이,
　　살아 계신 동안에는 그분을 위해 고생을 거듭하고,
　　이제는 괴상한 일을 당하고
　　슬픈 지경을 당하여, 그것을 말해야 하다니.
코러스 그건 무슨 말이지?
안티고네 친절하신 분들, 그저 추측할 따름입니다.
코러스 돌아가셨단 말이지?
안티고네 여러분께서 가장 바라시는 대로.
　　그렇지요, 전쟁도 아니고
　　바다도 아니고, 갑자기 괴이한 운명으로
　　저 세상으로 끌려가셨습니다.
　　불행한 우리의 눈앞에는
　　파멸의 어둠이 가로막혀 있습니다. 어떻게 하면 저희들은
　　아득히 먼 땅으로, 또한 바다의 파도 사이를 헤매면서
　　목숨을 이을 양식을 얻을 수 있을까요?
이스메네 모르겠습니다. 저 무서운 하데스가
　　늙으신 아버지와 함께 죽도록, 잡아갔더라면 좋았을 것을.
　　아아, 나는 더이상 살아갈 수가 없어요.
코러스 훌륭한 자매, 신들께서 내리신 것은 참아야 한다.
　　너무 슬퍼할 것이 아냐. 그렇게 불평할 것이 아니다.
안티고네 그래도 불행이 그리워지는 것 같기도 합니다.
　　아버지를 모시고 있을 동안에는 즐거울 이유가 없는 것도 즐거웠지요.
　　아버지, 그리운 아버지, 지하의 어둠으로 싸이신 분,
　　비록 저 세상에 계시더라도,
　　저와 이 동생의 사랑을,

그 사랑을 결코 저버리실 일은 없겠지요.
코러스 그분이 그렇게 하셨나?
안티고네 뜻대로 하셨죠.
코러스 어떻게?
안티고네 그분이 바라시던 대로 다른 나라 땅에서
　　돌아가셨습니다. 영원히 무덤 속에서
　　잠드는 땅을 가지시어,
　　가슴 아픈 슬픔을 남겨 놓으셨습니다.
　　아버지, 눈물이 가득 찬 내 눈은 아버지를 슬퍼하고,
　　이 불행한 나는 아버지 때문에 생긴 슬픔을
　　어떻게 지워야 할지 모르겠습니다.
　　아, 슬퍼라, 남의 땅에서 돌아가시길 바랐지만,
　　정작 돌아가셨을 때, 내 손으론 아무것도 해드리지 못했구나!
이스메네 아, 불행한 우리는 이제부터 어떻게 될까요?
　　언니, 마침내 아버지가 돌아가셨으니.
코러스 하지만 사랑하는 두 자매여,
　　그분은 복받고 이 세상을 떠나셨으니,
　　슬퍼 마라. 누구나 불행은 피할 수 없으니.

안티고네 얘, 어서 빨리 돌아가자.
이스메네 무슨 일로?
안티고네 안타깝구나.
이스메네 무엇이?
안티고네 무덤이 보고 싶구나.
이스메네 누구의?
안티고네 아버지의 무덤이지. 아, 슬퍼라!
이스메네 하지만 어떻게 그것이 허락되겠어요, 모르시겠어요?
안티고네 왜 나를 나무라지?
이스메네 이것도 모르시지요?
안티고네 또 무슨 일?

이스메네 아무도 없는 곳에서 무덤도 없이 돌아가셨으니.
안티고네 나를 데려다가 나도 죽여다오.
이스메네 아, 딱도 하다. 친구도 없고, 도움도 없이 이 불행한 일생을 어디서 보내나?

코러스 그대들, 걱정할 것 없다.
안티고네 어째서요?
코러스 그대들 둘에게 결코 언짢은 일이 없도록.
안티고네 그건 알고 있어요.
코러스 그렇다면 어쩌자는 건가?
안티고네 어떻게 집으로 돌아가야 할는지 모르겠어요.
코러스 그런 건 생각할 것 없다.
안티고네 그래도 괴로운걸요.
코러스 그전에도 덮치고 있었지.
안티고네 그전에도 어쩌지 못했는데 지금은 더욱 가혹합니다.
코러스 과연 괴로움의 바다는 넓기도 하구나.
안티고네 아, 어디로 가면 좋을까요, 제우스님? 이제부턴 어떤 희망을 신들께서 남겨 주고 계실까요?

  테세우스 등장.

테세우스 아가씨들, 이젠 그만 울어요. 지하의 그 은총이 죽은 자들과 함께 약속되었을 경우엔, 슬퍼해서는 안 됩니다. 아니면 천벌을 받을 것이니.
안티고네 아이게우스의 아드님, 소원이 있사옵니다.
테세우스 무엇이 소원이지?
안티고네 저희들은 아버지 무덤을 이 눈으로 보고 싶습니다.
테세우스 그건 안 돼.
안티고네 어째서요? 왕이시여, 아테네의 주인이시여.
테세우스 그대들, 그분은 내게 금하셨다.
  아무도 거긴 다가오지 못하며,

그분이 잠드신 성스러운 무덤에 대해
아무 말도 해선 안 된다고.
이 약속을 잘 지키면,
이 나라는 언제나 태평할 것이라고 말씀하셨다.
그것에 대한 내 맹세는 저 신과 제우스의 시종인,
온갖 것을 보살피시는 호르코스*42도 들으셨다.

안티고네 그것이 그분의 마음에 드셨다면,
그래도 하는 수 없지요. 하지만 예부터의 테베로
우리를 보내 주세요.
어쩌면 형제들이 흘리려는 피를
막을 수 있을지도 모릅니다.

테세우스 그렇게 하지. 그 밖에 그대들에게 도움이 되고, 지하에 계신 분의
마음에 드시는 일이라면
무엇이든지 나는 해야 한다.

코러스 자, 그만들 슬퍼하고 더 울지 마라.
이것들은 이미 굳게 정해져 있어, 돌이킬 수 없는 것이니.

〈주〉
*1 가이아 : 대지의 여신.
*2 스코토스 : 어둠의 신.
*3 무서운 여신들 : 에우메니데스(단수는 에우메니스). 주로 육친 사이의, 일반적으로는 살인이나 그 밖에 자연의 법을 어기는 행동에 대한 복수 또는 죄를 몰아치는 무서운 여신들. 머리칼은 뱀이며, 손에는 횃불을 들고 죄인을 쫓아다녀 미치게 했다.
*4 오이디푸스는 아폴론에게서, 에우메니데스의 성지에서 그 고생스러운 방랑이 끝날 것이라고 듣고 있었다.
*5 콜로노스 가까이에 바위가 움푹 팬 곳이 있어 그것이 저승으로 통하는 길이라고 전해지고 있다. 그곳에 청동 층계가 만들어져 있으므로 '청동의 문턱'이라고 불렀다.
*6 에우메니데스 여신들은 지하의 신으로, 엄격하여 다른 신들에게 바치는 제물과 달리 꿀을 탄 물이나 우유를 바쳤다.
*7 이하 세 줄과 그 다음의 오이디푸스의 한 줄은 없어진 것 같다.
*8 랍다코스 : 카드모스의 손자이며, 라이오스의 아버지. 테베의 왕.

*9 에트나의 망아지 : 당나귀. 시칠리아에서는 여자들이 당나귀를 타고 다녔다.
*10 카드모스의 땅 : 테베를 뜻한다.
*11 사발 셋이 한 벌이다.
*12 처음 두 사발은 세 번으로 나누어 붓고, 나머지 한 사발은 단번에 붓는다.
*13 콜로노스의 두 언덕 흙빛이 희므로 그렇게 부른다.
*14 샘물에 비친 자기의 아름다움에 반해 그것에 연정을 느끼고, 그 소원이 이루어지지 않은 채 세상을 떠나 같은 이름의 꽃이 되었다고 한다.
*15 곡식의 여신인 데메테르와 그 딸 페르세포네.
*16 케피소스 : 아티카를 흐르는 강으로, 물이 마르는 일이 없다고 한다.
*17 여기서는 특히 아테나 여신이 내린 올리브.
*18 사내아이가 태어났을 때, 올리브 가지를 둥글게 돌려서 문 앞을 장식하는 풍습을 말한다.
*19 모리아스의 디오스 : 올리브 나무를 지키는 제우스를 뜻한다.
*20 아테나 : 아테나 여신.
*21 네레이데스 : 포세이돈을 도와 지중해를 다스리는 여신.
*22 피톤 : 델포이의 아폴론 신을 모신 곳.
*23 데메테르와 페르세포네.
*24 에우몰포스 : 아티카의 데메테르 여신을 예배하는 신비스러운 의식을 가르치는 신관. 일의 시조.
*25 리파이 : 북쪽 스키티아의 끝에 있는 산맥.
*26 아피아 : 펠로폰네스를 말한다.
*27 파르테노파이오스 : 파르테논의 처녀인 파이오스의 아들이라는 뜻. 따라서 처녀의 아들이라는 뜻이다.
*28 아탈란테 : 아르카디아의 유명한 여자 사냥꾼.
*29 성스러운 샘 : 테베에 있는 디르케(테베 왕인 리코스의 왕비)의 샘.
*30 타르타로스 : 땅 속 나라, 저승.
*31 용의 이빨의 일족 : 카드모스가 뿌린 용의 이빨에서 생겨났다는 테베 사람을 뜻한다.
*32 저승의 여신 : 저승의 왕 하데스의 왕비 페르세포네.
*33 주32와 같음.
*34 어둠의 왕 : 저승을 다스리는 하데스.
*35 아이도네우스 : 하데스의 다른 이름.
*36 스틱스 : 지옥의 강.
*37 지하의 여신들 : 에리니에스.
*38 무적의 짐승 : 지옥을 지키는 머리가 셋이고 꼬리가 뱀 같은 케르베로스라는 개.

*39 청동 층계 : 주5 참조.
*40 테세우스 왕이 페이리토우스를 도와 저승의 왕비가 된 페르세포네를 빼앗으러 저승에 내려갈 때, 맹세의 자취가 바위에 남아 있었으리라 한다.
*41 토리코스 : 아티카의 작은 마을.
*42 호르코스 : 서약한 것을 감시하는 신.

안티고네

이제까지 남아 있는 소포클레스의 비극 가운데 연대순으로 두 번째 것으로 추정되는 《안티고네》. 아마도 기원전 441년이나 442년에 상연한 것으로 지은이가 쉰서너 살 때 쓴 것이 되므로 원숙기라 해도 무방할 것이다.

오이디푸스 왕 이야기의 뒷이야기로, 그의 두 아들이 왕위 계승을 다투다 모두 죽고 나서, 주권자가 된 크레온이 내린 한 아들의 엄한 장례식 금지 명령에, 두 사람의 누이동생인 안티고네가 과감하게 이를 거스르고 폴리네이케스를 매장했다가 그 때문에 죽음을 당하게 되는 이야기이다. 여기에 마음이 약하고 상냥한 여동생 이스메네, 약혼자이며 크레온의 아들인 하이몬, 왕비 등이 뒤얽힌다. 강권을 휘두른 왕도 마침내는 자기 자식에게 저주를 받고 자식의 자살과 그에 뒤따른 아내의 죽음으로 가장 비참한 고독 속에 놓인 자신을 발견한다.

어떤 뜻에서 이것은 문제극이라고 할 수 있다. 말하자면 인위법과 자연법, 인간이 제정한 법칙의 힘과 신이 또는 인성(人性)이 스스로 구하는 것과의 대립이라고도 할 수 있다. 또는 불관용에 대한 훈계라고도 해석할 수 있을 것이다. 또 왕에 대해 안티고네가 하는 말 '우리는 서로를 미워하기 위해서가 아니라 사랑하도록, 다같이 사랑하도록 태어났습니다. 우리의 천성은'이라는 구절은 그즈음 벌써 격화되어 왔던 그리스 정치 정세에 대한 프로테스트(레스키)라고도 일컬어진다.

하이몬의 대사에도 꽤 정치적인 색채가 짙다. 어쨌든 이 곡이 특히 지은이의, 그리고 고전적인 아테네 휴머니즘의 고백이며 주장이 되고 있음은, 읽어 보면 금방 알 수 있을 것이다.

나오는 사람

안티고네 테베의 선왕 오이디푸스의 맏딸.
이스메네 안티고네의 여동생.

크레온　테베 왕. 오이디푸스의 처남.
파수병
코러스　테베의 장로들로 이루어짐.
하이몬　크레온의 아들이며, 안티고네의 약혼자.
테이레시아스　눈먼 늙은 예언자.
사자(使者)
에우리디케　크레온의 아내.

무대

테베 궁전 앞 광장. 시간은 전투가 있었던 다음 날 이른 새벽.

안티고네가 이스메네를 데리고 등장.

안티고네 이스메네, 내 소중한 동생아, 우리가 살아 있는 동안 아버지인 오이디푸스 왕 때문에 일어났던 온갖 재앙 중에서 제우스 신이 우리에게 내리시지 않은 것이 없다는 것을 너는 알고 있겠지? 온갖 고난과 파멸과 부끄러움과 욕스러운 일치고, 너와 나의 불행 중에서 보이지 않는 것이란 없구나. 게다가 이제 왕이 방금 선포했다고들 말하는 것이 대체 무엇인지, 너는 뭔가 알고 있니? 우리의 소중한 분들이 원수로 몰리고 있다는 것을 넌 모르고 있니?

이스메네 언니, 우리 두 오빠들이 서로 싸워 단 하루 만에 다 죽고 만 다음부터는, 기쁜 일이건 슬픈 일이건 친근한 분들의 소식은 아무것도 듣지 못했어요. 그리고 어젯밤에 아르고스의 군인들이 도망간 뒤로 내 운명이 더 좋아질 것인지 나빠질 것인지, 그 이상 저는 아무것도 몰라요.

안티고네 그런 줄 알았다. 그래서 네게만 들려주려고 궁궐 문 밖으로 너를 데려온 것이란다.

이스메네 무슨 얘긴데요? 뭔가 좋지 않은 소식을 감추고 있는 것만 같아요.

안티고네 글쎄, 크레온 외숙부께서 우리 오빠들을, 한 사람은 정중하게 장례를 치르도록 하면서 다른 한 사람은 그렇게 못하게 하지 않았겠니? 소문으로는 에테오클레스 오빠는 올바르게 법도대로 장례를 지내, 죽은 사람들 사이에서도 부끄럽지 않게 묻어 준다더라만, 비참하게 돌아가신 폴리네이케스 오빠의 시체는 아무도 장례를 치러 매장을 해서는 안 되고, 아무도 그를 위해서 슬프게 애도를 해서도 안 되며, 날짐승들이 좋은 먹이라고 멋대로 쪼아 먹도록 내버려 두라는 포고가 내렸다는 소문들이로구나.

그런 명령을 그 친절하신 크레온님께서 너와 나에게, 그렇지, 나에게 내렸다고들 말하더라. 아직 그 명령을 모르는 사람들에게 잘 들려 주기 위해 이제 곧 그분이 이리 오겠지. 그리고 그분은 이 일을 가볍게 여기시지 않기 때문에, 누구든 조금이라도 이것을 어기는 자가 있으면, 사람들 앞에서 돌로 때려 죽인다더라. 너도 이젠 알았겠지. 그러니 네 태생이 고귀한지, 아니면 고귀한 지체에서 천하게 태어났는지, 이제야말로 보여 주게 됐구나.

이스메네　가엾은 언니, 정 그렇다면 저 같은 것은 이렇게도 저렇게도 더 이상 아무 도움이 되지 않겠네요?

안티고네　함께 고생하자. 날 도와 주지 않겠니?

이스메네　무슨 일인데요? 대체 어떤 계획인데요?

안티고네　나를 도와 그 시체를 거두지 않겠니?

이스메네　장례를 치르겠다는 거예요? 모든 사람들에게 금지령을 내렸는데도?

안티고네　그렇다. 네가 싫건 좋건 네게도 오빠가 아니냐? 나는 오빠를 결코 배반하진 않겠어.

이스메네　어떻게 감히 그렇게. 크레온 왕께서 금하고 계신데.

안티고네　그분에겐 내 혈육을 내게서 떼어놓을 권리가 없거든.

이스메네　글쎄, 그래도 언니, 생각해 보세요. 우리 아버지는 남이 혐오할 욕스러운 일*1을 당하여 스스로 죄를 들춰 내고는 결국 당신 손으로 두 눈을 찔러 돌아가시고 말았지요. 그리고 그분의 어머니면서 아내라는 두 이름을 가진 분은 직접 꼬아 만든 밧줄로 목숨을 끊으셨어요. 게다가 두 오빠까지 무참하게도 동기간에 서로 찔러 같은 날 함께 죽고 말았어요. 그리고 이젠 우리 둘만이 남아서, 우리가 만약 왕의 명령을 어겨서 왕의 포고나 왕권을 손상시킨다면, 그 어떤 경우보다도 비참한 죽음을 당할 거예요. 우리는 여자로 태어났어요. 이걸 잊지 말아야 해요. 남자와 싸우도록 타고나지는 않았어요. 게다가 우리보다 강한 힘의 지배를 받고 있어요. 그래서 이런 일들만이 아니라 이보다 더 지독한 명령에도 복종해야 해요. 저는 저승에 계신 분들께 용서를 빌고, 어쩔 수 없는 일이니 윗분에게 복종하겠어요. 분수에 넘치는 일을 한댔자 별수없으니까요.

안티고네　억지로 하라는 것은 아니다. 아니, 이젠 네가 하겠다 해도 네 도움 따윈 달갑지도 않다. 너 좋을 대로 해라. 내 손으로 그분의 장례를 치르겠다. 그 일로 해서 내가 죽는다면 얼마나 좋으랴! 이 고귀한 죄 때문에, 나는 내가 사랑하는 그분과 정답게 함께 죽을 것이다. 살아 있는 사람보다는 죽은 사람들을 섬겨야 하는 동안이 더 길단다. 나는 저 세상에서 영원히 쉬겠다. 그러나 신들께서 귀하게 하시는 일을 비웃고 싶거든 실컷 비웃으려무나.

이스메네 비웃는 것이 아니에요. 하지만 내게는 나라를 상대로 해서 싸울 힘이 없어요.

안티고네 그건 핑계에 지나지 않아. 이젠 가서 내가 좋아하는 오빠 위에 흙을 덮어 드려야겠다.

이스메네 아, 가엾은 언니. 언니가 걱정되어 못 견디겠어요.

안티고네 내 걱정 말고 네 운명이나 바로잡아라.

이스메네 그렇다면 적어도 이 계획은 아무에게도 알려지지 않도록 하세요. 비밀로 해두세요, 나도 그렇게 할 테니.

안티고네 떠벌려도 상관없다. 네가 가만 있다면, 세상에 떠들어대지 않는다면, 더 미워하겠다.

이스메네 그 무서운 일 때문에 언니의 가슴은 불타고 있어요.

안티고네 내가 누구보다도 가장 기쁘게 해드려야 할 그분들은, 반드시 기뻐해 주실 게다.

이스메네 그렇지요, 성공만 한다면. 하지만 안 될 일을 하려고 하거든요.

안티고네 그야 그렇지. 힘에 부쳐도 그만이야.

이스메네 하지만 안 될 일을 하려는 것은 억지예요.

안티고네 그 따위 소릴하면 나한테서도 미움을 받겠지만, 돌아가신 오빠에게서도 미움받아 마땅할 거야. 아무튼 날 내버려 둬라. 그런 무서운 일을 당해도 그건 나 혼자만의 바보짓이다. 어쨌거나 비루하게 죽는 일보다 더 무서운 일은 당하지 않을 테니까.

이스메네 하세요, 하셔야 할 일이라면. 하기야 그것이 무모한 일이긴 하지만, 언니가 아끼시는 분에게서 언니는 정녕 사랑을 받으시겠지요.

안티고네와 이스메네, 따로 퇴장한다.

코러스 오른편으로부터 등장.

코러스 햇빛이여, 일곱 성문의 테베에
 일찍이 보지 못한 빛나는 햇살이여,

아, 황금빛 낮의 눈이여,
그대는 드디어 왔구나,
그대는 디르케*2의 흐름 위에 떠올라서.
온 몸을 갑옷으로 싸고
아르고스에서 온 흰 방패의 전사(戰士)*3도,
그대에게 쫓겨서
줄달음쳐 황급히 도망갔다.

폴리네이케스의 권리 다툼 때문에,
우리나라에 덤벼들어
날카롭게 소리치는 독수리같이
눈처럼 흰 날개에 덮여 무장한 대군을 거느리고
투구의 깃털을 세우며 우리나라로 달려들었다.

그는 우리 처소 위에 날개를 멈추어,
피에 굶주린 창으로
우리의 일곱 성문을 둘러쌌다.
그래도 입이 우리의 피를 포식하여,
헤파이스토스 신의 횃불이 우리 성탑을 태우기 전에
그는 여기서 떠나갔다.
그의 등 뒤에선 아레스의 외치는 소리 사납고,
용*4과 씨름하듯, 힘이 미치지 못하는 습격이 일어났다.

호언장담은 제우스 신이 지극히 싫어하시며,
쩔렁대는 황금의 거만스러운 자랑으로,
그들이 크게 물결쳐 옴을 보시고,
이제 성벽을 높이 기어올라
승리를 외치려는 기세등등한 적*5을
신은 불의 칼을 휘둘러
후려치셨다.

그가 땅에 곤두박히자,
땅은 되튀기고
햇불을 손에 들고 때마침 미친 듯 날뛰어
격렬한 미움의 폭풍으로 우리에게 닥쳐온다.
그러나 그 위협도 빗나가고
다른 적들에게 대해서도
힘찬 아레스 신께서 우리를 도우사,
그들을 각각 패망시키셨다.

일곱 성문으로 향한 일곱 지휘자는,
저편도 이편 못지않게 싸웠지만,
전세(戰勢)를 뒤집는 제우스 신께,
무기와 갑옷의 전리품을 남겨 놓았다.
다만 저 참혹한 운명의 두 형제,
한 아버지와 한 어머니에게서 태어났으면서도,
두 창으로 서로 찔러 함께 죽고 말았다.
그러나 영광스러운 승리의 여신께서 오시어,
수많은 전차를 가진 테베의 기쁨에 기쁨으로 대하시니,
이제야 이번 싸움을 기꺼이 잊고,
밤을 새우며 춤과 노래로,
모든 신전들을 순례하자
테베 땅을 춤으로 뒤흔드는 바쿠스 신께서
원컨대 우리를 이끄소서!

그러나 이 나라의 왕, 메노이케우스의 아드님이신
크레온 왕께서 오신다.
신들께서 주신 새로운 행운으로 우리의 새로운 왕이 되신 분이다.
널리 일반에게 선포하여, 이 나라의 어른들을 이 모임에 부르신 것은
무슨 의도이신가?

크레온 등장.

크레온   여러분, 우리나라라는 큰 배를 신들께서 한 번은 심한 풍랑으로 시달리게 하셨다가, 또다시 안전하게 바로잡아 주셨소. 이제 내가 국민들 중 여러분을 따로 불러 모이게 한 것은, 여러분들이 라이오스 왕의 왕권에 얼마나 충성되고 한결같았던가, 또한 오이디푸스 왕이 이 나라를 다스리실 때에도, 그가 몰락한 뒤에도 얼마나 그 왕의 자녀들에게 변함없이 충성했었던가를 알고 있기 때문이오. 그런데 그 두 형제는 같은 날 서로 찌르고 찔리어, 동기간의 피로 서로 물들어 죽고 말았으니, 고인들에게 가장 가까운 사람으로서 이제 나는 왕위와 그 모든 권한을 차지하게 되었소.
　그러나 사람의 정신도 생각도 판단도, 통치와 입법에서 그의 실천을 보기 전에는 완전히 알 수 없는 것이오. 왜냐하면 나라의 영도자이면서 최선의 정책을 지키지는 않고, 오히려 두려움 때문에 입을 다무는 자가 있다면 그는 가장 천한 자라고 나는 주장하며, 그렇게 주장해 왔기 때문이오. 또한 자기의 조국보다 친구를 더 소중하게 생각하는 자가 있다면, 그는 보잘 것없는 자이외다. 왜냐하면 항상 모든 것을 보살피시는 제우스 신이시여, 굽어 살피시옵소서, 국민에게 안전이 아니라 파멸이 닥쳐 오는 것을 보고서는 나는 결코 입 다물고 있진 않을 작정이기 때문이오. 또한 국가에 적대하는 사람을 친구라고 생각하진 않을 것이외다. 나는 우리나라가 우리의 안전을 지켜 주는 배이며, 그 배가 안전하게 항해할 때 우리는 진정한 친구를 만들 수 있다는 것을 알고 있기 때문이오. 그것이 내가 이 나라의 위대함을 지키는 방침이오.
　그리고 이제 이 방침에 따라 내가 국민에게 선포한 것은, 오이디푸스 왕의 아들들에 관한 것이외다. 이 나라를 위하여 누구나 다 아는 군인으로서 훌륭하게 싸우다가 죽은 에테오클레스는 무덤을 만들어 주고 가장 고귀하게 죽은 자들에게 따르는 온갖 예식을 갖추어서 보답하도록 할 것이오. 그러나 그의 아우인 폴리네이케스는 추방당했다가 돌아와서 그의 조상 땅과 조상 신들의 신전을 모조리 불태워 없애려 하였고, 동포의 피를 실컷 맛보고, 남은 사람들을 노예로 삼으려 하였소. 그놈은 묻어 주어서는 안 되고, 아무도 슬퍼해서는 안 되며, 벌판에 버려진 채로 새나 개들이 뜯어먹도록 내버려 두라고 국민에게 영을 내렸소.
　내 의도는 그런 것이외다. 나는 악인을 선인보다 높이 다루지 않을 것이외다. 그러나 이 나라에 대해서 착한 마음를 가진 사람은 살아서나 죽어서나 나의 존경을 받을 것이오.
코러스 대장　메노이케우스의 아드님이신 크레온님, 이 나라에 적의를 품는 자와 사랑하는 자에 대해 구별시려는 뜻을 알았습니다. 죽은 자에 대해 서나 우리들 모든 산 사람에 대해서나, 어떤 명령도 뜻대로 내리시는 권력을 가지고 계십니다.
크레온　그러면 그대들은 내 명령을 지키는 자가 되어 주오.
코러스 대장　그런 중책은 더 젊은 사람들에게 맡기십시오.
크레온　아니오, 그 시체를 감시하는 자는 따로 있소.
코러스 대장　그러시다면 그밖에 또 무슨 일을 저희들에게 맡기시려는 겁니까?
크레온　이 명령을 어기는 자의 편에 서서는 안 된다는 것이외다.
코러스 대장　죽음을 자청할 만큼 어리석은 자는 없습니다.
크레온　그렇지. 그 응보는 죽음이지만, 돈벌이에 대한 욕심의 희망이 사람을 파멸시키는 경우가 얼마든지 있었지.

　　파수병 등장.

파수병　왕이시여, 저는 단숨에 달려왔다거나 재빠른 발길로 왔다고 말씀드리진 않겠습니다.
　오히려 생각이 갈팡질팡해서 여러 번 발길을 멈추기도 했으며, 몇 번을 되돌아가려고도 했습니다. 제 마음이 제게 여러 가지로 설교를 했기 때문입니다. '어리석기도 하다. 가기만 하면 벌을 받을 것이 뻔한데 무엇 때문에 가느냐?' '가엾게도, 또 꾸물대는구나. 이 일을 크레온님이 다른 사람에게서 들으시는 날엔 호된 일을 당할 것이 아니냐?'
　이렇게 곰곰이 생각하면서 무거운 걸음으로 왔기 때문에, 가까운 길도 그렇게 멀어졌습니다. 그렇지만 결국 이곳에, 왕 앞에 오기로 했습니다. 그러하오니 제가 말씀드리는 것이 하찮은 일이긴 합니다만, 말씀드리기로 하겠습니다. 그건 타고난 운명밖에는, 다른 아무것도 당할 일이 없다는 희망을 굳게 안고 왔기 때문입니다.

크레온 대체 너를 그렇게 불안하게 만든 것이란 무엇이냐?

파수병 우선 제 일부터 말씀드리고 싶습니다. 제가 그 짓을 한 것은 아닙니다. 저는 누가 그랬는지 보지도 못하였습니다. 어떤 벌도 제가 받아야 할 까닭은 없습니다.

크레온 네놈은 빈틈이 없구나. 게다가 무슨 실수 때문에 스스로 싸고도는구나. 분명히 뭔가 변고가 있었군.

파수병 그렇습니다. 겁이 나는 기별이라 아무래도 말씀드리기가 주저됩니다.

크레온 그렇다면 어서 말하고 돌아가면 되지 않느냐?

파수병 실은 이렇습니다. 누군가가 그 시체를 파묻고 가 버렸습니다. 마른 모래를 살에 뿌리고 그 밖에 필요한 장례를 치르고 말씀입니다.

크레온 무슨 소릴 하는 거냐? 어떤 자가 감히 그런 짓을?

파수병 모르겠습니다. 그 자리에서 곡괭이로 판 자국도 볼 수 없었고, 흙을 괭이로 뒤집어 놓지도 않았으며, 흙은 말라서 굳어져 있어 수레가 지나간 자리도 없었습니다. 그 짓을 저지른 자가 누군지는 모르지만 아무 흔적도 남기질 않았습니다. 아침의 첫 번째 파수병이 그것을 알려 주었을 때는 모두들 놀라 나자빠졌습니다. 시체가 보이질 않았습니다. 무덤에 묻은 것도 아니고, 마치 묻지 않은 시체에 붙어다니는 저주를 무서워라도 하는 듯이, 고운 모래로 가볍게 덮여 있었습니다. 들짐승이나 개가 가까이 왔었다거나 물어뜯은 것 같은 흔적도 보이지 않았습니다.

  그래서 저희 파수병들 사이에서는 서로 큰 소리로 옥신각신하고, 마침내는 주먹질이 벌어질 것 같았지만, 그래도 누구 하나 말리는 사람이 없었습니다. 누구 할 것 없이 다 범인인가 하면 아무도 그 일을 저지른 사람은 없고, 모두들 모른다고만 합니다. 그리고는 시뻘겋게 단 쇠를 두 손으로 쥐겠다느니, 불 속이라도 걷겠다느니, 우리가 한 짓이 아니며 우리는 그런 계획이나 실행을 전혀 몰랐다고 신들을 걸고 맹세라도 하겠다느니 하고 있습니다.

  결국 모두들 아무리 들쑤셔 보아야 별 소용이 없었기 때문에, 한 사람이 말을 했는데, 그것을 듣고서는 모두들 오싹해져서 고개를 떨어뜨리고 말았습니다. 그 까닭은 그 사람에게 반대할 말도 없었고, 또 잘 해낼 수 있을는지도 모르기 때문이었습니다. 그 사람의 말이란, 이 일을 왕께 여쭈어야 한다, 숨겨서는 안 된다는 것입니다. 그것도 제가 이런 희한한 심부름을 하게 되었단 말씀입니다. 그래서 마음에 내키지도 않고, 반가워하시지도 않을 줄 알면서 이렇게 여기에 왔습니다. 누구나 나쁜 소식을 전하는 자를 좋아하지는 않으니까요.

코러스 왕이시여, 제게는 이건 어떤 신들께서 하신 일이 아닌가 하는 생각이 아까부터 들었습니다.

크레온 닥쳐라. 그런 소릴 해서 내 분통을 터뜨리지 마라. 안 그러면 그대는 바보 천치 늙은이가 되고 말리라. 신들이 그 시체를 염려하신다는 따위의 말은 그대로 들어넘길 수 없는 말이다. 기둥으로 둘러싸인 신전도, 거룩한 보물도, 또 신들의 국토까지도 태워 버리려 했고, 모든 법률도 날려 없애려 했던 그놈을, 무슨 충성된 일이라도 했다고 크게 영예를 주시려고 그놈의 시체를 감추셨단 말이냐? 신들께서 악인을 칭찬하시는 것을 보기라도 했단 말이냐? 어림도 없는 일이지. 아니, 이 도시에는 처음부터 은밀히 고개를 저으면서 내 명령을 마땅치 않게 여겨, 내게 불평을 투덜대는 놈들이 있어서, 내 지배 밑에서는 얌전하게 말을 듣지만, 정당하게는 복종하지 않았단 말이다.

파수병들이 그런 자들의 돈을 받고 마음이 흔들려서 저지른 짓인 줄 잘 안다. 사람들 사이에 돈처럼 나쁘게 통하는 것도 없다. 돈은 나라를 망치고, 사람을 그들의 집에서 몰아내며, 정직한 마음을 부끄러운 일을 하도록까지 돌려서 비틀어 놓는다. 게다가 돈은 사람들에게 흉악한 일을 행하고, 온갖 경건하지 못한 짓을 배우도록 가르치는 것이다.

그러나 누구든지 돈에 팔려서 그런 짓을 한 자는 조만간에 그 대가를 치르리라는 것을 분명히 말하겠다. 자, 나는 아직도 제우스 신을 공경하고 있으니 잘 알아 둬라. 맹세코 말하지만, 만약 네놈들이 이 매장의 진범을 찾아내 내 눈 앞에 끌어내 놓지 않는다면, 네놈들은 지옥에 가는 것만으로 그치진 않을 것이다. 그보다 앞서 산 채로 나무에 매달아, 이 무도한 짓을 밝혀 내도록 하겠다. 앞으로는 네놈들이 이득은 어디서 얻어야 하는가를 잘 알고 도둑질하도록, 그리고 여기저기서 나오는 이득을 덮어놓고 좋아하는 것이 옳지 못함을 배우도록 하기 위해서이다. 그렇게 하면 잘못 얻은 금전이 사람을 복되게 하기는커녕 망치는 일이 더 많다는 것을 알게 될 테니까.

파수병 말씀드려도 좋을까요? 아니면 그대로 돌아가야 할까요?
크레온 이젠 네놈의 목소리만 들어도 울화가 치미는 것을 모르느냐?
파수병 귀에 거슬리십니까, 마음에 거슬리십니까?
크레온 어디가 거슬리든 그건 알아 무엇하느냐.
파수병 일을 저지른 자는 마음에, 저는 귀에 거슬리시겠지요.
크레온 네놈은 참 입심 좋게도 태어났구나.
파수병 그럴지도 모릅니다. 하지만 그 일은 제가 한 짓이 아닙니다.
크레온 그뿐이냐, 돈을 받고 목숨까지 판 놈이다.
파수병 아, 참 슬픕니다. 판단하시는 분이 잘못 판단하시다니.
크레온 '판단'이니 하는 말장난은 네 마음대로 하여라. 그러나 이 사건의 범인을 데려오지 못하는 날엔, 추악하게 얻은 이득이 화근이 된다는 것을 알려 주마.

크레온 퇴장.

파수병 범인을 찾을 수 있으면 좋으련만. 그러나 잡히건 말건, 그거야 팔자 소관이지. 어쨌든 다시는 여기 와서 뵙지 않겠어. 지금도 천만 뜻밖에 살아났으니, 신들께 끔찍이도 신셀 졌군.

파수병 퇴장.

코러스 이상한 것이 많기는 해도
　　사람보다 더 이상한 것은 없다.
　　그 힘은, 거센 남풍에 몰려
　　그를 삼킬 듯 물결쳐 오는 파도를 헤치고
　　흰 빛 바다를 걷는다.
　　또한 신들 중의 최고의 신이시며,

불멸의, 피곤을 모르는 대지까지도 그는 고달프게 부리고,
해마다 쟁기가 나가는 대로 노새와 함께 흙을 파헤친다.

가벼운 마음의 새 족속도, 사나운 짐승 족속도,
깊은 바다 속의 족속도
슬기로운 인간은
꼬아서 만든 그물을 걸어
둘러싸서 잡는다.
또한 들판의 굴 속에 살며 언덕에서 헤매는 짐승도
사람의 재주 앞에 지배당하고,
저마다 사나운 말도 길들여 멍에를 씌우고
지칠 줄 모르는 들소도 길들인다.

말하는 것도, 바람같이 날쌘 생각도, 나라의 기틀이 되는 모든 분별도
스스로 배워 알며, 맑은 하늘 아래에서
모진 서릿발도, 억수 같은 소나기도 피할 줄 안다.
그는 모든 일에 방책을 가졌고, 방책 없이는 어떤 일도 겪지 않는다.
오직 죽음만은 피할 길 없지만
불치의 병조차 고칠 길을 짜낸다.

빠른 생각은 교묘하고 능하여
사람을 때로는 선으로, 때로는 악으로 이끈다.
나라의 법을 존중하고, 신들께 맹세한 정의를 지키면
나라는 번영한다. 그러나 경솔하게도
옳지 않은 일에 마음을 기울이는 자는 나라를 망친다.
원컨대 그런 자와 더불어 살지 말며, 나와 생각을 함께하지 않기를.

파수병이 안티고네를 이끌고 성 밖에서 무대 왼쪽으로 등장, 코러스는 노래를 이어간다.

코러스 이상도 하여라,

　　　　이건 귀신의 알림인가.
　　　　내 어찌 그 아가씨가 안티고네임을
　　　　알면서 모른다 하겠는가!
　　　　아, 가엾은 딸, 가엾은 아버지 오이디푸스의 딸!
　　　　이 어찌 된 일인가? 왕의 법을 어겼기에,
　　　　생각 없이 한 일로
　　　　그대는 죄인으로 끌려 가는가?
파수병　그 짓을 저지른 자는 이 여자입니다. 장례를 지내고 있는 것을 우리가 잡았습니다. 그런데 크레온 왕께서는 어디 계실까요?
코러스　저기, 마침 궁에서 다시 나오시는군.
　　크레온 등장
크레온　무슨 일이냐? 내가 제때에 잘 왔다는 것은 무슨 소리냐?
파수병　왕이시여, 사람이란 어떤 일이건 다시는 안 한다고 맹세할 것이 못 됩니다. 나중 생각이 처음 결심을 바꾸는 수가 있으니까요. 나는 다시는 이 곳에 오지 않겠다고 큰소리를 쳤었습니다. 왕께서 위협하시는 말씀에 놀라 혼비백산했었으니까요. 그런데 뜻밖의 기쁨보다 더 즐거운 일은 없기 때문에, 스스로 맹세한 것을 어긴 일이 되었습니다만, 이 처녀를 데리고 다시 왔습니다. 이 여자는 그 시체를 장사지내다 잡혔습니다. 이번에는 제비 뽑는 일은 없었습니다. 이 행운은 바로 내게 왔습니다. 그러니 왕께서 뜻하시는 대로 이 여자를 문초하셔서 밝히시기 바랍니다. 그러니 나는 당연히 이 재난에서 풀려 자유롭게 될 수 있겠지요?
크레온　이 범인을 어디서 어떻게 데려왔느냐?
파수병　이 여자가 그자를 파묻고 있었습니다. 그것뿐입니다.
크레온　그 말이 틀림이 없겠지?
파수병　이 여자가 왕명을 어기고 그 시체를 파묻는 것을 제가 보았습니다. 이제는 분명해지셨습니까?
크레온　그런데 어떻게 알아차리고 현장을 잡았는가?
파수병　그건 이렇게 일어난 일입니다. 왕의 그 무서운 꾸지람을 듣고 저희들은 그리로 돌아가자마자 시체에 덮여 있던 흙을 다 털어내고 그 축축한 몸을 드러나게 한 다음, 시체에서 풍기는 악취가 불어오지 않도록 바람을 피해서 언덕 위에 자리잡고 앉았습니다. 그리고 모두 정신을 바짝 차리고 있었습니다. 어쩌다 근무에 태만한 자가 있으면 욕을 퍼부어서 서로 경계를 게을리하지 않았습니다.

그럭저럭 시간이 가고, 태양의 밝은 불덩어리가 중천에 오르며 더위가 심해지기 시작했습니다. 그러자 갑자기 땅에서 회오리바람이 일어 흙먼지가 솟아 공중을 휘덮고 들판에 가득 차서, 그곳 숲의 나뭇잎을 휘몰아 떨어뜨려 온 천지가 나뭇잎으로 확 차고 말았습니다. 저희들은 눈을 감고 신들께서 내리신 재앙을 견뎌냈습니다.

한참 지나서 바람이 잠잠해졌을 때, 바로 이 여자가 눈에 띄었습니다. 이 여자는 새끼를 뺏긴 새가 빈 둥우리를 보았을 때처럼, 처량한 새의 째지는 듯한 소리로 목놓아 울어댔습니다. 이 여자는 시체가 드러난 것을 보고는 통곡을 하며 그렇게 한 자들에게 악담을 퍼부었습니다. 그리고는 곧 마른 흙을 손으로 날라 오고, 훌륭한 모양의 청동 술병을 높이 치켜들었다가 시체의 머리 위에 세 번 제주를 부어 예식을 갖추었습니다.

저희는 그것을 보자 곧 달려가서 이 여자를 잡았지만, 이 여자는 조금도 놀란 기색이 없었습니다. 그래서 저희가 앞서 일과 이번 일에 관해서 문초를 했더니, 하나도 숨기질 않았습니다. 저는 기쁘기도 했고 불쌍하기도 했습니다. 제가 액을 면한 것은 크게 기쁜 일이지만, 친구들을 액운에 빠지게 하는 것은 가슴 아픈 일입니다. 하기야 그런 모든 일들이 제 자신의 안전에 비하면야 그리 대단치 않지만요.

크레온 네가, 거기 고개를 숙이고 있는 네가 그런 짓을 했느냐, 안 했느냐?

안티고네 했어요. 안 했다고는 말씀드리지 않겠습니다.

크레온 (파수병에게) 너는 무거운 죄를 벗었으니, 어디고 네 마음대로 가거라.

    파수병 퇴장

    (안티고네에게) 자, 너는 군소리 늘어놓지 말고 짤막하게 말해라. 내 명령으로 그 일을 금하고 있다는 것은 알고 있었겠지?

안티고네 알고 있었어요. 모를 리가 있겠어요? 세상이 다 아는 일인데요.

크레온 그런데도 감히 그 법을 어겼단 말이냐?

안티고네 네, 그러나 그 법을 내게 내리신 것은 제우스 신이 아니었고, 저승의 신들과 함께 사시는 정의의 신도 이 세상에 그런 법을 정해 놓지는 않으셨어요. 그리고 글자로 기록된 것은 아니지만, 확고한 하늘의 법을 사람으로 태어난 몸이 넘어설 수 있을 만큼 임금님의 법령이 그렇게 강한 힘을 가지고 있다고는 생각지 않았어요. 하늘의 법은 어제 오늘 생긴 것이 아니라 불멸한 것이며, 그 시작은 아무도 모르지요.

인간의 어떤 생각도 두려워하지 않는 내가 신들 앞에서 인간의 법을 어긴 죄인일 수는 없어요. 왕의 그 포고가 있었건 없었건, 어차피 나는 죽어야 할 몸이라는 것을 잘 알고 있어요. 어찌 모르겠어요. 그러나 내 명대로 다 살지 못한다 하더라도, 나는 그것이야말로 이득이라고 생각해요. 나같이 나날을 괴로움 속에서 살고 있는 사람은 차라리 죽는 편이 이득이라고 어찌 생각하지 않겠어요?

나는 그런 운명을 당한 것이 조금도 괴롭지 않아요. 그보다 나의 어머니에게서 태어난 사람이 죽었는데도 장례도 치러 주지 못한 채로 버려 둔다면 그것이야말로 가슴 아픈 일이지요. 이번 일로는 괴롭지 않아요. 내가 이번에 한 일을 어리석게 보신다면, 어리석은 눈에는 어리석게 보일는지도 모르지요.

코러스 과연 억센 따님이시다. 재난 앞에서도 굽힐 줄을 모르시는군.

크레온 너무 기승을 부리면 꺾이기도 쉽다는 것을 알려 주마. 불에 달구어 강한 쇠일수록 가장 잘 부러지거나 부스러진다는 것은 알겠지. 사나운 말도 조그만 재갈 하나로 순해진다. 남의 노예에게는 자존심이 허락되지 않는다. 이 계집애가 공포된 법을 어겼을 때 이미 건방진 것으로 알았거니와, 자기가 지은 죄를 자랑하고 그 행실을 크게 기뻐하고 있다니, 이건 두 번째로 건방진 짓이로구나. 이 계집애가 그런 위세를 떨치도록 내버려 두고 아무 벌도 내리지 않는다면, 나는 사나이가 아니고 이 계집애야말로 사내이다. 비록 내 누님의 딸이고, 내 집 제단의 제우스 신을 모시는 어느 누구보다도 핏줄로 볼 때 내게 가까운 사람이기는 하지만, 이 계집애도 그 동생도 가장 비참한 운명을 면치 못하리라. 그녀도 이 장례의 계획에서 죄가 있긴 마찬가지이다.

그 애를 불러오너라. 방금 안에서 중얼거리면서 정신을 잃고 있는 것을 보았다. 어둠 속에서 못된 일을 꾸미는 족속들은 그 일을 행동으로 옮기기 전에 마음이 거기에 반역하여 스스로 죄를 인정하게 된다. 그러나 고약한 짓을 해서 잡힌 자가 그때 그 죄를 자랑으로 삼으려고 할 경우, 이것도 참으로 가증스럽다.

안티고네 나를 잡아 죽이는 것만으로는 모자라시나요?

크레온 아니다. 그것으로 됐다. 그것으로 모든 일이 끝난다.

안티고네 그러면 왜 서두르지를 않지요? 말씀하신 것 가운데 나를 즐겁게 해 주는 것은 아무것도 없습니다. 있어서도 안 되지요. 마찬가지로 내 말도 정녕 달갑지 않으실 거예요. 하지만 친오빠의 장례를 치르는 일보다 더 고귀한 영광을 어디서 얻을 수 있겠어요? 여기 계신 여러분들도 두려움으로 입을 다물고 있지만 않는다면, 그것이 옳다고들 생각하시겠지요. 그러나 어쨌든 왕의 권위란 크게 복받은 것이라서, 마음내키는 대로 행하고 말하는 힘을 가지고 있어요.

크레온 카드메이아[*6] 사람으로서 그렇게 생각하는 사람은 너 하나이다.

안티고네 모두 내 생각과 같아요. 그저 왕이 두려워 입을 다물고 있을 뿐이지요.

크레온 너만이 이 모든 사람과 다르게 생각하면서도 부끄럽지 않느냐?

안티고네 아니에요. 같은 배에서 태어난 사람을 소중히 여기는 일에 부끄러움은 없어요.

크레온 그와 상대하다 죽은 사람도 같은 오빠가 아니냐?

안티고네 같은 어머니, 같은 아버지에게서 태어난 오빠예요.

크레온 그런데 어째서 그가 보기에 온당치 못한 예를 베푸느냐?

안티고네 죽은 사람은 그렇게 생각한다고 말하지 않겠지요.

크레온 그렇지, 네가 그를 저 괘씸한 놈과 똑같이 받든다면.

안티고네 죽은 사람은 그의 형이지, 노예가 아니에요.

크레온 이 나라를 망치려던 놈이다. 한쪽은 나라를 위해서 싸우다 죽었고.

안티고네 그래도 하데스[*7]는 그의 장례식을 바라고 있어요.

크레온 그러나 선량한 사람은 악인과 같은 대접을 받기를 원치 않는다.

안티고네 저승에서는 그것이 옳게 보일는지 누가 아나요?

크레온 원수는 죽어서도 결코 친구가 못 된다.

안티고네 나는 서로 미워하는 게 아니라 서로 사랑하도록 태어났어요.

크레온 그렇다면 저승으로 가서 놈들을 사랑하려무나. 그들을 사랑하고 있다면, 그렇게 하지 않으면 안 된다. 나는 살아 있는 동안, 여자의 지배는 받지 않겠다.

이스메네, 종 둘을 거느리고 궁에서 나온다.

코러스 보라, 저기 이스메네님이 오신다.
 언니를 그리워하는
 눈물에 젖어서
 이마에 깃든 수심의 구름은
 은은히 상기한 얼굴을 흐리고
 아리따운 얼굴에
 눈물은 비처럼 내린다.

크레온 너는 독사처럼 내 집에 숨어서, 은근히 내 피를 빨아먹고 있었구나. 나도 모르는 동안에 내 왕위를 노리는 두 재앙거리를 키우고 있었다.
 이봐라, 이젠 실토를 해라. 너도 그 장례를 함께 치렀느냐. 아니면 전혀 몰랐다고 맹세하겠느냐?

이스메네 네, 저도 했습니다. 언니가 허락하신다면, 저도 그 처벌을 함께 받겠어요.

안티고네 안 된다. 그런 일은 정의가 네게 허락하지 않는다. 너는 그 일을 마다했고, 나도 네 도움을 거절했다.

이스메네 그렇지만 언니에게 화가 닥치고 있어요. 제가 언니하고 함께 고난을 당하는 것은 부끄럽지 않아요.

안티고네 이건 누구의 짓이냐. 하데스와 죽은 사람이 증인이다. 말로만 친구라고 했댔자 그건 내가 사랑하는 친구가 아니다.

이스메네 아아, 언니, 저를 물리치지 말고 함께 죽게 해 주세요. 그리고 돌아가신 분을 공경할 수 있게.

안티고네 나와 함께 죽을 생각은 마라. 손도 대지 않은 일을 제 것이라고 하진 말아. 내가 죽는 것으로 족하다.

이스메네 언니를 잃고 제가 무슨 낙으로 살아가나요?

안티고네 크레온님께 여쭈어 보아라. 너는 그분 걱정만 하고 있었으니.
이스메네 왜 절 그렇게 못 견디게 대하세요? 아무 도움도 안 될 텐데.
안티고네 하기야 그렇지, 너를 비웃는다 해도 비웃는 내가 괴롭다.
이스메네 말해 주세요. 이제라도 내가 어떡하면 언니를 도와 드릴 수 있을지?
안티고네 네 몸이나 구해라. 네가 면했다 해서 널 질투하진 않을 테니.
이스메네 딱도 하셔라. 언니와 함께 죽을 수는 없군요?
안티고네 너는 살 길을, 나는 죽을 길을 택한 거야.
이스메네 적어도 언니는 내가 반대하지 않았다고 말할 수는 없어요.
안티고네 네가 지혜롭다고 할 사람들도 있고, 내가 지혜롭다고 할 사람들도 있다.
이스메네 그래도 우리가 죄짓긴 마찬가지예요.
안티고네 걱정할 것 없어. 너는 살고 있으니. 그러나 내 목숨은 돌아가신 분들을 섬기기 위해서 벌써 전에 버렸다.
크레온 한 애는 이제야 그 어리석음을 나타냈고, 다른 한 애는 나면서부터 그렇구나.
이스메네 왕이시여, 나날이 불행에 시달리고 있는 사람은 천성이 현명해도 분별을 잃고 맙니다.
크레온 네가 나쁜 놈들과 나쁜 짓을 하려고 마음먹었을 때 그랬었겠지.
이스메네 언니 없이 제가 어떻게 살아 갈 수 있겠어요?
크레온 아니다. 네 언니 말은 말아라. 이 아이는 이미 없는 목숨이다.
이스메네 하지만 아드님의 약혼자를 죽이실 셈인가요?
크레온 그가 씨받이할 밭은 얼마든지 있다.
이스메네 하지만 그분과 언니만큼 굳게 맺어진 사이는 있을 수 없어요.
크레온 나는 못된 며느리는 질색이다.
안티고네 오, 사랑하는 하이몬, 아버지가 당신을 이렇게까지 모욕하실 수 있을까요!
크레온 귀찮다. 너도, 네 결혼도 다 귀찮다.
코러스 그러면 정말 아드님에게서 이 아가씨를 빼앗으렵니까?
크레온 하데스가 이 혼인을 막고 있소.

코러스 아무래도 이 처녀는 죽이기로 작정한 모양이로군.
크레온 그렇지, 그대를 위해서, 그리고 나를 위해서. 애들아, 더 지체 말고 이년들을 안으로 데려가거라.
　　앞으로 이년들은 여자다워야 하고, 함부로 나돌아다니지 못하게 해야 한다. 아무리 대담한 놈이라도 하데스가 목숨 가까이 다가오는 것을 보면 달아나려 하니까.
코러스 (노래)
　　평생토록 악을 맛보지 않은 자는 복되다.
　　신의 뜻으로 집이 한번 흔들리면,
　　어떤 저주도 대대로 전하여 그치지를 않는다.
　　트라키아의 바닷바람이 거친 입김으로 저 깊은 곳의 어둠을 크나크게
　　물결처럼 밀어젖힐 때조차,
　　새까만 모래를 바다 밑에서 몰아 일으키고,
　　폭풍의 매질에 시달린 바닷가에서는 성난 파도의 노호가 들린다.
　　오랜 옛날부터 랍다코스 집안의 슬픔이
　　죽은 자들의 슬픔 위에 겹쳐 쌓였음을 나는 본다.
　　대가 바뀌어도 벗어나지 못하고 어느 신의 매질을 당하여도
　　그 집안은 풀릴 길이 없다. 이제 오이디푸스 집안의
　　마지막 뿌리 위에 희망의 빛이 펼쳐졌었건만,
　　땅 밑 신들의 것인, 피에 물든 모래와 어리석은 말과
　　미친 마음 때문에 꺼져 가려 한다.

　　오오, 제우스여, 사람이 어찌 당신의 힘을 넘어설 수 있으리요?
　　모든 것을 유혹하는 잠도, 신들의 지치지 않는 세월도
　　당신의 힘은 정복하지 못한다.
　　시간도 당신을 늙게 못하고
　　당신은 통치자로서 올림포스의 눈부신 빛 속에 사신다.
　　가까운, 또한 먼 미래를 통하여 과거와 마찬가지로
　　이 법은 변치 않는다.
　　사람의 세상에서는 무엇이고 도에 지나치면

재앙도 피할 수 없다.

희망은 그리도 멀리 헤매어
숱한 사람에게 위안이 되지만,
한편 많은 사람에게 들뜬 욕망의 그릇된 매력도 된다.
그리하여 뜨거운 불에 발을 데기까지
아무것도 모르는 자에게 실망을 준다.
이런 지혜로운 말은 유명하다──
신에게 해독으로 이끌려 가는 마음을 가진 자에게는
조만간 악도 선으로 보이지만, 그런 자는 고난을 당할 운명이니
무사히 지내는 동안이란 덧없이 짧다고.

하이몬 등장.

보라, 하이몬님이 오신다, 그분의 아드님들 중의 막내,*8
약혼한 아가씨 안티고네의 운명을 슬퍼하고,
깨어진 결혼의 희망에 한이 맺혀 오셨는가?

크레온 이제 곧 알게 된다. 예언자들이 말할 수 있는 것보다 더욱 분명하게. 애야, 네 약혼자의 판결이 확정된 것을 듣고, 이 아비에게 화를 내려고 온 것은 아니겠지? 아니, 너는 내가 어떻게 행동하든지 이 아비에게 찬성하겠지?

하이몬 아버지, 나는 아버지 아들입니다. 아버지께서는 지혜를 가지셔서 나를 바르게 이끌어 주십니다. 나는 거기 따르겠습니다. 어떤 결혼도 아버지께서 잘 이끌어 주시는 것보다 더 이로운 것이 있다고는 생각하지 않습니다.

크레온 그렇다, 애야, 모든 일에 아비의 뜻을 따라야 한다는 것, 이것을 마음에 새겨두어야 한다. 아비의 원수에게는 악으로 갚고, 친구에게는 아비가 하듯 존중하도록 하기 위해 사람은 그 가정에서 순종하는 자식들이 커가는 것을 보고자 기원하고 있다.

그러나 이롭지도 않은 자식들을 둔 사람은, 무엇이랄까, 스스로에게는

걱정거리를, 그의 모든 원수에게는 많은 웃음거리의 씨를 뿌렸다고나 할까? 그러니 애야, 결코 향락에 이끌려 계집 하나 때문에 분별을 잃어서는 안 된다. 집에서 잠자리를 함께하는 악처는 품 안에서 이내 차가워진다는 것을 알아야 한다. 나쁜 친구보다 더 깊은 상처를 주는 것이 있을까? 그러니 이 계집을 원수처럼 싫어하여, 하데스 집안에서나 남편을 찾게 내버려 두어라. 온 나라 안에서 그 계집 하나만이 터놓고 내 영을 어기다가 잡혔으니, 나는 나 스스로를 국민들에게 거짓말쟁이로 만들기는 싫다. 그년을 죽이고 말겠다.

그러니 그년은 집안의 수호신인 제우스 신에게나 호소하도록 두렴. 내가 친척이라고 괘씸한 자를 아무 쓸모없이 양육해야 한다면, 남을 그렇게 하는 데서도 당연히 참고 견뎌야 한다. 자기 집일에 의무를 다하는 자는 나라일에서도 정의를 보일 것이다. 그러나 침범하고, 법을 짓밟고, 또는 그의 통치자를 지배하려고 생각하는 자가 있다면, 그런 자는 결코 내 칭찬을 받을 수 없다. 누구든지 나라가 임명한 자에게는 작은 일에서건 큰일에서건, 바른 일에서건 그릇된 일에서건 복종해야 한다. 그리고 그렇게 복종하는 자야말로 훌륭한 신 못지않은 훌륭한 통치자이며, 폭풍 같은 화살 밑에서도 자기가 놓인 땅에 서서 충성되고 꿋꿋이 전우로서의 직분을 다할 것이다.

복종치 않는 것보다 더 심한 악은 없다. 이것이야말로 나라를 망하게 하고, 집안을 파멸시킨다. 불복종 때문에 동맹군의 진영도 흩어져 패주하게 된다. 공정한 길을 걷는 사람들의 대부분을 안전케 하는 것은 복종이다. 그래서 우리는 질서를 소중하게 지켜야 하고, 무슨 일이 있든지 일개 여자에게 굽혀서는 안 된다. 어쩔 수 없다면, 사내 손에 쓰러지는 편이 낫다. 그러면 우릴 보고 여자보다도 약하다고는 아무도 말하지 않을 것이다.

코러스 저희가 늙어서 망령이 들었다면 모르려니와, 지금 말씀하신 구구절절이 다 이치에 맞는 말씀으로 생각됩니다.

하이몬 아버지, 신들께서는 사람에게 이성을 심어 놓으셨습니다. 그것은 우리 것이라고 부를 수 있는 온갖 것들 중에서 가장 귀한 것입니다. 물론 저는 아버지 말씀이 옳지 않다고 말할 힘도 없습니다만, 또 그러길 바라지도 않습니다. 그렇지만 남도 쓸 만한 생각을 가지고 있는 수가 있을 것입니다. 적어도 제가 아버지를 위해서 남들이 말하는 것, 행하는 것, 또는 비난하려는 것을 다 주시하는 것은 저의 타고난 직분입니다. 아버지 얼굴은 일반 백성들에게는 무서워서 귀에 거슬리는 말 같은 것을 못하게 하시기 때문입니다. 그러나 저는 어둠 속에서 불평하는 소리들을 들을 수 있습니다. 그것은 고귀한 행위 때문에 그렇게 부당하게도, 가장 비참하게 죽어야 하는 그 여자의 운명을 탄식하는 소리입니다. '그 여자의 오빠들이 피를 흘리는 싸움에서 쓰러졌을 때, 그 시체를 무덤도 없이 썩은 고기나 먹는 개나 새가 파먹도록 그대로 내버려 두려고 하지 않았는데, 그것은 칭찬받을 만한 일이 아니냐고.'

이런 말이 어둠 속의 소문으로 은밀히 퍼지고 있습니다.

아버지, 저에게는 아버지의 평안보다 더 기쁜 일은 없습니다. 자식들에게는 아버지의 높아가는 명성보다 더 고귀한 자랑이 어디 있겠으며, 아버지에게는 자식의 명성보다 더한 것이 어디 있겠습니까? 그러하오니 한 가지 기분에만 집착하지 마십시오. 아버지 말씀만이, 아버지만이 옳다고 생각하시지는 마십시오. 자기만이 현명하고 말에서나 정신에서나 자기 만한 사람이 없다고 생각하는 사람은, 알고 보면 언제나 아무것도 아닙니다.

아무리 현명한 사람이라 하더라도, 여러 가지를 배우고 때에 따라 굽히는 것은 조금도 부끄러운 일이 아닙니다. 아시다시피 사정없이 쏟아져 내려가는 물가에서 거기에 굽히는 나무는 잔가지 하나도 꺾이지 않지만, 고집 센 나무는 뿌리째 뽑혀서 쓰러지고 맙니다. 또한 배의 돛을 팽팽하게 펴두기만 하고 조금도 늦출 줄을 모르는 사람은 배를 뒤엎어, 그 다음에는 뒤집힌 용골(龍骨)을 타고 그 항해를 끝마칩니다.

아무쪼록 노염을 푸시고, 생각을 돌려 주시기 바랍니다. 저 같은 젊은 것도 생각을 말씀드릴 수 있다면, 사람은 천성적으로 무엇이고 잘 아는 것이 가장 좋다고 생각됩니다. 그러나 그렇기는 어려운 일이옵고, 그렇지 못할 바에는 바르게 말하는 사람들에게서 배우는 것도 좋은 일입니다.

코러스 왕이시여, 왕자님께서 때에 맞는 말씀을 하셨다면, 도움을 받으시는 것이 좋겠습니다. 그리고 왕자님께서도 아버지 말씀에서 배우십시오. 두 분 다 현명한 말씀이었으니까요.

크레온 그래, 이 나이에 내가 이런 풋내기들에게서 사리를 배워야 한단 말인가?

하이몬 옳지 않은 것까지 그러시라는 것은 아닙니다. 그러나 제가 젊다 하더라도, 나이가 아니라 행적을 보아 주셔야 합니다.

크레온 범법자를 존중하는 것이 행적이란 말이냐?

하이몬 악을 저지른 자까지 존중하기를 바랄 수는 없습니다.

크레온 그 여자는 그런 병에 걸려 있는 게 아니냐?

하이몬 우리 테베 사람들은 모두 입을 모아 그렇지 않다고들 합니다.

크레온 내가 다스려야 할 것을 국민이 내게 지시하는 거냐?

하이몬 꼭 아이들 같은 말씀을 하시는군요.

크레온 내가 이 나라를 내 판단이 아니라 남의 판단으로 다스려야 하느냐?

하이몬 한 사람의 소유물이라면, 그건 국가가 아닙니다.

크레온 국가가 통치자의 것이 아니란 말이냐?

하이몬 사람이 하나도 없는 사막을 혼자서 훌륭하게 다스리시는 편이 좋겠습니다.

크레온 이놈, 넌 그 여자 편을 들 셈이로구나.

하이몬 아버지께서 여자시라면, 그렇습니다. 과연 제 생각은 아버지를 위한 것이니까요.

크레온 괘씸한 놈, 이렇게 터놓고 아비에게 적대하다니!

하이몬 아닙니다. 아버지께서 정의를 어기고 계신 것을 보기 때문입니다.

크레온 나의 왕권을 존중하는 것도 잘못이냐?

하이몬 신들의 명예를 짓밟으시면, 왕권을 존중하시는 것이 못 됩니다.

크레온 이 비열한 놈, 계집만도 못한 놈!

하이몬 전 천한 일에는 굴복하진 않습니다.

크레온 적어도 네 말은 다 그 계집애를 위한 것이다.

하이몬 그리고 아버지를, 저를, 또한 지하의 신들을 위한 것입니다.

크레온 살아서는 결코 그 여자와 결혼하지 못한다.

하이몬 그러시다면 그 여자는 죽는 거죠. 죽음으로써 또 다른 사람 하나를 죽이는 겁니다.

크레온 너, 그렇게 당돌하게 나를 위협하는 게냐?

하이몬 잘못 생각하신 것을 말씀드리는 것도 위협입니까?

크레온 어리석은 녀석이 이 아비를 가르치겠다니, 뉘우치게 될걸.
하이몬 아버지가 아니었다면, 분별없는 분이라고 말씀드릴 뻔했습니다.
크레온 닥쳐라, 그 입에 발린 소리. 여자의 꽁무니나 따라다닐 녀석.
하이몬 아버지께서는 말씀만 하려 하지, 들으려 하진 않으시는군요.
크레온 말 다 했느냐? 올림포스의 신들 이름을 걸고 두고 보자. 나에 대한 그 비방의 말을 뉘우칠 때가 있을 게다!
 그년을 끌어 내라. 이놈의 눈앞에서, 그 약혼자 옆에서 당장 죽여 보이겠다!
하이몬 아닙니다, 그런 생각은 거두십시오. 그 여자는 제 옆에서 죽지도 않을 것이고, 아버지는 제 얼굴을 다시 못 보실 겁니다. 아버지를 참고 견뎌 낼 수 있는 친구들에게 헛소리나 하십시오.

하이몬 퇴장.

코러스 왕이시여, 그분은 화가 나서 황급히 사라졌습니다. 젊은 혈기로 화가 나면 대단합니다.
크레온 멋대로 하라고 해라. 그래도 모자라면 사람 이상의 꿈이라도 꾸라고 해. 아무리 그래봐도 그 두 계집애의 죽음을 구할 길은 없다.
코러스 두 사람 다 죽이실 셈입니까?
크레온 그 시체에 손을 대지 않은 사람은 달라. 그대의 말도 옳으니까.
코러스 그러면 다른 쪽은 어떻게 처형하실 셈이십니까?
크레온 아주 인적이 드문 적적한 곳으로 데려가 산 채로 바윗굴 속에 처 넣겠다. 이 나라가 부정을 타지 않도록, 속죄가 될 수 있을 만큼만 먹을 것을 주겠다. 그렇게 하면 거기서 그 여자가 받드는 단 하나의 신이신 하 데스께 부탁하여 죽음을 면할는지도 모르고, 늦기는 했지만, 죽은 자를 공경하는 것이 결국은 헛된 수고라고 깨달을지도 모르지.

크레온 퇴장.

코러스 (노래)

사랑이여, 싸움에서 질 줄을 모르는 사랑이여, 재물도 파괴하고,
처녀의 보드라운 볼에서도
밤샘을 한다.
바다 위에서도, 깊은 산골 오두막집들 사이에서도 헤맨다.
불멸의 신들도, 덧없이 사는 자도 그대를 피할 길 없고,
그대에게 걸려서 미치지 않는 이가 없다.

바른 사람도 그대로 하여 마음이 빗나가고 몸을 망친다.
지금 이 집안 간의 싸움을 일으킨 것도 바로 그대이다.
아리따운 새색시의 두 눈에서 불붙어 온 사랑의 빛은 의기양양하다.
이것은 영원한 법칙과 나란히 지배하는 위력이다.
대적할 수 없는 아프로디테 여신이 힘을 떨치셨기에.

안티고네 끌려서 등장, 코러스는 노래를 계속한다.

이제 이것을 보고서는 나 자신도
바른 길에서 빗나갈 것 같고
넘쳐흐르는 눈물을 금할 수가 없구나,
모든 것을 고요히 쉬게 하는 신방(神房)으로
안티고네가 가는 것을 보고서는.

안티고네 나를 보세요, 조국의 국민들이여,
마지막 길을 떠나며,
다시는 나를 위해서 뜨지 않을
태양의 마지막 빛을 우러러보는 나를.
모든 것에 잠을 주는 하데스가
나를 산 채로 아케론*9의 기슭으로 이끌어 가오.
신부를 데려오는 노래도 못 듣고,
결혼의 축가를 부를 사람도 없이
아케론의 주인에게 시집을 가오.

코러스 그래도 그대는 영광과 찬양을 받으며

죽은 자들의 깊은 곳으로 떠납니다.
몸이 여위는 병에 걸린 것도 아니고
칼의 갚음을 받은 것도 아닙니다.
오직 제 뜻대로 행동하여
인간으로서 단 한 사람,
하데스로 살아 있는 목숨이 내려갑니다.

안티고네 프리지아에서 시집온 탄탈로스의 따님[*10]이
시필로스의 산마루에서
끔찍한 죽음을 당했다고 들었습니다.
사정없이 달라붙는 담쟁이덩굴처럼
돌이 자라서 그 아가씨를 둘러쌌습니다. 야위어 가는 몸에
비도 눈도 내리어, 눈까풀에서 쉴새없이 흐르는 눈물은
목을 적셨다 합니다. 내가 죽어 가는 운명도 꼭 같습니다.

코러스 (노래)
그러나 그분은 여신, 신들에게서 태어났습니다.
우리는 인간, 죽는 자의 후손입니다.
그러나 살아서나 죽어서나
신 같은 분들과 운명을 나눈다는 것은
죽어 가는 여자에겐 큰 명예입니다.

안티고네 아, 나를 조롱하는구나!
우리 조상의 신들의 이름에 걸고,
어찌하여 내가 갈 때까지 기다리지를 않나요?
내 앞에서 날 비웃어야 합니까?
아아, 내 나라여, 그 부유한 시민들이여,
아아, 디르케의 샘물이여,
숱한 전차의 거룩한 테베 땅이여,
그대들은 적어도 내 증인입니다.
어쨌거나 울어주는 친구도 없고, 어떤 법률 때문에
낯선 무덤 바윗굴 감옥으로 가다니,
아아, 슬퍼라, 이승에서도 저승에서도, 살아 있는 사람하고도

죽은 사람하고도, 나는 함께 지내지 못하는구나.

코러스 (노래)
　더할 수 없이 대담하게 치달려
　디케 여신의 드높은 용상에
　오오, 아가씨여, 격심하게 부딪치셨습니다.
　이 엄한 시련에서 아버지 죄값을 치르고 계시겠지요.

안티고네　내 가장 아픈 생각을 건드리셨군요.
　아버지나 우리들 다 이름 높은 랍다코스 집안에 내린,
　언제까지나 되풀이되는 비탄을 일깨우면서.
　아, 어머니의 침실에 붙어다니는 저주여!
　자기 아들인 아버지와 잠자리를 함께 한 불행한 어머니의 잠이여!
　나는 어떻게 된 부모에게서 이 비참한 삶을 얻었던가!
　저주받고 시집도 못 간 채, 이렇게 그분들 곁으로 함께 지내려고 떠납니다.
　아아, 오빠, 당신은 불행한 결혼*[11]을 하여,
　당신의 죽음으로 내 일생이 망가졌습니다.

코러스 (노래)
　경건한 행동은 칭찬을 받을 만합니다.
　그러나 권력을 맡고 있는 사람은 권력의 침범을 참지 못합니다.
　당신의 방자한 기질이 몸을 망치게 된 겁니다.

안티고네　울어 주는 사람도 없고, 친구도 없고, 결혼 축가도 없이,
　불행한 나는 늦출 수 없는 길을 슬픔을 안고 끌려간다.
　다시는 저 해님의 성스러운 눈길을 우러러볼 수도 없구나.
　내 운명을 위해 흘려 줄 눈물도 없고, 슬퍼해 줄 친구도 없구나.

크레온 등장.

크레온　죽음 앞의 노래와 슬픈 소리를 그대로 내버려 두자니, 과연 끝이 없구나. 어서 빨리 데려가지 못하는가? 그리고 내가 말한 대로 굴 속에 가두었거든 혼자 내버려 둬라. 죽고 싶으면 죽으라고, 그런 곳에 산 목숨을

묻은 채 살고 싶다면 그것도 좋다. 이년에 관해서는 우리 손을 더럽히고 싶지 않다. 다만 밝은 곳에 머무르지 않도록 하면 된다.

안티고네 오, 무덤이여, 새색시의 신방이여, 깊이 팬 영원한 감옥이여, 그곳으로 나는 내 친형제를 만나러 가는 길입니다. 돌아가신 여러분들, 페르세포네가 죽은 사람들 편으로 받아들인 분들을 말입니다. 그 중에서도 마지막으로, 그리고 누구보다도 비참하게, 내 명을 다 살기도 전에 나는 그곳으로 내려갑니다. 그래도 나는 희망을 가슴 깊이 안고 있습니다. 내가 가면 아버지께서 반가워해 주시겠지요. 어머니, 어머니께서도 기뻐해 주시겠지요. 그리고 오빠, 오빠도 나를 반겨주실 거예요. 오빠가 돌아가셨을 때, 내 손으로 씻어 드리고 내 손으로 단정하게 입혀서, 무덤에 제주도 부어 드렸으니까요. 그리고 이제 폴리네이케스 오빠, 나는 오빠의 시신을 모셨기 때문에 이런 응보를 받습니다.

현명한 사람은 알겠지만, 내가 오빠를 존중한 것은 옳았습니다. 내가 많은 어린애들의 어머니였다면, 또는 남편이 죽었다면, 결코 나라의 뜻을 어기면서까지 이런 일을 하지는 않았을 겁니다.

그런 말을 보증할 만한 법이 있느냐고요? 남편은 죽으면 또 다른 사람을 찾을 수도 있습니다. 먼저 낳은 애를 잃으면 다른 사람에게서 낳을 수도 있습니다. 그러나 아버지도 어머니도 하데스가 감추어 놓고 있으니, 형제의 생명은 다시는 나를 위해 생겨나지 못합니다. 그래서 나는 오빠를 소중하게 생각했습니다. 그러나 오빠, 크레온 왕께서는 내가 잘못을 저질렀다, 법을 크게 어겼다고 단정하셨습니다. 그래서 그 손으로 나를 잡아 이렇게 끌고 갑니다. 신방도 못 치르고, 혼인의 축가도 없고, 결혼의 기쁨도, 어린아이를 키우는 재미도 모르는 나를. 그러나 이렇게 해서 친구에게서도 버림받은 불행한 이 몸은, 목숨을 지닌 채 죽은 사람들의 굴 속으로 떠납니다.

내가 어떤 신의 법을 어겼다는 것입니까? 불운한 나는 왜 계속 신들에게 매달려야 할까요? 누구에게 도움을 청해야 할까요? 신을 경배했기 때문에 나는 불경건의 죄를 받았으니까요. 하지만 이런 일들이 신들의 눈에 바른 일로 보인다면, 내가 처벌을 당할 때 나도 내 죄를 알게 되겠지요. 하지만 이 사람들이 죄를 지고 있다면, 그들이 부당하게도 나에게 당하게 한 것과 꼭같은 일을 당하게 하여 주소서.
코러스 아직도 격심한 비바람이 이 처녀의 가슴에서 휘몰아치고 있는가 보군.
크레온 그러니 그렇게 늑장을 부리면 파수꾼들도 이 일로 큰코를 다치게 된다.
안티고네 아, 그 말로 이미 죽음에 바싹 다가서고 있구나.
크레온 나는, 이 처형이 그렇게는 집행되지 않는다는 희망을 네게 기대하게 해 줄 순 없다.
안티고네 아, 테베 땅 조상 대대의 나라여, 그리고 우리 조상이 되시는 신들이시여, 이들이 저를 끌고 갑니다. 더 기다려 주지를 않습니다. 살펴 주소서, 테베의 지도자들이여, 당신들 왕가의 마지막 남은 딸을. 그 딸이 신을 경배한 까닭에 누구로부터 어떤 고초를 겪고 있는지를!

안티고네, 파수꾼들에게 이끌려 퇴장.

코러스 (노래)
다나에의 아름다운 몸매도
햇빛을 버리고
청동 벽으로 둘러싸인 방에,
무덤처럼 으슥한 그 방에
갇혀서 숨어 있다.
그러나 오, 내 딸이여, 고귀한 혈통으로서
황금의 빗속에 떨어진, 제우스의 씨를 지니고 있었다.
운명의 신비스러운 힘은 두렵기도 하구나!
거기서는 부귀도 아레스도 성벽도,
바다를 이기는 검은 배도 벗어나지 못한다.

에드노이의 왕이신 드리아스의 노여움 잘 타는
아들도 잡힌 몸이 되었다. *12
그 험한 말버릇 때문에 디오니소스의 뜻으로 바위굴 속에 갇혔다.

그리하여 그의 사나운 광기도 차츰 가라앉고,
미친 마음에서 조롱으로 노엽게 한
신의 위력을 그제야 알았다.
신의 영감을 받은 여자들을 가라앉혀
신께 바친 불을 짓밟고,
피리 소리를 사랑하는 뮤즈 신까지도 노엽게 하였으니.

두 바다 키아네아이의 물가에는,
보스포로스의 해안과 트라키아 사람의 도시인 사르미데소스가 있고,
이곳 가까이 계신 아레스 신은
피네우스*13의 사나운 아내가
두 아들을 눈 멀게 한
저주스러운 상처를 보았다.
피에 젖은 두 손으로
북 (베틀에서 사용하는 / 배 모양의 나무통)을 쥐고
쑤셔 낸 두 눈은,
어둠을 가져오고 복수의 원한으로 차 있다.

불행하게 결혼한 어머니의 이 아들들은,
슬픔으로 몸도 여위고, 사나운 운명에 비탄이 그치지 않았다.
그 어머니 된 사람은 그 핏줄을
옛 에렉테이다이*14에게서 이어받았다.
험준한 언덕을 달려오르는
사나운 말 같은 그 여자는 보레아스의 딸,
머나먼 굴에서 그 아버지의 폭풍 속에
키워진 신들의 딸이긴 하여도,
내 딸이여, 희망 없는 모이라이*15가 너를 매정하게 괴롭혔다.

테이레시아스가 한 아이에게 이끌려 오른쪽에서 등장.

테이레시아스 테베의 어른들이시여,
　　우리는 한 사람의 눈으로 보면서
　　두 사람이 같은 길을 왔습니다.
　　소경은 그렇게 인도자의 도움으로 걷게 마련입니다.
크레온 그래, 테이레시아스 노인, 무슨 새 소식이라도 있단 말이오?
테이레시아스 말씀드리죠. 이 예언자의 말씀에 귀를 기울여 주십시오.
크레온 나는 지금까지 그대의 충고를 가볍게 여긴 적이 없을 거요.
테이레시아스 그렇게 하셨으니까, 이 나라의 방향을 바르게 이끌어 오셨죠.
크레온 나는 그대의 도움을 알고 인정하고 있소.
테이레시아스 조심하십시오. 이제 또다시 운명의 날카로운 칼날 끝에 서 계십니다.
크레온 그게 무슨 소리요? 그 소리에 몸이 오싹하오.
테이레시아스 저의 예언술을 들으시면 아실 것입니다. 저는 모든 새가 시야에 모여드는 옛부터 점치는 자리에 앉아 있었는데, 새들의 괴상한 소리가 들려 왔습니다. 그것은 불길한 사나움으로 무엇인지 분간할 수 없는 소리를 내면서 우는 것이었습니다. 그리고 서로 발톱으로 할퀴는 것을 알았습니다. 날개 소리로 보아 틀림없습니다. 그것이 마음에 걸려 빨갛게 불타고 있는 제단에, 익힌 제물을 바치고서 점을 쳐 보았습니다. 그러나 그 제물에서 헤파이스토스는 불길을 보여 주지 않았습니다. 다리의 고기에서는 끈적끈적한 물이 스며 나와서 타다 남은 것 위에 떨어지고, 눌어서 튀어 담즙이 공중에 날고, 그 물이 흘러 떨어지는 다리에서 그것을 둘러쌌던 기름기가 다 빠져 버리고 말았습니다.

　　그렇게 징조를 구했던 의식은 실패하였습니다. 그것을 저는 이 어린애에게서 배웠습니다. 왜냐하면 제가 남을 이끌듯이, 이 애는 저를 이끌어 주기 때문입니다. 우리나라는 왕의 짧은 소견 때문에 이렇게 병들고 있습니다. 우리의 제단과 부뚜막은 모두 무참하게도 죽은 오이디푸스 왕의 아들의, 새와 개가 먹은 썩은 고기로 가득 차고 있습니다. 그래서 신들께서는 희생을 바치는 기도조차도 듣지 않으시고, 고기의 제물을 굽는 불길도 받지 않으십니다. 어떤 새도 그 날카로운 울음 소리로 분명한 징조를 내리지 않습니다.

죄 없이 죽은 사람의 피의 기름기를 이미 맛보았기 때문입니다.

　그러니 부디 이런 일들을 잘 생각하십시오. 모든 사람이 다 잘못을 저지를 수 있기는 합니다만, 잘못됐다 하더라도 그 잘못을 고치고, 고집을 피우지 않는 사람은 이미 어리석지도 않고 불행하지도 않습니다. 우리는 고집을 부리는 것이 바보라는 비난을 면치 못함을 압니다.

　죽은 사람을 용서해 주시고, 쓰러진 자를 또 찌르지 마십시오. 죽은 자를 또 죽여 보았자 무슨 자랑이 됩니까? 저는 왕을 생각해서 좋은 말씀을 드리는 것입니다. 생각해서 말씀드리는 충언에서 배우는 것은 즐거운 일이올시다.

크레온　노인, 그대들은 활 쏘는 이가 과녁을 쏘듯이 화살을 내게로 돌리고 있소. 그리고 예언술로 나를 함정에 빠뜨리려고 하오. 대체 그대들은 그전부터 나를 물건 다루듯 하고, 짐짝처럼 거래를 해 왔소. 사르디스의 백은(白銀)이든 인도의 황금이든 마음대로 이득을 얻고, 거래도 해 보시오. 그러나 그자를 무덤에 묻어 주어서는 안 되오. 아니, 제우스 신의 독수리가 그의 썩은 살을 찢어발겨 그 신의 성좌에 가져간다 하더라도, 그 부정(不淨)이 두려워서 매장을 허락하지는 않겠소. 어떤 사람이건 신들을 더럽힐 수 없다는 것을 나는 잘 알고 있기 때문이오. 그러나 테이레시아스 노인이여, 아무리 현명한 사람도 탐욕에 끌려 추잡한 속셈에 아름다운 말로 겉옷을 입힐 때는, 꼴사납게 실패하고 마는 것이오.

테이레시아스　아, 인간으로서 그 누가 안단 말입니까? 대체 누가 생각한단 말입니까…….

크레온　무엇이라고? 아무것에나 들어맞는 말을 하려는 건가?

테이레시아스　모든 것 중에서 충언만큼 값진 것이 없다는 말입니다.

크레온　그렇지, 어리석음이 가장 해로운 것이라는 것과 마찬가지지.

테이레시아스　그러나 당신의 온 몸이 바로 그 병에 더럽혀지고 있습니다.

크레온　나는 예언자에게 욕설로 응대하고 싶진 않다.

테이레시아스　그러나 이미 대답하셨지요. 제가 거짓 예언을 한다고요.

크레온　도대체 예언자라는 족속은 언제나 돈을 좋아하거든.

테이레시아스　왕족의 자손들은 천한 이득을 사랑하고요.

크레온　그대는 그 말이 그대의 왕에게 하는 것인 줄 알고 있는가?

테이레시아스 알고 말고요. 제 덕으로 이 나라를 구하셨으니까요.
크레온 그대는 현명한 예언자이긴 하다. 그러나 사악한 짓을 좋아하는군.
테이레시아스 당신께선 제 마음 속에 깊이 숨겨둔 비밀까지 털어놓게 하시는군요.
크레온 털어놓아도 좋아. 다만 내 결심을 흥정해선 안 돼.
테이레시아스 과연 그렇죠. 당신께 관계되는 한 그렇게 되겠죠.
크레온 분명히 말해 두지만, 내 결심을 흥정해선 안 된다.
테이레시아스 그렇다면 잘 알아 두십시오. 지금부터 태양의 빠른 수레바퀴가 여러 번 돌기 전에 당신의 피를 나눈 사람 중의 하나를, 죽은 시체들 대신에 시체로 만들어 내놓게 될 것입니다. 땅 위에 있어야 할 자를 땅 밑으로 던져넣고, 몰인정하게도 살아 있는 생명을 무덤 속으로 처넣고, 땅 밑의 신들에게 돌아가야 할 시체는 묻어 주지도 않고 천대를 하여, 모두 더럽혀진 채 이 세상에 그대로 두고 있습니다. 이런 일은 당신도, 높은 하늘에 계시는 신께서도 하실 일이 아니며, 그것은 신들에 대한 당신의 폭행입니다. 그래서 복수하는 파괴자들인 하데스와 신들에게 복수하는 에리니에스 여신들이 이와 똑같은 재앙 속으로 당신을 잡아넣으려고 기다리고 있습니다.

그리고 잘 분간하십시오. 제가 돈에 팔려서 말하고 있는가 아닌가를. 머지않아 성 안에서 남자들과 여자들의 곡성이 일어날 것입니다. 개들이나 들짐승들, 또는 날짐승들이 죽은 자들의 집들이 있는 여러 도시로 더러운 냄새를 날라가고, 그들에게 장례를 치르게 한 모든 나라들이 당신에게 증오를 품은 폭동으로 뒤흔들어 놓을 것입니다.

나를 화나게 했기 때문에, 홧김에 활쏘는 사람처럼, 나도 당신 가슴을 향해서 화살을 쏜 것입니다. 그 아픔은 피하지 못할 것입니다. 애야, 나를 집으로 데리고 가거라. 저분은 젊은 사람들이나 상대로 해서 미쳐 날뛰게 하면 되겠지. 그리고 혀를 좀더 조심하고, 그 가슴 속에 지금보다 더 좋은 마음씨를 지니도록 배우게 하면 될 게다.

테이레시아스 퇴장.

코러스 왕이시여, 저이는 무서운 예언을 남기고 돌아갔습니다. 까맣던 이 머리칼이 희어진 오늘날까지 그가 이 나라에 대해 한 번도 거짓 예언을 한 적이 없었다는 것을 나는 잘 알고 있습니다.

크레온 그건 나도 잘 알고 있소. 그래서 걱정이 되는 거요.
　굽히는 것도 두려운 일이지만, 그렇다고 저항을 해서 나의 자랑스러운 영혼을 재액으로 파멸시키는 일도 못할 노릇이오.

코러스 메노이케우스의 아드님, 현명한 의견은 마땅히 받아들여야 합니다.

크레온 그러니 어떡하면 좋단 말인가? 말해 주오, 그대로 따를 터이니.

코러스 가서서 그 바윗굴 속의 아가씨를 풀어 주십시오. 그리고 그대로 버려진 시체에도 무덤을 만들어 주십시오.

크레온 그래, 그것이 그대 의견인가? 그러니 날 보고 굽히란 말인가?

코러스 그렇습니다. 한시바삐요. 신들의 재빠른 채찍은 어리석은 인간들을 당장에 때려눕힙니다.

크레온 아, 참 괴롭구나. 그러나 내 굳은 결심을 단념하고 그렇게 하도록 하지. 공연히 운명과 싸워선 안 되니까.

코러스 어서 친히 가셔서 그렇게 하십시오. 남에게 맡겨 두어서는 안 됩니다.

크레온 그래, 가겠다. 어서, 애들아, 여기 있는 괭이를 들고 저기 보이는 저곳으로 어서 가거라. 내 생각을 이렇게 바꿨으니 내가 묶었던 그 애를 내가 직접 풀어 주겠다. 아무래도 마음에 걸리는구나. 예부터 정해진 법은 평생토록 지키는 것이 가장 좋을 것 같아.

코러스 (노래)
　수많은 이름*16을 가진 그대여!
　카드모스의 새색시*17의 영광이여!
　천둥과 번개를 내리는 제우스의 자손이여!
　그대는 이름 높은 이 이탈리아를 지켜 주시고
　엘레우시스*18의 데메테르의
　보호된 들에서 모든 손님을
　반겨하는 곳을 다스리신다. 바쿠스여!
　그대는 바카이*19의 어머니 나라인 테베에,

이스메노스[20]의 맑게 흐르는 시냇가,
사나운 용의 이빨이 흩어진 땅 위에 사신다.

쌍봉우리[21] 위에서
바키데스인 코리키아[22]의 님프들이 움직이는 곳에서,
또한 카스탈리아[23]의 샘물가에서,
눈부시게 비치는 횃불을 그대는 보았다.
니사[24]의 언덕 담쟁이 엉킨 비탈에서,
수많은 포도송이가 덩어리진 푸른 물가에서 그대는 왔다.
그대 이름은 소리 높이 불리고,
거룩한 찬가가 요란스러운 중에
그대가 테베의 큰거리를 찾아들 때.

그대는 벼락맞은 그대 어머니와 함께
숱한 나라 중에서도 이 나라를 가장 사랑하신다.
이제 온 백성이
무서운 염병에 걸렸으니,
병을 고치는 발걸음으로 파르나소스의 고개를 넘고
풍랑이 치는 해협을 건너, 어서 오소서!

불꽃을 뿜는 별들 중의 가장 으뜸가는 그대,
밤의 모든 소리들의 주인이시여,
제우스의 친아드님이시여,
오, 왕이시여, 좋은 선물을 주시는
이아코스 앞에서 밤을 지새워 미친 듯 춤추는 그대의 시녀
티아이[25]들을 이끄시고, 어서 오시옵소서.

사자 등장.

사자 카드모스와 암피온 왕궁 가까이 계시는 여러분, 사람의 일생을 지금

그대로 칭찬하거나 헐뜯고 싶지는 않습니다. 그때그때 행복한 사람이나 불행한 사람을 운명이 흥하게도 하고 망하게도 하니, 그 정해진 운명에 관해서는 아무도 남들에게 예언할 수가 없습니다. 크레온님은 내가 보기에 한때는 복받은 분이었습니다. 그분은 이 카드모스 땅을 외적으로부터 구해내셨고, 이 나라의 지배권을 쥐고 계셨으며, 훌륭한 자손들도 번성하였습니다. 그런데 이제는 그것을 모두 잃고 마셨습니다. 사람이 즐거움을 잃고 나면 살아 있다고 말할 수 없지요. 그저 숨을 쉬고 있는 시체에 지나지 않습니다. 집에 크나큰 재물을 쌓는 것도 좋지요. 왕으로서 영화롭게 사는 것도 좋겠지요. 그러나 그것이 조금도 기쁘지 않다면, 기쁨과 비교해서 다른 것들에는 돈을 한 푼도 못 내겠습니다.

코러스 대체 그대는 왕실에 또 무슨 불행을 전하러 왔는가?
사자 죽었습니다. 게다가 그것은 산 사람에게 죄가 있습니다.
코러스 아니, 누가 죽었단 말인가? 죽은 건 누군가, 어서 말하라!
사자 하이몬님께서 돌아가셨습니다. 그것도 남이 그런 것은 아닙니다.
코러스 그의 아버지 손으로? 아니면 자기 손으로?
사자 자살입니다. 처형 때문에, 아버지에 대한 원망으로.
코러스 아, 예언자여, 당신의 말은 용하기도 하여라!
사자 그러하오니 남은 일들은 잘 의논하십시오.
코러스 때마침 크레온 왕의 왕비, 저 가엾으신 에우리디케님께서 궁에서 이리로 나오시는군. 왕자님 소식을 들으셨나, 아니면 우연히 나오셨나?

에우리디케 등장.

에우리디케 오, 이 나라의 여러분, 팔라스*26 여신께 내 기도를 드리려고 문턱까지 나오고 있을 때에 여러분의 이야기를 들었소.
　마침 빗장을 벗기고 문을 열려고 하자, 우리 집안의 불길한 말이 내 귀에 들려왔소. 나는 무서움에 너무 놀라 내 시녀들의 부축 속에 그대로 정신을 잃고 말았소. 하지만 대체 어찌된 영문인지 다시 한 번 말하시오. 나는 불행한 일에는 이력이 난 사람이오. 무슨 소리를 들은건…….
사자 친애하는 왕비님, 내가 본 대로 말씀드리겠습니다. 사실을 남김없이 말씀드리겠습니다. 나중에 거짓이라고 밝혀질 말씀을 드리고서야, 어찌 속이 편할 수 있겠습니까? 진실만이 언제나 가장 좋은 길입니다. 나는 우선 임금님을 들판 멀리 끝까지 모시고 갔었습니다. 거기에는 폴리네이케스님의 시체가 들개들에게 찢겨진 채 끔찍하게도 그대로 놓여 있었습니다. 그래서 우리는 길을 이끄시는 여신*27과 플루톤*28님께 자비로우신 마음으로 노염을 푸시도록 기도드리고, 그 시체를 깨끗한 물로 씻어 남은 시체나마 갓 베어 온 장작 위에 올려놓고 말끔히 태웠습니다. 그리고는 그가 태어난 땅의 흙으로 높은 봉분을 쌓고, 그 다음에는 돌아서서 그 아가씨가 ——하데스의 새색시가——계신 동굴 속 돌바닥의 신방으로 갔습니다. 그러자 멀리서 그 부정탄 신방에서 누군지 크게 울부짖는 소리가 들려왔기 때문에 크레온님께 가서 말씀을 드렸지요.

왕께서 가까이 올수록 이상한 괴로운 외침 소리가 더욱 크게 들려 왔습니다. 왕께서는 신음하며 비통한 목소리로 말씀하셨습니다. '아, 참으로 비참하도다. 내 걱정이 사실이 되었느냐? 지금까지 내가 걸어온 길 중에서 가장 비참한 길을 가고 있는 것이냐? 저건 내 아들의 목소리이다. 자, 애들아, 어서 가거라. 저 무덤으로 달려가 쌓아올린 돌들을 비껴놓은 틈으로 무덤 입구까지 들어가 잘 보아라. 그것이 하이몬의 소리인지, 아니면 내가 신들에게 속고 있는 것인지.'

그렇게 낙심하는 왕의 분부대로, 우리는 가 보았습니다. 그러자 무덤 속 깊은 곳에서 그 아가씨는 가는 끈으로 목을 졸라매고 숨져 있었습니다. 그리고 그분은 그 허리를 팔로 껴안고 엎드려 새색시가 죽어 혼인도 허사가 된 일, 아버지께서 한 일과 불행한 사랑을 저주하며 비통하게 울고 계셨습니다.

그러자 왕께서는 그분을 보고 무서운 소리로 신음하면서 그 속으로 뛰어들더니, 괴로운 음성으로 그를 부르셨습니다. '아, 불행한 녀석아, 이 무슨 짓이란 말이냐! 무슨 생각이 들었더란 말이냐? 어떤 마귀가 제정신을 잃게 했단 말이냐? 애야, 어서 나오너라. 제발 부탁이다!' 그러나 왕자님은 매서운 눈으로 노려보고 한 마디 대답도 없이, 십자로 된 손잡이의 칼을 빼어들었습니다. 그러나 아버지께서 재빨리 피했기 때문에 칼은 빗나가고 말았습니다. 그러자 불쌍한 왕자님은 흥분한 채로 그 즉시 온몸으로 칼 위에 엎어져 칼은 절반이나 옆구리를 뚫고 튀어나왔습니다. 그리고 아직 숨이 있는 동안, 그 아가씨를 억지로 껴안고 숨을 헐떡거리면서 그 아가씨의 핼쑥한 볼에 왈칵 피를 토했습니다.
그래서 그분은 시체가 되어 시체 위에 겹쳐 누웠습니다. 불쌍하게도 이 세상이 아니라 하데스의 대청에서 결혼식을 올리고, 인간의 온갖 불행 중에서 분별없는 것보다 더 심한 불행이 없음을 사람들에게 보여준 셈입니다.

에우리디케 궁 안으로 퇴장.

코러스 이 일을 그대는 어떻게 생각하는가? 왕비께서는 좋다 나쁘다 한 마디 말도 없이 되돌아가셨다.
사자 나도 놀랐습니다. 그러나 왕자님에 대한 가슴 아픈 소식을 들으시고 남들 앞에서 슬퍼할 수 없어서, 궁 안에서 시녀들에게나 집안의 불행을 말씀하고 슬퍼하시려는 것이 아닌가 생각됩니다. 잘못을 저지를 만큼 분별없는 분은 아니니까요.
코러스 글쎄, 그러나 너무 조용한 것도 심하게 울부짖는 것만큼이나 불길하게 생각되는군.
사자 그렇다면 내가 안으로 들어가, 격한 가슴 속 깊이 뭔가 은밀하게 숨기고 계신지 어떤지 알아보고 오겠습니다. 옳은 말씀이십니다. 너무 조용한 것이 위험한 것인지도 모르지요.
코러스 저기, 왕이 가까이 오신다.
　　　말하기에 너무나 분명한 이야기.
　　　그 어느 날의 광기도 아닌,
　　　스스로 저지른 죄업을 짊어지고.

크레온이 시종들과 함께 하이몬의 시체를 운구하면서 등장.

크레온 아, 우둔한 마음, 죽음을 부르는
　　　고집스러운 마음의 죄여!
　　　아, 같은 피를 나눈 죽인 아버지와

죽음을 당한 아들을 보라!
        아, 맹목적이었던 비참한 나의 생각이여!
        아, 아들아, 젊어서 죽은 너,
        아아, 너 때문이 아니라, 내 우둔함 때문에
        너는 이미 죽어 넋이 날아갔구나!
코러스 아, 딱합니다. 너무 늦게서야 깨달으신 것 같군요.
크레온 아, 뼈에 사무친 공부를 했다. 아, 신께서
        내 머리를 지독한 힘으로 내리쳐서,
        파멸의 길로 던져 넣으셨다!
        아, 내 기쁨은 짓밟혀 뒤집히고 말았구나.
        아아, 인간을 괴롭히는 지겨운 고생이여.

    다른 사자가 궁에서 등장.

사자   왕이시여, 또다시 닥칠 슬픔이 더 있나 봅니다. 하나는 여기 있지만,
        또 하나의 더욱 큰 슬픔을 궁에 들어가시면 곧 보시게 될 것입니다.
크레온 이 겹친 재앙 말고, 무슨 재앙이 또 덮친단 말이냐?
사자   왕비님께서 돌아가셨습니다. 여기 있는 이 시신의 친어머니께서. 아,
        가엾은 분, 방금 당한 충격 때문에.
크레온 아아, 온갖 희생을 다 받아들이고도 채워지지 않는 하데스여!
        어쩌자고, 어쩌자고 이렇게까지 무자비한가?
        아, 재앙과 무서운 소식을 전하는 길잡이여, 무슨 말을 꺼내려는가?
        아, 나는 이미 죽은 것이나 다름없건만, 또다시 나를 죽일 셈인가?
        오, 아들아. 너는 무슨 말을 하려는 것이냐. 네가 가져온 새 소식이란
        무엇이냐?
        아아, 아내의 비명의 죽음이 앞서의 죽음 위에 또 덮치는가?
코러스 저기 보입니다. 이미 궁 안에는 숨겨져 있진 않습니다.

    왕비의 시체가 운구되어 나온다.

크레온 오, 저기 새로운, 두 번째의 불행이 보이는구나.
　　대체 무슨, 아아, 무슨 운명이 아직도 나를 기다리고 있단 말이냐?
　　이제 겨우 아들의 시체를 추스르자
　　여기서 또 시체를 보다니,
　　아아, 가엾은 어머니여, 아, 아들이여!
사자 왕비께서는 궁 안의 제단 앞에서 날카로운 칼로 찌르시고 눈을 감으셨습니다. 그때 그분은 전에 돌아가신 메가레우스*²⁹님의 갸륵하신 마지막과 저기 계신 아드님의 마지막을 슬퍼하며, 숨을 거두면서 아드님을 죽인 왕께 불행이 있으라고 저주하셨습니다.
크레온 아아, 무서워서 온 몸이 오싹한다.
　　양날의 칼로 내 가슴을 찔러 줄 자는 없느냐?
　　비참한 이 몸이로구나.
　　아, 비참한 고통 속에 빠진 이 몸이로구나.
사자 이 아드님과 또 한 분의 마지막은, 여기 보시는 이분의 저주에서 온 것입니다.
크레온 도대체 어떻게 그렇게 무참하게 죽었더란 말이냐?
사자 왕자님의 그 슬픈 마지막을 듣고는 스스로 가슴을 찌르셨습니다.
크레온 아, 이 죄는 다른 사람 탓으로 돌릴 수도 없다. 내가, 오직 내가 당신을 죽였구려. 이 죄 많은 내가 저지른 일이다. 종들아, 어서 빨리 날 데려가거라. 죽은 것이나 다름없는 나를 어서 여기서 데려가거라!
코러스 불행 중 다행으로 그 생각이 이로우십니다. 괴로움에 빠져 있을 땐, 그것이 짧을수록 좋으니까요.
크레온 어서 오게 하라, 어서.
　　내 운명 중에서 가장 아름다운 것이여,
　　내 마지막 날을 가져오는 것,
　　가장 좋은 운명, 어서 오게 하라.
　　다시는 내일의 빛을 못 보게!
코러스 그건 다 앞날의 일입니다. 당장 닥친 일을 하셔야죠. 앞일의 처리는 맡길 데에다 맡기면 되니까요.
크레온 적어도, 내가 바라는 모든 것을 이제 기원한 것이다.

342　그리스 비극

코러스　이제 더 기도하지 마십시오. 사람에게 정해진 운명은 피할 길이 없으니까요.

크레온　제발 날 데려가거라, 이 쓸모없는 인간을!
아아, 아들아, 나는 아무 생각도 없이 널 죽였구나.
그리고 아내까지도. 이 얼마나 불행한 사람인가.
얼굴을 돌릴 데도 없고, 의지할 사람도 없구나.
내 손에 있는 것은 다 빗나가고,
게다가 견딜 수 없는 운명이 머리 위에 떨어지고 말았다.

코러스　지혜야말로 으뜸가는 행복,
신들께 향한 공경은 굳게 지켜져야 한다.
오만한 자들의 큰소리는 언제나 큰 천벌을 받고,
늙어서나 지혜를 깨닫는다.

〈주〉

*1 《오이디푸스 왕》에 나타난 사건. 아버지를 죽이고 어머니와 결혼한 사실에서 생긴 일들.
*2 디르케 : 테베에 있는 샘 이름.
*3 흰 방패와 전사 : 아르고스 군대 전체를 뜻한다.
*4 용 : 테베를 뜻한다. 옛날에 테베를 세운 카드모스가 몇몇 부하를 거느리고 아레스의 샘터에 물을 길러 가자, 그 샘을 지키고 있던 용이 부하들을 거의 다 죽여 버렸다. 그래서 카드모스는 용을 죽이고 아테나 여신의 권고로 용의 이빨을 땅에 심으니, 거기서 무장한 남자들이 솟아났다. 이들은 서로 싸우다가 다섯 명만 남았는데, 이들은 카드모스를 중심으로 테베를 세우고 그 귀족 가문의 조상이 되었다.
*5 기세등등한 적 : 테베를 공격해 온 일곱 장수 가운데 한 사람. 성벽에 사다리를 걸고 기어올랐으나, 신을 업신여겨 제우스의 벼락을 맞아 쓰러졌다.
*6 카드메이아 : 테베를 뜻함. '카드메이아'란 '카드모스의 거리'라는 뜻
*7 하데스 : 죽은 이의 나라를 다스리는 신. 또는 땅 밑의 신으로 땅 속에서 식물을 싹트게 하고, 또한 한번 오면 돌려보내지 않는 신이다.
*8 크레온에게는 메노이케우스(크레온의 아버지와 같은 이름)와 하이몬이라는 두 아들이 있었는데, 맏아들인 메노이케우스는 나라를 구하기 위해 크레온이 희생시켰다고도 하고 자살했다고도 한다.
*9 아케론 : 저승을 흐르는 강. 죽은 이는 이 강을 건너야 한다.
*10 탄탈로스의 따님 : 탄탈로스는 프리기아에 있는 시필로스 산 언저리 나라의 왕. 그의

딸 니오베는 테베의 암피온에게 시집을 갔다. 니오베는 아들을 많이 낳은 것을 자랑하며 두 자식밖에 없는 레토 여신을 비웃었기 때문에 레토의 아들 아폴론과 아르테미스에 의해 아들들이 죽음을 당하고, 니오베는 여기에서 이야기되는 것과 같은 운명에 빠졌다.

*11 폴리네이케스와 아르고스 공주의 결혼. 폴리네이케스의 군대와 아르고스의 동맹을 위한 결혼으로, 이 동맹군으로 폴리네이케스는 테베를 공격하다가 죽었다.

*12 트라키아 왕 리쿠르고스(드리아스의 아들)는 디오니소스의 숭배를 거절하여 신의 벌을 받고 미쳤다. 뒤에 트라키아의 스트리몬 강 언저리의 아이도네우스 사람들이 신탁을 받아 그를 동굴 속에 가두었다.

*13 피네우스: 흑해에 있는 사르미데소스의 왕으로, 그의 아내는 바람의 신 보레아스의 딸. 피네우스와의 사이에 두 아들을 두었으나, 뒤에 남편에게 갇혔다. 피네우스는 재혼했는데, 이 후처가 전처 소생인 두 아들의 눈을 찔러 옥에 가두었다.

*14 에렉테이다이: 아테네의 옛 왕 에렉데우스의 자손.

*15 모이라이: 운명의 여신.

*16 수많은 이름: 바쿠스 신은 신자가 많기 때문에 곳곳마다 다르게 부르는 이름도 많았다.

*17 카드모스의 새색시: 카드모스와 하르모니아 사이의 딸인 세멜레는 제우스 신의 사랑을 받아 바쿠스를 잉태했다.

*18 엘레우시스: 아티카의 옛 도시. 데메테르(곡물과 땅의 생산물의 여신)의 제사로 유명하다.

*19 바카이: 바쿠스 신을 따르는 여자 신도들, 바키데스라고도 한다. 많은 테베 여자들이 바쿠스에 미쳐 바카이가 되었다. 그들은 광란의 춤을 춘다.

*20 이스메노스: 테베를 흐르는 강 이름.

*21 쌍봉우리: 파르나소스 산맥 가운데 가장 높은 두 봉우리.

*22 바키데스는 바카이와 같다. 코리키아는 파르나소스 산에 있는 동굴.

*23 카스탈리아: 델포이의 높은 낭떠러지에서 흐르는 개천.

*24 니사: 에우보이아 지방에 있다. 바쿠스는 이 산에서 니사라는 님프가 키웠다 한다. 여기서는 바쿠스가 니사 산을 내려와 테베로 오는 것을 그린 것.

*25 티아이: 바카이와 같다. 여기서는 님프를 가리킨다.

*26 팔라스: 아테나 여신.

*27 길가에 모신 헤카테 여신. 인간에게 모든 재물, 웅변, 승리, 마술, 어업, 성공적인 가축 사육, 육아 등 모든 면에서 행복을 준다. 그러나 나중에 저승과 관계하여 무서운 모습으로 길가에 나타났다고 한다.

*28 플루톤: 하데스 신의 다른 이름.

*29 메가레우스: 메가라 시에 이름을 준 영웅. 니소스 왕이 미노스의 공격을 받았을 때, 그를 돕다가 전사했다.

엘렉트라

　이 작품이 씌어진 때는 기원전 420년부터 414년 사이로 짐작되지만, 정확히 단정할 근거는 없다. 다만 이 작품 속에 들어 있는 내용으로 보아 초기의 작품이라는 것은 큰 무리가 없는 것 같다.

　이 작품은 아이스킬로스의 3부작 《오레스테이아》의 제2부인 《제주를 바치는 여인들》과 같은 이야기를 다룬 것으로, 둘 다 오레스테스와 그의 친구 필라데스의 등장으로 극이 시작된다. 또한 이 작품은 에우리피데스의 같은 이름의 작품과도 내용이 중복된다. 그리스의 고전 작가들은 같은 전설을 가지고 저마다 개성이 강한 창작 세계를 열고 있었다고 볼 수 있다.

　호메로스의 이야기로 잘 알려져 있는 트로이 원정에서, 그리스군 총지휘관으로 출정했다가 10년 만에 승리의 영광을 차지하고 돌아온 아가멤논 왕은, 왕비 클리타임네스트라와 그 정부인 왕의 사촌아우 아이기스토스의 공모로 욕실에서 살해당했다. 이 극은 간단히 말하면 왕의 딸 엘렉트라와 아들 오레스테스가 함께 아버지의 원수를 갚는 이야기이지만, 살해자가 바로 그들의 어머니요, 당숙이라는 특수한 사정에서 복잡하고 심각한 비극성을 띠게 된다. 그러나 이 비극의 뿌리는 더 더듬어 올라가야 한다. 본디 아르고스 왕가는 저주받은 집안으로, 대대로 피비린내 나는 집안 싸움이 그치지 않았다. 아이기스토스가 사촌 아가멤논을 죽이게 된 것은, 자기 아버지가 백부인 아가멤논의 아버지로부터 받은 박해에 대한 복수라는 뜻을 지니고 있다. 한편 왕비가 남편을 죽이게 된 데에는, 10년을 독수공방해야 하는 처지에서 사촌 시동생 아이기스토스와 정을 통하며 살아왔기에, 승리하고 돌아온 남편이 귀찮은 존재이기도 하고, 또한 아이기스토스가 왕비를 이용했다는 까닭도 있기는 했을 것이다. 그러나 표면적인 이유는 그런 것이 아니었다. 이 극 가운데에서 어머니와 딸의 대화로도 알 수 있지만, 맏딸 이피게네이아를 트로이 원정길에서 풍랑을 피하기 위하여 아버지가 희생물로 바친 데 대한 어머니의 원한이라는 것이 근본적인 동기가 되고 있다. 그런가 하면 이 작품에 나타나 있지는 않지만, 또 하나의 이유로 아가멤논이 트로이의 공주를 사랑한 일이 아내의 복수심에 불을 질렀다고 전해지고 있다.

호메로스의 《오디세이아》에서는 아이기스토스가 클리타임네스트라를 꾀어 아가멤논이 귀국하자 암살하고, 그 뒤에 오레스테스가 원수를 갚은 것으로 되어, 아이기스토스와 오레스테스 두 사람이 주요 인물로 나타나 있다. 그러나 아이스킬로스를 비롯한 비극 작품에서는 그 두 사람은 뒤로 물러나고, 엘렉트라와 클리타임네스트라 두 사람이 주요 인물로 등장하고 있다. 또한 에우리피데스에서는 엘렉트라가 직접 어머니를 죽이는 것으로 되지만, 소포클레스에서는 그 문제가 비극의 중심이 되어 있지는 않고, 적극적인 기질을 가진 엘렉트라가 아우 오레스테스를 격려해서 목적을 이루는 것으로 되어 있다. 여기서 엘렉트라와 그의 여동생인 크리소테미스의 성격은 안티고네와 이스메네를 연상시키는 대조적인 것이다.

소포클레스는 이 작품에서 냉혹할 만큼 자기 감정을 감추고, 극 속의 인물들은 마치 돌조각처럼 끄떡도 않고 있어, 지은이의 체온 같은 것은 느껴보기 어렵다. 그것은 이 작품을 꿰뚫는 것이 어디까지나 정의(dike)이기 때문인 것 같다. 오레스테스는 아폴론 신을 믿어 서슴지 않고 태연하게 정의를 행동으로 실현한다는 점에서 호메로스와 이야기를 다루는 방법이 서로 통하고 있는 듯 보인다.

나오는 사람

늙은 종 오레스테스를 기른 충실한 종
오레스테스 아르고스의 전왕 아가멤논과 클리타임네스트라 사이에 태어난 아들
엘렉트라 오레스테스의 누이
크리소테미스 엘렉트라의 여동생
코러스 아르고스의 젊은 여자들로 이루어짐
클리타임네스트라 아가멤논의 왕비
아이기스토스 아가멤논의 사촌동생, 왕비와 밀통하여 아가멤논을 죽이고 왕위와 왕비를 차지

무대

미케네의 언덕 위 전왕 아가멤논의 궁전 앞, 해뜰 무렵.

오레스테스, 친구 필라데스와 늙은 종과 함께 등장.

늙은 종 그 옛날 트로이에서 우리의 대군을 거느린 아가멤논님의 아드님, 오랫동안 그리워하던 것을 이제야 눈앞에 볼 수 있게 되었습니다.
 이것이 그렇게도 고대하던 예부터의 아르고스의 들판, 쇠파리가 이 이나코스[*1]의 따님[*2]을 못살게 굴던 거룩한 곳입니다.
 오레스테스님, 이쪽은 이리를 잡아 죽인 데서 이름을 얻은 리카이오스[*3] 신의 광장입니다. 왼편에 보이는 것은 헤라님의 유명한 사당입니다. 우리가 온 이곳에서는, 황금에 가득 찬 미케네의 성과 저편에 펠로푸스님 댁의 대대로 피비린내 나는 저택이 분명히 보입니다. 옛적에 아버지께서 무참하게 돌아가셨을 때, 제가 도련님을 누님에게서 맡아 이 저택에서 구해 내어, 언젠가는 아버지 원수를 갚을 수 있도록 이렇게 어른이 되기까지 키워 드렸습니다.
 그러니 오레스테스님, 그리고 친구 되시는 필라데스님, 이제는 앞으로의 계획을 시급히 세워야 합니다.
 벌써 밝은 아침 햇살이 새들의 노래를 불러일으키고 별이 총총한 어두운 밤은 지나고 말았습니다. 집 안에서 누군가 나오기 전에 의논을 마쳐야 합니다. 이제 와서는 망설일 것도 없고, 곧 손을 써야 할 때가 되었습니다.

오레스테스 내가 좋아하는 할아범, 할아범이 우리에게 충성스럽다는 것은 내가 분명히 알고 있는 것일세. 훌륭한 말은 늙어도 위급할 때는 용기를 잃지 않고 귀를 곤두세우듯이, 할아범은 우리의 기운을 북돋아 주고, 누구보다도 우리를 따라와 주었네. 그래서 내 결심한 바를 말하겠으니 주의해서 내 말을 잘 듣고, 내 생각이 잘못되었거든 할아범이 그 잘못을 고쳐 주어야겠네. 내가 어떻게 하면 암살자들에게 아버지의 원수를 갚을 수 있을까 해서 피톤[*4]에 신탁을 들으러 갔을 때, 포이보스님께서는 이렇게 말씀하셨네. '방패나 군대를 쓰지 말고, 계략으로 은밀하게 제 혼자의 손으로 원수를 갚으라'고. 이런 신탁을 받았으니, 할아범은 기회를 잘 봐서 이 집으로 들어가, 거기서 일어나고 있는 일을 잘 살펴보고 우리에게 자세히 알려 주게. 할아범은 늙기도 했고, 오랜 세월이 지난 일이니, 아무도 눈치채지 못할 것이야. 또 그렇게 백발이 되었으니 의심할 자도 없을 걸세. 그러니 '나는 포키스 사람인데 파노테우스라는 분께서 보내어 여기로 왔습니다'라고 말하게. 그자는 그놈들과 가장 가까운 한패거리니까. 그리고 거짓이 아니라고 맹세를 하고 나서, 오레스테스는 피톤에서 경기가 있었을 때, 달리는 마차에서 굴러떨어져 비참하게 죽었다고 알려주게. 얘기의 줄거리를 그렇게 해두자는 것이지. 우리는 우선 신의 명령대로 아버지 무덤에 제주(祭酒)를 올리고 내 머리털을 잘라서 바친 다음, 할아범도 알겠지만 숲 속에 감추어 둔 저 청동의 유골 항아리를 손에 들고 되돌아오겠네. 그리고 놈들에게 거짓말로, 내 몸은 이미 불로 태워서 재가 되어 버렸다고 말해서 그놈들에게는 반가울 소식을 그럴싸하게 들려 주자는 것일세. 그렇게 말해도 아무 염려 없네. 말로는 죽었더라도 실제로는 살아 있는데다가 영광스러운 일이니, 무슨 걱정이란 말인가? 무슨 말이든지 이익이 따른다면야 나쁠 것은 없네. 성현군자라는 사람들이 소문으로는 죽었다고 하고 살아서 집으로 돌아오면, 그전보다 훨씬 더 존경받는 경우를 나는 여러 번 보아 왔네. 나도 이 소문으로 한 번 죽었다가 살아나서, 원수들에게 별처럼 빛나 보였으면 하네.

'그러나 조국 땅이여, 거기 사시는 신들이시여, 원컨대 이 몸이 이 나그네길을 운 좋게 마치고 돌아가게 하시옵소서. 또한 조상들께서 사시던 집이여, 나는 신들의 명령에 따라 그대를 정의의 심판으로 깨끗이 하려고 왔으니, 바라건대 치욕스럽게 이 땅을 쫓겨나는 일이 없고, 아니, 오히려 내 재물을 다스리고 내 집을 다시 일으킬 수 있게 해 다오.'

자아, 이젠 할 말 다했네. 그러니 할아범, 어서 안으로 들어가서 자기의 맡은 바 역할을 충실히 다 해 주게나. 우리 두 사람도 이제부터 나서겠네. 기회가 왔네. 기회야말로 사람에겐 모든 일의 최고의 지도자일세.

엘렉트라 아아, 불행한 내 신세, 아아. (무대 뒤에서 들려 온다)
늙은 종 도련님, 안에서 누군가 하녀의 울음소리가 들린 것 같은데요.
오레스테스 불쌍한 엘렉트라가 아닐까? 무엇을 슬퍼하고 있는지 잠깐 들어 볼까?
늙은 종 안 될 말씀입니다. 먼저 록시아스*[5]의 신탁을 실행해야 합니다. 우선 아버지 묘에 제주 붓는 일부터 시작해야 합니다. 그래야 우리에게 승리와 뜻대로 성사하는 힘을 주시니까요.

위의 세 사람은 퇴장하고 엘렉트라와 코러스 등장.

엘렉트라 (낭송)
　아아, 거룩한 빛이여,
　그리고 대지와 함께 있는 대기(大氣)여.
　어두운 밤이 물러갈 때마다
　이 몸의 한스러운 노래와
　피맺히도록 가슴치며 슬퍼하는 소리를
　그대들에게 얼마나 많이 들려 주었던가!
　얼마나 기나긴 밤을 지새웠는지,
　내 얼마나 불행한 아버지를 슬퍼했는지,
　저주받은 집 안의 차디찬 침상이 이미 잘 알고 있지요.
　아버지는 피비린내 나는 아레스 신이
　남의 나라에서 대접한 것이 아니라,
　어머니와 그리고 그녀와 잠자리를 함께하는 아이기스토스가
　마치 나무꾼이 나무라도 찍듯이
　잔인한 도끼로 목을 쳤지요.
　그런데도 그것을 슬퍼하는 사람은 나밖엔
　없군요. 그렇게도 끔찍하고
　그렇게도 불쌍하게 돌아가셨는데도, 아버지.

　하지만 별이 반짝이는 빛과
　대낮의 햇빛을 우러러보는 동안엔
　한탄과 슬픔의 외침을 결코 그치지 않겠지.
　이 아버지의 집 문턱에 서서,
　스스로 제 새끼를 죽인 꾀꼬리*6처럼
　모든 사람에게 소리쳐 울기를 그치지 않으렵니다.

아아, 하데스와 페르세포네의 집이여,
       아아, 저승의 헤르메스여, 무서운 저주의 여신이여,
       그리고 무참하게 죽은 자와
       남모르게 빼앗긴 잠자리를 보살펴 주시는
       신들의 두려운 따님이신 에리니에스 여신이여,
       오셔서 도와 주시옵소서.
       아버지의 원수를 갚아 주시옵소서.
       그리고 제 동생을 돌려보내 주옵소서.
       저는 이미 내리누르는 이 무거운 슬픔의 짐을
       혼자서 견디어 낼 힘이 없습니다.
코러스 오오, 참으로 비참한 어머니의 따님, 엘렉트라님이여,
       어찌하여 그다지도 끝없는 비탄에 몸을 애태우시나요?
       그 옛날 간사스러운 어머니의 함정에 빠져,
       무참히 돌아가신 아가멤논님을 위해선가요?
       내게 그런 기도가 허락된다면,
       그런 일을 저지른 자는 죽어버려라.
엘렉트라 아아, 훌륭한 가문에서 태어난 여러분,
       제 괴로움을 위안하시러 오셨군요.
       그것은 저도 잘 알고 결코 잊지 않습니다.
       그러나 저는 이 일을 그대로 버려둘 수도 없고,
       불운한 아버지를 슬퍼하지 않을 수도 없어요.
       갖가지 친절하심이 고맙긴 하지만,
       제발 저를 이대로 두어 주세요.
       아아, 부탁이에요.
코러스 그러나 슬퍼해도, 빌어도,
       누구나 한 번은 가야 할 하데스의 늪에서
       아버지를 다시 모셔올 수는 없습니다.
       그렇죠, 돌이킬 수 없는 재난을 언제까지나 슬퍼만 한다면,
       마지막엔 구원받을 수 없는 괴로움에 몸을 망칩니다.
       불행을 벗어날 길이 없는데,

어찌하여 그런 괴로움을 자청하나요?
엘렉트라 비참하게 세상을 떠난 어버이를
잊어버리는 것은 어리석은 사람이지요.
지금의 내 마음에 어울리는 것은
언제까지나 이티스, 이티스 하며 제 새끼를 한탄하는
저 슬픔의 꾀꼬리, 제우스의 사자(使者).
아아, 슬프기 그지없는 니오베여,
바위 무덤에 묻혀서 한없이 우는 당신을
저는 거룩하게 생각합니다.
코러스 아가씨, 괴로움을 겪은 것은 당신뿐이 아니죠.
그런데도 당신은 집안의 누구보다도 더욱
슬퍼하시는군요.
당신은 그분들과 한집안의 동기간.
아직도 살아 있는 크리소테미스님과 이피아나사님,
그리고 젊은 몸으로 숨어서 슬퍼하는,
그러나 머지않아 이 이름높은 미케네 땅이
훌륭한 왕세자로 모셔들여,
제우스의 은혜로우신 인도로
이 땅에 돌아오실 오레스테스님과 비교하면.
엘렉트라 그 사람을 지칠 줄도 모르고 고대하면서
불쌍한 나는 시집도 가지 못하고 아기도 없이,
끝없는 슬픔의 나날을 보내고,
언제나 눈물에 젖어 삽니다.
그런데도 동생은 받은 괴로움도,
귀로 들은 것도 다 잊어버리고 있죠.
무슨 소식이 왔나요?
기대를 어긴 것은 아닌가요?
언제나 돌아오고 싶다고 하면서도,
오려고 하진 않습니다.
코러스 기운을 차리세요, 기운을.

하늘에서는 변함없이 위대하신 제우스님께서
모든 것을 보시고 모든 것을 다스리십니다.
참을 수 없는 원한을 그 신께 맡겨 드리고,
원수들 때문에 너무 괴로워하지 말고,
그렇다고 해서 잊지도 마세요.
세월이란 인자한 신.
지금은 소를 기르는 크리사 해변의 아가멤논님의 아드님도,
아케론 강변을 다스리는 신께서도,
아가씰 버릴 리는 없으니까요.

엘렉트라 그래도 벌써 많은 세월이
속절없이 흘러갔고,
이미 내겐 아무 힘도 없어요.
어버이도 없이 시들어 가고,
의지할 방패인 다정한 사람도 없이,
천한 떠돌이처럼 아버지 집에서 종살이를 하며
이런 누추한 옷을 걸치고 찬 없는 밥상 앞에 섭니다.

코러스 그분께서 개선하셨을 때의 그 비통한 소리.
청동 도끼날이
아버지께 정통으로 내려떨어졌을 때,
잔치 자리에서 일어난 그 비통한 소리.
사악함이 일을 꾸미고, 정욕이 사람을 죽입니다.
이 두 가지에서 태어난 요사한 모습.
대체 그것은 신인가, 사람인가?
이런 일을 저지르다니.

엘렉트라 아아, 나에게는 그 어느 날보다도
가장 끔찍스럽던 날이여, 아아, 밤이여,
입에 올리기도 지겨운
잔치 자리의 재앙이여,
아버지께서는 그 두 사람의 손에
무참히도 세상을 떠나셨지.

　　　　바로 그 손이 배신당한 내 인생을 빼앗고 나를
　　　　이렇듯 망쳐 놓았구나.
　　　　바라옵건대 올림포스의 위대한 신이시여,
　　　　그들에게 죄값의 괴로움을 내리시옵소서.
　　　　그런 일을 저지른 자들에게
　　　　원컨대 그들의 영화가 기쁨이 되지 않게 하시옵소서.
코러스　이젠 더 아무 말씀 마세요.
　　　　대체 무슨 까닭으로
　　　　그렇게도 딱하게
　　　　스스로 불러들인 괴로움에 빠졌는지,
　　　　아가씨는 모르시나요?
　　　　마음을 어둡게 가지면, 싸움이 싸움을 낳고
　　　　당하지 않아도 될
　　　　불행을 당하십니다.
　　　　강한 자와 그런 싸움에 걸려들어서는 안 됩니다.
엘렉트라　무서운, 무서운 운명을 당하고서는 그럴 수밖엔 없었지요.
　　　　격하기 쉬운 내 마음은
　　　　내가 잘 알고 있습니다.
　　　　하지만 무서운 불행을 당하든,
　　　　내 목숨이 붙어 있는 동안에는
　　　　이렇게 슬퍼하길 그치지 않겠어요, 다정하신 분들.
　　　　누구에게서 도움되는 말을 들을 수 있을까요?
　　　　어떤 어진 분이 올바른 것을 가르쳐 주실까요?
　　　　내버려 두세요,
　　　　내버려 둬 주세요, 나를.
　　　　위로해 주시는 분들,
　　　　지금의 내 불행한 처지는 구할 길이 없어요.
　　　　이렇게 끝없이 슬퍼하고,
　　　　언제까지나 괴로움이 그칠 날은 없습니다.
코러스　그래도 진정을 가진 어버이처럼,

아가씨를 생각해서 하는 말입니다.
부디 불행에 불행을 더하지 마세요.

엘렉트라 하지만 제 불행에 무슨 한계가 있겠어요?
어떻게 그리 돌아가신 분을 나몰라라 할 수 있겠어요?
그런 마음을 가진 사람이 대체 어디 있겠어요?
제가 그런 사람의 마음에 들고 싶지도 않고,
설사 저에게 무슨 행운이 돌아온다 하더라도,
어버이를 욕보이고 소리를 짜내는 슬픈 한탄을 그치면서까지
그 행운에 편히 머무르진 않겠어요.
죽음을 당한 자가 땅에 쓰러져
불쌍하게도 먼지가 되고 무(無)가 되고,
버려진 채 아무도 돌보지 않고,
피의 앙갚음을 갚는 자가 없다면,
이 세상에선 부끄러움도
신을 두려워하는 마음도 자취를 감출 거예요.

코러스 아가씨, 저희들은 아가씨를 위해서도, 또 저희들을 위해서도 이렇게 여기 왔습니다. 하지만 저희들의 말이 달갑지 않으시다면, 원하는 대로 하십시오. 저희들은 아가씨가 하는 대로 따르겠으니까요.

엘렉트라 내가 지나치게 비탄하는 것으로 생각되신다면, 정말 부끄러워요. 하지만 나의 절박한 생활이 그렇게 만들고 있으니 용서하세요. 훌륭한 가문에 태어난 딸로서 아버지의 재앙을 보면서, 그것도 가라앉기는커녕 밤이고 낮이고 더욱 심해지는 것을 보는 내 입장에서 어떻게 그렇지 않을 수 있겠어요? 첫째로 나를 낳은 어머니의 소행이 나로서는 견딜 수 없이 싫습니다. 둘째로, 제 집에서 자기 아버지를 죽인 사람들과 함께 살며 그들의 종살이를 하고, 그들의 신세를 지는가 하면 그들 때문에 굶주리기도 합니다.

그뿐인가요. 도대체 내가 어떤 나날을 보내고 있는지 생각해 보세요. 아이기스토스가 아버지의 왕좌에 앉아서는 그분의 옷을 그대로 입고, 그분을 죽인 바로 그 자리에서 신께 제주를 바치고 있는 것을 보고 있는 그날 그날의 생활, 아니, 무엇보다도 심한 것은 그 살인자가 아버지의 잠자

리에 든다는 것입니다. 그 살인자와 동침하는 여자를 어머니라고 불러야 한다면, 그 한심스런 어머니와 함께 지내는 것을 보는 내 생활을. 에리니에스 신도 무서워할 줄 모르고, 그 저주할 사내와 함께 지낼 만큼 어머닌 타락했습니다. 그뿐인가요, 자기가 하고 있는 짓에 의기양양한 듯이, 아버지를 꾀어서 죽인 바로 그날을 택해서, 노래와 춤을 벌이고 수호신들께 다달이 양(羊)을 잡아 제물로 바치고 있습니다.

비참하게도 그런 꼴을 집 안에서 보고, 울다 지쳐 아버지의 이름으로 불리는 성스럽지 못한 잔치*7를 남모르게 숨어서 슬퍼할 뿐이고, 후련하게 우는 것조차 허락되지 않으니까요. 말하는 것만 들어 봐서야 심지가 훌륭한 것 같지만, 그 여자는 더러운 입으로 이렇게 나를 욕합니다. '이 죄많고 가증스러운 년아, 아버질 여읜 게 너뿐이라더냐? 이 세상에 가까운 사람을 잃은 이가 또 없는 줄 아느냐? 너 같은 것엔 재앙이나 내려라. 제발 지하의 신들이 너를 지금의 슬픔에서 언제까지나 구해 내지 않았으면' 하고 악담을 합니다. 게다가 오레스테스가 돌아온다고 듣는 날이면, 미칠 듯이 내게 와서 소리소리지르면서 '이건 다 네 탓이다. 네가 한 짓이야. 오레스테스를 내 손에서 훔쳐 숨긴 것은 네년이 아니냐? 꼭 그만한 앙갚음은 해 줄 테다.' 이렇게 떠들어 대면 그 유명한 사내, 그 여자의 남편이 설상가상 그 옆에서 똑같이 격해서 날뜁니다. 도대체 사내다운 데라곤 조금도 없는 형편없는 인간, 여자의 도움이나 받아서 살아가는 그 사내가 말입니다. 그래도 나는 오레스테스가 돌아와서 구해 주길 늘 고대하면서 비참하게 죽어 갑니다. 오레스테스는 늘 무엇인가 하려고 하면서도 내 희망을 모두 망쳐 버리고 말았어요. 그러니 이런 형편에서, 여러분, 분별을 가져라, 삼가라 해도 그건 어려운 일입니다. 끔찍한 일을 당하고 나면 아무래도 나쁜 짓을 하게도 됩니다.

코러스   어떠세요? 아이기스토스가 가까이 있는데도 그런 말씀을 하십니까? 혹시 그가 집에 없는가요?

엘렉트라   없어요. 그가 집에 있는데 제가 밖에 나올 수 있나요. 지금 시골에 가 있습니다.

코러스   그렇다면 우리도 마음 놓고 이야기할 수가 있겠군요?

엘렉트라   지금은 없으니까 물어 보세요. 무엇이 듣고 싶죠?

코러스 그러면 알고 싶은데요, 아우님은 돌아왔나요, 아직 오지 않았나요? 그것이 궁금합니다.

엘렉트라 자기 말로는 돌아온다지만, 말뿐이지 실행을 안 하는군요.

코러스 큰일을 벌이려는 사람은 아무래도 망설이기가 쉬우니까요.

엘렉트라 그래도 내가 그를 구해 낼 땐 우물쭈물하진 않았어요.

코러스 기운을 내세요. 그분은 훌륭해서 반드시 친구를 돕는 분이니까요.

엘렉트라 그건 믿고 있지요. 그렇지 않고서야 내가 이렇게 오래도록 살고 있진 못했을 겁니다.

코러스 하지만 이젠 그만하세요. 같은 아버지와 어머니에게서 태어난 동생 크리소테미스님이 돌아가신 분께 드릴, 예법대로 제물을 들고, 집에서 나오고 있으니까요.

크리소테미스 등장.

크리소테미스 언니, 또 이렇게 문 밖까지 나와 무슨 얘길 하고 계세요? 아무 소용도 없으니 쓸데없이 노여움에 애태우는 걸 이제 그만둘 생각은 없어요? 하기야 지금의 처지가 괴롭다는 것쯤은 저도 잘 알고 있어요. 그래서 제게 힘이 있다면 제가 그들을 어떻게 생각하는지 털어놓고 싶기도 해요. 그렇지만 지금의 이런 풍랑이 거센 처지에서는 사공이 배의 돛을 내리고 항해하듯이 참고 견디는 것이 제일이에요. 어차피 상대편에게 해를 끼칠 힘이 없을 바에는, 무엇인가 꾸미고 있는 듯이 보일 필요는 없어요. 그러니 언니도 매사를 그렇게 해 주었으면 좋겠어요. 하기야 옳기는 내 말이 아니라 언니의 생각이 옳아요. 다만 자유롭게 살아가기 위해서는 모든 것을 힘 있는 사람에게 맡기고 따를 수밖에 없잖아요.

엘렉트라 아니, 너는 아버지의 딸이면서 아버질 잊어버리고 어머니 생각만 하다니 참 어처구니없는 일이로구나. 네가 충고해 준 것은 모두 그 여자가 가르쳐준 것뿐이고, 네 마음에서 우러나온 말이라곤 하나도 없어. 그렇다면 둘 중의 하나를 택하렴. 분별 따윈 버리거나 분별을 지키고 소중한 사람을 잊어버리거나. 너는 방금 힘이 있으면 그자들에 대한 미움을 털어놓고 싶다고 말했다. 그러면서도 내가 어떻게 해서든지 아버지의 원수를 갚으려는데, 너는 그걸 돕기는커녕 오히려 방해를 하고 있구나.

그건 비참한 일일 뿐더러 비겁하기까지 않으냐? 가르쳐 다오. 아니면 내가 가르쳐 줄까? 도대체 내가 슬퍼하길 그만두면 내게 무슨 이득이 있을까? 어쨌든 나는 살고 있지 않으냐? 하기야 불행하긴 하지만, 그래도 족해. 나는 말이다, 저 세상에도 기쁨이란 것이 있다면 돌아가신 분을 기쁘게 해드리기 위해서 저자들을 괴롭히고 있는 거야. 너는 미워한다고는 하지만 그건 말뿐이고, 실제로는 아버질 죽인 자들과 한패가 돼 있어. 나는 죽어도 싫다. 네가 지금 자랑삼고 있는 따위의 그런 선물을 준다고 하더라도 그자들에게 머릴 숙이다니, 나는 싫어. 너는 맛있는 것이나 먹고 사치스러운 생활이나 하렴. 내게는 양심의 가책이 없는 것만으로도 배가 부르니까. 난 네 행운 따윈 부럽지도 않다. 너도 제정신이라면 그럴 거야. 하지만 이제 누구보다도 훌륭한 아버지의 딸이라고 불릴 것을, 어머니의 딸이라고나 불리려무나. 그렇게 하면 남들은 다 너를 돌아가신 아버지와 동기간을 배반한 야비한 여자라고들 하겠지.

코러스 제발 부탁입니다. 홧김에 말씀하시진 마세요. (엘렉트라에게) 아가씨도 동생의 말을 듣고, 동생도 언니의 말을 들을 생각이 든다면, 두 분의 말씀에는 서로를 위해서 유익한 것이 있을 것입니다.

크리소테미스 여러분, 저는요, 언니의 말에는 어지간히 익숙해져 있거든요. 언니에게 큰 변이 닥치고 있어서, 지금까지 끌어온 언니의 비탄도 이번엔 싫어도 그만두지 않으면 안 된다는 것을 듣지 않았더라면, 저도 아무 말도 하지 않았을 거예요.

엘렉트라 큰 변이라니, 그게 무엇인지 말해 주렴. 지금의 불행보다도 더 심한 것을 네가 말해 줄 수 있다면, 나도 네게 거슬리는 말은 않겠으니.

크리소테미스 그럼 내가 알고 있는 것을 모조리 말하겠어요. 언니가 언제까지나 이렇게 한탄하길 그치지 않는다면, 저들은 언니를 다시는 햇빛이 보이지 않는 곳으로 보내려 하고 있어요. 언니를 나라 밖의 굴속 같은 데 가둬 놓고, 신세한탄이나 하도록 버려두겠다는 거예요. 그러니 잘 생각해서, 앞으로 변을 당하더라도 내 원망은 마세요. 지금이야말로 생각을 돌리실 때예요.

엘렉트라 그래, 정말 나를 그렇게 하겠다고 작정했다던?

크리소테미스 그럼요, 아이기스토스가 돌아오자마자.
엘렉트라 그렇다면 한시바삐 왔으면 좋겠구나.
크리소테미스 아이구머니, 어떻게 그런 말을?
엘렉트라 그자가 그럴 작정이라면, 오면 좋겠다는 게다.
크리소테미스 그럼, 변을 당하겠다는 거예요? 실성한 게 아니에요?
엘렉트라 너와 될 수 있는 대로 멀리 떨어져 있기 위해서이다.
크리소테미스 하지만 지금의 생활을 잃어도 좋아요?
엘렉트라 끔찍이도 훌륭한 생활이로구나.
크리소테미스 잘 생각만 한다면야 정말 그럴 수도 있죠.
엘렉트라 소중한 사람을 배신하라고 날 가르치려고 하진 마라.
크리소테미스 가르치는 것이 아니에요. 다만 강한 자에게는 굽히라는 거죠.
엘렉트라 너나 그렇게 아부하렴. 내 성미엔 안 맞는다.
크리소테미스 하지만 지각없는 일로 몸을 망치지 않는 게 좋지요.
엘렉트라 아버지의 원수를 갚기 위해 죽어야 한다면야 기꺼이 죽겠다.
크리소테미스 하지만 아버지께서도 내 말을 용서해 주실 거예요.
엘렉트라 그건 비겁한 자나 하는 소리야.
크리소테미스 그럼 언니는 내 말을 안 듣고, 싫다는 거죠?
엘렉트라 물론이다. 아직 난 그렇게까지 쓸개가 빠지진 않았어.
크리소테미스 그럼 난 시키는 심부름이나 하러 가겠어요.
엘렉트라 어디로 가는 길인데? 네가 가지고 있는 그 제물은 누구에게 바칠 것이냐?
크리소테미스 아버지 무덤에 바치라고 어머니가 보내셨어요.
엘렉트라 뭐라고? 그 여자에겐 둘도 없는 원수일 텐데?
크리소테미스 언니는 '자기가 죽인 사람에게'라고 말하고 싶겠죠.
엘렉트라 누가 그렇게 권했을까? 누구의 소원이었을까?
크리소테미스 밤중에 아마 뭔가 무서운 일이 있었나 봐요.
엘렉트라 아아, 조상 신들이시여, 이제야말로 오셔서 도와 주시옵소서.
크리소테미스 이 무서운 일로 무슨 신나는 일이라도 있나요?
엘렉트라 어떤 형편이었는지 얘기해 주면 나도 대답할 수 있겠지만.

크리소테미스 그렇지만 난 조금밖엔 말할 것이 없어요.

엘렉트라 그걸 말해 봐. 하찮은 말로 사람이 쓰러지기도 하고, 일어서기도 하는 수가 많으니까.

크리소테미스 이런 얘기예요. 아버지께서 이 세상에 되살아나 어머니와 다시 만나게 되는 꿈을 어머니가 꾸셨다는 거예요. 전에는 아버지께서 늘 가지고 계셨지만, 지금은 아이기스토스가 쓰고 있는 왕홀(王笏)을 쥐고 아궁이를 찌르셨다는 거예요. 그러자 그 왕홀에서 새싹이 돋아나 뻗더니 미케네의 온 나라가 그 가지로 덮이고 말았다는 거예요. 이 이야기는 어머니가 헬리오스*8 신께 그 꿈 얘기를 고하고 있었을 때, 그 옆에 있었던 사람에게서 들은 것이에요. 난 그것밖엔 더 몰라요. 다만 어머니가 그것이 무서운 나머지 날 심부름 보낸 건 확실하지만. 그러니 이제 우리 집안의 신들께 걸고 부탁하겠어요. 무모한 짓으로 몸을 망치지 말아요. 지금은 날 귀찮게 여기지만, 일이 어렵게 되면 또 나를 찾을 거예요.

엘렉트라 그렇지만 얘야, 네 손에 가지고 있는 것들을 무덤에 바치진 마라. 그런 원수의 여자에게서 제물이건 제주건 아버지께 드리는 것은 네가 할 일도 아닐 뿐더러 신을 모독하는 일이니까. 아예 바람에 날려 없애거나 쓰레기 속에 파묻어 버려라. 그따위 것을 하나라도 아버지 무덤 근처에 가져가지 않도록 말이야. 그 여자가 죽으면 쓸 수 있도록 땅 밑에 소중하게 간직해 두면 될 게다.

이 세상 모든 여자 중에서 둘도 없이 악독한 여자가 아니고서야, 자기가 죽인 사람의 무덤에 이런 가증스러운 제물을 바치겠느냔 말이다. 생각해 봐라. 무덤 속의 시신께서 이런 제물을 그 여자에 대해 호의를 가지고 받아 주실는지 어떨지. 인정사정없이 원수를 죽이듯이 잔인하게 죽여 난도질을 하고서는, 죄를 면하려고 그 머리에 피를 닦은 그런 여자 말이다. 설마 너는 그 여자의 죄를 씻어 주려고 그 제물을 들고 가는 건 아니겠지?

그럴 수야 없지. 그까짓 것들 던져 버려라. 그 대신 네 긴 머리털 끝을 자르고, 불쌍한 나에게서는 보잘것없긴 하지만 이 윤기 없는 머리털과 장식이라곤 없는 이 허리띠를 아버지께 바쳐 다오. 그리고 그 자리에 엎드려, 원수를 갚으려는 우리를 도우러 인자하게 지하에서 나와 주시기를, 그리고 오레스테스가 무사히 원수를 무찌르고, 그 발 밑에 짓밟을 수 있기를 빌어다오. 그렇게 되면 지금 우리가 드리는 제물보다 훨씬 더 푸짐하게 묘소를 치장할 수 있을 게야.

 이번에 그 여자에게 무서운 꿈을 보게 한 것도 그분이 뭔가 하실 계획이 계셔서 그런 것이 틀림없다고 생각된다. 하지만 너를 위해서도 나를 위해서도, 그리고 우리의 가장 소중한 분, 저 세상에 계신 우리 두 사람의 아버지를 위해서도 어쨌든 이 심부름을 해 다오.

코러스 참으로 효성스러운 언니의 말씀입니다. 보세요. 당신도 분별이 있거든 이 말을 지키겠죠?

크리소테미스 그렇게 하겠어요. 옳은 일을 두고 두 사람이 말다툼할 건 없죠. 어서 빨리 실행해야 합니다. 하지만 내가 이 일을 하는 것을 제발 입 밖에 내지 말아 주세요. 만약 어머니가 이 일을 아는 날엔, 이런 일을 했다고 무슨 큰 변을 당할지도 모르니까요.

 크리소테미스 퇴장.

코러스 (노래)
  내가 미친 점쟁이도 아니고
  사리를 분간할 줄 모르는 자도 아니라면,
  정의의 힘을 손아귀에 쥐고
  앞날을 통해 보는 디케*9 신은 반드시 옵니다.
  오래지 않아, 친구여, 죄인들을 무찌릅니다.
  방금 반가운 꿈 얘기를 듣고
  가슴 속에선 기운이 용솟음칩니다.
  헬라스의 왕이었던 아버지께선 결코 그 일을 잊지 않으십니다.
  그리고 그분을 다시없이 끔찍스럽게 살해한
  그 옛날의 청동 양날 도끼도 잊지 않으십니다.

  또한 몸을 숨기고 무섭게 적을 노리는 발 많고 손 많은
  청동의 다리를 가진 에리니에스도 오겠지요.

피로 더럽혀진 결혼을 위해서 허락되지 않은 정욕이,
덮칠 수 없는 사람을 덮쳤으니,
나는 그 꿈의 징조는 아무런 해침도 없이,
죄인과 그 죄를 나눈 자에게 다가가는 일은
결코, 결코 없으리라고 믿습니다.
이 밤의 허깨비가 좋은 끝을 맺지 않는다면,
괴상한 꿈에서건, 신의 말씀에서건,
사람으로서 앞일을 알 길이 없습니다.

아아, 그 옛날 펠로프스의 온갖 슬픔을 안은 전차 경주*[10]가
이 땅에 얼마나 무서운 재앙을 불러왔던가.
저 미르틸로스가 황금 수레에서 끔찍스럽게도
바다에 거꾸로 떨어져서 잠든 다음부터는
비참하고 혹독한 일이
이 집을 떠나지 않았습니다.

왕비 클리타임네스트라 등장.

클리타임네스트라 또 마음대로 바깥을 서성대고 있구나. 아이기스토스가 안 계시니까. 그분이 밖에 나가서 집안 망신시키는 일을 해서는 안 된다고 나다니는 것을 금하셨는데도 말이다. 지금 그이가 안 계시다고 네가 나를 아무렇지도 않게 생각하고 있구나. 게다가 내가 몰염치하고 무도한 폭군이며, 너의 모든 일을 가혹하게 억누른다고 여러 사람들에게 계속 퍼뜨리고 있어. 하지만 나는 거만하지도 않고, 다만 네게서 언제나 욕을 먹고 있으니까, 나도 널 좋지 않게 말할 수밖에 없는 게다.
　아버지께서 내 손에 돌아가셨다는 것이 언제나 네 핑계이지. 그래, 내 손에 돌아가셨다. 그건 내가 잘 알고 있어. 아니라고는 할 수 없다. 아버지를 죽인 것은 나만이 아니고, 디케 신께서 하신 일이니까. 너도 올바른 정신이었다면, 그 신을 도와서 일했을 거다. 네가 늘 슬퍼하고 있는 너희 아버지라는 사람은 헬라스 사람 중에서 자기만이 네 언니*[11]를 신들께 희

생으로 바치고도 태연했단다. 그애가 태어났을 때 배아픈 고생을 나만큼 하지도 못한 주제에.

　그건 그렇고, 알고 싶구나. 누구를 위해서 그애를 희생시켰는지, 아르고스 사람을 위한 것이었단 말이냐? 하지만 그 사람들에겐 내 자식을 죽일 권리가 없었을 게다. 또 자기 아우인 메넬라오스를 위해서 내 딸을 죽였다면, 내게서 응분의 갚음을 받아도 마땅하지 않으냐? 그 사람에게는 두 애가 있었고, 내 애보다는 그편에서 죽는 것이 당연했어. 그 아버지와 어머니야말로 저 원정(遠征)을 일으킨 장본인들이 아니냔 말이다.

　하데스가 그자의 아이보다도 내 아이의 살을 더 먹고 싶어했단 말이냐? 아니면 저 저주받은 너희 아버지에겐 내가 낳은 애는 아무렇지도 않고 메넬라오스의 애가 더 귀여웠단 말이냐? 이건 몰인정하고 심술궂은 네 아버지가 할 만한 짓이 아니냐? 나는 그렇게 생각한다. 내가 말한 것이 네 생각과는 다르겠지만. 죽은 애도 말을 할 수 있다면, 그렇게 생각 할 게다. 그래서 나는 내가 한 일을 조금도 후회하지 않는다. 내 생각이 잘못됐다고 생각한다면, 남을 책망하기 전에 우선 너부터 옳게 판단을 하거라.

엘렉트라　이번엔 어머니도 내가 먼저 싫은 소리 해서 이런 말씀을 하셨다고는 말씀하지 않겠죠. 허락하신다면, 돌아가신 분을 위해서도, 또 언니를 위해서도 기꺼이 그 일의 진실을 털어놓겠습니다.

클리타임네스트라　말해 보렴. 네가 언제나 이렇게 말문을 연다면, 듣기 불편할 것도 없을 테니까.

엘렉트라　그러면 말하겠어요. 어머닌 아버질 죽였다고 말합니다. 옳았건 옳지 않았건 세상에 이보다 더 부끄러운 일이 있겠어요? 하지만 정당한 까닭이 있어서 죽인 것이 아니라, 지금 함께 살고 있는 저 못된 놈에게 사주받아 한 것이었죠.

　사냥의 여신 아르테미스께 여쭈어 보세요. 그분이 아울리스에서 바람을 그치게 한 것은 무슨 벌이었는지. 아니, 제가 말씀드리죠. 신께 직접 여쭈어 볼 순 없으니까요. 제가 들은 바로는 언제인가 아버지가 여신의 숲에서 놀고 계셨을 때, 발소리에 놀라서 튀어나온 꽃사슴을 쏘아 죽였는데, 그때 뭔가 그 일을 자랑하시는 듯한 말씀을 하셨다는 겁니다. 그래서 레토의 따님*[12]께서 화를 내며 그 짐승에 대한 보상으로, 아버지께서 딸을 바치게 하려고 아카이아 군대*13를 저지시켰다는 것입니다. 언니는 이렇게 희생이 됐다는 것이죠. 그렇지 않았으면 헬라스 군대는 집으로 돌아오지도, 일리온*14으로 가지도 못했을 테니까요. 오도가도 못하게 되어 많이 고민하신 끝에 하는 수 없이 언니를 희생시킨 것이지, 메넬라오스를 위한 것은 아니었습니다.

그러나 어머니 입장에서, 그분을 돕기 위해서 그렇게 하셨다 하더라도, 그것 때문에 어머니 손에 죽음을 당해야 할 까닭이 있을까요? 대체 무슨 법으로? 사람 사이에 그런 법을 정하고 고생과 회한을 남기지 않도록 조심하세요. 차례차례 서로 죽여 간다면, 정의가 행해지는 한, 제일 먼저 죽어야 할 사람은 어머니입니다.

터무니없는 핑계를 늘어놓진 마세요. 괜찮으시다면 말하겠어요. 대체 어머닌 어째서 지금 이런 부끄럽기 짝이 없는 짓을 하고 있는지 말씀해 주세요. 힘을 합쳐서 아버지를 죽인 저 살인자와 동침을 하여 그자의 애까지 낳고, 그전의 정당한 부부 사이에서 정당하게 태어난 자식은 멀리 쫓아내려고 하고 있습니다. 제가 어찌 이런 일들을 잘한 일이라고 말할 수 있겠어요? 이것도 자기 딸을 빼앗긴 원수를 갚은 일이라고 말씀하시겠어요? 그렇게 말하고 싶다면 그건 정말 부끄러운 말입니다. 죽은 딸 때문에 원수와 결혼을 하다니, 좋은 일은 못 됩니다.

하지만 어머니에겐 무슨 말을 해도 소용이 없어요. 제가 어머니 욕을 한다고 퍼뜨리고 다니니까요. 당신은 어머니라기보다는 저희들에겐 안주인이라고 저는 생각하고 있어요. 사실 이렇게 괴로운 나날을 보내며 당신과 당신의 짝에게서 늘 학대만 받고 있으니까요. 외국에 있는 불쌍한 동생 오레스테스도 간신히 당신 손을 벗어나긴 했지만, 비참한 생활을 하고 있죠. 당신에게 보복하기 위해서 그를 빼돌렸다고 늘 잔소리를 하시지만, 제게 정말 힘이 있다면 그렇게 하고 싶다는 것을 잘 알아두세요. 그래서라면 나쁜 년이건, 입이 더러운 년이건, 몰염치한 년이건, 무엇이든 좋으실 대로 모든 사람에게 말씀하세요. 제가 그런 일을 잘할 수 있는 여자라면, 어머니 딸로서 부끄럽지 않을 테니까요.

코러스 매우 격분하고 계신 것 같군요. 하지만 그렇게까지 화를 내는 것이 당연한지 도무지 생각하지 않으시는 것 같군요.

클리타임네스트라 내가 이 딸년을 어떻게 생각해야 할까. 저를 낳은 어미에게, 게다가 이만한 나이에 그렇게까지 욕을 하다니! 이런 아이라면 무슨 짓이든지 부끄럼도 없이 해낼 것이라고 생각되지 않는가?

엘렉트라 어머니에겐 제가 그렇게 안 보일는지 모르지만, 저는 이런 일이 부끄럽다는 것은 잘 알고 있어요. 제 나이에도 제 처지에도 어울리지 않는 것을 잘 압니다. 그렇지만 어머니의 악의와 행실을 보고 있으면, 싫어도 이렇게 하지 않을 수가 없군요. 몰염치한 행실은 몰염치한 짓을 하도록 가르치고 있으니까요.

클리타임네스트라 정말 뻔뻔스러운 계집애구나. 그렇다, 그래 내가, 내가 말 하는 것, 내가 하는 일이 널 그렇게 주둥아릴 놀리게 하는구나.

엘렉트라 제가 아니라 어머니 편에서 직접 말씀하시는 거예요. 어머니가 그런 짓을 하셨고, 말은 행실에서 나오는 것이니까요.

클리타임네스트라 아르테미스 여신께 걸고, 아이기스토스가 돌아오기만 하면 네 그 건방진 짓은 그냥 두지 않을 테다.

엘렉트라 저보고 하고 싶은 말을 다 하라고 해놓고, 노여움에 눈이 어두워 그대로 듣고 견디지를 못하는군요.

클리타임네스트라 나는 네가 하고 싶은 말을 다 하도록 했으니, 너는 조용히 입 좀 다물고 내가 이제부터 제물을 바치도록 해주지 않겠니?

엘렉트라 네에, 좋고 말고요. 어서 바치세요. 다만 제 입을 나무라진 마세요. 아무 말도 더 하지 않을 테니까요.

클리타임네스트라 (옆에 있는 시녀에게) 거기 있는 애야, 이 여러 가지 과일 제물을 높이 들어올려 바쳐다오. 신께 지금 내가 당한 무서운 일에서 구해 주십사고 기도 드리오니, 우리를 구원해 주시는 포이보스님, 제가 은밀히 말씀드리는 것을 아무쪼록 들어 주시옵소서. 친구들 앞에서 말씀드릴 수 있는 게 아니고, 게다가 딸년이 옆에 있어 모든 것을 남김없이 드러내어 말씀드릴 수도 없습니다. 심술스럽게 떠들어 대어 하찮은 이야기를 온 장안에 퍼뜨리고 다녀서는 곤란하니까요. 그래서 은밀히 말씀드리겠사오니, 그대로 들어 주시옵소서.

어젯밤에 저는 두 가지 의미로 생각되는 꿈을 꾸었는데, 만약 그것이 좋은 꿈이라면 리키아의 왕이시여, 그대로 되게 하여 주시옵소서. 만약 불길한 꿈이라면 원수들에게 돌려 주시옵소서. 그리고 지금의 제 생활에서 저를 몰아내려고 음모를 꾸미는 자가 있다면 결코 용서하지 마시옵소서. 이대로 언제까지나 아트레우스*15의 집과 왕위를 이어갈 수 있게 하여 주시옵고, 지금 함께 있는 친구들이나 저를 못살게 굴지도 않고, 고생시키지도 않는 애들과 함께 즐겁게 살도록 해 주시옵소서.

오오, 리키아의 아폴론님이시여, 지금 말씀드린 것을 자비롭게 들어 주시어, 저희들 전부를 위하여 기원한 것을 이루어 주시옵소서. 그 밖의 것은 제가 다 말씀드리지 않아도 신께서 잘 아시리라고 생각하옵니다. 제우스의 아드님들은 마땅히 모든 것을 보살펴 주십니다.

늙은 종 등장.

늙은 종 여러 부인들, 여기가 아이기스토스 왕의 대궐입니까? 어떻게 하면 확실히 알 수가 있겠습니까?
코러스 여깁니다. 혼자서 잘 아셨군요.
늙은 종 그러면 이분이 왕비이신가요? 과연 왕비다워 보이십니다.
코러스 그렇습니다. 당신 앞에 계신 분이 왕비님이십니다.
늙은 종 왕비님, 문안드리옵니다. 저는 친구분으로부터 왕비님께도 아이기스토님께도 반가운 소식을 가지고 왔사옵니다.
클리타임네스트라 고맙네. 그런데 우선 어느 분이 그대를 보내셨는지 들어 보세.
늙은 종 포키스의 파노테우스님께서 보내셨습니다. 중요한 소식을 전해 드리려고.
클리타임네스트라 무슨 일인가? 말해 주게. 친구에게서 왔다 하니, 좋은 소식을 들려 주겠지.
늙은 종 한마디로 말씀하면 오레스테스님께서 세상을 떠나셨습니다.
엘렉트라 아이구머니, 이를 어쩌나. 오늘로 나는 망하는구나.
클리타임네스트라 뭐, 뭐라고? 이 애 말은 듣지 말게나.
늙은 종 오레스테스님께서 돌아가셨습니다. 지금도, 아까도 그걸 말씀드리고 있습니다.

엘렉트라 아아, 파멸이다, 이젠 다 틀렸구나.

클리타임네스트라 넌 네 일이나 생각하면 된다. 그래, 여보게, 사실대로 얘기해 주게. 그 애가 어떻게 죽었는지.

늙은 종 그 일로 심부름을 왔으니 다 말씀드리겠습니다. 그분은 델포이의 경기에서 우승을 차지하려고 헬라스의 자랑인 유명한 축전(祝典)에 참가하셨습니다. 그런데 맨 처음에 있기로 결정된 도보(徒步) 경주가 시작되는 소리를 들으시자 늠름한 모습으로 입장하시어, 그 자리의 모든 사람이 감격했습니다. 그리고 경주의 종착점과 출발점을 하나*16로 하여 승리의 월계관을 얻고서 퇴장하셨습니다. 말씀드릴 것이 많지만 간추려서 말씀드리면, 그 업적으로 보나 승리로 보나 그런 분은 본 적이 없습니다. 그러나 한 가지 더 말씀드린다면, 심판이 예고한 경기에서는 다 승리를 거두셔서 행운의 사나이라고 생각되었습니다. 그리고 아르고스 사람으로서 이름은 오레스테스, 그 옛날 헬라스군(軍)을 이끈 고명한 아가멤논의 아드님이라는 것이 알려졌습니다.

 거기까지는 좋았지만, 신께서 재앙을 내리시려고 하면 아무리 강한 자라도 그것을 면할 길이 없는지, 그 다음 날 해가 뜨면서 격심한 전차(戰車) 경주가 있었는데, 그분도 다른 선수들과 함께 입장하셨습니다. 한 사람은 아카이아 사람, 한 사람은 스파르타에서, 두 사람은 리비아 사람으로 각기 말을 연결한 전차를 몰고 나왔습니다. 그분은 테살리아의 말을 몰고 다섯 번째로 입장하셨고, 여섯 번째는 밤색 말을 탄 아이톨리아 사람, 일곱 번째는 마그네스 사람, 여덟 번째는 백마를 탄 아이니아 사람, 아홉 번째는 신의 나라인 아테네 사람이고, 끝으로 보이오티아 사람이 나와서 열 대의 전차가 늘어섰습니다. 그들은 심판자가 제비를 뽑아서 정한 곳에 자리잡은 다음에 청동의 나팔 소리를 신호로 달리기 시작했습니다. 동시에 각기 말을 소리쳐 몰면서 고삐를 흔들어, 경기장은 곧 요란스러운 전차 소리로 꽉 차고, 모래 먼지는 쉴새없이 하늘을 뒤덮었습니다. 모두 서로 뒤얽히어, 어떻게 해서든지 다른 전차와 말의 코끝보다 앞서려고 고삐를 늦추지 않았습니다.

 뒤쫓아오는 말의 콧김으로 선수의 잔등이나 바퀴에 거품이 튀기 때문이죠.

그분은 맨 끝 기둥에 오시면 언제나 바퀴가 닿을락말락하게 오른쪽 바깥 말의 고삐를 늦추고, 앞쪽 말을 잡아당기셨습니다. 그런데 그때까지는 모든 전차가 다 무사히 나아가고 있더니 갑자기 아이니아 사람의 사나운 말이 날뛰어, 마침 여섯 번을 돌고 일곱 번째를 돌기 시작할 때, 바르카의 전차를 들이받았습니다. 이 재난으로 차례차례로 충돌하여 그리스의 온 들판이 전차의 파편으로 덮이고 말았습니다. 다만 아테네에서 온 능숙한 선수는 이것을 보자마자 재빠르게 옆으로 피하여 말을 잡고서 경기장 한가운데서 물밀듯이 덮쳐오는 말 떼를 비켜 지나갔습니다. 오레스테스님은 말을 늦추면서 마지막 승리를 얻고, 맨 뒤에서 달리고 계셨습니다. 그리고 그 사나이가 혼자 남은 것을 보자, 말의 귀 언저리에 매섭게 채찍 소리를 올리며 말을 달려 쫓아가셨습니다. 그러고 나서 두 분은 말의 수레를 나란히 하면서 달려 전차의 앞머리가 서로 앞섰다 뒤처졌다 했습니다.

경기는 계속 진행되어 곧은 길로 달리고 있었는데, 그러다가 불행한 그분은 한 바퀴 되돌리는 말의 왼편 고삐를 늦추어, 아차하는 순간 푯말 끝을 들이받고 말았습니다. 그러자 바퀴의 굴대가 한가운데서 부서지고 그분은 전차의 앞전에서 굴러떨어지셨습니다. 가죽 고삐에 말려들어 땅 위에 넘어지자, 말들은 제멋대로 경기장 한 가운데로 달려들어갔습니다.

관중들은 그분이 전차에서 떨어진 것을 보고, 그만한 공을 세운 젊은 분이 그런 불행을 당하다니 참으로 애석하다고 소리치며 한탄을 했습니다. 그분은 땅바닥에 디굴디굴 굴렀는가 하면, 두 다리가 허공으로 내뻗치게 되질 않나, 겨우 다른 선수들이 말고삐를 잡고 그분을 구해내긴 했지만, 이미 온통 피투성이가 되어서 그 끔찍한 모습을 보아서는 어떤 친구도 알아보기 어려울 정도였습니다. 그래서 바로 화장을 하고, 그 가엾은 유골을 청동 항아리에 넣어 고국 땅에 묻어 드리려고 분부를 받은 포키스 사람이 받들고 옵니다.

이렇게 말씀드리기도 애처로운 일이온데, 저희들처럼 실제로 목격한 사람들에게는 이처럼 슬픈 일은 아직 본 적이 없었습니다.

코러스 아아, 아아, 이젠 우리 옛 왕실의 혈통도 완전히 끊기고 말았나 보다.
클리타임네스트라 오오, 제우스님, 이 일이 어찌 된 일이옵니까. 다행이랄까요, 무섭긴 하지만 이득이랄까요? 하지만 자기 불행으로 자기가 살아나다니, 슬픈 일입니다.

늙은 종 왕비님, 지금 말씀드린 일에 어찌 그리 낙심을 하십니까?

클리타임네스트라 어미란 이상한 힘이 있는 법, 심한 구박을 받으면서도 제가 낳은 아들을 미워할 수는 없지요.

늙은 종 그러면 저희들이 온 것은 헛일이었나 봅니다.

클리타임네스트라 아니, 헛일은 아냐, 어찌 헛일이라고 말하나? 그 애가 죽은 확실한 증거를 가져왔으면서. 그 애는 내 목숨을 받아 태어났는데도 내 젖과 양육을 버리고 나라 밖으로 달아나서 남처럼 되어 버렸고, 나라를 떠난 다음 한 번도 본 적이 없네. 게다가 내가 그애 아버지를 죽였다고 늘 나를 비난하고, 끔찍하게 앙갚음을 하겠다고 으르고 있었네. 그래서 밤낮 없이 편히 잠들 수가 없었지. 나는 그때마다 죽음을 당할 것만 같았네. 그런데 이제는, 오늘부터는 여기 있는 이년도 그애도 무서워할 것이 없게 됐군. 이년은 한집에 살고 있으면서도 늘 내 생피를 빨아먹고, 그 애보다 더 못되게 굴고 있었으니까. 이제 나는 이년의 협박도 안 받고, 편한 날을 보내게 됐구나.

엘렉트라 아아, 기막힌 일이도다. 오레스테스, 이제야말로 그 몸의 불행을 슬퍼할 때로구나. 너는 그런 일을 당했는데도 아직 네 어머니에게서 욕을 보고 있어. 정말 이래도 좋을까?

클리타임네스트라 네게는 나쁘겠지만, 그애에겐 그대로가 좋단다.

엘렉트라 저 소리를 들어 주세요. 방금 죽은 사람을 지켜 주시는 네메시스님.

클리타임네스트라 들으실 건 들으시고, 훌륭하게 이루어 주셨다.

엘렉트라 실컷 우쭐대세요. 지금은 어머니가 운이 좋으니까.

클리타임네스트라 오레스테스도 너도 그걸 방해하진 못하겠지?

엘렉트라 방해는커녕 우리가 망했어요.

클리타임네스트라 할아범 덕택으로 이년의 주둥아리가 닥쳐지면, 자네가 온 것을 크게 사례해야겠군.

늙은 종 다 잘됐다면, 저는 물러가겠습니다.

클리타임네스트라 그건 안 되네. 나로서도, 또 심부름을 보내신 분께도 그래서는 안 되지. 어서 안으로 들어가게. 그녀는 밖에서 제 몸과 제 형제의 불행을 실컷 슬퍼하게 내버려 두게.

클리타임네스트라와 늙은 종 안으로 들어간다.

엘렉트라 여러분은 어떻게 생각하시나요? 그것이 그렇게도 무참하게 죽은 자기 자식을 위해서 괴로워 몸부림치고 슬퍼서 우는 모습으로 보이시나요? 오히려 비웃고 가 버렸어요. 아아, 이 비참한 신세. 그리운 오레스테스, 너는 죽어서도 내 목숨을 빼앗았구나. 네가 무사해서, 아버지와 이 불쌍한 누나의 원수를 갚아주러 온다는 그 한 가닥의 희망을 내 가슴에서 채어가고 말았구나. 이제 난 어디로 가란 말이냐? 너와 아버지를 빼앗기고 나는 혼자 남았구나. 이래서 나는 또다시 저 지겨운 자들과 함께 살고, 아버지를 죽인 놈들 밑에서 종살이를 해야 하는구나. 이런 슬픈 일이 또 있을까? 아냐, 내 앞으로 그런 자들과는 결코 한집에 살지 않겠어. 이 문 앞에 쓰러져서 친구도 없이 혼자서 내 목숨을 말리고야 말겠어. 그것이 싫다면, 집안의 누구든지 날 죽여라. 살아 있는 것이 괴롭구나. 죽여 준다면 그건 고마운 일이야. 나는 이 세상에 아무 여한도 없어.

코러스 제우스의 벼락은 어디 있나? 빛나는 헬리오스는 어디에 있나? 이걸 보시고도 한가이 숨어 계시다니.

엘렉트라 아아, 슬퍼라, 아아, 슬퍼라.

코러스 오오, 아가씨, 왜 그리 우십니까?

엘렉트라 아아!

코러스 큰 소린 내지 마세요.

엘렉트라 내 가슴을 찢으시는군요.

코러스 어째서?

엘렉트라 이미 저 세상으로 가 버린 사람에게 아직도 희망이 있는 양 말하는 것은, 이미 쓰러진 나를 또다시 짓밟는 것입니다.

코러스 아내가 파놓은 황금의 함정에 빠져 모습을 감춘 암피아라오스[*17]가 이제는 땅 속에서⋯⋯.

엘렉트라 아아, 아아.

코러스 아주 잘 참고 계십니다.

엘렉트라 기막혀라.

코러스 기막히죠, 정말. 그 살인녀[18]는······.

엘렉트라 죽음을 당했죠.

코러스 그래요.

엘렉트라 알고 있어요, 알고 있습니다.
　　그분께는 슬픔 가운데서도 원수를 갚아 줄 사람이 나타났어요.
　　하지만 내게는 아무도 없어요. 있었던 한 사람도 빼앗기고 말았으니.

코러스 가엾어라, 정말 가엾은 신세.

엘렉트라 그거야 알고 있고 말고요.
　　너무나 잘 알고 있어요.
　　숱하게 무섭고 괴로운 일들이
　　나날이 산더미처럼 밀려오는 신세인 걸요.

코러스 슬퍼하시는 일을 저희들도 보아 왔습니다.

엘렉트라 그러니 이젠 더 어지럽히지 말아 주었으면 좋겠어요.

코러스 어떻게 그런 말씀을?

엘렉트라 존귀하신 아버지에게서 같은 피를 나눈 그 애의 도움을 받을 희망도 이젠 끊기고 말았으니.

코러스 사람은 누구나 다 죽게 마련입니다.

엘렉트라 그럴까요? 저 불쌍한 애처럼
　　말굽의 빠름을 겨루다가
　　가죽 고삐에 감겨 죽어야 한다는 말씀인가요.

코러스 그런 불행이란 아무도 예상치 못했죠.

엘렉트라 그야 그렇죠. 남의 나라에서,
　　내 손으로 돌봐 주지도 못하고······.

코러스 아아, 불쌍하게도.

엘렉트라 장례도 고별의 눈물도 없이,
　　세상을 떠날 것이라면.

크리소테미스 등장.

크리소테미스 언니, 난 기뻐서 기뻐서, 조심성도 잊어버리고 달려왔어요. 지금까지 언니가 괴로워하고 슬퍼하던 불행이 끝나는 소식을 가지고 왔어요.

엘렉트라 도대체 어디서 가지고 왔단 말이냐? 내 불행이 끝나는 얘기라니, 구원받을 길 따위는 없을 텐데.

크리소테미스 오레스테스가 와 있어요. 내가 말하는 것은 내가 여기 있는 것만큼이나 확실한 일이에요.

엘렉트라 아이구 불쌍하게도, 네가 미쳤나 보구나. 그래서 넌 네 불행도, 내 불행도 비웃고 있는 거냐?

크리소테미스 아니에요. 조상 대대의 터주님께 걸고 맹세해도 좋아요. 우쭐대는 마음에서 하는 말이 아니에요. 정말 동생이 돌아왔는 걸요.

엘렉트라 아아, 딱하기도 해라. 대체 누구한테서 그런 얘길 듣고, 그렇게 쉽사리 믿는다지?

크리소테미스 누구에게서가 아니라 분명한 증거를 내가 내 눈으로 직접 보고서 그렇게 믿는 거예요.

엘렉트라 무슨 증거를 봤다는 거냐? 도대체 무얼 보고 그렇게 열병에 들뜬 것 같은 소릴 하지?

크리소테미스 제발 부탁이니 들어 줘요. 내 말을 다 듣고 나서, 제정신이라고 하든 바보라고 하든 말하세요.

엘렉트라 그럼, 말해. 말해서 속이 후련하다면.

크리소테미스 그러면 내가 본 대로 다 얘기하겠어요. 내가 아버지가 묻혀 계신 곳엘 가 보니, 무덤 위에 방금 흘린 것 같은 우유 자국이 있고, 게다가 무덤 둘레가 온갖 꽃으로 치장이 되어 있었어요. 그것을 보고 난 깜짝 놀라 그 근처에 누군가 있지나 않은가 해서 둘러보았지요. 하지만 어디고 다 조용했기 때문에 무덤으로 더 다가갔지요. 보니까 무덤 기슭에 방금 자른 것 같은 머리칼이 있더군요. 그걸 보자마자 내 가슴에 떠오른 것은 저 그리운 모습, 누구보다도 가장 그리운 오레스테스의 증거라고 느꼈지요. 그것을 손에 들고 불길한 말을 입에 올리진 않고, 그저 기뻐서 눈물만 흘리고 있었어요. 그렇게 치장을 할 사람이라곤 그애밖엔 아무도 없다는 것을 저는 믿고 있어요. 언니나 나 말고 누가 그런 일을 하겠어요? 내가 안

했다는 것은 내가 아는 일이고, 언니도 아니죠. 어떻게 그랬겠어요? 신께 가는 일조차, 집을 떠나기만 하면 꾸중을 듣는 언니가 그리 할 까닭이 없으니까요. 또 어머니에게 그렇게 할 생각이 들었을 리가 없고, 그랬다면 우리가 몰랐을 까닭이 없죠. 그러니 그 성묘는 오레스테스가 한 일이에요. 언니, 기운을 내세요. 같은 운명이 언제나 같은 사람에게 따라다니란 법은 없어요. 지금까지는 우리 운이 불길했지만, 오늘이야말로 좋은 운이 트이기 시작한 거예요.

엘렉트라 참 어리석기도 하다. 아까부터 불쌍해 못견디겠구나.

크리소테미스 왜요? 내 말이 언니를 거슬렸어요?

엘렉트라 너는 네가 어디로 가고 있는지, 무엇을 생각하고 있는지 모르고 있는 거야.

크리소테미스 분명히 내 눈으로 본 것을 왜 모른다고 해요?

엘렉트라 참 가엾은 애로구나. 그애는 죽었어. 오레스테스가 구하러 오기는 다 틀렸다구. 아예 바라지 말아야 한다는 말이다.

크리소테미스 아아, 어쩌나. 누구한테서 그 얘길 들으셨어요?

엘렉트라 그애가 죽었을 때 그 옆에 있었던 사람에게서.

크리소테미스 그 사람은 어디 있어요? 정말 놀라운 일이로군요.

엘렉트라 집안에 있단다. 어머니에게는 싫지 않은 손님이지.

크리소테미스 아아, 어쩌나. 그러면 도대체 누가 그렇게 많은 제물을 아버지의 산소에 바쳤을까요?

엘렉트라 아마 틀림없이 누군가가 죽은 오레스테스를 기념하기 위해서 바쳤을 거야.

크리소테미스 아아, 딱하구나. 우리가 어떤 불행한 처지에 있는지 알지도 못하고, 그 얘길 하려고 기뻐서 달려왔었군요. 이제 보니 지금까지의 슬픔에 또다른 슬픔까지 덮치는 군요.

엘렉트라 그렇구나. 하지만 나 하라는 대로만 하면, 지금의 이 견디기 어려운 고통을 벗어날 수 있을 거야.

크리소테미스 제가 죽은 사람을 되살려 놓을 수 있다는 건가요?

엘렉트라 그런 뜻으로 말한 것은 아냐. 나도 그렇게까지 바보는 아니다.

크리소테미스 그럼, 내 힘으로 할 수 있는 무슨 일을 하라는 거예요?

엘렉트라 내가 하라는 것을 용감하게 하는 거야.

크리소테미스 도움이 된다면야 거절하지 않겠어요.

엘렉트라 알겠지? 고생하지 않고서는 아무것도 이루어지지 않는다.

크리소테미스 알고 있어요. 힘이 닿는 데까지 돕겠어요.

엘렉트라 그러면 내 생각을 들어 봐라. 너도 알다시피 우리에겐 우리 편이라곤 한 사람도 없구나. 모두 하데스가 데려가고 우리 둘만 남았다. 나도 동생이 살아 있다고 알고 있던 동안에는 아버지의 원수를 갚으러 오리라 희망을 가지고 있었단다. 하지만 이젠 이미 이 세상에 없으니, 믿는 건 너뿐이야. 나와 힘을 합해서 아버지를 죽인 원수, 아이기스토스를 쓰러뜨려야겠다. 네겐 아무것도 감출 필요가 없으니까.

　언제까지 이렇게 두 손만 마주잡고 있겠니? 무슨 그럴듯한 희망이 아직 있는 것도 아니잖니? 너는 아버지의 유산 상속을 빼앗기고 한탄할 일 뿐이지. 이 나이까지 시집도 못 가고, 혼례도 못 치르고 늙어 가는 것을 슬퍼할 수밖에 없는 신세니까. 하지만 막연히 언젠가는 그런 기쁨이 이루어지겠지 하고, 희망을 걸어서는 안 된다. 아이기스토스는 너나 내가 아이를 낳으면 틀림없이 자기의 골칫거리가 될 터인데, 그런 일을 허락할 만큼 어리석은 사람은 아니다. 그렇지만 네가 이 계획을 따라 준다면 우선 돌아가신 지하의 아버지에게서, 또 동생에게도 칭찬받을 거야. 다음엔 네가 태어났을 때나 마찬가지로 앞으론 자유의 몸이 되고, 네게 맞는 신랑도 구하게 될 거야. 귀한 몸은 모든 사람의 눈길을 끌게 마련이니까.

　내가 말하는 대로만 한다면, 너도 나도 얼마나 훌륭한 평을 들을지 생각해 보렴. 시민들도 다른 나라 사람들도 우리를 보면 누구나 다 이렇게 칭찬하면서 인사하지 않을 사람이 없을 거야. '자아, 저 두 자매를 보세요. 아버지의 가문을 구해 내고, 한때는 권세가 등등했던 원수를 목숨을 걸고 쓰러뜨렸습니다. 누구나 이 두 분을 소중히 대우하고 존경해야 합니다. 축제나 시민이 모일 때는 그 장한 일에 대해서 모두들 경의를 표해야 합니다'라고. 누구나 우리에 관해서 그렇게 말할 것이고, 살아서나 죽어서나 우리의 명예는 없어지지 않겠지.

　그러니 애야, 내 말대로 아버지를 위해 일하고, 동생의 고생을 나누어 지금의 불행에서 나를 건지고, 너도 구해 내도록 하자. 훌륭한 가문에 태어나서 욕스러운 생명을 탐하기란 부끄러운 일임을 잊지 말아라.

코러스 이런 말을 하기에는 말하는 사람도 듣는 사람도 조심성이 큰 도움이 되지요.

크리소테미스 하지만 여러분, 언니가 분별이 있었다면 이런 말을 하기 전에 조심했을 것입니다. 그런데 그 조심성이 없었단 말입니다.

(엘렉트라에게) 도대체 언니는 무엇을 믿고 그런 큰 싸움을 벌이려 하고, 나에게 도와달라는 거예요? 언닌 모르세요? 언니는 여자지 남자가 아니에요. 힘으로 상대편을 당해낼 순 없어요. 게다가 상대편은 나날이 행운이 늘어가고 있지만, 우리의 운은 기울어져 가기만 하고, 머지않아 사라질 것 같은데. 그런 사람을 해치려든다면 누가 무사할 수 있겠어요? 누가 이런 말을 듣기라도 한다면 가뜩이나 불행한 터에 더욱 불행해지지 않을 수 없을 거예요. 아무리 남에게서 칭찬을 받는다 해도, 부끄러운 죽음을 당한다면 좋을 것도 없고 득이 될 것도 없어요. 죽는 것은 무섭지 않지만, 죽고 싶을 때 죽지 못하는 것이 무서우니까요.

제발, 부탁이에요. 우리가 다 몰살당해서 대가 끊어지기 전에 분한 마음을 가라앉히세요. 언니가 이 자리에서 얘기한 것은 말하지 않은 것, 아무일도 없었던 것으로 하고 조심하겠어요. 아무튼 늦긴 했지만, 힘이 없으니 힘있는 자에게 복종하도록 잘 생각해 주세요.

코러스 그대로 하세요. 사람에겐 앞을 내다보고 현명하게 생각하는 것만큼 이로운 일은 없습니다.

엘렉트라 네가 말한 것이 새삼스러울 것은 없어. 네가 거절하리라는 것은 잘 알아. 하지만 나는 혼자서라도 내 손으로 이 일을 해 내야 해. 나는 이 일을 절대로 그냥 내버려두진 않을 게야.

크리소테미스 아아, 슬퍼라. 아버지께서 돌아가셨을 때 그런 생각이 들었더라면 좋았을 텐데. 언니 같으면 무슨 일이든지 해냈을 테니까.

엘렉트라 내 성질은 그때도 마찬가지였지만, 미처 생각이 거기까지 미치질 못했었구나.

크리소테미스 평생 그런 생각을 갖도록 노력하세요.

엘렉트라 그렇게 충고하는 걸 보니 도와 주지 않겠다는 말이로구나.

크리소테미스 무턱대고 하는 일에선 망하기가 쉬우니까요.

엘렉트라 그 깊은 생각이 부럽구나. 그 비겁한 마음은 밉지만.
크리소테미스 언니가 날 칭찬해 줄 때는 지금처럼 조용히 듣고 있겠어요.
엘렉트라 아예 내 입에서 그런 칭찬을 들을 생각은 마라.
크리소테미스 그건 앞으로 오랜 세월이 결정해 줄 거예요.
엘렉트라 저리 가거라. 너따윈 아무 도움도 안 되니.
크리소테미스 그렇진 않아요. 언니에게서 배울 마음이 없을 뿐이에요.
엘렉트라 어서 가서 네 어머니한테 다 고해 바쳐라.
크리소테미스 난 그렇게까지 언니를 미워하고 있진 않아요.
엘렉트라 그렇지만 적어도 네가 얼마나 나를 욕보이고 있는지는 알아야 해.
크리소테미스 욕보이다니요, 그렇지 않아요. 난 그저 언닐 생각해서 하는 말이에요.
엘렉트라 그렇다면 내가 네 그 올바른 생각이란 것을 따라야 한단 말이냐?
크리소테미스 언니가 신중히 생각하게 된다면, 그땐 내가 언닐 따를 거예요.
엘렉트라 딱한 일이로구나. 그런 훌륭한 말이 잘못 쓰여지고 있으니.
크리소테미스 그건 언니의 잘못을 말하는 것이에요.
엘렉트라 어째서? 너는 내가 말하는 것이 옳지 않다고 생각한단 말이냐?
크리소테미스 옳은 것도 해로울 수가 있거든요.
엘렉트라 나는 그런 법에 따라서 살아가고 싶진 않다.
크리소테미스 그래도 그렇게 하신다면 언젠가는 날 칭찬하게 될 거예요.
엘렉트라 하지만 나는 하고야 말겠어. 너 따위한테 위협받진 않는다.
크리소테미스 정말이에요? 다시 생각할 수는 없겠어요?
엘렉트라 잘못된 생각보다 더 미운 건 없다.
크리소테미스 내가 말한 것은 조금도 들어 주지 않는군요.
엘렉트라 내 결심은 오래 전부터 굳어진 거야. 새삼스러울 건 없어.
크리소테미스 그렇다면 난 가겠어요. 언니는 내 말을 들어 줄 수 없고, 나도 언니가 하는 일에 찬성할 수 없으니까요.
엘렉트라 그렇다, 안으로 들어가거라. 네가 아무리 그러길 바란다 해도 널 따를 생각은 없다. 헛된 일을 따르는 것보다 더 큰 바보는 없어.

크리소테미스 언니의 생각이 옳다고 생각되거든, 그렇게 생각대로 해요. 그러다가 화를 당하게 되면, 그땐 내 말이 옳았다고 생각하게 될 테니까요.

크리소테미스 퇴장.

코러스 생각 깊은 하늘의 새들이
　　저들을 낳고
　　키워 준 어미새들에게
　　보답하지 않는 모습을 보면서도,
　　어째서 우리 인간은 그 구실을 안 할까?
　　그래서는 제우스의 번개를,
　　하늘에 계신 테미스[19] 여신에게서
　　머지않아 벌을 받으리라.
　　오오, 지하의 죽은 이들에게까지 울리는 하늘의 소리여,
　　저승의 아트레우스의 아들에게
　　이 슬픈 외침을 전해 주소서.
　　기쁨 없는 욕스러운 얘기를 전해 주옵소서.

　　이제 이 집의 가운(家運)은 기울고,
　　자식들도 서로 다투어
　　이미 정다운 우애는 깨졌다고.
　　홀로 버림받은
　　엘렉트라는 괴로워 몸부림치며,
　　눈물에 젖은 꾀꼬리처럼
　　아버지의 불운을 애탄하여,
　　조금도 죽음을 두려워하지 않고
　　원수 두 사람을 쓰러뜨리고 나서,
　　기꺼이 이 세상과 작별할 결심.
　　이렇듯 갸륵한 아버지의

갸륵한 자식이 다시 있을까.

누구나 착한 사람은
천하게 살면서 남에게 알려지지도 않고 이름을 더럽히길 싫어하는데.
그렇듯 오오, 아가씨여, 아가씨여,
그대는 스스로 슬픔의 일생을 택하여
욕스러움을 일축하고, 현명하며 효녀라는
두 겹의 칭찬을 한 번에 얻었도다.

지금은 그대가 비록 원수의 천대를 받고 있지만
원컨대 힘에서도 재물에서도
그대가 적을 누르고 살아가소서.
그대야말로 불우한 속에서
이 세상 최고의 법으로 보아,
제우스 신께 대한 그대의 경건으로
가장 고귀한 영예를 얻고 계시니.

오레스테스와 필라데스, 두 하인을 데리고 등장. 한 하인은 조그만 청동 유골 항아리를 들고 있다.

오레스테스 거기 계신 부인들, 우리가 제대로 왔나요? 바로 찾아왔나요?
코러스 무엇을 찾고 계신지요? 무슨 일로 오셨나요?
오레스테스 아까부터 아이기스토스님 댁을 찾고 있습니다.
코러스 그러시다면 바로 오셨군요. 길을 가르쳐 드린 사람에게 잘못은 없습니다.
오레스테스 그러면 고대하던 이들이 왔다고 어느 분이건 집안 사람들에게 전해 주지 않으시겠습니까?
코러스 (엘렉트라를 가리키며) 이 아가씨가⋯⋯ 만약 가장 가까운 사람이 전해야 한다면.
오레스테스 그렇다면 아가씨, 부탁합니다. 포키스에서 온 사람들이 아이기

엘렉트라 377

스토스님을 찾고 있다고 안에 가서 전해 주십시오.

엘렉트라 아아, 설마 이분들이 내가 들은 소문의 증거를 가지고 오신 건 아니겠죠?

오레스테스 아가씨가 말씀하시는 소문이란 무엇인지 모르지만, 스트로피오스라는 노인께서 오레스테스의 소식을 전하라고 하셨습니다.

엘렉트라 여보세요. 그 소식이란 무엇인가요? 어쩐지 무서워집니다.

오레스테스 보시다시피 저 조그마한 항아리에 돌아가신 그분의 유골을 넣어 가지고 왔습니다.

엘렉트라 아아, 슬퍼라. 드디어 내 눈앞에 그 무서운 괴로움을 보다니.

오레스테스 오레스테스님의 불행을 슬퍼하고 계시다면 말씀드립니다만, 이 항아리에는 그분의 유골이 들어 있습니다.

엘렉트라 아아, 여보세요, 부탁입니다. 그 사람이 그 항아리 안에 들어 있다면, 내 손으로 들게 해 주세요. 이 유골을 위해서만이 아니라, 내 자신과 내 집안을 위해서 울며 슬퍼하고 싶습니다.

오레스테스 이분이 누군지는 모르지만, 이리 가져다 드려라. 이렇게 부탁하시는 걸 보면, 돌아간 분에게 악의가 있는 사람은 아니로구나. 아마 친구이거나 가족이 되시는 모양이로군.

엘렉트라 아아, 이 세상에서 누구보다도 그리운 오레스테스의 모습이 이것뿐이라니. 너를 떠나보냈을 때의 부풀었던 희망과는 당치도 않게, 이 무슨 절망스러운 모습이란 말이냐. 지금 내가 손에 안고 있는 것은 가엾은 너의 유골, 집을 떠날 때는 그렇게도 생기에 빛났던 너였는데. 내가 이 손으로 너를 다른 나라로 보내 적의 손에 죽는 것을 구해 내기 전에, 차라리 내가 먼저 죽었으면 좋았을 텐데. 그랬더라면 너도 그날 죽음을 당하여 조상의 무덤에서 함께 잠들 수 있었겠지.

하지만 이제는 집에서 멀리 떨어진 다른 나라 땅에서 이 누나와 헤어진 채 비참하게 죽고 말았구나. 슬프게도 내 부드러운 손으로 네 몸을 씻고서 옷을 입혀 주지도 못했고, 또 타오르는 화장(火葬)불 속에서 예법대로 네 뼈를 주워 주지도 못했구나. 불쌍하게도 알지도 못하는 사람의 손에 장례를 마치고, 조그만 항아리 속의 한 줌 재가 되어 돌아왔구나.

아아, 그 옛날 너를 키웠던 고생도 헛수고로 돌아갔다. 언제나 그 것을 즐거운 고생으로 알고 너를 위해서 했건만. 너를 귀여워했던 것은 어머니보다 나였었고, 너를 키운 것도 집안의 하인들이 아니라 나였는데. 너는 늘 나를 누나라고 불렀었지. 그러던 것이 이제는 너의 죽음과 함께 하루아침에 사라지고 말았어. 마치 회오리바람처럼 너는 모든 것을 휩쓸고 갔구나. 아버지는 이미 돌아가셨고, 너를 잃고서는 나도 죽은 거나 다름없고, 너도 죽고 말았다. 그리고 원수들은 비웃고 있다. 어머니 아닌 어머니는 기뻐서 넋을 잃고, 네가 직접 원수를 갚으러 올 것이라고 어머니 몰래 기별했지만, 그런 희망도 우리 두 사람의 슬픈 운명이 송두리째 뺏어가고, 그리운 모습 대신 이렇게 너를 재로 만들어 헛된 그림자로 해서 보냈구나. 아아, 이 가엾은 모습, 아아, 그리운 동생아, 이 슬픈 나그네길 끝에 나를 죽이고 말았구나. 정말 나를 죽였어. 그리운 동생아. 그러니 헛된 그림자를 그림자 속에 넣어 내 앞으로, 지하에서 너와 함께 지내도록 나도 너의 이 항아리 속에 넣어다오. 네가 이 세상에 있었을 때는 무엇이고 너와 함께 나누었으니까. 그러니 이제는 나도 저승으로 가서 네 무덤 속으로 들어가고 싶구나. 죽은 사람에겐 고생이란 없을 테니까.

코러스 엘렉트라님, 죽음을 면할 수 없는 인간에게서 태어났다는 것을 생각하세요. 오레스테스님도 마찬가집니다. 그러니 너무 슬퍼하지 마세요. 우리들 누구나 다 당하지 않으면 안 되는 운명이니까요.

오레스테스 아아, 무엇이라고 말할까? 어쩌지도 못하는 이 처지에서 무슨 말을 해야 할까? 내 혀를 더이상 눌러 둘 수가 없구나.

엘렉트라 왜 그렇게 괴로워하십니까? 어째서 그런 말씀을 하시나요?

오레스테스 당신이 저 이름높은 엘렉트라님이십니까?

엘렉트라 네, 그렇습니다. 정말 딱한 꼴이죠.

오레스테스 그러시다면 참으로 기구한 운명이시군요.

엘렉트라 정녕 그것은, 여보세요, 날 위해서 슬퍼해 주시는 건 아니겠죠?

오레스테스 아아, 무참한 파멸에 빠진 딱한 모습.

엘렉트라 그 언짢은 말씀은, 바로 내 얘기로군요.

오레스테스 아아, 출가도 못하고 박복한 생활.

엘렉트라 여보세요, 어째서 그렇게 날 유심히 보시며 슬퍼하시나요?

오레스테스 나는 내 불행을 이다지도 모르고 있었구나.

엘렉트라 내 얘기를 어디서 아셨나요?

오레스테스 그렇게도 많고, 그렇게도 큰 불행이 눈에 보이니까요.

엘렉트라 당신이 보는 것은 내 불행의 아주 작은 부분밖에 안 됩니다.

오레스테스 그러나 이보다 더 심한 불행이 또 있을까요?

엘렉트라 나는 살인자들과 함께 살고 있으니까요.

오레스테스 살인자라니 누굴 죽였단 말입니까? 어째서 그런 끔찍한 일이 일어났나요?

엘렉트라 아버지를 죽인 자들입니다. 게다가 나는 억지로 그들의 노예가 되어 있지요.

오레스테스 도대체 누가 그런 일을 강요하고 있나요?

엘렉트라 이름만은 어머니죠. 하지만 행실은 조금도 어머니답지 않아요.

오레스테스 구박을 합니까? 폭력인가요, 학대인가요?

엘렉트라 폭력이며 학대며 온갖 나쁜 짓은 다……

오레스테스 감싸 줄 가까운 사람도 없나요?

엘렉트라 아무도 없습니다. 단 한 사람 있었지만, 당신 손에 재가 돼서 돌아왔지요.

오레스테스 정말 딱하십니다. 아까부터 보기가 안 되어 못 견디겠군요.

엘렉트라 지금까지 내가 동정이라고 받아 본 것은 당신 한 분뿐입니다.

오레스테스 그 불행에 가슴 아픈 것은 나뿐이니까요.

엘렉트라 설마 가족 되시는 분은 아니겠죠?

오레스테스 여기 계신 분들을 믿어도 좋다면, 말씀드리겠습니다만.

엘렉트라 다 친절하신 분들입니다. 마음놓고 말씀하세요.

오레스테스 그렇다면 그 항아리를 내려놓으세요. 다 말씀드리겠으니.

엘렉트라 부탁이에요, 그렇게 무정한 말씀은 마세요.

오레스테스 내 말대로 하세요. 나쁘진 않을 테니.

엘렉트라 아뇨, 제발 소원입니다. 내 가장 소중한 것을 뺏지 마세요.

오레스테스 그건 안 됩니다.

엘렉트라 아아, 딱하구나, 오레스테스야, 너를 내 손으로 묻어 주지 못하다니.

오레스테스 불길한 소리 마세요. 당신이 슬퍼할 까닭은 없으니까.

엘렉트라 죽은 내 동생에 대해 슬퍼하는 것이 잘못인가요?

오레스테스 그 사람을 그렇게 말해선 안 됩니다.

엘렉트라 내가 그렇게까지 죽은 사람에게 욕스러운 여자일까요?

오레스테스 욕스럽다는 건 아닙니다. 다만 당신이 하실 일이 아니라는 것뿐이죠.

엘렉트라 하지만 여기 들고 있는 것이 오레스테스의 유골이라면.

오레스테스 오레스테스가 아니에요. 그저 그렇게 꾸민 애깁니다.

엘렉트라 그럼, 그 불쌍한 사람의 무덤은 어디 있습니까?

오레스테스 있긴 무엇이 있어요. 산 사람의 무덤이란 없으니까요.

엘렉트라 아아니, 뭐라고?

오레스테스 내 말엔 조금도 거짓이 없습니다.

엘렉트라 그럼 그 사람이 살아 있다고?

오레스테스 내가 살아 있는 것이 사실이라면.

엘렉트라 그럼 당신이 오레스테스?

오레스테스 여기 가지고 있는 아버지의 문장(紋章)을 보고 내 말이 정말인지 거짓인지 확인해 주세요.

엘렉트라 아아, 기쁜 날이로구나!

오레스테스 정말 기쁜 날입니다.

엘렉트라 아아, 이 목소리, 돌아와 주었구나.

오레스테스 이젠 남에게 물어볼 것도 없지요.

엘렉트라 정말 내가 널 안고 있는 것일까?

오레스테스 언제까지나 안기고 싶습니다.

엘렉트라 아아, 다정하신 여러분들, 우리 시(市)의 부인들이시여. 보세요, 이 사람이 계략으로 죽었다가 이제 다시 계략으로 무사히 돌아온 오레스테스입니다.

코러스 보고 있고 말고요. 아가씨, 이렇게 일이 잘 됐으니 우리도 기뻐서 눈물이 납니다.

엘렉트라 아아, 내 가장 소중한 분의 자손이여, 이제 드디어 돌아왔구나. 그리워하던 사람을 보고 있구나.

오레스테스 이렇게 내가 돌아왔어요. 하지만 잠자코 기다리세요.

엘렉트라 그건 왜?

오레스테스　입 다물고 있는 것이 좋겠어요. 집안의 누가 들어선 안 되니까.
엘렉트라　영원한 처녀 아르테미스에 걸고
　　　　언제나 집안에 처박혀 있는
　　　　'대지의 군짐'*20이 되는 여자들 따위는
　　　　이젠 결코 무서울 것 없어.
오레스테스　그러나 여자에게도 아레스의 정신이 들어 있다는 걸 아셔야 해요. 경험으로도 잘 아실 텐데.
엘렉트라　아이고, 아이고,
　　　　너는 감추지 못하고 풀 수도 없고,
　　　　잊을 수도 없는
　　　　우리의 불행을
　　　　또다시 생각나게 하는구나.
오레스테스　그것도 잘 알고 있어요. 하지만 때가 되어 재촉하면,
　　　　이 일들이 생각날 거예요.
엘렉트라　언제든지 나는,
　　　　언제든지 그것을
　　　　때를 가리지 않고 말해도 좋겠지.
　　　　이제 겨우 마음대로 입을 열게 되었으니.
오레스테스　나도 그건 그렇게 생각합니다. 그 자유를 소중히 지켜야죠.
엘렉트라　어떻게 해야 할까?
오레스테스　때가 되지 않았을 때, 말을 많이 하고 싶어해선 안 된다는 것입니다.
엘렉트라　하지만 네가 돌아왔는데,
　　　　어떻게 말을 안 하고 견딜 수 있을까?
　　　　이제 뜻밖에도
　　　　네 얼굴을 보았으니.
오레스테스　여기 돌아오도록 신들께서 나를 움직이셨을 때, 누님은 내 얼굴을 보신 겁니다.
엘렉트라　정말 신께서 너를 이 집으로 보내셨다면
　　　　앞서 한 말보다도

더욱 기쁜 일이구나.

그것이야말로 신의 뜻이로구나.

오레스테스 기뻐하시는 누님을 말릴 생각은 없지만, 기쁨이 좀 지나치지 않는가 두렵군요.

엘렉트라 많은 세월이 흐른 뒤,

기쁘게도 돌아올 마음이 되었으니.

이렇게 고생하는 나를 보고서 부디…….

오레스테스 부디 어쩌란 말입니까?

엘렉트라 네 얼굴을 보고 있는 낙을 내게서 빼앗지 마라. 억지로 그것을 버리게 하지 마라.

오레스테스 다른 사람이 그런 짓을 누님에게 하려는 것을 본다면 난 화를 내겠습니다.

엘렉트라 그럼, 들어 주는 거지?

오레스테스 어떻게 그렇게 하지 않겠어요?

엘렉트라 여러분, 들으리라고는 생각도 않았던 소리를 들었습니다. 격한 마음을 누르고 소리를 삼켜, 들어도 소리조차 내지 않는 불쌍한 이 몸, 하지만 이제 내게는 네가 있다. 불행한 중에도 잊을 수 없는 그리운 모습대로 돌아와 주었구나.

오레스테스 어쨌든 쓸데없는 말은 그만두세요. 어머니가 지독하다든가, 아이기스토스가 아버지의 유산을 이리저리 뿌리고 낭비하고 있다는 것 등등 말하지 않아도 됩니다. 지껄이고 있으면 적당한 때를 놓치는 수가 있으니까요. 그보다 당장 필요한 것을 말해 주세요. 내가 우쭐대고 있는 적을 쓰러뜨리기 위해서 어디로 나타나고, 어디로 숨어야 할는지 알려 주세요. 그리고 우리가 집에 들어갔을 때 생기있는 얼굴을 해서 어머니가 눈치 채지 않도록 조심하세요. 적당히 자기 불행을 슬퍼하는 척하는 겁니다. 일이 잘 되기만 하면 그때 마음대로 기뻐하며 웃고 지내게 될 것이니까요.

엘렉트라 아 그거야, 네가 좋다고 생각하는 대로 나도 그렇게 하겠어. 내가 얻은 기쁨은 다 네 덕택이고 내 것이라곤 하나도 없으니까. 나는 어떤 좋은 소득이 있다고 하더라도 너를 괴롭히는 것이라면 바라지 않겠어. 그렇게 해서는 지금 우리 행운을 가져다 주신 신께 죄송스러운 일이니까. 지금의 집안 사정은 알고 있겠지? 아이기스토스는 부재 중이고, 어머니만 집에 있다는 것은 들었겠지? 내가 어머니에게 활기 있는 얼굴을 보이지 않을까 하는 걱정은 하지 마라. 그전부터의 원한이 가슴 깊이 사무치고, 게다가 너를 만나고 나서는 기쁨에 눈물이 그치질 않고 있으니까. 하기야 어찌 그칠 까닭이 있을까. 죽어서 돌아왔다고 생각했는데 살아 있는 모습을 보았으니. 너한테 내가 너무나 뜻밖의 일을 당하니, 설사 아버지께서 살아 돌아오셨다 해도 그걸 이상하게 생각지 않고, 그분을 뵙고 있다고 생각할 정도야. 어쨌든 이렇듯 돌아온 바에는 네가 앞장서서 생각하는 대로 일러 다오. 나 혼자라도 두 가지 다 실패하진 않았을 거야. 훌륭하게 살아가든가, 아니면 훌륭하게 죽어 버렸을 것이니까.

오레스테스 가만히 계세요. 누군가가 집에서 나오는 듯한 소리가 들리니까요.

엘렉트라 자아, 손님들, 안으로 들어가 주세요. 집에서 누구 하나 기쁘게 맞아들이진 않더라도 거절할 수 없는 것을 가져오신 각별한 분들이니까요.

늙은 종 등장.

늙은 종 어리석고 지각없는 사람들이로군. 도대체 목숨이 아깝지도 않다는 겁니까? 아니면 나면서부터 분별이 없단 말입니까? 당신들께서는 가장 큰 위험이 닥치고 있는 그 한가운데 계시면서도 그걸 모르시다니. 내가 아까부터 문 옆에서 망을 보고 있지 않았더라면, 당신들의 몸보다 계획이 먼저 집안으로 새어 들어갔을 겁니다. 하기야 그런 걱정이 없도록 내가 조심은 했지요. 이젠 그런 긴 얘긴 그만두시고, 또 기뻐서 떠들썩하지도 마시고, 안으로 들어들 가십시오. 이런 일에선 늦는 것이 아주 나쁩니다. 어서 빨리 끝장을 내는 것이 좋으니까요.

오레스테스 그럼 내가 들어간다 치고, 안의 형편은 어떤가?

늙은 종 잘돼 가고 있습니다. 아무도 도련님을 알아차릴 사람은 없어요.

오레스테스 내가 죽었다고 알려줬겠지?

늙은 종 여기선 도련님이 저승에 계신 것으로 되어 있으니, 그렇게 아십시오.

오레스테스 그 소식을 듣고 좋아들 하겠군? 무슨 말이라도 있던가?

늙은 종 일이 다 끝나면 말씀드리겠습니다. 지금 같아서는 일은 다 우리에게 편하게 돌아가고 있습니다. 심지어 좋지 않은 일까지도.
엘렉트라 얘, 이 사람은 누구냐? 말해 주렴.
오레스테스 모르고 계셨나요?
엘렉트라 짐작이 안 가는데.
오레스테스 전에 누님이 날 누구에게 맡겼는지 생각나지 않으세요?
엘렉트라 누군데? 무슨 소릴 하는 거냐?
오레스테스 누님이 나를 은밀히 포키스에 보내도록 맡긴 바로 그 사람이에요.
엘렉트라 그러면 아버지께서 죽음을 당하셨을 때, 많은 사람 중에 단 하나 믿음직한 사람이었던 바로 그 사람이냐?
오레스테스 그렇습니다. 하지만 그 이상은 더 묻지 마세요.
엘렉트라 아아, 기쁜 날이로구나. 할아범만이 오직 아가멤논의 집을 구해 낸 은인이오. 어떻게 여길 왔소? 할아범이 정말 이 사람과 나를 그 숱한 고생에서 건져준 바로 그 사람인가……. 아아, 그리운 이 손, 그리고 그 발도 다시 없이 기쁜 구실을 다해 주었군요. 아까부터 와 있으면서 어쩌자고 그렇게 감쪽같이 속여 밝히질 않았소. 내게는 정말 기쁜 일이었는데도 꾸며진 얘기로 나를 죽을 듯이 만들어 놓았나요? 정말 반갑구나, 아아, 아버지, 이렇게 뵙고 있으니까 아버지같은 생각이 드는구려. 참 반갑구나. 단 하루 동안에, 세상에서 할아범같이 미운 사람도 없다고 생각했는가 하면, 할아범 만큼 반가운 사람도 없구나.
늙은 종 그만하면 됐습니다. 그 동안의 사연이야, 앞으로도 수많은 밤과 낮이 돌아와서 다 밝혀 주겠지요. 엘렉트라님, 거기 계신 두 분께 말씀입니다만, 이제야말로 행동할 땝니다. 지금은 클리타임네스트라뿐이고, 안에 남자라곤 한 사람도 없습니다. 우물쭈물하고 계시다간, 그자들만이 아니라 많고 더 강한 자들까지 상대로 해서 싸우지 않으면 안 된다는 것을 생각하셔야 합니다.
오레스테스 이젠 이렇게 긴 소리 늘어놓을 것이 아니라, 필라데스, 어서 빨리 안으로 들어가야 할 것 같군. 우선 문간에 모셔 놓은 우리 선조의 신들께 배례를 하고 나서.

오레스테스와 필라데스는 늙은 종을 데리고 안으로 들어가고, 밖에는 엘렉트라가 남아 있다.

엘렉트라 귀하신 아폴론님, 아무쪼록 은혜를 내리시어 그들의 소원과 또한 제 소원도 들어 주시옵소서. 이 가난한 손이 드릴 수 있는 여러 가지 제물을 가지고, 자주 참배한 저입니다. 그런데 이제 오오, 리키아의 아폴론님이시여, 제가 할 수 있는 맹세로 비옵니다. 애원하옵니다. 부디 은혜를 내리시어 이번 일을 도와 주시옵소서. 그리고 경건치 못한 자들에게 신들께서 어떤 벌을 내리시는지, 세상 사람들에게 보여 주시옵소서.

엘렉트라 집 안으로 들어간다.

코러스 (노래)
　　보라, 아레스 신께선
　　아무도 견줄 수 없는
　　죽음의 복수를 내뿜으며, 어디로 나아가고 계신가.
　　이제 무도한 죄를 쫓아
　　아무도 피할 수 없는 복수의 개는,
　　남모르게 집 안으로 들어갔다.
　　내 마음의 꿈도
　　길게 기다릴 것 없이 이루어지겠지.

　　죽은 자의 넋을 지키는 자가
　　발소리를 죽이고 안으로 들어갔다.
　　시퍼렇게 벼린 칼을 손에 쥐고
　　대대로 보물을 자랑하는 아버지의 집 안으로.
　　마이아의 아들이신
　　헤르메스님께선 계략을 어둠으로 감추시어
　　뜻을 이루도록 이끄시고, 늦추질 않으신다.

엘렉트라 집에서 나온다.

엘렉트라 친절하신 여러 부인들, 남자들이 이제 곧 일을 끝낼 것입니다. 하지만 조용히 기다려 주세요.
코러스 대체 어떻게 되고 있습니까? 그분들은 지금 무엇을 하고 있습니까?
엘렉트라 그 여자는 장례를 치르기 위한 유골 항아리를 치장하고 있고, 두 사람은 그 옆에 서 있습니다.
코러스 그런데 왜 아가씨께선 급하게 나오셨나요?
엘렉트라 아이기스토스가 모르는 사이에 들어오지 않도록 지키기 위해서죠.
클리타임네스트라 (안에서) 아아, 아아. 집 안엔 도울 사람이라곤 없고, 살인자로 가득 찼구나.
엘렉트라 안에서 소리치고 있죠, 안 들립니까?
코러스 아이구 무서워라, 들어서 안 될 것을 들었구나. 몸이 오싹하는구나.
클리타임네스트라 아이구, 아이구머니, 아이기스토스. 당신은 대체 어딜 갔나요?
엘렉트라 또 누가 큰 소리 지르고 있구나.
클리타임네스트라 아아, 애야, 애야, 어미를 불쌍히 여겨다오.
엘렉트라 자기는 그 아들도, 아들의 아버지도 불쌍히 여기지 않았으면서.
코러스 아아, 이 나라여, 아아, 불운한 가족이여, 나날이 너를 쫓아다니던 운명도 이젠 사라져 간다. 사라져 간다.
클리타임네스트라 (안에서) 아이구, 잘리고 말았다.
엘렉트라 또 한 칼. 힘이 있다면 한번 더.
클리타임네스트라 (안에서) 아악, 또 한 칼이…….
엘렉트라 아이기스토스도 지금 함께 이렇게 했으면 좋았을 것을.
코러스 저주가 지금 이루어진다.
　　땅 속의 사람은 살아 있다.
　　오래 전에 죽은 사람들도, 죽인 자의 피를 말려 없애서 원한을 풀고 있다.
　　아아, 그분들이 나오시는군. 아레스의 제물에 손은 피투성이,

그래도 나는 그걸 나무랄 수가 없구나.

오레스테스, 필라데스, 안에서 나온다.

엘렉트라 오레스테스야. 어떻게 됐지?
오레스테스 안의 일은 잘 됐습니다. 아폴론의 신탁이 옳았다면.
엘렉트라 그럼 그 죄진 여자는 죽었지?
오레스테스 이젠 앞으로 그 우쭐대는 어머니의 구박받을 걱정이 없어졌습니다.
코러스 그만 하세요, 저기 보이는 이는 틀림없이 아이기스토스니까.
엘렉트라 어서, 얘들아, 안으로 들어가겠니?
오레스테스 어디 그자가 보입니까?
엘렉트라 시골서 기분이 좋아서 돌아오고 있구나. 우리 뜻대로 되려고.
코러스 어서 빨리 문 안으로 들어가세요. 자아, 처음 일을 잘 하셨으니, 이번도 잘 되겠죠.
오레스테스 염려 없습니다. 해내고 말 테니까.
엘렉트라 그럼 어서 서둘러라.
오레스테스 그럼 난 갑니다.
엘렉트라 이쪽 일은 내가 맡으마.
코러스 그 사나이는 몇 마디 부드러운 말로
그 귀를 달래는 것이 좋겠지요.
아무것도 모르고
운명의 심판에 뛰어들게.

아이기스토스 등장.

아이기스토스 오레스테스가 전차의 파편 속에서 목숨을 잃었다는 소식을 가지고 온 포키스의 손님이 어디 있는지, 너희들 중에 누가 아는 자가 있느냐? 너, (엘렉트라에게) 그래 너 말이다. 네게 묻겠는데, 지금까지 우쭐대는 얼굴을 하고 있었던 네게 말이다. 네게 관계가 가장 깊은 일이니 네가 가장 잘 알고 말해 줄 수 있겠구나.

엘렉트라 알고 말고요. 어떻게 모르겠어요? 그래야 제게 가장 소중한 분에겐 남이 되니까요.

아이기스토스 대체 그 손님들은 어디 있느냐? 말하여라.

엘렉트라 집 안에 있어요. 친절한 안주인을 만나 뜻을 이루었지요.

아이기스토스 그래 그 녀석이 정말 죽었다더냐?

엘렉트라 그렇고말고요, 말뿐이 아니라 증거를 보여 주었습니다.

아이기스토스 그럼 이 눈으로 그걸 볼 수 있단 말이지?

엘렉트라 보실 수 있고 말고요. 그저 차마 볼 수 없는 것이긴 하지만요.

아이기스토스 여느 때와는 달리 갖가지 기쁜 말을 해 주는구나.

엘렉트라 이런 일들이 기쁘시다면 아무쪼록 기뻐하세요.

아이기스토스 조용히들 해라. 그리고 문을 열고 모든 미케네와 아르고스 사람들에게 보여 주어라. 그들 중에 지금까지 그놈을 위해서 헛된 희망을 걸고 들뜬 자가 있거들랑, 이제 그 시체를 보고 순순히 내게 복종하라. 내게서 혼난 다음에야 억지로 사리를 깨닫는 일은 없도록 하기 위해서이다.

엘렉트라 저도 제가 해야 할 일은 하고 있습니다. 이제야 겨우 강한 자에겐 복종해야 한다는 것을 알게 되었으니까요.

천으로 덮인 클리타임네스트라의 시체가 보이고, 그 옆에 오레스테스와 필라데스가 서 있다.

아이기스토스 오오, 제우스님, 지금 보는 이 모습은 신의 미움을 받고 죽은 것이라고 말할 수 있겠죠. 그러나 네메시스[21]가 꾸짖으시면, 말하지 않겠습니다. 그 얼굴에서 덮은 것을 다 벗겨 버려라. 적어도 집안 식구니 내게서도 슬픔의 제물을 받아야지.

오레스테스 친히 벗기십시오. 이 시체를 보고 다정하게 말을 건네는 것은 당신이 할 일이지 내가 할 일은 아니니까요.

아이기스토스 그럴 법한 말이로군. 그렇게 하지. (엘렉트라에게) 너는 클리타임네스트라가 안에 있거든 불러다오.

오레스테스 당신 옆에 있는걸요. 다른 데서 찾진 마시죠.
아이기스토스 (덮은 것을 휙 잡아 벗기며) 악, 이게 뭐냐?
오레스테스 무엇이 무섭습니까? 무엇을 모른다는 건가요?
아이기스토스 아차, 대체 어느 놈의 올가미에 걸렸단 말이냐?
오레스테스 아까부터 당신이 살아 있는 사람에게 죽은 자와 얘기하듯 한 것을 알아차리지 못했던가요?
아이기스토스 오오냐, 이젠 알았다. 내게 그렇게 말하고 있는 것은 오레스테스 놈밖엔 없다.
오레스테스 그렇게 잘 알면서, 꽤 오래 잘도 속았구나.
아이기스토스 아아, 기막힌 일이로구나. 하지만 한 마디라도 좋으니 말 좀 하게 해 다오.
엘렉트라 아니다. 더 이상 말하게 해선 안 돼. 긴 소릴 늘어놓게 해선 안 된다. 악운에 빠진 인간 중에서 곧 죽음을 당할 자가 잠시 늦추어 줬다고 해서 그것이 무슨 소득이 되겠느냐? 그보다 어서 빨리 죽여 버려라. 죽인 다음에는 우리 눈에 거슬리지 않도록 이자에게 알맞는 장의사에게 던져 줘라. 이것밖에는 지금까지의 내 고생을 보답할 길이 없으니까.
오레스테스 자아, 어서 안으로 들어가라. 지금은 말이 문제가 아냐. 네놈의 목숨이 문제지.
아이기스토스 왜 날 집안으로 데려가느냐? 너 하는 짓이 떳떳하다면, 어째서 어둠이 필요하냐? 왜 당장 죽이질 않느냐?
오레스테스 군소리 마라. 네놈이 우리 아버지를 죽인 곳으로 가는 것이다. 같은 자리에서 죽여 주마.
아이기스토스 그러면 이 집은 펠로프스 집안의 지금과 앞날의 온갖 불행을 보아야 한단 말이냐?
오레스테스 적어도 네놈의 경우는 그렇다. 거기에 관한 한 나는 훌륭한 예언자이다.
아이기스토스 자랑하는 재주만은 네 아빌 안 닮았구나.
오레스테스 말이 많구나. 늦어지겠다. 앞장서라.
오레스테스 네놈이 먼저 가는 거야.
아이기스토스 달아날까봐?

오레스테스 아니다. 네놈을 네 마음대로 죽지 못하게 하기 위해서이다. 나는 네게 죽음의 고통을 맛보게 하겠다. 누구나 무도한 짓을 저지르려는 자에게는 당장에 이 벌이 내려야 한다. 죽음이라는 벌이. 그렇게 하면 못된 짓을 하는 일도 늘진 않겠지.

코러스 오오, 아트레우스의 후예여,

　　　허다한 고난 끝에,

　　　이날의 계획으로 일이 이루어져

　　　드디어 자유롭게 되었도다.

〈주〉

*1 이나코스 : 아르고스 왕가의 시조.
*2 이나코스의 따님 : 여신이며 아르고스의 헤라의 여신관인 '이오'. 제우스가 그녀를 사랑했기 때문에 헤라의 질투를 산다. 제우스는 그녀를 어린 암소로 변하게 하고 백 개의 눈을 가진 아르고스를 시켜 지키도록 했다. 그러나 헤라가 쇠파리를 보내 그녀를 괴롭혔기 때문에, 아르고스를 떠나 세계를 방랑하게 되었다.
*3 리카이오스 : 아폴론을 말한다. 리카이오스는 리코스(숫이리)의 형용사.
*4 피톤 : 델포이의 옛 이름.
*5 록시아스 : 아폴론의 다른 이름.
*6 꾀꼬리 : 아테네 왕 판디온의 딸인 프로크네가 트라키아 왕 테레우스와의 사이에서 이티스를 낳았다. 그런데 테레우스가 프로크네의 자매인 필로멜라를 사랑하여 서로 맺어진 것을 알고, 이티스를 삶아 테레우스에게 먹였다. 두 자매는 도망을 쳤으나, 테레우스가 그것을 알고 도끼를 들고 뒤쫓아 잡힐 듯 했을 때, 신들께 빌어서 프로크네는 꾀꼬리, 필로멜라는 제비가 되었다고도 한다.
*7 아버지의 이름으로 불리는 성스럽지 못한 잔치 : 클리타임네스트라는 아가멤논이 죽은 날을 기념하기 위해 다달이 노래와 춤으로 벌어지는 '아가멤논 잔치'를 베풀었다고 한다.
*8 헬리오스 : 태양신. 꺼림칙한 꿈을 꾸면 이튿날 그것을 태양신께 이야기하여 화를 피하려는 관습이 있었다.
*9 디케 : '정의'의 뜻.
*10 펠롭스의 온갖 슬픔을 안은 전차 경주 : 펠롭스는 피사(올림피아 언저리의 도시)의 왕 오이노마오스의 딸 히포다메이아에게 구혼했는데, 왕은 자기와의 전차 경주에서 이긴 자를 사위로 삼겠다고 하여 경주를 했다. 그러나 펠롭스가 왕의 마차를 부리는 미르틸로스를 속여 이기고 히포다메이아를 맞이했다. 그 뒤 펠롭스는 은혜를 갚

기는커녕 미르틸로스가 히포다메이아를 범하려던 것을 알고 바다에 던져 죽였다. 미르틸로스는 죽을 때 펠로프스를 저주했고, 아르고스 왕가는 이때부터 재앙이 그치지 않았다고 한다.
*11 언니 : 맏딸 이피게네이아를 말함. 아가멤논은 트로이 원정길의 풍랑을 피하기 위해 맏딸 이피게네이아를 아르테미스 신에게 희생물로 바쳤다.
*12 레토의 따님 : 아르테미스 여신.
*13 아카이아 군대 : 아가멤논이 지휘하는 그리스군을 말한다.
*14 일리온 : 트로이를 말한다.
*15 아트레우스 : 펠로프스와 히포다메이아 사이의 아들.
*16 경기장을 한 바퀴 돌아서 다시 출발점으로 돌아가기 때문이다.
*17 암피아라오스 : 아르고스의 영웅이며 예언자. 테베 정복 때 실패할 것을 미리 알고 참가할 것을 거절하여 몸을 숨기고 있었는데, 그의 아내 에리필레가 그를 찾아다니던 이에게서 황금 목걸이를 받고 배신했기 때문에 전쟁에 참가했다가 전차와 함께 땅 속으로 떨어지고 말았다.
*18 살인녀 : 에리필레.
*19 테미스 : '확고불변한(법)'의 뜻. 또한 그 신.
*20 대지의 군짐 : 호메로스의 《일리아스》와 《오디세이아》에 있는 말을 따온 것.
*21 네메시스 : 네메시스는 죽은 자를 지키고, 그것을 모욕하는 자에게 복수한다.

에우리피데스

메디아—조우현 옮김
트로이 여인들—조우현 옮김
바쿠스의 여신도들—조우현 옮김
히폴리토스—곽복록 옮김

에우리피데스

대부분의 고대 작가들이 그러하듯 에우리피데스의 생애에 관해서도 확실히 알려져 있는 것은 거의 없다. 태어난 연대부터 문제이다. 기원전 480년이라는 것이 옛부터 가장 널리 인정되어 온 듯하지만, 이보다 4년에서 5년 앞당기는 설도 있어서 확실히 알 수 없다. 제2차 페르시아 전쟁 때라는 애매한 연대로 만족하는 수밖에 없을 것 같다. 집안은 부유한 지주 계급으로, 어머니도 상당히 좋은 가문 출신이었다고 추측된다. 그가 충분한 교육을 받은 것은 틀림없으며, 또 당시로선 드문 장서가(臧書家)였다는 점으로 미루어 생각할 때, 일부에서 전해지고 있듯 가난한 장사꾼의 아들이었다는 말은 믿기 어렵다.

그가 비극 작가로 데뷔한 것은 기원전 455년이었다고 한다. 바로 이 해에 자작의 4부작으로 비극 경연에 참가하여 예선을 통과하였다. 그로부터 50년 동안 그가 상연하거나 제작한 극의 수는 대략 90편에 이른다고 전해지므로, 그 실적으로 말하더라도 그가 아테네 극단에서 안정된 자리를 차지하고 있었음은 충분히 짐작이 된다. 다만 생전에 겨우 네 번밖에 1등상을 얻지 못했다는 것은, 그의 새로운 사상이 보수적인 사람들에게는 받아들이기 어려웠기 때문일 것이다. 그러나 그것도 극단에서의 그의 위치를 흔들만한 것은 못 되었고, 다만 인기 없는 대가로서 소포클레스 등과 비슷했으리라 추측된다.

늘그막에, 아마 기원전 408년 경에 아테네에서 《오레스테스》를 상연하고 얼마 안 되어, 마케도니아의 아르켈라오스 왕의 초청을 받아 아테네를 떠난 것으로 보인다.

에우리피데스의 작품 가운데 지금까지 남아 있는 완전하거나 완전에 가까운 극의 수는 19편이다. 그 가운데 《키클로프스》는 이른바 사티로스 극으로, 이런 종류의 것으로 남아 있는 단 하나의 완전한 작품이다. 또한 《레소스》는 일반적으로 그의 작품이 아닌 것으로 인정되고 있다. 그의 작품이 선배인 다

에우리피데스

른 비극 작가보다 훨씬 많이 보존된 이유는 기원전 4세기 뒤의 압도적인 인기에서 그 이유를 찾을 수 있을 것이다. 얼마 안 되는 동안 세상의 유행이 뒤바뀐 것이다. 아테네의 정치 변화나 세상의 급격한 변화도 있었지만, 역시 이 시인의 세상을 앞선 사상이나 취향이 생전에는 인기가 없었으나 죽은 뒤에 붐을 일으킨 주된 원인이었다고 하겠다.

전해 오는 작품 가운데 연대가 알려져 있는 가장 첫무렵의 것은 《알케스티스(438)》이고 이어서 《메디아(431)》, 《히폴리토스(428)》 등이 있다. 아테네에 있었을 때의 마지막 작품은 《오레스테스(408)》, 마케도니아에 머무를 때의 작품으로는 《바쿠스의 여신도들》《아울리스의 이피게네이아》이다. 이 작품들은 그가 죽은 뒤 그의 아들(또는 조카)이 아테네에서 상연하여 1등상을 얻었다고 한다.

에우리피데스는 본디 명상적인 성격의 작가로 정치나 사교를 좋아하지 않았으며, 가능한 한 고독 속에 있으면서 사색이나 극작에 몰두했다고 전해진다. 오늘날에 전해지고 있는 그의 조상(彫像)도 그 이야기를 보증하고 있는 것같이 보인다. 그 시대의 젊은이로서 소피스트의 영향을 강하게 받았던 것도 당연하며, 아낙사고라스나 소크라테스와 교우 관계를 유지했던 것도 사실이리라. 자연히 모든 면에서 인습적인 것에 대한 합리주의적인 비판과 반발이 그의 작품 곳곳에 나타났고, 이것이 보수파로부터 심한 반감을 사는 결과가 되었다. 특히 희극 작가의 심한 공격을 받은 것은 소크라테스의 경우와 매우 흡사하다.

에우리피데스는 작품의 제재를 관습대로 신화와 전설에서 땄지만, 극중 인물들은 신이나 영웅이라기보다 일상의 인간으로 그려져 있다. 특히 여성의 다양한 성격과 세밀한 심리 분석, 묘사에 이르러서는 고대 작가로서 그를 앞지를 사람이 없을 것이다. 본디 제사적인 기원에서 시작되는, 따라서 종교적인 색채가 짙은 아티카의 비극 속에 너무나 강하게 인간적 요소를 넣은 에

우리피데스는 어떤 면에서는 그리스 비극의 정통을 깨뜨렸다는 비방을 피할 수 없을 것이다. 그러나 좀더 넓은 시야에서 본다면 새로운 문학 조류의 위대한 선각자였으며, 그 점은 뒷날의 문학에 미친 그의 절대적인 영향력에서 가장 잘 엿볼 수 있다.

펠로폰네소스 전쟁 뒤에는 비극과 더불어 희극 또한 뚜렷한 변모를 이룬다. 아리스토파네스에 의해 대표되는 '고전 희극'과 메난드로스와 필레몬 등의 '새로운 희극'을 비교해 보면 그 변화는 뚜렷해진다. 세상과 인정을 그리는 것을 목적으로 한 풍속극으로서의 '새로운 희극'은 에우리피데스의 영향을 강하게 나타내고 있다. 그리고 그것이 로마 희극을 통해 근세 연극에 이어진다는 건 모두 아는 사실이다.

Medea
메디아

《메디아》는 기원전 431년 봄, 대 디오니시아 제전 때 상연되었다. 기원전 431년이라면 펠로폰네소스 전쟁이 일어난 해이며, 페르시아 전쟁 뒤로 한결같이 번영의 길을 걸어온 아테네에 점차 어두운 그림자가 드리우기 시작하던 무렵이다. 《메디아》를 상연했을 때에는 아직 아테네는 평화의 영광 속에 있었기 때문에, 824행 이하의 코러스에서 볼 수 있는 것 같은 아테네에 대한 찬미가 아직도 불려질 수 있었던 것이다. 그러나 전쟁의 절박감을 느끼게 하는 불화와 불신의 공기를 같은 이 극 속에서 읽을 수 있다고 일컬어지고 있다. 이 극 속에 일관되게 흐르는 것 가운데 하나는 이아손의 배신 행위이며, 410행 이하의 코러스 등 역시 전쟁 전야의 도시 국가 사이의 공기를 느끼지 않고 읽어 넘어 가기는 어려울 것이다.

이 극의 내용을 이루고 있는 것은 아르고호 원정의 후일담이라고 할 만한 것이다.

교활한 숙부 펠리아스의 권고로 아르고호 원정을 일으켜 북방의 코르키스 땅으로 황금 양털을 찾으러 갔던 이아손은, 코르키스의 왕녀 메디아의 도움으로 임무를 수행할 수 있었으므로 그녀를 데리고 고향 이올코스로 돌아온다. 그리고 이 숙부의 악의에 대항해 마술에 능한 메디아를 통해 충분한 복수가 이루어진다.

그러나 이렇게 맺어진 이아손과 메디아를 기다리고 있었던 것은 무엇이었을까. 에우리피데스의 《메디아》는 완전히 바뀌어 코린토스를 무대로 삼고 있다.

메디아가 코린토스에 머무른 일이 있다는 것, 특히 그곳에서 자식들을 죽게 만들지 않으려고 헤라 여신의 신전에 숨겼다가 잘못하여 죽게 만들었다는 이야기가 기원전 8세기의 시인 에우메로스의 서사시에 나오는 것을 알 수 있다. 또한 이 《메디아》의 옛 주석에 의하면, 메디아의 자식들을 죽인 것은 코린토스의 아낙네들이라는 설이 있다. 다른 설에 의하면 코린토스의 왕 크레온을 마술로 죽인 메디아가 아테네에서 달아날 때, 자기 아이들이 크레온의 친족들 손에 살해될까 두려워 헤라 아크라이아의 신전에 숨겼다고 한다. 그러나 크레온의 친척들이 찾아내어 죽이고 그 아이들을 죽인 것은 메디아라는 소문을 퍼뜨렸다고 한다.

이상과 같은 것은 에우리피데스 이전에 메디아를 둘러싼 일들이 어떤 전설의 형태를 하고 있었는가를 어렴풋이나마 추측하게 만들어 준다. 다만 이상에서 전해지는 이야기는 모두 메디아가 계획적으로 자식을 죽인 것으로 이야기하고 있지는 않다. 잘못해서 죽였다거나, 죽였다는 소문인 것은 계획적으로 죽이는 것에서 겨우 한 발의 거리에 지나지 않는다 할지라도, 이것이 바로 에우리피데스의 창의성이 드러나는 부분이다. 적어도 자식을 죽인 원인을 남편과의 불화에 두었던 것은 그의 독창적인 생각이었다고 여겨진다.

어쨌든 이 극의 1,378행 이하에서 메디아가 아이들을 헤라 아크라이아의 신전에 묻고, 그 뒤 엄숙한 제전을 마련하겠다고 말하고 있는 것은 그즈음 현실적으로 그런 무덤과 제전이 있었음을 나타내는 것이며, 그런 의미에서 이 극은 그러한 제전의 유래를 풀이하는 것이 된다. 《메디아》는 첫 번째 상연에서 불행히도 진가를 인정받지 못하여 하위인 3등상을 감수하지 않으면 안 되었다. 그러나 아리스토텔레스의 《시학(詩學)》에서 《메디아》에 대한 언급을 많이 볼 수 있다는 것은 이미 그 시대에, 오늘날에 이르는 명성을 벌써 되찾고 있음을 느끼게 해 준다.

나오는 사람

유모   메디아의 유모
크레온   코린토스의 왕
두 아이   메디아와 이아손의 아이들
선생   두 아이의 선생
이아손   메디아의 남편
코러스   코린토스의 여자들로 이루어짐
아이게우스   아테네의 왕
메디아   코르키스의 왕녀
사자(使者)

무대

코린토스에 있는 메디아의 집 앞.

메디아의 유모가 혼자 서 있다.

유모 차라리 저 아르고호가 짙푸른 '부딪치는 바위'[1] 사이를 달려나가 코르키스 땅으로 향하는 일이 없었더라면 좋았을 텐데. 아니, 그보다도 펠리온 산[2] 골짜기에서 아름드리 전나무가 도끼로 잘려 쓰러지는 일도 없고, 펠리아스 왕을 위해 황금 양털을 찾으러 간 무사들에게 노를 만들어 주는 일도 없었으면 좋았을 텐데.
 그랬더라면 우리 메디아 아씨께서도 이아손 서방님이 애타게 그리워 뱃길도 먼 이올코스 땅으로 찾아갔을 리 없었을 테고, 펠리아스 왕의 공주들을 꾀어 부왕을 살해하게 하고, 그곳에서 달아나 이 코린토스 땅에서 사시게 되는 일도 없었을 것을.
 그래도 귀양살이라고는 하나 아씨께서는 이곳 사람들의 호감을 사고, 이아손 서방님과도 모든 일에 마음과 힘을 합해 잘 살아 오셨어. 참으로 부부 금슬만 좋다면 그보다 더한 행복이 또 어디에 있으랴만.
 그러나 이제 그 옛날의 금슬은 어디로 가고 찾아볼 수조차 없구나. 이아손 서방님께선 아이들과 우리 아씨를 버리고 새 장가를 드셨으니. 이 고을을 다스리시는 크레온 왕의 공주님을 배필로 맞으셨으니 말이야.
 가엾게도 매정스러운 냉대에 메디아 아씨께선 이아손 서방님이 이럴 수 있는가고, 그 옛날의 맹세는 어디로 가고, 오른손을 굳게 잡고 맺은 맹세도 이젠 허사인가 하고 슬피 외치면서, 여러 신들께서 굽어 살펴 주시기를 기원하고 계시지. 서방님께 버림받고부터는 많은 날들을 눈물에 젖어 슬픔으로 애간장을 태우고, 식음마저 전폐하고 몸져 누우신 채 이제는 눈마저 감고 얼굴조차 드시지를 않는다네. 다정한 분들의 위로의 말을 들으셔도 마음 없는 돌이나 바다의 파도처럼 아무런 표정도 없으시다니. 그러다가 간혹 그 백설 같은 고개를 돌리시고는 아무도 몰래 그리운 아버지여, 고향이여, 내 집이여 하며 탄식을 하실 뿐. 그것들을 버리면서까지 애타게 그리워서 뒤쫓아온 사람에게 지금 이런 수모를 받게 되실 줄이야. 가엾기도 하시지. 불행을 당하고서야 고향 땅의 소중함을 아시게 된 거야. 이제는 아이들까지도 보기 싫으신 듯 미워하는 눈치이니, 무슨 끔찍한 일이라도 저지르지 않으실까 걱정스럽구나. 워낙 급한 성미시라 가혹한 수모를 받고 참고 견디실 분이 못 되는데. 누구보다 내가 그 인품을 잘 알고 있지. 그래서 더욱 걱정이 되어 못 견디겠구나. 추억의 이부자리가 깔려 있는 침실로 몰래 들어가 날카로운 칼날로 가슴팍을 찌르지나 않을까. 아니면 영주님과 이아손 서방님을 살해하고 당신은 더 혹독한 변을 당하시지나 않을 것인지. 워낙 무서운 분이라, 그분을 적대(敵對)하여 이기려는 것은 쉬운 일이 아니지······.

　아니, 저기 아이들이 밖에서 뛰어놀다 돌아오는구나. 어머니의 불행 따위는 아랑곳도 없이. 하기야 무리도 아니지. 어린 마음은 고민하고는 인연이 먼 것이라고 하니까.

선생 노릇을 하는 노예, 아이들을 데리고 등장.

선생　옛부터 우리 아씨에게 시중들어 온 할멈, 어째 이렇게 혼자 문간에 서 계시오? 듣는 이도 없는데 혼자서 넋두리를 해 가며······. 아씨께서도 그렇지, 유모님을 이렇게 내보내시다니.
유모　이아손 서방님의 아이들을 보살피는 할아범, 충실한 하인에겐 주인의 불행이 바로 자신의 슬픔이니 마음이 아픈 것이 당연한 이치가 아니겠소. 나도 슬픈 나머지 여기 나와 아씨의 불행을 하늘과 땅을 보고 말해 보려는 거라오.
선생　딱하기도 하지. 그렇다면 아직도 슬픔을 거두지 못하셨단 말이오?
유모　거두시다니, 이제 시작이라 아직 반도 이르지 못하셨는걸.
선생　아, 어리석기도 하시지. 이건 아씨에겐 실례된 말씀이지만 새로운 불행이 닥쳐오는 것도 모르고 계시다니······.
　(말을 마치고 집으로 들어가려 한다. 유모, 황급히 붙잡는다)
유모　무슨 일이······ 할아범, 제발 죄다 이야기해 주오.
선생　아무것도 아니오. 괜한 소리를 했구려.
유모　제발, 말 좀 해 주오. 같은 하인의 처지에 숨길 것이 뭐 있겠어요. 발설하지 말라면 들은 이야기를 입 밖에 내지 않으리다.
선생　······우연히 듣게 된 이야기오만. 페이레네의 성스런 샘[*3]가에 늙은이들이 앉아 노는 돌걸상이 있는데, 그 근처에 갔다가 귀에 담은 이야기오.

이 고을의 왕이신 크레온님께서 아이들과 어머니를 이 코린토스 땅에서 추방하기로 했다는구려. 그렇지만 그 말이 정말인지는 모르겠소. 다만 거짓말이기를 바랄 뿐이오만……

유모 아이들까지 그런 변을……. 이아손 서방님께서 가만 있을 리가 있겠어요? 아무리 아씨와 벌어진 사이라 하더라도.

선생 묵은 인연도 새 것에는 못 당하는 법이라오. 이제 이아손 서방님께서는 이 댁에는 손톱만큼도 정이 없으시다오.

유모 아, 이제 끝장이로구나. 이 슬픔이 채 가시기도 전에 또 다른 슬픔이 겹치다니.

선생 아무튼 아씨에게 알리지는 마시오. 모르는 척하고 아무 말씀도 마오.

유모 아, 아이들, 들으셨지요. 세상에 이런 어버이가 또 어디 있겠어요. 그런 벌 받을 인간……. 아니지, 그래도 내 상전이었는데. 하지만 귀여운 아이들에게까지 그렇게 하다니, 몹쓸 분이에요.

선생 사람이란 다 그런 거라오. 그걸 이제 알았단 말인가요? 이치에 닿건 닿지 않건 사람이란 너나할 것 없이 곁에 있는 인간보다는 자기가 더 중한 법이라오. 그 때문에 이 아이들만 해도 이아손 서방님의 이번 혼사로 버림을 받게 된 것이라오.

유모 자, 아이들, 걱정 말고 안으로 들어가 쉬세요. (선생에게) 그리고 할아범은 이 아이들을 될 수 있는 대로 따로 떨어져 있게 해 둬요. 지금 잔뜩 흥분해 계시는 어머니 곁에 가까이 가지 않게 말이에요. 아씨께서는 무서운 눈으로 아이들을 노려보고 계셔요. 무슨 일이라도 저지르실 듯이 말이에요. 아마 이 노여움이 쉬이 가시지 않을 거예요. 누군가에게 벼락이 떨어지기 전에는……. 제발 벼락이 떨어지더라도 이쪽이 아니라 원수에게나 떨어졌으면.

선생, 아이들을 데리고 집 안으로 들어가려고 한다. 이때 안에서 소리가 들려 온다.

메디아 (집 안에서) 아!
    이 가련한 신세, 이 슬픔을 어찌할까.
    아, 차라리 죽었으면 좋으련만……

유모 저것 보세요, 도련님들. 내가 뭐랬지요?
　　어머니께서는 가슴이 노여움으로 불타고 있어요.
　　어서 안으로 들어가세요.
　　하지만 어머니 눈을 피하여
　　결코 가까이 가지는 말고.
　　꺾이지 않는 무섭고 사나운
　　성미를 조심하세요.
　　자, 어서들 안으로 들어가세요.

무서워하는 아이들, 유모의 상냥한 말에 겨우 선생을 따라간다.

　　저렇게 처음부터 터져오르는
　　한탄의 먹구름은,
　　머잖아 노여움이 심해져
　　번개를 번쩍일 게 분명한 일.
　　자존심이 강해서서
　　한 번도 남에게 꺾인 적이 없으신 분이 원통한 변을 당하셨으니,
　　무슨 짓을 하실지 모르겠구나.
메디아 (역시 집 안에서)
　　아아, 이 몸에 받은 이 고통으로 하여
　　목놓아 우는 가련한 신세여.

아이들이 들어오는 모습이 눈에 보인다.

　　오, 저주스러운 아이들아, 저주받을 어미의 자식들아,
　　망해 없어지거라, 너희 애비와 함께.
　　집과 더불어 깡그리 모두.
유모 아, 안타까운 일이로구나.
　　나쁜 것은 아버지이지, 이 아이들에게 무슨 죄가 있단 말인가.
　　어째서 저토록 아이들을 미워하실까. 아, 아이들이

무슨 변고나 당하지 않을지 걱정이구나.
높으신 분의 성미란 무섭기도 하시지.
남을 시키는 일뿐이지 간섭받는 일이 없어서
완고한 마음을 손톱만큼도 굽히지 않으시는구나.
남과 사이좋게, 의좋게
평범하게 살아가며 탈 없이
무사하게 늙어 가는 것이 좋으련만.
매사에 절제를 지킨다 하는 것은
말로만 들어도 반가우니
이를 행하면 그 행복은 한량이 없지.
무슨 일이든 과하면 이익은커녕
그 집에 하느님의 진노가 미칠 때
더한층 크나큰 화가 내린다던가.

유모의 말이 끝날 무렵, 코린토스 여자들로 구성된 코러스가 노래를 부르며 등장.

코러스 들었어요, 들었어요, 탄식의 소리를.
　　　가엾은 이국(異國) 여인의 소리를.
　　　아직도 그 슬픔 거두지 못하셨나요.
　　　할머니, 그 사연 말씀 좀 해 주세요.
　　　대문 앞에 섰다가
　　　집 안에서 들려오는 그 소리를 들었어요.
　　　이 댁의 슬픈 사연을 좋아하다니,
　　　당치 않은 소리, 그런 마음 추호도 없어요.
　　　우린 서로 친하게 지내는 댁인걸요.
유모　이젠 집도 절도 없어요. 끝장이 났다오.
　　　이아손 서방님은 왕가와 인연을 맺어 정신이 없고
　　　아씨께서는 방 안에서 홀로 눈물로 지새우니
　　　아무리 친한 사람의 말도
　　　위안이 되지 않는다오.

메디아 (역시 안에서)
　　아아, 하느님이여, 땅이여, 태양이여.
　　이 머리에 벼락이나 맞으려무나.
　　산들 무슨 소용이랴.
　　아아, 처량한 뜬세상의 삶을
　　벗어나 차라리 죽기나 하였으면.
코러스 (몇 명씩)
　　하느님이여, 땅이여, 태양이여 하고 외치는 저 목소리 들었나요.
　　딱도 하시지, 이 얼마나 슬픈
　　아씨의 목소리일까요.
　　어째서 그렇게도 끔찍한
　　죽음의 잠자리를 그리워하시나요.
　　죽음이란 언젠가는 오는 법,
　　행여 바라질랑 마세요.
　　낭군님의 마음이
　　다른 여자에게 향할지라도
　　노여움만은 거두십시오.
　　죽고 싶도록 원망스러울지라도.
　　심판을 하시는 이는 제우스님이시니,
　　쓸데없이 상심하여
　　낭군님을 원망하지 마세요.
메디아　정의의 신 테미스님, 그리고 황공하옵신 아르테미스님.
　　굽어 살피소서, 그 굳은
　　맹세를 맺어 놓고 남편이
　　저에게 준 이 몹쓸 고초를.
　　죄없는 몸을 학대하는
　　보복이여, 남편이고 신부고 집이고
　　깡그리 망하게 하여 주소서.
　　오, 아버지여, 고국이여, 무참하게도 동생을 죽이고[*4] 떠나온 이 몸.
유모　정의의 신 테미스님과 맹세의 여신들.

그리고 제우스님께 드리는 기원을
여러분 들었나요.
여간해서는 우리 아씨의 노여움을
가시게 해 드릴 수가 없을 것이외다.

코러스 (몇 명씩)
우리 앞에 나타나시면 좋으련만.
그리고 우리가 드리는 말씀을
귀담아들어 주시면 좋겠어요.
그러면 심한 노여움이
아무쪼록 진정되게끔
진심으로
도와 드리겠어요.
할머니, 안에 들어가서
아씨를 여기 바깥으로 모셔 오세요.
가서 잘 말씀드려요.
우리 모두 아씨께 진심으로 마음을 쓰고 있다고.
빨리요. 무슨 변고라도 저지르기 전에요.
저것 보세요. 탄식 소리가
자꾸 높아지지 않아요.

유모 해 보지요. 하지만
내 힘으로 모셔 올 수 있는지 모르겠구려.
아무튼 다녀오리다.
하지만 말씀이라도 건네려고
다가가기라도 할라치면, 하인들에게
마치 새끼를 안고 있는 암사자처럼
무서운 얼굴을 지으신다오.

이렇게 말하고 안으로 가면서 계속해서 중얼거린다.

온갖 잔치 자리에서
사람의 귀를 즐겁게 해 주는
수복가를 지어낸 옛사람들도
그다지 현자라고는 할 수가 없지.
가문을 멸하는 죽음과 비운,
그 근원을 이루는 끔찍한 슬픔을
구슬픈 음악과 노래로
덜어 줄 줄 아는 이 이 세상엔 없었으니.
노랫소리에 괴로움을 씻는 것보다
더 좋은 일은 없을 거야.
잘 차린 잔치엔 노래 따위 소용없는 것.
푸짐한 음식상이
절로 기쁨이 되는 법이니.

이렇게 말하며 집 안으로 들어간다.

코러스 한탄하시는 슬픈 목소리를
들었습니다. 아내를 저버린 남편을
소리 높이 탄식하시며
그 부정한 소행에 대해
호소받는 이는 제우스 대신(大神)의
비(妃)이신 테미스님, 맹세의 신.
바다 건너 그리스 나라로
어두운 밤의 파도를 헤치고
망망대해의 입구인 헬레스폰토스로
아씨를 모셔온 분이 바로 이 신이었으니.

유모의 말을 듣고 메디아 집에서 나온다.

메디아 코린토스의 부인네여, 여러분의 책망을 받지 않으려고 이렇게 나왔습니다. 아무도 없는 때나 사람들 앞에서나 거만을 부리는 사람이 세상에는 많다는 것을 알고는 있습니다만, 나같이 집 안에 틀어박혀서 살기 때문에 욕을 먹는 사람도 있는 법이랍니다. 사람을 속속들이 잘 알지도 못하면서 까닭없이 첫눈에 저 사람은 싫다는 사람의 눈에는 올바른 판단 같은 것이 없으니까요. 타지에서 온 사람이라면 물론 마을 사람들을 따라야 하겠지만, 마을 사람이라 해서 분별없이 제멋대로 행동하여 타지 사람을 못살게 굴어도 좋다고는 생각하지 않습니다.

나는 이번에 그야말로 꿈에도 생각지 못했던 일을 당하여 눈앞이 캄캄하여 기진맥진해지고 말았습니다. 산다는 것이 재미가 없어져서 이제는 그저 죽고 싶을 뿐입니다. 너무나 믿었기 때문에 목숨같이 생각하던 사람, 남편 말입니다만, 그 남편이 세상에 둘도 없는 지독한 사람이라는 것을 알았으니까요.

이 세상에 삶을 누리면서 생각을 할 수 있는 모든 것 중에서 가장 비참한 존재가 바로 우리 여자들일 거예요. 첫째 만금(萬金)을 쌓아 돈으로 남편을 사야 하고, 그뿐인가요, 몸을 바쳐서 그가 하라는 대로 해야 합니다. 그렇지 않으면 곤란하니까요. 그러니까 좋은 사람을 만나느냐, 나쁜 인간을 만나게 되느냐가 운명의 갈림길이 되는 거예요. 이혼을 한다는 것은 여자로서 할 일이 못 되며, 그렇다고 남편을 거부할 수도 없는 노릇이니까요. 알지 못했던 생활습관 속으로 뛰어들어가, 여자가 미리 가정에서 배워 보지 못한 일, 말하자면 어떻게 남편을 다루면 좋은지를, 예언자도 아닌 이상 어찌 알 수 있겠습니까? 이 모든 점을 잘 헤쳐 나가, 남편 쪽에서 싫어하지 않고 함께 살아 준다면야 정말 부러운 생활이라고 할 수 있겠죠. 하지만 그렇게 되지 못했을 때는 사는 것이 차라리 죽느니만 못한 거예요. 남자의 경우에는 집안 사람이 재미없어지면 밖에 나가 기분풀이를 할 수 있지만, (1행 삭제) 우리 여자들은 오직 한 사람만을 보고 있지 않으면 안 됩니다. 여자들은 집에서 편안하게 살고 있지만 남자들은 창을 들고 전쟁터에 나가야 한다고 그들은 말하죠. 하지만 그것은 아주 잘못된 생각이에요. 한 번 아이를 낳기보다는 세 번이라도 전쟁터에 나가는 것이 나을 테니까요.

하지만 여러분과 나와는 경우가 다르군요. 여러분은 여기가 고향이고 부모님의 집도 있고, 근심 걱정 없는 살림살이에 친구들도 많습니다. 그러나 나는 고향을 떠나 멀리 홀로 남편을 따라온 몸이며, 그 남편에게까지 버림받고 이런 불행 속에서도 의지할 만한 부모 형제도, 친척도 없는 처지입니다.

그러니 꼭 한 가지 여러분께 소청이 있습니다. 남편에게 그 죄의 대가를 치르게 할 무슨 방책을 찾아냈을 때는, 제발 (1행 삭제) 잠자코 계셔 달라는 것입니다. 여자란 다른 일에는 소심해서 싸움에는 소용도 없고, 칼날이 번쩍이는 것만 봐도 겁을 내지만, 일단 부부 간의 애정이 짓밟히게 되는 날에는 이보다 더 잔인하고 혹독한 마음을 갖게 되지요.

코러스 대장 말씀대로 하겠습니다. 남편을 혼내 주시겠다는 건 당연한 일이니까요, 메디아님. 정말이지 불행을 슬퍼하시는 마음 조금도 잘못이라고 생각되지 않아요.

아니, 영주이신 크레온 왕께서 오시는군요. 무슨 새로운 계획이라도 알리시려는 것일까.

크레온, 무장한 부하들을 거느리고 등장.

크레온 오, 메디아, 무서운 얼굴을 하고 남편에게 화를 내고 있군. 그대에게 이 나라 바깥으로 퇴거할 것을 명한다. 두 아이도 데리고 떠나야 해. 한시도 지체 말고 거행하라. 이 명령이 행해지는 것을 내가 직접 지켜보겠다. 나는 그대를 국경 밖으로 추방하기 전에는 궁궐로 돌아가지 않겠다.

메디아 아, 이제는 모든 것이 끝장이구나. 한껏 돛을 부풀리고서 쫓아오는 적을 앞에 두고, 폭풍을 피해 기항(寄港)할 항구조차 가까이 없으니. 부당한 처사인 줄은 알지만, 그래도 물어나 봐야겠어요. 크레온 왕이시여, 대체 무슨 까닭으로 저를 추방하는 겁니까.

크레온 걱정이 돼서 그러는 것이다. 새삼스레 감출 필요도 없겠지. 그대가 내 딸에게 돌이킬 수 없는 재앙을 끼칠까 두렵다. 내가 걱정스럽다는 데는 여러 가지 곡절도 있지. 그대는 천성이 영리하고 온갖 술법에 능한 몸, 그런 그대가 지금 지아비의 사랑을 잃고 상심해 있는 중이다. 들으니 그대는 나와 사위와 내 딸을 그냥 두지 않겠노라고 위협을 하고 있다더구나. 그러니 나는 우선 조심을 해야겠다. 공연한 동정을 베풀었다가 나중에 크나큰 후회를 하기보다 차라리 지금 그대의 원한을 사는 게 훨씬 나을 것 같으니 말이다.

메디아 아, 또 이런 변을 당하게 되고 말았군요. 크레온 왕이시여. 영리하다는 소문 때문에 모진 변을 당한 것은 전에도 한두 번이 아니었습니다. 분별 있는 사람이라면 자식들을 똑똑하게 가르쳐서는 안 되겠군요. 영리하다고 해서 아무 이득도 가져오지 못하거니와, 남에게서 적의있는 시기를 받기 고작이니까요. 사리를 모르는 바보들 앞에서 새로운 지식이라도 꺼냈다가는 도리어 바보라는 욕을 얻어먹게 될 것이고, 유식하다고 이름 난 분보다 더 똑똑하다고 생각되었다가는 남의 미움이나 사게 될 것입니다. 내가 당하고 있는 이 운명이 바로 그렇습니다. 공연히 영리하다는 이유 때문에 어떤 사람에게는 원한을 사고, 어떤 사람에게는 쓸모없는 인간이라고 욕을 먹으며, 또 그 반대로 생각되거나 다루기 힘든 여자라는 말을 듣기도 하죠. 제가 그렇게도 똑똑할까요? 왕께서도 저를 무섭다고 하시니 말씀입니다. 제가 무슨 모진 짓을 하겠습니까? 걱정하실 것 없습니다, 크레온 왕이여. 저는 영주님을 향해서 무엄한 짓을 할 그런 계집은 아니올시다. 왕께서 제게 어떤 해를 끼치셨습니까? 좋아하시는 분에게 따님을 주셨을 뿐입니다. 그야 물론 제 남편만은 밉게 생각합니다. 하지만 왕께서 어리석은 일을 하신 것은 아니라고 생각합니다. 그리고 그 일이 잘 되어 간다고 해서 시기 같은 것도 하지는 않습니다. 좋은 한 쌍입니다. 축하드리겠어요. 다만 저를 이곳에서 살게만 해 주세요. 높으신 분의 분부에만 따를 것이며, 제가 어떤 변을 당할지라도 잠자코 있겠습니다.

크레온 참 점잖은 말을 하는구나. 하지만 마음 속으로는 좋지 않은 흉계를 꾸미지 않을까 그것이 두렵구나. 그러니만큼 더욱 그대를 믿을 수가 없어. 남자나 여자나 할 것 없이 잠자코 가슴 속에 생각을 담고 있는 인간보다는 바로 벌컥 화를 내는 편이 더 다루기 쉬운 법이지. 그러니 잔소리 말고 어서 떠나도록 해라. 이제 일은 확정되었고, 뭐니뭐니해도 그대가 나를 적대하면서 이 나라에 머무르겠다는 것은 당치 않아.

메디아 (몸을 던져 크레온의 발 밑에 꿇어 엎드리고) 제발 부탁이옵니다. 이렇게 무릎을 꿇고……. 이번에 신부가 되신 따님을 위해서라도,

크레온 아무리 부탁해도 소용없는 일이다. 들어 줄 수가 없어.
메디아 그러면 기어코 추방하시려는 겁니까? 이 몸의 소청은 아랑곳하지도 않으시고…….
크레온 내 가족이 그대보다 소중한 이상…….
메디아 아, 고향이여. 이제 와서 고향 생각이 가슴에 사무치는구나.
크레온 나 역시 고향 생각은 마찬가지이다. 자식에 대한 사랑을 빼놓으면.
메디아 아, 사람에게 이 어인 화근인고. 사랑에 몸을 태우다니.
크레온 꼭 그렇다고만도 할 수 없지. 그때그때의 운명에 따라 정해지는 것이니.
메디아 제우스 신이여, 잊지 말아 주소서. 화근의 근원이 되는 그 사람을.
크레온 할 수 없는 계집이로다. 어서 떠나거라. 나를 고생시키지 말고.
메디아 고생은 제가 하고 있어요. 지긋지긋할 정도로요.
크레온 그럼, 도리없지. 완력으로 내 신하에게 끌려나가게 될 것이다.
메디아 제발 그것만은……. 크레온 왕이시여, 진정 제 소청이…….
크레온 고얀 계집 같으니, 그래도 귀찮게 굴 작정이냐.
메디아 떠나겠습니다. 추방하지 말아 달라는 것은 아닙니다.
크레온 그렇다면 왜 이런 짓을 하느냐. 이 손 놓지 못하겠느냐.
메디아 그저 하루, 오늘 하루만 지체하게 해 주십시오. 어떻게 떠나야 할지, 아이들을 위해 어디 가서 살아야 할 것인지 방법을 생각해야겠습니다. 아이 아버지가 아이들을 위해 아무것도 생각해 주지 않으니까요. 제발 저 어린것들을 불쌍히 여겨 주세요. 당신도 자식을 길러 보셨으니 그만한 인정은 있으시겠지요. 추방의 괴로움도 저 하나를 위해서는 생각조차 해 본 일이 없습니다. 불행하게 된 어린것들이 불쌍하게 여겨질 뿐…….
크레온 내 천성이 지배자로서는 도무지 맞지가 않다. 인정사정 보아 주다 실패한 일이 한두 번이 아니었다. 지금도 또 잘못을 저지르는구나 하는 생각이 든다만, 아무튼 그대의 소청을 들어 주마.

메디아, 안도의 숨을 내쉬면서 그 자리에서 일어난다. 크레온 말을 잇는다.

그러나 똑똑히 들거라. 내일의 햇빛이 이 국경 안에서 그대와 그대 아이들을 비추는 일이 있기만 하면 그때는 사형이다. 이 말은 결코 윽박지르기 위해 하는 소리가 아니다. 자, 그럼, 머무르고 싶으면 머물러도 좋다, 오늘 하루 동안만은. 마음에 걸리는 일도 설마 하루 동안에야 저지르지 못하겠지.

(말을 마치고 종자와 함께 퇴장)

코러스 (읊음)

아, 딱도 하여라, 가련한 처지.
어디로 가시려오, 누구를 의지해서.
화를 면할 어느 집, 어느 땅을
찾아내실 것인가.
어쩔 수 없는 재앙의 망망대해에 하느님은 메디아님,
당신을 던져 버리셨구려.

메디아 일이 모두 좋지 않게만 되어 가니 그렇지 않다고는 말할 수 없겠지요. 하지만 염려 없어요. 꼭 그렇게만은 생각하지 말아 주세요. 신랑 신부에게는 아직도 빠져 나가야 할 난관이 있을 것이고, 그 집안에도 적지 않은 고난이 기다리고 있으니까요. 내가 아무 생각도 없이, 가슴에 품은 계획도 없이 공연히 그 사람에게 아첨을 떨 것 같은가요? 그렇지 않고서야 미쳤다고 말을 걸고 사정을 하겠어요. 어림도 없지. 세상에 바보 천치 같으니라고. 나를 당장에 추방해 버렸으면 내 계획을 막을 수 있었을 텐데, 일부러 하루의 말미를 주다니. 이 하루 동안에 세 명의 원수, 그 아비와 딸과 내 남편을 모조리 죽여 없애려 하고 있는데. 하지만 저 세상에 보내는 방법도 너무 많아 어느 것으로 해야 할지, 여러분, 정말이지 갈피를 못 잡겠어요. 부부의 신방에 불을 질러 버릴까요, 아니면 자리를 펴놓은 방에 몰래 들어가 날카로운 비수로 가슴팍을 찔러 버릴까요? 하지만 꼭 한 가지 곤란한 일이 있어요. 만약 집 안에 잠입하여 일을 꾸미다가 붙잡히기라도 하는 날에는 나는 죽음을 당하여 원수 놈들의 웃음거리밖에는 되지 않을 거예요. 차라리 잽싸게 여자들이 능사로 여기는 독약으로 해치우는 것이 상책이지. 그렇지. 일이 잘되어 모두들 없어졌다고 치자. 그렇다면 어느 고을에서 나를 맞이해 줄까? 어느 친구가 안전한 땅과 집을 제공하여 나를 보호해 줄까?

그건 안 되지. 그렇다면 좀더 기다렸다가 안전한 성채가 나타나면 그때 가서 책략으로 감쪽같이 해치우는 거다. 하지만 내 운명이 아무런 도움도 주지 않는 처지에 빠진다면, 어차피 버린 목숨이니 이 손에 칼을 쥐고 있는 힘을 다해서 그자들을 해치워 버려야지. 내가 누구보다도 숭앙하며 도움을 주소서 하고 받들어 모시는 신, 우리 집 향로 속에 진좌(鎭座)하고 계시는 헤카테*5 신을 두고 맹세하지만, 나를 괴롭힌 그자들 중 어느 하나도 무사하게 그냥 두지는 않을 거예요. 이 혼인을 꼭 괴롭고 슬픈 것으로 만들어 놓고 말겠어요. 새 장가를 들어 나를 이곳에서 쫓아내다니, 뼈에 사무치도록 아픈 변을 보여 주고야 말 테니까요.

자, 메디아여, 깊이깊이 생각하고 궁리해서 있는 모든 지혜를 짜내야 한다. 그 끔찍한 일을 향해 전진하라. 지금이야말로 용기를 낼 때다. 어떤 일을 당했는지 너는 잘 알고 있지 않느냐. 이까짓 코린토스 사람에게 이아손이 장가드는 것으로 네가 조롱의 대상이 되어서야 되겠는가. 태양의 신*6의 핏줄을 이어받은 훌륭한 아버지의 딸이 아니냐. 솜씨도 있겠다, 게다가 여자로 태어난 몸이 아닌가. 다행히 힘이라고는 전혀 없으나 나쁜 일이라면 무슨 일이든지 누구보다도 교묘하게 해내는 여자로 태어난 몸이 아닌가. (이렇게 말하고 곰곰이 생각하는 태도로 서 있다)

코러스 대장　(노래)
강물의 흐름도 방향을 바꾸고
사물이 모두 변하는 세상이여,
거짓으로 차 있는 것은 사나이의 마음 속,
신을 두고 맺었던 굳은 맹세도
이제는 더이상 믿을 수 없네.
이야기가 바뀌어 이제부터는
여자야말로 세상에 찬양받고
영예받는 몸이 되리라.
악한 이름은 여자를 떠나리라.

옛 시인의 노랫소리도 그치리,
무정한 것은 여자이로다 하는.

노래의 근원이신 아폴론님께서
현금의 거룩한 가락을
우리에게 내려 주셨던들
사나이에게 지지 않을
좋은 가락을 켰을 것을.
남자 여자 할 것 없이 우리의 사연들
숱한 세월 흘러흘러 끝이 없구나.

미칠 듯 불타는 가슴을 안고
고향 땅의 그리운 집 떠나서
망망대해 두 개의 바위,*7
그 사이를 헤치고 머나먼 길 건너왔건만.
낯선 이국 땅에서
이제 지아비에게 버림을 받고
가엾게도 쫓겨가는 몸,
이 나라를 떠나갑니다.

백년가약의 굳은 맹세는
하늘 저 멀리 날아가서
이제 이 넓은 그리스 천지엔
없어졌도다, 분별 있는 염치심.
가엾게도 그대에게는 이제
시름에 잠겨서 쉴 고향 땅의 집마저 없고,
지아비 곁에는 다른 여인이
지금 때를 만나 앉아 계시네.

　　이아손 등장.

이아손　격한 그 기질을 다루기 어렵다는 것은 늘 보아 왔기에 알고는 있었지만, 이제 또다시 뼈저리게 느꼈소. 위에 계시는 어른의 뜻을 순순히 따르기만 했더라도 이 고장에서 살 수 있고 집도 잃지 않게 되었을 텐데. 어리석은 그 수작 때문에 추방을 면하지 못하게 된 거요. 나한테 뿐이라면 아무 상관도 없소. 이 이아손을 몹쓸 놈이라고 아무리 욕해도 그것은 상관없소. 하지만 영주님에 대한 그 말투, 그 죄를 추방으로 면하였다는 것을 다행한 일로 알구려. 영주님이 노여움을 거두시도록 나는 늘 간청해 왔소. 그리고 그대도 여기 머물러 살기를 원해 왔었소. 그런데도 그대는 어리석은 마음을 바꾸려 하지 않고 여전히 영주님에게 허튼 수작만 해 왔소. 그 때문에 추방을 당하게 된 거란 말이오. 그럼에도 나는 그대에 대한 생각을 버릴 길이 없어 이렇게 찾아온 것이오. 아이까지 데리고 추방당하는 신세이니 행여 곤궁에 빠지지나 않을까, 돈 때문에 고생이나 하지 않을까 염려가 되어서 말이오. 귀양가는 몸에는 으레 괴롭고 쓰라린 고생이 따르게 마련인데, 그대가 제아무리 나를 미워한다 할지라도 내 어찌 그대를 악의로 대할 수 있겠소.

메디아 오오, 극악무도하고 고약한 인간! 그 비겁한 태도에 대해서는 입으로 할 수 있는 제일 심한 말도 이것밖에 안 나오는군요. 왔군요, 잘도 왔군요. 내 앞에 말이에요. 얄밉게시리. (1행 삭제) 자기 사람에게 모진 꼴을 보여 놓고도 태연하게 면대할 수 있다니, 그건 배짱도 용기도 아니에요. 인간의 마음 속에 도사린 병 중에서도 가장 흉악한 몰염치라는 거예요. 하지만 잘 왔어요. 당신을 실컷 욕해 주면 이 가슴이라도 시원해질 테니까. 내 욕지거리를 듣고 있으면 당신 마음도 유쾌하지는 못할 테니까요.

그럼, 처음부터 이야기해 봅시다. 당신의 목숨을 구해 준 게 누구였던가요? 같은 아르고호에 탔던 그리스 사람이라면 누구나 다 알고 있는 일이에요. 불 뿜는 황소를 붙잡아 멍에를 지우고, 죽음의 밭에 씨앗을 뿌리도록*8 당신에게 시켰을 때의 일을. 겹겹이 사리를 틀어 그 황금의 양털을 둘러싸고 그것을 지키느라 밤잠도 자지 않는 큰 뱀을 죽여 당신께 구원의 빛을 던져준 것도 나였어요. 아버지도, 고향 땅의 집도 다 버리고, 펠리온의 기슭 이올코스 땅으로 철없이 당신을 따라간 것도 나였지만, 자기 딸들의 손에 죽는*9 세상에도 끔찍한 죽음으로 펠리아스 왕을 해치워 그 집안을 멸망케 한 것도 바로 나였어요. 아아, 정말이지 지독한 양반, 이렇게 끔찍 이 위해 온 나를 헌신짝 버리듯이 저버리고 새 장가를 들다니. 자식까지 둔 몸이, 자식만 없었더라도 새 장가들 구실이 용납될 여지라도 있겠지요.

아아, 그 때의 굳은 맹세는 어디로 갔죠? 그때의 하느님은 자리를 물러나고 이 세상에 새로운 법이라도 생겨난 줄 아시나요? 알다가도 모를 일이 그 점이에요. 나에게 한 그때 그 맹세를 깨버렸다는 것쯤은 스스로도 아실 테니 말이에요. 아아, 이 오른손을 맹세할 적마다 잡아 주셨지요. 그리고 이 무릎, 모진 사나이에게 보람도 없이 매달리던 이 무릎. 가슴 가득히 품었던 희망들도 이제는 다 허무한 꿈으로 돌아가고 말았네요.

그럼, 어디 당신 말마따나 나를 전과 다름없이 대해 주는 셈치고 의논 한 번 해 봅시다. 당신한테 말해 봐야 좋은 수가 없다는 것은 백 번 천 번 잘 알지만, 당신의 그 비열함을 더 드러나게 하려고 그러는 거예요. 그래, 나는 어디로 가면 좋을까요. 당신 때문에 고향 땅까지 버리고 온 아버지의 집으로 돌아갈까요, 아니면 그 불쌍한 펠리아스 왕의 딸들한테라도 돌아갈까요…… . 저희 아버지를 죽이게 한 나를 반갑게 맞이해 주겠군요. 그래요, 나는 친정 식구들에게도 원한을 사고, 아무 해칠 이유도 없었던 그 처녀들과도 원수가 되고 말았어요. 그 덕분에 당신은 나를 그 숱한 그리스 여인들 가운데 아주 행복한 여자로 만들어 주셨지요. 얼마나 훌륭한 남편이에요. 그 아내가 알지 못할 타향으로 자식까지 데리고 홀로 귀양을 가게 되었으니 말이에요. 새 신랑에게는 그야말로 명예로운 소문이 되겠지요. 자식들과 생명의 은인인 계집이 거지꼴을 하고 헤매고 다닌다는 것은.

오오, 제우스님, 당신께서는 진짜 황금과 가짜 황금을 구별할 수 있도록 분명한 증거의 표시는 인간에게 가르쳐 주시면서, 왜 인간의 선악을 가릴 수 있는 표시는 사람의 몸에 그려 놓지 않으셨나이까.

코러스 대장 친하던 사람끼리 다툼이 벌어질 때, 고치기 어려운 끔찍한 미움이 생기는 법이지요.

이아손 나로서도 말재주가 없어서는 안 될 것 같군. 능숙한 뱃사공처럼 돛을 잔뜩 말아올려서 그대의 그 시끄러운 수다의 폭풍을 슬그머니 피해야 할 판이로군. 나를 위해 무척이나 은혜를 입힌 것처럼 말하고 있는데, 내가 알기로는 이 목숨을 보전해 주신 분은 여러 신들과 사람들 사이에서 오직 한 분 아프로디테 신뿐이오. 영리한 그대이니 물론 알고는 있겠지만,

이런 말을 늘어놓으면 듣기가 싫겠지. 사랑의 어쩔 수 없는 힘으로 해서 그대가 나를 구해 주었다는 이야기를 말이오. 아무튼 이 이야기는 더 늘어놓지 않으리다. 무슨 동기였든지 간에 구해 준 것만은 사실이니까. 그러나 내 목숨을 구해 주었다는 데 대해서는 내게서 얻은 것이 더 많다는 것을 알아야 할거요. 그 이유를 가르쳐 주지. 첫째, 그대는 야만인들의 땅에 살지 않고 그리스 땅에서 살았소. 정의를 배워 힘이 닿는 대로가 아니라 법을 사용하게 될 줄 알았던 거요. 그리스 사람들은 모두 그대가 영리하다는 것을 알게 되었고, 그래서 당신 이름도 높아졌소. 만일 변경(邊境)에서 살았더라면 어떻게 당신 이름 따위가 사람들의 입에 올랐겠느냔 말이오. 나 같으면 집 안에 금은보석을 쌓아 놓거나 오르페우스[10]보다 더 아름다운 가락을 연주할 수 있다 해도, 그보다는 차라리 세상에 알려진 사람이 되는 편을 택하겠소. 내 원정 때 이야기에 대해서는 이만하기로 하지. 말다툼에 불을 붙인 것은 그대니까. 다음에 왕가와의 혼사에 관해서 나를 공박했는데, 그 점에 대해 내 이야기해 주겠소. 내가 그렇게 한 데에는 생각이 있어서 한 일이니까 절대로 절제심을 잃고 있지는 않소. 더구나 그대와 아이들을 위해서 한 일이오. 가만히 듣기나 해요. 어쩔 수 없이 수많은 불행을 이끌고 내가 이올코스 땅에서 이리로 옮겨왔을 때, 낙오자로서 영주의 따님을 아내로 맞아들이기보다 더 다행한 일이 어디에 또 있었겠소. 그대는 화를 내고 있지만 내가 그대에게 싫증이 나서 새로운 여자에게 마음을 불태우고 있는 것도 아니고, 덮어놓고 자식 수를 늘리고 싶어서 그러는 것도 아니오. 자식은 지금 있는 것으로도 충분해. 부족하다고는 조금도 생각지 않소. 그런 게 아니라, 이것이 첫째 이유인데, 우리 궁하게 살지 말고 잘 살아 보잔 말이오. 친구들끼리라도 가난하면 서로가 멀리하는 세상이 아니오. 그리고 자식들을 우리 가문에 알맞게 키워 보자는 거요. 그대에게서 낳은 아이들의 동생들을 더 많이 만들어서, 그 양쪽 자식들을 일족으로 만들어 모두 잘 살아 보자는 거요. 그대는 이 이상 더 아이들이 필요 없을 것이고, 나로서는 지금 있는 아이들이 앞으로 생길 아이들에게서 도움을 받는다면 잘된 일이 아니겠소. 이게 잘못된 생각일까? 새로 생긴 여자 때문에 화만 내지 않았어도 그대가 잘못한다고 말하지는 않았을 거요. 하지만 여자란 어리석기 한량없는 것이라, 그저 부부 사이만 무사하면 그만인 줄 알고, 거기에 조금이나마 그림자만 비쳐도 아무리 득이 되고 이로운 것도 원수처럼 생각해 버리니, 아닌 게 아니라 이 세상에 여자 같은 것은 없어지고 어디 딴 데에서 아이를 만들 수 있다면 얼마나 좋을까. 그렇게 되면 사람에게 화근 같은 것은 깨끗이 없어지게 될 텐데.

코러스 대장 이아손 서방님, 거 참 훌륭한 이유시군요. 하지만 이렇게 말씀 드려 마음에 거슬리실지는 모르지만, 부인을 버리신 것은 잘한 일이 못 됩니다.

메디아 매사에 나는 다른 사람들과는 생각이 달라요. 악인인 주제에 입만 그럴싸하게 놀리는 인간이 제일 먼저 손해를 본다고 생각하고 있으니까요. 말재주로 어떤 나쁜 짓이라도 감쪽같이 속일 수 있다고 생각하는 그런 사람이라면 무엇이든 서슴없이 하려 드니까요. 결국 그런 인간은 진짜 영리한 사람이 못 되요. 당신의 경우같이 말이에요. 그러니까 당신도 내 앞에서 선량한 체 쓸데없는 변명을 늘어놓을 필요가 없는 거예요. 단 한 마디로 당신을 나가 떨어지게 만들 수 있으니까요. 만일 나쁜 짓이 아니었다면 왜 나를 납득시키고서 혼인하지 못하셨죠? 가까운 사람에게 감추지 않고 말이에요.

이아손 흥, 말을 잘도 들어 주었겠소. 그대에게 혼인 이야기를 밝혔더라면 ……. 지금도 그 격한 분노를 가라앉히려 들지 않는 그대가 말이야.

메디아 그 따위 변명이 통할 줄 아세요? 사실은 당신이 나이가 들어, 이국 땅 여자와의 결혼이 체면을 깎는다는 것을 알았기 때문이에요.

이아손 똑똑히 들어요. 왕가와의 이번 혼인은 절대로 여자에게 끌려서가 아니오. 아까도 말했듯이 어떻게 해서든지 그대를 잘 살게 해 주고 싶고, 내 자식들을 위해서 왕가의 피를 이은 동기간을 낳아 집을 부흥시켜 보겠다고 생각한 것뿐이오.

메디아 잘 사는 것도 슬픔이 따르는 것이라면 싫어요. 마음에 고통을 주는 그까짓 재물 따위 아무리 많으면 뭘해요.

이아손 마음을 어떻게 가지면 좀더 영리해지는 것인지 아오? 좋은 일을 고통스러운 일이라 생각지 않는 일이오. 행복한데 왜 불행하다고 생각하느냐 말이오.

메디아 아무렇게나 말씀하세요……. 안락한 가정이 기다리고 있는 당신이니까요. 나야 외롭고 쓸쓸히 이곳을 떠나 귀양가야 할 몸이지만……

이아손 자기가 사서 한 일이니 죄를 남에게 뒤집어 씌울 생각은 말아요.

메디아 무슨 소리예요. 새 장가 든 당신을 버리기라도 했단 말인가요?

이아손 영주님을 방해물 취급하여 욕하고 저주하지 않았소.

메디아 저주라고요? 정말 이제부터 당신 집안에 내가 저주가 되어 줄 거예요.

이아손 이 이야기를 그대와 더 계속할 마음은 없소. 그보다도 귀양길을 떠나는 그대와 아이들을 위해 내가 가진 것 중에서 도움이 될 만한 것이 있거든 뭐든지 말하오. 아낌없이 주리다. 또 내가 아는 사람에게 편지도 써 주겠소. 그러면 여러 모로 잘 도와 줄 것이니. 이것도 저것도 다 싫다는 것은 어리석은 짓이오. 노여움을 거두는 편이 그대에게 이로울 거요.

메디아 당신 친구 따위는 필요없어요. 아무것도 받고 싶지 않으니 걱정 마세요. 악인에게서 받는 선물 따위가 무슨 도움이 되겠다고.

이아손 여러 신들은 굽어 살피소서. 나는 그대와 아이들에게 힘닿는 데까지 도와주려 하고 있소. 그런데도 그대는 고집을 부려 자기에게 이로운 것까지 싫다고 거절하여 호의를 받지 않으니, 어디 두고 보시오. 단단히 혼이 날 테니까. (말을 마치고 떠나간다)

메디아 가요. 이렇게 바깥에서 시간을 낭비하니 신부가 보고 싶어 견딜 수가 없는 모양이죠. 얼마든지 마음대로 하세요. 하지만 두고 봐요. 하느님의 허락을 받고 하는 말이지만, 이 혼인을 지긋지긋한 것으로 만들고야 말 테니.

메디아, 뭔가 골똘이 생각하며 혼자 남아 있다.

코러스 (노래)
　분수 넘치는 사랑의 불꽃,
　미칠 듯이 심하게 타오르면
　사람의 몸에 영예도 사라진다.
　그러나 키프리스*11 신이
　알맞게만 찾아오신다면,

그 신보다도 인자하신 신
또한 없을 것을.
여신이여, 황금 활의,
임 그리는 사모의 정을 담은
피치 못할 사랑의 화살을
이 몸엘랑 돌리지 마옵소서.

더할 나위 없는 하느님의 선물
분수를 아는 절제심이여,
이 몸을 불쌍히 여기소서.
어긋난 사랑에 가슴의 불길 돋우어서
말다툼으로 들끓는 노여움과
끝날 줄 모르는 싸움을
무서운 여신님이여,
제게는 갖다 주지 마옵소서.
백년가약 굳은 맹세,
아내의 길 고이 인도해 주소서.

고향이여, 오오 내 집이여,
괴롭고 괴로워서
넘기기 힘든 날을 보내는
가엾은 방랑객 신세일랑
되지 않게 하여 주소서.
그럴 바에야 차라리 삶을 마치고
죽음을 택하리다, 죽음을 택하리다.
고향을 떠난 나그네보다
더한 설움이 이 세상에는 없으리.
전해 들은 이야기가
아니라오,
이 눈으로 직접 본 가르침.

끝없는 괴로움에 시달리는 그대 신세를
가엾다 할 나라도 없거니와 친구도 없어,
흐림 없는 진실을 보여 주어
받은 은혜에 보답 못하는
무정한 사람이여, 멸망하여라,
나의 친구가 되지 말고.

여행 차림을 한 아이게우스, 부하를 거느리고 등장. 메디아를 보고.

아이게우스 메디아님, 안녕하오. 이것이 친한 사람을 부르는 더할 나위 없는 인사말 아니겠소.
메디아 당신께서도 안녕하시온지요, 총명하신 판티온 왕의 아드님이신 아이게우스님. 그런데 어디에서 오시는 길이온지?
아이게우스 아폴론님의 오랜 신탁의 자리를 떠나오는 길이오…….
메디아 왜 또 그 델포이의 신탁의 자리에는…….
아이게우스 어떻게 하면 자식을 얻을 수 있을까 가르침을 받으러 갔다 오는 길이오.
메디아 그러셨군요. 여태껏 슬하에 자제분 없이 지내 오셨군요.
아이게우스 그렇소. 이것도 다 하느님이 내리신 운명이겠지요.
메디아 부인은 있으신지요. 아니면 아직…….
아이게우스 물론 있지요.
메디아 그래, 아폴론님께서는 아이들에 대하여 뭐라고 말씀하시던가요.
아이게우스 인간으로서는 판단할 수 없는 심오한 말씀을 하셨소.
메디아 제게 들려 주실 수 없을까요, 그 하느님의 말씀을.
아이게우스 좋고 말고요. 그렇지 않아도 영리한 당신의 지혜를 빌고자 하는 참이었으니까요.
메디아 그러면 뭐라고 말씀하셨는지 말씀 좀 해 주세요.
아이게우스 말씀은 '가죽 주머니의 뾰죽한 아가리를 풀어서는 안 되노라'였소.
메디아 안 되다니, 언제까지, 무엇을 할 때까지, 어느 곳에 당도할 때까지 …….

메디아 421

아이게우스 고향 집에 돌아갈 때까지요.
메디아 이 고장에 들르신 이유는 무엇입니까?
아이게우스 피테우스라는 분이 있소. 트로이젠의 왕인…….
메디아 들리는 바로는 펠로프스님의 아드님으로 신을 경외하는 마음이 돈독한 분이라고 하더군요.
아이게우스 그분께 이 신탁의 뜻을 알아볼까 하고요.
메디아 현명한 분이시라, 이런 일에 대해서도 유식한 분이시죠.
아이게우스 게다가 내게는 타국의 친구 중에서도 가장 친한 사이요.
메디아 만사형통하여 소망이 이루어지시기를 빕니다.
아이게우스 한데 그대의 눈과 그 안색, 무슨 일로 그렇게 수척해졌소?
메디아 아이게우스님, 제 남편이, 글쎄 세상에 이럴 수가 있습니까?
아이게우스 그게 무슨 소리요. 분명히 이야기해 보시오, 그대의 고민을.
메디아 그야말로 혹독한 변을 당했습니다. 아무 죄도 없는 저를…….
아이게우스 어떤 변을 당했다는 말이오? 좀더 똑똑하게 말씀해 주오.
메디아 다른 여자를 아내로 맞았답니다. 나를 제쳐놓고서.
아이게우스 설마하니 그런 파렴치한 짓을 할 수가…….
메디아 사실이옵니다. 옛정은 온데간데없이 사라지고 말았습니다.
아이게우스 계집에 빠져서인가요, 아니면 그대가 싫어져서인가요?
메디아 빠져도 이만저만 빠진 것이 아니라서 저 같은 것은 이제…….
아이게우스 그렇다면 마음대로 하게 내버려 두시구려. 그처럼 지독한 인간이라면…….
메디아 영주님 가문과의 혼인을 무척이나 바랐답니다.
아이게우스 그 장인되는 사람이 누군지 끝까지 이야기를 해 주오.
메디아 크레온 왕입니다. 바로 이 코린토스를 다스리시는…….
아이게우스 무리도 아니구려. 듣고 보니 그대의 그 슬픔도.
메디아 이제 끝장입니다. 거기다가 이곳에서 추방당한 몸이니까요.
아이게우스 누구에게 추방을……. 이거 참, 새로운 고생이 생겼구려.
메디아 크레온 왕께서 코린토스에서 냉큼 떠나라는 엄명입니다.
아이게우스 이아손님도 아무 말이 없었던가요. 괘씸한 일도 다 있군.
메디아 말로 하기보다는 마음 속으로 참을 작정이에요. 아이게우스님, 제게 한 가지 소청이 있습니다. 이렇게 무릎에 매달리어 간청드립니다. 부디 불쌍히 여겨 주세요, 이 불행한 저를. 쓸쓸히 추방되어 가는 이 몸을 가엾게 여기시고 제발 당신의 나라로, 당신의 댁으로 저를 맞아들여 주세요. 그렇게 자비를 베풀어 주신다면, 자손을 얻으시겠다는 그 소망도 틀림없이 하느님의 뜻으로 이루어질 것이고, 행복하게 여생을 마치시게 될 것입니다. 지금 어떤 운을 만나고 계시는지, 당신께서는 모르시고 계십니다. 저라면 틀림없이 소망을 이루게 해 드릴 수가 있어요. 자손을 얻으실 수 있도록 말입니다. 그 효험을 볼 수 있는 약을 제가 알고 있으니까요.

아이게우스 여러 가지 이유로 그대의 소청을 받아들이기로 하겠소. 첫째로는 여러 신들에 대한 의무에서이고, 다음에는 얻게 해 주겠다고 약속한 자식을 위해서요. 정말이지 자식에 대해서는 지금 어찌할 바를 모르고 있는 처지이니. 그런데 내 형편을 좀 알아두었으면 좋겠소. 다시 말해 그대가 무사히 내 나라에 왔을 때는 물론 도리에 합당한 일로서 나는 그대를 보호해 드리리다. 하지만 이 점만은 미리 말해 두어야겠소. 이 땅에서 그대를 손수 데리고 가는 일만은 할 수가 없소이다. 그대 쪽에서 무사히 내 집에 당도하였을 때는 물론 거리낌없이 머무르게 해 드리리다. 어느 누구에게도 그대를 넘겨주지는 않겠소. 다만 이곳을 떠나는 일만은 그대 혼자서 해야겠소. 누구에게도 말 들을 일은 하고 싶지 않으니까.

메디아 알겠습니다. 약속만 해 주시면 더 이상 바랄 것이 없겠습니다.

아이게우스 나를 믿지 못하겠단 말씀이오. 아니면 무슨 곤란한 일이라도…….

메디아 믿고는 있습니다. 하지만 펠리아스 가문이나 크레온님이나 다 저에게는 원수의 입장. 당신께서 맹세를 해 주신다면 그들이 저를 붙잡으러 오더라도 저를 넘겨 주지는 않으실 것입니다. 말로만 동의해 주시고 하느님을 두고 맹세해 주시지 않으신다면, 저들 사자(使者)의 꾐에 넘어가 그 편의 요청을 물리치지 못하시게 될 것입니다. 제 말씀 따위는 들으시지도 않으실 것입니다. 연약한 이 몸에 비해 상대편은 돈도 많고 지체도 좋은 분들이니까요.

아이게우스 앞일을 깊이 생각하신 말씀이구려. 어쨌든 그대의 소원이라면 내 맹세하기를 거절하지 않겠소. 나로서도 그러는 편이 더 안전하리라. 그대의 적에게 내세울 수 있는 명분을 가지게 되니 그대의 입장도 훨씬 튼튼하게 되겠지. 그러면 맹세할 신의 이름을 들어 보시오.

메디아 대지(大地)의 신, 제 아버지의 아버지이신 해의 신, 그리고 모든 신들을 하나로 합쳐서……

아이게우스 어떻게 하며, 어떻게 하지 말라는 건지 말해 보오.

메디아 당신의 나라에서 저를 추방하는 일은 않겠다, 비록 제 원수가 와서 저를 끌고 가려 하더라도 당신 생전에는 저를 넘겨주는 일은 않겠다고 맹세하세요.

아이게우스 땅의 신께, 그리고 거룩한 해의 신과 모든 신들께 맹세코 그대가 말한 바를 지키겠소이다.

메디아 좋아요. 만약 이 맹세를 어기셨을 때의 각오는……

아이게우스 맹세를 어긴 자가 의당 받아야 할 벌은 각오하고 있소이다.

메디아 이제야 마음을 놓았습니다. 그러면 부디 무사하신 여행이 되시기를……. 지금 해야 할 일과 제 목적을 이루는 대로 곧 당신의 나라로 찾아가겠습니다.

아이게우스, 하인을 거느리고 떠나간다.

코러스 길의 인도자인 헤르메스 신께서 당신을 무사히 보내 주시기를.
　　그리고 당신 가슴 속의
　　뜨거운 소원 또한 아울러 성취하시옵기를.
　　아이게우스님, 우리가 보기에
　　당신은 매우 훌륭하신 분이옵니다.

메디아 오, 제우스님, 그 따님이신 디케(정의)님, 이제야 왔습니다. 저의 원수들에게 원한을 갚을 때가. 여러분, 훌륭히 이겨 보이겠어요. 이미 그 첫걸음은 시작되었습니다. 이제야말로 원수를 갚을 확신이 섰습니다. 아이게우스님이 내 계획의 구원자로서……, 구원자를 얻지 못해 난처해 있던 참에……, 난데없이 나타나 주셨으니까요. 아테네님의 도성으로 들어가서 그분을 의지하여야겠어요. 그러면 여러분께 내 계획 전부를 털어놓겠어요. 귀담아들어 주세요. 허튼 소리가 아니니까요. 하인을 시켜, 이아손에게 한 번만 더 내게 와 달라고 부탁을 하는 거예요. 그가 내게 오면, 나도 이제 당신 뜻을 잘 알았어요, 나를 버리고 왕가와 혼인을 맺은 것도 다 우리를 위해서 한 것이니 좋은 생각이라고 믿어요 하고 그럴듯한 소리를 해서, 아이들만은 이곳에 머물러 있게 해 달라고 부탁하는 거예요. 원수의 나라에서 원수 놈의 손에 넘겨주어 아이들을 학대케 만들려는 것이 아니라, 계략으로 영주의 따님을 죽이기 위해서인 거예요. 어떻게 하는가 하면, 선물을 들려서 아이들을 보내는 거예요. 비단옷과 황금을 세공한 관(冠)을 들고 가게 해서 추방만은 면하게 해 주십사고 하는 청을 드리러 신부에게 보내자는 것이지요. 그리고 그 물건을 받아 몸에 걸치기만 하면 공주의 몸에 닿는 사람까지 모조리 죽어 버릴 그런 독약을 선물에 발라 놓는 거예요.

아, 그러나 이 이상 더 말할 생각은 없군요. 앞으로 내가 해야 할 일, 생각만 해도 한숨이 앞을 가리니……. 자식들을 이 손으로 죽이려 하고 있는 것이니까요. 아아, 그러나 누가 뭐래도 자식은 내 자식이야. 아무도 내 손에서 그 아이들을 뺏지는 못해…….

이렇게 해서 그이의 집을 온통 파멸의 구렁텅이로 몰아넣고, 불경스럽기 그지없는 이 몸은 친자식을 죽인 어미의 죄를 피해 이 땅을 떠나는 거예요. 원수에게 조롱을 당하는 것만은 견딜 수가 없으니까요.

암, 해치우고 말고. 이 목숨을 부지해 본들 무슨 소용이 있겠다고. 나라도 없고 집도 없고, 불행을 피해서 달아날 아무런 피신처도 없는 신세가 아닌가. 아아, 그때 나는 이미 실수를 한 몸이었어. 그리스 사내의 감언이설에 넘어가서 고향집을 버렸던 그때에. 하지만 그 사내도 하느님의 도움으로 단단히 죗값을 치르게 될 거야. 나에게 낳게 한 자식들의 무사한 모습을 두 번 다시 보지 못할 것이요, 새색시에게 아이를 낳게 할 수도 없게 될 테니까. 왜냐고, 새색시는 내가 보낸 독약으로 응분의 죄를 받아 꼴사나운 죽음을 당할 테니까. 나를 연약하고 하찮은 여자라든가, 순하기만 한 여자라고 생각지는 마세요. 그와 반대로 원수에게는 사정없고 친한 사람에게는 인정을 베푸는 사람이에요. 이름이 알려지는 것도 이런 사람들이 아니겠어요.

코러스 대장 우리에게 이 이야기를 들려준 이상 당신을 위해서나, 사람의 도리로 보아서나 그런 짓은 하지 마시라고 권하고 싶어요.

메디아 아니에요. 이것 외에는 달리 길이 없어요. 하지만 그렇게 말씀하시는 것도 무리는 아니지요. 여러분은 나같이 모진 변을 겪지 않았으니까요.

코러스 대장 그렇다면 당신은 자식들을 죽이시려는 것입니까?

메디아 그렇게 하는 것이 남편을 괴롭히는 제일 좋은 방법이니까요.

코러스 대장 그러면 당신 역시 이 세상에서 제일 비참한 여자가 될 것입니다.

메디아 상관 없어요. 이제는 무슨 소리를 해도 다 소용 없는 일이에요. (유모에게) 그럼 가서 이아손 서방님을 모셔 와요. 중대한 일은 언제나 그대한테 부탁하고 있으니 주인을 위해, 더욱이 같은 여자의 처지로 이 말을 한 마디도 입 밖에 내서는 안 돼. 내 가슴 속에 있는 이 결심을.

유모 떠난다.

코러스 (노래)
　에렉테우스의 후예,
　옛부터 침공을 모르는
　신성한 땅에 태어나
　넘치는 복을 한 몸에 누린
　하느님의 총아인 아테네 사람들.
　명성 높은 지혜의 양식을 먹고
　밝디밝은 대기 속을 가는
　우아하고 경쾌한 그대들의 발걸음.
　아홉 분의 뮤즈 신이
　금발의 하르모니아를
　낳았던 곳도 이곳이라 하였다.

　케피소스의 맑은 흐름,
　아프로디테 여신께서
　이 물을 떠서

훈풍에 실어 보내어
이 나라를 적셨다던가.
언제나 장미꽃 화관을
머리에 쓴 이 신께서는
예지의 힘을 도와 주고자
능란한 힘을 가진 에로스들을
인간을 위해
이 나라에 보냈다던가.

깨끗하고 정한 이 흐름이
어찌 당신을 맞아들이리.
우정에 돈독한 그 나라가
자식을 죽인 당신을
어찌 용납하리까.
생각해 보오, 자식들을 어찌 제 손으로…….
생각해 보오, 어찌 그런 끔찍한 짓을.
이렇듯 무릎에 매달리어
진정으로 간청드리나이다.
아아, 자식들을 살려 주소서.

자기가 낳은 자식에게
끔찍한 행동을 하시려는
그 마음, 그 솜씨,
그대여, 어디서 얻었나이까,
그 무쇠 같은 생각을.
아이들을 보게 되면
끝없이 눈물이 흘러,
그들이 살려 달라 간청할 때
붉은 피에 손을 적실
그 마음 사라질 것을.

이아손 등장.

이아손   와 달라기에 이렇게 왔소. 아무리 나를 미워하고 있을지라도 그 말을 안 들어 주지는 않겠소. 자, 들어 봅시다. 새삼스럽게 나에게 무엇을 원하는지.

메디아   여보, 용서해 주세요. 아까는 너무 지나치게 말을 했어요. 순간적으로 흥분해서 성깔을 부렸지만, 그것쯤은 너그럽게 봐 주시겠지요? 그렇게 다정했던 우리 사이가 아니었던가요? 그동안 저 혼자 여러 가지로 생각해 보았어요. 그리고 제 자신을 나무랐어요. 어리석은 것 같으니, 왜 미쳐 날뛰며 나를 위해 생각해 주시는 분들을 원수 대하듯 하였을까. 영주님과 남편에게 마구 대들며……. 나에게 얼마나 좋은 일인데. 남편이 영주님의 사위가 되어 아이를 낳으면 자식들에게 동기들이 생기는데 말이야. 그러면 하느님께서도 잘 보살펴 주실 텐데. 내가 왜 화를 냈을까. 내가 정말 어떻게 되었던가 보지. 내게 자식이 없는 줄 알았단 말인가. 내가 의지할 데 없는 귀양살이 신세라는 걸 몰랐다는 말인가. 이렇게 생각을 하다 보니 제가 한 짓이 얼마나 철부지였으며, 화를 낸 것이 얼마나 어리석었는지 알게 되었어요.

　　이제는 당신 말씀에 따르겠어요. 우리를 위해 혼인을 하신 것은 잘한 일이라고 생각해요. 제가 어리석었어요. 차라리 당신의 그 생각을 제가 거들어 드리고 혼례에도 참여하여 신방에 대령해서 신부의 시중을 드는 것을 기뻐했어야 옳았던 거예요.

　　하지만 솔직이 말해서 저는 여자예요. 여자란 어리석은 것 아니겠어요? 남자는 여자 같아서는 안 되지요. 여자가 어리석다 해서 어리석음으로 대해서는 안 됩니다. 아무튼 용서하세요. 아까는 정말 잘못했어요. 하지만 이제는 이렇게 생각을 고쳐먹었습니다.

이렇게 말하고 집 안을 향해 부른다. 이 소리를 듣고 아이들이 선생을 따라 나온다.

　　애들아, 이리 나오렴. 바깥으로 나오너라. 다같이 아버지께 인사드려라. 다정한 분에 대한 이제까지의 원망은 다 버리고. 어머니도 그렇단다.

이제 화해가 되어서 못마땅한 기분 같은 것은 조금도 없으니까. (아이들을 이아손 쪽으로 가까이 보내며) 자, 아버지 오른손을 잡으렴. (이렇게 말하고서 갑자기 눈물을 흘리며) 아아, 숨어 있는 재앙이 이 가슴을 엄습하는구나……. 아, 아이들아. 언제까지나 살아서 이렇게 그 귀여운 손을 뻗쳐 줄 수 있을까.

아아, 눈물이 샘솟는구나. 끔찍한 앞날을 생각하니 가슴이 아프구나. 아버지와의 오랜 다툼이 이제 겨우 끝이 났는데. 나 좀 보라지, 귀여운 아이들의 얼굴을 눈물로 적셔 버리다니. (아이들의 얼굴을 닦아 준다)

코러스 대장 제 눈에도 자꾸자꾸 눈물이 괴는군요. 정말 이 이상 더 불행한 일이 없으시기를.

이아손 잘 말해 주었소. 지난 일은 이제 탓하지 않으리다. 남편이 몰래 외도를 하였다면 여자로서 화를 내는 것이 당연한 일 아니겠소. 하지만 그대는 마음이 돌아섰소. 뒤늦게나마 사려 깊은 여자에게 어울리는 좋은 생각을 해 주었소. 그리고 애들아, 너희들을 위해서도 이 아비는 마음을 써서 하느님에게도 기원하여 충분한 구제의 길을 강구해 놓았다. 언젠가는 너희도 너희 동기와 더불어 이 코린토스 나라의 으뜸가는 인물이 될 수 있을 것이다. 어서 자라야 한다. 그 다음 일은 이 아비와 자비로우신 하느님께서 잘 보살펴 주실 것이다. 너희들이 훌륭한 대장부로 자라 내 원수들을 무찌르는 광경을 보고 싶구나.

그리고 그대, 어째서 또 창백한 볼을 외면하고 솟구치는 눈물로 눈동자를 적시고 있소. 내가 하는 말이 기쁘지 않단 말이오?

메디아 아무것도 아니에요. 이 아이들을 생각하느라고…….

이아손 걱정하지 마오. 아이들의 일은 내가 좋도록 해주리라.

메디아 잘 알겠어요. 그 말씀을 못 믿어서가 아니에요. 여자란 약한 것이 되어 툭하면 눈물이랍니다.

이아손 왜 그렇게도 아이들의 일을 걱정하고 있소.

메디아 어미니까 그렇지요. 어서 자라라고 하셨을 때 정말 그렇게 될까 하고 못 견디게 슬픈 생각이 들었답니다. 그건 그렇고, 말씀드리려고 마음먹었던 것들을 얼마간은 말씀드렸습니다만, 이제 그 나머지를 들어 주세요. 영주님께서 저를 추방하시겠다고 생각하고 계신 이상……. 저를 그분의 원수인 양 생각하고 계시는 터이니, 여기 남아서 당신이나 영주님의 방해가 되지 않는 것이 저로서 가장 좋은 길이라는 걸 잘 알고 있으니까……. 저는 이 땅을 물러가겠습니다. 그러나 애들만은 당신 손으로 키우실 수 있도록 크레온님께 간청하여 추방을 면하게 해 주세요.

이아손 잘 될는지는 모르겠소. 그러나 힘써 보도록 하겠소.

메디아 그러면 당신의 새 부인에게 부탁해서 그 아버지께 간청하도록 말씀해 주세요.

이아손 음, 그렇게 해 보겠소. 틀림없이 성공할 것이오.

메디아 그분이 같은 여자라면 해 줄 수 있을 거예요. 그리고 저도 당신을 도와 드리도록 하겠어요. 제가 도와 드린다는 것은 그분에게 선물을……. 요즘 세상에서 제일가는 아름다운 선물, 비단옷과 황금으로 된 관을……. 아이들에게 들려서 보내겠어요. 애들아, 게 누구 없느냐. 빨리 가서 그 물건을 이리 가져오너라. 이로써 그분의 행복은 한 가지가 아니라 무척 많은 것이 될 것입니다. 당신이라는 훌륭한 남편을 맞이한데다가 그런 고운 옷을 가지게 되었으니까요. 제 아버지의 아버지이신 해의 신께서 자손에게 물려주신 옷을 말이에요…….

시녀, 선물을 가지고 나타난다.

애들아, 자, 이 선물을 갖다 드려라. 다복하신 새아씨에게 갖다 드리는 거다. 하찮은 물건이라고 나무라실 선물은 절대로 아니다.

이아손 왜 분별없이 이런 물건을 남에게 주려는 거요. 왕가에 입을 옷이 없는 줄 아오? 아니면 황금이 없는 줄 아오……. 드리지 않아도 되니, 그냥 가지도록 해요. 조금이라도 그녀가 나를 존중해 준다면 금품 같은 것이 아니더라도 내 말을 들어줄 것이오.

메디아 말리지 말아 주세요. 선물은 신의 마음도 움직인다고 하지 않습니까? 백 마디 말보다는 한 조각의 황금이라 하였습니다. 그분은 지금 운이 대통하여서 하느님도 축수하는 젊고 지체 높으신 처지의 몸입니다. 저는 지금 금품은커녕 목숨과 바꾸더라도 아이들의 추방을 막고 싶은 몸입니다.

자, 애들아, 그 부유한 댁으로 가서 지금은 내 상전 뻘이 되기도 하는 아버지의 새 부인에게 간청드리도록 해라. 이 땅에서 쫓겨나지 않게. 이 선물을 드리란 말이다. 그리고 무엇보다 중요한 점은 직접 드리도록 해야 한다. 손수 받으시도록. 자, 어서 가거라. 그리고 소원을 성취해서 뜻이 이루어진 반가운 소식을 이 어머니에게 전해다오.

아이들, 선생을 따라 퇴장. 이아손도 뒤를 따라간다.

코러스　(노래)
　　아이들의 그 목숨,
　　아, 이제 가망도 없고
　　지금 가는 길 죽음의 길이라네.
　　공주는 받으리라,
　　재앙의 황금관.
　　금빛 머리 위에
　　스스로의 손으로
　　죽음의 장식을 얹으리라.

　　황금빛 비단옷
　　그지없는 빛깔과 무늬
　　그 모양에 홀려서 그 관을
　　머리에 얹으시리.
　　땅 밑의 황천길로
　　시집 가실 새신부.
　　기다리고 있는 것은 죽음의 운명,
　　피치 못할 그 재앙이여.

　　왕가와의 인연이 원수이던가,
　　가엾어라, 이아손 서방님,
　　아이들과 새아내에게

끔찍한 죽음을 부르셨네.
이 어인 비운이런가,
가엾게도 떨어진 파멸의 신세.

다음에는 또 당신의 슬픈 고난
자식들의 어미가 되는 사람이여,
배반당한 언약 탓에
자식들을 죽이려는가.
낭군께서 다른 여자를 얻어
그대를 저버리고 동거한다고 해서.

두 아이를 데리고 선생 등장.

선생 아씨, 아이들의 추방을 용서받게 되었습니다. 공주께서는 선물을 손수 반갑게 받으셨습니다. 이제 이렇게 되었으니 아이들에게 걱정은 없어졌습니다. 아니, 어째서 그렇게 슬픈 표정을 지으십니까? 일이 잘 되었다고 말씀드렸사온데. (2행 삭제)

메디아 아, 이를 어쩐담……

선생 아니, 그게 웬 말씀이십니까. 제가 드린 말씀에 도무지 어울리지도 않는 말씀을……

메디아 아아, 정말 이를 어쩌면 좋담……

선생 나쁜 소식이었던가요? 희소식이라고 생각했는데……

메디아 그대가 전한 것에 틀린 것은 없어요. 그대를 책망하는 것이 아니에요.

선생 그러면 왜 그토록 눈을 내리깔고 눈물을 흘리십니까?

메디아 울지 않을 수 없는 사연이 있다오, 할아범. 하느님께서, 아니 내가 나쁜 마음을 먹고 한 일이니까.

선생 걱정 마십시오. 아씨의 추방도 풀릴 날이 있을 것입니다. 아이들의 힘으로.

메디아 아니에요, 그렇게 되기 전에 이쪽에서 다른 자를……

선생 이 세상에서 아씨만이 아이들과 헤어지는 것은 아니지 않습니까. 사람으로 태어난 이상 팔자소관으로 찾아오는 액운이라면 마땅히 참아야만 합니다.
메디아 알고 있어요. 어서 안으로 들어가서 여느 때처럼 아이들을 돌봐줄 채비를 해요.

아이들도 따라가려는 것을 붙잡는다.

　오오, 애들아, 너희들에게는 나라도 있고 집도 있게 되었구나. 이젠 이 어미와 떨어져서 오래오래 살아가야 한다. 이 어미는 다른 곳으로 귀양살이 길을 떠나게 되었다. 어미로서의 기쁨을 가질 수도, 복된 너희들의 모습을 보아 줄 수도 없으며, 너희의 혼례를 축복하며 신부의 뒷바라지와 신방 꾸미는 일이랑 횃불 들어 주는 일도 해 보지 못하고 말이다. 그것도 다 내 고집 탓이지 뭔가.
　애들아, 내가 너희들을 키운 보람도 다 허사로구나. 그 고통을 참고 너희들을 낳아서 뼈가 닳도록 고생고생 키워온 그 보람이 다 허사였어. 이 불쌍한 에미는 이런저런 희망도 너희에게 걸어 보았지. 늘그막에는 내 뒤를 보살펴 줄 것이고, 죽으면 너희들의 손으로 나를 묻어 주리라고. 하지만 이제는 그 즐거운 생각도 사라져 버렸구나. 너희들을 잃고 슬픈 생활을 해야 할 처지가 되었으니 말이다. 너희들도 그 귀여운 눈으로 이 어미를 다시는 보지 못하게 되었구나. 이제 다른 생활 속에 들어가게 되었으니까. 아 아, 왜 그렇게 이 어미를 쳐다보느냐. 왜 그렇게 방긋이 웃어 주니. 이것이 마지막이라는데도. 아아, 어떡하면 좋지? 아이들의 초롱초롱한 눈을 보고 있으니, 내 마음이 꺾이고 마는군요…….
　도저히 못하겠어, 두 번 다시 생각지 말아야지. 내 자식이 아닌가. 같이 데리고 이곳을 떠나야지. 아이들을 희생시켜 그 아버지에게 고통을 주려다 이 몸이 그 배로 고통받을 필요가 어디 있단 말인가. 안돼, 나는 할 수 없어. 다시는 생각지 말아야지.
　아무래도 내가 어떻게 된 모양이다. 원수놈들을 그대로 버려두고 조롱거리가 되겠단 말인가? 역시 해야만 해. 아아, 이 무슨 겁쟁이란 말인가?

연약한 마음을 가슴에 품다니. 자, 너희들은 안으로 들어가거라. (아이들 집 안으로 들어가려 한다) 나의 희생 제사에 있으면 안 될 사람은 썩 물러 가거라. 내 이 손은 절대로 겁먹는 일이 없어.

아아, 내 마음이여, 하지만 그 짓만은 해서는 안돼. 용서해 줘라. 네 자식의 목숨만은 살려 줘라. 아테네에 가서 같이 살면 너를 즐겁게 해 줄 것이 아닌가. 아니야, 안 돼. 황천(黃泉)의 원령(怨靈)에 걸어서라도, 아이들을 원수 놈의 욕을 그냥 받게 내버려둘 수는 없어. (2행 삭제) 어쨌든 일은 이미 벌어졌어. 이제 기회를 놓치진 않겠다. 그래, 머리에 관을 쓰고 그 비단옷을 입은 귀한 신부는 지금 숨이 넘어가려 하고 있을 것이다. 아무튼 내가 갈 길은 험하디 험한 길일 테지. 그런데 나는 이 아이들을 더욱 험난한 길로 보내려 하고 있어. 하다못해 아이들에게 마지막 말이라도 해 주고 싶구나. (아이들의 뒤를 쫓아가며) 애들아, 오른손을 이리 다오. 이 어미가 꼭 쥐어 줄 테니.

이 귀여운 손, 귀여운 입, 시원스러운 생김새하며 몸매, 행복해야 한다. 이승이 아니더라도 말이야. 이승에서의 행복은 너희 아버지가 앗아가 버렸어. 오, 이 보드라운 살결, 향기로운 숨결⋯⋯. 자, 이제 가거라. 이제 너희들을 더 보고 있을 수가 없구나. 슬픔에 짓눌려서⋯⋯. 얼마나 흉측한 짓을 저지르려는 것인지, 그건 나도 알고 있어. 하지만 아무리 알고 있어도 들끓는 노여움이 그보다 더 강하구나. 이것이 인간의 가장 큰 재앙의 근원인 줄 모르지 않지만.

아이들, 그동안에 떠나간다.

코러스 (읊음)
   몇 번인가 저는
   여자의 몸으로서는 넘치는
   어려운 일을 생각하고
   까다로운 문제를 이야기도 해 보았죠.
   저희 여성들에게도 뮤즈가 찾아와
   덕택에 지혜를 얻을 수가 있지요.

모두가 다라고는 하지 않아요.
다만 몇 사람 안 되지만
지혜를 지닌 여자들도 있습니다.
그래서 말씀드리자면
아이를 낳아보지 못한 사람은
아이를 가진 사람보다
행복하다고 할 수 있겠지요.
아이 없는 몸은 자식이라는 것이
좋은 것인지 나쁜 것인지
그것을 모르므로, 여러 가지
고생으로부터
벗어나 있는 거예요.
거기에 비해 집안에
귀여운 자식을 가진 부모의 몸은
끊임없이 고생만 하고 있어요.
어떻게 해서 훌륭하게 키울까,
어떻게 해서 재산을 남겨 줄까 하고.
그뿐인가, 이렇게 애지중지 키운 자식의 앞날이
훌륭하게 될 것인지, 불초 자식이 될 것인지,
그것도 모르니 답답한 노릇.
끝으로 무엇보다도 사람에게 무서운
불행의 씨를 말씀드리죠.
돈을 넉넉하게 모았고
자식도 자라나서 올바른
사람이 되었다 치세요.
그러나 그것이 운명이라면
죽음의 신이 자식을 앗아가 저승으로 보내 버린답니다.
가지가지 불행 중에
자식을 없애야 한다는
이 으뜸가는 슬픔을 하느님께서 사람에게

내리심은 무슨 이유일까요.
메디아 여러분. 꽤 오랫동안 운명의 때를 기다리고 있는 이 마음, 일이 어떻게 되어가고 있는지 무척이나 궁금하군요. 그러고 보니 아, 저기 남편의 하인이 이리로 오고 있군요. 숨을 헐떡이면서 오는 저 꼴로 봐서는 틀림없이 무슨 불상사를 전하러 오는 모양입니다.

　사자 등장.

사자 오오, 끔찍하고 무도한 짓을 저질러 놓으신 메디아 아씨. 어서 이곳을 피하십시오, 빨리 달아나십시오. 배를 타시든 수레를 타시든 한시도 지체를 해서는 아니됩니다.
메디아 무슨 일이 일어났기에 막무가내로 도망가라는 것이냐?
사자 방금 공주님께서 돌아가셨어요. 그리고 크레온 왕께서도 같이요. 아씨의 독약 때문에.
메디아 듣던 중 반가운 소리로구나. 이 소식을 전해 주는 그대, 이제부터 내 은인지기(恩人知己)로 삼아 주겠다.
사자 무슨 말씀이십니까? 올바른 정신이 아니시군요. 왕가에 그같이 난폭한 일을 저지르시고 그것을 듣고도 놀라시기는커녕 좋아하시다니.
메디아 내게도 할 말은 있다, 그대의 말에 대답할 말은. 하지만 아무튼 차근차근 이야기나 해 봐라. 어떻게 돌아가셨는지 그 자초지종을. 그 죽음이 참혹했다면 그만큼 내 즐거움은 더욱더 커지겠구나.
사자 그러면 말씀드리지요. 아씨의 두 아이가 아버지와 함께 신방으로 들어왔을 때, 아씨의 불행에 애태우던 저희 하인배들은 얼마나 좋아했는지 모릅니다. 삽시간에 집 안에는 아씨와 서방님께서 서로 화해를 하셨다는 이야기가 퍼져나갔지요. 아이들의 손에 입을 맞추는 자도 있고, 그 황금빛 머리를 어루만져 주는 자도 있었습니다. 저 역시 안방까지 들어가고 말았습지요. 아씨……, 아씨 대신에 저희가 섬기고 있는 새아씨께서는 아이들이 눈에 들어오기 전까지만 해도 다정한 눈길을 이아손 서방님께 모으고 계셨는데, 아이들이 들어오는 것을 보자 매우 마음이 언짢으신 듯이 눈을 내리깔고 파리해진 얼굴로 외면해 버리고 말았습니다. 그러자 서방님께서는 새아씨의 화난 기분을 달래시려고 이렇게 말씀하셨습니다. '가까운 사람에게 적의를 품어선 못 쓰오. 노여움을 거두고 자, 얼굴을 이쪽으로 돌려요. 남편이 가까이 대하는 사람이면 그대도 가까이 대해 주어야 될 것 아니겠소. 자, 선물을 받고 이 아이들의 추방을 용서받도록 아버지께 잘 말씀드려 주오. 이 나를 봐서라도.'

공주께서는 선물을 보자 더 이상 참을 수가 없으셨던지 남편의 말씀을 그대로 따라, 서방님과 아이들이 방을 나가기가 무섭게 그 비단옷을 손수 입으셨지요. 황금의 관을 머리에 쓰시자, 맑은 거울을 보시고 머리 모양을 매만지시며 생명 없는 거울 속의 모습을 향해 방긋 웃으셨습니다. 그리고는 의자에서 일어나 백설 같은 발을 사뿐히 놀려 방 안을 이리저리 거닐어 보기도 하셨습니다. 선물이 무척 마음에 드셨는지 몇 번이나 발돋움을 하여 되돌아보곤 하셨답니다.

그런데 그 다음에, 세상에도 끔찍한 광경이 벌어지고 말았습니다. 안색이 갑자기 파랗게 변하는가 싶더니, 사지를 떨면서 비틀비틀 가까스로 몸을 가누어 의자 있는 쪽으로 돌아가 주저앉았는데, 하마터면 그냥 방바닥에 쓰러질 뻔했던 것입니다. 마침 곁에 있던 늙은 시녀가 이 광경을 보더니, 판 신[12]이나 다른 신의 노여움을 사서 재앙을 입는 줄 알고 갑자기 큰 소리로 주문(呪文)을 외웠습니다. 그러나 잠시 후 입에서는 흰 거품이 일고 눈알이 뒤집히고 얼굴에는 핏기가 없어지는 것을 보자, 늙은 시녀의 입에서는 주문 대신에 무서운 비명이 튀어나왔습니다. 이 소리에 곧 시녀 하나는 아버지인 영주님께로, 다른 하나는 새서방님께로 신부의 참사를 알리러 뛰어갔습니다. 이렇게 해서 집은 온통 수라장이 되어 버렸습니다. 발이 빠른 사람 같으면 100척(尺)의 코스를 되돌아갈 때마다 단축해 나가서 중앙의 최종점[13]에 당도했을 정도의 시간이 흘렀을까요? 가엾게도 말도 못하고 눈을 감은 채 계시던 공주님께서 무서운 신음 소리와 함께 정신이 깨어나셨습니다. 이중(二重)의 고통이 몸을 괴롭히고 있었기 때문에 그랬던 것이지요. 머리 둘레를 죄는 황금의 관은 모든 걸 태워 버릴 듯 무서운 불길을 뿜어댔고, 비단옷은……, 아씨의 아이들이 가지고 오신 이 선물은 애처롭게도 보드라운 살결에 마구 파고들어가는 것이었어요. 불덩어리가 되어서 의자에서 일어나 이리저리로 마구 뛰었습니다. 이리저리 머리를 흔들며 관을 떨어뜨리려고 애를 썼습니다. 하지만 황금의 관은 꼭 달라붙어서 떨어지지 않고, 불길은 머리를 흔들면 흔들수록 더욱 거세게 일 뿐이었습니다. 결국 어쩔 수 없이 마룻바닥에 쓰러지고 말았습니다. 친아버지가 아니고는 그야말로 분간도 할 수 없는 몰골, 눈은 어딜 갔는지 그 고운 모습은 자취조차 찾아볼 수 없이 되고 말았습니다. 머리에서는 피가 불길과 뒤섞이어 흘러내렸고, 살은 보이지 않는 독약의 힘으로 마치 송진처럼 뼈에서 뚝뚝 떨어지고 있었습니다. 처참하기 이를 데 없는 광경이었지요. 곁에서 보고 있는 자도 너무 무서워서 손을 댈 수가 없었습니다. 손을 댔다가 같은 변을 당하면 어쩌나 무서웠던 것이지요.

이런 곳에 그 아버지께서 영문도 모르고 갑자기 방 안에 들어섰다가 따님의 시체를 보았으니 어떻게 되었겠습니까? 오오, 하면서 끌어안고 입을 맞추면서 이렇게 말하는 것이었습니다. '오오, 가엾은 내 딸아, 어느 신께서 이렇듯 무참하게 너를 멸망시켰느냐. 살 날이 며칠 안 남은 이 늙은 애비로부터 너를 앗아간 것이 대체 누구냐. 아아, 아가야, 차라리 너와 함께 죽고 싶구나.' 그러다가 탄식을 멈추고 늙은 몸을 일으키려 했으나, 월계수(月桂樹) 잔가지에 얽히는 담쟁이마냥 그 비단옷에 몸이 달라붙어 떨어지질 않았습니다. 흡사 무섭게 맞붙어 싸우는 광경과 같았습니다. 무릎을 일으켜 세우려 하여도 시체 쪽에서 떨어지질 않았습니다. 억지로 몸을 떼려 하니 늙은 살이 뼈에서 떨어지는 것이 아니겠습니까. 결국 기진맥진하여 가엾게도 숨을 거두고 말았답니다. 무리도 아니지요. 그 이상 더 어떻게 할 힘도 없었으니까요. 이렇게 하여 따님과 늙은 아버지 두 분의 유해가 나란히, 눈물 없이는 볼 수 없는 광경이 되었습니다.

아씨 일에 관해서는 아무것도 말씀드리지 않았습니다. 벌을 피해서 가시는 길은 손수 찾아가실 테니까요. 인간이라는 것이 그림자같이 덧없는 존재임을 어제 오늘 처음 느낀 것은 아닙니다만, 현자(賢者)나 변설(辯舌)의 대가인 척하는 사람들이야말로 으뜸가는 슬픔을 자초하는 분들임을 거리낌없이 말씀드릴 수 있습니다. 행복한 사람 따위는 세상엔 없으니까요. 복이 굴러들어오면 남보다 운이 좋다고는 할 수 있겠지요. 그러나 그것이 진정한 행복이라고는 할 수 없으니까요.

말을 마치고 사자 퇴장.

코러스 대장 하느님께서는 오늘 하루 동안에 많은 재앙을 이아손 서방님에게 내리셨습니다. 하지만 이것은 당연히 받아야 할 응보(應報). 가엾게도 크레온님의 따님, 당신만은 불쌍하게 여겨져 견딜 수가 없군요. 이아손 서방님과 맺은 혼인 때문에 황천의 나라로 가 버리게 되었으니.

메디아 여러분, 이미 결심은 되어 있어요. 아이들을 내 손으로 없애고 될 수 있는 대로 빨리 이곳을 떠나려 합니다. 우물쭈물하다가 그 아이들을 더 혹독한 사람의 손에 죽게 해서는 안 돼요. 그 아이들은 어차피 죽을 목숨이에요. 그렇다면 어미의 손에 죽는 것이 차라리 행복하다고 할 수 있겠지요. 그러니 마음을 돌같이 먹고……, 무얼 주저하고 있느냐. 끔찍한 일이기는 하지만 어차피 해야 할 일이 아닌가. 자, 불쌍한 이 손, 아, 칼을 잡아라. 쓰라린 삶의 출발점으로 돌진하는 것이다. 마음을 약하게 먹어서는 안 돼. 귀여운 자식을 애지중지 길러 온 정일랑 생각지 말자. 하다못해 짧은 오늘 하루만이라도 자식 생각은 하지 말자. 그 뒤에 실컷 울어 주면 될 게 아니냐. 아이들을 죽인다손 치더라도 귀여운 정에는 변함없으니. 아아, 이 세상에 나같이 불행한 여자가 또 있을까…….

(이렇게 말하고 집 안으로 들어간다)

코러스 (읊음)
    오오, 대지여, 또 찬란한 해의 신의 빛이여.
    굽어살피소서, 끔찍한 그녀,
    그 손을 자식을 죽인
    붉은 피로 적시기 전에.
    당신의 후예인 그녀이오나
    두렵나이다. 인간의 손으로
    행여나 거룩한 피 흘려질까…….
    거룩하신 이여, 지켜 주소서.
    지하의 원령(怨靈)에
    사로잡혀 피에 굶주린
    복수의 신을

이 집에서 물리쳐 주옵소서.
   낳을 때의 괴로움도
   부질없구나,
   헛되이 키운 사랑하는 자식들.
   아무도 얼씬 못할
   군청빛의 '부딪치는 바위'
   그 사이를 헤치고
   멀리 여기까지 왔건만.
   아아, 어찌하여 분노에 미쳐
   피를 그리는 원한이
   이토록 가슴을 엄습하는가.
   피로 물든 부정(不淨)에는
   만만찮은 그 보답
   하느님께서 집으로 내리시니,
   그 재앙 천륜을 어긴 살인자에게,

이때 집 안에서 아이들의 비명이 들린다.

아이들 아아, 아아!
코러스 (저마다) 들려요. 아이들의 저 외침 소리.
   아아, 가엾어라 불행한 여인.
아이들 (하나씩) 아아, 어떡하면 좋아, 어떻게 달아날까, 어머니의 손을. 나도 모르겠어, 형. 아아, 우리는 죽는다.
코러스 (저마다) 안으로 들어가요. 저 아이들을 살려 줍시다.
아이들 (하나씩) 제발 부탁이에요. 살려 주세요. 어서요. 아아, 칼이 다가와요.
코러스 (문간으로 달려가서 저마다)
   모진 사람, 철석(鐵石)과도 같은 마음.
   제가 낳은 자식을
   제 손으로 죽이다니.

귀여운 자식을 제 손으로 없앤 여자는
　　옛부터 오직 한 사람뿐이라던데.
　　제우스 신의 마나님인 헤라님에게
　　내쫓기어 정신이 돌아버려
　　방랑의 길을 떠났던 그이는
　　가엾게도 자식을 죽인 죄 때문에
　　망망대해에 몸을 던져
　　스스로 죽인 두 아이의 뒤를 쫓았다던가.
　　세상에 이보다 더 무서운 일이 또 있으리요.
　　괴로운 건 남의 아내된 신세인지라
　　그 얼마나 인간 세상에 숱한 재앙을 낳았던가.

　　이아손, 하인들을 데리고 등장.

이아손　이 집 앞에 서성거리는 여인들이여, 이 끔찍한 짓을 저지른 메디아는 아직도 집 안에 있느냐? 아니면 도망쳐 버렸느냐? 왕가에 저지른 중죄, 그 죄값을 면하기 위해서는 땅 속으로 숨어 버리든가, 날개가 돋쳐 하늘 높이 날아오르기라도 해야 면할 수 있을 게다. 영주님을 살해하고도 무사히 이 집을 빠져 나갈 수 있을 줄 아느냐. 그보다도 마음에 걸리는 것은 그 계집보다 아이들의 일이로구나. 그 계집에게는 해를 입은 자들이 응분의 보복을 하겠지. 내가 온 것은 아이들의 목숨을 구하기 위해서이다. 신도 두려워 않는 어미의 무도한 행위에 대한 보복으로 왕가 사람들이 아이들을 해칠까 두려워서 말이다.
코러스 대장　딱도 하시지, 이아손 서방님. 당신의 불행이 얼마나 심한지도 모르고 계시는군요. 어떻게 그런 말씀을 하고 계실 수 있을까요.
이아손　그게 무슨 소린가……. 내 목숨이라도 노리고 있단 말인가?
코러스 대장　아이들은 이미 죽었습니다, 그 어미의 손에.
이아손　아, 이게 웬 말인가? 이 몸도 파멸이로구나…….
코러스 대장　아이들은 이미 이 세상 사람이 아니에요.
이아손　어디서 죽였단 말인가? 집 안에선가, 아니면 밖에선가.

코러스 대장 문을 열어 보시면 아이들의 시체가 보일 거예요.
이아손 (문을 향해) 냉큼 문을 열어라. 너희들, 어서 빗장을 벗겨라. 두 가지 부정(不淨)한 꼴을 보려는 거다. 죽은 아이들과 그 계집……. 이년만은 가만두지 않겠다.

그러나 아무도 문을 열어 주는 자가 없으므로 하인들과 함께 억지로 문을 열려고 한다. 이때 메디아, 용이 이끄는 수레에 올라 위쪽에 나타난다. 아이들의 시체를 안고 있다.

메디아 왜 그렇게 문을 흔들고 빗장을 벗기려 하는 거죠? 아이들의 시체와 일을 저지른 나를 찾아내려고 그러시는군요. 그런 일은 그만두는 게 좋을 거예요. 내게 할 말이 있거든 그냥 말을 해 보세요. 나를 잡으려 해도 이미 소용없어요. 이런 수레를 아버지의 아버지 되시는 해의 신께서, 적의 손에서 벗어날 수 있는 방편으로 나에게 주셨으니까요.
이아손 오, 이 고약한 사람 같으니. 나뿐 아니라 하늘의 모든 신들, 그리고 이 세상 사람이란 사람들에게 모조리 천하에 없는 미움을 받아 마땅한 계집 같으니라고. 어미된 몸으로 제가 낳은 자식에게 칼질을 하여 나를 살 보람도 없이 자식 없는 신세로 만들다니. 끔찍스러운 짓을 저지르고도 감히 하늘을 우러르고 땅을 굽어보며 부끄러워할 줄 모르다니. 죽어 없어지거라.

　이제야 깨달았다. 그때는 몰랐었지만. 아비를 배반하고 잔뼈가 굵어진 고향 땅을 저버린 그대를 무서운 화근인 줄도 모르고 외지에서 이 그리스 땅 내 집으로 데려왔을 때엔 몰랐었지만. 그렇다, 그대에게 붙어다니는 원령(怨靈)을 내 위에 신들께서 내리신 것이다. 뱃머리가 아름다운 아르고 호에 오를 때, 그대는 집안에서 육친인 남동생을 죽이지 않았던가. 그것이 바로 죄의 시작이었어. 그래서 지금, 내 아내가 되어 내 자식까지 낳고서도 채워지지 않는 사랑 때문에 그 자식들을 죽인 것이다. 감히 이런 짓을 한 여자는 이제껏 그리스 천지에는 없다. 그 숱한 여자들을 제쳐 두고 하필이면 나는 그대를……, 인간의 여자가 아닌 암표범, 시칠리아 바다에 사는 여괴(女怪) 스킬라[*14]보다도 사나운 천성을 가진 그대를 아내로 맞아 가증스러운 화근의 인연을 맺었던 것이었을까. 아무리 욕을 할지라도 그대는 대꾸도 하지 않으리라. 그 뻔뻔스럽고 철면피 같은 그대의 심보이니, 꺼져 없어져라. 비열하고 자식을 죽인 피에 젖은 인간아. 나는 내 운명을 혼자 슬퍼할 뿐이로다. 새아내와의 즐거운 꿈도 사라졌고, 내가 낳아 기른 자식들의 살아 있는 모습과 말을 주고받을 수도 없게 되었으니. 아, 이젠 자식 없는 신세가 되어 버렸구나.

메디아 얼마든지 이제 그 말에 대꾸를 해 드릴 수 있어요. 나에게서 어떤 은혜를 입었으며, 그 갚음으로 어떤 행동을 당신이 하였는지, 아버지이신 제우스님께서 모르신다면요. 나와의 인연은 헌신짝 버리듯 저버리고 나를 조롱거리로 삼으면서 자기는 즐거운 생활을 보내려 들다니, 천만의 말씀이지. 공주도, 당신 장인인 크레온도 나를 이 땅에서 추방하고 무사할 줄 알았던가요? 좋아요, 얼마든지 마음대로 불러요. 암표범도 좋고 시칠리아의 스킬라도 좋으니 마음대로 불러요. 당신을 마음껏 때려부수어 놓았으니까요.

이아손 그렇게 말하는 그대 역시 슬플 것이고 불행하리라.
메디아 기꺼이 괴로워하겠어요. 당신한테 조롱만 받지 않는다면.
이아손 오오, 아이들아, 왜 이런 혹독한 어미를 만났느냐.
메디아 아비의 죄로 죽음을 당한 거예요, 이 아이들은.
이아손 내 이 오른손이 아이를 죽이다니?
메디아 당신의 그 무례함과 새장가가 원인이죠.
이아손 그걸 그대가 시기했기 때문이지.
메디아 그 꼴을 당하고도 마음 편할 여자가 어디 있을까.
이아손 겸손한 여자라면 있다마다. 그대 생각에는 나쁘게만 보이지만.
메디아 아이들은 이제 죽고 없어요. 미안하게 되었군요.
이아손 여기 있지 않느냐! 아, 한심하구나. 그대의 머리에 저주가 내리리라.
메디아 어느 쪽이 나쁜가는 하느님이 아실 걸.
이아손 아시고 말고. 저주스러운 그대의 마음을 어찌 모르실까.
메디아 마음대로 미워하구려. 당신이 짖어대는 소리는 이제 듣기도 싫으니까.
이아손 나도 마찬가지. 헤어지는 것쯤 쉬운 일이지.

메디아 나 역시 헤어지는 게 소원이에요. 다른 청이라도 있거든 말해 보세요.
이아손 그 시체를 매장하게 해 다오. 실컷 곡이라도 하게 해 다오.
메디아 그건 안 돼요. 원수들이 무덤을 파헤쳐서 아이들의 시체에 욕을 가하지 못하도록 산정(山頂)에 진좌해 계시는 하느님의 신역으로 데리고 가서 내 손으로 묻어 줄 테니까요. 그리고 이 코린토스의 땅에는 끔찍스럽게도 자식을 죽인 죄의 더러움을 씻고자 그 보상으로 이제부터 해마다 엄숙한 제전(祭典)을 올리도록 할 거예요. 이 몸은 아테네 땅으로 가서 판티온의 아드님인 아이게우스님 집에서 같이 살게 될 것이고요. 당신은 아르고호의 부서진 조각에 머리를 부딪쳐 악인답게 응분의 비참한 최후를 마치게 될 거예요. 이쯤되면 나와의 인연의 종말이 얼마나 무서운가 뼈저리게 느낄 테니 어디 두고 봐요.

용의 수레, 서서히 움직이기 시작한다.

이아손 그러는 너야말로 아이들의 복수의 원령과 피에 주린 디케 신이 그냥 두지 않을 것이다.
메디아 대체 어느 하느님이 당신 말을 들으실까. 맹세를 어긴 사기꾼인 당신의 말을.
이아손 이 천하에 고약한 계집.
메디아 집에 돌아가서 아내나 묻어 주시지.
이아손 두 아이들을 잃은 몸…….
메디아 진정한 슬픔은 늙어서야 뼈에 사무칠걸.
이아손 오오, 소중한 자식들, 사랑스러운 내 자식들아.
메디아 소중히 여긴 건 나예요.
이아손 그렇다면 왜 죽였지?
메디아 당신을 괴롭히기 위해서.
이아손 아, 하다못해 아이들의 귀여운 입에 입이라도 맞추고 싶구나.
메디아 이제와서 새삼스레 아이들이 귀엽다는 말을 잘도 하는구려. 전에는 버려두고 거들떠보지도 않더니.

이아손 제발 부탁이니, 아이들의 그 보드라운 살을 만지게 해 다오.
메디아 안 돼요. 아무리 사정해도 소용없어요.

   메디아가 탄 수레, 점점 멀어져 간다.

이아손 제우스님, 들어 주소서.
     이처럼 박대를 받고
     자식을 죽인 얄미운 암표범으로부터
     당하는 이 모진 수모를.
     비록 자식은 잃었을망정
     될 수 있는 한 그 박명함을 울어 주고 싶건만
     신들께서도 굽어 살피소서, 자식 죽인 계집을.
     저에게 시체를 만지지도 못하게 하고
     장사조차 지내지 못하게 하나이다.
     이런 자의 손에 걸려 무참하게 죽을 바에야
     차라리 애당초 태어나질 말 것을. 아아, 불쌍한 아이들아.

   이아손, 이렇게 말하고 땅에 엎드려 운다.

코러스 (떠나가면서)
     이 세상 모든 일의 근원이로다,
     올림포스에 계신 제우스 신은,
     신들은 인간의 생각을 넘어
     모든 일을 이룩하시노라.
     인간이 생각한 일을 이루어 주시지 않고
     신명(神明)께서는 생각하지 않은 일은 이루시노니,
     이 사연 또한 그렇게 일어났노라.

〈주〉
*1 부딪치는 바위 : 흑해 어귀에 있으며 물살이 센 곳. 흔히 쌍둥이섬으로 알려져 있으며,

물 위에 떠 있는 것처럼 보이는 섬인데, 글자 그대로 서로 부딪치는 것으로 여겨지고 있었다.
* 2 펠리온 산 : 테살리아에 있는 산. 지금도 나무가 무성하다.
* 3 페이레네의 성스런 샘 : 코린토스의 유명한 샘.
* 4 동생을 죽이고 : 메디아는 고향을 버리고 떠날 때 남동생 압시르토스를 죽여 갈가리 찢은 시체를 버리고, 추적자들이 그 시체 조각을 주워 모으고 있는 동안에 달아났다고 한다. 이 말에 대한 언급은 뒤에서도 볼 수 있다.
* 5 헤카테 : 본디 달의 여신. 따라서 아르테미스와 혼동되는 수도 있다. 또 영혼의 세계나 마술의 신이기도 해서 마술사로서의 메디아에게 공경받고 있다.
* 6 태양의 신 : 메디아의 아버지 아이에테스는 헬리오스(해의 신)의 아들이다.
* 7 두 개의 바위 : '부딪치는 바위'를 뜻함. 주 1 참조.
* 8 불 뿜는 황소~ : 황금 양털을 되찾는 조건으로 이아손에게 주어진 과제.
* 9 자기 딸들의 손에 죽는 : 펠리아스에 대한 메디아의 복수. 다시 젊어지게 하는 방법이라고 속여 펠리아스의 딸들에게 아버지를 토막내어 솥에 삶게 하였다.
* 10 오르페우스 : 유명한 전설적인 시인이며 악인(樂人).
* 11 키프리스 : 여신 아프로디테의 별명.
* 12 판 신 : 이런 종류의 갑작스러운 발작은 판 신의 소행에 의한 것이라고 생각되고 있었다.
* 13 발이 빠른~ : 왕복할 때마다 코스를 끝까지 달리지 않고 자꾸자꾸 많이 남기고 달리면, 달리는 부분이 차츰 줄어들어 코스의 복판이 최종점이 됨.
* 14 스킬라 : 메시나 해협의 괴물. 여섯 개의 머리를 가진 이 괴물은 가까이에 지나가는 선원들을 잡아먹었다. 본디는 사람으로서 여자였다고도 한다.

Trojan Woman
트로이 여인들

　오늘날 전해지는 그리스 비극 30여 편 가운데에서도 《트로이 여인들》만큼 절망적이고 철저하게 구원이 없는 작품은 그 예를 찾아볼 수 없다. 아리스토텔레스가 '가장 비극적'이라고 부른 작가의 역량을 여기서 볼 수 있는 것 같다. 그러나 읽는 이에게 거의 육체적인 고통마저 느끼게 할 만큼 암담한 이 비극이 그 전편에 서정적인 아름다움으로 가득차 있다는 것을 부정할 수 있는 사람이 있을까. 한 유명한 비평가의 말을 빈다면, '가능한 모든 불행의 두려움이 모두 사라진 뒤에 찾아오는 일종의 평화, 아니 영광이라고도 부를 수 있는' 그 무엇인가가 이 괴상한 아름다움을 내뿜고 있다고나 할까.

　그리스 역사를 읽은 이……라기보다 차라리 투키디데스를 읽은 적이 있는 사람은 기원전 415년이 아테네에 중대한 전환기의 해였음을 알고 있을 것이다. 운명적인 시켈리아(시칠리아) 원정이 결정되어 머지않아 전멸할 대함대가 페이라이에우스 항구를 떠나간 것은 《트로이 여인들》이 상연된 지 겨우 몇 달 뒤의 일이었다. 그리하여 10년 뒤에 올 아테네의 패전은 바로 이때에 결정되었다고 할 수 있다. 또한 이보다 앞서 몇 달 전에는, 역시 투키디데스의 독자에게 가장 인상적인 사건 가운데 하나일 멜로스 섬의 대학살이 일어나고 있다. 중립을 바란 이 작은 섬을 아테네는 부당하게도 공략하여 남자들을 몰살하고 부녀자를 모조리 노예로 팔아넘기는 포학을 저질렀다. 아테네의 뜻있는 사람들이 이 비인도적인 행위에 대해 비난을 퍼부었을 게 틀림없으므로, 에우리피데스의 《트로이 여인들》 집필의 직접적인 동기를 여기서 구하는 견해도 십중 팔구는 옳을 것이다. 시인은 트로이 삼부작을 통해 조국의 무도한 행위에 대한 항의와 경고를 했던 것이고, 또 역사가 투키디데스는 이 신을 두려워하지 않는 포학함에 대한 신의 징벌을 시칠리아 원정의 실패에서 인정한 것으로 생각된다.

　이와 같은 정황 아래 탄생한 《트로이 여인들》이 유래없는 고뇌와 절망적인 비극으로 이루어진 것은 당연한 일이다.

에우리피데스의 평화에 대한 강렬한 소망은 지금까지 남아 있는 작품에서도 군데군데에서 볼 수 있으며, 또한 잃어버린 작품의 단편(斷片)에도 그러한 구절에서도 몇몇 남아 있다. 특히 유명한 것은 '니키아스의 강화'가 맺어졌을 때 적과 아군 쌍방에 대해 합창을 했다는 《엘렉테우스(잃어버린 작품)》 속의 '평화의 노래'인데, 그것은 플루타르코스의 《니키아스전》 속에 기록되어 있다. 에우리피데스가 아르키비아데스와 처음에 친했다는 것은 사실인 것으로 보이며, 아르키비아데스가 올림피아 경기의 전차 경쟁에서 우승했을 때, 에우리피데스가 그를 위해 썼다는 핀다로스식 승리의 축가가 몇 줄이 남아 있다. 시인은 아르키비아데스를 페리클레스의 후계자로 보고 큰 기대를 걸었던 모양인데, 그 기대는 곧 어긋나고 말았다. 멜로스 섬의 학살에서도 아르키비아데스는 지도자적인 입장에 있었던 것이다. 따라서 베토벤이 나폴레옹에게 느꼈던 것과 같은 환멸을 에우리피데스는 아르키비아데스에게서 맛보아야 했던 것이다.

《트로이 여인들》은 기원전 415년 봄에 아테네에서 처음으로 상연되었다. 《알렉산드로스》《팔라메데스》와 함께 삼부작을 이루었으며, 사티로스 극은 《시시포스》였다. 이 때의 1등상은 크세노크레스라는 작가에게 빼앗기고, 에우리피데스는 2위를 감수하지 않으면 안 되었다. 《알렉산드로스》《팔라메데스》 두 작품은 흩어져 조각조각밖에 전해지고 있지 않으며, 사티로스 극에 이르러서는 거의 완전히 없어졌다. 삼부작이 모두 트로이 전설에서 소재를 골랐으며, 특히 3편이 어느 정도 유기적인 연결로 맺어지고 있음을 엿볼 수 있다. 이러한 형식이 그리스 비극에 있어서의 삼부작의 본디 상태였음은 이미 알고 있는 것이나, 소포클레스가 나타난 이후로는 점차 지켜지지 않게 되었던 것도 사실이다. 물론 이 트로이 삼부작이 아이스킬로스의 《오레스테이아》 삼부작만큼 긴밀한 줄거리의 일관성을 가지고 있었다고는 여겨지지 않는다. 그러나 어쨌든 에우리피데스가 비교적 그의 늘그막에 고전적인 형식에 따라 극작을 했다는 것은 그에게 있어 눈길을 끌 만한 점이라 할 것이다.

제1곡은 알렉산드로스 파리스가 주인공이다. 트로이 전쟁의 근본 원인이 된 트로이 왕자 파리스의 숙명적인 탄생과, 이데 산 속에 버려졌으나 양치기가 주워서 길러 주는 바람에 다시금 운명의 장난으로 트로이로 돌아갔다가, 파멸의 원인이 되는 이야기를 주제로 하고 있다. 제2곡은 트로이 전쟁 중의 한 삽화로서, 그리스군 장수 팔라메데스가 그의 평화적이고 문화적인 성격에도 불구하고 간웅(奸雄) 오디세우스의 질투를 사게 되어 비명의 죽음을 당하는 이야기이다. 《트로이 여인들》은 삼부작의 끝작품에 해당하며, 트로이 성이 함락된 바로 뒤 트로이 부녀자들의 비참한 운명을 그리고 있다. 특히 왕비 헤카베를 중심으로 그녀 가족들이 처참한 처지가 차례로 펼쳐져 나가는 것이다.

　극은 전통적인 양식에 따라 포세이돈이 먼저 머리말을 이야기한다. 그러나 뒤를 이어 아테나가 포세이돈과의 대화 형식으로 머리말을 이어나가는 것은 좀 새로운 수법이라 할 수 있을 것이다. 코러스의 등장과 함께 극의 본줄거리가 시작되는데, 이 극의 뚜렷한 특질로서 주목할 만한 것은, 헤카베가 전편을 통하여 줄곧 무대 위에 있는 것, 바로 스타시몬(코러스가 노래를 부르는 부분)이 진행되는 동안에도 퇴장하지 않고 머물러 있는 것이다. 이 점에서 소포클레스의 《오이디푸스 왕》과 같은 복선적인 내용 구조와는 완전히 대조적으로 액션이 단선적으로 진전되어 나간다. 먼저 여인들이 섬겨야 할 주인의 이름이 포고되는데, 헤카베가 가장 싫어하는 오디세우스에게 배당되었다는 것이 그녀에게 첫째가는 타격이 된다. 이어서 반은 미치고 반은 제정신인 왕녀 카산드라의 이상야릇하게 쾌활한 춤과 말이 암담한 분위기 속에서 더한층 처참함을 느끼게 한다. 다음 며느리인 안드로마케와 손자 아스티아낙스의 이별은 가장 서정적인 장면인데, 헤카베의 비운은 깊어져 갈 뿐이다. 이에 이어지는 헬레네와 메넬라오스의 등장은, 이 부정한 여인의 처형을 통해 겨우 근심 걱정의 일부를 풀 수 있다는 희망을 헤카베에게 주지만, 이 기대도 순식간에 깨지고 만다. 희화화된 메넬라오스 속에서 어쩌면 시인의 스파르타에 대한 적의와 신랄한 풍자를 읽을 수도 있을 것이다. 사랑하는 손자를 잃은 뒤 모든 희망을 잃은 노파는 불 속에 몸을 던지려다가 그것도 이루지 못하고 암담한 미래를 향해 그리스군에게 끌려간다.

나오는 사람

포세이돈
아테나
헤카베　트로이의 여왕, 죽은 프리아모스의 왕비
코러스　포로가 된 트로이의 여인들
탈티비오스　그리스군의 포고인
카산드라　트로이 왕녀. 헤카베 의 딸, 예언자
안드로마케　죽은 헥토르의 왕비
메넬라오스　스파르타 왕
헬레네　메넬라오스의 왕비였으나, 트로이의 왕자 파리스에게 유괴되어 트로이에 머문다. 트로이 전쟁의 원인이 되는 인물

무대

먼동이 트기 전 트로이 성 밖의 그리스군 진영. 트로이 함락 직후의 정경이다. 천막 안에는 포로가 된 트로이 여인들이 수용되어 있다. 트로이의 왕비였던 헤카베만이 혼자 밖에 나와 슬픈 나머지 땅바닥에 꿇어 엎드려 비탄에 젖어 있는 모습이 보인다.

바다의 신 포세이돈 등장.

포세이돈 나는 바다의 신 포세이돈. 네레우스의 딸들(바다의 님프들)이 발걸음도 가볍게 우아한 군무를 추는 아이가이오스(에게 해)의 깊은 바다를 떠나 여기에 왔다.

그 옛날 이 트로이 땅에 포이보스(아폴론)와 내가 힘을 합쳐 규격도 정확하게 돌 성벽을 둘러싼 이후, 이 프리기아[*1] 땅에 대한 사랑은 한결같이 내 마음을 떠난 적이 없다. 그 고을이 그리스인의 칼날에 함락되어 이제 잿더미가 되고 말았다. 파르나소스의 기슭, 포키스 땅에 사는 에페이오스라는 자가 팔라스(아테나의 별칭)의 조언으로 목마를 만들어 여기에 무사(武士)들을 가득 실어 성 안에 들여보낸 것이 트로이가 파멸한 원인이 되었다.[*2]

신사(神祠)의 뜰은 이미 인기척 하나 없고, 신들의 자리는 선혈로 물들어 있다.

제우스의 제단 밑 계단에는 프리아모스의 숨진 모습이 보인다. 수많은 황금, 그리고 트로이 성에서 거둔 숱한 전리품들이 그리스군의 배로 운반되어 간다. 뱃머리에는 그리스 병사들이 이 성을 함락시키고자 조국을 떠난 이래 이제 10년만에 처자를 다시 만나게 되었다는 기쁨에 넘쳐 순풍이 불어오기를 기다리고 있다.

그런데 나는 아르고스[*3]의 헤라와 아테나가 힘을 합쳐 프리기아인을 공략하여 패배한 이상, 이름 높은 이 일리온과도, 또 나의 제단과도 마지막 이별을 고해야겠다. 일단 성이 함락되어 황폐해져 버리면 신을 섬길 도리도 없거니와 신들 또한 그걸 바라지도 않는다.

사로잡힌 여인들이 새 주인에게 분배되기를 기다리면서 슬피 울부짖는 저 처량한 목소리로 진동하는 스카만드로스 강.[*4] 어떤 여인은 아르카디아, 어떤 여인은 테살리아, 또 어떤 여인은 아테네의 테세우스의 아들들에게 종으로 배당되었다. 아직도 주인에게 배당되지 않은 여인들은 이 천막 안에 남겨져 있다. 라코니아(스파르타)의 틴다레오스의 딸 헬레네도 물론 포로로 이 여인들 속에 끼어 있다.

세상에 둘도 없이 가엾은 여인의 모습을 보고 싶은 자는 성문 앞에 엎드려 잃어버린 수많은 생명을 위해 눈물도 말라버릴 만큼 애통해하는 헤카베의 모습을 보라. 그녀의 딸 폴릭세네는 방금 아킬레우스의 묘 앞에서 애처롭게도 젊은 목숨을 잃었고, 프리아모스와 그의 아들들도 이미 죽고 없으며, 또 아폴론조차도 영묘한 예언의 재능을 허락해 주고 끝끝내 손대지 않았던 처녀 카산드라를, 아가멤논은 신도 두려워하지 않는 무엄한 대담성으로 무자비하게 강제로 제 첩을 삼으려 하고 있다.

지난날에는 그토록 번영하던 고을이여, 훌륭하게 구축된 성이여, 이제는 영원히 사라졌구나. 제우스의 딸 팔라스(아테나)가 그대를 멸망시키지만 않았던들 아직도 튼튼하게 우뚝 치솟아 있었을 것을.

여신 아테나 등장.

아테나 아버지와 가장 가까운 혈연 간이며,
특히 모든 신들의 공경을 받고 있는
위대한 신 포세이돈이여, 이제까지의 다툼을 쓸어 버리고 이야기하는 것을 용서하시겠습니까?
포세이돈 좋고말고, 아테나여. 혈연 간이라는 것은 서로를 연결하는 영묘한 힘이 있는 것이지.
아테나 너그러우신 마음 고맙게 생각하나이다. 지금 여기서 말씀드리고자 하는 것은 당신에게나 저에게나 크게 관계가 있는 일이지요.
포세이돈 설마하니 신들의 결정된 의견이라든가, 이를테면 제우스 신의 발의(發意)라든가, 혹은 다른 신의 의향 같은 것은 아니겠지?
아테나 천만에요. 그런 것이 아닙니다. 제가 말씀드리는 것은 지금 우리가 딛고 서 있는 이 트로이에 관한 일. 가능하다면 당신의 힘을 빌고자 온 것입니다.
포세이돈 이처럼 타 버린 폐허를 보니 지난날의 증오도 없어지고 동정심이 생겼단 말이오?
아테나 먼저 중요한 이야기로 들어가겠습니다. 제 계획에 참가하시어 힘을 빌려 주실 생각이 있으신지요?
포세이돈 기꺼이 힘이 되겠소. 그러나 먼저 그대의 계획을 듣고 싶구려. 그건 그리스군에 관해선가, 트로이인에 관해선가 말이오.

아테나 지난날의 적, 트로이인의 편이 되어 그리스군의 귀로에 뼈아픈 타격을 주었으면 합니다.

포세이돈 이건 또 어이된 감정의 변화요? 그래서는 덮어놓고 미워했다 사랑했다 하는 것으로밖에 안 보이는데.

아테나 그렇다면 나와 내 신전이 심한 치욕을 받은 것을 모르고 계십니까?

포세이돈 그건 아이아스가 카산드라를 강제로 그대의 신전에서 끌어 내려던 것을 말하는 거겠지.

아테나 그런데도 그리스인들은 그것을 말하려고도 나무라려고도 하지 않았지요.

포세이돈 그러나 그들이 일리온(트로이)을 함락시킨 것은 그대의 힘에 의한 것일 텐데…….

아테나 그래서 당신의 힘을 빌려 그들을 혼내 주고 싶습니다.

포세이돈 그대의 소원대로 힘을 빌려 주리다. 그래, 그대의 계획이란?

아테나 그들의 귀로에 막대한 타격을 주었으면 합니다.

포세이돈 그들이 육지에 있는 동안이요, 아니면 바다를 건널 때를 말하는 거요?

아테나 일리온을 떠나 고국을 향해 바다를 건널 때를 노립니다. 먼저 제우스가 하늘을 흐리게 하는 회오리바람을 일으켜서 비와 우박을 억수같이 퍼붓게 할 것입니다. 제우스의 번갯불을 빌려서 그리스의 배들을 불태워 버릴 약속도 되어 있습니다. 다음에는 포세이돈이여, 당신께서 에게 해를 폭풍과 성난 파도로 뒤엎어 주셨으면 합니다. 에우보이아 해협을 시체로 뒤덮어서 그리스인들에게 이후부터는 내 제단을 존중할 뿐 아니라 다른 신들도 존경해야 한다는 것을 깨닫게 해 주셨으면 합니다.

포세이돈 알았소이다. 내가 돕겠다고 결심한 이상 더 말할 것도 없소이다. 에게 해를 뒤덮고, 미코노스 해안, 델로스의 바위, 그리고 또 스키로스, 렘노스의 섬들, 카파레우스 곶[*5]을 시체로 뒤덮어 주겠소. 그러니 그대는 올림포스로 돌아가서 부친되는 제우스 신에게 번갯불의 화살을 받아가지고 언제 그리스군이 배를 출항시킬 것인지 지켜보고 있도록 하오.

아테나 퇴장.

　　어리석은 인간들 같으니. 도시를 파괴하고 신의 제단과 죽은 자의 성스러운 무덤을 황폐케한 죄로 이번에는 그들 스스로 멸망할 차례가 온 것이지.

포세이돈 퇴장.
땅에 엎드려 있던 헤카베, 몸을 일으키고 비탄의 노래를 부른다.

헤카베　(스스로에게 이르듯이)
　　일어서자, 불운한 헤카베여, 땅에 수그린
　　머리를 들고 고개를 들라.
　　이미 트로이는 없으며,
　　우리 또한 이제 트로이의 주인이 아니로다.
　　운명이 바뀌는 대로 참고 견디어라.
　　운명이 물결치는 대로 흘러가거라.
　　변천되는 숙명에 생명의 배를 맡기고
　　격랑(激浪)에 거스르질랑 아예 말아라.
　　아아,
　　나라를 잃고 남편과 자식들을 잃은 가엾은 내가
　　비탄에 젖은들 무엇하랴.
　　조상들이 쌓은 영광도 지금은 사라지고
　　허무하여라.
　　이야기하자니 할 길 없고
　　침묵을 지키기에는 너무나 애달픈 이 슬픔이여.
　　돌바닥에 이 몸을 눕히노라.
　　혹독한 나의 운명이여.
　　이 머리의 아픔, 관자놀이는 욱신거리고
　　옆구리가 결리는 고통
　　견디다 못해 허리를 꼬며 뒤척이다가

끝없는 슬픔을 노래하는,
박복한 자의 풍류는
가락도 맞지 않는 비운의 한탄뿐.

발이 빠른 헬라스의 배들이여, 그대들은
트로이의 성스러운 도시를 공략하고자
보랏빛 바다를 헤치고
배가 닿기 좋은 헬라스 항구를 떠나
우렁찬 피리가 연주하는
저주스러운 군가와 함께
이집트 풀로 꼰 뱃줄을
트로이 포구에 매었노라.
메넬라오스의 흉측한 아내
스파르타의 오욕이라 할 수 있는
헬레네를 되찾고자.
그 여자야말로 오십 명 아이들의 아버지
프리아모스의 목숨을 빼앗고
이 불쌍한 헤카베를
비운의 심연에 떨어뜨렸다.
아아, 하필이면
아가멤논의 천막 곁에
쓰러졌다가
이 늙은 몸이 노예가 되어
끌려가다니.
죽어 간 사람들의 명복을 빌기 위해
머리를 깎고.
청동 창으로 이름난 트로이인들의
불운한 아내들이여,
시집갈 희망이 끊어진 처녀들이여,
연기로 화한 트로이를 위하여

슬픔을 노래하자.
어미새가 새끼에게 노래를 가르치듯
내가 먼저 그대들 앞장서서
노래를 부르리니,
그 옛날
프리아모스 왕의 홀(笏)에 기대어
발걸음도 우아하게
프리기아의 가락에 맞춰
신을 찬양하는 노래를 이끈
그때와는 너무나 다른
슬픈 노래를.

포로가 된 여인들의 일부가 뒤쪽에서 나와 코러스를 이룬다.

제1 코러스 헤카베님, 무엇을 그렇게 소리 높이 부르짖고 계십니까? 도대체 어이된 일입니까. 천막 안에까지 슬픈 목소리가 들려와 천막 안에서 노예의 신세를 한탄하던 트로이 여인들은 무서움에 가슴이 찔리는 듯하였습니다.
헤카베 오오, 그대들인가. 저기를 봐요. 그리스 배 근처에서 벌써 선원들이 떠날 채비로 분주하구나.
제1 코러스 오오, 무엇을 하려는 것일까? 벌써 우리를 이 그리운 고국 땅에서 멀리 떨어진 곳으로 배에 실어 가려는 것일까요?
헤카베 분명한 것은 모르나 무엇인가 좋지 않은 일이 일어날 것만 같아.
제1 코러스 아아, 이런 모진 고생을 해야 하다니, 우리 트로이 여인들의 슬픈 운명. 여러분, 밖으로 나와 보세요. 그리스의 배가 귀국할 채비를 하고 있어요.
헤카베 오오, 제발 부탁이다. 미친 카산드라만은 밖으로 나오지 않게 해 주구려. 미친 꼴을 그리스인들에게 보인다는 것은 참을 수 없는 치욕, 내 괴로움이 더한층 늘어나는 느낌이 드니까. 아아, 이제 없어진 고국 트로이여, 그대의 비운도 비운이려니와, 혹은 싸우다가 죽거나 혹은 살아 있으면서 그대로부터 떠나가는 우리의 가혹한 운명을 생각해 다오.

배경으로부터 나머지 여자들이 나온다.

제2 코러스 오오, 왕비님. 당신께 물어보고자 떨리는 발길로 아가멤논의 막사에서 나왔습니다. 그리스인들이 불쌍한 우리의 목숨을 뺏으려는 것은 아닌지요. 아니면 벌써 선원들이 노저을 채비를 하고 있는 것인지요.
헤카베 나도 몸소리쳐지는 두려움 때문에 밤새 잠못 이룬 채 새벽부터 이렇게 나와 있는 거라오.
제2 코러스 벌써 그리스군의 포고인(布告人)이 왔었습니까? 아아, 우리는 누구의 노예로 배당될까요?
헤카베 그것이 결정되는 것도 이제 멀지 않았으리라.
제2 코러스 아아 끌려갈 곳은
　　아르고스일까, 프티오티스*6일까,
　　아니면 그 어느 섬일까.
　　고국인 트로이를 멀리 떠나서.
헤카베 아, 이 늙은 몸 어느 누구의
　　종이 될 것인가.
　　남을 의지하지 않고는 지낼 수 없는
　　송장이나 다름없는 이 꼴을 하고
　　문간을 지키는 노비가 되거나,
　　어린아이를 보살피는 유모가 되어
　　종노릇을 해야만 하게 되다니.
　　전에는 트로이 왕비로서
　　공경받던 이 몸이.
제2 코러스 아, 왕비님의 불운은
　　아무리 탄식하셔도 모자라실 것이오.
　　손에 익은 베틀도 이제는 소용이 없고
　　그리운 육친의 집을 보는 것도 이것이 끝이런가.
　　끝에 가선 더 쓰라린 운명이 우리를 기다리고 있겠지,

그리스인의 수청을 드는 일이.
아아, 얼마나 저주스러운 밤일 것인지.
아니면 페이레네의 성스런 우물*7을
길어 나르는 종이 될 것인가.
원컨대 유명한 테세우스의 나라
풍요한 아테네에 갈 수 있기를!
그 가증한 헬레네의 나라
에우로타스의 강물이 소용돌이치는 스파르타에 가서
조국의 원수 메넬라오스의 종이 되어
그를 섬기는 일은 없게 되기를.
그리고 올림포스의 기슭
페네이오스 강물이 맑아
땅이 비옥하다는 그 나라야말로
테세우스의 성스러운 도성,
아테네 다음가는 우리의 소망.
혹은 시칠리아 섬의 어머니,
에트나의 봉우리가 우뚝 솟은 불의
신의 나라는
페니키아인의 도성을 저 멀리 바라보는
덕망 높은 고장이라 들었다.
또 이오니아 해를 저어 나가면
얼마 안 가 아름다운 크라티스*8
강물에 혜택을 입는 나라가 있어,
백성을 잘살게 하는 그 영험한 물에
머리를 감으면 황금빛 머리
한층 더 윤기가 흐른다던가.

코러스 대장   그리스군 천막에서
포고인이 급히 오고 있구나.
무슨 또 새로운 소식일 테지.
어떤 소식일까, 걱정이 되네.

어차피 우리는
그리스군의 종 신세가 된 몸이지만.

오른쪽에서 포고인 탈티비오스, 병사들과 같이 등장.

탈티비오스 헤카베여, 그리스군의 포고인으로서 여러 번 이 트로이에 온 적이 있어 그대와는 구면인 탈티비오스요.
 기억하고 있을 것이오. 그대들에게 공식적으로 전할 말이 있어 이렇게 왔소.
헤카베 오오, 모두들 전부터 두려워하던 일이 드디어 닥쳐온 것 같구려.
탈티비오스 그대들의 운명은 이미 정해져 있소. 전부터 두려워하던 일이란 그걸 말하는 거겠지.
헤카베 아아, 그 정해진 고장이란 테살리아요, 프티아요, 아니면 카드모스*9의 나라인가요.
탈티비오스 그대들은 모두 함께 가는 것이 아니라 각기 다른 주인에게 배당되었소.
헤카베 누가 어디로 가게 되는지, 우리 가운데 좋은 제비를 뽑은 건 누구일까요?
탈티비오스 다 알고 있소만, 한꺼번에 묻지 말고 하나하나 물어 보구려.
헤카베 불쌍한 내 딸 카산드라는 누구의 것으로 정해졌는지 들려 주구려.
탈티비오스 아가멤논 왕께서 원하시어 데려가게 되었소.
헤카베 오오, 그렇다면 스파르타 태생의 왕비를 섬겨야 한단 말인가. 원통해라.
탈티비오스 그런 게 아니오. 왕의 수청을 드는 일이오.
헤카베 어쩌면, 아폴론을 섬기던 처녀가……. 황금빛 머리칼의 아폴론이 영원한 처녀성을 허락하신 카산드라에게 수청을 들게 하다니.
탈티비오스 신들린 처녀에게 왕은 홀딱 반하신 거요.
헤카베 아, 내 딸이여, 그대가 지켜온 고귀한 궁의 열쇠도 이제는 던져 버려라. 그리고 몸을 감싼 성스러운 옷도 이제는 벗어 던져라.
탈티비오스 왕의 잠자리 시중을 들게 된 것을 딸의 영광이라고는 생각지 않소?

헤카베 조금 전에 내 손에서 뺏아간 딸은 어디 있나요?

탈티비오스 폴릭세네 말이오? 아니면……

헤카베 그래요. 그 애는 누구에게 배당되었나요?

탈티비오스 아킬레우스의 묘를 보살피기로 되었소.

헤카베 맙소사. 묘지기로 만들려고 딸을 낳았단 말인가. 한데 그건 대체 어떻게 된 그리스의 관습인지, 아니면 법인지 말 좀 해 주구려.

탈티비오스 따님은 행복하다고 생각하시오. 지금은 아무 고민도 없이 지내고 있소.*10

헤카베 그게 무슨 소리요. 대체 살아 있기나 한 것이오?

탈티비오스 따님은 운명의 손으로 이 세상의 모든 고뇌로부터 구제되었소.

헤카베 그러면 용맹에 있어서는 비길 자 없는 헥토르의 아내, 불쌍한 안드로마케의 운명은?

탈티비오스 아킬레우스의 아드님이 원하여 데려가셨소.

헤카베 그렇다면 늙어서 지팡이 없이는 일어서지도 못하는 이 나는 대체 누구의 종이 되나요?

탈티비오스 이타카의 왕 오디세우스의 종으로 배당되었소.

헤카베 뭐라고, 이럴 수가! 오디세우스라고.
　　오오, 삭발한 이 머리를 치고
　　두 볼을 쥐어뜯고 싶은
　　이 슬픔이여.
　　이 무슨 비운의 팔자인가.
　　그 고약하고 간악한 사내의 종이 되다니,
　　정의의 원수, 독사와 같은 무법자.
　　여기서는 저쪽 말을 나쁘게 하고
　　저쪽에 가면 이쪽을 비방하여
　　정다운 사이를 이간질하여 증오를 가져오는
　　저 두 개의 혓바닥을 날름거리는 사내를 섬겨야 하다니.
　　오, 모두들 나의 비운을 함께 울어다오.
　　이보다 더 가혹한 불운이 또 있을까.

어쩌다 이같이 처참한 불행을,
내 운도 여기서 끝난 것 같구나.

코러스 대장 그래도 왕비님은 당신이 가실 곳이라도 아셨으니 그나마 다행한 일이라 하겠습니다.
저희는 대체 어느 그리스인에게 끌려갈 것인지 한심하기 짝이 없는 일입니다.

탈티비오스 거기 하인들, 급히 카산드라를 이리 데려오너라. 장군님께 인도해야 한다. 그것이 끝나면 다른 사람들에게도 각각 선택한 여인들을 넘겨 줘야 한다.
오, 천막 안에 횃불이 붉게 보이는 건 어인 일이냐. 설마하니 트로이 여인들이 천막 안에 불을 지른 것은 아니겠지? 막상 고국을 떠나 아르고스로 끌려가게 되자, 몸을 불태워 죽어 버리려는 마음이라도 먹었단 말인가. 자유의 몸으로 태어난 자가 종으로 끌려가게 되었으니, 견디어 내기 힘들 것은 당연한 일이다만.
여봐라, 문을 열어라. 빨리 열지 못하겠느냐. 여인들은 죽어서 구원될지 모르나 그리스군에게는 당치 않는 일이다. 더욱이 내 실수로 간주되어서는 큰일이로다.

헤카베 아니오, 불을 지른 것이 아니오. 내 딸 카산드라가 신들리어 달려오고 있는 것이오.

카산드라, 아폴론의 무녀복을 입고 횃불을 휘두르면서 춤추며 나온다.

카산드라 횃불을 높이 드니
신전은 낮과 같이 밝구나.
오, 히메나이오스,*11
낭군님께 행복 있으라.
또한 아르고스의 왕비와
시집 가는 나에게도 복이 있기를.
오오, 히메나이오스,
어머니께서는 돌아가신 아버지와 망한 조국을 슬퍼하시어

눈물에만 젖어 계시니
나 스스로 혼례의
횃불 높이 쳐들고
히메나이오스 신,
또한 헤카테*12의 신께 바치어
우리네 관습대로 신방을 밝히리라.
무용수들아,
발맞추어 춤을 추어라,
아버지의 더없는
행복을 축복하여.
우리의 이 춤은 성스러운 춤
그렇다면 아폴론이여, 월계수 우거진 성역(聖域)에
그대의 무녀의 혼례를 축복하여
스스로 춤을 다스리소서.
오, 히메나이오스,
어머니도 일어나 춤을 추세요.
제 발에 발맞추어
춤을 추세요.
그대들은 히메나이오스 신의 이름을 부르며
축복의 노래를 불러
이 신부를 축복해 다오.
프리기아의 처녀들이여,
내 낭군으로 정해진 분을
노래 불러 찬양해 다오.

코러스 대장 왕비님, 제발 미친 듯 춤추는 공주님을 만류하소서. 춤을 추며 저대로 그리스군 진지까지 갈까 두렵습니다.

헤카베 불의 신이여, 인간의 혼례에 불은 따르게 마련이라 하지만 이 또한 어이된 무정한 불이오니까. 오만 가지 우리의 소원을 모조리 불사르고 말았으니…… 가엾은 딸이여, 그대의 혼례가 그리스인들의 창칼 속에서 축복될 줄이야 꿈엔들 생각했으리오.

횃불을 이리 다오. 그렇게 미친 듯 춤을 추면 바로 들고 있을 수도 없을 테니. 이런 변을 당하고서야 제정신일 수 없는 것은 당연한 일이다. 가엾게도 너는 아직 제정신이 아니구나.

카산드라로부터 횃불을 뺏아 코러스 가운데 한 사람에게 준다.

이 횃불을 안으로 돌려보내고 다들 공주가 미쳐서 부르는 혼례의 노래에 눈물로 화답해 주오.

카산드라 어머니, 앞날을 축복하여 제 머리에 화환을 씌워 주시고, 적의 왕비가 되는 제 혼례를 부디 기뻐해 주세요.
만일 내가 머뭇거리는 기색이라도 보이거든 억지로라도 내쫓아 주세요. 아폴론이 진실로 계시다면 아카이아(그리스의 다른 이름)의 명성 높은 왕 아가멤논은 헬레네보다 더욱 불길한 왕비를 맞는 일이 될 것입니다. 반드시 그를 죽이고 그의 일족을 멸망시켜 돌아가신 아버지와 형제들의 원수를 갚고야 말겠어요.
비참한 이야기는 더이상 않겠어요. 제 목덜미가 그의 황천길의 동행이 되어 도끼에 피를 묻히고,*13 이 혼사로 자식이 어미를 죽여 아트레우스 집안을 뒤흔드는 온갖 소동은 도저히 입에 담을 수가 없군요. 조국 트로이는 그리스보다 행복한 나라였다고, 신들린 이 몸이지만 그 말만은 잠시 동안 제정신으로 돌아가 분명히 말씀드릴 수 있어요.
헬레네라는 단 한 여인에 얽힌 사랑 때문에, 그 여인을 되찾으려고 애꿎은 수만 명의 남자들을 잃은 그리스가 아닙니까. 지혜롭다고 명성도 높았던 왕이 동생의 처를 구하기 위해서 사랑스러운 제 자식을 희생시켰던 겁니다. 참으로 아무리 미워해도 못 다 미워할 여자 때문에 둘도 없는 보물을 잃었다고나 할까요. 그것도 강제로 겁탈이라도 당하여 끌려왔다면 또 모르되, 자진해서 불의를 범한 여인을 위해서라니.
제 나라 제 고을을 지키기 위해서라면 원통하지나 않을 것을. 고향 멀리 스카만드로스 강변에 쓸데없이 쓰러진 그리스 병사들은 귀여운 자식들의 얼굴도 보지 못하고, 아내의 손에 안겨서 묻힐 희망도 없이 낯선 이국 땅의 흙이 되어 간 것입니다. 고국에 남은 사람, 역시 이것에 못지않은 비참한 꼴로 남편을 잃은 아내는 독수공방을 하다가 과부로 늙어 죽고, 늙은 부모들은 오랜 세월 공들여 기른 자식들이 돌아올 귀환의 희망마저 잃은 채 죽어서 묻힌들 제사지내 줄 자식 하나 없는 처량한 신세, 이 얼마나 찬란한 전쟁의 결과입니까.

이밖에 여러 가지 추한 이야기는 더이상 말하지 않겠습니다. 원컨대 뮤즈 신께서도 좋지 않은 이야길랑 침묵을 지키소서.

반대로 트로이인들은 조국을 위해 목숨을 바친다는 더없는 영예를 얻었을 뿐 아니라, 싸움터에서 쓰러진 자들은 전우들에 의해 집으로 운반되어 후히 장례를 치루고 조상들이 잠든 땅에 고히 묻힐 수 있었습니다. 다행히 싸움터에서 죽지 않은 자들은 나날을 처자들과 함께 보내는 기쁨을 누릴 수 있었습니다. 그리스인들이 바라다가 얻지 못한 그 기쁨을 말입니다.

어머니께서는 헥토르의 운명을 슬퍼하시지만 이렇게 한 번 생각해 보세요. 헥토르가 유례없는 영예를 남기고 죽을 수 있었던 것은 그리스가 쳐들어왔기 때문이지요. 그렇지 않았더라면 그의 용맹도 빛을 보지 못했을 것입니다. 또한 파리스만 하더라도 보통 같으면 이름없는 처녀를 아내로 삼았을 것을 제우스의 딸을 아내로 맞았으니, 이 얼마나 다행한 일이겠습니까? 적어도 분별 있는 자는 전쟁을 피해야 합니다. 그러나 일단 싸움이 시작되면 나라를 위해 깨끗이 죽는 것이 남자의 도리요, 비겁하게 죽어 감은 치욕이라 하지 않을 수 없습니다.

그러니 어머니, 조국의 운명도, 제 혼례도 슬퍼하실 것 없습니다. 이 혼례가 다시없이 좋은 기회이니, 어머니께나 저에게 가장 큰 원수인 그들을 보기 좋게 멸망시켜 보이겠어요.

코러스 자신에게 내리덮칠 재앙을 어쩌면 이렇듯 태평스레 말을 할 수 있을까요. 철없는 꿈 같은 말만 하고 계시네.

탈티비오스 아폴론의 신이 들리어 미쳤으니 할 수 없는 일이기는 하다. 그러나 그렇지만 않았더라면 개선을 앞둔 우리 장군들에게 그런 불길한 말을 했다가는 도저히 용납받지 못했을 것이다.

아무리 지체 높고 재치가 뛰어난 분이라도 결국 여느 여자와 다를 것이 없구나. 그리스군의 총대장, 그리고 아트레우스님의 피를 이은 아가멤논과 같은 분이 이런 미친 여자에게 홀리다니. 나같이 천한 졸개라도 이런 여자를 아내로 받아들이지는 않을 텐데. 트로이만을 찬양하고 그리스군에 대한 욕설은 참으로 가소로울 정도지만, 제정신이 아닌 자는 상대해 봤자 소용없는 일이니 흘려듣기로 하지. 그러면 대장님의 신부님, 배로 가실까요. (헤카베에게) 그대는 오디세우스님이 부르시는 대로 가도록 하오. 이 그리스군 가운데 어느 누구도 모르는 이 없는 현명한 부인으로 덕망 높은 왕비님*14 을 섬기게 될 거요.

카산드라 (차가운 웃음과 증오를 담고) 섬기다니, 그 말 잘 했구려. 그대들이야 말로 왕의 포고니, 나라의 포고니 하고 우쭐대며 다니면서 그야말로 충실하게 섬기고 있지 않은가. 이 얄미운 인간의 원수, 포고인들 같으니라고. 그대 말로는 어머니께서 오디세우스를 섬기게 될 것이라 하는데, 그렇다면 아폴론의 그 신탁은 어떻게 되는 거죠? 어머니께서는 이 땅에서 생애를 마치신다고 분명하게 계시가 있었단 말이에요. 이 이상 지나친 말은 삼가겠어요.

　어떤 운명이 기다리고 있는지도 모르다니, 오디세우스도 불쌍한 사내가 아닌가. 머지않아 우리 트로이인의 불행이 더 부럽게 느껴질 때가 올 거예요. 이미 오랜 세월을 이 트로이에서 보낸 다음, 다시 10년의 세월을 보낸 뒤 겨우 혼자서 고향으로 돌아갈 테니까요.*15 그 사이 몸서리치는 카리브디스가 사는 쌍둥이 바위를 피하면 산에 사는 사람을 잡아먹는 괴물 키클로프스, 사람을 돼지로 변하게 한다는 마녀 키르케 등 허구한 재난이 기다리고 있으며, 바다에서는 난파하고 연밥의 감미로운 맛에 취하여, 헬리오스의 성스러운 소를 잡은 죄 때문에, 그 살덩어리에서 나는 소리로 공포에 사로잡힐 거예요. 결국 생지옥에 떨어지는 것이며, 겨우 죽음의 강을 건너 집에 돌아가면, 거기서 또 수많은 재앙을 당해야만 할 거예요.

　하지만 여기서 오디세우스의 온갖 고난을 일일이 열거해 본들 무슨 소용이 있겠어요.

　(탈티비오스에게) 자, 빨리 데려가 줘요. 낭군님과 지옥에서 혼례식을 올리기 위해. 그리스군의 총대장으로 자기와 겨룰 자는 아무도 없다고 알고 있던 그가 세상에서도 가장 불쌍하게 죽어 가는 거예요. 그것도 낮을 피하여 유독 어두운 밤에. 그럼 내 몸은 옷이 벗겨진 채 낭군님의 몸 옆, 계곡에서 흐르는 시냇가에 버려져서 야수들의 밥이 될 거예요. 아폴론 신의 무

녀였던 이 내 몸이…….

 아, 어느 신보다도 사모하는 아폴론 신의 성스러운 표지, 이 머리의 댕기와도 작별인가. 더없는 기쁨에 충만하여 봉사하던 제전도 이제는 한낱 슬픈 추억. 내 살이 더럽혀지기 전에 이 머리를 잘라서 바람결에 아폴론 신께로 돌아가도록 날려보내자. 대장님의 배는 어디 있나요. 어느 배에 타야 하나요. 자, 빨리 바람이 바뀌기 전에 늦지 않게 떠나도록 해요. 그대들이 데려가려는 것은 카산드라가 아닌 복수의 여신임을 잊지 말아요. 그러면 어머니, 안녕. 제발 울지 마세요. 오오, 그리운 조국이여, 지금은 지하에 잠든 형제들, 그리고 아버지여, 머지않아 저도 곁으로 가겠습니다. 우리를 멸망시킨 원한의 아트레우스 집안을 파멸시키고, 승리의 노래를 부르며 저승으로 가겠어요.

카산드라, 탈티비오스 등과 같이 퇴장. 헤카베는 다시 땅에 쓰러진다.

코러스 대장 헤카베님의 시녀들이여, 왕비님께서 말없이 땅에 쓰러지신 것이 눈에 보이지 않나요. 빨리 일으켜 드려요. 늙으신 분이 쓰러져 계시는데도 그냥 내버려 두려는 건가, 눈치없는 사람들아. 자, 어서 똑바로 일으켜 드려요.

코러스로부터 몇 명의 여인이 나와 헤카베를 일으키려 하지만 헤카베는 거절한다.

헤카베 제발 이대로 내버려 둬요. 바라지 않는 일은 해줘도 기쁘지 않으니까. 도저히 일어나서는 견딜 수 없을 정도의 고통을 당하고 있어요. 이제까지도 그랬지만 앞으로도 이 고통은 끝이 없을 것이오.
 아아, 신들이여 굽어 살피소서! 믿을 수 없는 신들이라고 원망도 하였지만, 그래도 불행을 당하면 역시 신들의 이름을 부르지 않을 수가 없구나.
 우선 지난날의 갖가지 행복이나 이야기해 볼까. 오늘의 고통이 유독 뼈에 사무치게 느껴지지 않도록. 생각컨대 나면서부터 왕녀라 불리었고, 출가하면서는 왕비가 되어 세상에 뛰어난 아들딸을 가졌던 이 몸, 그 수를 자랑하는 것이 아니라 실로 트로이에 어깨를 나란히 할 자 없는 자녀들 이었다. 트로이뿐 아니라 그리스와 만족(灣族)의 나라를 더듬어도 이만한 자녀를 가진 어머니는 없을 것이다. 그 아들들이 애꿎게도 그리스군의 창살에 쓰러져, 아들의 무덤 앞에 이 머리칼을 잘라서 장사 지낼 겨를도 없이 아이들의 아버지, 내 남편 프리아모스의 최후를 당해야 했다. 그것도 인편에 전해 들은 것이라면 그나마 위안이라도 될 것을, 성이 함락된 그때 집안 제단 앞에서 무참히 살해된 광경을 이 눈으로 보아야 하게 되다니. 그리고 훌륭한 신랑을 골라 출가시키겠다고 고이 기른 딸들을 꿈에도 생각하지 못한 사내들에게 빼앗기고 말았다. 아마도 딸들을 다시 만날 희망은 영영 없으리라. 그리고 끝으로, 우리의 불행의 끝맺음이라고나 할까. 이 늙은 몸이 종이 되어 그리스로 끌려가게 되었구나. 늙은 몸으로 무엇보다도 견디기 어려운 온갖 노역(勞役)을 짊어져야 할 테지. 헥토르의 어미인 내가 문간에 서서 열쇠를 지키거나 빵을 구우며, 일찍이 이몸을 편히 뉘었던 호사스러운 이부자리 대신 땅바닥을 잠자리로 하여 늙은 등을 붙이고, 이미 걸레같이 된 이 몸에 다시 누더기를 걸치고서 영락한 꼴을 보여야 하겠지. 단 한 여인의 혼례로 이토록 고통을 겪어야 하다니. 이 무슨 원통한 일인가. 카산드라여, 신들과 더불어 환희의 춤에 도취하였던 그대가 처녀의 자랑을 버려야 하는 이 비운. 그리고 불쌍한 폴릭세네여, 그대는 지금 어디서 어떻게 지내고 있느냐. 이렇듯 이제는 그 많던 자식들 중 이 비참한 나를 부축해 줄 한 명의 아들도, 한 명의 딸도 남아 있지 않구나.

(곁에 있는 여인들에게) 그대들이 나를 일으켜 주는 것은 고마우나, 무슨 희망을 의지하여 일어나면 좋단 말인가. 이제까지는 트로이 성에서 온갖 호사를 다 하던 이 몸이 지금은 한낱 비천한 종으로 떨어졌으니, 차라리 어서 돌을 베개삼아 땅바닥에 누워서 눈물이 마르도록 울다가 지쳐서 죽고 싶을 뿐이다. 참으로 사람의 팔자가 좋고 나쁨은 생애를 마칠 때까지 헤아릴 길이 없구나.

여인들의 부축을 받아 헤카베는 몇 걸음 걸어가다가 다시 쓰러진다.

코러스 (노래)
　　뮤즈 신이여, 일리온의

추억도 아직 생생한 비운의 노래를
눈물로 노래하소서.
우리도 트로이의 노래를 부르리라,
우리에게 오늘의 비운을 가져온
네 개의 바퀴 달린 목마의 음모를.
황금의 장식으로 치장을 하고
옆구리엔 수많은 병사들을 숨기고
수레 소리도 요란하게
그리스인들이 성문 앞에
끌고온 그 목마를.
트로이인들은 성벽에 올라
황홀하게 바라보며 저마다 외쳤다네.
'오오, 마침내 우리의 오랜 고투도 이제 끝났다.
자, 그리스인들이 신에게 바친 이 목마를
우리의 여신 제우스의 따님에게 바치자.'
이 소리에 따라 연약한 처녀도,
그뿐이랴, 늙은이마저 달려나와,
기쁨의 노래와 더불어 그 목마를
파멸인 줄도 모르고
성 안으로 운반하였다네.

트로이인들은 너나 할 것 없이
성문 앞에 달려가서
그리스인들이 야생의 소나무를 파서
그 속에 저주스러운 칼날을 감춘 목마를,
트로이의 파멸을 불러오는 줄도 모르고
처녀 신에게 바치려고
웅성거렸네.
검은 배를 끌 때처럼
새끼줄을 목마에 휘어감고

바위 위, 팔라스 여신의 신전으로 날랐다.
이윽고 그곳에서 조국을 망치는
유혈의 참사가 벌어질 줄은 꿈에도 알지 못하고.
기쁨 속에 운반하고 나서
저녁놀이 깃들었다.
리비아의 피리 소리가
프리기아의 노래를 연주하니,
처녀들은 발소리도 요란하게 춤추며
흥겹게 노래불렀다.
집 안은 대낮같이 밝은 횃불,
그 불빛 앞의
난로에서 타는 불은
희미하게 조는 것만 같았지.

그때 마침 우리들은
산에 사는 여신이며 제우스의 따님
아르테미스를 축복하기 위해서
신전에서 춤을 추고 있었거늘,
별안간 일어나는 환호 소리는
순식간에 트로이의 구석구석에 울려퍼지고
어린아이들은 겁을 먹고
어머니의 옷자락에 매달렸었지.
복병(伏兵)들은 차례차례 목마에서 뛰쳐나와
싸움이 시작되니,
이것도 다 팔라스가 꾸민 음모.
제단은 트로이의 아들들의 피로 물들고
의지할 사람을 잃은
처녀들이 방 안에서 자른 검은 머리는
그리스인들의 승리의 영예,
트로이로서는 끝없는 원한의 표지건만.

이때 헥토르의 아내 안드로마케가 젖먹이 아스티아낙스를 안고 수레에 실려 등장. 그리스 병사들이 뒤따른다.

코러스 대장 헤카베님 보십시오. 안드로마케님이 낯선 수레를 타고 이 곳으로 옵니다. 헥토르님의 어린아기 귀여운 아스티아낙스도 품에 안겨 함께 오고 있습니다. 가엾은 부인, 수레에 실려 어디로 끌려가는 것일까요? 수레에는 헥토르님의 무기를 비롯해서 그리스인들이 약탈한 재물들이 실려 있는데, 아킬레우스의 아들녀석이 머잖아 고국에 돌아갈 때 트로이에서의 전리품이라고 고향의 신전에 바치려는 거겠지요.
안드로마케 싸움에 진 이상, 어디로든지 끌고 가는 대로 따라가는 수밖에 도리가 없지요.
헤카베 원, 이럴 수가……. *16
안드로마케 어머니, 어머니께서 슬퍼해 주시는 것은…….
헤카베 한심스러운 일이로다!
안드로마케 저의 괴로움과…….
헤카베 오, 제우스님,
안드로마케 불운을 생각해서 그러시는 거겠지요.
헤카베 그토록 의지하고 있던 자식들도…….
안드로마케 이제는 다 지난날의 꿈, 보람 없는 일이 되고 말았습니다.
헤카베 우리의 행복은 트로이와 더불어 멸망했는가.
안드로마케 슬프게도!
헤카베 세상에 뛰어난 자식들을 잃고.
안드로마케 이럴 수가…….
헤카베 아, 슬퍼라…….
안드로마케 어머니의 신세!
헤카베 그보다도 더 통탄할…….
안드로마케 조국의 운명.
헤카베 다 타버려 이제는 연기뿐.
안드로마케 그리운 서방님, 당신이 여기 계셨더라면…….
헤카베 가엾은 며늘아가, 네가 부르는 내 아들은 이미 이 세상에는 없어!

안드로마케 당신 아내의 방패가 되어 주셨을 것을…….
헤카베 그리스인들의 손에 쓰러진 내 자식들의 아버지, 내 남편 프리아모스여, 하루빨리 나를 당신 곁에 가게 해 주소서!
안드로마케 이제 없어진 나라를 생각하니…….
헤카베 참혹해라, 우리의 고통은…….
안드로마케 슬픔을 멈출 길도 없고…….
헤카베 잇따라 그칠 새가 없구나.
안드로마케 어머니, 생각컨대 예전에 파리스님께서 잃었어야 할 생명을 구하신 뒤부터, 저희들은 여러 신들의 미움을 사게 되어 마침내 그 얄미운 여자에게 정신이 팔려 나라를 망치는 근원이 되었습니다.
　팔라스 여신의 신전 부근에는 피묻은 시체들이 가득 차서, 독수리들의 밥이 되기를 기다리고 있습니다. 트로이가 이런 슬픈 운명에 빠진 것도 다 그분 때문이옵니다.
헤카베 아아, 슬픈 조국의 운명…….
안드로마케 눈물을 흘리며 이별을 고해야 하는 우리 고향…….
헤카베 드디어 이것이 마지막인가.
안드로마케 이 아이를 낳은 그리운 집.
헤카베 자식들이여, 그대들의 어미는 나라까지 잃고 홀로 되고 말았다. 다시는 돌아오지 않을 내 집과 내 조국을 생각하면 울어도 울어도 한이 없겠구나. 죽은 사람이 부러워라. 죽으면 눈물도 괴로움도 다 모를 것을…….
코러스 고통으로 번민할 때는 눈물이야말로 더할 나위 없는 위안, 탄식을 노래하고 고통을 이야기하면 절로 마음이 가라앉는 법.
안드로마케 아아, 어머니, 일찍이 대담무쌍한 창 끝으로 수많은 그리스인들을 무찌른 명성 높은 헥토르의 어머니로서 이 광경을 어떻게 보시는지요.
헤카베 번영하는 자를 멸망시키고 이름없는 자를 추어올리는 여러 신들의 조화라고 할까.
안드로마케 저는 이 아이와 함께 전쟁의 노획물이 되어 끌려갑니다. 고귀한 신분으로 태어나 오늘은 자유없는 종의 신세가 되다니, 이 무슨 엄청난 변고이옵니까.

헤카베 어쩔 수 없는 운명이라고는 하지만 생각하면 끔찍하구나. 조금 전에도 카산드라가 강제로 끌려갔다.

안드로마케 오오! 오오, 그게 웬 말씀입니까. 그렇다면 또 다른 아이아스가 나타난 모양입니다. 하지만 어머니의 슬픔은 그것이 다가 아닐 거예요.

헤카베 내 고통에는 끝이 없단다. 마치 재난이 앞을 다투어 내 몸에 내리닥치는 것 같구나.

안드로마케 어머니, 폴릭세네의 꽃다운 생명은 아킬레우스의 무덤 앞에서 죽은 자의 제물로 살해되고 말았습니다.

헤카베 아니, 뭐라고! 그렇다면 아까 탈티비오스가 수수께끼처럼 한 말이 바로 그 말이구나.

안드로마케 제 이 눈으로 보고 왔습니다. 제가 수레에서 내려 시체에 옷을 덮어주고 명복을 빌고 왔습니다.

헤카베 아아, 폴릭세네, 어쩌다 그런 어이없는 죽음을 당했단 말이냐. 보나마나 참혹한 죽음을 당했겠지. 그걸 생각하니 슬픔은 더욱더 커질 뿐이구나.

안드로마케 이제는 아무리 슬퍼해도 다시는 돌아오지 않는 사람이 되고 말았습니다. 하지만 돌아가신 폴릭세네는 살아 있는 저보다 훨씬 더 행복합니다.

헤카베 애야, 그러나 죽는 것과 사는 것은 역시 다르단다. 죽으면 모든 것이 끝장이지만, 살아만 있으면 그래도 희망이라는 것이 있는 법.

안드로마케 어머니, 그건 어머니답지 않으신 생각이네요. 제 말씀을 들어 보세요. 조금은 마음이 풀리실지도 모릅니다. 저는 죽는 것과 이 세상에 태어나지 않은 것을 같다고 알고 있습니다. 그러니 비참하게 살아 가느니보다는 죽는 게 낫다고 생각합니다. 고통을 느끼지 않으면 고민도 없어지게 마련이니까요. 하지만 행복했던 사람이 불행해지면 옛날의 행복을 생각하게 되고, 마음은 천갈래 만갈래로 찢어질 것입니다. 돌아가신 폴릭세네는 태어나지 않은 것과 마찬가지니, 자기의 불행에 대해서 이제는 아무것도 느끼지 않을 거예요. 저는 여자의 길을 지키려고 애썼던 것이 원수가 되어 부덕(婦德)의 명예는 얻었습니다만, 소중한 행복을 잃고 말았습니다.

저는 헥토르의 아내로서 여자에게 필요한 모든 덕망을 지켜 왔습니다. 여자란 집을 나서면 무슨 불명예스러운 일을 하지 않아도 남에게 나쁜 소리를 듣게 마련이지요. 그것이 싫어서 저는 얌전히 집을 지키고 있었습니다. 여자들끼리 하는 부질없는 잡담도 하지 않도록 애를 썼으며, 다행히 타고난 분별을 의지삼아서 그릇된 일에도 빠지지 않고 그럭저럭 지금까지 지내 왔습니다. 남편 앞에서는 말을 삼가고 얼굴을 찌푸리지 않았으며, 남편을 능가해도 좋을 때와 양보해야 할 때를 분별할 줄도 알았다고 생각합니다.

  이러한 점이 그리스군에게까지 알려져서 제 불행의 원인이 된 것입니다. 제가 사로잡혔을 때 하필이면 아킬레우스의 아들이 저를 아내로 소원하였습니다. 그리하여 저는 남편을 죽인 그 원수에게 천한 종노릇을 하게 된 것입니다. 그리운 헥토르의 얼굴을 지워버리고 새로운 남편에게 정을 주면 고인을 배반한 여자라고 비난을 받게 되겠지요. 그렇다고 지금의 남편을 소홀히 하면 종의 몸으로서 주인들의 미움을 살 것입니다.

  흔히들 하룻밤의 인연이 여자의 마음을 싫어하는 사내도 좋아하게 만든다고 하지만, 새로 시집가서 본남편을 잊어버리고 다른 남자에게 마음을 주는 그런 여자는 질색입니다. 말과 같은 짐승도 한 외양간에서 자란 말과 떨어지면 좀처럼 수레를 끌려고 들지 않는 법입니다.

  말도 못하고 이치도 모르는, 인간에게는 도저히 따를 수 없는 짐승도 그러하거늘…….

  아아, 그리운 헥토르여, 부귀와 가문, 그리고 용맹과 지혜가 다 남보다 뛰어났던 당신은 저에게는 과분한 남편이었습니다. 부모의 집을 떠나 당신한테 시집 와서 처녀의 자랑을 바친 당신이었건만, 당신은 저승으로 떠나고 저는 이렇게 포로가 되어서 먼 헬라스 땅으로 천한 종노릇을 하기 위해 뱃길을 떠나려 하고 있습니다.

  어머니께서 슬퍼하시는 폴릭세네의 죽음도 이몸의 불행에 비한다면 가벼운 것이라고 할 수 있지 않을까요. 모든 인간이 가질 수 있는 '희망'조차도 저에겐 없습니다. 이제부터 행복해질 수 있으리라고 스스로를 속일 수조차도 없습니다. 비록 덧없는 환상이라 할지라도 그렇게 생각하면 조금이라도 위안이 될 수 있을 것을.

코러스 대장 왕비님도 저희와 같은 쓰라린 운명, 비탄의 사연을 듣고 있자니 새삼 저희들의 비참한 처지가 뼈에 사무칩니다.

헤카베 나는 아직 배를 타 본 적이 없어서 항해에 대한 것은 그저 그림을 보거나 이야기를 들어서 알고 있을 뿐이다. 하지만, 배가 폭풍을 만나더라도 그다지 심하지 않을 때는 선원들이 어떻게 해서든지 난관을 뚫고 나가려고 키를 잡는 자, 돛을 말아올리는 자, 물을 퍼내는 자 등등 저마다 힘을 다하지만, 바다가 뒤엎어지는 듯 거세게 풍랑이 일면 그때는 모든 운을 하늘에 맡기고 다만 거센 풍랑에 스스로를 맡겨 버린다더라. 그와 같이 이 나도 숱한 괴로움을 짊어지고 이제는 말할 기력조차 없어졌구나. 여러 신들이 일으키신 저 무서운 풍랑 속에 빠져버린 거나 다름이 없다.

그러나 며늘아가, 이제는 헥토르를 잊어버리도록 해라. 네 눈물로 헥토르가 소생하는 것도 아니니, 새로운 주인을 소중히 섬기며 타고난 상냥한 마음씨를 미끼로 그의 마음을 사로잡아라. 그것이 성공만 한다면 마침내는 우리를 위하는 길이 될 것이며, 이 손자를 훌륭하게 키워만 준다면, 조국에 대해서 더할 나위 없는 충성이 될 것이다. 아이의 자손이 또한 일리온을 재건하여 조국이 다시 본래대로 될 수도 있을 테니.

오오, 우리가 이런 이야기를 하는 동안 또 무슨 새로운 일이 일어난 모양이다. 저기 오는 그리스군의 사령은 누구일까. 또 무슨 일을 알리러 오는 것일까?

그리스군의 포고인 탈티비오스가 부하들과 함께 등장.

탈티비오스 프리기아에서 비길 자 없었던 헥토르의 부인이여, 제발 나를 미워 마시오. 나라고 좋아서 이런 심부름꾼 노릇을 하고 있는 것은 아니오. 이것은 그리스 전군(全軍), 특히 펠롭스 가문의 장군들께서 당신에게 알리는 전갈……

안드로마케 무슨 일인가요? 당신의 말투가 어쩐지 불길한 일을 예고하는 듯한데.

탈티비오스 결의에 따라서 이 아기는…….

(독백) 글쎄, 무어라고 말해야 좋을지.

안드로마케 설마 이 아이가 나와는 다른 주인에게…….

탈티비오스 아니, 이 아이는 그리스군의 누구도 섬기게 되지 않을 것이오.

안드로마케 그렇다면 트로이군의 마지막 유물로 이곳에 남겨놓고 간단 말이오?

탈티비오스 이 소식을 어떻게 전해야 좋을지 모르겠구나.

안드로마케 마음 써주는 것은 고맙지만, 좋은 소식이라면 그렇게 사양할 것도 없지 않소.

탈티비오스 과감하게 이 끔찍한 소식을 알려 드리자면, 이 아기를 죽이려 하고 있다는 것이오.

안드로마케 아니, 그게 웬 말이오. 그것은 내 혼례보다도 더 끔찍한 소식이군요.

탈티비오스 그리스 전군의 회의에서 오디세우스님이…….

안드로마케 아, 이럴 수가! 이 엄청난 불행을 내 어찌 견뎌 낼 수 있을까.

탈티비오스 트로이에서 으뜸가는 용사의 자식을 살려 두어서는 안 된다고…….

안드로마케 오디세우스의 자식들에게도 똑같은 죽음이 내리기를…….

탈티비오스 트로이의 성벽에서 떨어뜨리기로 한 의견이 통과되었소. 이렇게 된 이상 그 명령을 이행하는 수밖에 없소. 당신도 어리석은 행동일랑 저지르지 마시오. (안드로마케가 아이 곁으로 달려가서 감싸려 하므로) 자, 그애를 놓고 불행을 용감히 견뎌 내시오. 이제 아무 데에도 당신을 지킬 자는 없소. 힘도 없으면서 힘이 있는 것처럼 착각을 해서는 안 되오. 생각해 보시오. 나라도, 남편도 없고 당신은 포로의 몸, 여자 혼자서 어떻게 우리에게 대항할 수 있겠소.

그러니 쓸데없는 싸움은 그만두고, 품위를 잃는 행동이나 미움을 사는 행위는 삼가도록 하시오. 또 그리스인들을 저주하는 일이 없도록. 만약 병사들의 비위를 거스르는 말을 했다가는 아이는 무덤에 묻히지도 못할 것이오. 당신이 말없이 순순히 운명을 감수한다면, 이 아이의 유해도 장사 지내질 것이고, 당신도 그리스인들의 동정을 받게 될 것이오.

안드로마케 오오, 귀여운 내 아들, 다시없이 소중한 내 아들아. 너는 이 불쌍한 어미를 남겨 놓고 적의 손에 죽어야만 하느냐. 아비의 고귀한 혈통이 모든 사람들에게는 영광이 되었는데, 너의 생명을 빼앗기게 하고 말았구나. 뛰어난 아비를 가졌던 것이 너에겐 원한이 되었구나.

헥토르님에게 시집 온 것이 이런 불행을 낳을 줄이야. 장차는 풍요한 아시아를 다스리는 왕으로 삼고자 낳은 이 아이가, 하필이면 그리스인의 제물이 될 줄이야.

아아, 아가야, 너도 네 불행을 아는지 울고 있구나. 왜 그렇게 매달려서 옷을 놓지 않으려 하느냐. 새끼새가 어미새의 날개 밑으로 파고드는 것처럼. 아비는 이제 다시는 그 유명한 창을 들고 무덤에서 너를 구하러 달려와 주시지 않는단다. 아비의 육친도 이제는 없고. 그뿐이랴, 트로이는 망해 버렸단다. 얼마 안 있어서 너는 앞이 캄캄한 높은 곳에서 무참히도 떨어져 죽어야만 한단다……

아아, 언제까지나 이렇게 안고 있었으면! 말할 수 없이 사랑스러운 살결의 향기, 포대기 속에 싸서 젖먹여 기른 보람도 없이, 그 숱한 고생도 다 헛되고 말았구나. 자, 마지막 추억으로 그 귀여운 팔로 이 어미를 힘껏 껴안고 입맞춰 다오.

그리스인이라 하면서 그리스의 이름에 부끄러울 만큼 참혹한 것을 생각해낸 사람들, 당신들은 어이하여 죄없는 이 아이를 죽이려 하나요.

아아, 헬레네여, 그대가 제우스의 딸이라니 당치도 않은 일, 그대의 아버지는 한두 사람이 아니오. 첫째는 재앙의 신, 둘째는 증오의 혼령, 또는 피에 미친 악귀나 죽음의 신, 나아가서는 대지가 기르는 모든 악령을 아버지로 하여 그대는 이 세상에 태어났거늘. 그리스인이고 누구고 할 것 없이 그토록 많은 사람들에게 불행의 씨가 된 그대가 제우스의 딸이라니, 나는 죽어도 인정하지 않으련다. 제발 죽어 없어져라. 너의 아름다움으로 해서 이 이름난 트로이의 옥토가 무참히도 황폐되고 말았거늘.

자, 기어이 이 아이를 떨어뜨려 죽이겠다면 데려가시오. 그래서 그 애 살덩이라도 포식하구려. 우리의 비운이 신들의 마음에서 나온 것이라면, 이 아이를 구할 힘이 우리에게는 없을 터이니.

(아스티아낙스를 탈티비오스에게 넘겨 준다)

자, 빨리 나를 배에 실어 이 비참한 꼴을 감춰 줘요. 자식을 뺏기고 경사스러운 혼례길로 떠나는 나를.

코러스 대장 아아, 비운의 트로이여, 단 한 사람의 여인과 그 흉측한 애욕으로 해서 얼마나 많은 귀중한 생명을 잃었던가.

탈티비오스 자, 아가야, 이제는 슬픔에 잠긴 어머니의 품을 벗어나 네 조상 대대로 변함없이 솟아 있는 탑꼭대기로 올라가자. 너의 마지막 장소로, 정해진 그 꼭대기로. (병사에게) 자, 데려가거라. 이런 심부름은 나 같은 놈 말고, 동정심도 수치심도 없는 놈이 했어야 좋았을 텐데.

탈티비오스 부하들과 퇴장.

헤카베 손자여, 불쌍한 내 아들의 자식으로 태어난 너를, 원수 놈들은 이제 네 목숨마저 앗아가 버리는구나. 앞으로 어떻게 될 것인지. 불쌍한 너를 위해 내가 할 수 있는 일이 무엇이란 말인가. 너를 위해 오직 이렇게 머리를 치고 가슴을 두드리며 슬퍼하는 일만이 나로서 할 수 있는 일이로구나. 아아, 나라를 생각하고 아스티아낙스, 너를 생각할 때, 이 가슴은 터질 것만 같구나. 이토록 끝없는 비운을 맛보고서도 그 이상 또 우리가 당해야 할 괴로움이 있을 것인가.

코러스 (노래)
　　꿀벌을 기르는 살라미스 섬,
　　그 옛날 여신 아테나가 찬란한 도성
　　아테나의 숭고한 장식이 되라고
　　푸른 잎의 올리브 나뭇가지를 인간 세상에 처음으로
　　내놓은 그 성스러운 아티카의 연안을 따라 떠 있는 섬 살라미스,
　　그 섬을 다스린 텔라몬이
　　알크메네의 아들, 용맹으로 이름난 헤라클레스와 겨루어
　　우리의 조국 일리온을 치려고
　　헬라스의 나라를 떠났던 옛날.

　　거부된 준마(駿馬)로 화가 난
　　영웅 헤라클레스[17]는 바다를 건너
　　흐름도 맑은 시모이스 강변에 배를 멈추고 닻을 내렸다.

배에서 쏘아대는 솜씨 좋은 화살은
단숨에 라오메돈의 목숨을 끊고
아폴론이 쌓은 성채도 진홍색 불길에 싸여
트로이는 정복되고 망하였도다.
이렇듯 다시 무참한 전쟁에
타격받은 다르다노스의 옛 성.

황금의 높은 잔 받쳐들고 발걸음도 우아하게
라오메돈의 아들 가니메데스[18]가
제우스 신의 잔에 술을 따르는
영광스러운 역할을 맡았지만,
그 영광도 보람없이
고국은 화염에 싸여 잿더미가 되고
바닷가는 울부짖는 소리로 가득찼다.
어미새가 새끼새를 찾아 우는 것처럼
남편을, 자식을, 또는 늙은 어미를 찾아
울며 외친다.
그 아름다운 얼굴은 제우스의 옥좌 곁에서
지금도 젊음으로 빛난다고 하나,
그 옛날 그가 목욕한 우물은 고갈되고
앞을 다투어 친구와 달리던 길도 지금은 없다.
헬라스의 창칼 밑에서
프리아모스의 국토는 허무하게 망해 버렸다.
사랑이여,
사랑이여,
천상의 신들의 마음을 움직여서
그대가 다르다노스의 궁전을 찾아왔을 때,
트로이는 신들과 인연을 맺고
그 영화는 끝이 없을 듯 느껴졌는데,
이제 와서 제우스를

비난한들 무엇하랴.
그러나 새벽이 날개를 번뜩이기 시작하여
우리의 나라,
우리의 성의 파멸 자국을 볼 때,
평소에는 고귀하던 신마저 오늘만은 저주스럽게 느껴진다.
그 옛날 새벽의 신의 사모를 받고
별들이 반짝이는 황금 수레에 실려 갔던 티토노스[*19]는
여신과의 굳은 언약으로 이 나라의 크나큰
희망이 될 줄 알았건만,
그 신들의 은총도 이미 트로이를 떠나갔다.

메넬라오스, 하인을 거느리고 등장.

메넬라오스 오오, 화창한 이 햇빛, 오늘이야말로 내 아내 헬레네를 되찾을 수 있도다. 이제껏 이 메넬라오스는 물론 그리스 전군이 겪은 노고는 말할 수 없는 것이었다. 내가 트로이에 온 것은 흔히 사람들이 생각하듯이 한 여자 때문이 아니라, 나그네로서 후하게 대접받은 은혜를 저버리고 내 집에서 아내를 앗아간 그 발칙한 사내를 응징하기 위해서였다. 이제 그는 신의 뜻에 따라서 조국과 더불어 우리 헬라스의 창끝에 굴복하여, 스스로 범한 죄를 보상하게 되었다.

지금 여기 온 것은 그 라코니아의 여자를, 지난날의 아내 이름을 부르고 싶지 않기에 이렇게 말하는 것이지만, 데려가기 위해서이다. 이 포로들이 있는 천막 속에 다른 트로이 여인들과 같이 있을 터, 어려운 싸움 끝에 가까스로 그녀를 되찾은 동료들이, 죽이든 그리스로 데려가든 마음대로 하라고 나에게 일임한 것이다.

그러나 나는 트로이에서는 헬레네를 죽이지 않을 것이다. 바다를 건너 헬라스로 끌고 가서 이 여자 때문에 일리온에서 이슬로 사라진 동지들의 영혼을 조상(弔喪)하기 위해 처치하기로 작정을 했다.

(시종들에게) 자, 너희들 천막으로 들어가 피로 더럽혀진 그 여자의 머리채를 잡아 끌어내 오너라. 순풍이 불어오면 그리스로 데려갈 터이니.

헤카베, 메넬라오스의 목소리를 듣고 몸을 일으킨다.

헤카베 이 세상에 자리잡고 이 세상을 지탱한 거룩한 자, 당신이 누구인지 사람의 지혜로는 포착하기 어려워 제우스님이라고 불러야 할지, 아니면 자연의 이치, 또는 인간의 지혜라 불러야 할지 모르오나, 거룩하고 고맙게 여기나이다. 그러나 아무도 모르는 신비로운 길을 따라 모든 인간사를 올바르게 인도해 주시나이다.
메넬라오스 뭐라고? 거 참 괴상한 기도도 다 있구나.
헤카베 메넬라오스님, 그대의 아내를 죽이겠다는 뜻은 참으로 훌륭하오만, 그 여자의 얼굴은 보지 않는 게 좋을 것 같소. 만나면 다시 그리움에 마음이 끌리게 될 것이오. 그 여자의 아름다운 얼굴은 사내의 마음을 사로잡고 나라를 망하게 하며, 집을 불사르게 하고 마는 무서운 마력을 지녔소. 나는 그 여자의 본성을 아오. 한번 그 여자의 마력으로 고생을 겪은 자는 누구나 다 알고 있소. 물론 그대도 알 것이오.

헬레네가 천막에서 병사들에게 끌려 나온다. 다른 여자 포로들과는 달리 아름답게 차려입고 화장까지 하고 있다.

헬레네 메넬라오스, 어쩌면 처음부터 이렇게 무섭게 구십니까? 보세요, 이렇게 당신 부하들에게 강제로 끌려 나왔어요. 당신이 나를 미워하시는 건 잘 압니다만, 내가 알고 싶은 것은 그리스군, 특히 당신께서 내 생명을 어떻게 하실 셈이냐는 거예요.
메넬라오스 선고가 내려진 것은 아니다. 그리스군 전체의 뜻에 따라서 너의 몸은 너로 하여 치욕을 입은 본인인 내가 처치하도록 인계받았다.
헬레네 그렇다면 그 말에 대해 내가 죽음을 당할 까닭이 없다는 이의를 제의해도 될까요?
메넬라오스 나는 새삼스레 그런 논의를 하러 온 것이 아니라, 얼른 죽이기 위해 온 것이다.
헤카베 메넬라오스님, 변명만은 들어 주도록 하오. 마지막 소원일진대 그만한 것은 들어 주어야지요. 그러나 거기 대한 반론은 내게 맡겨 줘요. 트로이에서 일어난 온갖 불행한 일들, 그것을 당신은 모를 테니까요. 모든 것이 이야기되고 밝혀지는 날에는 그 여자도 꼼짝없이 죽음에 복종하게 될 것이외다.

메넬라오스 시간 낭비이기는 하지만 할 말이 있다면 해 보라. 그러나 그것도 헤카베, 그대의 청을 받아들여 허락하는 것이지, 이 여자를 위해서 허락하는 것은 아니야.

헬레네 내가 아무리 변명을 해도 나를 원수로 아시는 당신한테서 일일이 대답을 못 들을지 모르겠군요. 하지만 당신이 내 죄과로 생각하고 계시는 일들을 나는 내 나름대로, 내 입장에서 하나하나 밝혀 나가 보겠어요.

먼저 불행한 이번 전쟁의 근본 원인은 파리스를 낳은 어머니에게 있다고 하겠습니다. 다음은 트로이를 망하게 하고 나를 이 지경에 처하게 한 노왕(老王) 프리아모스가 아직 알렉산드로스라 불리고 있던 파리스를 갓난아기 때 죽이지 않았기 때문에 반딧불만한 불씨가 모든 것을 태워 버리는 지경에 이르고 만 것입니다. 그리고 그 다음 이야기를 들어 보세요. 알렉산드로스, 즉 파리스가 세 여신의 아름다움을 품평하는 판정인이 되자, 팔라스(아테나)는 자기를 으뜸으로 정하면 프리기아인을 거느리고 헬라스를 정복하겠다고 꾀었으며, 헤라는 아시아와 유럽 양대륙을 다스리는 왕을 삼겠다고 약속하였습니다. 이에 키프리스(아프로디테)는 내 용모를 칭찬한 다음, 만약 아름다움에 있어 다른 두 여신을 능가할 수만 있다면 나를 파리스에게 주겠다고 약속하였습니다.

그 결과가 어떻게 되었는지를 한 번 생각해 보세요. 아프로디테가 다른 두 여신을 이기고 내가 파리스의 아내가 된 것은 그리스에 있어서 퍽 다행한 일이었습니다. 그랬기 때문에 그리스는 야만인의 침공을 받지 않았으며 정복되지도 않았습니다. 이와 같이 그리스에 도움을 주었는데도 나는 아름다움으로 인해 팔려가서 이런 비참한 꼴을 당하게 되었습니다. 보통 같으면 화환을 선사받고 칭찬받아야 할 공을 세우고도 도리어 그로 인해 비방과 책망을 받고 있는 것입니다.

그러나 이 말만 가지고는 당신은 왜 내가 당신의 궁전을 남몰래 떠났는가를 설명하는 데 충분치 않다고 말씀하시겠지요. 나를 사로잡은 악마, 그 이름을 알렉산드로스 또는 파리스, 어떻게 불러도 상관없지만, 그 악마의 편을 든 것은 보통 수단으로는 당할 수 없는 전능의 여신이었습니다. 그런 사내를 집에 남겨 둔 채 스파르타를 떠나 크레타로 가버린 당신도 너무했다는 비난을 면할 수 없어요.

어쨌든 간에, 나는 당신이 아니라 나 자신의 마음에 대고서 이렇게 물어봅니다. 도대체 나는 무슨 생각으로 조국도 가정도 버리고 이방의 남자를 따라 집을 나갔던 것일까 하고. 그러나 아프로디테를 응징하거나 제우스를 능가할 자가 도대체 이 세상에 어디 있겠습니까? 다른 신들은 뜻대로 할 수 있는 제우스도 아프로디테 앞에서는 고개도 못 든다고 하지 않습니까? 그렇다면 나에 대한 모든 것도 용서해 주실 만한 일이 아니겠어요?

또 당신은 나에게 이런 말을 할 수 있을지도 모르겠군요. 알렉산드로스가 이미 저 세상으로 떠나 여신이 꾸민 부분의 인연이 끊어진 이상, 곧 그의 집을 떠나 그리스군의 배에 왔어야 했다고요. 나는 그렇게 하려고 무척 애를 썼습니다. 성탑의 문지기와 성벽의 파수꾼들이 그 증인이 될 수 있습니다. 나는 몇 번이나 성벽에서 줄을 타고 내려오려다가 저들에게 들켰으니까요.

'그러는 동안에 디포보스가 다른 트로이인들의 반대를 무릅쓰고 강제로 나를 아내로 삼아버리는 바람에, 나는 또다시 남편 있는 몸이 되고 말았던 것입니다.'[*20]

애당초 강제로 파리스의 아내가 되어 조국에 대해 그만한 도움을 주고서도 상은커녕 그러한 치욕을 당해 온 내가 당신 손에 죽어야 할 까닭이 어디에 있겠습니까? 신을 능가하려고 바라신다면 그것은 어리석기 이를 데 없는 짓이라 하겠습니다.

코러스 대장 여왕님이여, 제발 이 여자의 능변을 물리치시고 아드님들과 조국의 명예를 옹호해 주십시오. 엄청난 죄를 저지르고서도 어쩌면 저렇게도 말을 잘 할까요. 참으로 두려운 일입니다.

헤카베 첫째, 세 여신들을 위해서 변호하고, 이 여자의 말이 거짓임을 증명하리다. 헤라와 처녀신 팔라스가 오직 장난으로 아름다움을 겨루기 위해 이데의 산에 모였을 때, 그리스를 야만인의 손에 넘긴다든가, 또는 팔라스가 하필이면 도성 아테네를 프리기아인의 지배 밑에 둔다는 무분별한 짓을 할 리가 없지 않은가? 대체 무엇 때문에 헤라 같은 여신이 그렇게 아름다워 보이기를 원했겠는가? 제우스보다 뛰어난 남편이라도 갖고자 원했단 말인가? 또한 혼인을 싫어해서 일생 처녀로 지낼 것을 부친된 신으로부터 허락받은 아테나가 어떤 신을 남편감으로라도 원했단 말인가? 자신이 범한 과실을 얼버무리려고 여신들을 어리석은 자로 매도해서는 안 된다. 그러한 말로 분별 있는 사람들을 속이지는 못할 것이다.

그대 말로는 참으로 가소롭기 짝이 없는 일이지만, 키프리스가 내 아들을 따라 메넬라오스의 집에 갔다고 하는데, 아프로디테쯤 되면 하늘에 그대로 앉아서도 그대를 아미클라이 고을과 함께 송두리째라도 일리온으로 옮겨올 수 있지 않았을까? 내 아들은 그 누구도 따를 수 없는 미남, 내 아들을 본 그대의 마음이, 바로 키프리스가 된 것이다. 인간이 저지르는 모든 치정 행위를 아프로디테 이름으로 돌리는데, 여신의 이름이 미친 증세를 뜻하는 '아프로시네'와 비슷한 건 까닭이 있지 않은가?[21] 그리스에서 궁색하게 살던 그대는 보지 못한 호화로운 의상과 황금 장식으로 빛나는 파리스를 보자, 금방 마음이 혹해서 스파르타를 버리고 이 황금으로 넘치는 프리기아 고을에 와서 한껏 사치를 누려 보자고 원했던 게지. 그대에게 메넬라오스의 집은 사치를 탐닉하기에는 부족했었다.

그것은 고사하고, 내 아들이 그대를 억지로 끌고 왔다고 하는데, 스파르타인들 중에서 그리 아는 사람이 하나라도 있단 말인가? 대체 그대가 어떤 비명을 질렀단 말인가? 혈기 왕성한 카스토르도 쌍둥이 형제 폴리데우케스[22]와 함께 아직도 승천하지 않고 그 자리에 있었을 터, 그렇다면 그 비명 소리라도 들었어야 하지 않았겠는가? 결국 그대가 트로이에 오고 그리스군이 뒤쫓아옴으로써 피를 보는 싸움이 시작되었는데, 메넬라오스가 전과(戰果)를 올리면 아들에게 만만찮은 연적을 가진 자의 괴로움을 맛보게 할 양으로 메넬라오스를 칭찬하고, 트로이 쪽에 운이 트이면 메넬라오스 따위는 아무것도 아닌 것처럼 행동한 그대였었다. 그대의 태도는 오직 형세가 유리한 쪽에 붙으려는 수작에 지나지 않는 것이었고, 절조를 지키려는 생각은 눈꼽만큼도 없었다.

또 트로이에 머무른 것은 마음에도 없는 일이어서 성탑에서 줄을 내리고 달아나려 했다고 하는데, 고귀한 마음을 가진 아내라면 남편이 죽으면 그를 따라 죽는 일도 마다하지 않을 것이어늘, 그대는 단 한 번이라도 줄을 매다가 들키거나 단도를 갈다가 들킨 적이 있었던가? 나는 몇 번이고 그대에게 충고했었다. '그대는 이곳을 떠나거라. 인연이 있으면 또 다른 며느리를 볼 수 있겠지. 내가 몰래 그리스군의 배까지 갈 수 있도록 도와 줄 테니, 그리스와 트로이의 전쟁이 제발 끝나게 해 주렴' 하고. 그러나 그것이 그대에게는 괴로운 일이었다. 알렉산드로스의 궁전에서 마음대로 놀아나고 트로이인들을 발밑에 꿇어 엎드리게 하고 싶었던 그대였으니까. 하기야 그것이 그대에게는 더할 나위 없는 즐거움이었을 테지.

그런 행실을 하고서도 지금 또 이렇게 치장을 하고 나타나서 전 남편을 같은 하늘 밑에서 상면하다니, 흉측한 여자 같으니라구! 본래 같으면 누더기를 걸치고 머리를 깎고 두려움에 떨며 나타남이 마땅하거늘, 지금까지 저지른 과오를 생각하면 파렴치한 마음을 버리고 겸허한 태도를 취함이 그대가 택할 길이 아닌가? 메넬라오스님, 나의 결론은 이렇습니다. 그리스의 명예를 위해 정당한 길을 따라 당신의 아내를 죽음에 처하십시오. 남편을 배반한 여자는 죽어서 그 죄를 씻어야 한다는 규칙을 다른 여자들에게도 보여 주십시오.

코러스 대장 메넬라오스님, 조상과 가문의 명예를 더럽히지 않도록 부인을 죽음에 처하십시오. 싸움터에서 용감한 기질을 보이신 당신께서 동지들로부터 우유부단하다는 빈축을 사게 되어서는 아니됩니다.

메넬라오스 (헤카베에게) 이 여자가 나를 저버리고 딴 사내의 침실로 간 것은 스스로의 뜻에 의한 것이라는 생각에는 나도 동감이오. 키프리스의 이름도 스스로의 잘못을 감싸기 위해 꺼냈을 뿐. (헬레네에게) 자, 망나니에게로 가서 그리스군이 겪어야 했던 오랜 세월의 괴로운 고통을 순간의 죽음으로 보상하는 게다. 내 명예를 손상시킬 수는 없다는 것을 알려 주지.

헬레네 오, 제발 부탁이옵니다. 신들의 죄를 나에게 씌워서 죽이질랑 마시고 제발 용서하여 주세요.

헤카베 이 여자 때문에 죽은 전우들을 배반하지 마십시오. 그 사람들과 내 아들들을 위해서 이렇게 부탁드립니다.

메넬라오스 그만하시오, 헤카베. 나는 이 여자의 청에 귀를 기울이고 있는 것이 아니오. 이 여자를 태우고 갈 배로 끌고 가라고 부하들에게 명령하고 있는 것이오.

헤카베 그렇다면 당신과 같은 배에 타게 해서는 아니됩니다.
메넬라오스 그건 또 왜? 헬레네가 더 무거워지기라도 했단 말이오?
헤카베 한번 사랑을 한 자는 사랑을 잊을 수가 없습니다.
메넬라오스 그것도 사랑을 하는 자의 마음 나름이겠지. 그러나 그대의 말에도 일리가 있으므로 내 그대의 소청대로 그 여자를 나와 같은 배에 태우지는 않겠소. 그리스에 당도하면 그 흉측한 소행에 알맞은 흉측한 죽음을 내려 모든 여성들에게 절개를 저버리는 짓의 무서움을 단단히 가르쳐 줄 것이오. 여간해서는 정신차릴 여자들이 아니지만, 헬레네의 처형을 보면 어지간한 여자라도 겁이 나서 어느 정도는 어리석은 행동을 삼가게 되겠지.

메넬라오스 부하들과 퇴장, 헤카베 는 다시 쓰러져 슬픔에 잠긴다.

코러스 (노래)
　이리하여 마침내 일리온의 신전도,
　향불 피어오르는 제단도
　오오, 제우스여, 당신은
　아카이아(그리스) 사람의 손에 넘겨 주었다.
　그와 더불어 제물을 태우는 불꽃,
　하늘에 오르는 몰약의 연기도.
　또한 성스런 도시 페르가몬,
　그리고 눈석임물이 흘러내리는
　담쟁이 뒤덮인 이데의 산골짜기,
　그 이데의, 제일 먼저 새벽 햇살 받아 빛나는,
　성스러운 신께서 사시는 봉우리 또한
　지금은 적의 손에 떨어지고.

　제우스여, 이제는 제물도,
　합창대의 신의 덕을 찬양하는 노랫소리도,
　정성을 다하여 모시는 밤의 제전도,
　또 황금으로 빛나는 신의 상(像)도,

프리기아인들이 신전에 바치는
그 수가 열두 개인 달 모양의 떡*23의 그림자도 이제는 없고.
마음에 걸리는 것은 제우스여,
당신이 하늘의 궁궐, 아니, 타오르는 불길에 휩싸인
우리 조국 하늘 위에 앉아서
과연 이것은 굽어 살피시는지 어떤지.

오, 그리운 내 남편이여,
장사를 치르지도 못하고 무덤도 얻지 못해
넋은 허공을 헤매고 있을 텐데,
아내인 우리는 날개처럼 돛을 부풀리고 바다를 항해하는 배에 실려
준마로 이름 높은 아르고스의 땅,
키클로프스가 쌓은
돌 축대가 하늘에 치솟은 그 나라로 끌려간다.
자식들은 문으로 달려와서
눈물에 젖어 한탄하며
이렇게 외친다.
'어머니,'
슬프게도 아카이아인들은
우리를 어머니 곁에서 떼어
검은 배에 실어 끌고 갑니다.
물길을 헤치는 노의 길은
성스러운 살라미스 섬인지
아니면 두 바다를 내려다보는
펠롭스의 출입을 지키는
이스트모스 고언으로 끌려 갑니다.

메넬라오스의 배가
바다 복판을 갈 때
아이가이오스의 물결에 번뜩이는 벼락 신의 불꽃이

그 배를 때렸으면 좋으련만.
우리가 일리온을 뒤로 하고 눈물에 젖어,
한옆에 제우스의 딸 헬레네가
처녀들의 마음을 끄는 황금의
거울을 가지고 노는 것을 바라보면서
종 신세가 되어 헬라스로 끌려갈 적에.
또 바라건대 헬레네가
조국 라코니아 땅에 가지 못하도록,
메넬라오스가 피타네*24 성,
아테네의 청동성문에 닿지 않기를,
여자의 길을 잘못 간
위대한 헬라스의 치욕,
시모이스 강이 흐르는 프리기아에
수많은 비운을 부른 헬레네와 더불어.

포고인 탈티비오스와 병사들, 아스티아낙스의 시체와 헥토르의 유품인 방패를 가지고 등장.

코러스 대장 세상에 이럴 수가. 조국의 불행이 연달아 겹쳐오는구나. 우리 서로 남편 잃은 불쌍한 트로이 여인들이기는 하나, 저걸 좀 봐요. 저건 그리스인들이 무참하게 탑 위에서 공처럼 떨어뜨린 아스티아낙스의 시신이 아닌가요.

탈티비오스 헤카베님, 지금은 단 한 척 남은 배가 아킬레우스님의 아드님께서 남긴 전리품을 싣고 프티오티스의 해변으로 떠날 준비를 하고 있으며, 네오프톨레모스께서는 조부 펠레우스님께 얼마 전에 일어난 위급한 소식을 듣고 이미 떠났습니다. 펠리아스의 아들 아카스토스*25가 펠레우스님을 나라에서 추방했다는 소식이오. 그래서 급히 떠나게 되어서 안드로마케도 같이 가게 되었는데, 떠날 무렵 나라를 슬퍼하고 헥토르의 무덤에 마지막 호소를 하는 그 광경을 보고 나도 눈물을 참을 수가 없었답니다.
　안드로마케는 성벽에서 떨어져 죽은 헥토르의 아들 아스티아낙스의 장사를 지내 달라고 네오프톨레모스에게 청원하였고, 여기에 가져온 청동의 방패, 이 아이(아스티아낙스의 시신을 가리키며) 부친이 옆에 들고 그리스인들을 벌벌 떨게 했던 이 방패는 펠레우스의 궁전에 가져가지 말아 달라고 했소. 새로운 남편을 맞아야 하는 그 방에서 그것을 봐야 한다면, 너무나 괴로운 일이 아니겠느냐고 하며, 석관(石棺)이나 삼목(杉木)의 관 대신 아들을 이 방패에 얹어서 묻어 달라고 했소. 또 유해는 그대에게 맡겨서 그대의 지금 처지에서 형편에 닿는 대로 옷을 입혀서 화환으로 장식해 달라는 것이었소. 주인이 급히 떠나게 되어 함께 떠나는 바람에 손수 아들을 매장할 수 없게 되었던 것이오.

그대가 유해를 처리하는 대로 우리는 흙을 덮고 돌아갈 작정이오. 그러니 빨리 서둘러 주시구려. 나는 그대를 위해 한 가지 수고를 덜도록 해 놓았소. 스카만드로스 강을 건너면서 유해를 적셔 상처를 씻어 놓았으니까요.

자, 그럼 무덤을 파러 가야지. 그대와 내 일이 빨리 끝나면 나는 그만큼 빨리 조국에 돌아갈 수 있으니까.

탈티비오스 등 퇴장.

헤카베 (코러스 여인들에게) 헥토르의 그 둥근 방패를 땅에 놓아요. 어미인 나로서는 차마 볼 수 없는 물건이오.

아아, 그리스인들이여, 그대들의 용맹의 영예는 높지만, 마음가짐은 그에 미치지 못하는 것 같구나. 도대체 이 어린 것의 어디가 무서워서 이처럼 무참하게 죽인단 말인가. 이 아이가 트로이를 언젠가 재건할 줄이라도 알았단 말인가. 헥토르가 살아 있고 아직 몇 만의 용사가 있었어도 우리는 싸움에 패했는데, 성은 함락되고 프리기아 군사는 전멸하다시피한 지금 이토록 아이를 두려워한대서야 그리스인의 면목이 말이 아니지 않는가. 이유없이 겁내는 건 보기 흉한 일이지.

오오, 귀여운 손자여, 이 무슨 불쌍한 죽음이란 말인가. 네가 자라서 혼인을 하고 신처럼 존경받는 왕위에 오른 뒤 조국을 위해 싸우다가 성을 베개삼아 죽었다면 행복했다고 말할 수 있을 것을. 이런 때에 진실된 행복이 있는지 어떤지는 모르겠지만. 아가야, 너는 그러한 세상의 행복을 스쳐 갔을 뿐 아무것도 알지 못한 채 이 세상을 떠나고 말았구나. 집안에 그 행운이 있었건만, 그 행운을 한 번 맞아보지 못하고 가엾게도 아폴론이 쌓은 이래 대대로 물려온 성벽에 부딪쳐 머리칼이 무참히도 뜯겨 있구나. 이 머리 칼은 네 어미가 언제나 정성껏 쓰다듬어 주고 볼을 비벼대곤 하였는데, 뼈가 부스러진 사이에선……. 아아, 더 이상은 너무나 참혹해서 입에 담기조차 싫구나. 아버지와 꼭같이 닮은 귀여운 이 손이 무참히도 떨어져서 여기 있구나. 곧잘 어른스러운 소리를 하던 이 귀여운 입도 이제는 더이상 말을 않게 되었구나.

내 이불 속에 들어와서 '할머니, 할머니께서 돌아가시면 내 머리칼을 듬뿍 잘라 드릴게요. 그리고 장례의 행렬에는 친구들을 많이 데리고 와서 고별의 인사말을 아주 멋있게 해 드릴게요'라고 말하더니, 그 약속을 어기고 말았구나. 네가 나를 조상해 주는 것이 아니라, 내가, 나라를 잃고 자식을 잃은 이 늙은이가 거꾸로 너의 불쌍한 시체를 장사 지내야 하다니. 너를 껴안고 귀여워하며 여기까지 길러온 수고도 이제는 다 소용없이 네 천진난만하게 잠든 얼굴도 다시는 볼 수가 없다. 너의 무덤에 시인은 대체 뭐라고 비명(碑銘)을 새길 것인가. '그 옛날 아르고스의 용사들이 두려워하여 죽인 어린아이가 여기 잠들다'라고나 새길 것인지. 헬라스의 수치를 폭로하기에는 더없이 좋은 문구일 것이다. 그건 그렇고, 너는 조상으로부터 내려오는 모든 것을 이어받지 못했지만 이 청동의 방패만은 너의 것, 이 방패 위에 얹어서 묻어 주겠다.

아아, 헥토르의 늠름한 팔을 지킨 이 방패는 둘도 없는 주인을 잃고 말았다. 손잡이에는 아들의 그리운 손자국이 남아 있다. 또한 매끄러운 방패의 둘레에는 땀자국이, 수많은 날 싸움에 지쳐 방패에 턱을 괴고 쉬던 헥토르의 이마에서 흐른 그 땀자국이 있다. (코러스 여인들에게) 자, 지금 있는 것 가운데서 이 불쌍한 시체를 단장해 줄 수 있을 만한 것을 가져와요.

몇 명의 여인, 그것을 가지러 천막으로 들어간다.

슬프게도 너를 아름답게 꾸며 줄 수는 없는 우리의 처지이지만, 지금의 나로서 할 수 있는 한의 단장은 해 주겠다. 오늘의 행복을 변함없는 것이라고 기뻐하는 자는 어리석은 자, 사람의 운명이란 변덕쟁이인 것을. 마치 신들린 사람처럼 이리저리 돌아다니니 언제까지나 행복할 수 있으리라는 것은 아무도 장담 못하는 법이로다.

여인들, 천막 안에서 장사 지낼 물건을 가지고 나온다.

코러스 대장 보십시오, 아까 그 여인들이 전리품 속에서 시체의 장식이 될 만한 것을 가져옵니다.

헤카베 (여인들이 가져온 물건으로 아이의 시체를 장식하며) 오오, 아가야, 어려서 덧얼이 된 너는 이 프리기아에서 예부터 지켜 내려온 마차 경주와 활쏘기 시합에서 벗들을 이기고 우승해 보지도 못하고 말았구나. 지금은 이렇게 할머니가 전에는 모두 네 것이었던 물건들 속에서 골라 너를 위해 장례 치장을 하게 되었다. 이것들을 네 손에서 빼앗은 것은 저 천인공노할 헬레네라는 여자! 어디 그뿐이랴, 네 목숨까지 앗아가고 결국은 우리 왕가를 깡그리 멸망시켜 버렸구나.

코러스 아아, 그 말씀 우리의 가슴에 스며듭니다. 그토록 훌륭하던 우리 도련님도 이제 이 세상에는 없네.

헤카베 네가 프리기아에서 으뜸가는 처녀를 얻어 그 혼인 잔치에서 치장했어야 할 프리기아산(產) 비단들이 네 장례에 수의가 되고 말았구나. 그리고 수많은 무훈에 빛나는 헥토르의 방패여, 인간 아닌 너인지라 죽음을 모르건만, 아들의 저승길에 동반하는 것이니 화관으로 장식해 주마. 간악한 오디세우스가 자랑하는 무기보다도 너에게 이 영예를 주는 것이 합당하리니.

코러스 아아, 가슴에는 이 슬픔!
머지않아 대지가 이 귀여운 아기의 몸을 덮을 것입니다.
할머니께서도 장례의 노래를…….

헤카베 아…….

코러스 대장 불러 드리세요.

헤카베 괴로운 일이로다.

코러스 대장 왕비님의 언제 끝날지도 모르는 격심한 불운, 저희들도 괴롭게 느끼옵니다.

헤카베 자, 이렇게 네 상처를 싸매어 주마. 서툰 의사의 흉내로 그 상처가 낫는 것은 아니겠지만. 저 세상에 가면 네 아버지가 돌봐 주겠지.

코러스 손을 들어, 손을 들어 머리를 두들겨라. 슬픔을 담고. 아아, 아아.

헤카베 그대들······.

코러스 대장 말씀하십시오, 헤카베님, 서슴지 마시고 말씀하십시오.

헤카베 신들의 마음은 오로지 나를 괴롭히고 트로이를 미워하려 했던 것만 같구려. 소를 잡아 제물을 바쳤던 것도 헛된 일이었소. 그러나 한편, 신이 이처럼 트로이를 송두리째 망하게 하지 않았더라면, 우리는 이름도 알려지지 않고 후세 사람들에게 노래로 불릴 일도 없었으리라······.

    자, 모두들 보잘것없는 무덤이지만 묻어 주구려. 저승길에 필요한 것은 그런 대로 모두 갖추어 주었으니. 아무리 성대한 장례식을 치른들 그것이 죽은 자에게 무슨 소용이 있으랴. 결국은 살아남은 자들의 헛된 허영에 지나지 않는 것이 아닌가.

병사들이 어린아이의 시체를 가져간다.
그것을 보며 코러스가 노래 부른다.

코러스 아아, 이 아드님에게 평생의 소망을 걸었다가,
    온갖 희망이 허무하게 깨어진 어머니의 슬픔이 어떠하랴.
    고귀한 가문에 태어나
    남들이 부러워하던 몸이었던 아드님이
    이처럼 무참한 죽음을 당할 줄이야.

배경에 병사들이 성을 태우기 위해 손에 횃불을 들고 움직이는 모습이 보인다.

    아니, 성곽 높이 손에 손에 횃불을 들고 뛰어다니는 자들은 누구일까요? 또 무슨 새로운 불행이 트로이 성에 일어나는 것은 아닐는지요.

탈티비오스, 몇 명의 대장들과 다시 등장.

탈티비오스 이 프리아모스의 도성을 불태우라는 명령을 받은 대장들에게 언명하건대, 손에 든 횃불은 멋으로 들고 있는 것이 아니오. 지체없이 성에 불을 질러 이 일리온을 송두리째 파괴하고, 우리가 기꺼이 트로이를 떠날 수 있도록 하시오.

　　(여인들에게) 또한 그대들 트로이의 여인들은 그리스군의 장군들이 우렁찬 나팔소리를 신호로 불게 되면, 그리스군의 배에 가도록 하라. 드디어 이 땅을 떠나는 게다.

　　(헤카베에게) 늙은 몸에 수많은 불행을 겪었으니 참으로 딱한 일이오만 당신도 가야 하오. 당신을 노예로 삼아 데려가기로 한 오디세우스님께서 이렇게 사람을 보내왔으니 그들을 따르시오.

헤카베 아아, 원통해라. 이거야말로 수많은 불행 중의 마지막 불행이로구나. 불타오르는 고국을 등지고 떠나가야 하다니. (뒤쪽의 트로이 성을 향해) 늙은 몸이라 비록 발걸음은 떨릴지라도 비운의 조국에 마지막 고별 인사나 하러 가자. 지난날에는 아시아의 백성을 다스리고 의기양양하게 우뚝 솟아 있던 트로이가, 이제 곧 그 영광의 이름을 잃어야 한다. 적들은 성에 불을 지르고 우리를 종으로 삼아 고국 땅에서 멀리 떨어진 곳으로 데려가려 하고 있다.

　　오오, 신들이여! 그러나 이제 신의 이름을 부른들 무슨 소용이랴. 지금껏 수없이 그 이름을 불러 기도하였건만 일찍이 들어준 적이 없는 신들이 아니었던가.

　　자, 불 속으로 뛰어들어가자. 조국과 더불어 타 죽는다면 나로서 그보다 더한 행복은 없다.

　　등 뒤의 타오르는 성으로 뛰어들어가려 한다.

탈티비오스 겹치는 불행에 넋을 잃고 말았구나. 자, 사정볼 것 없다. 노파를 붙들어라. 이는 오디세우스님의 소중한 전리품. 무사히 그분에게 데려가야만 한다.

　　병사들, 헤카베를 붙잡아 다시 데려온다.

헤카베 오, 오, 오.
　프리기아를 다스리신 우리의 선조, 크로노스의 아드님도 보셨습니까?
　다르다노스의 후예임을 자랑하는 몸이 받아야 하는 이 치욕을.
코러스 대장 분명 보고 계실 겁니다.
　그토록 번영했던 도시도 허물어지고, 트로이는 이제 흔적도 없이 망했습니다.
헤카베 오, 오, 오,
　일리온이 붉게 타오른다.
　성도 도시도 높은 성곽 꼭대기까지도 불길에 싸여 타오른다.
코러스 대장 하늘 높이 사라지는 연기와 같이
　전쟁의 잿더미에 짓눌리어 멸망해 가는 조국.
　타오르는 불길과 흉포한 칼 밑에서
　궁전도 덧없이 사라지고 말았다.
헤카베 (쓰러져 땅을 치며) 오오, 나의 아들들을 길러 준 이 땅도.
코러스 대장 아아, 아아.
헤카베 오오, 아들들아, 어미의 목소리를 잘 들어다오.
코러스 대장 슬픈 노래로 돌아가신 분들을 부르려 하십니까?
헤카베 이 늙은 몸, 대지에 엎드려 두 손으로 땅을 친다.
코러스 대장 (헤카베를 따라 땅에 무릎을 꿇으며)
　우리도 왕비님처럼 땅에 무릎을 꿇고
　지하에 잠든
　불운한 남편들을 불러 봅시다.
헤카베 우리는 끌려가는 몸······.
코러스 대장 슬프디 슬픈 말씀을 하시는군요.
헤카베 종의 신세가 되어 적의 궁전에······.
코러스 대장 그리운 조국을 등지고.
헤카베 아아, 프리아모스,
　간호하는 자 없이, 장례지내 줄 자조차 없이
　덧없이 저승길로 떠난 그리운 내 남편,
　당신도 지금 내 비통한 처지는 모르십니다.

코러스 대장 부정(不淨)한 칼날이 부른
  깨끗한 죽음이
  전하의 눈을 영원한 어둠으로 덮어 버렸습니다.
헤카베 아아, 신들의 신전도 그리운 고을도.
코러스 대장 오오, 오오.
헤카베 무참하게 불길과 창살에 멸망해 간다.
코러스 대장 머지않아 조국의 흙 속으로 이름도 없이 사위어질 것입니다.
헤카베 연기처럼 재가 하늘로 올라가 마침내는 궁궐 자리도 알아볼 수 없게 되겠지.
코러스 대장 이 땅의 이름조차도 머지않아 잊혀질 것입니다.
  이것도 저것도 사라져 가고,
  아아, 트로이 나라도 이제는 없네.

  이때 무서운 소리와 함께 성이 타서 무너진다.

헤카베 다들 들었는가, 저 소리를.
코러스 대장 저것은 트로이의 마지막 소리.
헤카베 흔들리고 흔들려서 트로이의 도성은.
코러스 대장 흔적도 없이 사라져 간다.

  출발을 알리는 나팔 소리 들려 온다.

헤카베 아아, 떨리는 이 발길.
  우리 앞에 기다리는 건 무엇일까?
  원통해라, 슬픈 예속의 나날…….
코러스 참혹한 조국 등뒤에 두고
  아카이아의 배를 향해 우리는 간다.

〈주〉
*1 프리기아 : 트로이와 같은 뜻으로 쓰이고 있음.

*2 음흉한 음모의 이어서 '그래서 후세 사람들은 이 말을 가리켜 음흉한 음모를 숨긴 말이
므로(목마가 아닌)의 말이라 부를 것이다'라는 뜻의 두 줄이 전승되고 있다. 그리스어
의 '나무'가 '무무'로도 해석되는 데서 온 일종의 말장난이다. 에우리피데스는 이런 종
류의 말을 즐겨 쓴 작가였으나, 여기서는 너무 갑작스러운 느낌이 들므로 그 밖의 것
에 따라 제대로 된 구절이 아니라고 해서 삭제했다.
*3 아르고스 : 펠로폰네소스 반도의 한 지방으로 헤라 여신 숭배의 중심지였다. 여기서는
그리스를 가리킴.
*4 스카만드로스 강 : 트로이 언저리를 흐르는 유명한 강.
*5 미코노스 이하, 모두 에게 해의 섬.
*6 프티오티스 : 그리스 중부 테살리아의 한 지방. 아킬레우스의 고향.
*7 페이레네의 성스런 우물 : 코린토스 언저리의 우물 이름.
*8 크라티스 : 마그나 그라에키아(남부 이탈리아의 그리스 식민지)의 강.
*9 카드모스 : 테베 시의 시조이므로 테베를 가리키겠지만, 테베가 트로이 전쟁에 참가하
지 않았다는 이유로 보이오티아 지방 일반을 가리킨다고 해석하는 사람도 있다.
*10 탈티비오스는 폴릭세네의 비참한 죽음을 차마 말하지 못하고 말을 돌리고 있다. 옛
주석에서도 지적하고 있듯이, 헤카베가 더 추궁해서 묻지 않고 다음 질문으로 옮아가
는 것은 조금 이상하다. 그러나 뒤에서 헤카베는 안드로마케로부터 폴릭세네의 운명
을 듣는다.
*11 히메나이오스 : 결혼의 신. 이 문구는 결혼 축하 노래에 흔히 쓰는 문구이다.
*12 헤카테 : 보통 밤의 여신, 저승과도 관련이 되므로 무서운 신성이다. 때로는 아르테미
스와 같이 간주되는데, 그런 때는 결혼과 관련지어지는 수도 있다. 그러나 여기에서
는 역시 어둡고 불길한 운명을 암시하기 위해 나온 것 같다.
*13 그의 황천길에~ : 아가멤논은 미케네에 개선한 뒤 왕비 클리타임네스트라와 그녀의
정부 아이기스토스의 손에 살해되는데, 카산드라는 그와 운명을 같이하는 비극적인
미래의 여인이다. 《아가멤논》 참조.
*14 덕망높은~ : 호메로스의 《오디세이아》에서 이야기되는 유명한 페넬로페를 말함.
*15 그 사이~ : 이 뒤의 서술은 모두 《오디세이아》에 이야기되는 오디세우스의 귀국 모험
담이다.
*16 원, 이럴 수가 : 헤카베와 안드로마케의 대사는 저마다 독립된 뜻을 지닌다. 그러나
짧게 말을 끊어 서로 엇갈리게 연결을 이룬다.
*17 거부된~ : 헤라클레스가 그 옛날 트로이 왕 라오메돈의 위기를 구했을 때 준마를 준
다고 약속했는데, 라오메돈은 그 약속을 지키지 않았다. 화가 난 헤라클레스가 트로
이를 공략했다는 전설.
*18 가니메데스 : 트로이의 왕자 가니메데스가 미남이었던 까닭에 제우스의 사랑을 받게

되어 하늘로 납치되어 술 따르는 역할을 맡게 되었다.
* 19 티토노스 : 프리아모스의 형제였던 티토노스는 새벽 여신의 사랑을 받아 죽지 않는 운명을 얻었으나 늙지 않는 운명을 얻지 못해 늙은 채 영원히 살아야 하는 숙명을 얻었다. 가니메데스, 티토노스 등 트로이의 한 집안은 신들의 사랑을 얻었는데도 그 최후가 비참했던 것을 한탄하는 것이 이 코러스가 노래하는 내용이다.
* 20 '그러는 동안에~ : 이 부분은 빌라모비츠나 마리에 의하면 제대로 된 것이 아니라고 생각되므로 따옴표 안에 넣어 두었다.
* 21 aphrodite와 aphrosyne(무분별)는 음이 닮았으므로 이것도 일종의 말장난식 어원 해석을 했다.
* 22 카스토르와 폴리데우케스 : 라틴 이름의 카스토르와 폴룩스로 더 잘 알려지고 있다. 제우스가 레다와 관계하여 레다가 낳은 두 알 가운데 한쪽에서는 헬레네와 클리타임네스트라, 다른 쪽에서는 이 쌍둥이가 태어났다고 한다. 따라서 헬레네에게 형제 뻘이 된다. 뒤에 승천하여 '쌍둥이 별자리'가 되었다.
* 23 열두 개인 달 모양의 떡 : 다른 해석도 있으나 일단 제물용 떡으로 해석했다.
* 24 피타네 : 스파르타 성 안의 한 성채 이름으로 추정된다.
* 25 아카스토스 : 테살리아 이올코스 시의 왕 펠리아스의 아들. 아카스토스의 두 아들이 아킬레우스의 아버지임. 따라서 네오프톨레모스의 할아버지 되는 펠레우스를 박해했다고 한다. 쫓긴 펠레우스는 네오프톨레모스의 귀국을 맞이하기 위해 길을 떠났으나 도중에 죽었다고 한다.

바쿠스의 여신도들

기원전 408년에 《오레스테스》를 상연한 지 얼마 뒤 에우리피데스는 마케도니아 왕 아르켈라오스의 초청을 받아 아테네를 떠났다. 2년 뒤인 기원전 406년 봄에 그의 부음이 아테네에 전해졌다. 그때 이미 70세를 넘었던 것만은 틀림이 없다. 시인이 이같이 늙은 나이로, 더욱이 그즈음 아테네 사람들의 통념으로는 야만인들이 사는 벽지로밖에 여겨지지 않았던 마케도니아로 옮겨갈 결심을 하게 된 것은, 아마도 아르켈라오스 왕의 후한 대우에 감동해서만은 아니었을 것이다. 펠로폰네소스 전쟁의 끝무렵, 점점 더 험악해져 가는 아테네의 정세가 시인의 마음을 초조하게 만들었으며, 특히 이 진보적 예술가이자 사상가였던 그에게 숙명이기도 했던 완강하고 사리에 어두운 보수파들로부터의 악의에 찬 비판과 비웃음이 세상 인심의 퇴폐와 더불어 더욱더 심해져, 마침내 강인한 그의 정신력으로도 견뎌내기 어려울 만큼 시련이었을 것으로 상상된다.

마케도니아로부터의 초빙이 이런 상태에 있던 시인의 마음을 결정적으로 움직였을 것이며, 그의 몇몇 작품 속에서 아름다운 서정을 담고 노래 부른 것 같은 시인의 소망, 바로 속세를 멀리 떠나 조용하고 편안한 나날을 보내려는 꿈을 현실의 마케도니아에 품고 아테네를 떠난 것이라고 생각해도 좋지 않을까 싶다.

마케도니아에서의 생활이 어떠했는지에 대해서는 믿을 만한 기록이 남아 있지 않다. 그러나 《아울리스의 이피게네이아》《바쿠스의 여신도들(원명, 바카이 *Bakchai*)》이라는 우수한 두 작품이 이 동안에 씌어졌다는 사실은, 새로운 생활 환경이 노시인의 상처입은 마음을 달래고, 새로운 활력을 주었음을 증명하고 있다고 생각해도 좋을 것이다. 마케도니아 시절의 작품으로서는 이 밖에도 《아르켈라오스》《코린토스의 알크마이온》이 알려져 있다. 이 가운데 《아르켈라오스》를 뺀 3편은 시인이 세상을 떠난 뒤, 그의 아들이나 조카에 의하여 아테네에서 상연되어 우승을 했다고 전해진다. 이것은 앞으로 다가올 에우리피데스 붐의 선구였다고 할 수 있을지도 모른다.

《바쿠스의 여신도들》은 디오니소스(바쿠스) 신화의 한 부분을 이루는 이야기에서 취재하고 있다. 중부 그리스의 옛도시 테베는 페니키아의 시돈에서 건너온 카드모스에 의해 창건

되었다고 전해진다. 카드모스가 이 땅에서 큰 용을 물리치고 그 이빨을 땅에 뿌렸더니, 무장한 건장한 사나이들이 그 이빨에서 생겨났다. 대부분은 카드모스의 손에 죽었으나 일부는 살아남아 테베 백성의 시조가 되었다. 살아남은 사람 가운데 하나인 에키온과 카드모스의 딸 아가우의 사이에서 태어난 것이 주인공 펜테우스이다.

한편 카드모스의 또 다른 딸 세멜레는 제우스 신의 사랑을 받고 잉태한다. 그러나 어느 날 밤 제우스의 번갯불에 빛나는 위용을 보고 싶다고 졸라대어, 마침내 벼락을 맞아 타죽는 바람에 뱃속의 아이를 조산한다. 제우스는 스스로의 허벅다리를 칼로 째어 거기에 아기를 넣고 달이 찰 때까지 기른다. 이렇게 태어난 것이 디오니소스이다.

이 이야기의 중대한 요점은 첫머리에서 디오니소스가 말하는 머리말로 거의 알 수 있다. 세멜레의 자매들이 디오니소스를 인정하려 하지 않으므로 신은 그녀들을 미치게 만들어 무조건 그의 가르침에 따르게 하였는데, 마침내 여자들뿐 아니라 테베 온 시민들이 바쿠스의 영감에 사로잡힌다. 오직 펜테우스만이 한 나라의 질서를 지키는 책임자로서 끝까지 저항하나, 마침내 신의 벌을 받고 무참한 최후를 마친다.

작자가 이 끔찍한 비극을 쓴 의도가 어디에 있었는지에 관해서는 예부터 많이 이야기되었는데, 좀 과장해서 말한다면 '호메로스 문제'를 본떠서 '바카이 문제'라고 불러도 좋을 만큼 여러 설이 분분했다. 예전에는 이 작품을 합리주의적 무신론자였던 에우리피데스가 늘그막에 이르러 마음을 돌린 것을 나타내는 것이라고 하여 일종의 신앙 고백으로 보는 설이 우위를 차지했다. 그러나 요즘은 반대로 루클레티우스식으로 종교를 해로운 것으로 여기는 시인의 변함없는 태도가 드러난 것이라는 해석이 오히려 주류가 될 느낌이 있다. 그러나 허심탄회하게 이 극을 꼼꼼히 읽어 나가면, 그 어느 쪽이나 너무도 공식적인 해석에 치우치고 있음을 알게 될 것이다.

펜테우스 왕 속에서 광신과 싸우다가 진 지식인의 모습을 인정하려는 것은 근대인에게 가장 매력적인 해석임에 틀림없겠으나, 작가가 그리는 펜테우스상은 이같은 해석을 그대로 받아들일 것을 용납하지 않는 듯하다. 마찬가지로 이 작품에서 작자가 스스로의 종교로 돌아온 마음을 고백하고 있다는 견해도 긍정할 수 없음은 새삼스레 설명할 것도 없다.

생각컨대 시인이 《바쿠스의 여신도들》에서 갑자기 그 종교관이나 인생관의 전환을 나타냈다는 것은 문제 밖이라고 해도 좋다. 20여 년 전에 씌어진 《히폴리토스》와 비교해 보는 게 가장 간단하고 뚜렷한 방법이 아닐까 싶다. 정숙한 파이드라를 파멸시키고 히폴리토스를 그 동반자로 만든 것은 사랑의 여신 아프로디테의 음모였다. 여기에서는 펜테우스와 카드모스 일가를 쓰러뜨린 것이 디오니소스였다는 차이뿐이다. 연애도, 주신(酒神)이 일으키는 열광도 마침내는 자연의 원소와 마찬가지로 인간의 힘을 넘어서므로, 그 도량 앞에서 인간은 아무 힘이 없다. 따라서 그것은 또 인간의 윤리, 선의(善意)의 테두리 밖에 있는 게 된다. 그리스인의 신들에게 그리스도교나 불교의 신이나 부처 개념의 유추를 미치게 하는 오류를 여기서 새삼스레 느낄 수 있다. 요컨대 《바쿠스의 여신도들》은 이같은 초인간적인 힘이 미쳐 날뛸 때, 인간계에 일어나는 무서운 비극을 풍부한 환상을 섞어 가며, 그러나 무서울 만큼 사실적인 필치로 그린 작품이라고 보면 될 것이다. 그 야성적인 아름다움과 박력은 노시인이 마케도니아의 자연에서 얻은 가장 좋은 선물이 아니었는가 생각된다.

극 중에서 마구간에 갇힌 디오니소스가 지진을 일으켜 궁정을 파괴하고 빠져 나가는 장면이 실제로 어떻게 연출되었는지는 알 수 없다. 지진이나 화염은 결국 신이 일으킨 환각에 지나지 않았다고 해석해야 되겠지만, 연출에는 그 어떤 효과가 바람직하다고 생각되므로 의음이나 진동 장치가 얼마쯤 쓰였으리라고 생각하는 이도 있는데, 고대의 무대 장치나 관습에 관해서는 조금밖에 알려져 있지 않으므로 모두 억측의 영역을 벗어나지 못한다.

그리고 그 뒤의 장면에서 분노하여 펄펄 날뛰던 펜테우스가 디오니소스의 권고에 응하여 산으로 갈 것을 승낙하는 대목은 좀 갑작스러운 감이 없지 않다. 여신도들의 미치광이 같은 태도를 보고 싶다는 왕의 에로틱한 잠재의식을 이용한 디오니소스의 최면술적인 마력에 걸린 셈이지만, 지나치게 분별이 없는 느낌이라 오히려 거기에는 희극적인 요소마저 인정된다. 그 점에서 아가베가 제정신으로 돌아오는 과정 쪽이 훨씬 자연스럽게 그려졌다고 할 수 있다. 단 위의 희극적인 요소는 작가가 의식적으로 끌어들였다고 생각할 만한 까닭이 충분히 있을 것이다.

나오는 사람

디오니소스 바카스, 바쿠스, 바커스 등으로 불린다.
코러스 리디아에서 온 디오니소스의 여신도들
테이레시아스 테베의 유명한 눈먼 예언자
카드모스 테베의 선대 왕. 손자 펜테우스에게 왕위를 물려준 뒤 은거하고 있다.
펜테우스 테베 왕
파수병

소몰이
사자(使者)
아가베 카드모스의 딸, 펜테우스의 어머니

무대

테베의 아크로폴리스(카드모스 성이라 불린다). 배경은 궁전 정면을 나타낸다. 앞에 무덤이 있고 연기가 오른다. 무덤 둘레 울타리에는 포도덩굴이 엉켜 있다.

디오니소스 등장, 머리말을 말한다.

디오니소스 이곳은 테베 땅, 여기 온 나는 제우스를 아버지로, 카드모스의 딸 세멜레의 태 안에서 잉태하여, 번갯불 이는 불꽃 속에서 태어난 디오니소스이다. 신의 몸이지만 사람 모습을 하고, 다시 이곳 디르케와 이스메노스 강[*1]가에 왔노라. 저기 저 성 옆에 벼락으로 몸을 태운 내 어머니의 무덤이 보이는구나.

궁정 자리에 연기가 오르고 있음은 제우스의 불이 아직도 타고 있는 증거. 어머니에 대한 헤라의 질투도 이 불이 꺼지지 않는 한 잊혀지지 않으리라.

카드모스 왕께서 따님의 묘소로 이 땅을 성지로 삼았음은 참으로 좋은 생각이셨다. 그 둘레를 푸른 포도덩굴로 덮은 것은 바로 나였느니라.

황금으로 가득한 리디아와 프리기아를 지나, 뙤약볕 내리쬐는 페르시아 고원과 성벽을 둘러친 박트리아, 서릿발 차가운 메디아, 풍요한 아라비아의 나라들을 방문하고, 이어 바다를 따라 그리스인과 이방인이 섞여 사는 아름답게 이룩된 아시아의 고을들을 샅샅이 돌아보았도다.

그리하여 아시아를 내 가르침에 따르도록 한 뒤에 이 그리스의 고을로 왔노라. 내 소망은 인간들에게 내가 지닌 신의 위엄을 보여 주는 것이다. 헬라스 땅에서 누구보다도 먼저 테베 백성들에게 몸에는 아기사슴 가죽을 걸치게 하고, 손에는 담쟁이덩굴로 감긴 저 영험스러운 지팡이를 쥐게 하여, '오로루'[*2]의 목소리도 드높게 나 디오니소스를 찬양하도록 만들었다.

내 이모들이 터무니없는 말을 지껄여, 디오니소스는 제우스의 아들이 아니며, 세멜레는 신이 아닌 인간과 잘못을 저질렀는데 카드모스의 도움으로 그 죄를 제우스에게 일러바친 결과, 그 거짓말로 제우스로부터 덧없는 죽음을 당하게 되었노라고 그럴듯하게 퍼뜨렸기 때문이다. 그들을 벌하기 위해 미치게 하여 집을 뛰쳐나가 방황케 한 것은 내가 꾀한 일이다.

그들은 어쩔 수 없이 나를 예배하는 제례복을 입고, 미친 채 산에서 살고 있다. 그들뿐이랴. 이 테베에 사는 여인들은 늙은이, 젊은이를 막론하고 모두 나의 힘 때문에 미쳐서 집을 나가 버렸느니라.

이제 그들은 카드모스의 딸들과 더불어 바윗돌 위의 푸른 소나무를 지붕 삼아 누워 있도다. 나의 가르침을 따르지 않을 때 어떤 끔찍한 변을 당하는지, 또 인간을 구하기 위해 제우스를 아버지로, 세멜레를 어머니로 해서 태어난 이 디오니소스가, 어머니의 오명을 씻으러 왔음을 테베 백성들에게 기어이 알리고야 말리라.

카드모스는 이미 왕위를 딸의 아들 펜테우스에게 물려주었건만, 펜테우스는 인간의 분수를 알지 못하고 신인 나를 거슬러 제물도 바치지 않고 기도조차 하려 들지 않는도다. 그러므로 그는 물론 테베 백성 모두에게 나의 본체를 보여 주리로다. 이곳을 탈 없이 평정하면 또 다른 땅으로 옮겨가 신의 위엄을 알려 주리라. 만일 테베의 관리들이 무력으로 나의 여신도들을 산에서 쫓으려 할 때는 내가 신도들의 앞장을 서서 싸울 것이니, 그 때문에 신의 몸을 숨겨 사람의 모습으로 온 것이로다.

자, 리디아를 지키는 트몰로스*3 봉우리를 등지고 멀리 다른 나라 땅에서 함께 온 나의 여신도들이여, 모든 신의 어머니인 레아 신과 내가 만들어 내어 프리기아의 명물이 된 북을 높이 들어, 이 펜테우스의 왕궁 곁에서 신나게 울려 카드모스의 고을 사람들에게 보여 주어라. 나는 이제부터 테베 여인들이 있는 키타이론*4 골짜기로 가서 신의 춤을 지휘하고 오리라.

디오니소스 퇴장. 디오니소스의 소리에 응하듯 코러스의 여인들이 다음 노래에 있는 것 같은 분장을 하고 손에 손에 든 북으로 장단을 맞춰 노래 부르면서 등장.

코러스 (노래)
　　아시아에 있는 신의 산
　　트몰로스를 떠나온 우리
　　블로미오스,*5 바쿠스를 위해서라면
　　괴로움도 괴로움이 아닐진대
　　'에우 호이' 외침 소리 지르며
　　즐겁게 섬기리라.

　　길 가는 이는 길을 비켜라.

집 안에 있는 이는 말을 삼가며
허튼 수작일랑 멈추어라.
나는 노래 부르련다, 그 옛날부터
전해진 바쿠스의 찬미가를.

아, 복 있을진대,
신의 의식에 참석하여
경건한 나날을 보내고,
목욕 재계하여 이 산 저 산 춤추며
마음을 신께 바치는,
그리고 신들의 어머니
위대한 키벨레*6를 섬기고
영검한 지팡이 들고, 머리에 포도덩굴을 장식하여
바쿠스를 섬기는 이는.

아, 바쿠스의 여신도들이여,
신의 아기 디오니소스를
모셔 오너라,
프리기아의 산골짜기로부터
길도 넓은 헬라스의 나라로.

이 아기는 그 옛날 어머니께서 잉태하여
번갯불 번뜩이는 속에
때아니게 낳은 아기,
어머니께서는
벼락을 맞고 세상을 뜨셨네.
크로노스의 아들 제우스께서는
스스로의 허벅지를 째고
아기를 그 새로운 모태에 넣고,
헤라의 눈을 피하기 위해

황금고리로 걸어 숨겼도다.

달이 차서 황소 뿔*7이 난
신이 태어나자,
아버지 신께서는 화환 대신
그의 머리에 뱀을 감았도다.
여신도들이 지금도
머리에 뱀을 감는 습관은
여기서 비롯되었노라.

세멜레의 고국 테베 백성들이여,
다같이 포도덩굴을 장식하고
푸른 잎 그늘에 붉은 열매 풍성한
밀라코스*8의 덩굴을 둘러
떡갈나무와 전나무 지팡이 높이 들고
바쿠스에게 귀의하라.
알록달록한 아기사슴 가죽옷에는
양털같이 흰 머리털 늘어뜨리고,
영검한 신의 지팡이
다같이 손에 들고
바쿠스를 축복하며 춤추네.
한결같이 산을 향하여
모든 사람을 이끄심은 블로미오스,
저기 바쿠스의 영기에 취해
베틀을 버리고 바디를 버리고
모여 있는 여인들 무리.

성스러운 크레타 동굴이여,
그 옛날
제우스가 이 땅에 태어났을 때

'세 개의 투구'*9 쓴 코리반테스가
동굴 속에서
짐승가죽을 둥그렇게
발라서 만든 이 북.
우렁찬 북소리에
프리기아의 감미로운 가락,
피리 소리 덧붙여
어머니인 여신 레아의 손에
바쳤노라.
여신도들의 신을 찬양하는 도구되라고.
또 미친 듯 춤추는 사티로스 신들이
레아로부터 그것을 하사받고,
＊3년마다 돌아오는 신의 제사에
신의 마음을 위안코자
북을 치며 춤추네.

바람직한 신의 모습이여.
깊은 산에 여신도들 달려가
대지에 엎드릴 때
작은 사슴가죽은 신의 옷,
양의 생피를 마시고
날고기를 먹는 즐거움이여,
프리기아의 그리고 리디아의 산을 향해
우리를 이끄심은 블로미오스,
에우 호이.

대지에서 솟아오르는 젖과 술,
또 맛좋은 벌꿀,
마치 시리아의 향유가
연기되어 나부끼듯

타오르는 불, 허공을 흐르네.
횃불 높이 들고
앞장서서 춤추네.
긴 머리 바람에 휘날리며
드높이 외쳐
모두들 격려하며 나아간다.
에우 호이 장단 속에
우렁차게 울리는 선도(先導)의 소리,
'일어나라, 바쿠스의 여신도들이여,

모두 일어나
트몰로스의 황금 봉우리
그 영화 깃들이고
울려퍼지는 북소리에 맞추어
바쿠스를 찬미하라.
에우 호이,
프리기아식 고함을 지르며
우리의 신을 숭상하라.'
듣기 좋은 성스러운 피리 소리
산으로 산으로 한결같이
오르는 여신도의 발길에
장단 맞추어
거룩한 가락을 연주할 때,
여신도들의 마음도 즐거워
마치 어린 망아지가
어미 말을 따르듯
발걸음도 경쾌하게
춤추면서 오르네.

예언자 테이레시아스, 바쿠스의 신도 차림을 하고 오른쪽에서 등장, 눈이 멀어서 소년에게 이끌려 온다.

테이레시아스 대문에 누구 없소? 카드모스님을 좀 불러 주시오. 시돈 고을에서 이 땅으로 옮겨와 테베를 이룩하신 아게노르의 아드님을 테이레시아스가 뵙고자 한다고 전해 주시오. 내가 여기 온 용건을 알고 계실 것이오. 카드모스님이 연세가 많기는 하나 아무튼 우리 늙은이끼리 약속한 대로, 영검한 지팡이를 들고 아기사슴 가죽을 걸치고 머리에는 포도덩굴을 두르고 왔다고 전하시오.

카드모스, 성에서 나온다. 똑같은 옷차림이다.

카드모스 오, 테이레시아스여, 잘 와 주었소. 성 안에 있어도 현자의 목소리는 이내 알아들을 수 있기에 바로 준비를 하고 나왔소이다. 이렇게 신의 옷차림으로. 내 딸의 태 안에서 이 세상을 구제하는 신으로 태어난 디오니소스를, 우리는 모두 힘을 다해 지켜 나가야 하니까요.
　그래, 신의 춤은 어디에 가서 추면 좋겠소이까, 발장단을 맞추고 희끗한 머리를 흔들면서. 우리 서로 늙은이지만 테이레시아스여, 임자는 현자일진대 이끌어 주기 부탁하오. 지팡이로 땅을 울리며 걸을 때는 밤낮으로 걸어도 피로를 느끼지 않을 것이오. 내 나이를 잊을 수 있을 정도이니, 다행한 일이 아니겠소.
테이레시아스 전하께서는 나와 같은 기분이 되신 듯하군요. 나도 젊은 기분으로 춤을 출까 합니다.
카드모스 그럼, 마차를 몰아 산으로 갑시다.
테이레시아스 아닙니다. 그래서는 신을 섬기는 일이 아니될 것입니다.
카드모스 그럼, 늙은이끼리 부축하며 내가 그대의 손을 잡고 가리다.
테이레시아스 신은 우리를 아무 어려움 없이 이끌어 주실 것입니다.
카드모스 바쿠스의 춤을 추는 것은 이 고을에서 우리 두 사람뿐일까요?
테이레시아스 이치를 아는 것은 우리 두 사람뿐, 다른 이는 모두 분별없는 자들이니까요.
카드모스 우물쭈물하고 있을 때가 아니오. 어서 내 손을 잡으시오.

테이레시아스 (손을 내밀며) 네, 그럼, 내 손을 잡아 주십시오.
카드모스 나는 인간의 몸으로 추호도 신들을 업신여기려고는 생각지 않소.
테이레시아스 신령 앞에 인간의 지혜 따위는 문제도 되지 않습니다. 우리가 조상들로부터 이어받은 전통이란 영겁의 시간과 더불어 오래된 것, 제 아무리 머리를 짜서 똑똑한 이치를 생각해 낸다 해도, 인간의 재치 따위로 뒤집을 수는 없을 것입니다. 내가 늙은 주제에 머리에 포도덩굴을 장식하고 춤을 춘다고 더러 욕하는 이도 있겠지만, 사실 나이에 따라 춤을 추어서는 안 된다든가 좋다든가 하는 구별을 하실 까닭이 없습니다. 모든 사람에게 한결같이 숭배되고, 이 사람 저 사람 구별없이 경배받고 싶은 것이 신의 뜻임에 틀림없으니까요.
카드모스 테이레시아스여, 그대는 앞을 보지 못하니 오늘은 내가 그대 대신 '보고 설명하는' 역할을 맡아 주리다. 펜테우스가 지금 급히 성으로 돌아오고 있소. 에키온의 아들로, 내가 왕위를 물려준 그 펜테우스 말이오. 몹시 흥분하고 있는데 대체 무슨 소식을 가지고 온 것일까.

펜테우스, 호위병을 거느리고 급히 등장. 두 노인이 옆으로 비켜섰으므로 펜테우스는 처음에 두 사람을 보지 못한다.

펜테우스 내가 잠시 이곳을 비웠다가 지금 돌아와서 들으니, 이 나라에 괴이한 일이 일어났다는구나. 여자들이 바쿠스제인가 뭔가로 집을 비우고, 낮에도 어두운 산 속을 헤매며 디오니소스라나 뭐라나 하는 새로 온 신을 숭상하여 광란의 춤을 추고 있다는군. 그들 한가운데에 술독을 놓고 저마다 은밀한 곳을 찾아 사내들의 욕정을 채워 주고는 신을 섬기는 무녀의 역할을 하고 있다는데, 오히려 바쿠스가 아니라 아프로디테의 축제 같은 꼴이었다고 한다. 사로잡은 여자들은 모두 손을 묶어 감옥에 넣고 감시를 시켜 놓았는데, 미처 잡지 못한 이들도 지금부터 산으로 잡으러 가야겠다(아버지 에키온과의 사이에서 나를 낳아주신 어머니 아가베와 이노, 그리고 악타이온의 어머니 아우토노에를 말하는 것이다). [10] 그들을 쇠사슬로 묶어 한시바삐 괘씸한 바쿠스 소동을 멈추게 해야겠다.

들리는 바에 의하면 리디아 땅에서 왔다는 수상한 마법사 녀석은 황금빛 머리칼에 향내를 풍기며, 연분홍 볼에 음탕한 눈초리로 밤낮 가리지 않고 바쿠스의 은밀한 의식을 미끼로 처녀들과 정을 통하고 있다는구나. 내 그놈을 이 성 안으로 잡아들여 오는 날에는 목을 댕강 잘라, 다시는 지팡이를 울리며 머리를 흔드는 발칙한 짓을 못하게 하고야 말겠다. 그놈은 제우스를 속인 어미의 죄로 어미가 벼락에 맞자 조산되어 제우스의 넓적다리 속에 넣어졌다고 퍼뜨리며 다니는 장본인, 어디 사는 어떤 놈인지는 모르겠으나 이런 발칙한 짓을 하고 있는 이상 교수형에 처하는 것이 마땅한 노릇이 아니겠는가.

(걸음을 옮기려다가 노인들을 알아본다) 아니, 이거 참 놀라운 일이로다. 저기 아기사슴 가죽을 걸치고 있는 것은 예언자 테이레시아스가 아니냐. 그리고 나의 외조부님이……. 맙소사, 바쿠스 신자의 지팡이를 쥐고 계시네. 할아버지, 할아버님같이 연로하신 분들이 이런 무분별한 짓을 하시다니, 차마 볼 수 없습니다. 내 어머니의 아버지 되시는 어른께서 이럴 수가……. 부디 그 덩굴관을 벗고 지팡이를 버려 주십시오. 테이레시아스여, 이것은 분명 당신이 시킨 짓이 틀림없소. 새로운 신을 쳐들고 나서서 새를 보거나 내장을 살펴보거나 해서 또 한 번 벌어 보자는 속셈이겠지. *11 늙은이라 눈감아 주지만, 그렇지 않았던들 사악한 종교를 퍼뜨린 죄로 바쿠스의 여신도들과 함께 감옥에 끌려갔을 것이오. 적어도 여자들이 식사 때 술을 마신다는 것은, 어떤 경우이건 그 행위에 불순한 것이 있는 증거요.

코러스 대장   원 세상에, 신을 보고 이런 무례한 말씀을 하시다니. 신은 물론 용의 어금니를 뿌려 용맹을 얻으셨다는 카드모스님 앞에서 두렵지도 않으신지. 에키온님의 아들로서 집안을 망신시키는 말씀을 하시다니.

테이레시아스   재치있는 자가 훌륭한 논설을 가지고 말할 때는 그 말이 쉽게 나오는 법. 그대의 변설은 매우 훌륭해서 분별이 있는 듯 보이지만, 듣건대 사리를 아는 구석은 조금도 없구려. 공연히 혈기에 내맡겨 세력을 떨치며, 변설만 능란해서 분별을 잃는 자는 국가에 화근이 될 뿐입니다. 그대가 멸시하는 이 새로운 신은, 머지않아 이 헬라스 땅에서 얼마나 큰 세력을 갖게 될 것인지 우리로서는 예측조차 못할 정도입니다. 젊은 왕이시여, 인간에게는 더없이 귀중한 것이 둘 있습니다. 먼저 여신 데메테르가 있는데, 다른 이름으로 부르자면 땅의 신이라 불러도 좋습니다. 이는 단단한 것을 가지고 인간을 길러주는 신입니다. 다음으로 이 세상에 나타난 세멜레의 아드님이 이번에는 포도 열매에서 액체로 된 음료를 만들어 인간에게 주셨습니다. 이 포도 액체가 몸 안에 가득차, 비참한 인간의 고뇌도 멈추고, 나날의 노고를 잊게 하는 잠이 찾아옵니다. 걱정을 털어 버리는 데 이보다 더 좋은 영약은 없습니다. 술이 바로 이 신의 본체라 한다면, 우리 인간들이 신들 앞에 신주(神酒)를 바쳐 행복을 얻는 것도 이 신 디오니소스의 덕택이라 하지 않을 수 없을 것입니다.

또한 그대는 이 신이 제우스의 넓적다리 살 속에 있었다는 이야기를 당치 않은 말이라고 웃고 계시는데, 이것이 사실임을 설명해 드리지요. 처음 제우스께서 번갯불 속에서 어린아기 디오니소스를 구하여 올림포스로 데리고 갔을 때, 헤라는 그 아기를 하늘 위에서 떨어뜨려 죽이려 하였습니다. 그래서 제우스께서는 신이 아니고는 할 수 없는 대책을 강구하셨습니다. 바로 땅을 둘러싸는 구름을 한 부분 메워서, 그것으로 디오니소스의 형상을 만들어 헤라의 질투를 가라앉히는 인질로 맡겼던 것입니다. 바쿠스가 헤라의 인질이 된 데에서 넓적다리(메로스)와 인질(호메로스)의 발음이 닮은 까닭에 후세 사람들이 바쿠스가 제우스의 넓적다리(메로스) 속에 넣어졌다는 이야기를 만들어 낸 것입니다.

또한 이 신은 예언자이기도 하십니다. 신들린 무아의 경지에 이르면 강한 예언의 힘이 생겨납니다. 즉, 이 신이 무서운 힘을 가지고 인간 몸 속에 옮겨지면, 신들린 사람은 앞날을 예언하는 능력을 갖게 됩니다. 또한 군신 아레스가 지닌 권능의 일부도 갖추고 있습니다. 대오를 지어 싸우려는 군사들이 난데없는 공포에 사로잡혀 미처 싸우기도 전에 전멸되는 수가 있는데, 이것도 디오니소스가 일으킨 광기의 탓이랍니다. 곧 이 신은 온 헬라스 땅에서 위대한 신으로 받들어질 것이며, 바위산이 솟아 있는 델포이에서도 햇불을 들고 바쿠스의 지팡이를 휘두르며 파르나소스의 두 산봉우리 사이를 뛰어다니는 신의 모습을 볼 수 있게 될 것입니다. 그러니 펜테우스 왕이시여, 내 말을 들으십시오. 이 세상에서는 힘이 다스린다는 교만한 생각일랑 하지 마십시오. 또한 무슨 생각을 했다가 그 생각이 잘못되었을 경우, 스스로 분별을 가지고 있다고 생각해서도 아니됩니다.

신을 테베로 받아들여 신주를 바치고, 머리를 꽃관으로 꾸며 바쿠스의 제사를 모시도록 하십시오. 디오니소스는 여자들에게 색정의 잘못을 저질러서는 안 된다고 특별히 엄하게 훈계하지는 않습니다. 그러나 본디 모든 일에 있어 몸가짐이 좋고 나쁨은 저마다 타고난 성질에 의하는 것임을 잊어선 아니됩니다. 절개바른 여자라면 바쿠스 잔치에 참가할지라도 몸을 더럽히는 짓은 하지 않을 테니까요.

만일 그대를 사모하여 성문 앞에 사람들이 떼를 짓고, 고을 사람들 모두가 펜테우스님, 펜테우스님 하고 공경한다면, 그대도 기분이 나쁘지는 않을 것입니다. 마찬가지로 그 신 역시 공경을 받으면 기쁘게 생각할 것입니다. 나는 그대가 멸시하는 카드모스 노인과 함께 포도덩굴을 머리에 감고 신의 춤을 추렵니다. 늙은이들이기는 하나 춤을 그만둘 수는 없으니까요. 그대의 말대로 신에 맞설 생각은 추호도 없습니다. 오히려 그대 마음의 혼란은 보통이 아닙니다. 도저히 약으로는 고칠 수 없는……. 아니, 그 혼란이야말로 그 어떤 독약 때문에 그렇게 되었는지도 모르겠군요.

코러스 대장 노인장께서 하신 말씀은 결코 아폴론을 욕되게 하는 것이 아니며, 우리의 위대한 신 바쿠스를 숭상하시는 그대의 옳은 마음에는 정녕 감동하였습니다.

카드모스 펜테우스여, 테이레시아스가 너에게 충고한 말은 옳은 말이니라. 우리와 같이 이를 지켜서 세상의 규율에 거스르는 일일랑 하지 않도록 하라. 지금의 너는 발이 땅에 붙어 있지 않구나. 생각이 잘못되어 있다는 말이다. 만일 디오니소스가 신이 아니라 해도 그렇다고 해두는 게 좋으리라. 거짓말도 방편이라고, 그렇다고 해두면 모든 일이 잘 되어 나갈 것이다. 그러면 세멜레가 신을 낳은 어미가 되니 우리 가문의 명예도 되지 않겠느냐.

저 악타이온의 비참한 운명을 보아라. 여신 아르테미스보다 사냥을 잘한다고 뽐내다가, 산골짜기에서 자기가 기른 사냥개에게 물려 죽은 악타이온을. 너는 그런 변을 당해서는 안 된다. 자, 네 머리에도 포도덩굴을 장식해 주마. 우리와 함께 바쿠스 신에게 경의를 표하도록 해라.

펜테우스 내 머리에 손대지 마십시오. 바쿠스를 숭상하려면 혼자 하십시오. 그런 어리석은 짓을 나한테까지 강요하시지는 마십시오. 이처럼 분별없는 생각을 불어넣은 테이레시아스를 내가 그냥 두지 않겠다. 여봐라, 테이레시아스가 새의 점괘를 보는 거처로 급히 달려가 몽둥이로 두들겨 부수고, 거기 있는 것도 모조리 부순 다음 금줄도 바람에 날려 버리도록 하라. 그렇게 하는 것이 그를 가장 뼈아프게 해 주는 일이 될 테니까. 그리고 남은 자들은, 온 시중을 돌아다니며 여인들에게 수상한 가르침을 불어 넣으며 풍기를 어지럽히고 있는 그 고약한 상판을 한 이국인을 찾도록 하라. 붙잡거든 포박해서 이리로 끌고 와야 한다. 돌로 치는 형으로 숨통을 끊어, 테베에서 바쿠스제를 하면 어떤 변을 당하는지 보여 주리라.

펜테우스 퇴장.

테이레시아스   어리석은 자 같으니. 자기가 무슨 소리를 하고 있는지조차 모르고 있어. 완전히 미쳤구나. 이미 전부터 제정신은 아니었지만.
  자, 카드모스님, 우리는 가서 신께 기도나 드립시다. 도리를 모르는 난폭자이긴 하나 저 젊은 왕과 또 이 나라 전체를 위해 아무쪼록 신이 노여움을 거두시도록. 자, 포도덩굴이 감긴 지팡이를 들고 나와 함께 가십시다. 이 몸을 좀 일으켜 주시오. 나도 당신을 일으켜 드리리다. 늙은이 둘이서 넘어지는 꼴이란 보기 좋은 게 못 되지만 어쩔 도리가 없지. 제우스의 아들 바쿠스의 봉사는 기어코 해야만 하는 것이니까요. 카드모스님, 펜테우스 왕이 그 이름처럼 불행(펜토스)을 왕가에 초래하는 일이 없었으면 좋겠습니다만……. 이것은 예언술을 써서 말씀드리는 것이 아닙니다. 있는 그대로 사실에 비추어 드리는 말씀입니다. 어리석은 자 같으니, 너무나 어이없는 소리를 하기에 하는 말입니다.

코러스   (노래)
  신앙이여, 거룩하옵신 여신,
  황금의 날개 펴고 넓은 세상을
  두루 다니시는 신앙의 여신,
  들으시나이까, 펜테우스가 한 말,
  들으셨나이까, 무엄하게도 세멜레의 아들
  블로미오스에 대하여 한
  용납할 수 없는 불경한 말을.

많은 신들 가운데서도
즐겁게 축복하는 잔치에는
이 신만한 신이 없으니,
춤추며 노래 부르면
마음이 서로 통하여
피리 소리와 함께 모두 웃네.
또는 신들의 향연에
윤기 흐르는 신의 술 따라져
술잔이 돌고 도는 동안
잠이 사람을 엄습하면
번민도 걱정도 사라지니,
이 모두 신의 공덕이라네.

사람들이 말을 삼가지 않고
무엄한 행동을 할진대,
종말에는 기어코 화근을 부르리라.
조용한 삶을 보내며
명심해서 절도를 지키면
위험한 재난을 만나지 않고
집안 또한 평안하리라.
신들은 높고도 먼 하늘에 계시건만
인간의 소행을 지켜보시네.
슬기로움은 진정한 지혜가 아닐진대
분수 넘는 인간의 생각 또한 마찬가지.
사람의 생명, 그것은 짧은 것이니
너무 큰 것을 추구하면
눈 앞의 것마저 잃게 되도다.
이런 일은 마음이 미친 자,
또는 어리석은 자들의
소행이라고만 여겨지네.

원컨대 아프로디테의 거처
키프로스 섬으로 가리라.
사람의 마음을 매혹하는
에로스들이 사는 곳.
아니면 비는 오지 않아도
백 개의 이국 강물로
비옥하게 기름진 그곳*12으로 가리라.
또는 올림포스 봉우리를 따라
뮤즈들이 살고 있는 피에리아의
고귀하게 솟아 있는 곳,
아, 블로미오스여,
그곳으로 우리를
앞장서 이끌어 주소서.
그곳에는 우아의 여신이
동경의 신과 함께 계시며,
신도들이 광란의 춤을 출지라도
탓하지 않으시니.

제우스의 아들, 이 신은
향연을 좋아하니
총애하는 여신의 이름은 '평화',
복을 주고 젊은 생명을 지키는 신.
잘 사는 자, 가난한 자 구별없이
슬픔을 덜어 주는 술이 주는 더없는 행복을
나누어 주시건만,
밤낮으로 살아 있는 한
즐겁게 살아가기를 꺼려하거나,
마음이 비뚤어진 자를 피하여
마음이 건전하게 유지할 것을
게을리하는 자는

이 신의 미움을 사리로다.
많은 사람들이 좋다고
지켜온 것을
우리 또한 계승해 나가리라.

파수병이 두 손이 묶인 디오니소스를 끌고 등장.
이어서 펜테우스가 궁정 안에서 나온다.

파수병 전하, 명령하신 대로 이렇게 잡아왔습니다. 이자는 매우 양순하게 복종했습니다. 포박당하는 것을 꺼리는 눈치도 없었으며, 또 얼굴색 하나 달라지지 않았고, 윤기있는 붉은 혈색도 그대로였습니다. 웃으면서 포박하도록 했을 뿐 아니라 내가 포박하기 좋도록 가만히 있었습니다. 오히려 내가 민망스러워 '이방인이여, 나는 그대를 포박하고 싶지 않으나 펜테우스님의 분부로 온 것이니 어쩔 수 없소'라고 말해 버렸습니다.
　그런데 앞서 전하의 명령으로 포박해서 감옥에 가둬 둔 바쿠스의 여신도들은 모두 달아나고 이곳에는 이미 없습니다. 블로미오스 신의 이름을 부르면서 산에서 춤을 추고 있었습니다. 그러자 저절로 발의 사슬이 풀어지고, 아무도 손대지 않았건만 감옥의 자물쇠가 저절로 열렸던 것입니다. 이 사람은 여러 가지 기적을 몸에 익히고 있는 듯합니다. 참으로 굉장한 사람이 이 테베에 왔사오니, 앞으로의 일은 모두 전하의 지시를 바라고자 합니다.

펜테우스 이자의 손을 풀어 주어라. 그물 속에 걸린 거나 다름없는 꼴이 되었으니, 제아무리 날쌔어도 여기서 달아나지는 못하리라. (디오니소스를 보며) 그런데 너는 아주 그럴듯하게 생겼구나. 계집들한테 호감을 살 만하군. 하기야 그것을 목적으로 이 테베에 왔을 터이지만. 머리가 긴 것은 레슬링 따위와는 인연이 없다는 증거, *13 턱밑까지 늘어뜨려 매력적인 표정이로다. 그 흰 살결에도 특별히 마음을 써서 볕에 타지 않도록 그늘만 골라다녔겠지. 미모로 계집을 낚으려는 심산이리라. 그건 그렇고, 먼저 네 태생이 어느 곳의 누군지 말해 보라.

디오니소스 각별히 자랑할 만한 것은 없지만 그 말에 대답하기란 쉬운 일이오. 향기로운 꽃이 만발한 트몰로스 산에 대한 이야기는 알고 계시겠지요?

펜테우스 알고 있다. 사르디스의 도성을 둘러싼 산이지.

디오니소스 나는 거기서 온 사람, 따라서 리디아가 내 고국이 되는 셈이오.

펜테우스 어떤 사정으로 그와 같은 신앙을 그리스에 퍼뜨리러 왔느냐?

디오니소스 제우스의 아들 디오니소스가 명령하셨소.

펜테우스 그렇다면 리디아에도 연달아 새로운 신을 낳는 신이 있단 말인가?

디오니소스 그게 아니라 이 테베에서 세멜레를 아내로 맞은 제우스를 말하는 것이오.

펜테우스 그 신이 너에게 명령한 것은 꿈 속에서였단 말인가, 아니면 그때 네가 신의 모습을 직접 보았단 말인가?

디오니소스 직접 보았지요. 신께서 직접 나를 보면서 나에게 은밀한 의식을 가르쳐 주었습니다.

펜테우스 그 의식이란 대체 어떤 것인가?

디오니소스 신앙을 가지지 않은 이에게는 말할 수 없습니다.

펜테우스 신앙을 가지게 되면 어떤 이익이 있다는 건가?

디오니소스 들어 두실 만한 훌륭한 이익이 있지만, 알려드릴 수는 없습니다.

펜테우스 내가 듣고 싶어하도록 만들려고 교묘한 대답을 조작하는구나.

디오니소스 신의 은밀한 의식은 신을 모독하는 자를 꺼려 합니다.

펜테우스 너는 신의 모습을 분명히 보았다고 했는데, 그래, 신은 어떤 모양을 하고 있더냐?

디오니소스 신은 자유자재한 모습으로 나타나므로 내가 단정해서 말할 것이 못 됩니다.

펜테우스 또 딴전을 부려 대답을 피하는구나.

디오니소스 아무리 좋은 말을 해도 어리석은 자는 그 뜻을 모르니까요.

펜테우스 네가 그 신앙을 넓히러 온 것은 이 테베가 처음이냐?

디오니소스 아시아에서는 입신(立身)을 해서 신의 춤을 추지 않는 이가 한 사람도 없습니다.

펜테우스 야만인들은 그리스인보다 훨씬 지혜가 모자랄 테니 그렇기도 하겠지.

디오니소스 풍습이 다른 것은 당연한 일이지만, 신앙에 관한 한 그들 쪽이 슬기롭다고 하겠지요.

펜테우스 제사를 지내는 건 밤이냐, 낮이냐?

디오니소스 대개 밤에 합니다. 어둠에는 장엄함이 있으니까요.

펜테우스 여인들에게 위험하고 나쁜 시간이지.

디오니소스 낮에라도 마음만 먹으면 얼마든지 음탕한 짓을 할 수 있습니다.

펜테우스 돼먹지 못한 고약한 이유를 자꾸 늘어놓으면 가만두지 않겠다.

디오니소스 그렇다면 당신도 신을 모독한 어리석은 죄를 면치 못할 것이오.

펜테우스 이 말 많은 중놈 같으니, 뻔뻔스럽기 짝이 없구나.

디오니소스 나를 어쩌자는 것인지, 어떤 무서운 벌을 나에게 가하려는 것인지 말해 보시오.

펜테우스 먼저 너의 그 아름다운 머리를 잘라 주리라.

디오니소스 이 머리는 신성한 것, 나는 신을 위해 이 머리를 기르고 있소.

펜테우스 다음에는 그 지팡이를 이리 내놓아라.

디오니소스 뺏을 수 있거든 직접 뺏아 보시오. 이 지팡이는 거룩하신 디오니소스의 지팡이오.

펜테우스 끝으로 너를 감옥에 가두겠다.

디오니소스 언제든지 내가 바랄 때 신께서는 손수 나를 자유로이 해 주실 것이오.

펜테우스 네가 여신도들과 함께 있으면서 신의 이름을 부를 때라면 그것도 될 수가 있겠지만.

디오니소스 지금도 신은 바로 옆에 계시며, 내가 어떤 변을 당하고 있는지 보고 계시오.

펜테우스 어디에 있단 말이냐? 내 눈에는 전혀 보이지 않는데.

디오니소스 내가 서 있는 곳이오. 당신은 신심이 없기 때문에 신의 모습이 보이지 않는 것이오.

바쿠스의 여신도들 517

펜테우스 (파수병들에게) 이자를 포박하라. 이놈은 나를, 나아가서는 테베를 조롱하고 있다.

디오니소스 나를 포박해서는 안 되오. 그대들은 지금 제정신이 아니오.

펜테우스 내가 포박하라고 했다. 왕인 내가 명령하는데, 감히 어디라고 말대꾸를 하느냐.

디오니소스 당신은 자신의 생활 태도, 행동거지를 모르고 있소. 자신이 누구인지조차도 잊고 계시오.

펜테우스 내가 누구인지를 어찌 모를쏘냐. 아가베를 어머니로 하고 에키온을 아버지로 하여 태어난 펜테우스가 바로 나다.

디오니소스 펜토스란 '불행'이라는 뜻, 그 이름과 같이 불행을 당하게 되어 있소.

펜테우스 물러가거라, 무례한 놈아. (파수병에게) 이놈을 가까운 마구간에 가두어 자기가 좋아하는 어둠 속에 있게 하여라. 거기서 멋대로 춤이나 추려무나. (코러스 여인들을 가리키며) 또한 네가 너의 나쁜 짓을 돕게 하려고 데려온 이 계집들은 노예로 팔아 버리든가, 아니면 다시는 북을 치지 못하게 하여 베짜는 계집으로 부리겠다. (궁중으로 들어간다)

디오니소스 (파수병에게 끌려가면서) 그렇다면 끌려가겠소이다. 내가 기어이 당해야 할 일이라면 모르되, 그렇지 않다면 당할 필요가 없을 것이오. 하지만 왕이여, 당신의 무례한 갖가지 소행은 당신이 없다고 한 그 디오니소스께서 분명 처벌해 주실 것이오. 나를 포박하는 일은 바로 신을 포박하는 것이 되니까.

코러스 (노래)
　　아켈로스의 딸,
　　거룩하고도 그윽한 처녀 디르케여. *14
　　그 옛날 그대의 샘에서
　　태어난 제우스의 아들을
　　맞이하리라.
　　타오르는 신의 불 속에서
　　아버지 신은 아들을 구하여
　　자신의 허벅지 속에 감춘 뒤

518 그리스 비극

큰 소리로 알렸도다.
'디티람보스여, *15
어머니인 나의 태 안으로 들어가 숨거라.
곧 너를 테베 백성에게 보여 주어
바쿠스,
그 이름으로 너를 부르게 하리.'
그렇건만 지금 디르케여,
너의 강변에 덩굴로 감은 지팡이를 든 나를
너는 무참히도 쫓는도다.
무슨 까닭에 나를 거부하고
무슨 까닭에 나를 피하느뇨.
머지않아 반드시 바쿠스의 은총,
열매 풍성한 포도를 두고 맹세하리라.
너 또한 블로미오스에게 귀의해야 할 것을.

이 무서운 분노의 정은
땅에서 태어난 용의 후예
펜테우스의 참된 성품을
보여 주는 것, 이 왕은
또한 땅에서 태어난
에키온을 아버지라 부르며,
세상의 여느 사람답지 않게
사나운 마성(魔性)의 사나이.
신께 감히 맞서니
잔인한 거인에나 비유할까.
무엄하게도 블로미오스를 섬기는 우리를
더러운 오랏줄로 포박하려 하였고
그뿐이랴, 이미 우리의 길잡이는
집 안 어두운 감옥 속에 떨어졌도다.
아, 제우스의 아들 디오니소스여,

이 광경을 보시나이까.
당신의 가르침을 펴는 우리가
당신에게 탄원하는 모습을.
원컨대 주여, 황금의 지팡이 높이 들고
올림포스에서 내려오사
피에 굶주린 이의 무도함을 벌주소서.

아, 디오니소스,
당신은 지금 어디 계십니까.
들짐승이 모여 사는 니사*16의 숲에서
신도들을 이끄시고 지팡이를 휘두르십니까.
아니면 코리키아*17의 꼭대기에 계십니까?
또는 올림포스의 산 속
우거진 숲 속 깊이 계십니까.
그 옛날 오르페우스가
하프를 타며 영묘한 가락으로
나무들을 움직이고 짐승들을 모았던 곳.
오, 복된 피에리아여,
바쿠스는 너를 존중하사
신의 춤을 출 자리를 이곳에 마련코자
흐름도 빠른 악시오스, *18
그리고 이 땅에 부귀를 가져와
둘도 없는 맑은 흐름에
말을 기르는 들을 비옥하게 만든다는
아버지인 강 리디아스를 넘어
광란의 춤추는
여신도들을 이끌고 오시리라.

디오니소스　(궁전 안에서 목소리만)
　　오, 오.
　　여신도들이여, 여신도들이여,

나의 소리를 들으라. 나의 소리를 들으라.
코러스 대장 아니, 저 소리는 분명 바쿠스님의 목소리 같은데.
어디서 우리를 부르고 계실까?
디오니소스 오, 오.
다시 이곳에 와서 부름은
제우스를 아버지로 하여 세멜레에게서 태어난 디오니소스로다.
코러스 대장 오, 주여,
우리 무리에 참가하소서.
오, 블로미오스.
디오니소스 지진의 여신이여,
내 말 들으라.
땅을 진동시켜라.
코러스 대장 아, 아.
곧 펜테우스의 궁전은 흔들려
땅 위에 무너질 거예요.
디오니소스는 궁전 안에 계십니다.
여러분, 삼가 신께 예배드립시다.
코러스 삼가 예배드립니다.
저 보세요. 저기 기둥 위의 돌이
무너지고 있군요.
블로미오스가 집 안에서
몹시 화가 나신 거예요.
디오니소스 번갯불을 일으켜
펜테우스의 궁전을 태워 없애라.
코러스 대장 아, 저기 안 보여요?
세멜레의 무덤 옆에 불타고 있는 것이.
저것은 옛날, 세멜레가
제우스의 벼락에 맞았을 때 타다 남은 불.
자, 여러분, 떨리는 몸을
땅에 엎드리세요.

우리의 주, 제우스의 아들,
디오니소스가 오셨습니다.

코러스의 여인들, 땅에 엎드린다. 결박당했던 용이 풀려 있다. 디오니소스가 본디처럼 사람 모습으로 태연히 궁전 안에 나타난다.

디오니소스 리디아의 여인들이여, 그처럼 땅에 엎드리고 있는 걸 보니 어지간히 무서웠나 보구나. 바쿠스가 펜테우스의 궁전을 부수는 걸 그대들은 보았겠지. 그러나 이제는 몸을 일으켜 두려움을 떨쳐 버리고 마음을 놓으라.

코러스 대장 아, 나의 신앙에서 빛으로 우러르는 분이시여, 의지할 이 없어 외로웠는데, 다시 만나 뵙게 되어 기쁩니다.

디오니소스 그대들은 내가 궁전 안에 끌려갔을 때, 어두운 감옥에 갇힐 줄 알고 낙심하고 있었던가?

코러스 대장 어찌 낙심하지 않을 수 있겠습니까? 당신 몸에 만일의 일이라도 생긴다면, 우리를 지켜 주실 분은 달리 없으니까요. 하지만 그보다도 그런 무도한 인간의 손에서 어떻게 빠져 나오셨나요?

디오니소스 내 힘으로 쉽사리 빠져 나왔지.

코러스 대장 하지만 왕께서는 당신의 두 팔을 묶게 했을 게 아닙니까?

디오니소스 그거야말로 내가 감쪽같이 그를 속여서 조롱해 준 거지. 나를 묶은 줄 알고 있지만 사실은 손 하나 건드리지 못했으니, 다만 묶은 줄 알고 있었을 뿐이었지. 나를 가둔 마구간 구유 앞에 황소 한 마리가 서 있었는데, 그 놈을 보고 그 황소의 무릎과 발굽에 밧줄을 걸었던 거지. 분노 때문에 내뱉는 숨결도 거칠었고, 입술을 깨물어 땀을 뻘뻘 흘리면서 묶고 있더구나. 나는 옆에 조용히 서서 그 광경을 보고 있었지. 그러자 바로 그때 바쿠스가 나타나 집을 뒤흔들어 어머니 무덤 앞에 불을 붙이셨다. 왕은 이 광경을 보자 궁전이 정말로 타는 줄 알고 이리 뛰고 저리 뛰며 하인들에게 물을 퍼오라고 명령하고, 하인들은 모조리 쓸데없이 헛일을 하느라 소동을 떨었지. 그러나 내가 도망간 줄 알고는 불끄는 일을 그만두고 칼을 뽑아들고 급히 집 안으로 되돌아왔다. 그때, 이건 내 상상인데, 아마 블로미오스가 안뜰에 나의 환상을 만들어 두셨던 모양이다. 펜테우스는 그 환상에 덤벼들어 나인 줄 알고 마구 베었는데, 사실은 허공을 냅다 찌르고 있었던 거야. 그러나 바쿠스가 펜테우스에게 내린 벌은 그것으로 그치지 않았다. 집은 모조리 쓰러지고, 그 폐허 속에 서서 펜테우스는 새삼 나를 가두려고 한 죄에 대한 무서운 보복을 맛보았다. 지칠 대로 지쳐서 이젠 칼을 휘두르는 일조차 멈추고 말았지. 인간의 분수를 잊고 신에게 맞서려 한 자가 받는 당연한 보복이다. 이리하여 나는 펜테우스 따위는 거들떠보지도 않고 태연히 궁전을 나와 그대들이 있는 곳으로 돌아온 것이다. 안에서 발소리가 나는 걸 보니 왕이 곧 문간에 나올 것 같구나. 이같은 변을 당한 뒤 어떤 말을 할 것인지 궁금하구나. 제아무리 화를 내더라도 나는 동요하지 않는다. 마음의 평정을 지키는 것이 군자의 도리이니까.

펜테우스 (궁전 안에서 나타난다) 기막힌 변을 당했다. 조금 전에 묶어서 꼼짝 못하게 해 둔 이방인 놈이 달아나 버렸어……. 오, 이게 대체 어떻게 된 노릇이냐, 여기 있는 게 그놈 아니냐? 어떻게 해서 네놈이 여기 내 문 앞에 있단 말이냐? (디오니소스에게 덤벼들려고 한다)

디오니소스 잠깐, 우선 노여움부터 거두십시오.

펜테우스 대체 어떻게 포박에서 벗어나 궁전 밖으로 나왔단 말이냐?

디오니소스 나는 아까 분명 나를 자유로이 해 주실 분이 있다고 했었는데, 못 들었습니까?

펜테우스 대체 누구를 말하는 거냐. 괴상한 말만 하는구나.

디오니소스 인간을 위하여 풍성한 열매를 맺는 포도나무를 키워 주시는 분이지요.

펜테우스 또 여인을 산으로 유인해 내는 분이기도 하단 말인가?

디오니소스 신을 비방할 양으로 그런 말을 하시지만, 디오니소스에게는 오히려 명예가 될 일입니다.

펜테우스 너희들, 모든 성문을 굳게 닫아라.

디오니소스 신들은 성벽이든 뭐든 쉽사리 뛰어넘는다는 걸 모르십니까?

펜테우스 너는 꽤 똑똑한 놈인데도 중요한 일에서는 머리가 돌지 않는 것 같구나.

디오니소스 아니, 나야말로 가장 중요한 데에서 지혜가 도는 사람이랍니다. 하지만 그보다도 우선 저기 왕께 보고하기 위해 산에서 내려온 자가 있으니, 그 사람의 말이나 듣도록 하십시오. 나는 도망가지 않고 여기 가만히 있을 테니까요.

소몰이 (원편에서 등장) 이 테베 땅을 다스리시는 펜테우스님, 나는 봉우리에 흰 눈이 사라지는 적이 없는 키타이론 산에서 왔습니다.

펜테우스 그래, 대체 어떤 중요한 소식을 가져왔단 말이냐?

소몰이 나는 아까 신령에게 홀려 백설 같은 피부를 드러내고 고을을 떠나 산으로 간 여신도들을 보았습니다. 그래서 그 무섭고 세상에도 이상한 소행을 왕과 고을 사람들께 고하려고 이렇게 달려왔습니다. 그러나 그전에, 산에서의 일을 있는 그대로 말씀드려야 좋을지, 또는 대충만 말씀드리는 것이 좋을지 그것부터 들려 주소서. 전하의 급하신 성미, 아니, 너무나 과격하신 그 성미가 나는 무서우니까요.

펜테우스 어떤 이야기든 탓하지 않을 테니 모두 이야기해 보아라. 정당한 자에게 화를 내다니, 그런 일이 있어서야 되겠느냐. 네가 말하는 여신도들의 소행이 괴이한 것이라면, 그녀들에게 그런 고약한 짓을 선동한 놈은 한층 더 엄하게 처벌하리라.

소몰이 아침 햇빛이 땅을 따뜻하게 비추기 시작할 무렵이었습니다. 나는 소 떼를 몰고 산의 목장으로 가고 있었습니다. 그때 세 무리로 나누어진 여신도들을 보았습니다. 한 무리는 아우토노에님, 다른 한 무리는 전하의 어머니이신 아가베님, 나머지 한 무리는 이노님께서 이끌고 계셨습니다. 모두들 피로에 지쳐 잠들어 있었는데, 어떤 이는 전나무에 등을 기대고, 어떤 이는 떡갈나무 밑에 엎드려 잠들어 있었습니다. 그러나 전하께서 말씀하신 것같이, 술에 취하여 피리 소리에 맞춰 춤을 추며 숲 속에서 음탕한 짓을 한 기색은 없었고, 모두 조심스레 행동하여 어지러운 느낌은 전혀 없었습니다. 황소 소리에 잠이 깨셨는지 전하의 어머께서 신도들 한복판에 서시더니, 모두에게 잠을 깨어 일어나라고 큰 소리로 외치셨습니다. 여인들은 모두 눈에서 잠을 떨치고 일어났습니다. 늙은이도 젊은이도 처녀도 섞여 있었는데, 그 정연한 규율은 정말 놀랄 정도였습니다. 먼저 어깨까지 늘어진 머리를 빗어내리고, 다음에는 아기사슴 가죽옷의 매듭이 풀어진 곳을 고쳐 매고, 허리띠 대신 혓바닥을 날름대는 뱀을 그 가죽옷

위에 둘렀습니다. 개중에는 아기사슴이나 아기늑대를 안고 흰눈 같은 젖을 드러내어 젖을 먹이는 사람도 있었습니다. 젖먹이를 집에 두고 와서 젖이 불은 여인네들이겠지요. 포도덩굴에 떡갈나무 잎이나 꽃이 핀 미라크스로 엮은 관을 머리에 쓰고 한 사람이 지팡이를 들어 바위를 치니, 그 바위에서 맑은 물이 흘러나왔습니다. 또 다른 한 사람이 지팡이를 땅에 꽂으니 놀랍게도 포도주가 샘처럼 솟아올랐습니다. 또 젖을 먹고 싶은 이는 다만 손가락으로 땅을 건드리기만 해도 곧 젖이 쏟아져 나왔으며, 포도덩굴을 감은 지팡이 끝에서는 단꿀이 흘러내렸습니다. 전하께서도 그 자리에서 그 광경을 보셨더라면, 지금은 이렇게 욕하고 계시지만 틀림없이 그 신 앞에 무릎꿇고 기도를 드리셨을 것입니다.

우리 소몰이나 양치기들은 한데 모여 이 여인네들의 괴상한 태도에 대해 입에 침을 튀기면서 이야기를 주고받았습니다. 그런데 그 가운데 거리를 잘 쏘다니며 말 잘하는 이가 우리에게 이런 말을 했습니다. '이 신의 산에 사는 여러분, 어떻게 해서든지 펜테우스님의 어머니 아가베님을 이 바쿠스의 여신도들로부터 떠나시게 하여 왕의 치하를 받도록 해 보지 않겠소?' 우리도 그거 참 좋은 생각이라 생각되어, 관목숲에 숨어서 대기하고 있었습니다. 그러자 정해진 시각이 되니 여인들은 지팡이를 흔들며 입을 모아 제우스의 아들을 '이아코스여, 블로미오스여' 하고 부르면서 춤추기 시작하였습니다. 그러자 산 전체가, 모든 짐승들까지 함께 춤추기 시작했는데, 움직이지 않고 있는 것이라고는 하나도 없었습니다.

이윽고 아가베님께서 춤을 추시면서 내 곁으로 오시기에, 나는 붙잡느라고 숨어 있던 곳에서 달려나갔습니다. 그러자 아가베님께서 큰 소리로 외쳤습니다. '오, 나의 충실한 개들아, 이들이 나를 붙잡으려 하는구나. 자, 손에 든 지팡이를 무기로 하여 나를 따르라.'

우리는 가까스로 달아나 여신도들에게 갈가리 찢겨 죽을 뻔한 봉변은 피했습니다만, 여신도들은 풀을 뜯고 있는 소들에게 맨주먹으로 달려들었습니다. 한 사람이 울어대는 송아지를 갈가리 찢어 두 손으로 쳐들자, 다른 여인들은 암소 몸뚱이를 산산이 찢어발겼습니다. 잡아 죽인 소의 허리통과 발굽과 갈라진 다리 같은 것이 여기저기 어지러이 흩어지고, 또 전나무 가지에 걸려 늘어진 피투성이 살덩이도 있었습니다. 조금 전까지 화가 나서 뿔을 내두르고 있던 황소들까지 여인들의 무수한 손에 잡혀 눈 깜짝할 사이에 땅 위에 쓰러지고 말았습니다. 전하께서 눈을 깜박하는 시간보다 더 빨리 여인들은 그 살덩이를 찢어발겼습니다.

여인들은 마치 하늘을 나는 새와 같이 거의 발이 땅에 닿지 않을 정도의 속도로 산을 달려 내려왔습니다. 그리고 아소포스의 흐름을 따라 테베인들에게 풍요한 곡식을 영글게 하는 산기슭의 평지로 향했습니다. 키타이론 산기슭에 있는 마을 히시아이와 에리트라이를 마치 적처럼 습격해서 닥치는 대로 마구 짓밟고 집집에서 어린아이를 빼앗아 왔습니다. 아이뿐만 아니라 뺏은 구리그릇과 철그릇도 어깨 위에 얹어 가지고 갔는데, 끈으로 매지 않았는데도 하나도 땅에 떨어지지 않았습니다. 또한 머리 위에 불을 얹고 있었는데, 불에 데는 것 같지도 않았습니다. 마을 사람들은 여신도들의 습격에 화가 나서 무기를 들고 항거하려 했습니다만, 전하, 이때 정말 차마 볼 수 없는 무서운 광경이 벌어졌습니다. 마을 사람들이 창으로 그녀들을 찔렀지만 피 한 방울 나지 않았는데, 여인들이 휘두르는 지팡이는 남자들을 상하게 하여 마을 사람들은 등을 돌려 달아나고 말았습니다. 이것은 분명 신의 가호라고 생각할 수밖에 없습니다.

그런 뒤 여인들은 본디 자리로 되돌아가 신이 솟아나게 해 주신 샘에서 피를 씻고, 볼에 묻은 핏자국을 뱀에게 깨끗이 하게 했습니다.

하오니 전하, 이 신이 어떠한 분이든 부디 이 나라로 맞아들이게 해 주십시오. 내가 들은 바로는 이 신의 이익은 여러 가지 있사오나, 그 가운데서도 사람의 근심을 없애 주는 포도를 주신 분이 바로 이 바쿠스라 합니다. 이 세상에 술이 없으면, 다른 어떠한 즐거움도 허무한 것이 되고 말 것입니다.

코러스 대장 왕께 마음먹은 대로 말씀드린다는 것은 좀 두려운 생각도 듭니다만, 그래도 과감히 말씀드리겠습니다. 디오니소스는 어떤 신에게도 뒤지지 않는 위대한 신이십니다.

펜테우스 바쿠스 여신도들의 행패는 이제 번져가는 들불처럼 내 몸 가까이까지 닥쳐오고 있구나. 그리스에 이 무슨 수치란 말인가? 이제 한시도 머뭇거려서는 안 된다.

사령, 속히 엘렉트라 문[19]으로 가서 내 명령을 전하라. 큰 창 부대 병사들은 모조리, 또 준마를 탄 기사들, 작은 창을 쓰는 자도, 활쏘는 자도 지금부터 바쿠스 여신도들을 토벌하러 갈 테니 내게로 모이도록 전하라. 계집들에게 이런 변을 당하고서야 어찌 참을 수 있겠느냐. 더이상 견딜 수 없는 일이로다.

디오니소스　펜테우스님, 당신은 내가 마음을 다해 간언하여도 따르지 않을지 모르겠군요. 당신에게 심한 변을 당했지만, 그래도 충고만은 드리고 싶습니다. 신을 향해 무기를 들어서는 안 됩니다. 내버려 두십시오. 당신이 여신도들을 산에서 내쫓으려 한다면, 블로미오스는 결코 그냥 보고 있지 않을 것입니다.

펜테우스　탈옥한 놈이 나를 보고 설교를 하다니. 네 몸 걱정이나 해라. 아니면 한 번 더 붙잡아 혼을 내줄까?

디오니소스　나 같으면 인간인 주제에 신을 향해 화내고 무식한 항거를 해서 혼나기보다는, 그 신께 귀의하여 희생의 제물을 바치겠습니다.

펜테우스　키타이론 산골짜기를 계집들의 피로 물들여, 디오니소스에 대한 제물로 삼아 주지. 계집들에게는 그것이 알맞는 운명이리라.

디오니소스　다들 도망쳐 오는 것이 고작이겠지요. 그것도 여인들이 휘두르는 지팡이 앞에서 청동 방패를 짊어지고 달아나는 창피한 꼴까지 당하며 말입니다.

펜테우스　죽을 줄도 모르고 지껄여대는 이 이방인 놈은 도무지 상대할 수가 없구나.

디오니소스　하오나 왕이여, 모든 일을 잘 수습할 수 있는 방법은 아직도 있습니다.

펜테우스　어떻게 하면 그럴 수 있단 말이냐. 나더러 내 부하에게 머리라도 숙이란 말이냐?

디오니소스　내가 무력을 사용하지 않고 여인들을 이리로 데려오겠습니다.

펜테우스　뭐라고? 그래서 나를 함정에 빠뜨릴 작정이구나.

디오니소스　내 술책으로 전하를 구해 드릴까 하고 있습니다. 함정에 빠뜨리다니 당치도 않은 말씀입니다.

펜테우스　언제까지나 바쿠스 소동을 계속하려고 너와 계집들이 짜고서 그러는 거겠지.

디오니소스 짰다고 말씀하시니 과연 짜기는 짰습니다만, 그것은 신과 내가 짠 것이지 여인들과는 상관이 없습니다.

펜테우스 너와는 이제 말을 않겠다. 여봐라, 내 방패와 창을 이리 가져오너라.

디오니소스 (나가려는 펜테우스 곁으로 다가가서 친밀하게) 잠깐만 기다려 주십시오. 전하께서는 산에 있는 여인들의 모습을 보고 싶지 않습니까?

펜테우스 만금(萬金)을 내고라도 보고 싶기는 하다.

디오니소스 어째서 그토록 보고 싶다는 생각이 드셨습니까?

펜테우스 술 취한 계집의 모습을 본다는 건 불쾌한 일이긴 하겠지만.

디오니소스 불쾌한 일이지만 보고 싶다는 말씀이십니까?

펜테우스 음, 그러나 아무래도 보고 싶구나. 나무 뒤에 숨어서 보면 어떨까?

디오니소스 숨으셔도 여인들은 틀림없이 찾아내고 말 것입니다.

펜테우스 그럴 테지. 그렇다면 드러내어 가기로 할까?

디오니소스 그러시면 내 안내로 가 보시겠습니까?

펜테우스 지금 당장에라도 안내해 다오. 한시가 아까운 생각이 드는구나.

디오니소스 그러시다면 우선 베로 만든 긴 내리닫이 옷을 입으십시오.

펜테우스 뭐라고? 나더러 여자가 되라는 말이냐?

디오니소스 산에 가서 남자라는 걸 들키는 날에는 탈 없이 돌아오지 못할 것입니다.

펜테우스 네 말이 옳다. 아까부터 보고 있으니, 아주 머리가 좋은 사나이로구나.

디오니소스 이것도 디오니소스로부터 얻은 지혜랍니다.

펜테우스 네가 시킨 대로 하려면 어떻게 하면 좋을까?

디오니소스 궁전으로 들어가 내가 입혀 드리지요.

펜테우스 어떤 옷이냐. 여자 옷 말인가? 그건 좀 부끄러운데.

디오니소스 그러시다면 여신도들을 보고 싶다는 기분이 사그라지신 모양이군요.

펜테우스 대체 나에게 어떤 분장을 시키려는 거지?

디오니소스 먼저 머리에 긴 가발을 달아 드리겠습니다.

펜테우스 다음에는 어떤 분장을?

디오니소스 긴 내리닫이 옷을 입혀 드리고, 머리에 리본을 매어 드리겠습니다.

펜테우스 그 밖에도 내게 필요한 것이 또 있단 말인가?

디오니소스 손에 바쿠스의 지팡이를 들고, 얼룩점 있는 아기사슴 가죽을 걸치셔야 합니다.

펜테우스 아무래도 난 여인의 옷을 입을 수 있을 것 같지 않구나.

디오니소스 그러면 반드시 여신도들과 싸움이 벌어져 피를 보고야 말 것입니다.

펜테우스 음, 그것도 도리에 맞는 말이야. 아무튼 여인들의 동정을 살펴보는 일이 첫째니까.

디오니소스 폭력을 써서 폭력을 불러일으키기보다는 그것이 현명한 방법이 아니겠습니까?

펜테우스 그러나 거리를 지나가는데, 어떻게 사람들의 눈에 띄지 않도록 할 수 있을까?

디오니소스 사람들이 다니지 않는 길로 가지요. 내가 안내하겠습니다.

펜테우스 계집들에게 웃음거리만 되지 않는다면 달리 할 말 없다만, 아무튼 안에 들어가 어떻게 하면 좋을지 잘 생각해 보기로 하지.

디오니소스 좋도록 하십시오. 나는 뜻대로 따르겠습니다.

펜테우스 그럼, 들어가자. 군대를 이끌고 토벌을 하게 될지, 네 의견을 받아들일 것인지는 아직 모르겠다만.

펜테우스, 궁전으로 들어간다.

디오니소스 (코러스를 향해) 여인들이여, 감쪽같이 걸려들었구나. 왕은 여신도들이 있는 곳으로 나아가, 거기서 목숨을 잃고 그의 죄를 씻게 되리라.

코러스 디오니소스님, 드디어 당신이 솜씨를 보일 때입니다. 바로 여기 계시니까요. 자, 펜테우스에게 복수를 하십시다. 먼저 머리를 살짝 돌게 하여 제정신을 잃게 해 주시렵니까? 제정신으로는 여인의 옷차림을 하기 싫어할 것이나, 미쳐 버리면 우리 마음대로 할 수 있으니까요. 아까 그토록 나를 위협한 펜테우스가 결국 여인의 옷을 입고 거리를 걷다가 테베 사람들의 조롱거리가 되는 것을 보아야지.

디오니소스 그럼, 지금부터 펜테우스가 제 어미의 손에 걸려 죽게 될 저승길의 옷을 입혀 주러 가야지. 제우스의 아들 디오니소스가 참된 신이며, 사람에게 이토록 상냥한 신도, 또 이토록 무서운 신도 없다는 것을 그도 곧 뼈저리게 느낄 것이다. (궁전 안으로 들어간다)

코러스 (노래)
　　어느 날엔가
　　밤새워 춤출 날
　　다시 오려나.
　　어두운 밤에 흰눈 같은 다리 들고
　　이슬 머금은 산 속에서
　　목을 휘두르면서.
　　소리 높이 개를 쫓는
　　사냥꾼의 목소리 아랑곳없이
　　둘러친 그물 뚫고
　　몰이꾼의 눈을 피해
　　신나게 도망쳐 와
　　푸른 들판에서 즐겁게 노는
　　어린 사슴과 같이.
　　한결같이 바람처럼
　　강기슭 들을 달려
　　인적 없는 숲 속에서
　　푸른 잎 그늘을 즐기는 아기사슴과 같이.

　　인간 세상에서는 무엇을 지혜라 부르는가.
　　아니 오히려
　　적을 무찌르는 통쾌함,
　　그보다 더 좋은
　　신의 선물이 또 있으랴.

좋은 것이란 항상 기분 좋은 것.

신의 힘이 나타남은
급하지 않네. 그러나 어김없이,
인간의 마음을 미치게 하고
아집(我執)에 빠져
신을 숭상치 않는 자 있으면
신의 뜻은 이를 벌하신다.
더디게 흐르는 시간의 걸음걸이
교묘하게 숨기고, 신들은
불경한 무리들을 징벌하신다.
예부터 지켜 온 법을 넘어서
생각을 달려 사리를 탐색함은 옳지 않도다.

신의 존재를 믿으라,
이것이 오랜 세월 법으로 되었음은
본연의 이치에 근거하니,
진리 또한 여기에 있다고 믿으면
시간 낭비가 적으리라.

인간 세상에서는 무엇을 지혜라 부르는가.
아니 오히려
적을 무찌르는 통쾌함,
그보다 더 좋은
신의 선물이 또 있으랴.
좋은 것이란 항상 기분 좋은 것.

행복은 바다의 폭풍을 벗어나
무사히 항구에 들어갈 때,
행복은 힘든 일 끝내고 될 때.

또한 여러 가지 재물을 구하고
이름을 얻어
남을 능가함도 통쾌하도다.
사람은 제각기 희망이 있어
그 희망이 이뤄지는 이가 있는가 하면,
물거품처럼 사라지는 이 또한 있네.
그러므로 오늘 그리고 내일,
그날그날에 행복이 있으면
그것을 참된 복이라고 우리는 부르네.

디오니소스 (궁전 안에서 나타난다. 안을 향해) 보아서는 안 될 것을 보고 싶어 하며, 용납될 수 없는 짓을 하고자 마음 설레는…… 펜테우스님, 이것은 당신을 두고 하는 말입니다만, 자, 궁전 앞에 나와 그 모습을 보여 주십시오. 당신 어머니와 그 여신도들을 엿보려고 바쿠스의 여신도 차림을 한 모습을.

　　(펜테우스, 여신도 차림을 하고 나타난다. 이미 디오니소스의 마력에 걸려 제정신을 잃고 있다) 오오, 오오. 그렇게 하고 계시니 카드모스의 따님이라 해도 좋을 만큼 닮으셨습니다.

펜테우스 어쩐지 해가 두 개로 보이는 것 같구나. 아니, 해뿐만 아니라 이 테베의 일곱 개 문까지도 이중으로 보이는구나. 앞장 선 네 모습이 황소로 보인다. 머리에 뿔이 나 있는데, 넌 애초부터 짐승이었단 말이냐? 지금은 완전히 황소의 형상이로구나.

디오니소스 신께서 우리와 함께 계십니다. 여태까지는 기분이 언짢으셨지만, 이제는 우리 편입니다. 이제 겨우 당신께서도 사물을 바르게 보실 수 있게 되었습니다.

펜테우스 그런데 내 모양이 어떻게 보이느냐? 이노냐, 혹은 어머니 아가베를 닮아 보이느냐?

디오니소스 정말 그 두 분은 꼭같이 닮았습니다. 아, 여기 이 머리가 풀어지는군요. 아까 내가 리본으로 꼭 매어 두었는데.

펜테우스 아까 궁전에서 바쿠스 춤을 추어 보이느라고 머리를 앞뒤로 흔들었더니, 그래서 풀어진 모양이다.

디오니소스 내가 돌봐 드려야 하니 고쳐 매어드리지요. 머리를 꼿꼿하게 세우십시오.
펜테우스 자, 고쳐다오. 모든 것을 너에게 맡기고 있으니.
디오니소스 허리띠도 풀어졌고, 옷자락의 주름도 잘 잡혀 있지 않군요.
펜테우스 흠, 오른쪽 발 있는 데가 늘어진 것 같구나. (왼발을 뒤로 들고 어깨 너머로 보면서) 이쪽 발 있는 데는 가지런한데.
디오니소스 여신도들이 당신이 생각하셨듯 음란한 행동을 하지 않는다는 것을 보신다면, 나를 참으로 기특한 놈이라고 생각해 주시겠지요?
펜테우스 (못 들은 것처럼) 여신도처럼 보이게 하려면 지팡이를 오른손에 들어야 하는가, 왼손에 들어야 하는가?
디오니소스 오른손에 들고, 오른발에 맞춰 짚습니다.[20] 아무튼 마음을 참 잘 바꾸셨습니다.
펜테우스 키타이론 산에서 일어난 일을 그대는 어떻게 생각하는가? 나의 이 팔로 여신도들과 함께 송두리째 들어올릴 수 있을까?
디오니소스 그렇게 하실 마음만 가지신다면 될 수 있고말고요. 지금까지는 마음이 돌아 있었는데, 이제 완전히 제정신으로 돌아오셨습니다.
펜테우스 지렛대를 가지고 갈까. 아니, 어깨나 팔로 산봉우리를 떠받칠 수 있으면 바위쯤이야 맨손으로도 무너뜨릴 수 있겠지.
디오니소스 아닙니다. 님프들의 암자와, 피리를 불 때 즐기시는 판(牧羊)의 암자만은 제발 부수지 말아 주십시오.
펜테우스 그것도 옳은 말이야. 여인들에게 폭력을 써서는 안 되니까. 그러면 전나무 뒤에 숨어 있도록 하지.
디오니소스 여신도들을 몰래 엿보려는 사람이 숨을 만한 곳에 숨으시면 될 것입니다.
펜테우스 계집들이 암내나는 새들처럼 숲 속에서 시시덕거리고 있는 모습이 벌써 눈에 보이는 것 같구나.
디오니소스 그걸 감시하러 오셨으니까요. 어쩌면 보기 좋게 그 현장을 잡을 수 있을지도 모르지요. (독백) 그들이 먼저 당신을 잡지 않는다면 말이오.
펜테우스 테베 고을 한복판을 지나 당당하게 나를 데려가 다오. 이 땅에서 나만이 이런 위험한 일을 과감하게 해낼 수 있는 사람이니까.
디오니소스 참으로 당신 한 분만이 이 나라를 위해 진정한 수고를 하십니다. 당신은 홀로 온 시민의 짐을 져야 하기 때문이지요. 그러면 나를 따라 오십시오. 안전하게 모셔다 드리지요. 돌아오는 길은 다른 사람이 데려다 줄 것이오.
펜테우스 어머니일 게야.
디오니소스 그때의 모습은 모두의 눈을 휘둥그레 만들 것입니다.
펜테우스 그거야말로 내가 바라는 것이지.
디오니소스 그리고 사람의 손에 들려서 돌아오시게 될 것입니다.
펜테우스 호사스러운 일이로구나.
디오니소스 그것도 당신 어머니의 손에 들려서.
펜테우스 그건 너무나 황송하지 않은가?
디오니소스 그렇습니다. 황송할 만큼 좋은 일이 되겠습니다만.
펜테우스 하기야 내가 그만한 대접을 받아도 좋을지 모르지.
디오니소스 과연 왕이십니다. 그런 만큼 또 굉장한 곳으로 가십니다만. 머지않아 하늘까지 울려 퍼질 명성을 올리시게 될 것입니다. (펜테우스가 앞장서서 걷는다. 디오니소스는 코러스 쪽을 향해) 아가베여, 그리고 같은 피를 타고 난 카드모스의 딸들이여, 그 팔을 펴고서 기다려라. 이제 이 애송이를 결전장으로 데리고 간다. 승리는 틀림없이 이 나의, 아니, 블로미오스의 것이다. 다른 일들은 차차 저절로 알게 되리라.

펜테우스 나가자, 뒤따라 디오니소스 퇴장.

코러스 (노래)
　　어서 산으로 가라,
　　걸음 빠른 광란의 개여.
　　신의 딸들을 모아 놓고
　　바쿠스의 축제를 지내는 산으로.
　　마음이 미쳐서 여인들이 입는 옷을 몸에 걸치고
　　여신도들을 엿보려는 사나이 있네.

여인들을 동원하여 그를 토벌케 하라.

바위 뒤, 또는 나무 뒤에 숨어서
엿보는 그 사내를
그의 어머니가 먼저 발견하고
여신도들에게 소리쳐 말하기를
'동지들이여, 깊은 산을 달리며
바쿠스를 예배하는 우리들
테베의 여인들을 엿보고자 이 산으로
쫓아온 자가 누구일까.
이 자를 낳은 어미는
보통 여자가 아니로다.
암사자가 그를 낳았는가,
아니면 리비아의 괴물의 아들인가.'

이제야말로 정의의 칼을 내리쳐서
저 에키온의 흙의 아들,
신을 모독하는 무도한 자를
목을 꿰뚫어 죽여 없애라.

그릇된 생각에 사로잡혀, 노여움에 불타서
바쿠스여, 그대뿐이랴, 어머니 제사까지
경멸하여 횡포로구나.
인간의 힘을 가지고
이길 수 없는 신을 이기려고
날뛰는 어리석은 마음이여,
오직 죽음만이 그 어리석은 마음을 고쳐 주리라.
적어도 신령에 관해서는 거역하지 않고
한결같이 인간의
분수를 지켜야만이

걱정없는 삶을 누리리라.
이치를 탐구함이 어찌 나쁜 일이겠는가.
나 또한 이치를 좇는 기쁨을 모르는 바 아니로다.
그러나 보다 작고 보다 큰 일이 있음이로다. *21
밤낮없이 밝고 경건한 마음으로,
그릇된 관습을 버리고 신을 숭배하라.
그래야만 사람들 모두
복된 삶을 누릴지니라.

이제야말로 정의의 칼을 내리쳐서
저 에키온의 흙의 아들, 신을 모독하는 무도한 자를
목을 꿰뚫어 죽여 없애라.

신이여, 황소나 머리 여덟 개 달린 뱀,
혹은 불을 뿜는 사자로 변하여 나타나소서.
자, 바쿠스여, 여신도들을 잡고자
그들에게 덤벼드는 그자에게
얼굴에 미소를 띠고서
치명의 그물을 쳐주소서.

사자 등장.

사자 그 옛날 멀리 페니키아의 시돈에서 바다를 건너 이 땅에 와서, 용의 이빨을 땅에 뿌려서 백성을 얻었던 카드모스님의 일족, 헬라스 땅에서 뭇 사람들이 부러워할 만큼 번영하였는데, 어찌하여 이토록이나 가엾은 신세가 되었단 말인가? 나같이 천한 종놈까지 측은한 생각이 드니.

코러스 대장 무슨 일인가요. 산에 있는 여신도들에게 무슨 변고라도 생겼단 말인가요?

사자 에키온의 아드님 펜테우스 왕께서 돌아가셨소.

코러스 대장 오오, 블로미오스님, 드디어 위대한 힘을 보여 주셨습니다.

사자 무슨 소리요. 그게 대체 무슨 뜻이오. 당신들은 우리 왕의 불행을 기뻐하고 있단 말이오?

코러스 대장 우리는 이국의 여인, 이국의 노래로 바쿠스를 찬송하고 있는 것이오. 이제 핍박받을 염려는 없으니까요.

사자 그런 발칙한 소리를 하다니. 이 테베 땅에 남자가 없어진 줄 아시오?

코러스 대장 우리를 다스리시는 분은 디오니소스님이지 테베는 아니랍니다.

사자 이국 여자라서 너그럽게 봐주지만, 남의 불행을 기뻐한다는 건 비겁한 짓이오.

코러스 대장 그 무도한 자가 어떻게 죽었는지 그 광경이나 이야기해 주세요.

사자 우리 일행은 테베의 국경을 넘어 아소포스 강을 건너서 키타이론산에 접어들었소. 일행이란 펜테우스 왕과 수행원인 나, 그리고 길잡이였던 그 이방인이오. 상대방에게 들키지 않도록 보아야 했기에 우리는 발소리를 죽여 말도 하지 않고 걸어나가 산간의 초원에 가 앉았소. 눈 앞에는 깊은 골짜기 밑에 개울이 흐르고, 소나무가 낮인데도 컴컴할 만큼 무성했는데, 그곳에 바쿠스의 여신도들이 앉아 즐겁게 손을 놀리고 있는 모습들이 보였소. 포도덩굴이 벗겨진 지팡이에 새로 덩굴을 감고 있는 사람도 있고, 고삐 풀어진 망아지처럼 희희낙락, 바쿠스의 노래를 동지들과 함께 부르고 있는 사람도 있었소. 가엾은 왕은 여인들의 모습이 잘 보이지 않자 이방인에게 이렇게 말씀하셨소. '여기서는 저 엉터리 여신도들의 모습이 잘 보이지 않는다. 계곡의 높은 전나무에 오르면 계집들의 발칙한 행동이 잘 보이겠지'라고.

　이때였소. 내가 그 이방인의 신통력을 이 눈으로 똑똑히 본 것은. 그자는 하늘을 찌를 듯이 높은 전나무 가지를 손쉽게 덥석 쥐고 검은 땅까지 끌어내렸소. 전나무는 활처럼 굽어, 마치 컴퍼스가 한 바퀴 돌아서 그린 원처럼 되었소. 그런 식으로 이방인은 두 손으로 나무줄기를 땅바닥까지 휘게 하였던 것이오. 그것은 도저히 사람으로서는 할 수 있는 일이 아니었소. 그는 펜테우스님을 전나무 가지에 앉히더니, 왕이 퉁겨져 떨어지지 않도록 천천히 나무를 놓았소. 나무는 왕을 등에 얹은 꼴로 또다시 하늘을 향해 꼿꼿이 섰소. 이래가지고는 여신도들이 잘 보인다기보다 여신도 쪽에서 이쪽이 그대로 보이는 형편이었는데, 나무 위의 왕의 모습이 채 눈에 띄기도 전에, 벌써 이방인은 거기에 없고 하늘에서 목소리가 들렸는데, 이런 말을 하였소……. 이건 틀림없는 디오니소스의 목소리였소만, '딸들아, 나와 나의 신앙을 조롱한 자를 여기 끌고 왔노라. 마음껏 응징하여라.' 이런 소리가 나는가 싶더니 하늘과 땅 사이를 성스러운 불기둥이 스쳤소.

한순간 허공은 침묵을 하고, 골짜기의 나뭇잎마저 까딱하지 않았을 뿐 아니라 짐승 소리 하나 들리지 않게 되었소. 여신도들은 처음에 이 소리를 잘 알아듣지 못해 일어서서 사방을 두리번거리고 있었는데, 이때 또다시 아까 그 목소리가 들려 왔었소. 카드모스님의 따님들은 이제야말로 바쿠스의 명령을 분명하게 알아차리고, 날쌘 비둘기 못지않은 속도로 단숨에 달려들었소. 왕의 어머니인 아가베님과 그 자매를 선두로 모든 여신도들이 말이오. 신이 들려서 개울도 바위도 단숨에 뛰어넘고, 전나무 꼭대기에 계신 왕을 보자 맞은편 바위 위에서 올라가 왕을 향해 심한 돌팔매질을 하고 또 창을 던지듯 전나무가지를 마구 던졌소. 또한 무참하게도 펜테우스님을 향해 허공을 가르며 그 영검한 지팡이를 던지는 여인들도 있었으나, 아무도 왕을 맞힐 수는 없었소. 여인들이 제아무리 기승을 부려도 왕은 워낙 높은 곳에 있었으니 말이오. 그러나 가엾게도 왕은 어떻게 피할 도리가 없었소. 마침내 떡갈나무 가지를 꺾어 괭이를 대신해 전나무 뿌리를 파 뒤집으려 하였으나, 이것도 허사라는 것을 알자 아가베님은 이렇게 말씀하셨소. '자, 모두들 나무를 둘러싸고 이 둥치를 잡아라. 나무 위에 있는 짐승을 잡아야 하니까. 이 비밀의 축제 광경이 새어나 가서는 안 된다.'

여인들의 무수한 손들이 나무 둥치를 잡기가 무섭게 나무는 송두리째 뽑히고 말았소. 나무 위의 펜테우스님은 끔찍한 운명을 깨달으셨는지 비통한 고함소리를 지르면서 거꾸로 떨어지셨소. 어머니인 아가베님이 맨 먼저 제물을 잡기 위해서 펜테우스님에게 덤벼드셨지요. 왕께서는 자기라는 것을 알면 아가베님도 설마 죽이지는 않으리라 싶어 머리에 두른 리본을 풀어 던지고, 어머니의 볼을 어루만지며 이렇게 말씀하시었소. '어머니, 저예요. 에키온의 궁전에서 어머니께서 낳으신 아들 펜테우스입니다. 어머니, 제발 저를 불쌍히 여기시고, 제가 죄를 범하기는 했으나, 그 죄

때문에 당신의 자식을 죽이지는 말아 주십시오.'

　그러나 아가베님께서는 입에 거품을 물고 눈은 초점을 잃어 완전히 바쿠스 신에게 홀려 있었습니다. 제정신이 아니었으니 펜테우스님의 말씀이 귀에 들어갈 리가 없었지요. 불운하신 왕의 왼팔을 움켜잡고 그 옆구리를 발로 받치자 힘껏 잡아당겨, 어깻죽지에서 팔뚝 하나를 쑥 뽑아 버리고 말았소. 그것도 거뜬히 아무 힘도 들이지 않고 말이오. 신이 팔에 자유자재의 힘을 주셨던 것이오. 또 한쪽에서는 이노님이 왕을 뜯고 있었는데, 곧 아우토노에님도 다른 여신도들과 함께 덤벼들었소. 죽어 가는 왕의 신음 소리와 여신도들의 환성이 뒤섞이어 처절한 소리가 울려퍼지고 있었소. 왕의 팔뚝을 쥐고 있는 자가 있는가 하면, 신을 신은 발을 쥐고 있는 자도 있었소. 살이 뜯기어 드디어는 갈비뼈가 드러났지요. 이윽고 여인들은 누구라 할 것 없이 피묻은 손으로 펜테우스님의 살덩이를 공처럼 던지면서 장난들을 쳤소.

　왕의 유해는 산산조각이 나서 하나는 바위 뒤에, 하나는 숲 속에 하는 식으로, 좀처럼 찾기 어려울 만큼 흩어져 있었소. 머리는 어머니께서 가지고 계셨는데, 지팡이 끝에 꽂아 마치 산에 사는 사자의 머리라도 자른 듯이 키타이론 산에서 쳐들고 오셨소. 자매분들은 다른 여인들이 있는 곳에 남겨 두고 혼자 오셨소. 세상에 다시 없을 불운한 사냥을 하시고서도 의기양양해서 지금 성 안으로 오고 계시오. 바쿠스를 사냥의 친구, 사냥의 조수라 부르고, 또 승리의 주라고도 부르고 계신데, 이 신 덕에 아가베님이 얻으신 것은 감미로운 승리이긴커녕 쓰디쓴 눈물일 것이오. 나는 이런 슬픈 장면을 보는 건 질색이니, 아가베님이 궁전으로 돌아오시기 전에 물러가야겠소. 인간의 분수를 지켜 신에 관련된 일에는 조심하고 삼가는 게 제일일 것 같소. 이것이 사람이 지켜야 할 가장 현명한 길이라고 나는 생각하오.

사자 퇴장.

코러스　(노래)
　발을 들어 바쿠스를 찬미하여 춤추세.

소리를 질러 용의 씨 펜테우스의
비운을 노래하세.

여인의 옷차림으로 차려입고,
황천길을 가리키는 지팡이인 줄 모르고
덩굴 감긴 지팡이 들고서
황소를 길잡이로
죽음의 길을 서두르는 그.
카드모스의 자식들아, 여신도들아,
유례 없는 승리의 노래 불러라.
통곡과 비탄의 눈물 속에
자식의 피에 물든
그 손이야말로
훌륭한 승리의 표지.

코러스 대장 여러분, 잠시 노래를 멈추세요. 펜테우스의 어머니 아가베가 초점 잃은 눈으로 궁전을 향해 급히 오고 있군요. 같은 바쿠스님의 신자이니 다같이 환영해 드립시다.

아가베 (펜테우스의 머리를 지팡이 끝에 꽂아 들고 등장. 신들린 상태라 완전히 제정신을 잃고 있다)

　　아시아에서 오신 여신도 여러분…….

코러스 대장 (무서운 듯) 무슨 일이지요? (아가베가 펜테우스의 머리를 그녀들 앞으로 내밀자) 아이구머니나 끔찍해라.

아가베 산에서 좋은 포도덩굴*²²을 꺾었기에 가지고 돌아왔어요.

코러스 대장 알겠습니다. 저희들, 같은 신자로서 환영해 드리지요.

아가베 이 아기사자를 그물도 없이 맨손으로 잡았다오. 바로 이것이에요.

코러스 대장 어느 사냥터에서 잡았나요?

아가베 키타이론의…….

코러스 대장 키타이론의?

아가베 아니, 키타이론 산에서 이걸 잡았지요.

코러스 대장 누가 죽였습니까?

아가베 내가 맨 먼저 죽였으니, 같은 신도들 중에서도 이 아가베가 가장 복되다고 할 수 있겠지요.

코러스 대장 그 밖에는 어떤 분이?

아가베 카드모스의……

아가베 카드모스의?

아가베 카드모스의 딸들이 나를 따라…… 그래요, 나보다 나중이었어요……. 이 짐승을 잡았지요. 아무튼 사냥 운이 좋았어요. 자, 우리 함께 식사나 합시다. *23

코러스 대장 아니, 무슨 식사를 말인가요?

아가베 (펜테우스의 머리를 부드럽게 어루만지며) 이 송아지*24는 아직 어려서 머리털이 부드럽기도 해라. 턱에는 이제 겨우 수염이 나기 시작했구나.

코러스 대장 그래요. 머리는 정말 짐승의 갈기 같아 보이는군요.

아가베 이름난 사냥의 명수이신 바쿠스님의 교묘한 인도로, 우리 여신도들은 이 짐승을 잡은 거예요.

코러스 대장 맞습니다. 우리의 신은 사냥의 명수.

아가베 나의 공을 인정해 주는 거요?

코러스 대장 인정하고 말고요.

아가베 머지않아 테베 사람들은 누구나 모두.

코러스 대장 아드님이신 펜테우스님께서도…….

아가베 이런 사자를 보기 좋게 잡은 어미의 공을 칭찬해 주겠지요.

코러스 대장 이상야릇한 짐승을…….

아가베 이상스럽게도 잡았지요.

코러스 대장 기쁘신가요?

아가베 그야 기쁘다마다. 이런 훌륭한 사냥을 하여 보다 밝고 훌륭한 행사를 수행했으니까요.

코러스 대장 그럼, 당신이 잡아오신 이 사냥감을 고을 사람들에게 보여 주세요.

아가베 자, 이름난 테베의 성 아래 거리에 사는 주민들이여, 모두들 와서 카드모스의 딸들이 잡아온 이 사냥감을 구경들 하오. 그것도 창이나 그물로 잡은 게 아니라, 이 흰눈 같은 맨손으로 잡은 것이오. 지금부터는 사냥을 간답시고 쓸모없는 창을 마련하는 사람에게 뻔뻔스러운 사냥의 공훈담을 지껄이게 내버려두지는 않을 것이오. 우리는 이 사자를 맨손으로 잡아서 이렇듯 수족을 갈가리 찢어 놓았으니까요.

　　아버지는 어디 계실까. 아버지를 불러주시오. 그리고 아들 펜테우스는 어디 갔을까. 사다리를 놓고 현관 중앙에 내가 잡아온 이 사자 머리를 매달아 주었으면 좋겠는데.

카드모스 등장. 뒤에서 펜테우스의 유해를 날라오는 시종들이 따른다.

카드모스　시종들이여, 나를 따라 불쌍한 펜테우스의 유해를 궁전 앞까지 운반해 다오.
　　사실 테이레시아스 노인과 바쿠스 축제를 마치고 여신도들과 헤어져 성으로 돌아오다가, 딸들의 횡포를 전해 듣고 다시 산으로 되돌아가 여신도들의 손에 죽은 펜테우스의 유해를 이렇게 날라오는 것이다. 아리스타이오스에게 출가하여 악타이온을 낳은 아우토노에와 이노는 아직도 광기에서 깨어나지 않아 숲 속에 있었는데, 아가베는 미친 채로 도성을 향해 갔다고 들었다. 오, 그게 정말이었구나. 아가베는 여기 있지 않느냐. 차마 볼 수 없는 꼴을 하고서.

아가베　아버지, 세상에서 가장 뛰어난 딸들을 가졌다고 의기양양하게 자랑하세요. 다른 자매들도 그렇지만, 나는 베짜는 바디도, 북도 다 버리고 맨손으로 짐승을 잡는 대단한 일을 했답니다. 자, 보세요, 내 공훈의 표지를. 궁전 앞에 매달려고 이렇게 들고 왔어요. 자, 아버지께 드릴 테니 내 사냥 솜씨를 자랑하시고 친한 분들을 식사에 초대하세요. 정말 아버지는 행복하세요. 내가 이런 훌륭한 공을 세웠으니까요.

카드모스　(독백) 정녕 헤아릴 수 없는 슬픔이로다. 차마 볼 수 없는 꼴이로구나. 내 딸들이 그 연약한 손으로 이런 무참한 살인을 저지르다니. (들리도록) 너는 신을 위해 그 훌륭한 제물을 잡아, 나를 비롯하여 테베 시민들을 잔치에 초대하는 거냐? 이렇게 비참할 데가 어디 있느냐. 너를 생각하니 더욱더 슬프구나. 블로미오스님은 우리를 다시는 일어서지 못할 만큼 때려눕히고 말았다. 까닭 없는 일은 아니나, 이건 너무하구나. 하물며 우리와는 핏줄이 섞인 사이인데 이럴 수가······.

아가베 늙은이란 늘 저렇게 까다로운 표정만 지으니 정나미가 떨어질 수밖에. 하다못해 아들이라도 이 어미를 닮아 사냥 운이 좋아서, 테베의 젊은이들을 이끌고 짐승을 좇는 기질이 있으면 좋으련만. 그런데도 그 아이는 신에게 반항하는 일밖에 할 줄 모르니 이를 어쩐담. 아버지께서 좀더 잘 타일러 주셔야 해요. 누구든지 내 아들을 이리로 좀 불러다 주어요. 이 복된 어미의 모습을 보여 주고 싶으니.

카드모스 한심한 일이로다. 제정신으로 돌아와서 자기가 한 일을 알게 된다면 그 고통이 얼마나 크랴. 차라리 지금 상태로 그냥 미쳐 있는 편이 낫겠구나. 행복하지는 못할지라도 자신의 불행을 모르고 지낼 수는 있을 테니.

아가베 무슨 난처한 일이라도 생겼나요? 무슨 슬픈 일이라도?

카드모스 저 푸른 하늘을 쳐다보아라.

아가베 네, 하지만 왜 저더러 하늘을 보라고 하시나요?

카드모스 하늘이 전과 똑같이 보이느냐, 아니면 어디가 달라 보이느냐?

아가베 전보다 더 밝고 맑아 보여요?

카드모스 마음의 미망이 아직도 사라지지 않느냐?

아가베 무슨 말씀을 하시는지 모르겠군요. 하지만 지금까지보다는 기분이 좋아져서 머리가 맑아지는 것 같아요.

카드모스 그렇다면 똑똑하게 내 말을 듣고 대답할 수 있겠느냐?

아가베 아버지, 지금까지 내가 무슨 말을 했는지 기억할 수가 없습니다만.

카드모스 그럼, 묻겠는데, 너는 누구에게 출가했느냐?

아가베 흙에 뿌린 용의 이빨에서 태어났다는 에키온에게 아버지께서 나를 출가시켜 주셨지요.

카드모스 그래, 그 에키온과의 사이에서 태어난 아이의 이름은?

아가베 펜테우스입니다. 남편과 나의 피를 나눈.

카드모스 그렇다면, 네가 팔에 안고 있는 그 머리는 누구의 것이냐?

아가베 사자의 머리라고 같이 사냥한 여인들이 말하고 있습니다만.

카드모스 그렇다면 자세히 보아라. 한눈에 알 수 있을 것이니.

아가베 아니, 이건? 내가 들고 있는 것이 무엇일까?

카드모스 자세히 보고 그것이 무언지 깨닫도록 하여라.
아가베 아이구머니나, 끔찍해라. 어쩌면 이렇게 슬픈 것을 볼 수가 있을까요.
카드모스 설마하니 이제는 그것을 사자라고 생각하지는 않겠지.
아가베 세상에 이럴 수가! 이건 내 아들 펜테우스의 머리……
카드모스 네가 알아보기 전부터 나는 얼마나 한탄했는지 모른다.
아가베 도대체 누가 내 아들을 죽였나요? 어떻게 또 이것이 제 손에?
카드모스 세상에 이렇게 참혹한 진실이 또 어디에 있겠느냐?
아가베 부디 누가 죽였는지 말씀해 주세요. 벌써 가슴이 두근거리기 시작하는군요.
카드모스 너와 네 자매들이 죽였지.
아가베 어디서 그랬나요? 집에서요, 아니면 다른 곳에서?
카드모스 예전에 악타이온이 개한테 물려 죽은 바로 그 자리에서.
아가베 가엾게도……. 어떻게 키타이론 산에 가게 되었을까요?
카드모스 바쿠스님과 너희들이 하는 신의 축제를 못하게 하려고 갔던 거지.
아가베 그런데 우리는 또 왜 키타이론에 올라갔을까요?
카드모스 너희들은 바쿠스님의 영기(靈氣)로 미쳐서 산에 올라갔었지. 아니, 너희들뿐 아니라 테베 나라 전체가 바쿠스 신에게 홀려 있었다.
아가베 디오니소스님의 벌이었군요. 이제야 알았어요.
카드모스 너희들이 멸시하는 바람에 신이 노하신 게다. 너희들이 신으로 인정하지 않았기 때문에.
아가베 아버지, 사랑하는 아들의 시체는 어디 있지요?
카드모스 내가 힘들여 주워모아 거둬 왔다.
아가베 시체의 몸과 손발이 제대로 붙어 있기나 한지요?

(3행쯤 빠져 있었으리라 상상된다)

아가베 내가 왜 미쳐서 펜테우스를 죽였을까요?
카드모스 신을 숭상하지 않는다는 점에서는 펜테우스도 너와 같았던 거야. 그래서 신은 너희들을 함께 파멸시켰다. 결국 내 가문은 이로써 멸망되고 말았다. 나는 아들이 없어 너한테서 태어난 펜테우스가 내 가문의 희망을 걸머진 소중한 손자였는데, 이렇게 참혹하게 죽은 몰골을 내 눈으로 보아야 하다니……. 사랑하는 펜테우스여, 너는 내 가문의 대들보였다. 테베 사람들은 누구나 너를 두려워했고, 네 앞에서는 이 늙은이에게 감히 무례한 짓을 하는 이가 한 사람도 없었다. 네 처벌이 무서워서. 그러나 이제는 이 이름난 카드모스가, 이 테베 백성을 손수 씨 뿌려서 훌륭히 가꾸어 기른 내가 치욕을 짊어지고, 이 궁전에서 쫓겨나야 하는구나. 오, 누구보다도 사랑하는 내 손자여! 너는 이미 이 세상에 없으나 내게 누구보다도 사랑스러운 너였음에는 변함이 없다. 이제 너는 나를 '할아버지' 하고 얼싸안고 볼을 비비며 이렇게 말해 주지도 않겠지. '할아버지, 할아버지께 무례한 짓을 한 자가 누구입니까? 할아버지의 마음을 어지럽혀 드린 발칙한 놈이 누구입니까? 혼을 내줄 터이니 그 이름을 말씀하십시오'라고 말이다.

하지만 이제는 나도 비참하지만 너도 불쌍하고, 네 어미와 이모들도 모두 불쌍하구나.

신령을 업신여기는 자들은 펜테우스의 최후를 잘 보고 신을 숭상할 것을 배워야 한다.

코러스 대장 카드모스님, 불행을 당하셔서 안 됐습니다. 펜테우스님께서는 응분의 보상을 받으신 것이지만, 할아버지인 카드모스님께서는 얼마나 괴로우시겠습니까?

아가베 아버지, 나는 일시에 불행의 수렁에 빠지고 말았습니다.

(미상……) *25

디오니소스 ……그대는 뱀으로 변신하고, 그대의 아내, 그대가 인간의 몸으로 맞아들인 군신 아레스의 딸 하르모니아 또한 인간의 모습을 떠나 그 몸이 뱀으로 바뀔 것이니라. 또한 제우스의 말씀에 의하면, 그대는 이국 백성의 우두머리가 되어서 아내와 더불어 소마차를 몰아 대군으로 수많은 도시를 유린하리라. 그러나 아폴론 신전을 파괴하는 날, 그대가 이끄는 군사는 혹독한 타격을 받고 어쩔 수 없이 퇴각하게 되리라. 다만 그대와 하르모니아만은 아레스에게 구제되어 복된 나라로 옮겨져 살아남는 것이 용납되리라.

이렇게 말하고 있는 나는 여느 사람이 아니라 제우스의 아들 디오니소스이니라. 그대들도 이렇게 되기 전에 올바른 지혜를 쓸 줄 알았던들, 지금쯤은 제우스의 아들을 후원자로 하여 행복하게 살 수 있었을 게 아니냐?

카드모스 디오니소스님, 자비를 내리소서. 우리가 잘못했습니다.
디오니소스 이미 늦었느니라. 그대들은 깨달아야 할 때 깨닫지 않았느니라.
카드모스 그것은 뼈에 사무치게 잘 알았습니다. 하오나 당신의 복수는 너무나 가혹합니다.
디오니소스 신의 몸으로, 그대들의 무엄한 짓을 그대로 보고 있을 줄 알았더냐.
카드모스 그러나 신이 인간들과 마찬가지로 화를 내셔서야 될 말입니까?
디오니소스 이런 일은 전부터 내 아버지 제우스께서 승인하신 일이니라.
아가베 아, 아버지, 이제 피치 못할 운명이 되었습니다. 우리는 이 나라에서 쫓겨나는 불쌍한 신세.
디오니소스 아무래도 피할 수 없는 일이거늘, 어찌하여 망설이고 있느냐……

디오니소스 퇴장.

카드모스 애야, 우리가 어쩌다가 이런 끔찍한 불행에 빠지게 되었단 말이냐. 너도 다른 자매들도 가엾지만, 나 역시 비참하구나. 이 늙은 나이로 이국 땅에 가서 살아야 하다니, 그리고 나에게는 곧 이국 백성의 혼성군을 이끌고 헬라스를 공격해야 한다는 신의 계시가 내려 있다. 뱀이 된 나의 아내, 아레스의 딸 하르모니아를 데리고 나 역시 뱀이 되어 군사들과 함께 헬라스의 성지를 쳐들어가야 한다는구나. 가엾은 나는 영원히 고통이 끊일 날 없고, 땅 속 저승의 강을 건너 안락의 경지로 들어갈 수조차 없단다.
아가베 아버지, 나는 아버지 곁을 떠나 타국 땅으로 가야만 합니다.
카드모스 불쌍한 딸아, 왜 너는 나에게 매달리려 하느냐? 어린 백조가 늙은 어미백조에게 매달리듯이.
아가베 나라를 쫓겨나 어디로 가면 좋단 말입니까?
카드모스 나도 모르겠구나. 이 애비는 이제 너를 도와 줄 수도 없으니.

아가베 잘 있거라, 궁전아. 잘 있거라, 고국 땅아. 비운 속에 추방되어 정든 집 떠나간다.

카드모스 그럼, 잘 가거라. 딸아, 아리스타이오스의……. (1행 빠짐)

아가베 아버지가 가엾어 견딜 수 없군요.

카드모스 나도 너와 다른 딸들을 생각하니 눈물이 나는구나.

아가베 디오니소스가 우리 가문에 내리신 복수는 너무나 가혹하군요.

디오니소스 (극소리만)[26] 그대들은 이 테베에서 신인 나에게 정당한 경의를 표하지 않고 수많은 무엄한 짓을 하였으니, 그것은 당연한 벌이니라.

아가베 그럼, 아버지, 안녕히 계세요.

카드모스 너도 잘 있거라. 잘 살 수 있는 처지에 언제 네가 놓이게 되는지 모르겠지만.

아가베 (무대 가장자리에 서 있는 테베 여인들에게) 여러분, 나는 지금부터 불쌍한 자매들을 데리고 함께 고국을 떠나니, 나를 저기까지 바래다 주오.
　이제는 오직 끔찍스러운 키타이론 산이 보이지 않는 곳, 신의 지팡이가 슬픈 추억을 불러일으키지 않는 곳으로 가고 싶은 소망뿐. 그런 것은 다른 여신도들이나 실컷 숭배하려무나. (카드모스에 이어 퇴장)

코러스 (천천히 퇴장하면서 노래 부른다)
　신의 뜻은 신비로움으로 나타나고,
　신께서는 수많은 뜻밖의 일 하시네.
　인간이 바라는 것은 이루어지지 않고,
　뜻밖의 일을 신은 이룩하시네.
　이렇게 하여 지나가노라, 오늘 일도.

〈주〉

[1] 디르케와 이스메노스 강 : 둘 다 테베를 흐르는 강.

[2] '오로루' : 법열의 경지에 이른 신도들이 지르게 되는 외침 소리.

[3] 트몰로스 : 리디아의 등뼈라고도 할 수 있는 큰 산맥 이름. 성스러운 산으로 일컬어져 서리디아의 바쿠스 신자들이 여기서 제사를 지냈다.

[4] 키타이론 : 앗티카와 보이오티아 경계에 있는 산. 예부터 신화, 전설로 유명하다.

[5] 블로미오스 : 바쿠스와 함께 디오니소스의 다른 이름. '짖는 자'라는 뜻인 듯함.

[6] 키벨레 : 소아시아에서 옛날부터 신앙되어 온 이른바 '어머니인 신'의 이름. 크레타 섬

의 레아와 본질적으로는 같은 신성이었다고 한다. 바쿠스와 일종의 모자 관계에서 맺어져 있었던 관계로, 이 두 신이 한 쌍으로 같이 신앙되는 경우가 많았던 것 같다.

*7 황소 뿔 : 뒤에도 나오듯, 디오니소스는 소 모습을 하고 나타나는 수가 있다. 희생의 제물이 대개 소였던 것과 관련이 있는지도 모른다.

*8 밀라코스 : 흰꽃이 피고 붉은 열매가 열리는 덩굴풀의 한 종류.

*9 세 개의 투구 : 말이 구체적으로 어떤 투구를 가리키는지 잘 모른다. 아마 매우 오래된 전통적인 수식어의 한 종류로, 지은이도 여기서 단순히 서사시적인 장엄한 울림 효과를 기대한 것에 지나지 않는다고 생각된다.

*10 이 괄호 안의 부분은 뒷날 사람이 삽입한 것으로 생각된다.

*11 새를 보거나~ : 점쟁이는 새들의 나는 방법이나 제물로 바칠 짐승 내장의 배치 같은 것으로 점괘를 보았다고 한다.

*12 기름진 그곳 : 예부터 다른 의견이 많은 구절이지만, 일단 이집트를 가리킨 것으로 풀이해 둔다. '백 개의 강'이란 나일강을 뜻한다.

*13 머리가 긴 것은~ : 레슬러는 흔히 머리를 짧게 깎고 있었다.

*14 아켈로스의 딸~ : 아켈로스도 디르케도 다같이 강(혹은 샘)의 의인화.

*15 디티람보스 : 대개 디오니소스를 찬송하는 합창 무용가를 가리키며, 또한 디오니소스 자신의 호칭으로도 쓰였다. 이른바 통속 어원 해석으로 하여 '두 번 태어난 자'라는 뜻인데, 디오니소스를 비유한 모양이다. 여기서는 이런 전통적인 뜻으로 쓰인 것이리라.

*16 니사 : 이 니사라는 이름은 디오니소스의 이름과 어원적으로 관련이 있어서 디오니소스 신앙과 인연이 깊은 산 이름인데, 소아시아의 칼리아를 비롯하여 그리스 본토 각지, 그 밖에도 여러 군데에 있어서 그 가운데 어느 것인지는 결정하기 어려울 것 같다.

*17 코리키아 : 아마 파르나소스 산 계통에 속하는 봉우리의 이름이라 추측된다. 또는 님프와 판 신이 있던 동굴.

*18 악시오스 다음에 나오는 리디아스와 함께 마케도니아의 강 이름. 북쪽에서 남쪽으로 내려와 피에리아의 산봉우리에 오르려면 이 두 강을 건너야 한다.

*19 엘렉트라 문 : 테베의 일곱 성문 가운데 하나.

*20 오른손에 들고~ : 이것은 자연스러운 걸음걸이는 아닌 성싶다. 펜테우스에게 우스운 몸짓을 하게 해서 조롱하려는 디오니소스의 계획인 듯.

*21 보다 작고~ : 특별히 이렇게 번역한 것은, 이 구절이 제사의 축사 같은 것에서 인용된 게 아닌가 하는 생각에서이다.

*22 포도덩굴 : 펜테우스의 머리칼을 포도덩굴로 보았던 모양이다.

*23 우리 함께~ : 사냥해 온 짐승 고기를 요리해서 모두들 같이 식사하는 것이 관습이었

다.
* 24 송아지 : 지금까지 사자라고 하다가 갑자기 송아지라고 하는 것은 불합리하다고 하여, 아기사자로 풀이하는 사람도 있다.
* 25 전승된 본문은 여기서 끊어지고 다음부터는 디오니소스의 말로 되어 있다. 아마 이것은 지금 있는 본문이 유래된 원사본의 약 한 장(50행쯤?)이 없어진 결과일 것이다. 없어진 부분의 내용은 앞뒤의 문맥에서 추측하는 수밖에 없겠으나, 아마도 아가베와 코러스 대장과의 대화, 특히 아가베의 탄식이 한참 동안 계속된 뒤, 디오니소스가 이번에는 분명한 신의 모습으로 무대 위에 나타나, 자기 행위의 정당함을 주장하고 카드모스 등의 장래에 대해 언급하는 대목이었을 것이다. 다음은 카드모스에게 말하는 것으로 시작되고 있다.
* 26 디오니소스는 이미 퇴장했다고 생각해야 할 테니, 이것이 디오니소스의 대사라면 소리만 들린다고 풀이하는 수밖에 없다. 그러나 원전을 조금 변경한다면 카드모스의 말로 풀이하지 못할 것도 없다. 그렇게 풀이하는 이도 적지 않다.

Hippolytus
히폴리토스

나오는 사람

아프로디테   사랑의 여신. 키프리스라고도 부름.
히폴리토스   테세우스의 아들
시종들
코러스   트로이젠의 여성들로 구성
유모
파이드라   테세우스의 부인이자 히폴리토스의 계모
테세우스   아테네와 트로이젠의 왕
전령
아르테미스

무대

　트로이젠 궁전 앞 광장. 광장 양쪽에는 아르테미스 여신과 아프로디테 여신의 입상이 마주 보고 서 있다.

아프로디테 아프로디테라면 삼척동자라도 고개를 숙인다. 나는 온 천하에서 존경받는 키프리스이다. 흑해에서 아틀라스 산맥 끝에 이르는 곳[1]에 살며, 햇빛을 받는 인간들 가운데 내 힘을 칭송하는 자를 보호하는 것은 내 의무이며, 나를 대수롭지 않게 여기는 거만한 자를 쓰러뜨리는 것은 내 권리이다. 사실 누구나 자기에게 복종하기를 바라는 것은 인간 세계에서나 신의 세계에서나 마찬가지이다. 바로 지금 내 말이 거짓이 아님을 보여 주리라.

테세우스의 아들, 아마존의 후손인 히폴리토스는 현자 피테우스에게 교육을 받았다. 그러나 트로이젠에 사는 여러 무리 가운데 유별나게 저 혼자만 나를 가장 악한 신이라고 말한다. 그렇게 많은 신 중에서 유독 나만을. 그 사내는 사랑 따위엔 눈을 쳐들지도 않고 결혼을 업신여기고 있다. 그러면서도 그는 아폴론의 누이 동생이며 제우스의 딸인 아르테미스를 여신 가운데 가장 위대한 여신으로 숭배하고 있다. 히폴리토스는 언제나 숲에서 이 처녀 여신 아르테미스와 함께 지내며 영리한 사냥개를 데리고 사냥하며 세월을 보낸다.

요사이 그는 처녀신인 여신과 깊은 관계를 맺고 있다. 나는 이 두 사람에 대해 질투하고 있지는 않다. 내가 어찌 그럴 수가 있겠는가? 그러나 지렁이도 밟으면 꿈틀한다는 격으로 히폴리토스의 모욕을 받았으니, 이제 나는 오늘 중으로 벌을 주지 않을 수 없도다. 사실 나는 이날이 오기를 학수고대했는지도 모른다. 오래 전부터 준비는 착착 진행되었고, 따라서 복수는 쉽다.

얼마 전 그 사나이가 피테우스 성을 떠나 판디온 땅에 와서 제사 지내고 돌아가려 할 때, 그의 아버지의 훌륭한 아내 파이드라가 그를 보았다. 그러자 내가 계획한 대로 파이드라의 마음은 그 사나이에 대한 뜨거운 사랑을 감당할 길이 없었다.

그리하여 파이드라는 트로이젠 땅에 오기 전에 이 키프리스를 위하여 이 땅이 보이는 저 팔라스[2]의 바위 위에 신전[3]을 세우고, 지금 곁에 있을 수 없는 한 사나이를 향해서 기도하고 불타는 듯한 가슴을 달래려고 하였다. 이 일이 있은 뒤 그녀는 이 사랑의 여신의 신전을 히폴리토스의 신전이라고 이름 붙였다.

그러나 파란티다*4를 살해하여 몸을 더럽혔던 테세우스가 케크롭스 땅을 버리고 이 땅에 발을 디뎌, 추방된 몸으로 그의 아내와 함께 이곳에서 지내려고 온 그때부터, 불행한 파이드라는 사랑의 화살에 맞아 슬픈 침묵 속에 잠겨 있었다. 그녀 곁에서 시중을 들던 하녀조차도 이 상사병을 눈치 채지는 못하였다.
　　나는 이 사연을 그냥 흘러버리지는 않겠다. 어서 테세우스에게 이 사실을 가르쳐 주자. 그러면 모든 것은 절로 풀리겠지. 나의 적이 된 젊은 히폴리토스는 아버지의 저주를 받아 제물로 변해서 멸망할 것이다. 바다의 신 포세이돈이 테세우스에게 세 가지 소원을 들어주겠다고 약속했으니까, 그렇게 되면 파이드라는 명예로운 여성으로 몰락하겠지. 그렇지만 몰락이란 죽음을 의미하거든. 적을 처벌해서 복수하려는 나의 의도를 저도 어떻게 할 수가 없을 테니까.
　　좋아! 저기 테세우스의 아들 히폴리토스가 사냥에 지친 몸을 쉬려고 이곳으로 오고 있군. 저편에 가 있자. 많은 시종이 여신 아르테미스를 칭송하는 찬가를 부르며 뒤따르고 있네. 저들은 하데스의 문이 저 사나이를 위해서 열려 있는 것도 이 세상 빛을 볼 수 있는 마지막 기회라는 걸 모르고 있을 테지.

아프로디테 여신 퇴장, 히폴리토스가 사냥에 동행한 많은 시종을 거느리고 등장

히폴리토스　여봐라! 다들 모여서 우리의 여신이며 제우스의 딸인 아르테미스를 찬양하자.
시종들　제우스의 딸, 우리의 여신, 레토와 제우스의 딸, 뭇 처녀 가운데 가장 아리따운 그대, 아버지의 뜰인 넓고도 끝이 없는 하늘, 제우스의 황금 궁전에 사시는 아르테미스여. 올림포스에 사시는 처녀 가운데 가장 아름다운 그대에게 인사를!

아르테미스 신상 앞에서

히폴리토스　오! 나를 다스리는 그대, 이 아름다운 꽃다발을 그대에게 바치

나이다. 양 치는 목동들이 아직 한 번도 양 떼에게 풀을 먹이지 아니한, 또 낫이 한 번도 닿은 일이 없는 처녀 들판에서 따 모은 꽃들입니다. 단지 꿀벌들만이 봄이 되면 그곳을 날아다니며, 순결의 여신 아도니스가 맑고 차디찬 초록의 물로 목을 축이게 한 꽃들입니다. 무엇이든지 배움으로 익히지 아니하고, 다만 소박한 자연으로 온갖 지혜를 터득한 사람만이 그 녹색의 들판에서 꽃을 따 모을 수가 있습니다. 본래 흉악한 자는 허락을 받을 수조차 없사옵니다.

자! 받아 주십시오, 나의 사랑, 당신의 금빛 머리카락을 위해 엮은 이 꽃다발을. 살아 있는 인간 가운데 오직 나 혼자만이 당신과 같이 지내며 당신과 이야기하고 당신의 말을 들을 수 있는 영광을 지니고 있지 않습니까? 그러면서도 당신의 모습은 감히 볼 수가 없습니다. 내 생애의 시작과 끝이 모두 그대와 함께라면, 그렇게 될 수만 있다면……

시종장 왕이시여, 제가 이렇게 말씀드리는 것을 용서하여 주십시오. 사실 신들은 모두 주인님이라고 불러야 된답니다. 헤헤…… 제 의견에 잠깐 귀를 기울여 주십시오.

히폴리토스 좋아! 그렇게 하게나. 어서 말해 봐!

시종장 네, 네. 말씀드리죠. 저어, 인간에게 씌워진 멍에는 어떠한 것일까요?

히폴리토스 나는 몰라. 내가 알 바도 아니고. 그런데 여봐! 왜 내게 그걸 묻지?

시종장 거만하고 다른 사람을 사랑하지 않으면 미움을 받는답니다.

히폴리토스 아암. 거만한 인간이란 도대체 무어란 말인가?

시종장 반대로 겸손한 사람들에게 우아한 점은 없을까요?

히폴리토스 확실히 있긴 있지. 그래서 고통이 필요 없는 선이 생기는 거지.

시종장 신의 세계에서도 마찬가지라 생각하십니까?

히폴리토스 그렇다. 우리 인간은 신의 율법을 쓰고 있는 거니까.

시종장 그렇다면 왜 어떤 여신에게는 예의를 갖추지 않는지…….

히폴리토스 어느 여신을 말하는 거냐? 도무지 종잡을 수가 없구나. 이랬다 저랬다 하니.

시종장 궁전 문 앞에 계신 아프로디테 여신 말입니다

히폴리토스 오! 난 멀리서 인사를 드릴 뿐이지.
시종장 하지만 아프로디테 여신은 명성이 높습니다.
히폴리토스 신이나 인간이나 제각기 자기가 좋아하는 것을 선택하게 마련이지.
시종장 당신께서 행복하게 되시길.

　　　몸을 돌리면서

히폴리토스 난 밤을 존경해야 하는 신은 싫단 말이야.
시종장 오, 제발, 신들에게는 예의를 갖추셔야 합니다.

　　　몸을 돌리면서

히폴리토스 자, 가거라. 궁전으로 들어가 식사 준비를 해라. 사냥 후에는 성찬이다. 말에 빗질도 해 주어라. 모두 배불리 먹고 말에 수레를 채워 길들이는 준비도 잊지 마라.

　　　시종장에게

키프리스에게는 충분할 만큼 안녕이라고 전해라.

　　　히폴리토스, 시종들과 같이 퇴장

시종장 하인이기 때문에, 종이라서 우리는 젊은 주인어른의 흉내는 내지 못하지. 키프리스 여신, 당신의 석상 앞에 비옵니다. 오! 거룩한 키프리스 여신이여, 경솔한 말을 함부로 입 밖에 내는 방자한 젊은이를 관대히 용서해 주십시오. 그런 말일랑 아예 못 들은 체하십시오. 신은 인간보다 훨씬 현명하셔야 합니다.

　　　시종장 퇴장, 트로이젠의 여인들로 구성된 코러스 입장

코러스 오케아노스의 물 흘러내려, 샘솟아 오르는 이름 높은 바위 있도다. 우리 가운데 한 사람, 그 흐르는 물에 보라빛 옷을 씻어 햇볕 비치는 기슭에 말리었도다. 우리의 왕비님, 마님, 병색이 완연하시고 여위어 궁궐 안에서 두문불출하시며, 엷은 베일로 황금빛 머리카락을 가리운 채 고뇌의 침상에 누워 계시다고 한 시녀가 말해 주었다오. 그이는 사흘 전부터 데메테르의 선물을 신성한 신 같은 입술로 피하고, 음식을 드시지 않으시며, 몸을 정하게 하시고 남몰래 슬픔에 젖어 그 불행한 생애의 마지막을 기다리고 계신다고 들었도다. 오! 젊은 그대여, 그대는 판 신인가 헤카테 신인가, 숭배하는 코리반테스인가, 아니면 산에 사는 신들의 어머니 신인지. 그대의 마음을 어지럽히는 신들의 희롱을 받는도다. 어쩌면 그대는 저 사냥의 여신에게 저지른 죄 때문에 괴로워하는가? 그대는 사냥의 여신에게 성스런 공양을 바치지 않았도다. 그이는 바다를 건너 해안을 넘어 바다 내음 풍기는 들판의 소용돌이 가운데 이르고 있구나. 어느 부인이 그대 몰래 궁궐 안에 누워, 그대의 신혼 잠자리를 빼앗아 트로이젠의 왕, 그대의 남편을 유혹했기 때문인가?

크레타 섬에서 온 선원이 나그네에게 후한 이 항구에 올라 왕비에게 아뢴 사연이 왕비를 자리에 눕게 하였는가? 여성들은 출산의 괴로움에 미칠 듯 불안하고 불행한 생각에 사로잡히는 법, 우리 또한 이런 증상을 경험했도다. 이럴 때마다 어리석은 우리는 거룩한 아르테미스 여신에게 도움을 구했나니, 아르테미스 여신은 따가운 화살을 쏘아 출산을 지배하였다. 우리가 언제나 우러러 받들면 아르테미스 여신은 신들과 함께 우리를 찾아오는구나.

지금 늙은 유모가 왕비를 궁궐에서 문으로 모시고 오는구나. 먹구름이 양 눈썹에 걸리었도다. 무엇이 왕비의 아름다움을 시들게 했는지 알고 싶구나.

파이드라 등장. 하녀들이 시중드는 침상에 누워 궁궐 밖으로 나오고 있다. 유모가 파이드라의 침상 옆을 따른다.

유모 아! 인간에게 가장 불행한 것은 병이니, 어찌해야 좋을는지, 또 어떻게 해드리면 되는 것인지. 자! 여기에 그렇게도 바라시던 신선한 공기와 눈부신 태양이 있어요. 이제 아씨의 고뇌도 궁궐 밖에 나와 버렸으면 좋겠군요. 아씨께서는 언제나 여기에 나오려고 하시면서 바로 또 대궐 안으로 들어가려고 하시겠죠. 바라시는 것이 항상 흔들리고 있어요. 아씨은 도무지 즐거운 생각을 하지 않으세요. 아씨에게 있는 것은 아씨를 못살게 굴고, 아씨는 가망 없는 것을 바라고 계세요. 괴로워하는 사람을 돌보기보다는 병들어 있는 편이 낫습니다. 병자란 단지 괴로워할 뿐, 그를 간호하는 사람은 그 때문에 괴로워하고 지치는 거예요. 인간의 생활이란 괴로움으로 가득 차 있습니다. 그뿐인가요? 그 불행은 떠날 때가 없어요. 산다는 것보다 즐거운 게 있다 하더라도 어두움이 그것을 휩싸고 우리 눈 앞에서 감춰 버리지요. 땅 위의 존재들이란 찬란한 것처럼 보이게 마련이에요. 우리는 우리가 누리는 삶 이외의 삶, 가령 지하에서 일어나고 있는 것에 대해선 전혀 알 도리가 없죠. 더욱이 우리는 말이라는 존재에 묶여서 말의 노예가 되고 말죠.

파이드라 내 몸을 좀, 내 머리를 받쳐서 일으켜 줘. 이봐! 내 손발의 관절은 없어졌나 봐. 손에 핏기가 하나도 없구나. 이 손을 좀 잡아 줘. 그리고 머리에 쓰고 있는 관이 너무 무거워, 그걸 벗겨 줘. 그래서 어깨 위로 머리카락을 내려뜨려 줘.

유모 기운 차리세요, 아씨, 그렇게 언짢다고 몸을 움직이지 마시라니까요. 아씨, 안정과 거룩할 정도의 체념이 견디기에 편하실 거예요. 사람에게 괴로움이란 필연적인 것일까?

파이드라 슬프구나. 밝은 샘에서 솟아오르는 차디차고 깨끗한 약수를 왜 마음껏 마실 수 없단 말인가? 왜 양말을 벗어 버린 하얀 발로 마음껏 풀을 밟으며, 풀섶에 누워 포플러 그늘을 이불삼아 쉴 수 없단 말인가?

유모 아씨! 무슨 그런 말씀을! 이렇게 여러 사람이 듣는 데서 그런 소릴 하시는 게 아녜요.

파이드라 나를 산에 데려다 줘. 피에 굶주린 개가 점박이 사슴을 쫓아 달리는 소나무 숲으로 가. 그래, 나는 고함 소리로 그 개를 화나게 하고 싶어.

유모 아씨, 아씨, 왜 자꾸 그런 생각을 하세요. 왜 사냥 이야길 하시는 거에요? 이곳 궁궐 곁에는 산 속의 물보다 훨씬 깨끗한 샘물이 있어요. 아씨께선 이곳에서 목을 축이실 수도 있어요.

파이드라 말이 달리는 경기장을 지배하는 그대 림나의 주 아르테미스여, 어째서 나는 그대의 들판에서 베네티아의 말을 길들일 수가 없을까요?

유모 또 까닭을 알 도리가 없는 말만 하실까? 아까는 산으로 가서 사냥을 하시겠다더니, 이제는 기슭의 모래 위에서 말을 길들일 생각을 하고 계시다니. 아씨 마음을 산란하게 하는 것을 알기 위해서는 아주 용한 점쟁이가 되어야겠습니다.

파이드라 나는 얼마나 불행한 사람일까? 나는 무엇을 해야 좋은가? 내 마음은 어디로 헤매고 있는 걸까? 나는 정신을 잃어버렸어. 틀림없이 마귀의 그물에 걸려들었나 봐. 아! 불쌍한 나. 유모, 눈에서 눈물이 흘러. 내 얼굴 좀 가려 줘. 왜 이런 말을 했을까? 이렇게 정신이 들고 보면 나는 또 고통에 엄습당하고 마는구나. 미칠 것만 같은 이 심정, 괴로움을 다 잊고 죽어 버릴 수만 있다면……

유모 자, 눈을 덮어 드릴게요. 이렇게 살 바에야 차라리 죽는 게 낫지 않을까? 그 순간이 빨리 와 버리면 편할 것을. 내 삶에도 파란곡절이 많았지. 인간에게 서로 마음 깊숙한 곳까지 스며들지 못하는 어중간한 정은 곧 깨부수는 게 낫지요. 쉽사리 굳어 버리는 애정이 오히려 마음에 편하게 느껴질 거예요. 그렇지만 내가 이분을 위해서 괴로워하듯 마음이 두 갈래로 갈라져 어쩔 줄 모를 때에는 도저히 견딜 수 없는 고통이 되고 말지요. 삶을 갈망하는 나머지 선행보다는 악행을 저지르기 쉽고, 또 그것이 건강을 해친다는 말은 정말이에요. 이래서 저는 '지나치라'는 말을 인정하지 않고 '지나치지 마라'는 말을 더 받아들입니다. 현인들도 내 의견에 반대할 순 없을 거예요.

코러스 대장 할머니, 파이드라의 충실한 유모. 파이드라가 겪고 있는 이 고통을 차마 볼 수가 없군요. 우리는 그 병의 이름조차 모른답니다. 혹시 당신께서는 알고 계시는지요?

유모 나도 모르겠어요. 내가 드린 질문엔 왕비님은 통 입도 떼시지 않는다오. 저분은 아무 말도 안 하시려고 해요.

코러스 대장 당신 역시 왕비님의 불행의 원인을 모르시는군요.

유모 그렇다오.

코러스 대장 왕비님께서는 무척 쇠약해지셨으리라 생각되는데.

유모 맞아요. 어찌 그렇게 되지 않겠습니까? 벌써 사흘이 되는군요. 아무 것도 드시지 않은 지가.

코러스 대장 병에 시달려서인지 아니면 죽을 결심 때문인지 아시오?

유모 음식을 드시지 않는 것은 돌아가실 결심 때문인 것 같아요.

코러스 대장 그 사실이 그분 남편의 마음에 드셨다니, 참으로 놀라운 일입니다.

유모 남편에게조차 고통을 숨기고 계신걸요. 병이 아닌 것처럼 보이려고 하시는걸.

코러스 대장 그렇지만 그 모습을 보고 아무것도 모를 리가 있겠어요?

유모 당신도 알다시피 그분은 지금 궁궐을 비우고 나라 밖에 나가 계신답니다.

코러스 대장 그렇지만 왜 병명조차 파악하지 못하십니까? 왜 그 원인이 무엇인지 모르십니까?

유모 말도 마시오. 나도 할 수 있는 짓은 다 해 보았지만 얻은 것은 하나도 없었소. 그렇지만 그냥 방관하진 않겠어요. 그리고 당신은 제가 아씨께 어떻게 말씀드리는지 그곳에 서서 잘 보아 주세요.

유모, 무표정하게 누워 있는 파이드라에게 가까이 다가가며

자! 우리 아씨, 아까는 제가 너무했나 봅니다. 아씨, 여느 때같이 부드러운 생각을 해 보세요. 가슴에 묻힌 슬픔을 쫓아 버려요. 쓸쓸한 생각일랑 아예 그만두세요. 이제부터는 아씨께서 귀를 기울이실 만한 이야기를 해드리죠. 아씨께서 무엇을 숨기고 있는 불행 때문이라면, 병 간호하는 저를 도와 줄 부인네들이 있습니다. 무엇이든지 누구에게든지 하실 말씀이 계시면 서슴지 말고 말씀해 주세요. 그런데 왜 입을 다물고 계시죠? 당신의 침묵은 싫어요. 제 말이 잘못되었다면 아무 말씀 마시고, 그렇지 않다면 제 올바른 이성에 따르셔야 해요. 자, 제발 말 좀 하세요. 절 좀 보세요.

코러스를 향해서

아! 나는 불쌍한 몸. 여러 부인들, 우리는 아무 필요도 없는 노력을 지금까지 계속했군요. 뜻을 이루지 못한 것은 전과 조금도 다르지 않군요. 방금 아씨께서는 내 말로 한결 부드러워졌지만 지금은 듣지를 않는구나.

유모, 파이드라의 침상에 꿇어앉는다.

알아들으셨죠? 아씨께서 이토록 무자비하시다니, 예전엔 미처 몰랐습니다. 아씨, 당신이 돌아가신다면 아드님들은 이제 아버지 궁전에서 있을 곳이 없어질 테고, 그 아드님들은 틀림없는 아씨의 자식들입니다. 아씨는 그

들을 배반하는 경우는 생각지 않으십니까? 아씨가 돌아가시면 그들을 배반하는 셈이 된다는 것을 잘 알아 두세요. 아마존의 여왕을 증인으로 내세웁니다. 이 여왕은 아마존을 위해 정당한 아들인 양 주인처럼 뽐내고 있는 히폴리토스라는 사생아*5를 낳았습니다.

파이드라 아!

유모 제가 말씀드린 것이 당신의 마음을 슬프게 했습니까?

파이드라 유모, 나를 못살게 구는 건 당신이야. 제발 이제부턴 그 남자에 대해서는 한 마디도 입 밖에 내지 않겠다고 신들을 두고 맹세해 줘, 응? 아무 말도 말아요.

유모 알겠습니다. 그런 말씀은 하실 줄 아시면서 왜 아드님은 돌보려고도 않으시고, 아씨의 목숨은 건지려고도 않으시죠?

파이드라 무슨 말이야. 애들은 귀엽고말고. 난 다른 괴로움에 시달리고 있어.

유모 아씨, 아씨 손에 흐르고 있는 피는 맑은 피겠죠.

파이드라 물론 피는 깨끗해. 그런데 그런데 마음은 더러워져 있어, 아!

유모 그것은 원수 때문인가요?

파이드라 누구인가 나를 망하게 하고 있어. 그렇지만 나에게도 그 사람에게도 죄는 없어.

유모 테세우스님이 당신에게 무슨 몹쓸 짓이라도 했나요?

파이드라 아니. 그분이 나에게 이러는 것은 아니야.

유모 그러면 당신을 죽음으로 인도하는 악마는 누구예요?

파이드라 나만, 그저 나만 죄 많은 사람이 되고파. 유모는 걱정할 것 없어.

유모 아씨는 그렇게 말씀하실 수 있지만 아씨의 멸망은 곧 제 죽음이에요. 그때는 이미 끝장이 나는 거니까요.

  자기 무릎에 엎드리는 유모에 놀라면서

파이드라 무얼 해? 왜 나를 우악스런 손으로 붙잡는 거지?

유모 아씨의 무릎, 절대 놓지 않겠어요.

파이드라 아, 불행한 사람, 만약 네가 내 불행을 안다면 불행은 너에게도 덮칠 텐데…….

유모 제가 아씨를 잃어버리는 것보다 더 큰 불행이 뭐겠어요?

파이드라 나는 죽을 거야. 그러나 나는 죽음이 가져다 줄 영광 때문에 죽는 거야.

유모 제가 이렇게 매달려서 빌어도 숨기는 그 비밀은 말씀 안 하실 작정입니까?

파이드라 그건 안 돼. 나만 희생되면 그만인 것을 크게 만들고 싶지는 않아.

유모 아씨의 명예를 걸고 말씀해 주십시오. 간청입니다.

파이드라 제발 좀 나를 붙잡지 마. 아유 갑갑해. 내 손을 놓아.

유모 안돼요. 제가 바라는 것을 말씀하실 때까지 일 년이고 이 년이고 물러서지 않겠습니다.

파이드라 네 말대로 할 테니까, 좀 편하게 해 줘. 네 의도를 모르는 내가 아니야. 다 알고 있단 말이야.

유모 저는 이제 아무 말도 않겠어요. 자, 아씨께서 말씀하시는 겁니다.

파이드라 아, 어머니. 사랑이 어쩌면 그런 불행을 초래할 수 있을까?

유모 아씨께선 어머니의 소*6에 대한 정열을 말씀하시려는 건가요? 왜 그런 얘길 하세요?

파이드라 불쌍한 언니,*7 디오니소스 신의 아내.

유모 무얼 이다지도 괴로워하십니까? 설마 부모님에게 못난 자식이라는 인상은 받고 싶지는 않으시겠죠?

파이드라 그래, 나는 그들의 세 번째 자식으로 이다지도 고통 속에서 죽어야만 한단 말인가?

유모 전 정신이 없군요. 도대체 무얼 말씀하시려는 건지.

파이드라 우리의 불행은 거기에서 온 거지. 최근 일은 아니지만.

유모 내가 듣고 싶어하던 일이 무엇인지조차도 모르겠는걸요.

파이드라 이다지도 슬플까? 왜 네 입으로 나에게 말해 주지 않니?

유모 전 점쟁이가 아니죠. 제가 어떻게 아씨 마음을 알겠어요?

파이드라 대체 사랑이란 뭘까?

유모 아씨, 그건 가장 즐겁고도 가장 쓰라린 것이랍니다.

파이드라 그런데 나에겐 즐거움보다는 쓰라림만 절실한 것 같아.

유모 아씨, 뭐라고 말씀하셨죠? 분명 누군가를 사랑하고······?

파이드라 넌 아마존의 여왕의 아들이 누구인지 알고 있지?

유모 히폴리토스를 말씀하시는 거예요?

파이드라 그렇게 말한 것은 너이고, 나는 너에게서 아무것도 듣지 않았어.

유모 무슨 말씀을, 아아 피곤해. 도저히 견딜 수가 없군. 가증스런 햇볕 때문에 몸을 내던져 버리고 싶구나. 죽으면 살아서보다 오히려 편하게 되겠지. 나도 이젠 마지막, 아주 현명한 사람들도 자기들이 모르는 사이에 저주스런 정욕에 홀리게 된다.

　　키프리스는 단순한 여신만이 아닙니다. 이 세상에 더 큰 분이 있다면 그이는 아씨나 제가 감히 맞설 수 없고, 이 가문을 멸망시키려는 키프리스 여신입니다.

코러스 (읊음)

　　그대는 들었도다.

　　아, 왕비는 아무도 듣지 못한 슬픈 불행을 밝혀 놓았도다.

　　아, 벗이여.

　　그대의 생각이 엇갈리는 혼돈이 오기 전에

　　나는 죽는 것이 나으리라.

　　불쌍한 나, 인간 위에 덮인 이 고통……

　　그대는 이제 마지막이어라.

　　그대의 불행은 이미 알려졌도다.

　　죽기 전 며칠은 그대에게 무엇을 남겨 놓을까?

　　또 어떤 불행이 궁궐을 휩싸리라.

　　그래서 키프리스의 사자가 찾아오는…….

　　아, 불쌍한 크레타의 딸이여.

파이드라 트로이젠의 부인 여러분, 펠롭스의 나라 입구에 살고 있는 여러분. 나는 다른 이유에서 인간의 목숨을 갉아먹는 것이 도대체 무엇인지 긴 긴 밤을 두고 여러 번 스스로에게 물어 보았도다. 인간에게 나쁜 일을 저지르게 하는 것은 본디 인간 정신이 가진 원래의 성질이 아니고 다른 어떤 것 때문일 거라 생각했다.

　　그러나 여기 믿지 않으면 안 될 것이 있으니, 우리는 선악의 판단은 올바르게 가름할 수 있지만, 그렇다고 반드시 좋은 일만 행하지는 못해. 어떤 사람은 마음이 약해서, 또 어떤 사람은 덕성보다 쾌락이 좋아서. 사람이 사는 곳엔 쾌락이 많은 법이고, 긴 이야기라든가 빈둥거리는 일이라든가, 귀에 솔깃한 악행이나 수치심도 있는 법이지.

수치심[8]에는 두 가지가 있어. 하나는 조금도 비난의 대상이 되지 않지만 다른 하나는 가정마다 재앙의 대상이 된답니다. 만약 이 둘을 잘 구별할 수 있었다면 똑같은 이름은 생기지 않았을 텐데.

나는 오래 전부터 이런 신념 속에 살아왔기에 다른 생각으로 변화시킬 그 어떤 반대되는 사상도 효과를 내지 못했지. 좌우간 내가 지나온 길을 말하지.

사랑이 나에게 상처를 주었고, 그때 나는 명예를 더럽히지 않고 그 사랑을 견디려고도 했지. 처음에는 입을 다물고 불행을 숨겼어. 그 이유는 사람들이 생각하는 것을 비난하고 흉볼 수는 있지만, 자기 자신에게 많은 불행을 가져오는 혓바닥을 믿을 수는 없었으니까. 그래서 나는 이 미칠 듯이 솟아오르는 정열을 용기로 억제하려 했고, 지혜로 길들이려고 결심하기도 했지. 그러나 이런 방법으로 키프리스를 정복할 수는 없다는 것을 알게 되자, 내가 할 일은 그저 죽는 길밖에 없다는 생각이 들었지. 아무도 나의 결심을 비난할 자는 없을 거야. 내 행위가 아름다운 것이라면 사람들에게 드러낼 수도 있으련만. 그것이 수치스런 것이라면 많은 증인은 가질 것이 못 되고, 내가 달게 받으려던 고통이 불명예스럽고 어떤 여성이라도 그것에 지면 모든 사람의 증오의 표적이 된다는 것도 알고 있었어. 간통이라는 이름으로 처음 그 오명을 뒤집어쓴 여성은 가련하게도 사라져 버렸어. 여성에게 그런 불행한 표본을 처음으로 준 남성은 훌륭한 가문 출신이었지. 그것이 아무리 수치스러운 일이라 할지라도 좋은 집안 사람들이 선행이라 여겼으면, 얼마 지나지 않아 몽매한 군중은 따르게 마련이니까. 말만은 번지르르하게 점잔을 빼면서도 몰래 부끄러운 일을 저지르는 여자는 난 싫어.

아, 키프리스 여신님. 그런 여자들이 어찌 남편을 똑바로 볼 수가 있을까요? 그리고 그들이 살고 있는 세대가 자기들을 적어도 한 번쯤은 비난의 대상에 올리는 것을 두려워하지 않을까요? 나를 죽게 하는 것은 바로 그것, 내 남편이나 아이들의 명예를 더럽히고 싶지 않다는 마음, 오직 그것뿐이에요. 그러니 그들이 자유를 자랑스럽게 여기고 떳떳하게 이름 높은 아테네에 살며, 어머니인 나를 자랑스럽게 생각하는 것으로 만족하고 있는 거예요. 인간을 비굴하게 만드는 것은 아주 티끌만한 일이라도, 부모 가운데 어느 한쪽이라도 수치스런 일을 행하였다는 것을 알게 되면 불행의 노예가 되고 마는 법이니까. 목숨과 마찬가지로 거룩한 오직 하나의 선은 올바름과 미덕을 간직하고 있는 마음이라고들 하지요.

　때가 오면 악한 자들의 가면을 벗겨 거울 위에 그 그림자를, 마치 젊은 처녀의 그림자처럼 비출 테지. 나는 결코 이런 낙오한 대열에 서고 싶지 않아.

코러스 대장　언제나 정숙한 행동은 아름다운 것이지요. 그러기에 왕비님은 사람들에게서 그토록 존경을 받고 있지요.

유모　아씨, 방금 아씨가 당하고 있는 고통이 저를 어리둥절하게 만들어 버렸어요. 그렇지만 제가 공연히 무서워했다는 것을 알겠습니다. 당신께서는 이제까지 전혀 듣지도 보지도 못한 일이나 인간의 상식으론 상상하기조차 어려운 일을 당하고 있는 것은 아닙니다. 어느 여신의 분노가 당신 위에 덮여 있는 것입니다. 당신은 사랑을 하고 있습니다. 그것이 무슨 이상한 일이란 말입니까? 그런데 당신은 그 사랑 때문에 목숨을 끊으려고 합니다. 사랑하고 있거나 사랑을 했다고 해서 사람들이 목숨을 잃어야만 한다면, 이 얼마나 불행한 일이겠습니까?

　키프리스가 무서운 힘으로 습격해 올 때, 어느 누구도 그것을 막을 수는 없습니다. 키프리스는 자기를 따르는 자는 부드럽게 감싸줍니다. 그러나 키프리스를 경멸하고 욕하는 자는 가차 없이 꺾어 굴복시킵니다. 키프리스는 하늘을 날고 넘실거리는 바다의 품속에서 살고 있습니다. 모든 사물이 그녀의 은혜를 받아 태어납니다. 키프리스는 사랑의 씨를 뿌리고 그것을 불러일으킵니다. 땅 위에 살고 있는 것들은 모두 거기에서 나왔답니다. 옛 자취가 엿보이는 향수를 동경하고 있고, 문학 세계에 살고 있는 사람들은 옛날 제우스 신이 세멜레를 얼마나 사랑했으며, 찬란한 별빛 같은 에로스가 사랑했던 케팔로스를 신들 가운데 두려고 어떻게 강탈해 왔는가를 알고 있을 것입니다. 지금 이들 둘은 함께 하늘에 살며 다른 신들과 같이 있답니다. 그들이 정복한 사랑의 불길에 몸을 맡긴 것이라고 생각됩니다. 그런데 당신은 그걸 거역하겠다는 말입니까?

 그러니까 당신의 아버지가 어떤 예외적인 상태에서 당신을 낳을 수밖에 없었고, 또 당신이 공통의 율법을 받아들이지 않는 까닭에 주인으로서 다른 신을 당신에게 주지 않을 수밖에 없었던 것입니다. 현명한 남편들이 자기 부인이 사랑의 병에 걸린 것을 보고도 못 본 체하였고, 그 얼마나 많은 아버지가 자기 아들이 불륜의 사랑에 빠진 것을 덮어 주려 하였는지 아씨도 알고 계시지 않습니까?

 나쁜 것을 감춘다는 것은 결코 나쁜 일만은 아닙니다. 집의 기둥과 대들보, 문설주가 모두 직선만은 아니지 않습니까? 그러니 우리 인간은 너무 엄격하게만 살려고 하면 안 된답니다.

 아씨, 아씨께서 당하신 운명을 박차고 나갈 수 있다고 생각하세요? 아씨 마음 가운데 선이 악을 이기고 있다면, 아씨는 한낱 인간에 지나지 않으니까 더욱 그것을 기뻐해야 하겠어요.

 아씨……, 슬픈 생각은 버리세요. 사랑을 비난하지 마세요. 신은 사랑하려는 용기를 가진 사람을 북돋아 줄 것입니다. 이 사랑이 아씨에게 타격이 되지 않고, 이 불행을 행복한 결과가 되도록 하세요.

 자! 여기 아씨를 달래 줄 주문이 있습니다. 아씨는 상사병의 치료약을 찾으실 수 있을 거예요. 우리 여자가 궁리를 할 수 없을 경우에는 남자들이 뒤에 사건을 해결하는 수도 있답니다.

코러스 대장 파이드라여! 이 여자가 말하는 것을 명심하십시오. 저는 항상 당신 편입니다. 그러나 '좋은 약은 입에 쓰다'고 했듯이, 제 찬사는 당신이 듣기엔 너무 쓰고, 듣고 있노라면 더 슬픈 것일 겁니다.

파이드라 가장 잘 다스려지는 도시나 가정을 파멸시키는 것이 바로 그거예요. 바로 아주 아름다운 말이라니까. 우리 귀를 즐겁게 하도록 오직 그런 목적으로 말해야 한다면, 오히려 듣지 않는 편이 낫겠지.

유모 어쩌면 말씀이 이렇듯 대담하실까? 아씨에겐 훌륭한 말이 필요없습니다. 지금은 아씨가 이름을 밝힐 남자가 필요해요. 저는 아씨께서 하신 고백을 빨리 그분에게 말씀드려야만 해요. 아씨의 목숨이 사랑의 애태움에 위협을 받고 있지 않다면, 또 아씨께서 욕망과 정욕을 만족시키기 위해서 영원히 이성을 가지고 계셨다면, 제가 이렇게까지 나오지는 않았을 거예요. 무엇보다도 아씨의 운명 때문에 저는 어떤 비난이라도 개의치 않고 행동하겠어요.

파이드라 무섭고도 끔찍한 말.
   그런 구역질 나는 말은 듣기 싫어.

유모 물론 그러실 테죠. 그러나 아씨에게는 미사여구를 늘어놓는 것보다 몇백 배 낫답니다. 그리고 만약 아씨를 구원할 수 있다면, 그것은 아씨에게 돌아서서 명예롭다는 어리석은 생각보다는 현명한 일입니다.

파이드라 더 이상 말하지 말아 줘. 나도 모르는 사이에 벌써 사랑에 빠져 있었어. 네가 이 부끄러운 사실을 아름다운 말로 장식한다면, 나는 결국 지옥으로 끌려가서 죽게 될 거야. 아유, 생각만 해도 …….

유모 과거에 가장 좋았던 일은 그 정열에 빠지지 않았던 일이었지요. 그렇지만 지금 최선의 방도는 이렇게 된 이상 제 말을 듣는 일이지요. 사랑에 몸을 맡기십시오. 전 사랑을 낚는 묘약도 구할 수 있답니다. 갑자기 생각나는군요. 이 묘약은 아씨의 명예를 더럽히지도 않고, 물론 아씨가 겁을 내지 않으셔야 하지만, 아씨를 치료할 수 있을 것입니다. 그러자면 우선 아씨가 못 잊어 가슴 태우는 분의 표적이나 옷 조각이 필요합니다.

파이드라 그 신기한 약은 몸에 뿌리는 향유인가, 아니면 마시는 약?

유모 그건 몰라요.

파이드라 괜히 무서워지는군. 어쩐지 네가 나 때문에 신경이 날카로워지나 봐.

유모 아씨는 뭐든 두렵기만 하시군요. 무엇이 무서우세요?

파이드라 네가 테세우스의 아들에게 이 애타는 심정을 알려 주었으면 좋으련만…….

유모 무엇이든 제게 시키세요. 아! 바다의 여신 키프리스, 당신만 믿습니다. 자세한 계획에 대해서는 대궐 안에 있는 동무들에게 일러두기만 하면 충분할 거예요.

유모, 키프리스에게 기도를 올린 다음 대궐로 들어간다. 파이드라는 침대에 누운 채로 있다.

코러스 (노래)

에로스여! 에로스여!
그대의 찬란히 빛나는 눈동자는 무엇인가 호소하는 듯하고
그대의 주위를 부드럽게 하도다.
에로스여, 그대는 우리의 적이 되지 말지어다.
또 그대의 분노를 우리에게 향하지 말지어다.
불 화살이나 별 화살이라도
제우스의 아들 에로스*9가 던진
아프로디테의 화살보다는 무섭지 않으리.

참으로 쓸데없이 알페우스의 해안에서,
또 델포이의 포이보스 신전에서
그리스는 수많은 소*10를 제물로 죽였나니.
우리가 인간의 주권자인 에로스를 숭배하지 않는다면,
에로스는 아프로디테의 성스런 두 자리의 열쇠를 가졌으니
제단 위로 오를 때 우리 인간에게 파멸과 몰락을 가져오리라.
오이칼리아에서는 아직 고삐를 모르며 깨끗한 암말,
아직 혼례의 자리도 모르는 젊은 말을,
키프리스는 지옥의 박쥐처럼 털을 뽑게 하여 피를 토하고
죽음의 비명이 울리는 가운데
알크메네의 아들 혼례식을 위한 축가로 바쳤노라.

오, 테베의 거룩한 벽이여, 디르케의 샘이여.
그대들은 키프리스의 억누를 길 없는 분노를
우리에게 말할 수 있으리라.
키프리스는 두 번 태어난
제우스의 아들 바쿠스의 어미를 번갯불로 태워
돌아올 수 없는 황천으로 향하게 하였다.
키프리스는 온갖 생물에 숨결을 불어넣고
어느 곳이나 벌*11처럼 날아다님이어라.

문 옆에 서서 귀를 기울이면서

파이드라 여인들은 입을 다물지어다.
　　아, 나는 이제 마지막이구나.

코러스 대장 파이드라여, 당신의 궁궐에서 무슨 무서운 비극이 일어나고 있나요?

파이드라 조용히, 안에서 무슨 소리가 들리는구나.

코러스 대장 그렇게 하지요. 저는 당신 때문에 견딜 수 없이 불안합니다.

파이드라 아! 불쌍한 나, 난 얼마나 불쌍한 사람인가.

코러스 (읊음)
　　저기, 저기 들리는 소리는 무슨 소리입니까? 아씨, 갑자기 당신의 마음을 괴롭히는 것이 무엇입니까?

파이드라 너희들도 문 앞에 가까이 와서 대궐 안에서 소리치는 저 아우성을 들어 봐.

코러스 (읊음)
　　네, 고함 소리는 들립니다만 분명치 않은데요. 아씨께서는 문 옆에 계시니 더 잘 알아들을 수 있습니다.

파이드라 그 사람은 유모를 붙들고 악평을 하고 다니는 수다쟁이라고 말하고 있어. 그 주인의 잠자리를 더럽혔다고 책망하고 있는 거야.

코러스 (읊음)
　　배신당한 건 당신입니다. 당신은 사랑하던 사람에게 배반당했어요. 어떻게 말씀드려야 좋을지. 이젠 모든 것이 드러났으니 마지막이에요.

파이드라 아, 아.

코러스 (읊음)
　　사랑하는 사람에게 배반당했어.

파이드라 유모는 내 불행을 함부로 지껄여 나를 망치고 말았구나.

코러스 대장 자, 이제 어떻게 하시겠어요? 이미 엎지른 물은 주워 담을 수가 없군요.

파이드라 지금 생각할 수 있는 건 한 가지, 내가 죽는 것뿐이야. 아무리 해 봐야 구제될 길은 그 길뿐이야.

히폴리토스, 안에서 급히 뛰어나온다.

히폴리토스 이런 끔찍한 말을 들어야 하다니!

유모, 그의 뒤를 따른다.

유모 입을 다물어요. 도련님이 다 듣겠어요.
히폴리토스 남이 듣든 말든 무슨 상관이야! 아아, 어쩌면 이럴 수가…….
유모 제발……. 당신의 팔에 매달려서 이렇게 빕니다.
히폴리토스 손을 놓아, 내 옷에 닿지 않도록 해.
유모 제발 저를 죽여 주세요, 네? 제발.
히폴리토스 도대체 왜 그렇게 수선을 피우지?
유모 도련님, 세상이 알면 안 되는 일이니까요.
히폴리토스 정직한 일은 알려서 상을 주는 법.
유모 오, 맹세를 깨뜨려서는 안 됩니다.
히폴리토스 너한테 맹세한 건 내 마음이 아니라 나의 혓바닥이란 말이야.
유모 도련님, 그게 무슨 말씀이세요? 이제 사랑하는 사람도 필요 없다는 말씀인가요?
히폴리토스 난 그런 무리를 저주한다. 부정한 자는 내 벗이 될 수 없어.
유모 용서하세요, 도련님. 잘못을 범하는 건 인간이기 때문이 아니겠어요?
히폴리토스 아, 제우스여, 그대는 어찌하여 태양 아래 여자라는, 위선을 일삼는 종족을 태어나게 했는가? 그 이유가 종족의 번식에 있다면 여자보다는 다른 어떤 것이 있었을 텐데.

　인간은 그대의 신전에 금이나 쇠나 동을 바치고, 대신 자신이 바친 노력의 대가를 받는다. 그러면 아무런 구속도 받지 않고 자유롭게 우리네 마음대로 살 수 있을 텐데, 이러한 재앙과 같은 여자를 집에 들여놓자마자 재산을 모두 날려 버린다. 확실히 여성이 저주스럽다는 것은 딸을 낳아 길러 낸 아버지가 출가 때가 되면 쓰일 지참금을 마련하려 쩔쩔매는 것을 보아도 알 수 있다.

그런데 반대로 자기 집에 재앙의 씨를 받아들인 자는 이 우상을 아름답게 장식해서 즐거워한다. 그래서 불행하게도 그가 소유한 재산은 없어지고 만다. 유명한 집안과 인연을 맺어 불행한 결혼을 기뻐한다든지, 아무리 보잘것없는 집안이라도 그 여자만은 훌륭한 경우, 착한 일을 하기 때문에 그 불행을 잊어버리곤 한다. 따라서 가장 최선의 일은 쓸모없는 그저 그런 단순한 여자를 갖는 것이다.
　영리한 여잔 죽도록 싫단 말이야. 지금 우리집에는 필요 이상으로 현명한 여자는 발도 들여놓지 못하게 하고 있지. 그런 여자들은 키프리스가 썩어 빠지게 만든 영리한 무리야. 바보처럼 생긴 여자는 지혜가 모자라기 때문에 불행에서 벗어날 수 있지. 아내라는 것은 말수가 적고 자기 추억을 지껄이지 않을 정도로 버릇을 길러 놓아야 해.
　많은 계집애가 차츰 건방져 가고 있어.
　유모에게
　이렇게 해서 가련한 너는 나에게 와서 내 아버지의 잠자리를 더럽히자고 말하고 있는 거야. 네 소행을 생각하면 죽여도 한이 없지만, 내가 지닌 자비가 너의 목숨을 붙여 두는 거야. 만약 네가 신들에게 드린 맹세를 저버려 나를 뺏는다면, 나는 어쩔 수 없이 모든 사실을 아버지에게 말씀드려야 한다. 사실 나는 이 나라에 테세우스가 없는 한 되도록이면 빨리 이 대궐에서 떠나야 될 것 같다. 그러나 나는 아버지와 함께 돌아올 것이다. 그리고 무슨 염치로 네 상전과 네가 우리를 영접하는지 똑바로 볼 테다. 그 때는 이 파렴치한 사건의 증인이 되겠지. 너희들에게 저주가 있길. 여자란 요망스러운 것, 언제나 나쁜 것이다. 그들에게 영리해지도록 가르쳐 주어라. 내가 그들을 욕한 데 대해서는 눈감아 다오.

　히폴리토스 퇴장

코러스　(읊음) 불쌍한지고. 여자의 운명이란 이토록 파란만장해야만 하는 것일까? 제 꾀에 제가 넘어갔을 때처럼 어떻게 할 도리가 없는 경우에는? 우린 죄를 받아 마땅해.
파이드라　(읊음) 그렇지만, 아! 대지여, 나는 이 수치스러움을 어떻게 모면할 수 있겠습니까? 어느 신이, 아니 어떤 인간이 나를 구원해 줄까? 쉴 새 없이 밀려드는 괴로움 때문에 나는 여자들 가운데 가장 불행한 여자로다.

코러스 대장 아! 불쌍해라. 이제 끝장이 났구나. 유모의 계획은 어긋나 버렸도다. 아, 왕비님, 모든 것이 점점 나빠지고만 있어요.

유모 등장

파이드라 이 가증스러운 도깨비, 너는 나를 위해 무얼 했느냐? 차라리 아버지의 힘을 빌려 너를 죽여버리는 편이 속시원하겠구나. 내가 네 계획을 예언하지 않았던가. 입 다물고 있어 달라고 너에게 얼마나 애원을 했던가. 네 입은, 그 몹쓸 것은 가만히 다물고 있을 수가 없었어. 그 때문에 나는 더럽혀진 명예를 안고 죽지 않으면 안 되게 되었어. 이렇게 되었으니, 또 달리 생각할 필요가 있어? 저 사람은 지금 분노에 불타고 있으니 아버지 앞에서 나를 흉보겠지. 또 나의 불행을 늙은 피레우스에게도 말할 거야. 온 나라에 소문을 내겠지. 그것 때문에 나는 얼굴을 들 수도 없겠지. 에잇! 몹쓸 것. 뜻하지 않고 별 감정 없이 이웃 사람에게 떳떳지 못한 일을 하려는 자도 모두 죽어 버려라!

유모 제 잘못을 꾸짖어 주시는 왕비님! 죄어드는 아픔이 아씨의 정신을 흐리게 했군요. 그러나 제 말씀을 들어 주세요. 저는 아씨를 길러 드렸고 아씨께 마음을 바치고 있습니다. 아씨의 아픔은 곧 제 아픔이기에 그 아픔을 치료하려고 온갖 노력을 다 해 보았습니다만, 바라던 대로 되는 일은 없었습니다. 뜻대로 되었다면 지금쯤은 왕비님께서 저를 칭찬하시기에 여념이 없을 것이옵니다. 세상 사람들은 동기, 과정보다도 결과에 급급해 일의 선악을 판단하는 법입니다.

파이드라 그만큼 나를 괴롭혔으면 그만이지, 또 이번엔 나와 말씨름이라도 할 모양이구나. 귀찮아. 모두 내 눈앞에서 사라져 버려.

유모 길게 말하지 않겠습니다. 조심스럽게 일처리를 못한 죄 때문이죠. 그렇지만 아직 아씨를 구해 드릴 기운은 남아 있습니다.

파이드라 닥쳐! 요 못된 것. 불행만 던져 주고는 무슨 큰소리야. 멀리 가

버려. 네 일이나 생각하렴.

유모 퇴장한다.

　　트로이젠의 규수들, 그대들이 들은 모든 것을 나의 기도와 함께 침묵 속에 묻어 주오.

코러스 대장　고귀하신 아르테미스 여신께 맹세코 당신의 불행을 결코 퍼뜨리지 않겠습니다.

파이드라　정말 고맙다. 아이들의 일생을 욕되지 않게 하고, 나에게 엄습한 운명에서 벗어나려면, 길은 하나라는 것도 알게 되었어. 결코 고귀한 크레타 가문을 더럽히지 않겠어. 씻을 수 없는 과거를 가슴에 접어 두고, 내 목숨을 건지려 테세우스에게 비굴하게 나타내지는 않을 거야.

코러스 대장　안 됩니다 그렇지만 당신이 그토록 큰 불행을 견디어야만 하나요?

파이드라　아, 어째서 나는…… 난 결심한 사실을 말했을 뿐이야.

코러스 대장　진정하십시오, 왕비님.

파이드라　좋은 생각이 있으면 말해 줘. 내가 죽는다면 나를 멸망시키려 한 키프리스가 춤을 추겠지. 나는 잔혹한 사랑의 제물이 될 거야. 그러나 내 죽음은 다른 사람들에게도 불길한 거야. 키프리스가 내 불행으로 말미암아 겸손해지면 그만이야.

파이드라 퇴장

코러스　(읊음)

　　어머나! 내가 있는 곳이 어디지? 험한 산을 타고 깊은 동굴로 들어가는 것일까? 어떤 신 덕택에 하늘을 나는 새 떼에 섞여 빠른 날개 위에 실려가는 것일까? 그래, 아드리아 바다의 물 위에, 혹은 에리다노스의 물 위에 뛰어오르려 하고 있도다. 아버지가 쉬고 있는 파도 위에 불행한 헬리오스의 딸이 형제인 파에톤을 슬퍼하며 구슬 같은 눈물을 흘리도다.

　　노래하는 헤스페리스의 금빛 해안을 향해 날아가고 싶구나. 그곳에는 바다의 신 아틀라스가 지탱하고 있는 하늘 끝을 경계로 선원이 다가갈 수 없도록 길을 막고 있도다. 신의 음식을 공급하는 원천이 그곳으로 흘러들고, 또 성스런 유모인 대지가 그 번영의 보물 창고를 지니고 있도다.

　오, 흰 날개 달린 크레타의 배여. 그대는 우짖는 바다의 파도를 헤치며 우리 여왕님을 그 행복한 보금자리에서 불행한 혼례의 불길한 환희를 향해 실어 갔도다. 이 두 기슭에서, 혹은 크레타 섬에서 온 불길함을 알리는 새[*12]에 의해 선원들은 이름 높은 아테네 쪽으로 흘러가서, 이지러진 닻을 무니키아 항구에 내리고 육지에 올랐어라.

　그런 까닭에 아프로디테는 그녀에게 죄 많은 사랑을 불어넣어 그 마음에 상처를 입혔노라. 무서운 고통에 괴로워하며 그녀는 혼례를 치른 방의 벽에 불길한 띠를 달아 그것으로 하얀 목을 감고자 하니, 여신의 무서운 분노에 지고, 정직한 명성을 택하노니, 그 마을 가운데에 스스로를 그렇듯 괴롭힌 사랑을 쫓아버리려는 것이리라.

유모, 궁전 안에서 큰 소리로 울부짖는다.

유모　아! 사람 살려. 여러분 사람 살려. 대궐 밖에 있는 여러분, 테세우스의 아내인 우리 아씨가 목을 매었어.
코러스 대장　슬프다, 이제 끝장이구나. 왕비님은 이제 돌아가셨다. 목을 매셨구나!
유모　빨리, 칼을 가져와요. 목을 맨 매듭을 끊어 주세요.
코러스 대장　어떻게 하면 좋아요. 대궐로 들어가 왕비님을 구해야 할 텐데!
코러스　뭐라고요? 젊은 시종들이 거기 있을 거예요. 여러 가지 일에 손을 댄다는 건 위험하기 짝이 없죠.
유모　대궐의 파수꾼들이여, 우리 여왕님의 수족을 바로 해서 뉘어 주세요.
코러스 대장　내 귀를 믿는다면 왕비님은 돌아가셨습니다. 벌써 생명이 없는 옥체를 옆으로 누이고 기도드리고 있도다.

테세우스, 부하들을 데리고 나뭇잎으로 만든 관을 머리에 쓰고 등장

테세우스　여봐라! 이 대궐 안에서 무슨 통곡 소리가 들리는 것 같도다. 대

체 무슨 일이 일어나기라도 했단 말이냐. 신탁*13을 받고 온 나를 맞으러 가족들이 마중은커녕 반기지도 않는구나. 늙은 피테우스에게 무슨 일이 일어났는가? 비록 늙었을망정 그가 이 궁궐을 버린다면 우리에게는 큰 슬픔이 아닐 수 없도다.

코러스 대장 테세우스 전하, 당신을 슬프게 하는 일은 노인에게 일어난 것이 아니오라……

테세우스 아니, 그럼 누구란 말이냐?

코러스 대장 나이가 젊은 분이옵니다.

테세우스 슬프다. 애들 가운데 누가 죽었는가?

코러스 대장 도련님들은 살아 계십니다만, 도련님의 어머니께서 슬픈 운명 때문에 돌아갔습니다.

테세우스 뭐라고! 내 아내가 죽다니!

코러스 대장 왕비님 스스로 목을 매셨습니다.

테세우스 괴로움에 못 이겨서인가? 그렇지 않으면 무슨 일로?

코러스 대장 그 이상은 전혀 알 수 없습니다. 저도 방금 이곳에 와서 이 불행을 슬퍼하고 있습니다.

테세우스 슬프구나. 나뭇잎으로 엮은 관이 왜 내 머리 위에 놓여 있는가. 어찌하여 신탁을 받고 돌아온 나에게 이런 불행이 기다리고 있는가. 여봐라, 빗장을 빼고 이 문을 열어라. 내 눈으로 아내의 모습을 보겠다. 아내가 죽었다면 나도 끝장이다.

궁궐 문이 열리고 울고 있는 시녀들에 둘러싸인 시체가 보인다.

코러스 (읊음)
  아, 불행한 분이여! 어쩌면 이다지 불행한 일이 있을 수 있을까? 당신은 괴로움에 못 이겨 목숨을 끊으셨고, 또 그 때문에 집안은 엉망진창이 되었습니다. 애달프고 격렬한 죽음, 기구했던 운명. 당신은 스스로를 죽였습니다. 아, 가엾은 일이로다. 누가 당신을 죽도록 했습니까?

테세우스 (읊음)
  여태까지 수없는 불행을 겪어 왔지만 이번 일은 견디기 어렵구나. 운명, 어떤 악신이 나를 뜻하지 많은 오욕에 빠뜨려 버렸구나. 아! 불행한 내 눈에 보이는 것은 모두 불행하게만 보이는구나. 이러한 재앙의 물결을 헤쳐 나갈 수도 없을 것이다. 오, 나의 아내여! 너의 불행한 운명을 무어라고 이름해야 하는가? 마치 손아귀에서 달아나 버린 새처럼 너는 나에게서 빠져 나가 어디론가 사라져 버렸다. 아, 벗어날 길 없는 참혹함이여. 이번에는 과거 속에서 원인을 찾아야 한다. 신들은 내 선조 가운데 한 분의 잘못 때문에 나를 못 견디게 굴고 있구나.

코러스 대장 왕이시여, 이러한 불행을 겪는 것은 당신 혼자만이 아닙니다. 당신 이전의 많은 사람이 사랑하는 아내를 잃었습니다.

테세우스 (읊음)

나 역시 아무것도 생각지 않고 죽고 싶구나. 땅 속에서, 그래 땅 속 깊은 곳에서, 지옥의 밤의 어두움 속에서 살고 싶다. 나는 그리운 아내를 잃었도다. 나는 당신을 잃어버렸도다. 당신이 잃어버린 것은 당신 자신이 아니라 오히려 나다. 여보, 어떤 비운이 당신의 마음을 울렸는지 말해 주오. 무슨 일이 있었는지 가르쳐 주오. 궁궐에 수많은 시종이 있어도 나에게 그걸 알려 줄 사람은 하나도 없단 말이냐. 내 궁궐에서 이런 불상사가 일어나다니! 나는 견딜 수가 없고, 말로 다 표현할 수가 없다. 나도 이제 마지막이다. 궁궐은 공허해지고 아이들은 고아가 되어 버렸다. 그대는 나를 버린 거야. 가장 정다운 사람, 여성들 가운데 가장 뛰어났던 사람, 밤하늘의 별이 빛내 주던 그대는 나를 버렸도다.

코러스 (읊음)

아, 불행한 그대여. 얼마나 큰 괴로움이 이 궁궐에 떨어진 것일까? 그 뒤에 따라올 불행을 생각하면 몸서리가 쳐집니다.

테세우스 정다웠던 이 손에 매달린 이 편지[14]는 무얼까? 어쩌면 새로운 불행을 말하는 것이 아닐까? 불행한 아내는 우리의 결혼과 아이들에 대해서 죽기 전에 기원을 적어 둔 것일까? 여보! 마음을 놓아요. 당신이 없는 지금, 다른 어떤 여자도 테세우스의 집에는 들어오지 못할 테니까. 그건 그렇고, 아내의 금반지를 살펴보자. 이 봉인을 찢고 편지판에 무어라 적혀 있는지 보자.

그는 편지를 읽는다.

코러스 (읊음)

　아, 여기에 신이 보낸 불행이 아직 남아 있다. 이런 사건이 일어난 다음, 내가 어떻게 목숨을 부지해 갈까? 내가 모시는 어른의 집안은 황폐하여 사라져 버린 거나 마찬가지이다. 아, 하느님. 하실 수 있으시다면 이 대궐만은 남겨 두십시오. 제 소원입니다.

테세우스　이 어찌 된 일이냐? 나는 말할 수도 없고 견딜 수도 없구나.

코러스 대장　또 무슨 일이십니까? 제가 들어도 되는 사연입니까? 말씀해 주십시오.

테세우스 (읊음)

　이 편지판은 가증스런 일에 대해 절규하고 있어. 나를 짓누르는 불행을 어디로 피신시켜야 좋단 말인가? 이젠 파멸이로다. 여기 적혀 있는 사연은…… 이제 마지막이다.

코러스 대장　왕의 말씀은 말로 표현할 수 없는 새로운 불행을 짐작케 해 줍니다.

테세우스　아니, 내 입으로 말하겠다. 그런 가증스런 비난을 참을 방법은 결코 없을 테니까

　아! 불행한 도시여! 히폴리토스는 제우스의 신성한 눈을 피해서 완력으로 내 침실을 더럽혔다. 오, 포세이돈이여, 나의 아버지! 당신이 일찍이 이루게 해 주시겠다던 세 가지 소원 중에 하나로 제 아들 놈을 죽여 주십시오. 그리하여 제 첫째 소원이 이루어지게 해 주십시오. 당신의 약속이 어김없다면 그놈이 오늘을 넘기지 못하게 하옵소서.

코러스 대장　아! 왕이시여, 제발 그런 저주를 거두십시오. 당신이 나중에 후회하실 일은 애초에 시작하지 마십시오.

테세우스　안 돼! 더욱이 나는 그놈을 이 나라에서 쫓아 버릴 생각을 하고 있다. 이 두 운명 가운데 그놈은 어느 하나를 받을 거야. 포세이돈 신은 나의 저주를 듣고 그놈을 죽여 하데스의 집으로 보낼 것이다. 그는 이 나라에서 쫓겨나 남의 땅을 헤매며 비참한 생애를 보내게 될 것이다.

코러스 대장　저기, 때를 맞추어 당신의 아들 히폴리토스가 오는군요. 왕이시여! 당신의 그 불행한 분노를 진정시켜 주십시오. 그리고 집안에 대해서 무엇이 상책인가를 깊이 고려해 주십시오.

히폴리토스, 시종들을 데리고 등장

히폴리토스 아버지, 아버지의 고함 소리를 듣고 급히 달려왔습니다. 그렇지만 탄식하시는 이유를 모릅니다. 아버지께 그 이유를 듣고 싶습니다.
 아니…… 저런, 돌아가신 분은 누굽니까! 이 얼마나 놀라운 일입니까! 저는 바로 조금 전에 나갔습니다. 바로 조금 전에 왕비님은 햇빛을 보실 수 있었는데, 무슨 일이 일어났을까? 왜 돌아가셨습니까? 아버지, 아버지께서는 왜 입을 다물고 계십니까? 무엇이든, 그것이 설사 나쁜 소식이라 할지라도 알고 싶어하는 것은 사람만이 할 수 있는 일이 아닐까요? 그렇지만 아버지는 아무 말씀도 않으시는군요. 불행한 경우, 침묵이란 아무 약도 되지 못합니다, 아버지.

테세우스 아, 여러 가지 일에 잘못만 저지르는 인간들, 너희들은 어찌하여 여러 가지 술책만을 부리려고 하는가? 너희들이, 지혜가 무엇인지 모르는 무리에게 지혜를 가르치는 방법조차 찾아내지 못한 주제에 발명, 발견에 무슨 아랑곳한단 말인가?

히폴리토스 현자가 아닌 사람을 현명하게 만들려는 사람은 아마 남보다 나은 분일 것입니다. 그렇지만 아버지, 지금은 그런 사소한 토론에 시간을 뺏길 때가 아닙니다. 고통 때문에 아버지 말씀에 조리를 세우시지 못할까 걱정이 됩니다.

테세우스 아! 어떤 확실한 징표가 사람에게 다른 사람의 마음을 읽게 하여 참다운 친구와 거짓 친구를 구별짓게 하지 않으면 안 되겠어. 인간이란 진지한 목소리와 그렇지 않은 다른 목소리, 두 개의 목소리를 가져야 한다. 그리고 진지한 목소리가 거짓 목소리를 정복하지 않으면 안 되지. 우리가 속아 넘어가서는 안 돼.

히폴리토스 아버지, 친구들 가운데 누가 제 흉이라도 말씀드렸나요? 아무런 잘못도 없는 아들을 고의로 나쁘게 만든 건 아닐까요? 아닌 밤중에 홍두깨 격입니다. 아버지의 말씀은 제가 무슨 잘못이라도 저질렀다고 꾸중하시는 듯하군요.

테세우스 아! 인간의 정신, 그것이 과로하면 어떻게 될까? 이 정신의 대담성과 철면피는 본질적으로 어떻게 다른 것일까? 시간이 흐르면서 그것이 늘어간다면, 또 다음 해가 지난 해보다 잘못된 것이라면, 신들은 어쩔 수 없이 악한과 죄인을 가둘 땅이 더 필요해지겠지.

　내 몸에서 난 이 가련한 놈을 보라. 이놈은 내 침실을 더럽혔어. 그리고 그것 때문에 사람이 죽어 갔지. 네놈은 살인자야! 네놈과 이야기를 나누는 나를 네가 더럽히고 있는 것으로도 살인을 충분히 증명할 수 있어. 그래도 이 아비를 똑바로 쳐다볼 수 있니? 그래서 네놈은 초인이라 생각하고 신들과 함께 살고 있지. 그러면서도 온갖 악덕과는 무관하다고 자처하고 있지?

　네놈의 허장성세는 어리석은 짓을 해서라도 억지로 꾸며 보겠다고 기를 쓰고 있지만, 나는 꿈쩍도 않는다. 지금 실컷 뽐내 두어라. 채식*15을 지상의 최고로 삼고 으시대려면 그렇게 하려무나. 오르페우스를 섬긴다는 걸 자랑하고, 그가 쓴 변변치 못한 책들을 칭송하고 싶거든 그렇게 해라.

　네놈은 현행범으로 여기 있는 거야. 네게 분명히 말하겠다.

　파이드라는 죽었다. 그런데도 내가 너를 살려 둘 성싶으냐! 이 어리석은 녀석아. 그게 바로 너를 파멸로 이끄는 거야. 어떤 맹세가, 어떤 말이, 어떤 편지보다 미더워 네놈을 옳다 하겠느냐? 파이드라가 너를 미워하고 있었다고 말할 테냐? 사생아가 정당한 자식에게는 미운 법이라고 할 테냐? 파이드라는 우리에게 참으로 귀중한 행복을 잃게 한 거야. 그것이 네놈을 미워한 결과라면 그녀는 인생을 맛봐서는 안 되는 것이었어. 아마 너는 여자 편에서는 태어나기 전부터 귀가 있는 것이지만 남자 편에서는 없다고 말하고 싶겠지. 나는 젊은 놈들을 알고 있다. 그 녀석들은 키프리스가 젊은 마음을 흔들어 놓기만 하는 날엔 여자들보다 더 믿기가 곤란하게 되지. 남자라는 명분은 변명하기엔 십상이지. 어쨌든 이 죽음이 증인이 되어 있는 한 네놈은 추방당해야 한다. 어서 이 나라에서 꺼져 버려! 그래서 신이 세우신 아테네나 우리 나라의 경계 가까이에는 얼씬도 하지 마라. 만약 이 모욕을 복수하지 않는다면, 이 해협의 도둑인 시니스를 내 손으로 죽이지 않았다고 아무나 멋대로 콧대를 세워 나를 못 견디게 굴걸. 어디 그뿐인가? 도둑 스키론의 뼈로 만들어진 해안의 바위는 내가 나쁜 놈에 대해 무섭게 하지 못한다고 비웃을 테니까.

코러스 대장　인간이 행복하다고 어떻게 말할 수가 있습니까? 최고로 존경을 받던 사람들이 죽었답니다.

히폴리토스 아버지, 아버지의 분노가 저를 공포에 떨게 하는군요. 그렇지만 아버지의 훌륭하신 말씀이 오늘은 조금도 옳지 못하군요. 저는 군중들 앞에서는 표현을 잘 못하지만, 친구들이나 아주 소수의 청중 앞이라면 더 잘 이야기할 수 있습니다. 그 소수의 청중들은 군중 앞에서 이야기하는 재능 있는 현자들이 경멸하고 있는 사람들이기 때문입니다. 저는 그대로 아버지 말씀을 듣고 있을 수는 없습니다. 먼저 아버지께서 저를 괴롭혔고, 저를 향해 숨 돌릴 틈도 없이 말씀하신 처음 이야기에 답변하겠습니다. 이 하늘과 땅을 보십시오. 아버지께서 그렇지 않다 하시더라도 이곳에 저보다 순결한 사람은 없습니다. 어쨌든 저는 신들을 존경하며 덕망 있는 친구들이 있습니다. 그리고 그 친구들의 천한 행동은 용납되지 않습니다. 아버지, 그 친구들이 멀리에 있든 가까이에 있든 저에 대한 태도는 변함이 없습니다.

그렇지만 제가 관여하지 않은 전혀 모르는 죄가 있다면, 지금 아버지가 설득했다고 생각하고 계시는 죄인이 바로 저입니다. 바로 오늘 이날까지 저는 아무런 잘못도 저지르지 않았습니다. 사랑이라는 것은 듣기로만 알고 있을 뿐이고, 그림으로 본 것 이외에는 알지 못합니다. 그리고 그런 면에 별 관심이 없습니다. 제가 이렇게 말한다고 하여 납득하시지 않을 아버지란 것도 알고 있습니다. 그렇지만 아버지! 제가 어떻게 그런 악행을 저지르겠습니까? 그 여자의 아름다움이 모든 여자보다 그렇게도 뛰어납니까? 제가 아버지의 침대에서 아버지의 대리 노릇을 하면서, 이 궁궐의 주인을 꿈꾸었단 말씀입니까? 만일 그렇다면 저는 미쳤을 게고 이성을 잃은 행동일 것입니다.

한 나라를 다스리는 것을 현자는 즐거워한다고 생각하십니까? 아무리 최고의 권력자라 할지라도 그들의 마음을 부패시키는 요인 없이는 결코 그런 일은 있을 수 없을 것입니다. 저는 올림픽 경기에 나서지 않은 이상 첫째 자리를 바라진 않습니다. 이 땅 위에 사는 이상 둘째 자리에 만족하고 있으며, 언제나 좋은 벗들과 함께 행복하게 살기만 원하고 있습니다. 그래야만 사람 대열에 낄 수 있지 않습니까? 그리고 위험 없이 살아가는 것은 오히려 다스림이 주는 기쁨보다는 더 큰 기쁨을 누릴 여유가 생기는 법이니까요.

　오직 한 가지 점에 대해선 아직 대답하지 않고 있습니다. 그 밖의 모든 것은 대답했습니다. 제가 살아 있는 파이드라 앞에서 변호를 할 수만 있다면 아버지의 정확한 판단을 기대해도 좋으련만, 어쨌든 맹세의 수호신인 제우스와 대지를 증인으로 말씀드리지만, 저는 결코 아버지의 아내에게 손을 댄 적이 없습니다. 단지 마음 속에서라도 말입니다. 제가 정말 그런 악한 놈이라면 이름도 없이 조국도 없이 누구의 보호도 없이 불명예스럽게 추방되어 유랑자로 죽겠습니다.

　글쎄요, 공포가 그분을 자살로 이끌었는지 알 수 없군요. 이것이 제가 말할 수 있는 전부입니다. 그분은 지혜를 갖지 못하였지만 지혜로워 보였고, 저는 결백합니다만 사람들은 저를 죄인으로 취급하는군요.

코러스 대장　당신은 충분히 변명하였습니다. 당신의 맹세는 신뢰감을 줄 것입니다.

테세우스　나를 그렇게 모욕해 놓고 부드럽고 조리 있는 것같이 들리는 말로 내 마음을 속이려 든다면, 요술쟁이나 사기꾼이 아니냐?

히폴리토스　그렇다면 어찌 된 셈입니까? 정말 아버지가 제 아들이고, 제가 당신의 아버지라면, 그리고 아버지가 제 처에게 손을 대려고 하신다면 제가 아버지에게 가하려는 벌은 추방이 아니라 죽음이겠죠.

테세우스　네 결정이 옳다. 그렇지만 네놈이 자기를 위해 만든 율법 탓으로, 그런 식으로 죽진 않을 게다. 정말이지 불쌍한 놈은 즉사해야지. 그러나 네놈은 이 땅에서 쫓겨나서 여기저기 헤매다 낯선 땅에서 가련한 일생을 마쳐야 마땅하지. 그것이 불경죄를 저지른 데 대한 벌이다.

히폴리토스　아, 그게 무슨 말씀입니까? 아버지, 시간이 밝혀 줄 진리도 생각하셔야죠. 추방이면 문제가 다 해결되는 겁니까?

테세우스　그래, 가능하다면 큰 바다나 아틀라스 바다의 경계를 넘어, 저 건너편으로 쫓아 버리고 싶다. 네놈 꼴도 보기 싫어.

히폴리토스　제 맹세도 믿지 않으시고, 증거도 없이, 점술가에게 물어 보지도 않으시고, 정당한 판결도 없이 이렇게 몰아내려 하십니까, 아버지?

테세우스　여기 적혀 있는 글은 새점을 쳐서 끌어내는 그런 따위 하곤 달라. 네놈의 죄를 확정짓기로는 이것만으로도 충분해. 머리 위로 나는 새 따위로 점치는 걸 난 경멸해.

히폴리토스 아! 신이여! 내가 우러러 받드는 당신들 때문에 죽으려 하는 이때 왜 말을 못할까? 설득하지 않으면 안 될 사람을 설득할 수 있는 재주를 나는 가지지 못하였기 때문에 말을 해도 소용이 없다. 또 내가 한 맹세를 함부로 깨뜨릴 수는 없으니까.

테세우스 네놈의 엉터리 수작이라면 지긋지긋하다. 자, 빨리 이 나라에서 떠나라!

히폴리토스 아, 억울하다. 어디로 가면 좋단 말인가?

테세우스 여자를 부패시키는 자나 죄인을 즐겨 받아들이는 놈의 집을 찾아서 떠나라.

히폴리토스 고통이 마음을 쓰리게 하고, 눈물이 흘러서 눈을 뜰 수가 없구나. 겉도는 온갖 것이 나를 비난하고 있고, 아버지는 그것을 믿고 계시다.

테세우스 네가 아비의 처를 모욕했을 때, 네가 한 짓을 탄식하고 또 반성했어야만 할 일이 아니냐?

히폴리토스 오! 궁궐의 벽이여! 왜 입을 다물고 있느냐?

테세우스 네놈은 아무 말도 하지 않는 증인의 도움을 청하고 있다. 너에게 죄가 있음을 확실하게 하고 있는 것이란 말이야.

히폴리토스 나는 내 자신을 과연 똑바로 쳐다볼 수가 없는가?

테세우스 네놈은 아비는 존경하지도 않고 네놈 자신만 높이 받들고 있어.

히폴리토스 불쌍한 어머니, 불길한 탄생이로다. 다시는 사생아가 어느 곳에서도, 누구에게서도 태어나지 말길!

테세우스 여봐라! 이놈을 즉시 이곳에서 끌어내라! 너희는 벌써 이놈이 추방하라는 것을 듣고 있었을 텐데!

히폴리토스 너희들 가운데 나에게 손대는 자가 있으면 불행이 있을 것이다. 만약 그것이 아버지 뜻이라면, 아버지 손으로 직접 저를 쫓아내십시오.

테세우스 네가 나에게 복종하지 않겠다면 하는 수 없지. 네놈에 대해선 조금도 연민의 정을 느낄 수 없단 말이야.

테세우스 퇴장

히폴리토스   나처럼 불행한 사람이 어느 하늘 아래 또 있을까? 나는 진실을 알고 있다. 그러나 말했어야 할지 모르겠다.

아! 레토의 딸이여! 그대는 나와 가장 친분이 있는 여신입니다. 나는 당신과 함께 살아왔고 사냥을 했습니다. 그러나 지금 나는 이름 높은 아테네를 떠나야만 합니다. 잘 있거라, 에렉테우스의 도시와 땅이여. 오, 젊음이 묻힌 트로이젠이여. 젊은이를 씩씩한 대장부로 만들어 준 것도 너였지. 너를 보는 것도, 말을 건네는 것도 이것이 모두 마지막이다.

고향의 벗들이여, 나를 전송해 다오. 나에게 작별을 고해 다오. 아버지가 어떻게 생각하든 나는 결백했다는 것을 너희들만이라도 알아 줘.

히폴리토스, 부하들과 퇴장

코러스   (읊음)

생각건대 우리에 대하여 신들이 마음을 쓰심은 우리의 불행이 줄어들게 하기 위한 신의 노력이다. 그러나 이것에 설득이 되면 인간의 운명과 행위는 이를 보고 믿지 않을 수 없도다. 인간에게 그 삶은 변화무쌍하도다.

신들의 의지가 우리의 기도를 받아들여 행복한 삶과 슬픔 없는 나날을 주시옵기를. 너무 빛나지 않고 너무 어둡지도 않은 명예를 지니게 하기를! 또 우리로 하여금 행복한 일생을 마치게 하소서! 그러나 아테네의 빛나는 별이 아버지의 분노로 추방되는 것을 보니, 우리 마음 또한 편치 못하도다. 오! 조국의 바닷가 모래여. 오! 그가 짐승을 쫓아 존귀한 아르테미스의 벗으로서 재빠른 개와 함께 달리던 산의 수목이여.

그대는 이제 잘 달리는 림나의 들판에서 지휘하고 베네티아를 달리지 않으리. 이제는 부친의 궁전에서 일찍이 잠시도 그친 적이 없는 그대의 현금(弦琴)의 울림을 듣지 못하리. 또 깊은 숲, 레토의 딸이 쉬던 집은 푸른 꽃으로 둘러싸이지 않으리. 그대의 추방으로 그대에게 마음을 바치던 처녀들도 이젠 싸움을 하지 않으리.

우리는 그대의 불행 때문에 일생을 눈물로 보내리니, 오 불쌍한 어머니! 그대가 이 훌륭한 분에게 세상 빛을 보게 하였어도 아무런 소용이 없게 되었노라.

아! 이제는 우리도 신을 원망하옵니다.
　혼례를 다스리던 카리스*16여, 왜 그대들은 아무런 죄 없는 불쌍한 자들을 그의 나라에서, 그의 집에서 멀리 떨어져 나가게 하는가?
코러스 대장　저기 히폴리토스의 전령이 나타났도다.
　우울한 모습으로 성급히 궁궐로 달리는구나.

　전령 등장

전령　여러분! 어디로 가면 이 나라의 임금이신 테세우스님을 만나 뵐 수 있을까요?
코러스 대장　저기 왕이 궁궐에서 나오십니다.

　테세우스 등장

전령　테세우스님, 슬픈 소식을 가지고 왔습니다. 당신에게나 아테네에 사는 시민에게나, 또 트로이젠 나라로 봐서도 슬픈 소식입니다.
테세우스　무슨 예기치 않은 일이 생겼느냐? 말해 보아라. 서로 이웃에 있는 두 도시에 또 다른 불행이 일어났느냐?
전령　간단히 말씀드리자면, 히폴리토스 도련님은 이제 살아 계시지 않습니다. 그렇지 않다 하더라도, 아직 빛을 보고 계신다 해도 잠깐뿐입니다.
테세우스　누구 때문에? 아비의 처를 범한 것처럼 그가 범한 그 어떤 자의 아내 때문인가?
전령　그분은 바퀴 아래서, 당신께서 아버지이신 바다의 신에게 드린 기도와 저주 때문에 돌아가셨습니다.
테세우스　오! 신이여, 포세이돈이여, 제 아버지시여. 제 저주를 받아주셨습니까? 그런데 어떻게 해서 죽어 갔는지 말하라.
전령　바다 물결이 몰아치는 기슭에서 저희는 울고 있었지요. 히폴리토스는 이젠 절대로 이 땅을 볼 수 없을 것이고, 당신께서 그를 가혹한 추방형에 처했다는 것을 저희는 듣고 있었습니다. 뒤미처 히폴리토스가 기슭에 도착했지요. 그의 슬픔도 저희와 같았습니다. 뒤에는 많은 그의 친구들이 따르고 있었습니다. 시간이 지나 그의 탄식이 가라앉았을 때, 그가 제게 이렇게 말하더군요. '무슨 까닭에 그렇게 나를 슬프게 하는가? 난 아버지의 명령을 따르지 않으면 안 돼. 이 군마를 나의 수레에 매어라. 이 도시는 이젠 나에겐 없는 것과 같다.'

이 말씀에 저희들은 서둘러 저희의 안장 없은 말을 드렸지요. 그분은 앞에 놓인 반원에서 말을 풀어 주면서 고삐를 잡았습니다. 그리고 수레의 쇠사슬에 발을 끼우고 신을 향해 두 팔을 벌려 '오, 제우스여! 만약 나에게 죄가 있다면 죽여 주십시오. 그렇지만 내가 죽고 난 다음에 아버지께서 얼마나 부당하게 나를 취급했는가를 알게 해 주십시오'라고 말했습니다. 그와 동시에 그는 채찍으로 곧 말을 몰았습니다. 저희 시종들은 모두 마차 뒤 고삐에서 멀지 않은 곳에 모여서 주인을 따라 아르고스와 에피다우로스*17의 곧은 길을 갔습니다.

그런데 국경을 넘어 불모의 땅에 들어서자마자 바로 우리 앞에 살로니카만의 입구가 다가서더군요. 갑자기 그곳에서 제우스의 천둥 소리 같은 땅울림이 무서운 빛과 함께 들려왔습니다. 말은 머리와 귀를 곤두세웠습니다. 공포가 저희를 사로잡았습니다. 바닷가로 눈을 돌리자 하늘까지 닿은 듯 물결이 치솟고 있었습니다. 그것은 스키로니아 해안의 풍경을 저희 눈앞에서 빼앗아 갔지요. 이스트모스 지협과 아스클레피오스 바위를 삼키고 커지면서 무서운 소리를 내고, 바다의 신음 소리로 밀려난 거품의 파도를 멀리 내던졌습니다. 그 파도는 히폴리토스가 타고 있던 마차에 부딪혀 부서졌습니다. 그리고 순식간에 그 파도는 암소를 토해냈습니다. 그것은 괴상한 짐승으로, 그 으르렁대는 소리는 주위의 모든 땅을 울렸습니다. 저희는 이 무서운 광경을 더 이상 바라볼 수가 없었지요. 군마의 주인은 그 무서운 공포를 누르는 데 아주 익숙해져 있었습니다. 그는 고삐를 바로잡아 마치 키를 가지고 배를 돌리는 선원처럼 자기 쪽으로 말을 끌어안고 몸을 뒤로 굽혔습니다. 그렇지만 말은 이를 물며 성이 나서 기수의 손도 고삐도 마차도 잊어버리고, 그가 고삐를 잡아 말을 평탄한 모래사장으로 끌어가면 소가 그들 앞에 나타나 말의 화를 돋우어 뒤로 물러나게 했습니다. 말들이 발작을 일으켜 바위를 향해 돌진해 가니, 그 괴물은 소리 없이 다가와서 마침내 마차를 들이받아 거꾸러뜨리고, 바위에 부딪쳐 바퀴의 테하나하나를 부수어 버렸습니다. 그때부터 모든 것이 뒤죽박죽이 되어 버렸습니다. 바퀴의 살과 대가 날아갔습니다. 그러나 이 불쌍한 분은 고삐에 휘감겨 몸을 빼낼 수가 없어서 바위 가운데로 끌려 들어갔습니다. 그의 몸은 바위에 부딪혀 만신창이가 되었습니다. 그는 슬픈 비명으로 소리쳤습니다. '멈춰 줘! 아, 살려 줘. 아, 무서운 아버지의 저주다. 아무라도 나를 도와서 이 고통에서 벗어나게 해 줘'라고 외쳤습니다. 저희는 도우러 달려가고 싶었지만 그는 기절하고 말았지요. 마침내 고삐가 끊어져 매듭에서 빠진 그는 떨어졌습니다. 곧 말과 괴상한 짐승은 산 뒤 어디로인가 사라져 버렸습니다.

　아! 주인님, 저는 그저 노예에 지나지 않습니다. 그러나 당신 아드님에게 죄가 있다고는 생각할 수 없습니다. 저는 그의 무죄를 믿습니다. 그러지 않을 도리가 없으니까요.

코러스 대장　운명과 불가능에서 빠져 나가는 것은 어려운 일이로다.

테세우스　그렇게 괴로워해야 했던 인간에 대한 증오 때문에 나는 그 얘기를 즐겨 들었다. 그러나 지금은 신들에 대한 존경심에서, 그가 내 아들이었다는 점에서 애도의 뜻을 표하련다.

전령　어떻게 하면 좋을까요? 이곳에 도련님을 모셔와야 할지? 그러면 당신께서 어떻게 생각하실지. 한 가지 부탁드리고 싶은 것은, 당신이 불행했던 아드님에 대해 끝까지 너무 참혹하게 대하지 않도록 하셨으면 합니다.

테세우스　그를 데리고 오너라. 내 눈으로 확인하고 싶다. 신들이 내리신 벌로 그를 부끄럽게 만들어 주고 싶다.

　　전령 퇴장

코러스　(노래)
　신과 인간의 완고한 마음을 인도하시는 키프리스여!
　에로스는 금빛 날개를 타고
　쾌락을 충동질한 마음을 어지럽히는구나.
　태양 빛이 빛나는 땅 위의 샘물을 길어 내고
　또 인간의 마음을 설레게 하노라.

오! 키프리스여, 그대는 만물에 최고의 힘을 미치도다.

아르테미스 등장

아르테미스 (읊음)
　아이게우스의 거룩한 아들아, 내 말을 들어라. 나는 레토의 딸 아르테미스이다. 불쌍한 테세우스여, 왜 그토록 잔인하게 아들을 죽이고 기뻐하고 있느냐? 너는 네 아내의 거짓 고발을 믿고 불확실한 증거를 가지고 너무도 끔찍한 불행을 초래했다. 어째서 낯을 붉히며 땅 속으로 숨지 않느냐. 이제부터 너는 행복한 사람들 속에 끼일 수가 없어졌다. 어쨌든 테세우스, 어쩌면 너는 후회하려는 기색도 없느냐? 나는 네 아들의 무죄를 알려 주려고 이곳에 왔다. 그리고 네 아내의 무서움과 그의 관대한 싸움을 알게 하려는 게다. 네 아내는 처녀를 숭상하는 우리에게는 몹시 가증스런 신의 바늘에 찔려 네 아들에 대한 사랑에 빠져 버렸다. 이성으로 키프리스를 정복할 셈이었는데, 맹세를 하고 그녀의 불행을 네 아들에게 털어놓은 유모의 행동 때문에 그녀는 뜻하지 않게 죽어 간 게다. 히폴리토스는 결코 그녀의 말에 넘어가지 않았어. 그렇지만 네가 귀찮아했기에 그는 쏟아진 말을 부인하지 않았던 거다. 그만큼 경건했지. 그런데 파이드라는 배신당하지 않을까 염려해서 엉터리 거짓 고발을 했고, 그래서 너는 네 아들을 죽인 거야. 파이드라는 완전히 너를 설득시킨 거다.

테세우스 아!

아르테미스 이 말이 네 마음을 갈기갈기 찢어 놓겠지. 그러나 테세우스여, 잠자코 있어라. 이야기를 더 계속하면 너는 더 슬퍼질 것이다. 네 아버지로부터 세 가지 소원이 성취되리라는 말을 들은 것이 있었지. 참혹한 일이지만 너는 그 맹세 중 하나를 네 아들에게 안겨 주었다. 그것을 네 적에게로 향하게 할 수 있었을 것을. 네 아버지는 바다의 지배자로 너에 대한 호의에서 너에게 해 주지 않으면 안 될 일을 한 것뿐이야. 왜냐하면 그게 약속이니까. 그런데 너는 내 눈에도 비치는 것처럼 그의 눈에도 역시 죄인처럼 보였어. 증거도 없이 조사도 하지 않고 조급하게 자기 자식을 향해 저주를 퍼부어 그를 죽게 했으니까.

테세우스 아! 여신님, 견딜 수가 없습니다. 죽게 해 주십시오.

아르테미스 너는 무서운 과오를 범했어. 그렇지만 아직 용서를 받을 수는 있어. 키프리스는 분노를 참지 못하고 있었으니까. 이런 일이 생기기를 바라고 있었던 게지. 그것이 신들의 율법이니, 아무도 다른 신의 소원에 반대할 수는 없어. 그래서 언제나 우리들은 서로 양보하지. 만약 내가 제우스를 두려워하지 않았다면 나는 이렇게 인간들 가운데서 가장 좋아하는 네 아들 히폴리토스를 죽게 하지는 않았을 게다. 그렇지만 네 죄는 먼저 아무것도 몰랐다는 데 변명이 될 것이고, 네 아내가 죽었다는 사실이 너를 설득시킬 수 있는 증거를 가지게 되어 버렸어. 그러니 이런 불행이 너에게 덮쳐 오는 거야. 나도 진심으로 슬프게 여기지만.

코러스 (읊음)
    아! 저기에 불쌍한 그분이……. 젊은 육체와 금발 머리에 저 무슨 상처를 입고 계신가? 신들이 보내신 이중의 슬픔이 어쩌면 이 궁전에 떨어졌단 말이냐?

히폴리토스 들것에 누워 등장

히폴리토스 (읊음)
    아, 아버지의 그릇된 판단 때문에 나는 죽어 간다. 무서운 고통이 전신을 휩싸고 있다. 아, 불길한 수레여, 내 손으로 기른 말이여. 네가 나를 파멸로 이끌어 죽이는구나.
    시종들아, 제발 내 상처를 좀 보살펴 줘. 곁에 있는 사람은 누구냐? 나를 조용히 들어 올려 줘.
    아버지의 잘못으로 죽어 가는 불쌍한 자를 데리고, 똑바른 발걸음으로 걸어가라. 제우스여! 저는 현명하고 결백한 사람이었습니다. 그러했던 내가 참혹한 죽음으로 하데스가 있는 곳으로, 내 일생은 파멸의 구렁텅이로 빠져 들어간다. 도덕이 가르치는 모든 의무를 다했건만.
    아, 또 고통이 나를 엄습하는구나! 불쌍한 히폴리토스. 아! 나를 죽여 다오. 날카로운 칼을 나에게 다오.
    아버지의 불길한 저주, 조상[18] 때부터 내려오던 죄가 폭발하여 결국 나까지 몰락했도다. 하필이면 아무 죄도 없는 내가 이 죽임을 당해야 하는가?

　　빨리 검은 운명이 나를 하데스가 사는 암흑에서 잠들게 하라.

아르테미스　불쌍한지고! 어쩌면 저런 치명적인 고통에 시달리게 되었는가? 네 고귀한 마음이 너를 죽게 내버려 두어야만 하다니.

히폴리토스　오! 그대 아르테미스여, 고통 속에 숨쉬고 있습니다만, 당신을 알아볼 기력은 있습니다. 그래서 마음이 한결 가벼워집니다.

아르테미스　너와 가장 친했던 여신이 여기 있다.

히폴리토스　아! 여신이여. 제가 겪고 있는 이 불행을 아십니까?

아르테미스　모를 리가 있겠는가? 눈물을 흘린다는 것은 나에겐 금지되어 있어.

히폴리토스　그대의 사냥꾼은 이제는 없습니다.

아르테미스　아, 네가 죽어 가고 있구나.

히폴리토스　그대 제단의 파수꾼이었던 히폴리토스.

아르테미스　저 못된 키프리스 때문에…….

히폴리토스　이제 알겠습니다.

아르테미스　그 여신은 네가 경멸하자 마음의 상처를 받았던 게다. 그리고 키프리스는 너의 결벽을 싫어했지.

히폴리토스　그 혼자서 셋이나 파멸시켰다니…….

아르테미스　그래, 너희들 모두. 너도, 아버지도, 그 아내도.

히폴리토스　아버지의 불행까지도 알겠구나.

아르테미스　네 아버지는 여신의 술책에 넘어간 거야.

히폴리토스　아, 아버지.

테세우스　나도 이젠, 히폴리토스야! 난 이제 살아 갈 즐거움마저 없어졌단다. 너 대신 내가 죽었음 좋으련만.

히폴리토스　포세이돈의 선물은 너무 혹독합니다.

테세우스　아, 왜 내 입으로 그걸 바랐을까?

히폴리토스　무슨 말씀을. 아마 그런 일이 없었다면 저는 아버지 손에 죽었을 것입니다. 그만큼 분노가 아버지의 눈을 멀게 한 것입니다.

테세우스　신들이 나의 이성을 잃게 하셨다.

히폴리토스 이 신들을 저주할 권한은 왜 없는 것일까?

아르테미스 잠자코 있어라. 비록 네가 어두운 땅 속에 있더라도 키프리스 여신은 벌을 받지 않을 수 없을 것이다. 나는 피할 길 없는 화살로 그 여신의 가장 사랑하는 자[19]에게 복수를 하겠다. 히폴리토스여! 네가 괴로워하는 고통의 대가로 트로이젠에서 가장 큰 명예를 너에게 주겠다. 바로 처녀들은 결혼 전에 너의 명예를 위해 머리카락을 자를 것이다. 그렇게 해서 너에게 슬픔과 눈물, 노래를 바칠 것이다. 파이드라가 너에게 품었던 사랑은 영원히 잊혀지지 않을 것이다.

자, 늙은 아이게우스의 아들이여, 너는 아들을 가슴에 안아라. 어쩔 수 없이 행한 짓이라 할지라도 네가 그를 죽였으니까. 신들이 바랐을 때 인간이 잘못된다는 것은 당연한 일이다. 히폴리토스여, 아버지를 미워하지 마라. 너는 운명 때문에 죽는 것이다.

자, 안녕히. 죽은 사람이나 죽어 가는 사람을 보는 것은 나에겐 금지되어 있어. 너에게 운명의 최후가 다가오고 있다.

아르테미스 퇴장

히폴리토스 행복의 여신 아르테미스여, 안녕. 저는 아버지와 화해하겠습니다. 당신 뜻대로. 아, 어둠이 덮쳐 오는구나. 아버지! 저를 안아 주십시오.

테세우스 히폴리토스, 히폴리토스야.

히폴리토스 나는 죽는다. 벌써 지옥의 문이 보인다.

테세우스 벌써 가려느냐!

히폴리토스 저는 이 살인을 용서했습니다.

테세우스 무슨 말이냐? 너는 나 때문에 흐르게 된 피의 책임을 풀어 준 것이냐?

히폴리토스 이겨 낼 수 없는 화살을 가진 아르테미스에 맹세코.

테세우스 히폴리토스! 어쩌면 너는 이 나쁜 아비에게 그렇게 관대할 수 있단 말이냐?

히폴리토스 자, 그러면 안녕히, 아버지 안녕히.

테세우스 오, 착한 마음을 가진 아들이여, 너와 같은 아들을 얻게끔 신들에게 빌어 다오. 히폴리토스! 나를 버리지 마라! 힘을 내라!

히폴리토스 저는 이제 힘이 없습니다. 아버지, 빨리 얼굴을 덮어 주십시오.

히폴리토스, 죽는다.

테세우스 아티카의 이름 높은 땅 아테네여, 그대는 그보다 더할 길 없는 훌륭한 인재를 잃었습니다. 나처럼 불쌍한 사람!

오, 키프리스여! 나는 그대가 나에게 준 불행을 영원히 잊지 않겠습니다.

영원히!

코러스 (읊음)

모든 백성에게 덮치는 이 고통은 온갖 예상을 뒤엎고 닥쳐오는가. 많은 눈물을 흘릴지어다. 위인의 죽음에 드리는 탄식은 날을 더해 가리라.

〈주〉

*1 흑해에서~ : 고대 그리스인들이 알고 있던 세계는 동쪽 끝은 흑해, 서쪽 끝은 아프리카 북부의 아틀라스 산맥까지였다.

*2 팔라스 : 고대 아테네 성채를 보고 하는 말. 즉, 아크로폴리스.

*3 바위 위에 신전 : 아크로폴리스 남쪽 기슭에는 아프로디테 여신에게 바쳐진 히폴리토스의 분묘가 있다.

*4 파란티다 : 테세우스는 자기에게서 권력을 빼앗으려고 했던 파란티다 일족 일부를 전쟁을 통해 죽였다.

*5 사생아 : 아마존인 히폴리토스의 어머니는 아테네의 시민은 아니다. 그 때문에 그녀의 아들도 사생아로 간주한다.

*6 어머니의 소 : 바다의 신 포세이돈은 파이드라의 어머니인 파시파에가 특이하게도 소에게 애정을 품도록 하였다.

*7 불쌍한 언니 : 테세우스가 파이드라의 언니 아리아드네를 낙소스 성에 버려 놓자, 디오니소스 신이 그녀를 부인으로 삼았다.

*8 수치심 : 파이드라는 하나는 좋고 다른 하나는 나쁜 두 가지 수치심을 구별하고 있다. 좋은 수치심은 인간에게 수치스런 행동을 못하게 막는 것이고, 집에 재앙을 가져오는 수치심은 자기 자신의 이성이나 책임감보다는 가끔 더 강하게 나타나는 이웃 사람들의

평판이나 소문을 말한다.
* 9 제우스의 아들 에로스 : 에로스를 제우스의 아들이라 부른 것은 실제와 다르다.
* 10 수많은 소 : 4년에 한 번씩 올림픽 경기가 시작될 때마다 소를 제물로 바쳤다.
* 11 벌 : 꽃에서 꽃으로 날아다니는 벌처럼 아프로디테는 날아다니면서 사람의 마음을 뒤흔든다.
* 12 불길함을 나타내는 새 : 나는 새의 동작 여하가 앞으로 어떤 일을 행하는 데 큰 역할을 하였다.
* 13 신탁 : 테세우스가 무슨 일로 신탁을 받고 돌아오는지 시인은 말하지 않고 있다.
* 14 편지 : 처음에 사람들은 편지를 목판 위에 썼고, 후에는 파피루스 위에 썼다.
* 15 채식 : 오르페우스 숭배자들은 육식 대신 채식을 신조로 삼았다. 히폴리토스도 채식주의자였다.
* 16 카리스 : 미의 세 여신을 일컬음. 즉, 기쁨의 여신, 빛의 여신, 희극 및 목가의 여신.
* 17 에피다우로스 : 히폴리토스는 트로이젠에서 살로니카 해안을 끼고 서북 방향인 에피다우로스로 갔다.
* 18 조상 : 히폴리토스는 이런 비운을 당하자, 이것은 자기 조상이 지은 죄 때문이라고 생각한다.
* 19 그 여신의 가장 사랑하는 자 : 아르테미스가, 혹은 아프로디테가 사랑한 아도니스를 말하는 것인지 확실치 않다.

아이스킬로스의 《오레스테이아》
폴 클로델

비극은 그 발상지인 고대 그리스에 있어 같은 전설에 속하는 세 가지 이야기로 이루어지는 하나의 통합된 극적 집합체 형식을 취하고 있다.*¹ 그리고 결말이 되는 부본(副本)은 긴장한 관객들의 마음을 풀어 주기 위해 일종의 우스개 극으로 되어 있었다. 이와 같은 집합체, 즉 삼부작 중에서 지금까지 남아 있는 것은 겨우 둘뿐이다. 그 하나는 라브다코스 일족의 전설을 바탕으로 한 소포클레스의 작품*²이고, 다른 하나는 아트레우스 일족의 전설에 기초한 것인데, 소포클레스의 선구자인 아이스킬로스의 작품이다.

아이스킬로스의 작품은 거기에 표현되어 있는 사상이나 영상의 방대함 때문에 양적으로도 거대하며, 또한 그 구조나 운동면에서도 거대한 작품이다. 이 작품을 비교할 수 있는 것으로는 《사마트라스의 승리의 여신》밖에 없다고 생각된다. 사람을 놀라게 만드는 단순함, 사람을 근접시키지 않는 거대함이 아마도 몇 세기에 걸쳐 모방뿐만 아니라 칭찬마저도 불가능하게 만들고 있었음에 틀림없다. 그 중에서도 소포클레스와 에우리피데스는 라틴 연극과 프랑스 연극에는 더욱 크고 깊은 영향을 주어 왔다. 그러나 프랑스의 고전 시대는 아이스킬로스가 존재하고 있지 않는 것 같이 취급하고 있었다. 가까스로 한 석학이 조심스러운 약주(딸찰)를 달았을 정도이다. 이 거인의 그림자가 우리의 문학 위에 드리워지기 시작한 것은, 19세기가 되어서였다. 빅토르 위고는 《성주들》의 머리글에서 이 거인에게 몇 줄을 바쳤고, 르롱뜨 드 릴르는 그럭저럭 잘하였다고 말하고 싶지만 사실은 좀 엉망으로 번역하여, 결국 《복수의 여신들》이라는 제목으로 12음절 정형시에 의한 각색을 해서 마스네의 음악으로 장식하는 명예를 《오레스테이아》에 바쳤다.*³

나로서는 이 각색에 관해서는 말을 않는 편이 낫다고 생각하고 있다. 비평의 영역에서 내 눈길을 끄는 것은 오직 폴 드 생 빅토르의 칭찬할 만한 책*⁴

아가멤논의 죽음 그물에 갇혀 꼼짝 못하는 아가멤논을 아이기토스가 검으로 찌르려고 하는 장면. 배후에 클리타임네스트라와 엘렉트라가 있다. 기원전 470년경. 보스턴미술관 소장.

뿐인데, 이 책은 나의 청춘 시절을 매료시켰으며, 때문에 나의 육체도 영혼도 이 비교할 수 없는 걸작의 영향 아래 있었다. 이미 오래된 일이지만 직접 이 걸작을 되도록 충실하게 번역해 보려고 시도했었다.

《오레스테이아》의 위대함은, 이 작품이 많건 적건 편의적인 논리의 고삐로 연결된 극단적인 사건의 제시에만 그치지 않는다는 점에 있다. 그것은 일종의 전설적인 우화의 형식 아래 처음부터 끝까지, 인간의 마음에 있어 본질적인 문제의 하나인 죄와 벌의 문제에 관한 뜻 깊은 토론이다. 그리스도교 이전에는 모세의 율법 아래에서도 인류는 이 문제에 관해 유일한 해결, 즉 같은 죄의 형벌이라는 해결밖에 몰랐으며, 이 방식 자체가 우리의 도덕적 본성의 가장 깊숙한 속에 자리하고 있는 원칙, 바로 전환성의 원칙을 적용하고 있을 뿐이었다. 그러나 인간이 스스로 입은 피해의 심판자이고 보복자가 되었을 때, 그 결과는 어디서 그치는 것일까. 새로이 죄를 짓고자 하는 도발은 어디서 끝나는 것일까. 폭력적인 행위가 갖는 재생력은 끝이 없다. 그래서 그것은 필연적으로 스스로의 단죄를 내포하고 또 낳는데, 그와 칼의 단죄는 또한 보복에 못지않는 죄가 되는 것이다. 그것은 《아가멤논》의 코러스가 말하는 것과 같다.

"나는 생각한다. 부정은 석녀(石女)로 끝나지는 않는다. 부정에서는 자연히 끝없는 불행이 생겨난다."*5

중국인은 이같이 원시적인 발상의 물질적 측면을 더욱더 강조해서, 벌이 죄에 따라 생기는 것은 얇은 청동판을 때릴 때 소리가 나는 것과 같다고 말한다. 악은 그것을 행

오레스테스와 엘렉트라의 재회
아버지 아가멤논의 무덤 앞에서 오레스테스와 필라데스(사촌형제)가 성묘하러 온 누나 엘렉트라와 만난다. 기원전 320년경. 보스턴미술관 소장.

한 인간에게 거의 물리적인 결과로 되돌아오는 것이다.

그러나 그리스의 종교적 정신은, 이처럼 좁게 유물주의적인 생각으로 만족할 수 없었다. 죄는 개인의 독립 선언이므로, 그는 일반적인 질서를 희생시키고 스스로를 제 자신의 행동 원리로서 세우는 것이다. 이리하여 외부 세계의 무엇인가가 휘말려들고 또 요동하게 되어서, 그것이 이번에는 본디대로 복귀할 것을 요구해 온다. 혼돈스런 암흑의 힘을 짊어진 존재에 대한 도전이 이루어진 것이며, 바야흐로 그와 같은 존재가 우리의 운명에 관심을 갖기 시작한다. 문이 열리고 그 개입이 가능해진다.

아트레우스 집안에 대한 저주의 시작은 아트레우스와 티에스테스 형제의 증오와, 두 사람 중 한쪽이 다른 쪽 아이들을 죽여 그 고기를 먹게 한다는 한심스러운 행위이다. 이 일족 사이에서 일어나는 살인, 그리고 이어진 사슬의 첫 고리가 이것이다. 멎지 않는 맞바람으로부터 배들을 벗어나게 하기 위

아이기토스의 죽음 쉬고 있는 아이기토스를 갑옷 입는 오레스테스가 검으로 찌르는 장면. 이 때 어머니 클리타임네스트라가 오레스테스 뒤에서 도끼를 치켜들었는데, 오른쪽에 달려들어온 엘렉트라가 어머니의 행동을 제지하고 있다. 기원전 470년경. 베를린 소장.

해 아트레우스 아들 아가멤논은 불분명한 신탁을 믿고 딸 이피게네이아를 제물로 바쳤는데, 이 때문에 아내 클리타임네스트라의 마음에 억누를 수 없는 증오의 불을 붙인다. 10년 동안 가슴에 사무친 원한으로 도취된 그녀는 ―여기서 아이스킬로스의 작품은 시작된다―트로이를 정복하고 돌아온 승리자를 도끼를 들고 기다렸다가 욕탕에서 죽인다. 욕조는 이 음산한 극에서 냉소적으로 더러움을 씻는 관념을 가져다 주고 있는 것이다.

그러나 아가멤논에게는 아들 오레스테스와 딸 엘렉트라가 있었는데, 아들은 귀양을 보냈지만 딸에 대해서는 죄를 저지른 어머니가 자신의 양심을 떨쳐 버릴 수 없는 것처럼 내쫓지 못하고 있다. 밖에 존재하는 힘의 개재(介在)가 강해져 온다. 그것은 이제 어른으로 자란 오레스테스를 아버지의 무덤으로 돌아오게 하는데, 거기에서 의식에 따른 제사를 지내러 온 엘렉트라가 그의 모습을 보고 동생임을 알게 된다. 이것이 제2의 극작 《제주를 바치는 여인들》의 주제이다. 두 고아의 재회와 그들이 살해된 아버지를 초월해서 모든 인간의 공통된 아버지에게 호소하는 절망적인 부르짖음의 정경은, 일찍이 시인의 마음과 상상력을 자극한 가장 숭고한 장면 가운데 하나이며, 그와 같은 시인은 정녕 예언자로 불려 마땅하다고 생각된다.

델포이의 오레스테스 살인죄를 추궁하러 온 명계의 여신 에리니에스에게 쫓겨 델포이에 도착한 오레스테스는 아폴로 신전 돌제단을 끌어안고 있다. 아폴론은 오레스테스를 지키려는 듯 하늘의 에리니에스를 막으려 하고, 무당은 놀라서 도망친다. 오른쪽에는 여신 아르테미스가 이를 바라보고 있다.

아폴론(조금 전에 불길한 성문 앞에서, 카산드라의 가슴 속으로 예언하는 것을 들었던 그 신에 틀림이 없지만*[6])이 말한 이상 복종하지 않으면 안 된다. 이리하여 복수가 또 한 번 미쳐 날뛰게 되어, 특히 이번에는 우리가 보는 앞에서 이루어진다. 오레스테스는 어머니를 죽인다. 어떤 극한에 이르고 말았다. 미친 마음의 지나친 행위가 두 세계의 경계를 깨뜨리고 말았다. 운명을 주관하는 자가 베일을 버리고 모습을 나타낼 때이다. 복수의 여신들이 나타난다.

세 번째 극 《자비로운 여신들》의 첫머리에서 우리는 쫓겨 달아나고 있는 사나이가, 스스로의 수호자이기도 하고 또 행동을 명령한 자이기도 한 신의 신전 문턱에 헐떡이며 누워 있는 모습을 본다. 장면은 델포이에 있는 아폴론 신전이다. 그러나 복수의 여신들은 그를 놓아주려 하지 않고 다발이 된 한 떼의 굶주린 암캐들처럼 그녀들의 희생물과 마찬가지로 불안한 잠을 잔다. 태양신인 아폴론이 그녀들을 내쫓지만, 이 신도 그리 간단하게 여신들을 내

쫓지는 못한다. 모든 결산이 나지 않으면 안 된다. 소송의 명분이 모두 뚜렷해지지 않으면 안 된다.

따라서 삼부작의 마지막 장면은 우리를 아테네의 민중들이 모여서 이루는 재판소인 아레오파고스 앞으로 인도해 간다. 이리하여 한 집안에 생긴 분쟁이 정념과 개인적 충동의 영역에서 보다 일반적이고 고차원적인 영역으로 옮겨진다. 그것은 첫째로 사회적 이해 관계의 영역이다. 그러나 그것만으로는 불충분하므로, 바로 이 시점에서 아이스킬로스의 종교적 천재는 일종의 예언자적 비전에 도달하는 것이다. 미쳐 날뛰는 복수의 여신이 죄를 복수에 결부짓는 일종의 연대(連帶)를 살인자와 그녀들 사이에 만들어 내는 이 근친상간의 피, 살인자가 뒤집어쓴 피를 그녀들의 권리로서 요구해도 소용이 없는 것이다. 신들이 한 인간의 호소를 받아들이는 새로운 사태가 일어난 것이다. 마침내 정의가 자애의 간청을 받고 이처럼 차례로 계속된 정화 작업에서 나타나지 않으면 안 된다. 피의자 오른편에는 지성의 신 아폴론이 서고, 왼편에는 제우스의 딸 지혜의 여신인 아테나가 서는데, 그녀는 우리에게 성서의 숭고한 비유 형상을 연상케 한다. 한 줄기 순수한 빛이 무서운 서류를 비추며, 그 위를 고대 시인이 더듬어 나가는 것을 보는 것은 감동적이다. 아폴론의 말처럼, 서로 엇갈리는 죄의 끝없는 교환에는 마지막이 있는 것이다.

"멍엣줄이 풀린다. 구원의 수단은 있다."*8

살해된 어머니 위에 자애로운 위대한 아버지의 모습이 어슴푸레하게 그려져 간다. 그리고 아폴론은 다음과 같이 놀라운 말을 한다.

"사나이의 피를 땅이 빨아먹었을 때,
사람은 한 번 죽으면 소생할 길이 없다.
이 점만은 아버지 신께서도 스스로에게 필요한
말을 만들어 두지 않으셨다."*9

그러나 우리 그리스도 교도는 이제 다음과 같이 대답할 수 있는 것이 아닐까. 그렇다. 과연 아버지께서는 주문의 말을 만들어 두시지 않으셨다. 그러나 아버지는 본질적인 말을 낳으셨다. 육(肉)으로 변한 말을! 아버지 신의 이마에서 태어난 아테나 여신보다도 훨씬 더 힘있는 자이다. 그 사람은 아버지 신의 심장에서 태어났으니까! 그리하여 연설은 다음과 같이 숭고한 말로 끝난다.

"하늘과 땅의 만물이 그 변화에 있어서 복종하는 나의 아버지, 그 숨결은(오늘날 우리라면 그 정념이라고 말함) 노여움의 그것이 아니다."*10

이때 정의로 스스로의 기원(起源)에 거스르게끔 무기를 잡힌 하나의 손의 호소를 사회 앞에서 주장하기 위해 온 인물*11 위에 지상적인 용서가 내린다고 할까, 그것은 권능에 의거하는 일종의 항변 같은 것이다. 참다운 정화를 가져오는 것은 하늘뿐이다. 보답을 구하여 늘 현존하는 초인간적인 힘을

클리타임네스트라의 죽음
오레스테스는 어머니 클리타임네스트라의 머리채를 잡고 검으로 찌르려고 한다. 어머니는 이를 막으려고 한 손으로 가슴을 헤치고 살려달라 애원한다. 그 순간 어머니와 아들의 눈길이 마주친다. 위에서 복수의 여신 에리니에스가 이를 바라보고 있다.

가진 자들은, 이제 그 땅 속의 거처로 들어가 거기에서 도시의 평화와 번영에 공헌하지 않으면 안 된다. 이 여신들은 무서우면서도 자비롭다. 복수의 여신이 자비로운 여신이 되어 우리의 발 밑 땅 속에 있어야만 한다. 그리하여 모든 것은 신에 대한 감사를 노래하는 송가로 끝난다.

젊은 시절 칭찬의 마음으로 나를 황홀케 만들고, 번역이라는 형식으로 나의 장년기 동안 여러 해에 걸쳐 끈질긴 연구가 이루어졌던 작품이 이런 것들이다. 극작술의 비밀이라는 점에서 이 작품이 가르쳐 주지 않았던 게 있었을까? 그러나 그 비밀들 가운데 한 가지만 오랫동안 반성의 대상이 되었던 것을 유의해 두어야 한다. 그것은 시의 형태이다. 모든 고대의 거장과 셰익스

아이스킬로스의 《오레스테이아》 597

피어에 의해 쓰여온 극의 시형식은 운을 따르든 따르지 않든, 육각(六脚) 시구이든 12음절 시구이든 결코 이야기용 시구일 수는 없다. 이것은 아무리 주장해도 지나친 주장은 아니라고 생각한다. 무대 위에서의 시의 본질을 이루는 기본형은 단장격(短長格), 또는 짧은 음절과 긴 음절을 섞은 집합형인데, 이 점에 관해서는 통설에 반대하여 나는 프랑스 말이 다른 어떤 나라 말보다도 그에 알맞다고 주장한다. 내가 아이스킬로스의 텍스트를 오랫동안 가까이한 덕분에 철저히 배우고 실행할 수 있게 된 것이 바로 단장격의 시인데, 이 텍스트를 여러분께서 직접 듣게 된다면 전편을 통해 그와 같은 둘을 섞은 템포, 둘을 섞은 음절의 고동을 듣게 될 것이다. 이와 같이 힘찬 기본 시 형태에 합창의 경우에는 단단장격(短短長格)보다도 유연하고 복잡한 시 형태가 덧붙여지는데, 그것을 이야기하려면 긴 전개를 필요로 할 뿐더러, 지금은 그런 것을 이야기할 상황도 아니라고 생각된다.

내가 번역한 《제주를 바치는 여인들》은 브뤼셀의 라 모네 극장에서 세 번 상연할 기회를 얻었는데, 참으로 잊을 수 없는 일이었다.*12 이때 루빈슈타인 부인이 클리타임네스트라 역을 맡았는데, 참으로 훌륭했다. 《자비로운 여신들》에 관하여 말한다면, 그 상연은 오늘날에도 감동적인 무대가 될 것으로 생각된다. 이 작품은 우리네 젊은 시인들의 시상(詩想)을 자극하기에 알맞는 애국적·사회적·종교적인 극의 한 전형임에 틀림이 없다. 나는 상연할 무대로서는 오랑쥐 극장*13을 생각해 왔다. 계단 모양의 객석에 배치된 군중이 아테네 시민역을 맡고, 웅대한 법정 구성 요소의 하나가 될 수 있었지도 모른다는 생각에서. 이 군중들 앞에서 오늘날에도 여전히 현실의 문제이기도 한 소송이 논의되면 좋을 것이다. 그렇게 하면 복수의 여신의 행렬은 아주 근사한 대단원이 될 것이다. 연기를 뿜는 횃불 그림자 속을, 오케스트라 한 복판에 쳐둘려져 있는 거대한 돌뚜껑 밑 땅 속을, 정의의 무서운 비축을 축적하기 위해 지하로 내려가는 복수의 여신의 그 행렬이다.

블랭, 1942년 8월 28일
Paul Claudel : 《Lórestie》 d'Echyle

〈주〉

*1 1943년 잡지 〈형태와 색채(Frm Couleurs)〉 제6호에 '고대 그리스에 있어……'의 제목으로 발표된 글. 1961년에 클로델 옮김의 《오레스테이아》가 갈리마르 서점에서 재판되었을 때는 머리글로 붙여졌다. 1920년 출판한 《자비로운 여신들》에 붙인 클로델의 해설을 사용하고 있는 부분이 많다. 그리고 1942년 8월 28일의 날짜가 끝에 적혀 있는데, 프랑스는 '40년 6월 이래 독일 점령 아래 있었으며, 블랭성에 있던 클로델은 요주의 인물로 당국의 감시 아래 있었다.

*2 《오이디푸스 왕》《콜로노스의 오이디푸스》《안티고네》를 가리키는 것이지만, 물론 이것들은 엄밀한 의미에서의 삼부작은 아니다.

*3 1889년 오데온좌 초연. 삼부작을 압축하고, 게다가 복수의 여신에 의한 오레스테스 단죄 이후 《자비로운 여신들》 주요부를 삭제하고 있다. 로망 롤랑의 일기 《율므 거리의 승원》에 관극록이 있다.

*4 폴 드 생 빅토르 《두 개의 가면》(1890~1884).

*5 《아가멤논》 757행 이하. 클로델은 자기의 번역에서 마음대로 행을 만들어서 인용하고 있으므로, 자구적으로는 바로 앞의 몇 행 쪽에 비슷한 것이 많다.

*6 카산드라의 대사에 있는 '아폴론'과 '나를 멸하는 자(Apollione mos)'는 뜻을 같이하는 말로써 클로델의 강한 관심을 끌고 있었다. 《요한계시록》 제9장에 나오는 메뚜기를 주관하는 왕 '심연의 사자'라는 이름(그리스어로는 아폴리온, 라틴어의 뜻은 파괴자)에 걸고, 클로델은 시의 창조적인 면과 파괴적인 면의 양의성을 거기서 읽으려고 한다.

*7 구약성서 《잠언》 8장 속에서 의인화하여 노래부르고 있는 '신앙의 지혜'를 뜻함. 처녀의 형태로 표현되고 있는 이 지혜는 신의 천지창조 위업의 증인이 된다. 성모와 가톨릭 교회를 예고하는 비유 형상이다.

*8 《자비로운 여신들》 645행.

*9 《자비로운 여신들》 646~650행.

*10 《자비로운 여신들》 650~651행. 이 부분에 대한 클로델의 해석. '보통은 천지의 만물을 뒤엎어도 그 수고로 하여 숨도 헐떡이지 않던 분'이라는 뜻으로 해석한다.

*11 텍스트에는 défenseur(변호인)로 되어 있으나 défendeur(피고)의 오자로 풀이했다.

*12 1935년 3월 27, 28일 및 5월 17일.

*13 남프랑스 플랑드르 지방, 아비뇽 부근에 있는 로마 시대의 고대 극장. 무대의 등 쪽을 이루는 벽이 거의 완전하게 남아 있는 드문 유적이다.

안티고네 대립과 소포클레스의 인간 예찬
C.P. 시갈

　가장 영향이 큰 《안티고네론》 가운데 하나가—이것은 또한 가장 영향이 큰 《그리스 비극론》의 하나이기도 하지만—관념론과 변증법의 철학자에 의해 씌어졌다는 것은 우연이 아니다. 《안티고네》는 분명 상반과 대립의 드라마이다. 그 대립의 상황은, 두 주역이 심하게 대립하는 형식으로 눈앞에 나타나기 때문이다. 그런데 헤겔의 유명한 분석 결과, 두 주역의 어느 쪽이 옳으냐 하는 문제로 이 희곡에 관한 많은 토론이 쏠리게 되었다. 이런 태도로 나간다면, 주역들을 상반하는 두 개의 신념으로 단순히 개념화하게 되기 일쑤이다. 더구나 변증법에 의하면, 대립하는 신념은 궁극적으로는 일단 화해에 이르게 될 것이다.
　물론 크레온이나 안티고네라는 등장 인물에 관념적인 문제가 없다고 말할 생각은 없다. 그러나 문제가 너무나 착잡해 있으므로, 하나의 변증법적인 공식대로 만족할 정도로 정리를 할 수가 없다. 우리는 두 사람의 주역을 옳음, 이성과 감정, 국가와 개인 등 단순한 대립의 대표자로 간주하는 것은 피해야 된다. 그러한 대립에도 얼마쯤 타당성은 있을지 모르나, 지나친 단순화로 손에 넣은 것일 뿐이므로, 결국은 비극적인 것에 대한 소포클레스의 인식을 오해하게 만들 것이다. 희곡 자체와 마찬가지로 이 희곡에 나오는 사람들에는 많은 단계가 있으며, 그것들이 때로는 구별하지 못할 만큼 유기적으로 섞여 들어 복잡한 통일을 이루고 있는데, 두 주역의 대결은 거기서 논점을 다투거나 확대하면서 그물코처럼 정밀하게 서로서로 영향을 준다.
　구체적인 것과 보편적인 것이 이처럼 완전하게 섞이고 결합하는 것이 바로 그리스 고전 시대 작품의 정수요, 놀라운 장점일 것이다. 소포클레스는 이 특질에 있어 특히 뛰어나다. 《안티고네》에서는 나오는 사람이 바로 논쟁점이고, 논쟁점이 바로 나오는 사람이다. 더구나 나오는 사람들은 단순한 논쟁점이 아니다. 그들은 의지와 상황, 분노와 애타주의, 범죄 행위와 순결의 복잡한 교착 속에서 누구나가 행동하는 것처럼 행동하는 인간이다. 그들의 탐구, 고뇌, 인식에의 도달, 죽음은 철학적 문제에 인생의 숨결과 실체를 준다. 그러므로 그들은 우리의 현실을 이루는 보편과 특수, 상실과 달성, 관념과 행위의 얽힘을 솔직하게 말함으로써 우리를 감동시킨다.

요즘 비평가들은 단순한 정(正)—반(反)의 대립을 버리고 희곡을 극적 행위라는 관점에서 검토한 결과, 크레온 측에는 순수한 정당성을 찾아보기 어렵다는 것을 밝혔다. 그러나 크레온의 운명에 비극적인 차원이 전혀 없다든가, 또는 갈등이 일종의 윤리적 패배로 끝난다는 것은 아니다. 한편 안티고네는 드라마 끝까지 그 정당성을 입증하고 있는데, 그것은 그녀 자신 및 그녀의 가장 가까운 사람들의 엄청난 고통이 입증을 대신하고 있다. 더구나 그녀는 희곡의 절반 조금 지난 대목에서 퇴장해 버리므로 정당성을 입증받고 있는 것은 안티고네 자신이 아니라, 오히려 신들이나 테이레시아스, 죽은 자의 권리 쪽이 아닌가 의심해 보고 싶을 정도이다.

그러나 안티고네와 크레온이 희곡의 초점인 것만은 확실하다. 그들은 저마다 이 희곡의 두 중심이다. 어떤 비평가는 이것을 작품에 있어서의 '두 개의 중심'이라고 말하고 있는데, 그 때문에 드라마에 긴박감과 풍부함이 더해져 극적 행위가 복잡한 방법으로 극적 행위 그 자체에 반사한다. 또는 다른 비평가가 교묘하게 지적했듯, 이 비극의 끝에서 표현되는 윤리적 특질은 하나의 태도를 요구하는데, 거기에는 이 희곡을 복잡한 실제 인생의 훌륭한 예술적 표현으로 높이는 복잡성이 있다.

이 복잡성은 얼마쯤 두 주역이 의견은 완전히 대립하고 있으면서, 라인할트의 표현을 빌면 '마치 악마에 홀린 것처럼 서로 연결되어 있는' 데에서 생긴다. 그들은 서로가 입장을 확실하게 하기 위해서 필요한 사이이다. 한편에서는 휘트먼이 말하고 있는 것처럼 '안티고네는 크레온의 무게를 재어 중량 부족을 발견하기 위한 저울'이고, 다른 한편 안티고네의 준엄성은 크레온의 권위주의적인 완강함 없이는 의미를 갖지 못하는 것이다. 이 비극의 핵심은, 한편 인물이 다른 편 인물을 낳고, 두 사람이 보충적인 부분으로 공존하는 데 있다. 그러나 이 전체는 둘의 대립하는 정신적 실체인 헤겔적인 합(合)은 아니며, 끝없이 단순하고도 복잡한 그 무엇, 정신과 절대에 관한 개념적인 공식보다 앞서는 더 기본적인 그 무엇이다. 그것이 바로 인간성이고 세계에 있어서의 인간 상황이며, 인간 행위의 가능성과 한계일 것이다. 그리고 이 문제들과 거기서 갈라져 나오는 사항을 둘러싸고 여러 가지로 개념화된 이율배반—신의 법칙과 인간의 법률, 개인과 국가, 종교와 세속, 개인 도덕과 공공 도덕—이 나타난다.

크레온과 안티고네의 대립은 법률과 정의의 문제에서 시작된다. 두 사람의 싸움은, 신의 법칙에 관한 안티고네의 발언(450행 이하)에 나오는 표현으로 분명하게 이야기된다. 이 발언은 고백이고 변호이며, 죄의 제언이며 또한 자기 변호이므로, 연설이라기보다는 오히려 찬사라고 할 만하다. 안티고네는 제약이 있는 상대적인 인간의 법령에 대하여 제우스의 영원한 법칙, 기록되어 있지 않은 신들의 법칙을 끌어낸다. 그리하여 이와 같은 절대적인 법칙의 주장을, 스스로의 죽음을 결연히 받아들이는 일(460행)과 결부짓는다. 이리하여 그녀는 두 사람의 대립을 보다 넓은 시야를 갖는 문제로 발전시켜 나간다. 그녀는 인간의 강제보다도 신의 명령을 택하고, 타협을 필요로 하는 인생을 거부하고 죽음이라는 절대를 취한다. 그녀의 역설적인 표현에 의하면, 이런 절대야말로 늘 살아 있는(456~457행) 것이다.

이 발언은 또한 희곡 전체를 통해 울려퍼지는 모든 주제의 초점이 되고 있다. 안티고네는 크레온의 법령(法令, Kerygmata 454행)에 반항하여 신들의 법칙(nomima)을 들고, 무엇이 법(nomos)을 정하는가 하는 문제를 예리하게 드러낸다. 그녀는 인간이 만든 법과 자연의 법, 인공적인 법과 영원히 존재하는 법의 구별을 뚜렷이하려고 한다. 그러나 크레온은 포고와 법령이라는 두 가지 말을 구별하지 않고 쓰고 있다(162행 Kerygma, 177행 nomoi, 191행 nomoi, 203행 ekkekeryktai 등 참조). 여기에서도 두 사람의 차이점은 뚜렷하다. '정의(dike)'라는 말에 관해서도 두 사람의 태도는 다르다. 안티고네는 저 세상의 신들과 함께 살고 있는 정의의 신(451행)에게 호소하지만, 크레온은 더 뒤쪽에서 인간의 정의를 다시 국가와의 관계에 있어 정의짓고, 개인적 생활에 있어서의 정의와 공적 생활에 있어서의 정의를 동일시하려고 한다. '집안일을 훌륭히 처리할 수 있는 사람은 나랏일에 있어서도 공정할 것이 분명하다(662~663행)'는 것이다. 그러나 이 동일성에 대한 확신은 그 다음 장면에서 크게 동요한다. 정의의 문제는 가족 중에서도 가장 가까운 육

〈오이디푸스의 발견〉 테베 왕 라이오스는 아들에게 살해될 것이라는 신탁을 받고, 아들을 키타이론 산에 버린다. 아이는 목동에게 발견되어 코린트 왕의 양자로 자란다.

친 사이에 일어나 공적 정의와 개인적 정의 사이에 쐐기가 박힌 꼴이 되기 때문이다. 크레온은 애비를 고소하려는 것이냐(그리스어 dia dikes는 재판 문제로 삼는다는 뜻)며 아들을 나무라고, 아들은 크레온이야말로 공정함이라는 점에서 잘못을 저지르고 있다(ta dikaia 743행)고 반박한다. 코러스는 안티고네를 '정의의 여신의 거룩한 자리에 부딪쳐 쓰러졌다(854~855행)'고 비난하지만, 마지막에는 크레온을 향해 '딱하게도 정의를 인정하는 것이 늦은 것 같다(1270행)'고 외친다.

이리하여 절대적인 가치를 추구하는 안티고네의 단호한 요구의 결과, 기본적인 도덕의 범주를 다시 명확히 하지 않으면 안 되게 되었다. 도덕적·윤리적 범주는 그녀에게 적합하지 않으므로 다시 한 번 고쳐 만들지 않으면 안 되는 것이다. 그녀야말로 '자기만의 법(autonomos 821행)' 그 자체이므로 스스로도 알고 있는 것처럼 '법'과 '정의'에 관하여 인습적으로 정의내리는 테두리 밖에 서는 것에 대하여 대가를 치르지 않으면 안 된다. 그녀는 그 때문에 죽음을 각오하고 있다. 죽음은 윤리적 신념이 강함을 나타내는 최대한의 주장이 되기 때문이다. 그녀는 자기 존재의 모두, 즉 생명을 거는 것으로써 자기가 무엇인지를 주장할 수 있다. 자기 신념에 대한 이 과격한 변호 방법을 통해 그녀는 영웅적이고 비극적인 신장에 이르는 것이다. 그러나 그와 더불어 이와 같은 의사 표시를 하는 까닭에 그녀는 다른 배우들, 크레온, 이스메네, 코러스에게는 이해할 수 없는 존재가 되어 버린다. 가장 낮은 차원에 서이기는 하나 마찬가지로 죽을 결심을 하고 실행하는 하이몬만이 겨우 그녀를 이해하는 것이다. 그는 마지막 행위를 통해 그녀의 성실한 약혼자임을 증명하고 죽음의 형식으로 그녀와 결혼한다. 이와 같은 성격의 사람들을 결합시킬 수 있는 것은 죽음뿐이다.

"불행한 사람들, 시체 위에 시체를 뉘이고 저승의 집에서 혼례식을 올린다(1240~1241행)."

'기록되어 있지 않는 법'에 관한 안티고네의 연설에서 강조되고 있는 것은 법과 정의이다. 무대 장치는 재판이고, 안티고네는 말하자면 공판(公判)에 붙여지고 있는 셈이다. 그러나 5세기의 복잡하기 그지없는 도시 국가의 법과 법률 엄수주의(嚴守主義)는 현대 문명에 있어서의 가장 세분화된 도덕의 경우보다도 훨씬 더 넓은 적용 범위를 가지고 있었던 것 같다. 왜냐하면 소포클레스를 비롯한 그와 같은 시대의 사람에게 있어서 법과 법률 엄수주의는 시민의 공적 및 개인적 생활 전체, 신들이나 동료들과의 관계, 그리고 그 관계들에서 생기는 윤리적, 정치적, 사회적인 모든 책임에 관계되는 것이기 때문이다.

보다 넓은 이 대립의 영역에 관해서는 안티고네의 연설(461~464행)에서 계속 쓰이고 있는 말 Kerdos(이익, 덕이라는 뜻)가 그 뜻을 확실히 한 것이다. 그녀는 자기의 시간이 끝나기 전에 죽는 것을 '덕(461~462행)'이라고 생각한다. "나같이 숱한 비탄 속에서 살고 있는 사람이라면, 누구든 죽음에 의해 덕을 보지 않는 사람이 있을까요? (463~464행)"라고 그녀는 말한다. 그러나 '덕'이라는 말은 인간의 동기에 관한 크레온의 합리적이고 물리적인 견해를 특징짓기 위해서 희곡 전체를 통하여 쓰이고 있는 말 가운데 하나이다. 그런데 안티고네의 입에서 나오면 이 말은 완전히 정반대의 뜻을 띠게 된다. 즉, 강렬한 감정, 스스로의 영달이 아니라 파멸을 기꺼이 받아들이고, 오히려 자진해서 구하는(크레온과 같을 정도로 단호한) 비합리적인 결심을 나타낸다.

크레온의 합리주의는 안티고네의 저항을

테베 왕을 살해하는 오이디푸스
청년이 된 오이디푸스는 델포이를 찾았다가 '아버지를 죽이고 어머니와 결혼할 것'이라는 자기 운명을 알게 된다. 테베로 가는 도중 시비를 걸어오는 라이오스를 자신의 아버지인 줄도 모르고 죽인다. 로마의 프레스코화.

만나자 모조리 무너져 아무런 힘도 없어진다. "죽음을 바라는 것만큼 어리석은 자가 어디 있을 것인가"라고 크레온의 법령을 포고(220행)할 때 코러스는 말했다. 그러나 안티고네는 그녀의 '어리석음'으로 드높여졌고, 같은 말을 재판관에게도 한다. "하지만 만일 내가 지금 어리석은 행위를 하고 있는 것 같이 보인다면, 나는 어리석음을 비난받고 있는 게 되겠지요(469~470행)." 안티고네는 희곡의 서두 장면에서, 자기가 어리석은 행위(95~96행) 때문에 괴로워하는 것을 내버려둬 달라고 간청하고 있는데, 그 자세는 마지막까지 바뀌지 않는다. 이것은 국가라는 정연한 남성의 이성에 대한 여성적 정념의 반항이다. 더구나 그녀는 자기 행위를 인간의 행위 가운데 합리적으로는 가장 이해하기 어려운 행위, 즉 생명을 희생하는 일로 보강하려 하는 것이다. 그러나 이것은 그녀의 행동이 부조리한 것이 아니라, 오히려 크레온식의 사고에는 그녀의 동기와 성격을 파악할 만한 힘이 없다는 것으로 볼 수 있다. 크레온이 합리주의라고 생각하고 있는 것에 대한 공격은 안티고네가 무대에서 사라진 뒤에도 느껴진다. 그 까닭은 이성(理性)과 지력(智力, phronein)이라는 주제가 이 희곡의 마지막 350행을 차지하고 있기 때문이다. 크레온은 자기 지혜의 그릇됨(Phrenan dysphr-on-6n hamartamata 1261행)을 가까스로 깨닫는다. 그리하여 "교만한 말이 늘그막에 이르러 지혜를 가르친다"라는 코러스의 경고 속에 드라마는 끝난다(1325행 이하).

그리스 문명에 있어 생활의 주요한 여러 가지 모양, 즉 지력, 윤리, 종교가 밀접하게 이어져 있으므로, 지력이라는 주제는 인간과 신의 관계라는 문제에 아주 자연스럽게 연결되어 간다.

소포클레스의 비극에 있어 그의 등장 이전과 이후, 그리스 사상의 대부분의 경우와 마찬가지로 인간이 알 수 있는 것의 한계를 명확히 하는 것은 본디 신의 영역이다. 하나의 영역이 끝난 데에서 다른 영역이 시작되므로, 경계선을 넘는다는 것은 존재하는 것에 대한 위험한 모독 행위가 된다. 바로 이것은 인간의 조건에 귀납된 '너 자신을 알라'의 문제인 것이다. 이 희곡에서는 후기의 《오이디푸스 왕》의 경우와 마찬가지로, 인식 또는 그와 비슷한 것은 인간 힘의 한계를 뚜렷이 하고, 알 수 없는 것, 다스릴 수 없는 것, 성스러운 것의 영역에 대한 인간의 책임을 대조한다. 여기서 이야기를 안티고네의 중요한 연설로 되돌려 보자. 그녀가 신의 법에 관하여 논하면서, 인간이 그 법의 기원을 모르는(아무도 그것이 언제 만들어졌는지 모르는) 점을 강조하고 있는 것은 주목할 만하다. 안티고네는 그 뒤 크레온과의 절박한 대화 속에서 그의 법, 공정, 경건에 관한 확고한 주장에 대해 다시 한 번 인간의 무지에 관하여 의견을 말한다. "이런 것들이 저승에서도 옳고 거룩한 것인지를 누가 알고 있을까요?"(521행)

그러나 크레온은 인간의 힘과 지배력의 한계에 관해 아무것도 모르고 있다. 그에게 있어 인간의 방식을 아는 일은, 동시에 신들의 방식을 아는 일이 된다. 그는 인간의 영역이 신들의 그것과 똑같은 넓이 속에 있다고 생각하고 있다. 그는 이 추정을 여러 차례 되풀이하는 제우스에 대한 호소 가운데에서 그다운 무분별을 가지고 표현하고 있는데, 그것은 서서히 누적되어 교만과

오이디푸스와 스핑크스 오이디푸스가 테베로 가는 도중, 수수께끼를 풀지 못하는 사람을 죽여 버린다는 스핑크스를 만나 문제를 풀고 테베를 구한다. 그는 이 보상으로 테베 왕이 되어, 미망인이 된 왕비 이오카스테(사실은 어머니)와 혼인을 하여 그들 사이에 에테오클레스·폴리네이케스·안티고네·이스메네를 낳는다.

재액의 절정으로 높아진다.

　제우스를 향한 크레온의 첫 번째 호소는 일단은 경건한 것 같이 보인다. 그러나 위험한 징조는 이미 있는 것이지만, 그는 두 형제의 죄로 더럽혀진 죽음의 광경을 말한 뒤(170행 이하) 비로소 제우스에게 호소하며, 국가야말로 모든 것에 앞선다는 그 자신의 원칙에 대하여 신이 그 증인이 되어 주기를 바란다(180행 이하). 주의해야 할 점은, 이 맹세에 이어서 포고, 바로 모든 그리스인이 특별히 잔혹하고 엄중한 벌이라고 인정하는 형벌(종교적인 관례에 대한 실제상의 위반은 아닐지라도)의 포고가 내려지는 일이다.

크레온이 다음에 제우스에게 호소하는 것은 304행 이하의 대목에서 역시 맹세하는 형식으로 되어 있는데, 이것은 경건과 불경(不敬)에 관하여 논할 때이다. 그러나 이 장면에서 그는 첫 장(章)의 온화하고 확신에 찬 정치가가 아니다. 분노에 불타면서도 스스로의 입장을 두려워하고 있는 것 같으며, 포고 위반자를 체포하지 않으면 사형이나 그 이상의 형벌을 내리겠다고 파수병을 위협한다. 이 장에서 특히 주목해야 할 점은, 코러스가 바로 전에 (278행) 매장은 신의 배려일지도 모른다고 비쳤을 때의 그의 돌발적인 초조와, 코러스의 '어리석음' 및 늙는 나이에 대한 사정없는 비웃음이다. 크레온은 안티고네의 위대한 연설이 끝나자, 분노와 불경심이 높아져 곧 안티고네와 이스메네의 처벌을 단언한다.

"비록 내 누이의 딸이고, 내 집 제단의 제우스신을 모시는 누구보다도 혈연상 내게 가까운 사람이기는 하지만(486~487행)."

2행째를 그대로 옮기면 '제우스 헤르케시오스(가정의 신으로써 앞뜰에 서 있는 제우스)의 온 제단보다도 핏줄에 있어 가까운'이 된다. 이 선언보다 뛰어난 것은, 비극적인 역전이 일어나기 바로 전에 테이레시아스에 대한 그의 대답이다.

"그러나 그자를 무덤에 묻어 주어서는 안 되오. 비록 제우스 신의 독수리들이 그의 썩은 살을 찢어발겨 성좌로 가져간다 하더라도(1038~l041행)."

이것이 최초에 '신들'이라는 말을 입에 담으면서(162행) 등장한 사나이의 대사이다.

1행 반 뒤에서 그는 지성적 및 종교적 주제에 대해 그 특징적인 혼동 속에서 이렇게 덧붙인다.

"어떤 사람이건 신들을 더럽힐 수 없다는 것을 나는 잘 알고 있기 때문이오(1043~l044행)."

따라서 안티고네가 그 위대한 연설을 제우스의 일에서 시작하는 것은 우연이 아니다.

크레온 그런데도 감히 그 법을 어겼단 말이냐?
안티고네 네, 그러나 그 법을 내게 내리신 것은 제우스 신이 아니었고, 저승의 신들과 함께 사는 정의의 신도 이 세상에 그런 법을 정해 놓지는 않았어요(449행 이하).

제우스는 최고신이므로 말할 것도 없이 이 문제에 관련되어 오는 것이고, 또 하늘의 신이므로 시체에 생기는 더러움에 특히 영향을 입게 된다. 그러나 크레온의 거만(hydris)

안티고네
소포클레스의 〈안티고네〉에서 주역을 맡은 배우 도로시 덴의 무대 초상. 안티고네는 오이디푸스와 그의 어머니 이오카스테 사이에서 태어난 딸. 프레데릭 레이턴 작. 1882.

을 생각나게 만드는 중심적 존재인 제우스, 더구나 중요한 것은 우주의 참되고 완전 유일한 화신인 제우스는 안티고네의 반항과 히로이즘의 척도이다.

크레온과 안티고네의 거리는 이렇게 해서 더욱 헤아릴 수 없는 것이 된다. 언제나 더러움이나 경의(sebas)에 관하여 말하는 인간이, 사실은 가장 경의가 모자라는 태도로 그런 것들을 이해하고 있다는 것은 이 희곡이 지닌 아이러니의 하나라고 할 수 있다. 폴리네이케스의 시체를 내버려 둔 거리를 부정(不淨)의 위험 속에 빠뜨리는 사나이가 안티고네를 생매장하는 편법(773행 이하)으로 부정을 피하려 한다(포고는 본디 돌로 때려 죽인다고 했다). 처형되는 것은 안티고네이지만, 신들이 무엇을 뜻하는가를 훨씬 더 잘 알고 있었던 것은 그녀 쪽이다. "신을 경배하였기 때문에 나는 불경의 죄를 받았으니까요(924행)"라고 그녀는 말하고 있는데, 희곡 속에서 그녀가 마지막으로 말하는 대사는 다시 한 번 그녀의 이 주장을 되풀이하고 있다. "그 딸이 신을 경배한 까닭에 누구로부터 어떤 고초를 겪고 있는지를(942~943행)."

그녀의 경건함은 924행의 역설적 표현으로 밝혀진 것처럼 다른 사람들, 특히 코러스(872행 이하)들은 모른다. 그들은 자기 의지를 관철하려는 정열이 그녀를 파멸시켰다고 잘라 말하고 있다. 그렇지만 그들이 이해해 주지 않는 일, 크레온의 제멋대로인 경건함에 대한 주장, 안이하고 대중적인 무정견(無定見)에 대하여 안티고네가 혼자서 맞선다는 것은 오히려 그녀의 행위가 지니는 본질적인 역할이다. 사물을 잘 판단하여 논리적 귀결에 이른 다음 거기서 죽는다는 게 정녕 비극적인 성격이다. 안티고네는 아자크스처럼 타협으로서의 삶을 거부하고, 영웅적 이미지의 기준에 이르지 않을 때에는 생존을 체념한다. 크레온에게 중대한 발언을 한 바로 뒤에 안티고네는 이스메네에게 말한다. "너는 살 길을, 나는 죽을 길을 택한 거야(553행)" 이때 얌전한 이스메네도, 스스로 바란 합리주의를 지키는 크레온도 훨씬 뒤쪽에 남겨진다.

안티고네의 입장이 나타내는 비극적 역설에서 알 수 있는 것처럼, 죽음이라는 절대적인 일을 받아들이는 안티고네 쪽이 인생의 복잡성을 훨씬 더 잘 알고 있다. 신들, 인간의 힘으로는 어림도 없는 신들에 대해 진정한 정의를 갖지 않는 크레온은, 인간의 영역 안에서의 복잡성조차 알지 못한다. 그 결과 그는 정(正)과 악, 분별과 어리석음, 젊음과 늙음, 남성과 여성 같은 조잡한 대립의 범주로 분류해서 세계를 보고 있다. 그는 코러스를 향해(281행) 늙은 이답지 않게 어리석다고 하며 비웃고, 아들의 간언에 대해서도 나이가 어리다는 이유로 귀 기울이려 하지 않는다(719행 이하, 특히 726~729행). 그런데 노인이나 젊은이에 대한 크레온의 반박은 나중에 테이레시아스가 그에게 던지는 말이다. 크레온은 마지막에 이르러 결국 죽은 젊은 아들로부터 배운(725~726행) 꼴이 되어, "젊어서 죽은 너(1266행)" 하고 슬피 한탄한다.

이런 모든 범주들은 우수한 것과 열등한 것, 강한 것과 약한 것의 관계를 암시해 준다. 크레온은 이 고도로 짜여진 공격적인 세계관을 대표하고 있는데, 그와 안티고네의 대립이 여자가 남자를 정복하려는 이미지로(484, 525, 678, 746, 756행) 거듭 이루어지고 있는 것은 매우 인상적이다. 크레온은 안티고네 속에서 그의 모든 생활 태도, 세상에 대한 그의 근본적인 태도에 대한 도전을 보고 있다. 왜냐하면 안티고네의 여자다운 성격의 다소곳이 받아들이는 방법, 핏줄과 애정의 정리에 대한 절대적인 평가야말로 크레온의 고정관

눈먼 아버지의 길안내자가 된 안티고네 오이디푸스는 자신이 아버지를 죽였고 아내가 자신의 어머니였음을 알고는 자신의 눈을 찔러 멀게 한다. 안티고네는 눈먼 아버지가 추방되어 아테네 근처에서 죽을 때까지 동행하였다.

념이 되어 있는 남성적 합리주의에 대한 절대적 부정이기 때문이다.

안티고네의 이 여자다운 의무의 승인은 이스메네의 거부와 대조되어 더욱 뚜렷해진다. "우리는 잘 생각해 보지 않으면 안 돼요" 하고 이스메네는 말한다. "우리는 여자다운 성질을 가진 여자로서 태어났어요. 남자와 싸우도록 태어나지는 않았어요(61~62행)." 이스메네는 자기가 여자라는 것을 부정적인 하나의 약점으로 느끼고 있다. 그러나 안티고네는 거기에서 힘의 원천을 발견한다. 이스메네는 크레온의 견해에 굴복한다. 그러나 안티고네는 반항을 하고, 자기의 성격 속에서 힘찬 히로이즘을 발견한다. 그것은 모든 일을 둘로 나누어 생각하는 크레온의 방법을 가로막고, 안티고네가 죽은 뒤 그리 중요하지는 않지만, 역시 여자다운 에우리디케의 죽음에 그 반향을 남기는 것이다.

크레온에 대한 대담하기 그지없는 반대에서 뚜렷해지는 것은 그녀의 행위보다도 오히려 그녀의 성격일 것이다. 크레온과의 최초의 가장 중요한 충돌은 다음 대사로 끝나고 있다.
"나는 서로 미워하는 게 아니라 서로 사랑하도록 태어났어요(523행)."

그녀의 말은 폴리네이케스는 적의 한 사람인 까닭에 사랑이 아니라 미워해야 한다는 크레온의 공격에 대한 대답일 뿐만 아니라, 두 사람의 주역의 근본적인 차이를 더욱 뚜렷이 해 준다. '법' '경건' '이득' 같은 기본적인 용어의 대립에 이 작품의 진전이 걸려 있는 것이다.

작품 전체를 통해, 특히 522행과 523행에서 안티고네와 크레온이 쓰는 '사랑'과 '미움'이라는 단어에는 애매함이 있다. Echthros(적)에는 개인적으로 '미움받고 있는 자'라는 말도 있고, Philos(친구)에는 친하게 '사랑받고 있는 자'라는 뜻도 있다. 크레온은 단순하게 두 가지 뜻을 동일시한다. 그는 정치적인 동의를(187행) 개인적이고 감정적인 '사랑'과, 정치적인 불화를 '미움'과 같이 본다. 그런데 안티고네의 존재와 행위는 누가 '사랑'에 해당하고, 누가 '미움'에 해당하는가 하는 문제를 극적인 대립으로 끌고 들어간다. 그래서 크레온과 안티고네의 첫 번째 만남의 끝머리에서, 안티고네의 "서로 사랑하도록 나는 태어났어요"라고 하는 대사에 대답하여, 크레온은 그의 특징인 '남—녀, 우수한 것—뒤떨어진 것'이라는 이분법의 하나를 끌어내는 것이다. 그는 말한다. "그렇다면 저승으로 가서 놈들을 사랑하려무나. 만일 그들을 사랑하고 있다면, 너는 그렇게 하지 않으면 안 된다. 나는 살아 있는 동안, 여자의 지배는 받지 않겠다(524~525행)."

시민적 또는 정리적 관계에만 의거하는 크레온의 인간의 정의는 '사랑' 이외의 영역에 이른다. 그는 국가의 은인에 대해서만 '명예'를 줄 수 있다고 생각하고 있다. 그러므로 신들이 배반자에게 '명예'를 줄 수 있었다는 생각에 대해서는 분연히 반대한다. 인간과 신, 또는 정치적인 것과 종교적인 것의 가치가 같은 차원에 존재한다고 그는 아직도 생각하고 있다. 이에 비해 안티고네는 '명예'는 당연히 신들에게 돌아가야 하는 것(77행)이라고 생각하고 있다. 그리하여 하이몬은 여자이며 지배자의 포고 위반자이기도 한 안티고네를, "황금의 명예를 받아 마땅하다(699행)"고 말한다.

크레온과 안티고네의 대립에 내포되어 있는 것은 인간 관계가 아니라 존재 자체에 대한 기본적인 태도이다. 행위의 뜻을 이보다 광범위한 수준으로

크레온의 명령에 반항하는 안티고네 아버지 오이디푸스가 죽자, 테베로 다시 돌아온 안티고네는 왕위를 놓고 다투던 두 오빠 에테오클레스와 폴리네이케스를 화해시키려 했으나 그들 모두 죽고, 외삼촌 크레온이 왕이 되었다. 크레온은 에테오클레스의 장례를 치러주었으나, 폴리네이케스는 반역자로 몰아 시체를 들에다 버린 뒤, 시체를 거두는 자에게는 사형에 처한다고 선포한다. 그러나 안티고네는 사랑하는 오빠의 시신을 두고 볼 수만은 없어 왕명을 어기고 시체를 거두어 장사를 치른다.

확대하고 최초의 중요한 움직임을 뚜렷이 나타내는 것은 이 작품의 제1 스타시몬, 유명한 인간에 대한 송가(332행 이하)이다. 송가에도 애매성이나 아이러니가 없는 것은 아니다. 인간의 지적 달성에 대한 상찬은 희곡의 진행에 따라 엄중하게 제한되기 때문이다. 게다가 대체로 반지성적인 크레온의 분노 폭발이 그전에 일어나 있고, 또 직전에는 단순하고 인습적인 의미에서 경건한 사람인 파수병이 인생에 있어서의 '운'에 관해 자세히 말하고(328행), 신들에 대한 감사의 말과 함께 퇴장하기 때문이다(331행).

대체로 송가 자체가 최초의 인상만큼 확신에 찬 것은 아닌 성싶다. 인간을 묘사하는 형용사 demos가 그저 '근사하다'라는 뜻만이 아니라, '두렵다'든가 '무섭다'는 뜻도 있다는 것은 몇몇 주석자가 지적하고 있다. 그러나 가장 큰 애매함은 인간 그 자체에 있다. 인간은 지배와 통치를 요구하지만, 자기 자신을 거느리고 다스릴 수도 없고, 다른 사람들을 지배한다는 것도 곤란하다. 그리고 아마 자연계를 다스릴 수조차 없을 것이다. 자기 지배라는 아이러니는 송가 속에서 인간의 시민적, 법적 '기질'을 묘사하는 데 쓰이는 말(orgas, 356행)을 통해 강조되고 있다. 즉, 이 말에는 '분노'의 뜻도 있어서, 파수병과의 장면 바로 앞에서는(orge, 280행) 그 뜻으로 쓰이고 있다. 마찬가지로 송가에서 '생각'의 뜻으로 쓰이고 있는 말(phronema, 354행)은 '긍지'의 뜻으로도 쓰이는 수가 있으므로, 다음에 안티고네가 나오는 장면에서는(459행) '긍지'의 뜻으로 쓰이고 있고, 작품의 다른 중요한 부분에서도 마찬가지이다.

송가가 소포클레스 시대의 낙관적 합리주의를 다분히 반영하고 있는 것은 틀림없다. 예를 들면 자기 환경에 창조적으로 작용하는 인간의 능력에 관한 소피스트식의 견해, 또는 국가나 도시는 법과 정의와 더불어 인간이 창조한 것이므로 악의에 찬 세계, 또는 무관심한 세계에 대하여 인간이 자기를 주장하는 데 가장 중요한 무대라고 하는 프로타고라스식의 관념이다. 인간의 문화적 발달에 관한 세목(細目)은 소피스트들의 문화사에서 나온 것인지도 모르고, 적어도 인간의 문명을 지지한 진보의 성과로서 다루는 새 합리주의적인, 인간에 관한 인류학적인 견해에서 나왔는지도 모른다. 《안티고네》보다 20년쯤 전에 지어진 아이스킬로스의 《결박된 프로메테우스》에서도 같은 사고 방식을 이미 볼 수 있다.

소포클레스는 이러한 합리주의적인 견해를 근거로 하여 쓰고는 있지만, 반드시 전면적으로 찬성하고 있는 것은 아니다. 송가를 통해 그는 희곡의 극적 행위 속에 합리주의적 견해를 던져넣고, 비극적인 진행이라는 저울로 그것들의 무게를 재려 하고 있다. 그러나 그 타당성을 부정하는 것은 아니다. 그 역시 인간이 이룬 영역에서 깊은 감명을 받고 있다는 것은 분명하기 때문이다. 단 진보와 프로메테우스적인 자연의 정복을, 영웅적인 가능성을 나타내는 것이라고는 그도 간주할 수가 없었던 것이다. 아마도 아이스킬로스나 프로타고라스는 그렇게 할 수 있었을 텐데. 소포클레스는 아이스킬로스처럼 이성이나 기술적인 지배에서 인간 자유의 원천을 보고 있지는 않다. 거기서도 또 인간의 속박과 한계의 잠재적인 원천을 보고 있는 것이다. 이 주제에 관한 그의 고찰은 《오이디푸스 왕》에서 성숙을 나타내고 있다. 이 작품에서는 지식이나 지성은 애매한 능력이므로 인간의 재능과 떼놓을 수 없게 결합되어 있는 능력이다.

다시 인간에게 보내는 송가로 돌아가 보자. 코러스는 인간의 온갖 성과를 칭찬하고 나서 법과 정의의 창조를 들고, 인간이 "때로는 악하게, 때로는 선하게(367행)" 된다고 말한다. 인간은 도시 안에서는(hypsipolis) 고결하지만 도시 밖에서는(apolis) 난폭한 행위에 이른다. 인간의 성격에는, 여기서 난폭하다든가 대담하다는 말이 비추고 있는 것처럼 비합리적, 또는 과격해서 파괴적인 가능성이 깃들여 있다는 것이다.

이 강조의 이동에서 소포클레스는 법과 정의라는 타인과의 관계에 관련이 있는 영역에서의 성공은, 자연의 가장 낮은 질서를 지배하기보다 훨씬 더 어렵고도 확실성이 모자란다는 것을 암시하려고 했다. 소피스트, 프로타고라스는 더 낙관적일지도 모른다. 그러나 플라톤이 프로타고라스의 입을 빌어서 말한(《프로타고라스》 320c~323a) '이야기' 속에서, 사람들이 도시나 단체 속에서 결합할 수 있도록 하는 정의와 존경의 중요성과 어려움을 그는 강조하고 있다. 이것이 법이나 정의 쪽이 훨씬 어렵다고 하는 소포클레스의 암시에 대체로 들어맞고 있다는 것은 흥미롭다.

이 지배와 인간 관계의 복잡한 관계는 안티고네에게도 더욱 깊은 의미를 갖는다. 그녀의 '사랑을 나누어 갖는 것'에 집약되는 여자다운 성격은 크레온의 지배의 자세—그것은 사람들과 자연 쌍방으로부터 고립되어 있을 뿐만 아니라, 복종시키지 않으면 안 될 잠재적인 적으로서 양자(골)를 간주한다—에 반대한다. 이리하여 크레온이 정복—그가 즐겨 쓰는 비유 가운데 하나를 인용한다면 제압—하지 않으면 안 되는 것은 여자인 안티고네, 또는 십중팔구 크레온 속의 여자인 것이다. 안티고네가 자기의 표본을 니오베에게서 찾아보고 말한다는 것은, 크레온과 안티고네의 대립이라는 조명 속에서 특히 재미있다. 니오베는 애정 많은 어머니이며, '구석구석 얽히는 담쟁이덩굴 같은, 바위의 성장에 짓눌린(826~827행)' 자연계와 유기적으로 융합하고 있는 인간이기 때문이다. 안티고네의 니오베는 온갖 감정과 슬픔을 가진 인간인 동시에, 또 비정한 자연에 속해 있는 존재이다. 바로 그녀는 두 개의 영역으로 결합하는 상징적 인물인 것이다. 그러므로 제1 스타시몬에 있어서처럼(356행 이하) 눈이나 비는 악의에 찬 무기가 아니라, 지금은 자기 얼굴인 바위의 융기를 타고 흐르는 니오베 자신의 눈물인 것이다.

"그녀가 쇠잔해져서 가만히 있노라니

비와 눈이 말 상대가 되었다.
슬퍼하는 눈에서 물이 흘러내려
돌의 몸뚱이를 적신다(823~832행)."

니오베도 역시 안티고네처럼 과잉된 사랑과 긍지 때문에 괴로워했다. 그리하여 안티고네의 경우와 마찬가지로 고독과 슬픔을 보다 높은 수준으로 바꾸었던 것이다. 크레온의 태도의 한계가 그의 개인적인 관계의 영역뿐만 아니라 언어에 있어서도 생기고 있다는 것은 주목할 만하다. 언어는 인간 관계와 자연계의 별도 연결을 만들어 내어 니오베상(像)과 비슷한 견해, 즉 인간이 자연을 거느리고 다스리는 것이 아니라 공감을 가짐으로써 자연으로부터 배운다는 견해를 가리킨다. 하이몬은 아버지에게 양보를 권할 때, 겨울의 홍수에서 흐름에 거스르지 않고 가지를 물의 흐름에 맡기고 있는 나무를 예로 들었으며(712행 이하), 인간의 지혜(sophos, 710행)에 관하여 말하고 나서 아버지에게 충언을 한다.

양보야말로 크레온이 가장 어렵게 생각하고 있는 일이다. 테이레시아스와 만난 뒤 그의 진술에서는 더욱 깊은 아이러니를 볼 수 있다. "굽히는 것도 괴로운(deinon) 일이지만 그렇다고 저항을 해서 나의 자랑스러운 영혼을 재액으로 파멸시키는 일도 못할 노릇이오(1096~1097행)." 이리하여 부득이 양보를 강요당했을 때, 크레온은 작품의 처음에 나오는 인간의 지배력을 찬미하는 선도구(先導句)를 메아리치게 한다. 경탄할 만한 것(dein, 두렵다는 뜻)은 많이 있으나 인간보다 근사한(deinon, 두렵다는 뜻) 것은 없다.

마찬가지로 자기 나름대로의 방법으로 양보를 거부하는 안티고네는 인간의 위대함을 보다 더 완전하게 그려낸다. 그러나 이 위대함도 또한 크레온의 한계에 대조시켜서 측량해야 할 것이다. 양보하지 않는 두 가지 형의 대조는 473행에서 496행에 이르는 크레온의 긴 호언장담을 저지하는 안티고네의 긴박한 1행으로 멋지게 그려지고 있다. "나를 체포하여 사형에 처하는 것 이상의 무엇을 바라십니까? (497행)"

다음에 하이몬이 등장해서 양보의 모티프가 처음으로 뚜렷하게 두드러지는 장면에서는 크레온의 힘의 한계가 더욱 명백해진다. 크레온은 그보다 먼저 장면(569행 이하)에서 아들의 감정을 위해 의견을 말하고 있는데, 그는 아들의 약혼녀에게 있는 것 같은 반역의 정신이나 감정적인 기질이 하이몬에게도 있지 않을까 두려워하고 있다. 그의 두려움은 하이몬과의 이야기를 다음과 같은 질문으로 시작하는 것으로도 알 수가 있다. "……너는 이 아비에게 화를 내려고 온 것은 아니겠지……?" 더구나 하이몬을 향해 쓰고 있는 동사(動詞)는 앞 장면에서 안티고네와 이스메네에 관하여 썼던 것과 같은 것이다(Iyssainòn 633행, Iyssdsan 492행. 이 단어 자체가 흔한 것이 아니어서 작품 속에서 이 두 군데에만 나올 뿐, 남아 있는 희곡 속에서도 두 번 쓰일 뿐이다). 이 동사는 크레온이 자기에게 반대하는 사람들을 보는 태도뿐 아니라, 자기가 가장 불안정하고 위기에 놓여 있을 때 느끼는 영역을 표현하고 있다. 크레온은 아들인 하이몬이 분별 있는 태도로 택한 최초의 대사 "아버지, 나는 아버지의 아들입니다……(635행)"를 듣고 분명히 마음을 놓는다. 그러므로 다음에, 규칙이나 권위에 관한 자기 마음에 드는 상투구(常套句)를 잔뜩 쓴 과장이 심한 연설(639~680행)을 함으로써 자신의 안도감을 나타내는 것이다.

이 장면은 다른 방법으로 크레온의 위치가 보기만큼 굳건한 것이 아님을 은근히 비추고 있다. 다시 말해 크레온이 실상은 아들이나 코러스와 같은 다른 사람들의 지지에 왜 의존하고 있는지를 나타내 주는 것이다. 크레온은 의견의 차이를 참지 못한다. 안티고네처럼 혼자서 견뎌내지를 못한다. 그는 반대하는 사람들을 위압해서 찬성을 시키려 한다. 안티고네와 같은 냉정한 명확성이 그에게는 없을 뿐 아니라, 실상은 그가 경멸하는, 분노로 펄펄 뛰는 나약함보다도 훨씬 더 사려가 모자라는 것이다. 이 장면에서 그가 하이몬을 다루는 방법만큼, 크레온의 합리적이고 시종일관된 의견의 한심스러움을 근사하게 그려낸 것은 없을 것이다. 처음 부분에서의 화해와 칭찬에 이어지는 것은 강렬한 모욕뿐만이 아니라 안티고네를 약혼자 앞에서 처형하겠다 (760~761행)고 하는 잔혹한 협박이다. 크레온은 이와 같이 급격한 기분의 변화에 의하여 그의 권위가 걸려 있는 자기 행위의 이성적인 기반을 위태롭게 하고 있다. 통치자, 시종일관된 정책인으로서의 크레온은 제1 스타시몬에서 그려진 그의 초상, 즉 사려분별이 있는 자, 스스로 만들고 스스로 다스리는 거리에서 그 지성을 나타내는 정치의 기술자에 얼마쯤 보류 조건을 붙이지 않으면 안 된다는 것을 나타내고 있다.

이 송가에 대한 또 하나의 보류 조건은 안티고네를 중심으로 하는 것이다.

송가는 새를 잡는 일을 인간 공적의 하나로 헤아리고 있다. 그러나 내버려진 시체를 쪼아먹는 새들은 크레온의 권력과 그가 종교적 관례를 정치적 포고에 복종시켰음을 통렬하게 느끼게 한다. 그러나 인간의 지배에 무릎꿇지 않는 영역을 크레온이 범했다는 경고를 테이레시아스에게 가져다 주는 것은 새들이다. 새들 또한 예언이라는 하나의 기술을 섬기는 자이며, 그리고 자연의 소리에 귀기울여 감응하는 예언이란 인간이 스스로 배운 지배나 연구라는 조직적인 기술과는 별개의 것임이 틀림없다.

따라서 파수병이 안티고네를 체포했을 때의 광경을 말할 때에, 새끼새에 대한 일로 슬퍼하는 새에 그녀를 비유한 것은 중요하다. "……그녀는 비통하게 울부짖었습니다. 새끼새들을 잃고 빈 둥우리를 발견한 어미새처럼(423~425행)" 그리고 난 다음 조금 뒤에 파수병은 안티고네를 체포한 이야기를 한다(433행). 그러나 그는 자기의 행위를 이런 식으로 해서 송가 속의 지배의 이미지와 결부시키고 있지만, 새의 비유 덕분에 자기에게는 다른 태도를 취할 능력이 있다는 것도 암시하고 있는 것 같다. 즉, 그것은 몰리고 있는 생물에 대한 연민일 것이다. 그러나 안티고네는 희생자이므로 정복된 자연계의 한 부분과 동일시되고 있는 것이다(특히 좀더 앞에 기록되어 있는 것처럼, 그녀 자신이 니오베의 비유로 이 동일시를 의미 깊은 것으로 만들고 있다. 823행 이하 참조). 파수병은 모든 것을 알고 동정은 하고 있지만, 역시 지배자인 추적자의 입장을 어쩔 수 없이 받아들이고 있다. 이스메네와 마찬가지로 그도 선량한 청을 가지고는 있지만 그것을 끝까지 버틸 만한 힘이 없다(특히 439~440을 참조. "하지만 다른 일은 내 몸의 안전에 비한다면 그리 소중하지 않다고 생각하는 게 나의 성질이지요"). 파수병은 그의 포로인 안티고네가 성공하고 있는 데에서 패배하고 있는 것이다. 그리하여 그녀의 죽음을 건 성공은 사냥꾼의 우두머리인 크레온의 태도에 철저한 변화를 가져온다.

파수병의 비유는 안티고네의 성(性)을 강조할 뿐만이 아니다. 그것은 크레온이 안티고네의 연설(472행 이하) 뒤에, 동물을 복종시키는 비유를 더 조잡하게 쓰는 일의 준비가 되고 있다. 그리하여 여기서도 크레온은 자연의 정복을 남자가 여자를 다스리는 것과 결부짓고 있다(484~485행 및 525행). 이 말씨의 비교는 파수병의 연민의 정과 주인의 비정한 엄격함 사이의 차이를 두드러지게 한다.

크레온이 이해하지 못하는 것은 안티고네 속에 있는 여자다운 요소이다. 그가 그것을 이해하기 위해서는 자기 자신의 말과 비슷한 말로 그녀의 행위를 고치지 않으면 안 된다. 그는 이 점을 분명히 행하고 있다(이스메네에 대한 의혹을 진술하는 말 속에서 그로서는 자기 말이 안티고네에게도 적용된다고 생각하고 있다).

"결백하지 못한 일을 어둠 속에서 짜는(tecflnōmeñon) 자의 마음은, 도둑과 같은 거동 때문에 사전에 발각되는 법이다."
(글자 그대로 직역한다면 klpeus는 도둑으로서의 뜻—493~494행)

안티고네의 행위에 관하여 사용된 '도둑'이라는 단어는, 크레온의 마음 속에서 곧 그가 좋아하는 관념의 하나인 '이익(kerdos)'이라는 타산적 욕망으로 분류된다. '짜여졌다'는 뜻의 동사는 그 어근(語根)에 '연구'라든가 '술책'을 의미하는 techne를 내포하며, 앞에서 말한 것처럼 인간에 대한 송가에서도 쓰이고 있다. 그러나 송가의 techne가 신의 지시에 있는 테이레시아스의 예언의 술(術)로서 techne으로 대답되고 있는 것과 마찬가지로, 안티고네의 동기를 '도둑과 같은' 타산으로서 분류하는 편협한 태도는 종막 가까이 크레온이 아들의 목소리를 듣고 부르짖는 외침 속에서, 신들에 의하여 대답되고 있다. "내가 신들에게 속고 있는 것인지(theoisi kleptoniai 1218행)."

이런 까닭에 새, techne, 남성이 여성을 지배한다는 주제는 하나의 복합, 즉 지배와 권위의 다양한 국면의 부분으로서 모두 연결되어야 하는 것이다. 안티고네의 죽음과 테이레시아스의 불길한 새들을 포함하는 이 복합을 인간 세계에 관해서는 언급하지 않는다 할지라도, 자연의 세계가 제1 스타시몬에서 생각되는 것만큼 무력하지도 않거니와 또 그처럼 쉽사리 통어할 수 있는 것도 아니라고 비추고 있는 것 같다.

한 여인, 몰리는 희생자로서의 안티고네와 신들로부터 오는 신호의 통역, 바로 장님이며 힘없는 노인으로서의 테이레시아스는, 이 자연계와의 교감에 의한 관계라는 자세에 있어 서로 긴밀한 관계를 가지고 있다(안티고네를 울부짖는 어미새에 비유한 것은 이 연상을 북돋우는 데 도움이 될 것이다). 두 사람 모두 신에 대하여 특별한 존경심을 가지고 있는데, 그 때문에 크레온을 적으로 돌리게 된다. 두 사람은 크레온이 경멸하는 존재의 질서, 또는 삶의 극장에 속하고 있다. 그리하여 끝에는 두 사람 다 크레온의 손실로 그 정당성이 입증된다.

크레온은 안티고네를 죽게 함으로써 목적을 이루고 권위를 확고한 것으로 만들었으며, 자기에게 반대하는 처치하기 곤란한 요소, 지금까지 반대한 단 하나의 요소를 분쇄했다. 그는 남자를 예상하고 있었고("대체 어떤 남자가 그런 과감한 짓을 했는가" 248행), 이익을 구할 계산을 예상하고 있었는데, 대신 발견한 것은 죽음을 단 하나의 이익으로 삼고(461행 이하) 인간이 아니라 신들을 의지하는 처녀였다. 그리고 그가 두려워했던 것처럼 반역이 일어난다. 더욱이 그것은 크레온이 생각하는 것보다 더 근본적이고 깊은 뜻이 있는 그 자신과 규칙의 상태에 대한 반역이다. 희곡의 끝부분에서 주로 다루어진 것은 이 반역의 영역에 드는 여자다움, 신들, 비이성적인 것의 옹호이다. 따라서 인간의 체험 속에서 가장 이성적이 아닌, 억누를 수 없는 요소의 신화적 화신인 에로스와 디오니소스가 희곡 끝부분의 송가에서는 두드러지게 많이 나오게 된다.

크레온의 대답은 이중의 의미를 갖는다. 안티고네의 역할에 있어 나타내지고 있는 것은 여자다운 성격에 관한 크레온의 멸시만이 아니라, 인간성 일반에 관한 그의 멸시이다. 신의 법에 관한 안티고네의 논술에 대답할 때, 크레온은 기술적인 지배(불이나 야금술, 474~476행)나 동물의 복종(말을 길들이는 방법, 477~478행)에 관한 말을 쓸 뿐 아니라 안티고네를 은연중에 노예(doulos 779행)에 비교한다. 그의 생각의 진행 방법은 아주 중요하다. 그것은 자연에 대한 인간의 자랑스러운 정복과 크레온의 인간 멸시와의 연계(連係)를 암시하기 때문이다. 그리고 논쟁의 강한 압력과 덮쳐오는 시민적 권력, 이 두 가지에 저항하는 안티고네의 능력은 그것 자체가 하나의 대답이므로, 범할 수 없는 개인의 존엄성과 가치의 증명이다. 그녀는 노예라는 모욕에 대하여 아주 독특한 대답을 한다. 그 대답은 사회적 질서라는 인공적인 모습에서 독립된 신성한 정리 아래 타인에게 사랑과 헌신을 바치는 일이다. 안티고네의 "죽은 사람은 그의 형이지 노예가 아니에요(517행)"라는 간결한 대답의 핵심에 있는 것은 그녀의 이른바 정리, 모욕할 수 없는 인간성이며, 폴리네이케스를 그녀가 느끼고 있는 것보다는 작은 존재라고 간주하는 것에 대한 거부이다.

그밖의 크레온에 대한 대답 부분은, 신들이 모습을 가장 잘 나타내는 자연의 영역에 관한 것이다. 이 부분 또한 작품의 전체성을 위해서는 불가결한 것인데, 그것은 크레온의 개인 관계뿐만 아니라 인간과 세계와의 관계에 있는 그 무엇, 즉 인간이나 자연, 사물이 갖는 신성한 느낌을 무시하고 있기 때문이다. 이들 영역, 신과 인간, 자연과 신의 세계는 크레온의 파멸을 촉진시키는 사건의 급속적인 전개 속에서 융합한다. 처음은 테이레시아스의 새들, 이어서 크레온과 아들의 장렬한 만남. 뒤의 장면에서 사용되는 언어는 인간과 자연, 인간과 동물의 주제를 더욱 명확하고 심하게 뒤바꾸어 놓는다. 여기에는 순종과 야성의 얄궂은 교체가 있는데, 그것은 크레온의 아들의 운명이 급격하게 뒤바뀌는 정점에서 박력을 가지고 나타난다. 크레온은 하이몬의 목소리가 "개처럼 응석을 부린다(1219행)"고 소리치는데, 여기서 쓰이고 있는 동사는 인간의 송가(340행, 350~352행)나 크레온과 안티고네가 주고받는 말(477~478행 및 509행)에서의 동물적인 굴종을 나타내는 말씨를 생각나게 한다. 그러나 그 직후에 하이몬은 아직 길들여져 있지 않은 야성의 동물처럼 '사나운 눈초리'를 하고 침을 뱉는다. 그리고 마침내 분노한 나머지 자기 몸을 찌른다. 동물같이 되어 버린 그는 인간이 자랑할 만한 것인 말을 잃고(354행) 아버지가 하는 말도 못 알아듣는 것 같다(1230행).

크레온이 인간 관계를 동물처럼 다룬 일이 이렇게 해서 스스로에게 되돌아왔다. 그는 자기 주위에 대하여 익숙해질 것과 복종을 구했지만, 크레온은 전에 자기가 인간 일반에게 짊어지운 인간 멸시에 대한 지불을 아들을 통해 치르는 것이다. 그는 하이몬과 안티고네 사이에서 사랑의 가능성을 보기를 완전히 거부했으며, 그와 동시에 아들의 인간성에도 등을 돌렸다. "그가 씨받이할 밭은 얼마든지 있다(569행)"라는 표현에서 크레온은 전통적인 신선함을 가진 가장 친밀한 인간 관계를 동물적 행위의 수준으로 끌어내리고, 인간의 송가(337행 이하의 송가 제1부 끝에 나오는 씨받이에 관한 강조에 주의)에서 볼 수 있는 자세와 관련짓고 있다. 결혼이라는 결합의 격하는, 안티고네를 '신랑 앞에서(760~761행)' 죽게 만들어 주겠다는 크레온의 잔혹한 조롱이나, 아켈론에게 '시집간다(816행)', 또는 무덤이 '신방'이 된다(891행)라는 표현이 나오는 안티고네의 긴 한탄 속에서 계속된다. 이 형식은 하이몬이 죽음을 통해 안티고네와 '결혼하고(1240행 이하)', 그 결과 크레온의 결혼도, 그 결혼으로 태어난 자식도 파멸에 이른다는 형식으로 끝나는 것이다.

크레온은 이리하여 두 개의 수준, 즉 내적과 외적 또는 개인적 영역과 외적 세계에 있어서 자기의 태도와 행위의 결과를 배우게 된다. 그는 가장 본질적인 관계에서 입은 고통을 통해 그 누구도 스스로의 인간성을 손상하는 일 없이는 인간적인 영역을 멸시할 수 없다는 것을 깨닫는다. 따라서 인간적인 정리의 절대적인 가치를 믿는 안티고네는 이 인간성의 완벽한 전개를 표현할 뿐 아니라, 그녀의 니오베상(像)을 통해 거의 신과 가깝도록 드높아지는 경지에까지 이르는 것이다. 정리의 신성함을 멸시한 크레온은 아무것도 손에 가지지 못한 채로 남겨진다. 그는 가까스로 인간의 형태만은 유지하고 있지만, 이제 아무것도 아니다. 마지막에 크레온은 말한다. "없는 거나 다름없는 존재"라고. 이것은 위코프의 번역에 따르면 이제는 아무것도 아닌, 없는 거나 다름없는 나이다(1325행).

외적인 면에 있어 크레온은 테이레시아스라는 인물을 통해 나타나는, 신의 힘의 개입에 의해 지배나 권력에 따르지 않는, 또는 따르게 하려 해서는 안 되는 존재 영역이 있음을 억지로 알게 된 것이다. 그러나 이 신들의 영역 및 자연계로부터의 강제는 그 자신의 운명으로서 곧 가정 안에 초래될 뿐 아니라, 자식의 어버이 살해 의도나 죽음에 관한 동물의 비유를 통해 그의 입장은 역전한다. 그는 오히려 금수나 같은 자가 되는 것이다. 이렇게 해서 내적과 외적, 인간계와 자연계라는 두 개의 영역은 분류할 수 없게 결합되며, 작품은 이 결합을 그 위대성과 복잡성에 있어 표현하고 있다.

하이몬의 죽음에서 볼 수 있는 순종과 야성이 뒤섞여 있는 것은, 이 희곡의 더 근본적인 역전에 연결되어 크레온의 문명관(文明觀)에 더욱 보류 조건을 더하게 된다. 그것은 은신처라는 주제로 나타난다. 인간에 대한 송가에 이어지는, 파수병이 나오는 제2의 장면에서 그는 시체를 감시하면서 동료와 함께 대기에 몸을 내맡긴 채 꼼짝도 하지 않고 있다. 심한 바람, 열기, 집 밖의 공기, 황량한 산들(410행 이하), 이러한 세세한 것들이 송가 바로 뒤에 이어진다는 것은 의미가 깊다. 여기에서는 태풍이나 대기로부터 벗어나기 위한 장소가 문명화된 인간의 달성으로 명확하게 헤아려지고 있기 때문이다.

"경국(經國)의 기술은 그의 것.
겨울의 비의 창을, 눈의 화살을 막는 수단도 그의 것(356~359행)."

축어역(逐語譯)이 이 관계를 좀더 명백하게 할는지 모르겠다.

"그는 야외에서(enaitheria) 서리의 무기나 폭풍의 화살로부터 벗어나기 위하여 견고한 숙소를 지을 것을 그 몸에 가르쳤다."

파수병을 통해 묘사되는 폭풍은 야외(aither 414행, 421행)에서 전개되고, 화살 또는 무기라는 이미지는 그 앞의 크레온이 파수병을 만나 화를 내는 대목에서 쓰였다(241행). 또 뒤쪽에서—여기서도 그는 노해 있지만—테이레시아스에 대해 쓰이고 있다. 그러나 여러 종류의 '폭풍'이라는 말에 책임이 있는 것은 크레온 자신이다. 파수병은 크레온과의 제2 장면의 시작에서 그와의 맨 처음 회견을 "마치 폭풍과 같은 임금님의 위협을 만났습니다(391행)"라고 설명하고 나서, 진짜 폭풍 이야기(417행 이하)로 옮아간다. 423행 이하 및 433행에 나타나는 동물이나 사냥의 이미지에 결합시키면 송가와의 대조가 매우 인상적이다.

이러한 '은신처'나 '야외'라는 주제가 공동체의 더 광범위한 암시를 갖는 것은, 하이몬의 크레온에 대한 엄격한 추구에서 볼 수 있다.

크레온 국가가 통치자의 것이 아니란 말이냐?
하이몬 사람 하나 없는 사막(eremos)을 혼자서 훌륭하게 다스리는 편이 좋겠습니다(739~740행).

그리고 이 암시는, 크레온이 결국 안티고네를 추방해서(eremos 887행, 919행), 특히 그녀의 동굴이 황폐해질 대로 황폐해진(eremos 773행) 곳에 있다고 말할 때 의미가 나오는 것 같다. 그래서 크레온은 법을 찬미함에도 보다 광범한, 보다 인간적인 의미에서 문명의 본질을 파악하지 못한다. 그는 자기 나름으로는 정복했다고 생각하고 있는 세계의 황폐와 폭력 앞에 인간을 드러내고, 말하자면 문명의 진보에 역행하려는 것 같이 보인다.

이 역행의 경향은, 인간의 시체를 개나 새의 먹이로 삼는다는 줄거리의 근본적 상황에서도 볼 수 있다. 폭풍이나 안티고네의 동굴의 경우와 마찬가지로, 시체도 역시 인간 문화의 바깥에 있는, 여전히 길들여져 있지 않은 야성이라는 현실을 우리에게 떠올리게 한다. 《오이디푸스 왕》에 있어서의 역병처럼 간결하고 효과적으로 묘사된(이를테면 29～30행, 205행 이하, 410행) 허물어진 시체는 어쩐지 기분 나쁘게 끔찍스럽고 구역질이 날 것 같은 느낌을 떠올리게 하는 것이다.

그러나 그리스적인 사고 방식으로는 이와 같은 생리적으로 불쾌한 요소가 심원한 종교적 의미를 갖는다. 그것은 테이레시아스가 말한 것처럼 '더러움', 종교적 신성을 범한 것의 구체적인 표시인 전염성의 더러움을 만들어 낸다. 들에 버려진 시체야말로 윤리적 신성의 침범이요, 현실적인 더러움의 원천, 즉 역병, 식물이 말라 죽는 것과 불임의 원인이며, 살아남은 이들이 의뢰하지 않으면 안 될 제어 불가능한 신비적인 힘, 모두가 인간을 향해 폭발하는 원인인 것이다. 이런 힘들과의 정당한 관계가 깨진다면 정치적인 통일(1080행 이하)과 개인의 행복이라는 두 개의 평면에서 인간의 존재 자체가 위협을 받는다. 크레온은 이 점을 뼈저리게 느낀 것이다.

크레온은 국가의 지도자로서 그와 같은 더러움에 관심을 가져야 한다. 그런데도 그는 신이 정한 질서를 무시해서 생긴 '더러움'의 중요한 의미를 극히 표면적으로밖에 이해하지 못한다. 크레온은 안티고네가 죽었을 경우, 거리가 더러움에서 벗어날(776행) 방법을 위해 조금쯤 주의를 할 것이고, 인간은 신을 모독하지(1053행 이하) 못한다고 거만한 발언을 하는데, 이는 국가 및 모든 인간의 창조물이 그 일부일지도 모르는 보다 큰 영역에 관한 감각의 결여를 나타내고 있다. 그는 극이 끝날 무렵, 더러움에 관한 마지막 발언 속에서 인간 행위의 한계에 관해 새로이 얻은 깨달음을 전한다. "오, 밝히기 어려운 저승의 항구여, 왜, 어찌하여 나를 파멸시키는가(1284행 이하 1142행)."

이리하여 시체는 은신처와 더러움의 주제에 연결되면서, 크레온의 반종교적인 태도의 두 가지 모습, 즉 인간의 저락(低落)과 신성(神性)에 대한 무시를 적극적으로 결합하는 역할을 맡는다. 두 개의 주제는 물론 안티고네에 의해 결합된다. 왜냐하면 그녀가 폴리네이케스를 매장하는 일은, 신의 거룩한 성품에 대한 옹호와 크레온이 확신하는 인간의 독립과 지배의 주장보다도 더 확실한 인간 존중의 주장이기 때문이다. 들에 버려져 동물에게 뜯어먹히고 있는 시체가 밝히고 있는 것처럼, 인간의 달성에 관한 순수한 인간 중심의 칭찬은 반대로 인간을 멸시한다.

　물론 이것은 제1의 송가의 확신을 덮어놓고 부정하는 것은 아니다. 인간의 위대성에 관한 이미지는 작품 전체를 통해 일관되고 있는데, 그것은 크레온보다 오히려 안티고네의 모습에 있어서이다. 송가에서 암시되고 있는 인간에 관한 견해에 대한 제한은 모든 인간, 남성적인 것을 포함하는 여자다움, 인간의 최고의 달성에서조차 볼 수 있는 약함과 불확실성, 그것을 향하여 인간의 위대함이 주장되지 않으면 안 될 무(無)에 관한 보다 명확한 정의를 구하여 작용한다. 이 위대성은 소포클레스가 인정하는 바로는 죽음이라는 형식으로, 그것 자체의 부정을 만나지 않고서는 이르지 못하는 것이다. 안티고네는 오직 혼자서 이것을 실행했다. 인간에 대한 송가 속에서, 죽음은 간단하게 처리되고(361~362행) 크레온의 또 하나 지배 수단인 형벌로 쓰이고 있을 뿐이다.

　그러나 두 사람의 주역, 즉 전혀 동요하지 않고 영웅적으로 죽음을 받아들이는 안티고네와, 없는 것과 다름없는 존재로까지 전락하는 크레온의 운명은 극단적으로 대조적이다. 강자와 약자라는 본디의 위치가 역전한다고는 하지만, 두 사람은 여전히 끝없는 심연으로 서로 격리되고 있다. 이 보다 20년 뒤에 씌어졌다고 생각되는 《오이디푸스 왕》에서 인간의 위대함과 약함이 복잡하게 엇갈린다는 소포클레스의 설명은 가장 완전한 형식으로 한 사람의 주역 속에 나타나 있다. 소포클레스는 생애의 끝무렵에 이 복잡한 얽힘을 한층 더 깊게 하는 것으로서 다시 오이디푸스를 등장시키게 되는 것이리라.

　시체라는 존재는, 그것이 들에 버려진 시체이든 안티고네의 경우처럼 생매장이라는 형식이든, 인간의 성격과 존엄의 문제를 날카롭게 들이댄다. 죽음이란 그것이 필연적일 경우, 인간 가치의 타락이든가 확립이 된다. 안티고네의 죽음은 자기를 위해서만이 아니라 치욕당한 시체를 위해 인간의 가치를 옹호했다. 그녀에게 있어서는 시체도 역시 인간이기 때문에, 인간의 인격과 분리해서 생각할 수 없다. 크레온은 시체를 내버림으로써 살아 있는 인간의 이미지까지도 저하시켰다. 크레온의 행위를 5세기 중반 무렵의, 인간이라는 형식을 강조하는 사고 방식에서 검토한다는 것은 매우 흥미로운 일이다. 소포클레스가 인간 시체의 모독을 중심으로 전개하는 극을 쓴 것은, 때마침 파르테논 신전에서 일하고 있던 같은 시대 사람들이 그 이전에는 표현되지 않았던 인체의 아름다움이나 고귀함을 발견하고 표현하고 있던 시기이기 때문이다.

그런 까닭에 크레온의 행위는 자신이 자각하고 있지 않는 의미를 가지게 된다. 죽음을 동정과 이해를 가지고 접해야 하는 존재의 불가피한 조건으로서가 아니라 지배의 수단으로 간주함으로써, 크레온은 부하들만이 아니라 궁극적으로는 자기 자신의 가치까지 끌어내리고 있다. 그는 죽음에 대하여 동정과 이해를 가져야만 한다는 일반적인 의미에 있어, 국가가 죽은 자를 위하여 장소를 제공해야 한다는 것을 부정한다. 그런데 희곡의 끝에서는 시체의 모독을 거만한 태도로 명령한 크레온이 스스로 시체를 걸머지고 퇴장한다. 더욱이 그것은 바로 자기 자식의 시체이다(1257~1260행). 그는 국왕으로서 시체를 버리거나 이용했지만, 그 결과는 죽어야 할 것으로 정해진 한낱 인간으로서 죽음을 발견하고 체험하는 것이다. 이리하여 드라마가 진행되면서 그의 국가 중심적인 인간관이 광범한 영역에서는 부적합하다는 것을 알 수 있게 되고, 신하인 시민들뿐 아니라 지배자 자신의 전면적인 인간 상실을 불러일으키는 것임이 드러난다.

《안티고네》와 같은 위대한 작품에 관하여 정치적 또는 역사적 해석을 시도하더라도 그 모두에 걸쳐서 할 수는 없다. 그러나 역사면에는 얼마쯤의 의의가 있는 것 같이 생각된다. 이 희곡은 그 일면에 있어서는 아테네 민주주의의 성격이나 이상에 관해 이야기한 것이라고 말해도 무방할 것이다. 이 작품은 인간의 성격을 기능 본위적인 재능에 한정하고, 인간을 정치적인 단위의 일원으로 환원해 버리는 크레온의 편협한 합리주의, 독재적인 물질주의에 반대한다. 안티고네가 요구하는 것은, 국가가 혈연 관계의 신성함, 애정이나 정념에 의한 결합의 가치, 개인의 특수성을 받아들이는 일이다. 이러한 사고 방식은 페리클레스가 행한 추도 연설에서 이야기된 것과 꽤 가깝다.

우리를 민주주의 제도라고 부르는 것은 옳다. 정치가 소수의 사람들이 아니라 다수 사람들의 손 안에 있기 때문이다. 그러나 법은, 그들의 개인적인 논쟁에 있어서도 모든 사람들에 대하여 마찬가지로 평등한 공정성을 보증하지만 탁월한 자격도 인정한다. 시민이 어떠한 방법에 있어서건 남보다 뛰어났을 적에는, 특권으로서가 아니라 가치에 대한 보수로서 공공의 임무를 맡을 것을 명령받는다.

(투키디데스 제2부 37장 1절)

이런 국가가 있었더라면 안티고네 같은 사람은 살 수 있었을 것이다. 아마도 페리클레스가 의도했던 것보다도 더 완전한 방법으로 자기의 권리를 요구하고, 자기 자신 속에 있는 최선의 요소를 근본으로 국가를 이루고, 그것을 그녀 자신의 전면적인 인간성의 표현으로 삼았을 것이다. 앞에서도 썼지만, 소포클레스는 이 작품에서 적어도 부분적으로 프로타고라스, 아인사고라스, 데모크리토스, 히포크라테스, 밀레토스의 히포다마스 등의 사색 속에 표현된 5세기식 계몽주의가 갖는 합리적인 낙관주의에 제약을 가하려 한 게 아닌가 생각되고 있다. 그리고 크레온의 모습 뒤에는, 자랑스럽고 엄격한 페리클레스에 대한 암시가 있다고 하는 사람들도 있다. 페리클레스는 "인간성에 대한 신앙은 가지고 있었지만, 예를 들면 소포클레스보다 훨씬 인간적이 아니었다"고 일컬어지고 있다.

그러나 문제는 특정 사람들, 또는 특정 계급의 사람들에 대한 암시를 훨씬 넘어 버렸다. 그것은 인간이 그 일부로서 포함되어 있는 그 무엇인가를 명확하게 하는 일이다. 인간은 자기 세계를 이해하고 지배하기 위하여 근사한 방법을 발달시켰다고 스스로 믿고 싶어하고 있다고 이 희곡은 말하고 있는 것 같다. 그러나 기술자 또는 발명가인 인간이라고 말하는 것만으로는 충분하지 않다. 희곡이 진행되면서 제1 스타시몬에서 뚜렷하게 열거되어 있는, 인간이 정복한 모든 것이 사실은 여러 가지 칼이라는 것을 알게 된다. 송가(335행 이하)에서는 훌륭하게 제어되고 있는 바다, 그리고 크레온에게는 처음에 등장했을 때부터 자랑스럽게 정치적인 통제(국가라는 배. 162행 이하 및 189~190행을 참조)와 관련되어 있던 바다가, 그 뒤의 송가에서는 비합리적인 고통에 있어서의 무력함(584행 이하, 953행 이하, 966행 이하)과 연결되고, 마지막에는 크레온이 자신의 파멸을 얄궂게도 항구(1284행)라는 단어를 써서 말한다. 송가의 제2부(343행 이하)의 동물이나 새들은, 크레온의 파멸의 직접적인 원인인 하이몬의 죽음에 얽힌 비유적 표현 속에서 신의 질서의 모독을 알리는 심부름꾼들이 된다. 언어나 의지의 전달은(354행) 고함을 지르고 욕하고, 그러다가 마침내 하이몬의 동물 같은 완전한 침묵으로 후퇴한다. 인간이 도시 건설에서 나타낸 기질의 성과나 은신처(355~356행)는, 시체나 그것을 감시하는 파수병에게는 주어져 있지 않고, 안티고네의 황폐한 매장터에서도 허용되지 않는다. 그리고 병의 근본은 폭풍이라는 신의 병(425행)의 형식으로, 더 심각한 이야기로서는 크레온의 생각이나 사려(1015행)가 원인으로 도시 그 자체가 앓지 않으면 안 되는 부정(不淨)이라는 형식으로 인간을 역습할 것이다.

송가가 말하고 있는 것처럼(361행) 인간이 지배할 수도 벗어날 수도 없는 유일한 것은 죽음이다. 죽음은 인간이 지닌 위대성의 최대의 시금석이요, 인간성의 주장을 위한 최고의 수단이라 할 수 있을 것이다. 《안티고네》는 《콜로노스의 오이디푸스》에서 눈먼 주인공이, 죽음이 부르는 소리에 응하여 최고의 힘을 분기시켜 스스로 앞장서 나아가는 숭고한 종막에 비교하면 역시 어둡고 황량한 느낌이 드는 작품이다. 그렇지만 《안티고네》에서도 자기가 자진해서 받아들인 죽음은 이 작품의 아름다움, 비장함의 원천이 된다. 안티고네가 미지의 죽음을 영웅적으로 받아들임으로써 인간의 존엄성을 가장 힘차게 확립했다고 한다면, 크레온은 완전히 인간적으로 되기 위해 마찬가지로 비극적인 과정을 연출한 게 될 것이다. 안티고네의 죽음과 동시에 완전한 무지와 무력을 통해 크레온의 인간성이 탄생한다. 그는 상실과 고뇌 속에 내던져져서, 모든 인간이 이윽고 죽어야 할 자로서 격투하지 않으면 안 될 '기록되어 있지 않는 법'을 스스로 체험한다. 인간은 언젠가는 미지의 것, 헤아려 알기 힘든 것을 만난다. 크레온은 그 만남에 있어 국가의 우두머리라는 공공의 입장에서, 아마도 안티고네보다 더 무서운 고독으로 떨어졌다.

안티고네의 견해가 이상주의처럼 보이지만, 본래의 비극적인 의미에서는 크레온보다 훨씬 현실적이다. 소포클레스가 말하는 '인간답게 산다'는 것은 인간의 존재 조건을 충분히 안다는 것이므로, 이것은 바로 늙지 않는 무한한 힘을 갖는 신들, 말하자면 바꿀 수 없는 우주의 진실을 받아들임을 뜻한다.

소포클레스는 조건을 받아들이는 것이 쉬운 일이라고는 결코 말하지 않는다. 그러나 이렇게도 말하고 있는 듯하다. 인간은 조건을 받아들이지 않으면 안 되며 그것을 실행할 힘을 가지고 있다, 또는 발견할 수 있다라고. 크레온은 패하고서도 여전히 의연한 《오이디푸스 왕》의 종막에 있어서의 주인공에는 못 미치지만, 그래도 파멸에 임하여서도 자살하지 않는다. 그는 괴로워하고, 그리고 견딘다.

  소포클레스는 인간의 위대성의 평가라는 점에서, 새 아크로폴리스와 파르테논 신전을 만들게 한 정치가나 '인간은 만물의 척도'라고 말한 철학자의 동시대 사람인 것이다. 소포클레스는 인간의 특질은 그 위대한 순간에 있어서 신들의 실재를 인식하는 일이라고 느끼고 있었던 점에서 세계적인 비극 시인이다. 제1 스타시몬은 인간 예찬으로서 바르게 묘사되고 있다. 그러나 소포클레스가 인간의 무엇을 칭찬하려 했는가는 작품 전체를 통해 보아야 할 것이다. 다른 송가에서 장로들은 이렇게 노래부르고 있다.

"위대한 것은, 괴로움이나 재액 없이 인간을 찾지 않는다."

에우리피데스의 《바쿠스의 여신도들》
K. 케레니

1

 문학이나 조형 예술의 작품 속에서 구체화되었던 그리스 고전 시대는 끝났다. 기원전 406년 가을에 3대 비극 작가 중 마지막으로 소포클레스가 세상을 떠났다. 그때 그의 나이 90이었다. 성스럽다는 말에 순수하고 직접적인 뜻을 담아 말한다면, 그는 보기 드문 성스러운 시인이었다. 일찍이 영웅 이카리오스가 포도주의 신을 맞아들였듯, 그는 의료의 신 아스클레피오스를 집에 맞아들여, 그가 죽은 뒤 아스클레피오스와 더불어 영웅으로서 숭배되었다.
 그리고 그리 손아래가 아닌 에우리피데스도 같은 해에 그보다 앞서 세상을 떠났다.
 그의 사망 소식은 봄에 아테네 사람들이 여러 가지 비극을 상연하는 대 디오니소스제를 준비하고 있을 적에 알려졌다. 소포클레스는 때마침 코러스에게 연습을 시키고 있었다. 신들의 환대자인 소포클레스는 죽은 사람을 추도하는 표시로서 코러스 사람들에게 관(冠)을 씌우지 않고 축제 행렬에 등장시켰다. 그가 보기에는 에우리피데스야말로 디오니소스에게 알맞는 봉사자였다. 그러나 그 당시 아테네에서는 에우리피데스가 마지막으로 완성한 비극 《바쿠스의 여신도들》이 아직 알려져 있지 않았다. 그는 그 작품을 마케도니아 왕 아르켈라오스의 궁정에서 썼던 것이다. 아테네 사람들에게 불만이 있던 그는 이미 2년 전부터 그 땅에서 지내고 있었다.
 이 작품은 이듬해 봄, 다음의 대 디오니소스제 때에 아테네에서 처음으로 상연되었는데, 그때는 이미 소포클레스도 세상을 떠난 뒤였다. 그것은 벌써 희극의 상연이 행해지는 겨울의 디오니소스제에서 아리스토파네스가 이 위대한 비극 예술의 마지막 광휘를 그 나름대로의 방법으로 아테네 무대에 올려 상연한 다음이었다. 그의 희극 《개구리》에서는 연극의 신 디오니소스가 스스로 무대에 등장하여 에우리피데스에게 열중하고 있다. 소포클레스와 함께 아리스토파네스도 제사적 분위기, 즉 디오니소스 예배에 있어 허용된 것의 한계를 에우리피데스의 작품 속에서 결코 침범되지 않았다고 하는 것의 증인이다. 디오니소스 신은 시인이 《바쿠스의 여신도들》의 창작에 열중했기 때문에, 그 마지막 몇 년 동안만 그에게 은총을 나타낸 것이라고 하는 풍자가 여기에는 아예 없다. 이 작품의 서두에서, 에우리피데스는 3대 비극 시인 가운데 디오니소스에게 가장 사랑받는 존재로 되어 있어서, 소포클레스가 죽은 뒤 디오니소스는 그를 비극의 무대로 다시 불러내고 싶어하고 있다.

그러므로 디오니소스는 재미있어 하고 있는 관객들 앞에서 저승으로 내려가는 것이다. 아직 상연되지 않은 디오니소스가 총애한 작품 《바쿠스의 여신도들》에 관해서는, 작자도 아테네 사람들과 마찬가지로 그즈음 아직 몰랐었던 것 같다. 아리스토파네스에게 있어 이 신은 열광적이고 꿈꾸는 젊은이 같이 보이는데, 그는 에우리피데스의 유명한 무대 작품 《안드로메다》를 그즈음 다시 읽었기 때문에, 이 시인에 대한 동경이 그의 마음을 사로잡고 있었다. 아테네에 그 선례가 없었던 것은 아니지만, 일반적인 것이 아닌 그럴 듯한 신앙의 태도라는 비난—이것은 어떠한 종교에 있어서도 하나의 데카당스 현상이지만—을 이 희극 시인도 물론 알고 있었다. 그는 이것을 정신에 허용되어 있는 것이라고는 아무것도 이해하지 못하는 헤라클레스의 입으로 말하게 하고, 디오니소스로부터 헤라클레스에게 이렇게 지식을 주게 하고 있다. "너는 나에게 어떻게 하면 잘 먹을 수 있는지 가르쳐 주기만 하면 되는 것이다!"(107행) 이로써 이미 아리스토파네스는 여러 가지 비난에 근거해서 씩어진 신들의 적 에우리피데스에 관한 모든 고대 문학으로부터 그 기반을 빼앗아 갔다. 디오니소스가 《개구리》의 끝에서 결국 아이스킬로스를 향해 신앙 고백을 하고 있다는 것은, 종교적 이유에서 일어난 것은 아니었던 것이다.

또 디오니소스에 열광한 여자들을 무대에 올린 것은 에우리피데스가 처음은 아니었다. 그 이전에도 아이스킬로스가 디오니소스를 둘러싼 신화에서 소재를 따온 일련의 희곡을 발표했는데, 그 가운데 하나인 《펜테우스》는 그 주제가 에우리피데스의 《바쿠스의 여신도들》과 일치하고 있다. 디오니소스 마을 이카리아 출신인 최초의 비극 시인 테스피스가 이미 《펜테우스》를 썼다는 전설을 의문시할 이유도 없는 것이다. 적어도 같은 제목의 아이스킬로스의 비극이 없어지지 않았다면, 우리는 그와 에우리피데스가 디오니소스적 소재를 어떻게 다루고 있었는지 비교할 수 있었을 것이다. 그렇게 되었더라면 우리는 일견 역사적, 문헌학적으로 보이기는 하나, 결국 시대착오적인, 아리스토파네스의 증언으로 부정되어 버리는 많은 책에 씌어져 있던 그 점을 판단하기 위한 기초를 얻을 수 있었을 것이다.

즉, 에우리피데스가 《바쿠스의 여신도들》에서 고도의 예술적 수완을 가지고 성스러운 연극으로 지어낸 이 비극적 주제에 대한 에우리피데스 자신의 개인적 관계를 파악할 수 있었을 것이다. 이에 비해 이 작품과 신화의 관계는, 그 작품이 지은이의 늘그막의 작품이라는 것이 가까스로 얼마 전에 밝혀지게 된 만큼, 더욱 더 우리의 마음을 사로잡는 것도 이상할 것은 없다. 《펜테우스》라는 이름은 크노소스에서 출토된 기원전 15세기의 도자기판에서 읽을 수 있는데, 이 사실은 이 제재가 천 년에 이르는 역사를 지니고 있다는 것을 뜻하고 있다.

우리에게는 아주 구상적인 모습을 하여 눈 앞에 있는 것, 즉 비극 그 자체보다도 인상 깊은 것은 없지만, 그렇더라도 오늘날 우리는 그러한 점도 고려를 하지 않으면 안 된다. 우리에게 있어 이 예술 작품은 단 하나뿐이며, 독자적인 것이다. 어느 비극이든 디오니소스제에 알맞는 종교적 연애물로 간주되고 있었는데도, 주제적으로 이 신과 결합되어 있는 것은 오늘날 남아 있는 그리스 비극 가운데 이것이 오직 하나뿐인 작품이다. 보다 후기의 실례로서는 그리스도교의 새로운 비극을 가지고 올 수도 있을 것이고―그렇기는 하나 적어도 이것은 시대 착오적이겠지만―《바쿠스의 여신도들》의 시인과 칼데론의 비교를 시도해 볼 수도 있을 것이다. 그의 무대 작품은 이 스페인 사람의 작품과 마찬가지로 진지하고 정중하게 받아들여지고 있었다. 중세에 씌어졌고 오늘날의 우리에게까지 전해진 그리스어로 된 단 하나의 그리스도교 비극은, 한 비잔틴 시인의 《수난의 그리스도》였는데, 이 작품은 전 시구를, 아니 각 인물의 모든 역할을 《바쿠스의 여신도들》에서 재승하고 있다. 빌려온 대부분은 빠진 데가 있는 채로 오늘날에 남겨져 온 이 비극의 맨 끝 부분, 갈가리 찢긴 자기 아들에 대한 아가베의 비탄 부분에서 빌려온 것이다. 그것은 비탄하는 신의 어머니 입으로 이야기되어서, 우리를 위하여 이

디오니소스 극의 빠진 부분을 보충해 주는 시구인 것이다. 이것은 이 작품의 후세 1500년에 이르는 영향을 의미하고 있으며, 또한 우리는 이 신화의 최초의 간접적인 증명에 의하여 1천 년이라는 거리를 두고 이 작품을 고찰할 수 있는 것이다. 이런 식으로 후세에 살아남을 능력을 갖추고 있었던 것은 작품 쪽이었는지, 아니면 신화 쪽이었는지 이 점을 구별할 수 있을 것인가.

포도주의 신 바쿠스

2

에우리피데스의 희곡에 맨 먼저 등장하는 인물은 디오니소스로, 그가 테베에 와닿는 것으로 연출된다. 디오니소스는 이카리아 지방에는 포도주를 선물한 사람, 포도 재배의 도입자로서, 또 아티카 지방에는 많은 신비한 의식의 도입자로서 훨씬 전에 모습을 나타내고 있었다. 그러나 이제 그의 도착은 제2의 디오니소스, 바로 테베의 디오니소스의 출현이라는 형식을 취하여 그리스적 전승 속에 안배되어 들어간다. 그리스도교의 연대기 작가 에우세비우스와 히에로뉴스는 아직도 이 두 가지 강림을 구별하여 파악하고 있었다. 앞의 '제1의 디오니소스'의 도래, 아티카의 이카리아 마을을 만든 영웅 이카리오스 밑에서의 디오니소스도 비극적 결말을 동반하여 끝맺었다. 이카리오스는 그 특성에 있어 포도주를 최초로 보급시킨 존재로서 포도주를 보낸 신의 분신이었지만, 그는 아직도 디오니소스적 도취를 몰랐으며, 그 때문에 자기가 독을 마신 줄로만 안 술취한 양치기에게 살해되었다. 디오니소스적인 것의 참된 본질을 아직 배우지 못하여 그것을 망념인 줄로 착각하고 스스로 미친 사람처럼 행동한 사람의 경우, 그것도 또한 디오니소스의 영향이었던 것이다. 이것은 이야기가 좀 다르지만, 《바쿠스의 여신도들》의 내용을 이루고 있는 것과 비슷한 이야기이다. 아니, 이것은 신 이외의 다른 인물들을 등장시켜서 펜테우스의 이야기와는 다른 역할로 배당된 망념과 고뇌를 내용으로 하는 다른 '작품' 속의 동일한 '신화'인 것이다. 아마도 그리스인에게는 어떤 신의 탄생은 이미 그 신의 출현을 나타내는 표현 방법이었을 것이다. 그러나 디오니소스의 탄생에 관해서는 독특한 사항이 있었다. 두 가지의 강림에 관한 이야기가 존재하고 있었던 것처럼, 이 신의 탄생에 관해서도 두 가지로 이야기되고 있었다. 제1의 탄생은 죽음의 세계에서의 탄생이었다. 그것은 후세에 전해진 서술에 의하면, 저승에서 생기고 있다. 그렇지만 이 서술도 역시 가장 오래된 것인지는 잘 모르겠다. 이 서술에 따르면, 디오니소스의 어머니는 저승의 여왕 페르세포네이다. 아버지는 어떠한 전승에서도 언제나 제우스이다. 아주 유명한 다른 서술에 의한다면, 제우스가 사랑한 것은 테베의 왕 카드모스의 딸 세멜레인데, 그녀의 이름도 역시 그 이웃 나라인 프리기아어로 '저승의 여자'를 뜻하고 있었다. 제우스와의 사랑으로 세멜레는 디오니소스를 잉태했다. 그러나 그녀는 어리석게도 신들의 왕인 제우스에게 그 전능한 힘을 보여달라고 졸랐다가 그만 제우스의 번갯불에 타죽고 말았다. 이 서술에 의하면, 디오니소스는 저승에서 태어난 게 아니라, 인간인 어머니로부터 조산되어 태어난 것으로 되어 있다. 제우스 자신이 허벅다리 속에 달이 찰 때까지 아들을 넣고 있었던 것이다. 이렇게 해서 디오니소스는 두 번째로 태어났고, 아버지의 허벅다리에서는 세 번째로 태어났다. 그는 먼 신화의 나라 니사산 언저리에서 길러졌고, 오리엔트 전역, 나아가서는 또 프리기아의 이웃 나라 리디아도 정복했다. 그리하여 거기서 리디아의 바쿠스의 여신도들을 거느리고 그가 태어난 도시 테베로 돌아왔다. 이 서술은 《바쿠스의 여신도들》에 대한 모든 이야기이다. 우리는 이것을 이 비극의 머리말에서 디오니소스 자신의 입으로 듣게 된다. 카드모스 왕의 궁전에서의 조산은 아주 극비에 붙여져 있었기 때문에, 왕 말고는 아무도 그때 한 사람의 신이 태어났다는 것을 믿으려 하지 않았다. 무대 위에서 줄거리가 진행되어 나가는 출발점을 이루는 이 상황은, 형식적으로 본다면 《마태복음》 속의 상황과 같다(제1장 54~57절).

"고향으로 돌아가 저희 회당에서 가르치시니 저희가 놀라 가로되 '이 사람의 이 지혜와 이런 능력이 어디서 났느냐. 이는 그 목수의 아들이 아니냐. 그 모친은 마리아, 그 형제들은 야고보, 요셉, 시몬, 유다라 하지 않느냐. 그 누이들은 다 우리와 함께 있지 아니하냐. 그런즉 이 사람의 이 모든 것이 어디서 났느냐' 하고 예수를 배척한지라. 예수께서 저희에게 말씀하시되, 선지자가 자기 고향과 자기 집 외에서는 존경을 받지 않음이 없느니라."

디오니소스 뮌헨, 고대수집관.

이 회당을 빼고, 형제나 누이들 대신 카드모스 왕의 딸인 이모들을 두고 본다면, 유다의 말은 에우리피데스가 서술하고 있는 디오니소스의 테베 귀국에 관해서도 적용된다는 것을 인정할 수 있을 것이다. 귀국한 신은 아마도 다른 일을 가르칠 것이다. 그는 춤을 추어서 그 춤과 비밀스럽고 성스러운 행사 곳곳에 그의 비밀스러운 의식을 심을 것이다. 그는 또 한 사람의 모습을 취하여, 그의 고향 마을에서도 스스로 자신의 예언자로서 행동하려 할 것이다. 바쿠스의 여신도들은 선두에 서서 춤을 추는 선도자의 뒤를 따라 미친 듯한 태도로 리디아에서 나왔는데, 바야흐로 비극의 코러스를 이룬다. 그녀들이야말로 참되고, 까닭을 아는 현명한 열광자들인 것이다. 이 토착민이 아닌 이국의 테베 여자들이 말이다. 그녀들과 마찬가지로 만인이 모두 경건하고 거룩하게 구별된 바쿠스의 여신도가 되지 않으면 안 된다. 아주 열광에 사로잡혀서. 그러나 그 열광(마니아)이라는 말이 뜻하고자 하는 본질을, 특히 그리스어가 아닌 다른 외국어로 말한다는 것은 아주 어렵다. 시인이나 예언자의 영감과 비슷한 이 마니아는 마이나데스로서의 바쿠스의 여신도나,

마이노메노스 테오스(미처 날뛰는 신)로서의 디오니소스의 명칭의 바탕이 되고 있다. 이 마니아는 디오니소스적인 것의 참된 기적을 이루고 있는 경계로 망념과는 구별된다. 그 경계의 한쪽 편에는 존재와 존재에 대한 감각이 있고, 다른 편에는 존재 대신 망념의 속임수에 의하여 나타난 망념과 가상(假象)이 있다. 신은 디오니소스적인 것과 어두운 대조를 이루는 망념도, 기적에 몸을 맡기는 그의 총아들에게는 주지 않고, 반항하고 그것을 거부하는 그의 적들에게 보냈던 것이다. 본질적으로 말하자면, 도취는 망념으로 변화할 수 있다. 존재도 가상도 공통된 뿌리를 가지고 있기 때문이다. 그러나 디오니소스가 출현하는 곳에는 또한 한계도 나타난다. 에우리피데스는 《바쿠스의 여신도들》에서 그 양쪽 면에서 따온 예로 그것을 우리에게 나타내 보이고 있다. 즉, 신앙의 쪽과 불신의 쪽에서, 또는 축복된 쪽과 망념을 짊어지고 벌을 받은 쪽에서.

　에우리피데스가 이 비극 전체를 통해서 일관한 참된 바쿠스 신자와 가짜 바쿠스 신자의 대비는, 그가 처음으로 행한 것은 아니었다. 디오니소스적 열광자가 보통의 긴 막대기 대신 가지고 있던 회향(茴香)의 영장(靈杖)을 짚은 사람은 많다. 그러나 바쿠스의 신자는 적다고 옛 속담은 말하고 있다. 에우리피데스에 있어서는 참된 바쿠스 신자인 리디아 여자들의 합창 노래가 디오니소스적 경험을 입증하는 것이다. 그녀들도 또한 사냥꾼 디오니소스를 경험하고 수렵에 참가한다. 이때 동물들은 붙잡혀 생고기 그대로 뜯어먹히고 마는데, 한편 짐승을 몰아댄 사냥꾼 자신도 마지막에는 기진맥진하여 쓰러져 버린다. 그러자 대지는 우유, 포도주, 꿀을 흘렸다. 그러나 그의 어머니의 자매들은 디오니소스 신에게 더욱 난폭한 수렵을 하도록 유혹을 받는다. 그녀들이야말로 진정 디오니소스를 따르는 여자가 되어야만 했었다. 사실 어느 정도까지는 그래야 하는 것이다. 그런데도 불구하고 그녀들은 진정이 아닐 뿐더러 행복을 누리고 있는 것도 아니다. 그녀들이 헌신적으로 바쿠스의 여신도가 된 것이 아니라 강제로 되었기 때문이다. 그녀들은 자매인 세멜레의 아들의 신성(神性)을 믿으려고는 하지 않았다. 이 점이 이 경우의 비극적 주제가 되는 것으로, 이는 그 비극성에 있어서 이카리오스의 운명을 능가하는 사건이다. 그 벌은 그녀들이 저지른 잘못을 훨씬 능가하고 있는 것 같다. 그것은 정신이 나간 나머지 자기 자식을 갈가리 찢어 버리는 아가베의 죄를 능가하고 있고, 여자들의 광란을 저지하고 벌하려 하면서도 여전히 그녀들이 하는 짓에 귀를 기울이려고 하는 어리석은 아들 펜테우스의 죄를 능가하고 있다.

디오니소스를 후하게 대우하는 이카리오스의 이야기 속에서, 잔인하다고까지는 할 수 없어도 참으로 음산한 형태를 취하고

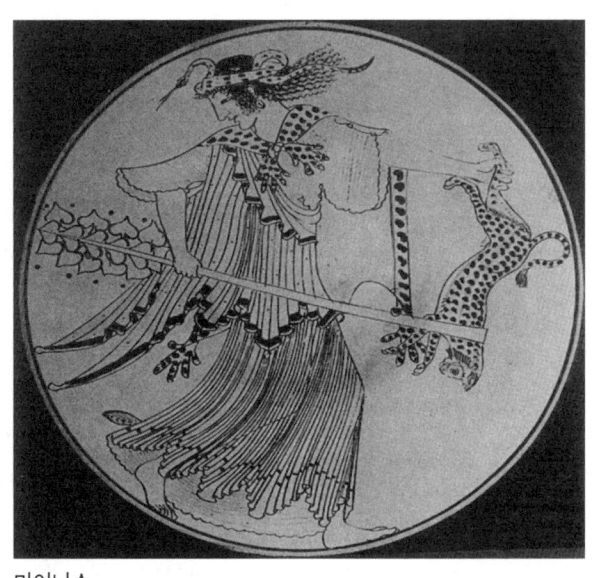

마이나스
무아도취경에 빠져 미친듯이 춤추는 여신도.

있던 신화가 여기에서 좋든 싫든 떠오르는 것이 아니라, 다만 이 작품이 무대 위에서만 관객에게 이야기한 것이었다면, 펜테우스와 그 어머니가 입는 벌의 잔인성은 사실 기원전 5세기 양식의 한계를 넘어선 게 되었을 것이다. 거기에서 신은, 신 자신의 분신인 영웅과 이카리오스의 딸 에리고네의 수난과 죽음의 원인이다. 에우리피데스의 비극 속에서는 신이 그에게 신앙을 바치지 않는 고향 마을의 여자들을 미치게 만들고 있는데, 작품 속에서 끊임없이 우리는 그 광란을 듣게 된다. 그것은 바쿠스 여신도들의 합창 속에서 거듭 노래되는 왜곡상(歪曲像)이기도 하다. 그는 또 바쿠스적인 의상을 입은 테베 여자들을 마을에서 산 속의 초원으로 데리고 가, 그녀들의 선두에 서서 춤을 추었다. 그녀들은 거기에서 남자도 없이 자기네들끼리만 잠자고 눈을 뜨면 들사슴이나 늑대의 젖을 먹었다. 그녀들의 영험 있는 지팡이 티르소스로 두드리면 바위에서는 물이 솟아나고 땅에서는 포도주가 쏟아져 나왔다. 그녀들의 손가락이 마법을 쓰면 땅 속에서 우유가 넘쳐 나왔고, 지팡이의 담쟁이덩굴 장식에서는 꿀이 흘렀다. 이것은 디오니소스적 기적이며, 부정된 이 신의 힘을 보여주는 명확한 증거이다. 그러나 펜테우스의 하인인 소몰이들이 그녀들을 사로잡으려고 하자, 그녀들은 광포한 무리로 바뀌었다. 송아

지와 황소를 찢어발기고 밭을 짓밟고 마을을 파괴하고, 불사신이 되어 바쿠스식으로 산발한 머리 위에 불을 붙이고 있었다. 그 마지막 희생이 펜테우스이다. 펜테우스의 어머니 아가베는 미쳐 날뛰는 여자들의 맨 앞에 서서 펜테우스를 보고 사자로 망상했다. 디오니소스가 그녀에게 이 망상을 주었던 것이며, 펜테우스를 속여서 여자 사냥꾼들이 있는 데로 사냥감으로 데리고 갔던 것이다. 디오니소스는 펜테우스에게 바쿠스 여신도들이 입는 옷을 입혔는데, 이는 단순히 그의 적 펜테우스 왕의 치욕을 보다 크게 하기 위해서만은 아니다. 그것은 그가 그 어리석음에 있어서, 디오니소스의 무리라는 외적 표징을 몸에 걸치도록 하기 위해서이기도 했다. 한편에는 추적자의 망상이 있었고, 다른 한편에는 추적되는 여자들의 망상이 있었다. 그 어느 쪽에도 디오니소스적으로 나타난 반디오니소스적인 게 있었던 것이다. 아가베는 그 수렵 전리품인 펜테우스의 머리를 가지고 마을로 돌아오지만, 여전히 사자를 자기 손으로 찢어발긴 줄 착각하고 있으며, 그것이 제 아들인 줄을 모른다. 이때 무대 위에서는 관객들이 보는 앞에서 광적인 열기가 가라앉고 사실이 바로 인식된다. 그리고 산산조각난 팔다리를 끌어모으며 어머니가 비탄에 잠기는 일이 일어난다. 만일 이 비극의 이 대목을 잃지 않고 완전하게 전해졌다고 한다면, 이 장면을 어떻게 견뎌낼 수 있었을 것인지 모르겠다.

3

괴테는 1827년, 잡지 〈예술과 고대에 관하여〉에서 이것을 번역하였는데, 그 때 그는 적어도 남겨진 부분을 무대 기법적인 것으로 견딜 수 있는 것으로 이루려고 했었다. 괴테의 번역에서는, 몸통에서 잘려진 머리를 공경해야 할 사냥감으로서 지팡이 끝에 꽂는데, 그렇게 해서 아가베는 어깨에 메고 운반해 오는 것이다. 그러므로 그는 카드모스 왕이 그녀에게 하는 물음을 다음과 같은 말로 번역하고 있다.

"그래, 네가 어깨에 얹어 가지고 온 건 누구의 얼굴이냐?"

이것은, 그것이 무엇인지도 모르고 어머니가 아들의 피묻은 머리를 옆구리에 끼고 있는 에우리피데스의 표현과는 맞지 않는 번역이다. 원전(原典)

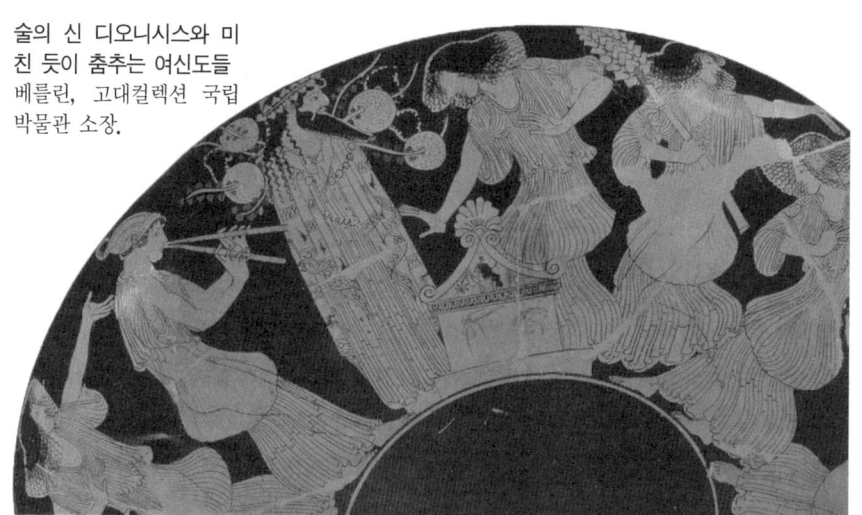

술의 신 디오니시스와 미친 듯이 춤추는 여신도들
베를린, 고대컬렉션 국립박물관 소장.

은 만일 머리가 지팡이 끝에 꽂혀 있는 경우에 여자 사냥꾼과 그 사냥감 사이에 생겼을지도 모르는 거리라는 것을 결코 허용하고 있지 않다. 그리스 세계에서는 오직 디오니소스를 둘러싼 신화, 아니, 디오니소스 신 자신의 신화 속에서만 그것과 비슷한 것을 찾아볼 수 있는 사건 앞에, 관중은 사정없이 놓이게 되는 것이다.

이 비극 속에서는 아우토노에의 아들 악타이온의 이름이 두 번 등장하고 있다. 아우토노에는 디오니소스 때문에 미쳐버린 신앙심 없는 세멜레의 세 자매 가운데 한 사람이다. 다만 유명한 한 신화의 전승에 의하면, 악타이온을 찢어발긴 것은 진짜 사냥개이지, 아가베가 그녀의 동반자들에게 붙여서 말하고 있던 바쿠스의 암캐가 찢어발긴 것은 아니었다. 그러나 아우토노에는 자신의 아들의 뼈를 찾아서 주워 모으지 않으면 안 되었다. 그리하여 펜테우스의 팔다리가 무대 위에서 그 어머니 아가베에 의하여 이어 붙여졌던 것처럼, 또는 먼 관련이 있는 다른 전승에 의하면, 디오니소스의 팔다리가 신들의 어머니인 레아에 의하여 이어 붙여졌던 것처럼 그 뼈도 이어 붙여졌던 것이다. 그가 아직 아이의 몸으로 찢겼다는 것은 그가 티탄 신족에게 세 분된 이야기로서 우리에게 전해지고 있는데, 이 이야기도 또 그 나름대로 오랜 제사 행사에 바탕을 두고 있다. 여러 가지 제사의식에 있어서, 어떤 경우에는 찢고 어떤 경우에는 칼로 토막을 치는 일이 있는데, 그때 한 마리의 아

에우리피데스의 《바쿠스의 여신도들》 639

기염소가 수난을 받고 죽어 가는 신, 그러나 그럼에도 죽지 않는 신의 대리로써 똑같은 일을 견뎌 내지 않으면 안 되는 것이다. 비극은 그 명칭의 고대적 설명에 따르면, 그러한 희생물 황소를 나타내는 장르로서 성립한 것이다. 그렇다고는 하지만, 어떠한 제의(祭儀)에 의거해서 이 동물이 바쳐졌느냐 하는 문제는 확정되지 않은 채로 남아 있다.

펜테우스의 이 크나큰 수난의 선구자는 디오니소스 신 그 자체였었다. 앞에서 나타낸 신화적 지시와 마찬가지로, 이러한 것에 대한 확인을 통해 일견 우리는 펜테우스가 신의 적으로서 등장해 오는 것 같이 보이는 작품의 완전한 바깥쪽에 서게 된다. 그렇다고는 하나 장르로서의 비극 밖으로 나가 버리는 것도 아니요, 또 어떠한 작품도 오래된 것의 새로운 변주로서 계속시켜 나가는 성스러운 연극 밖으로 나가 버리는 것도 아니다. 성스러운 연극에 있어서는, 신은 스스로의 수난에 부딪쳤다. 그것은 이제 단순한 황소의 희생처럼 모든 생물의 수난과 죽음이 아니라 마음을 흔들어 주는 인간적 수난, 영웅의 수난이다. 그렇기는 하지만 스스로의 수난이라기보다는 영웅 펜테우스의 운명에 있어서의 수난이다. 이것은 비단 에우리피데스의 작품이 처음이었던 것도 아니며, 이미 아이스킬로스의 《펜테우스》에 있었던 것이고, 또 테스피스의 작품에도 있었을 것이다. 그 비극들에 있어서 신이 펜테우스와 함께 등장할 경우에는, 두 사람의 인물이 다 수난당하고 있었던 것이 된다. 그러나 그 신화가 수난 이야기를 인간적으로 변모시키고 있을 경우에는, 신이 오직 혼자서 수난당하고 있는 것이다. 만일 우리가 그 비극 작품들을 오늘날 소유하고 있었더라면, 그것들은 하나하나의 인간처럼 서로 분리해서 보지 않으면 안 되겠지만, 관객들이 견뎌낼 수 있건 견뎌낼 수 없건 간에, 그것들을 신의 수난의 신화로부터 분리할 수만은 없었을 것이다.

펜테우스라는 이름은 '수난의 사나이'라고 번역할 수 있으며, 그리스인도, 에우리피데스조차도 그렇게 알고 있었다. 이 이름을 가질 수 있었던 것은 미리 수난을 당하게끔 규정되어 있었던 자뿐이므로, 그것은 사람일 수가 없었다. 그것은 오히려 인간에게 수난을 나타내 보이는 위상(位相)에 있어서의 신의 이름이었다. 그것은 우선은 수난에 무릎꿇고 있지만, 곧 그것을 뛰어넘어가는 존재이다. 오직 그렇게 보았을 때만, 기원전 15세기 사람들이 크노소스에 있어서, 아마도 펜테우스라 부르고 있었으리라는 것이 이해되는 것이다. 그는 아마도 단순히 수난을 당하고 있을 뿐인 사람이라든가, 신의 적의 이름으로서 그것을 받은 건 아닐 것이다. 펜테우스는 그즈음 아직 신의 적도 아니었다. 오히려 그는 신의 다른 이름으로 불리고 있었다. 이것은 미노아 시대의 관습에 적용되는 듯하다. 디오니소스는 여러 가지 이름을 가졌으며, 그 어느 것을 보아도 그의 신화 속에 그 이름의 근거를 가지고 있는데, 그러한 디오니소스가 그 배후에 서 있었던 것이다.

에우리피데스의 작품에 있어서는, 디오니소스가 적, 추적자에게 상대하는 것처럼 펜테우스와 상대하고 있다. 그러나 이 적대조차도 시인이 적 속에서 디오니소스의 분신을 나타내는 데 도움이 되고 있다. 디오니소스 자신과 마찬가지로 그는 여자 옷차림을 하고 등장하지 않으면 안 되고, 동물 모습을 한 포도신의 대리자처럼 갈갈이 찢기지 않으면 안 된다. 《바쿠스의 여신도들》은 디오니소스의 자기 자신과의 오래된 만남, 말하자면 수염소의 오래된 희생물을 되풀이하고 있는데, 이 희생물이 또한 신의 수난과 죽음을 되풀이하는 것이기도 하다. 우리가 모든 비극 가운데에서 디오니소스적인 《바쿠스의 여신도들》 속에서 이 원초적 드라마의 명료한 재출현을 인정한다면, 《수난의 그리스도》의 저자인 그리스도교 시인이, 그리스어로 전해진 가슴이 터질 것 같은 모든 말보다도 더한 신의 어머니의 한탄의 말을, 아가베가 아들의 시체를 끌어안고 자기로서는 모르는 희생의 죽음을 슬퍼하고 있는, 오늘날 절반은 잃어버린 그 장면에서 빌려 왔다는 사실이 이상할 게 없어지게 된다. 그것은 아마도 고대의 고전 작품에서 빌려 온 것이기는 했지만, 그와 함께 신화에서 직접 솟아나온 것이기도 했다.

그리스 비극 극장 상연 관객

1. 그리스극 상연의 장소에 대하여

　기원전 6세기에 솔론의 개혁을 이어받고 민중의 힘을 배경으로 하여 정권을 장악한 페이시스트라토스는, 그 사이에 약 십 년의 공백이 있었다고는 하지만 기원전 560년에서 527년에 이르는 33년 동안 아테네의 독재자로서 화려한 궁정을 유지했다. 동시에 그 이전에는 잠시 쇠미(衰微)해 있었던 아테네를 문화적으로는 물론 공업적·상업적으로 당시 제1의 도시로 만드는 데에 노력했다. 그는 장대한 토목 공사를 일으켜서 아크로폴리스를 장식하면서 여신 아테나의 대제(大祭)를 거국적으로 행하는 한편, 디오니소스를 위한 새로운 제사를 웅장하고 화려한 규모로 창설했다.

　그러나 디오니소스의 숭배가, 페이시스트라토스의 이 대제 창설로 처음 아티카에 수입된 것은 아니다. 그 이전에 이미 이 신의 숭배도 있었고 신전도 있었는데, 다시 새로이 보이오티아와 아티카의 경계인 키타이론 산록의 작은 마을 엘레우테라이에 모셔져 있던 디오니소스 멜라나이기스를 맞아 새로운 제례의 주신(主神)으로 삼은 것이다. 이때에 페이시스트라토스는 제례에 봉납되는 행사의 한 가지로 비극 상연을 설정했다. 고대로부터의 전승에 의하면, 이 최초의 비극 작가는 테스피스로, 그때가 기원전 534년이었다고 한다. 따라서 비극은 페이시스트라토스의 이 정책적인 제례 설치로 인해 급속적으로 발달할 기운(機運)을 얻어, 불과 몇십 년 동안에 아이스킬로스에 이르는 눈부신 발전을 이룬 것이지만, 그것을 갑작스러운 개화라고 생각할 수는 없다.

　이야기가 제삼자의 보고라는 형식에 의하지 않고 이야기 속의 인물 자체의 행동으로 제시되는 것이 극의 기본적인 조건인데, 이와 같은 형식의 시작은 이미 오래 전부터 그리스 문학 속에서 찾아볼 수 있다. 호메로스에 있어서도 줄거리 진행이 단순한 서술에 의하지 않고 대부분의 경우 격렬한 대화를 이용하고 있다는 것은, 이 대시인이 쓴 서사시의 특징이다. 서정시에 있어서도 스테시코로스(기원전 6세기 무렵)의 시는 작품 그 자체가 전해지지 않으므로 단정하기는 어렵지만, 고대의 전승에 의하면 서사시적인 제재를 장대한 형식으로 다루었던 모양으로, 거기에 극적인 요소가 다분히 담겨져 있었던 것이다.

이와 같은 서정시의 경향은 도리스족 사이에서, 특히 펠로폰네소스의 북부 코린토스나 시퀴온 지방에서 기원전 6백 년 무렵부터 점점 더 강해져 왔다. 아티카 비극의 초기 작품, 예를 들어 아이스킬로스의 작품에서는 코러스의 노래 부분이 매우 큰 위치를 차지하고 있는 것을 보면, 비극의 계보(系譜)의 반은 이 경향의 서정시에서 찾아야 한다는 것을 알 수 있다. 그리스의 코러스는 노래와 함께 춤을 동반하는 것이므로, 노래에 알맞는 몸짓을 덧붙여서 코러스를 하는 사람들 자신이 이야기 속의 인물이 된다는 것은 아이스킬로스의 《구원을 청하는 여인들》에서 인정할 수 있는 것처럼 대단한 비약 없이 할 수 있었을 것이다.

이 형식의 노래에 새로 더해진 것이 비극의 대사 부분 형식인 이암보스(-즉, 단음절과 장음절을 하나씩 배합) 부분이다. 이것은 (-(-|(-(-|(-(-처럼 이암보스 둘을 한 조로 하여 세 번 겹쳐서 일행(一行)으로 하는 것인데, 물론 여기에는 많은 변형이 허용되고 있다. 그 기원은 이오니아로서, 가장 일상 회화 투에 가까운 형식을 가지고 있다. 이것이 사용됨으로써 비극은 정말로 극의 형식을 완성했다. 아티카 비극의 발달은, 노래 부분을 희생하는 데 있어서 이 부분의 증대로 달성되었다고 해도 과언이 아니다.

이와 같은 극에 대한 발달의 경향이 이미 있었던 것을 페이시스트라토스는 알고 있었던지, 그는 이 새로운 문학 형식을 그의 새로운 구상으로 이룩된 성대한 제례에 첨가한 것이다. 이 독재자는 아테나의 축제에도 호메로스의 낭창(朗唱)을 행사에 넣음으로써 이 2대 서사시에 완성된 형식을 주게 되었는데, 디오니시아(디오니소스 제)에 있어서 비극의 행사는 서사시와 달리 완전히 새로운 문학 형식을 발전시켜서 아티카에 고유의 문학을 주는 데에 성공했다. 그러나 테스피스가 이때에 처음으로 비극을 창조했다고는 생각되지 않는다. 그리고 이암보스와 코러스의 융합이 어떤 경로를 통해 행하여졌는지도 잘 모른다. 또 디오니소스와 이제 갓 싹을 틔우는 비극이 본래 관계를 가지고 있었는지, 혹은 그렇지 않았는지의 의문에도 확실한 답을 줄 수가 없다. 그러나 비극이 항상 신화, 영웅 전설에서 취재하여 위대한 인물의 불행을 이야기하고, 전후에 구제에 대한 소망을 어렴풋이 암시하며 끝나고 있는 것이 많은 것은, 역사적으로 이같은 불행이나 수난을 노래한 형식이 본래 있었다고 추측하게 된다. 따라서 테스피스는 코러스와 수난의 노래를 섞어서 여기에 새로운 형식을 창조한 것이라고 생각된다.

비극이 상연된 것은 기원전 5세기 아티카 비극의 최전성기인 디오니시아뿐만이 아니며, 레나이아(레나이온에서 열리는 디오니소스 제)와 시골의 디오니시아에서도 뒤에 극의 상연이 행사의 하나가 되어 있었다.

1) 대(大 또는 市의) 디오니시아—'시(市)의'란 '시골의'에 대한 명칭으로 아테네에서 행해지는 제(祭)를 가리킨다. 이것은 또 그저 디오니시아라고도 불리며, 가장 성대하게 거행되었다. 주신은 이미 말한 것처럼 엘레우테라이에서 맞아들인 디오니소스 신상(神像)으로서, 아크로폴리스 기슭의 극장이 있었던 장소에 있는 오래된 신전에 모셔져 있었다.

이 제례는 많은 디오니시아 중에서도 마지막인 3월 중순, 이 무렵이 되면 11월 말부터 시작된 음울한 겨울이 가까스로 끝난다. 어두운 하늘 밑에서 무섭게 파도치던 에게 해도 봄날의 햇빛 아래 출렁대고 해상의 항로도 열리게 되어 다가올 좋은 계절을 기다리는 들뜨는 때가 된다. 대 디오니시아는 이 좋은 계절의 시작을 이루는 제사(祭事)였었다. 그래서 이 제사에는 외국으로부터의 참가자가 많아, 각국의 사절을 비롯하여 많은 구경꾼들이 모여들어 이 제사에 특히 국제적인 색채를 주었다.

제례가 시작되기 전에 먼저 엘레우테라이에서 이 신을 맞아들인 고사(故事)에 따라 디오니소스 엘레우데레우스의 신상은, 한 번 교외의 아카데미아 부근에 있는 신전에 옮겨졌다가 거기서 화려한 횃불 행렬에 전송되어 시내 극장의 신전으로 맞아들여진다.

이 신을 맞아들이는 행사가 있었던 날인지, 혹은 그 전인지는 분명치 않으나, 엘레페볼리온의 달(대개 3월)의 8일, 혹은 그전에 프로아곤이라는 것이 거행되었다. 이것은 일종의 선을 보이는 것으로서, 비극 작자가 배우와 코러스를 동반하고 조립한 무대에 올라가서 자기가 상연하고자 하는 극의 제목과 줄거리를 소개한다. 배우도 코러스도 그저 머리에 화관(花冠)을 썼을 뿐

아테네의 디오니소스 극장 보이는 부분은 기원전 4세기 중반에 건설된 것.

이다. 소포클레스가 기원전 406년에 에우리피데스의 부고(訃告)를 듣고, 프로아곤에 회색 상복 차림으로 나타나 관중들의 눈물을 자아내게 한 것도 이와 같은 기회에서였다.

9일에는 화려한 제사 뒤에 소년과 성인과의 디티람보스 코러스 경연이 거행되었다. 이에 이어지는 10~13일에, 다섯 가지 희극과 세 사람의 시인에 의한 세 개의 비극과 한 개의 사티로스 극이 경연되었다. 상연되는 날짜나 날짜의 배당은 분명치 않다. 펠로폰네소스 전쟁(기원전 431~404) 중에는, 희극이 세 편으로 줄어서 10~12일 사이에 극의 상연이 거행되었다.

2) 레나이아—아테네에서는 대 디오니시아 외에 디오니소스를 주신으로 삼는 제례가 둘 있었다. 안테스테리아와 레나이아이다. 안테스테리아는 안테스테리온 달의 11일부터 13일(대개 2월 말)에 걸쳐서 아크로폴리스 서쪽의 저지대인 림나이에서 거행되었으나, 이 제사는 극과는 관계가 없다. 레나이아는 레나이온이라는 곳에서 가멜리온 달(대개 1월)에 거행되었다. 이 장소가 어디 있었는가에 관해서는 설(說)이 많지만, 아크로폴리스의 서북쪽 광장에 있었다는 것만은 거의 확실하다. 이 제사에도 비극과 희극이 상연되었다. 이 제사가 대단히 오래 전부터 거행되고 있었던 것만은 확실하다. 따라서 페이

시스트라토스가 대 디오니시아에 옮긴 극의 경연과는 달리, 여기에는 아마도 예전부터 무도장이 있어 극의 싹이라고나 할 만한 것이 거행되고 있었던 게 아닌가 추측되고 있다.

그러나 참된 의미에서의 대 디오니시아와 비슷한 비극·희극의 경연은, 레나이아에서는 비극은 기원전 432년, 희극은 442년 이전으로 소급되지 않는다는 것이 비문(碑文)의 증거를 통해 밝혀지고 있다. 이 제사는 시골의 디오니시아가 12월에 지방에서 각각 거행된 뒤에 아테네에서 1월에 개최된 것이므로, 이는 지방 제례의 수도(首都)에 있어서의 종결이라고 할 만한 성질의 것이었던 듯하다. 따라서 앞서 말한 연대 이전에 이 제사에서 상연된 것은 시골 제사의 그것과 비슷했으리라고 상상되는데, 그 이외에는 아무것도 뚜렷하지가 않다. 그것이 곧 대 디오니시아와 마찬가지로 대규모적인 경연이 되고, 상연의 장소도 레나이온에서 디오니소스 극장으로 옮겨진 것이리라. 앞서 말한 비문에 의한 기록도 역시 이때에 시작된 것이라고 추찰된다.

레나이아의 경연은 대 디오니시아와는 반대로 희극 쪽에 중점을 두었다. 기원전 5세기엔 비극에서는 두 명의 작가가 각각 두 편의 비극을 상연하였을 뿐 사티로스 극은 없었다. 일류 비극 시인의 출장(出場)은 드물어서 소포클레스가 두세 번 나갔을 뿐이다. 희극에서는 대 디오니시아와 레나이아 사이에 별로 차이가 없었던지 시인들은 양쪽에 똑같이 작품을 내고 있으나, 역시 대 디오니시아 쪽이 제사의 화려함과 중요함에 있어 더 나았던 것 같다. 레나이아에서도 대 디오니시아와 마찬가지로 다섯 명의 희극 작가가 각각 한 편씩 가지고 나와 경연했다. 예외는 펠로폰네소스 전쟁 중에 한때 세 사람으로 줄어졌을 때뿐이다.

3) 시골의 디오니시아—포세이데온의 달, 즉 한겨울인 12월에 거행되었다. 주최자는 아티카의 수많은 구(區)로, 남근(男根)의 행렬이 그 특징이다. 아리스토파네스의 《아카르나이인》의 끝에서 볼 수 있는 디카이오폴리스가 거행하는 제사가 이 디오니시아이다. 이 제사에 극이 상연된 것은 각지에서 출토되는 비문에 의해서 확실하나, 신작(新作)이 상연되었는지의 여부는 분명치 않다. 에우리피데스는 아테네의 외항(外港) 페이라이에우스 시(市)의 디오니시아에 신작을 냈고, 이 때문에 소크라테스가 일부러 구경갔었다는 것이 전해지고 있다. 그런데 이 시의 디오니시아는 특별해서 다른 구의

디오니시아가 구장(區長)의 관할 아래 거행된 것과는 달리 국가에서 담당관을 임명하였다. 시골 디오니시아에서의 극의 상연은 엘레우시스, 살라미스, 이카리아, 아크시오네, 토리코스, 람누스 등에서 거행된 것이 알려지고 있다. 나중에는 직업적인 배우들의 조합이 생겨서 지방을 순회 공연하게 되어 극은 점점 더 일반에게 보급되었다.

대 디오니시아와 레나이아에서의 연극 관계 연대는 비문과 그 밖의 자료를 모아 보면 대략 다음과 같이 된다. (A. Pickard—Cambridge : The Dramatic Festival Oxford 1953. pp. 125f에 의함)

〈대 디오니시아〉
비극의 경연 기원전 534년쯤에 상연된 테스피스의 최초의 비극. 로마 제국 시대까지 계속됨.
희극의 경연 기원전 486년쯤 개시. 적어도 기원전 120년까지는 계속.
비극 배우의 경연 기원전 449년쯤 개시. 기원전 280년까지 기록이 있음. 그러나 그 뒤에도 계속되었는지 모른다.
희극 배우의 경연 기원전 329~312년 사이에 개시. 적어도 기원전 120년까지 계속.
옛 비극의 재연 기원전 386년 개시. 기원전 341~339년에는 프로그램의 일부로 되어 있으나, 기원전 386년부터 그러했는지 확실치 않다.
옛 희극의 재연 기원전 339년이 최초. 기원전 311년 이래 정규(正規)가 되었으며, 기원전 155년이 최후의 기록.

〈레나이아〉
비극의 경연 기원전 432년 무렵 개시. 기원전 3세기까지 계속.
희극의 경연 기원전 442~440년 무렵 개시. 적어도 기원전 150년 무렵까지 계속.
비극 배우의 경연 기원전 432년 개시. 기원전 3세기 말까지 계속.
희극 배우의 경연 기원전 442년 개시. 기원전 3세기 말까지 기록. 그러나 아마도 기원전 150년 또는 그 이후까지 계속.

2. 상연의 절차

극을 상연하고자 하는 작가는 먼저 주재자(主宰者)인 아르콘에게 자기 작품을 제출한다. 비극에서는 시인은 세 가지 비극과 한 가지의 사티로스 극을 내지 않으면 안 되었다. 한 시인의 작품이 각각 하루를 채울 필요가 있었기 때문이다. 작가는 제례의 프로그램과 경연의 필요에 따라서 그 사정을 충분히 알고, 그것에 알맞은 것을 제출하게끔 요구되었다. 희극인 경우에는 경연자가 다섯 명으로서 각자가 하나의 작품을 제출했다.

작가는 먼저 코러스가 주어지기를 요구한다($Xoρον\ αιτειν$). 아르콘이 허가를 내릴(이것을 '코러스를 준다($Xoρον\ διδοναι$)'라고 한다) 때의 선택 기준에 관한 내용은 없다. 아르콘은 저마다의 극에, 아티카의 열 개의 부족(Phyle)이 제출한 가장 부유한 시민으로부터 선택된 '코레고스(choregos)'라고 불리는, 코러스의 비용을 부담할 역할을 맡을 사람의 후보자 리스트에서 선택하여 코레고스를 할당한다. 이 선택 방법에 관해서도 분명한 것은 전해져 있지 않다.

같은 제례의 디티람보스 합창 경연에서는, 열 개의 부족이 각각 한 명의 코레고스를 선출하여 그 중의 다섯 명은 남자 목소리, 다섯 명은 소년의 코러스를 담당하였다는 것이 알려져 있다. 이 경우는 각 부족마다 돌보아 주는 사람이 있어 제사에 관하여 모든 것을 돌보아 주고 있었던 것 같다. 디티람보스에서는 코레고스가 스스로 시인에게 의뢰하여 반주할 피리 연주자를 요구하였던 것이니까, 경연에서의 승리는 코레고스에게 힘입는 바가 컸다. 코러스 대원도 또한 코레코스가 자기 부족에서 선택하고 연습이나 무대 연습을 위한 장소를 제공했기 때문에, 코러스 연습을 위해 좀더 우수한 트레이너(chorodidaskalos)를 얻지 않으면 안 되었다. 연습은 엄격한 것이어서 대원은 노래나 춤 연습뿐만 아니라 음식과 그 밖에 몸의 조절을 위한 트레이닝도 받지 않으면 안 되었다. 이 밖에 극일 경우, 코레고스는 의상이나 그 밖의 여러 가지 것을 제공하지 않으면 안 되어서 그 비용이 막대하였다. 당시의 돈으로 디티람보스 남성 코러스의 비용은 50므나, 소년 코러스의 비용은 15므나, 비극의 비용은 30므나, 희극의 비용은 16므나로 되어 있다. 1므나(mna)는 은(銀) 436.6그램에 상당한다. 디티람보스의 쪽이 비싸게 매겨진 것은, 대원이 50명인데 비극에선 처음에 12명, 나중에 15명이기 때문이다.

이 비용의 개산(槪算)은 기원전 410년 경의 것이며, 기원전 399년에는 비극의 코레고스는 50므나를 요했다고 한다.

이상과 같은 사정이었기 때문에 열성적이고 인색하지 않은 코레고스를 얻느냐의 여부가 경연에서의 성공을 크게 좌우했다. 너무 열성이 없는 코레고스에게는 아르콘이 이를 책망하는 수도 있었다고 전해지는데, 한편 스스로 자진해서 코레고스를 맡는 자도 많았다. 그러나 배우의 비용은 국가의 부담이라, 그 사례와 의상 비용 등이 모두 다 코레고스에게는 부담되지 않았다. 작자에 대한 상금도 역시 국가가 제공했는데, 그 액수는 알려져 있지 않다.

코러스와 배우의 감독은 예전에는 작자 자신이 했다. 시인은 작사뿐만 아니라 작곡도 하고 춤의 동작까지도 연구하여 지어냈으며, 옛 시대의 시인 프리니코스와 아이스킬로스는 이 점에서도 유명하였다. 그러나 아이스킬로스라도 다른 코러스의 트레이너를 쓰는 수가 있었다. 작자가 극을 상연하는 것을 '가르친다(didaskein)'라는 말로 나타내는 것은 이 시대의 잔재이다.

작자는 또 예전에는 자기가 배우이기도 했었다. 테스피스가 직접 무대에 섰던 일은 그에 관한 전설로 밝혀져 있고, 아이스킬로스도 젊었을 때는 그랬었다. 이 습관을 깨뜨린 것은 소포클레스인데, 목소리가 작았기 때문이라고 한다. 그러나 곧 특별한 직업적인 배우가 생겨서 작자는 자기가 좋아하는 배우를 쓰게 되었다. 아이스킬로스는 클레안드로스를 썼고, 소포클레스는 틀레폴레모스를 좋아하였으므로 특별히 배우의 기량에 맞는 극을 썼다. 그러다가 기원전 450년 무렵부터 배우에 대한 연기상이 설정됨에 따라 배우 할당도 국가가 맡아하게 되었다. 이렇게 되자, 배우가 좋고 나쁨에 의해서 경연의 성적이 크게 영향을 받았다. 그리고 기원전 4세기에 접어들자 위대한 작자는 없어지고, 작품보다는 연출자의 연출 방법 쪽에 중점이 옮겨져서, 작품은 무시되고 배우가 인기의 중심이 되었다. 그 때문에 마지막에는 세 명의 배우가 세 경연의 세 가지씩의 비극을 하나씩 맡아서 배우의 좋고 나쁨에 의한 불공평을 없애게 되었다.

3. 판정

비극은 세 사람, 희극은 다섯 작자의 경연이므로, 여기에 등급을 붙일 필요가 있었고, 그 때문에 열 개의 부족에서 열 명의 심판자가 선출되었다. 선출 방법은 매우 엄중하였던 것 같다. 먼저 각 부족이 자기네 부족의 시민들 중에서 선출한 표를 작성한다. 이때에는 코레고스도 출석해서 선출에 참견할 수가 있었으므로, 때로는 유력자가 선출을 좌우하거나 폭력을 쓰는 불상사도 있었던 것 같다. 그래서 이 사람들의 이름을 표에 적어서 열 개의 단지 속에 넣고 봉인을 한 뒤 아크로폴리스 산 위에 보관한다. 경연이 시작될 즈음에 열 개의 단지는 극장으로 옮겨지는데, 아르콘은 모든 사람이 보는 앞에서 단지를 열고 한 단지에서 한 명씩 열 명의 이름을 끄집어 낸다. 따라서 이 추첨이 있을 때까지는 그 단지 속에 있는 많은 이름 중의 누가 실제 심판자가 될지 모른다. 선출된 열 명은 공평한 심판을 하겠다는 맹세를 한다. 경연이 끝난 뒤 열 사람은 1, 2, 3등의 순위를 적은 표를 제출하여 이를 단지 속에 넣는데, 거기서 아르콘이 다섯 장을 끄집어 내면 그 다섯 장으로 우열(優劣)이 결정되었다.

　이와 같이 번거롭게 모든 정실 개입을 막기 위한 조심성을 가지고 해도, 때로는 극장 군중들의 감정이나 편애나 그 밖의 점에 심판자가 영향을 받는 수가 있었다. 심판자들이 각각 어떤 투표를 했는지 알 수 있는 구조로 되어 있었기 때문에 더더구나 그랬다. 기원전 468년, 소포클레스와 아이스킬로스가 상을 겨루었을 때는 민중들의 감정이 너무나 흥분되어서 공평한 판정이 기대되지 않았으므로, 그때의 아르콘은 대담하게도 즉흥적인 생각에서 때마침 개선하여 극장에 나타난 키이몬 이하 열 명의 장군을 심판자로 삼아, 그 결과 소포클레스가 우승했다고 플루타르코스는 전하고 있다.

　승리를 얻은 시인의 이름은 포고사(布告使)가 발표하고, 시인에겐 담쟁이 덩굴의 잎으로 엮은 관이 수여되었지만, 정말로 상품을 타는 것은 코레고스인지라 표면상으로 작자는 코러스의 감독으로서만 이 경연에 참가한 것에 지나지 않는다. 따라서 판정의 기준도 작품 자체의 예술적 가치보다는 상연 방법에 중점이 있었던 것 같이 생각되므로, 소포클레스의 《오이디푸스 왕》이나 에우리피데스의 《메디아》가 우승하지 못했던 것도 이런 여러 가지 사정에 의한 것이라고 생각된다. 그러나 한편 우리는 소포클레스나 에우리피데스가 이 걸작들 외에 어떤 극을 동시에 상연했는지 모르기 때문에, 이것들을 포함한 일련의 극에 주어진 판정이 그릇되었다고 단정할 수는 없다. 어쨌든 앞에서 말한 것 같은, 일견 난폭하다고도 볼 수 있는 열 명 중의 다섯 명의 표에 의하는 방법으로도, 아이스킬로스는 90편 중 52편, 즉 열세 번, 소포클레스는 1백 편 이상의 작품 중 72편, 즉 열여덟 번(혹은 96작품이라고도 한다), 에우리피데스는 90편 이상의 작품 중에서 20편, 즉 다섯 번의 승리를 얻었다고 전해지고 있는 점에서 보더라도, 적어도 기원전 5세기에는 심판자의 판단력과 성실성이 상당히 높았다고 해도 무방하다.

4. 코러스

비극에서 코러스의 수효에 관해서는, 처음에는 디티람보스와 마찬가지로 50명이었던 것이 아이스킬로스에 의하여 12명으로, 소포클레스에 의하여 15명으로 바뀌었다고 전해지는데, 50명이라는 수의 확실한 근거는 없다. 아이스킬로스는 대개 12명으로 통했던 것 같고, 그 뒤에 소포클레스의 개혁이 있었던 모양이다. 사티로스 극의 코러스 대원이 12명이었다는 것은, 유명한 프로노모스의 단지 그림에 한 명의 시레노스와 11명의 대원이 그려져 있는 것에 의하여 거의 확실하다.

비극이나 희극에서 때로는 정규의 코러스 외에 제2의 코러스를 필요로 하는 경우를 볼 수 있다. 아이스킬로스의 《구원을 청하는 여인들》에서 다나오스의 딸들을 따르는 종들이나, 《자비로운 여신들》 속에서 그들을 전송하며 기쁨의 노래를 부르는 사람들이 이것이다.

극과 디티람보스 코러스의 근본적인 차이는, 디티람보스의 코러스는 원형인데 비해 극은 장방형으로 늘어선 데에 있다. 자료는 모두 후대의 것이지만, 전부가 일치하고 있는 점으로 미루어 충분히 믿을 만하다고 생각된다. 따라서 아리스토파네스의 《여인의 축제》(953행 이하)에서 코러스가 손을 잡고 원이 되어 빙빙 돌면서 춤추는 것은 예외이다. 따라서 코러스 대원들에게 일부러 원을 그리고 춤을 추라는 말을 시키고 있는 것이리라.

장방형의 코러스 구성은 5명씩 3열로써 15명이 3열 종대, 또는 5명이 3중의 횡대를 이루어서 입장했다. 희극에서는 4명씩 6열 24명이었다. 따라서 비극인 경우는 다음과 같이 된다.

    Ⅰ ○○○○○
    Ⅱ ○○○○○
    Ⅲ ○○○○○

코러스의 입장은 아테네에서는 보통 서쪽 입구로부터였다. 이때 코러스는 관람객을 왼편으로 보게 된다. 관람객에 면하는 가장 왼편 열은 가장 우수한 대원에 의하여 구성되며, 그 중앙에 대장이 위치한다. 이 양편에 있는 사람은 대장 다음으로 중요한 지위에 있었다. 제1열 다음으로 중요한 것은 제3열이며, 중앙의 열은 바깥쪽 열로 가려 있기 때문에 여기에는 제일 뒤떨어지는 사람이 배치되었다. 코러스는 보통 반주인 피리 연주자를 선두에 세우고 행진해 온다. 피리 연주자는 직업적인 음악가이다. 코러스는 한 번 등장하면 극 도중에 퇴장하는 일이 없지만, 어쩌다가 퇴장하는 수가 있는데, 다시 등장할 때는 '에피파로도스'라고 불렸다. 이 이름은 제2의 코러스의 등장을 가리키는 데도 사용하였던 것 같다. 퇴장은 '엑소도스'라고 했다.

코러스는 군대 대오의 구성과 비슷하며, 등장할 때도 보통 행진의 리듬인 '아나파이스토스'라는 형식의 노래에 발맞추어 오케스트라(무도장)에 들어갔다. 파로도스에 해당하는 부분에 아나파이스토스에 의한 노래가 없을 경우도 많았으므로 다양성이 있었다고 생각하지 않으면 안 된다. 파로도스 이후의 코러스의 움직임이나 춤에 관해서는 전혀 알 수 없으며, 3중의 열이 배우와 대장과의 대화 장면에서 어떻게 되어 있었는지, 배우가 모두 퇴장하고 코러스만 노래 부를 때는 어떻게 했는지, 이 조작들에 대해서는 전혀 알려져 있지 않다.

5. 배우

배우는 테스피스에서는 한 사람, 이것을 아이스킬로스가 두 사람으로 하였고, 소포클레스가 세 사람으로 늘렸다. 아이스킬로스도 만년의 작품에서는 세 사람의 배우를 쓰고 있다.

배우가 세 사람으로 한정되어 있었다는 것은, 비극 작자에게 커다란 작극상(作劇上)의 제약을 주었을 것이 틀림없다. 등장 인물이 세 사람이라면 문제는 없겠으나, 현존의 비극은 아이스킬로스의 오래된 시대의 작품 말고는 항상 세 명 이상의 인물이 등장한다. 이 때문에 작자는 극을 지을 때 세 사람 이상의 인물이 동시에 등장하지 않도록 주의하지 않으면 안 된다. 때로는 아무래도 네 명의 등장이 필요할 적이 있는데, 이런 경우는 대사를 말하지 않는 인물이 사용되었다. 그러나 이것은 최후의 편법에 지나지 않으며, 배우

《에리니에스》의 한 장면
클리타임네스트라(왼쪽)가 세 명의 복수의 여신을 깨운다. 무대에서는 15명의 코러스가 있다. 가운데는 살인죄를 정화하고 있는 오레스테스.

가 세 사람이라는 데에서 여러 가지 불편함이 생긴다. 주된 불편은, 한 배우가 여러 인물을 겸하거나 때로는 반대로 한 사람의 역을 손이 비어 있는 여러 사람의 배우가 분담해서 맡지 않으면 안 되는 점이다. 그래서 작자는 배우의 가면이나 의상을 바꾸기 위한 시간을 항상 염두에 두고 인물을 등장시키거나 퇴장시키거나 해야 하며, 또 필요없는 인물을 퇴장시킬 필요가 있게 된다. 반대로 관람객들 쪽에서는 같은 인물이 너무나 다른 역을 겸하게 되면 우습거나 조리가 맞지 않는 느낌을 받게 되기 쉽다. 이와 같은 요즈음 극에서는 어려운 배역 방법을 가면과 헐렁한 의상으로 얼굴이나 체격을 가릴 수 있었기에 해낼 수 있었던 것이며, 전존(傳存)된 극에서는 약간의 예외를 빼고는 모두 셋에서 충분히 상연할 수 있도록 지어져 있다.

아이스킬로스의 《오레스테이아》 제2부 〈제주를 바치는 여인들〉에서는 제1 배우가 오레스테스, 제2가 엘렉트라·유모·클리타임네스트라, 제3이 종자·필라데스·아이기스토스의 역을 맡으면 되지만, 886행에서 899행의 짧은 동안에 하인이 퇴장하여 필라데스가 되어 등장하려면 빠른 분장을 하지 않으면 안 된다.

그러나 더 어려운 것은 소포클레스의 《콜로노스의 오이디푸스》로서, 제1 배우는 물론 오이디푸스를, 제2는 안티고네를 담당한다고 치면, 제3 배우는 프롤로그 뒤에 이스메네·크레온·폴리네이케스를 맡아하지 않으면 안 되는데다가, 551~667, 1096~1210, 1550~1555행에서는 테세우스로도 등장하지 않으면 안 된다. 그러나 887~1043행에서는 제1과 제3 배우가 등장하고 있으므로 이 동안의 테세우스 역은, 크레온에게 빼앗긴 안티고네가 퇴장하고 있는 동안 몸이 비어 있는 제2 배우가 메우고, 또 1555행에서 퇴장한 제1 배우가 사자로서 등장한 뒤 1751행 이하의 짧은 동안 테세우스로서 나오지 않으면, 세 사람의 배우로는 이 곡을 상연하지 못한다. 이것은 오늘날의 우리가 볼 때 곤란한 일이므로 일부의 연구자들은 제4 배우가 필요하다고 생각하고 있는데, 1096~1555행 사이에는 오이디푸스, 안티고네, 이스메네 외에도 테세우스, 바뀌어서 폴리네이케스까지 네 인물이 무대 위에 있으나, 이동안 이스메네가 전혀 말을 하지 않는 것도 이상하며, 따라서 배우 아닌 사람이 이스메네로 분장해서 나가 있었다고 생각되므로 이는 배우가 세 사람으로 한정되어 있었다는 증거가 된다.

배우의 의상에 관해서도 아직 많은 점에 의문이 있다. 일반적으로 그들은 구두 밑바닥이 높은 코토르노스라는 구두를 신고, 마스크의 머리 위에 높다랗게 온코스라고 하는 두발을 쓰고, 가슴과 허리를 크게 보이도록 옷 속을 채우고 긴 소매가 달리고 발까지 닿는 긴 옷을 입고 있었던 것으로 되어 있다. 또 일반적인 해석으로는, 비극은 영웅 시대에서 제재를 따왔기 때문에 무대 위의 인물은 모두 영웅 호걸이나 신들이므로, 그리스인들의 생각으로는 이런 인물은 모두 보통 사람을 훨씬 능가하는 거인이어서, 이를 무대 위에 재현하기 위한 연구였다고 한다.

그러나 우리가 가지고 있는 배우의 의상에 관한 재료는, 그것이 토기에서 볼 수 있는 그림이든 문헌의 전승이든 간에 가장 오래된 것이라고 해야 기원전 5세기 말이고 대부분은 기원전 4세기 이후의 것이다. 따라서 기원전 5세기의 3대 비극 시인들의 전성 시대 자체에 대한 확실한 자료로 삼기는 어렵다. 아이스킬로스 시대에는 슬리퍼식의 밑이 가벼운 구두를 신었던 것으로 보이는 증거도 있으며, 긴 옷이나 몸을 크게 보이게 하기 위해 옷 속을 채웠다는 것에 관해서도 커다란 의문이 있다. 그러나 어쨌든 일부러 배우가 사실적이 아닌 화려한 수를 놓은 의상을 입고, 커다란 마스크를 쓰고 있었던 것만은 틀림이 없다. 마스크가 크고, 머리 위에 높다랗게 선 두발을 단 배우가 급격한 동작은 취할 수 없었을 테니, 그들은 영웅이나 신답게 유유자적한 동작과 태도로 당당하게 시행(詩行)을 낭송했을 것이다. 마스크는 눈의 움직임, 얼굴 표정을 완전히 연기에서 제외하였으며, 이 무표정은 극중 인물의 성격과 본질적으로 결합되고 있었다. 아이스킬로스 이래, 심한 감정의 폭발이나 격렬한 동작을 비극에서 나타낼 경우, 말투나 언어 표현으로 나타내도록 노력하고 있다. 따라서 비극은 인물의 감정과 동작을 말 자체에 의해서만 자세한 설명을 하고 있으므로, 현재 우리도 역시 비극의 대사에 의하여서만 등장하는 인물의 마음의 움직임을 짐작할 수 있다.

6. 극장

아테네 최고 시대의 극장은 디티람보스를 위한 무도장(orchestra)이었다. 이것은 원형으로 밟아 다져진 땅바닥으로서, 기원전 6세기에 대 디오니시아가 설치되었을 때도 아크로폴리스 남서에 있는 사면에 이와 같은 무도장이 설치되었을 것이다. 이때 무도장의 지름은 지금 남아 있는 것보다도 컸다. 극을 사용할 때에는 이 오케스트라의 북쪽에 나무로 만든 관람석이 관람객을 위하여 만들어졌고, 남쪽에는 배우들의 분장을 위해 천막이 둘러쳐졌다. 그 북쪽 면에 무도장으로 나가는 출입구가 있어, 배우는 그리로 등장하였던 듯하다. 따라서 오케스트라의 남쪽은 배우, 북쪽은 코러스의 연기 장소였다고 짐작된다. 기원전 5세기에는 그렇기 때문에 배우가 코러스와 같은 평면에 있었던 것이 되므로, 양자가 자유로이 섞일 수 있었다고 생각해도 무방하다.

천막의 북쪽 벽은 '프로스케니온'이라고 하며, 여기에는 때로 장면을 나타내기 위해 그림이 그려지거나, 그림을 그린 나무판을 세우거나 하였던 것 같다. 아이스킬로스는 이 때문에 사모스의 유명한 화가 아가타르코스를 썼다고 하는데, 이 배경의 발명자는 아리스토텔레스에 의하면 소포클레스이다. 프로스케니온은 보통 천막이나 신전 혹은 궁전의 정면을 나타내지만, 때로는 아이스킬로스의 《프로메테우스》, 소포클레스의 《필록테테스》, 에우리피데스의 《안드로메다》같이 바위산이나 바위굴인 때도 있었다. 또 신들이 하늘에서 나타날 때는 천막의 지붕이 사용되는 수도 있었던 것 같은데, 이것도 확실하지는 않다. 오케스트라의 중앙에 있는 제단은 극중에서도 제단으로서 사용되는 경우 외에 묘석으로도 이용되었던 것 같다. 후대의 석조 무대나 분장실이나 오케스트라, 관객석을 포함하는 극장은 이런 것에서 발달한 것이다.

작자가 이용할 수 있는 무대 장치가 이같이 단순한 것이었기 때문에, 작자는 무대면을 옥외에 둘 수밖에 없었고, 코러스는 한 번 등장하면 퇴장시키기가 어려웠다. 또 막이 전혀 없었기 때문에 무대면의 전환도 어려워서 될 수 있는 한 피하고 있었다. 무대면의 변화나 무대 위에 보이는 것으로 배우나 코러스가 이야기하는 것들은, 관람객들의 상상에 맡기든가 간단하고 상징적인 도구류에 맡기는 수밖에 없으며, 또 반대로 무대면이 이처럼 간소했기 때문에 아이스킬로스의 《프로메테우스》의 거인이나 신들만이 등장하는 거대한 바위산의 장면도 아무런 부자연스러움 없이 상연되었을 것이다. 또 이와 같은 자유로운 약속 없이는 희극에 있어서의 환상적인 장면, 이를테면 아리스토파네스의 《새》에서 천상의 새의 나라, 《평화》에서 천상 여행과 천상의 장면 같은 것은 도저히 상연하지 못했을 것이다.

극은 항상 옥외에서 낮에 상연되었는데도 아이스킬로스는 예사로 밤 장면을 두고 횃불을 손에 든 인물을 등장시키고 있을 뿐 아니라, 장면과 장면 사이의 합창으로 긴 시간의 경과를 상투적으로 나타냈다. 또 심한 움직임이나 군중들의 등장을 필요로 하는 장면 대신 심부름꾼의 보고 형식을 사용했다.

7. 관람객

시의 대 디오니시아에서 극이 상연될 때는 시민뿐만 아니라 외국에서 오는 손님들도 많았는데, 특히 외국의 사절과 그 밖의 중요한 사람들도 초대되었던 모양으로 관중의 수는 아주 방대했다. 플라톤은 기원전 416년에 아가톤이 레나이아에서 비극의 승리를 얻었을 때에는 3만 이상의 관람자가 있었다고 말하고 있으나, 현재 우리가 직접 알 수 있는 기원전 4세기 반 이후에 만들어진 디오니소스 극장의 수용 인원수는 1만 4천, 에피다우로스 극장의 수용 인원수는 1만 7천에 불과하므로, 기원전 5세기의 디오니소스 극장이 3만 명의 수용력이 있었다고는 믿기 어렵다. 그러나 지금 말한 수는 좌석의 수이므로, 디오니소스 극장같이 그 배후인 아크로폴리스의 기슭 그 자체에도 수용되지 못하는 많은 관람객이 있었다고 친다면 훨씬 더 많은 관람객이 있었을지도 모른다.

관람객 중에는 남자 말고도 여자, 아이들, 노예까지도 있었던 것은 확실하며, 정면의 몇 줄은 특별석으로 되어 있어서 시민들 중의 중요한 사람들이나 외국에서 온 사절 등의 자리로 배당되고, 중앙의 자리는 디오니소스 신관(神官)의 것이었다.

입장권은 데모스테네스 시대에는 2오보로스(1오보로스는 銀 0.7그램)인데, 시민은 이것을 사기 위해 특별히 설치된 기금의 배분을 통해 손에 넣을 수 있었다. 기원전 5세기에 페리클레스가 시민의 호의를 획득하기 위해 이 분배를 시작하였다고도 하고, 시민이나 외국인이 입장권을 매점하였기 때문에 가난한 사람들에게도 쉽게 살 수 있게끔 하기 위한 그의 배려의 발로라고도 전해진다.

극장의 관리와 경영은 시(市)가 개인에게 이관하였다. 시는 관리자에게 1인당 2오보로스에 해당하는 돈을 치르고, 시민의 자격이 있는 사람에게 무료 입장권을 배부하였던 것 같다. 관리인은 극장을 수리할 책임과 함께 국가가 요구하는 특별석을 설치하지 않으면 안 되었다. 입장권은 실물이 몇천 개나 출토되고 있는데, 어떤 것에는 알파벳 글씨가 새겨져 있다. 이는 좌석을 표시한 것인 듯하다. 거대한 수의 입장자를 위해 하나하나 좌석을 지정한다는 것은 어려우므로, 좌석은 대체로 '케르키스'라는 통로에 의하여 쐐기 모양으로 구분되어 있는 부분을 지정할 뿐이고, 그 안에서 마음대로 앉을 수 있었던 모양이다. 따라서 좋은 자리를 얻기 위한 쟁탈도 벌어졌다. 그 밖에 있는 한 부분의 자리는 입장료를 치름으로써 입수할 수 있었던 것 같다.

하루 종일 앉아 있기 때문에 관람객들은 좌석에 쿠션을 깔았으며, 술이나 먹을 것을 충분히 준비해 왔다. 개중에는 점심을 먹으러 가는 사람도 있었던 모양으로, 아리스토파네스는 《새》에서 '날개가 있다면 이런 것도 쉽게 할 수 있을 텐데'라고 말하고 있다. 관람객은 배우가 서투르면 먹다 남은 마른 과일을 집어던졌다. 그들이 점잖은 편이 못 되었다는 점에 대해서는 여러 가지 전설이 남아 있다. 배우나 연극이 마음에 들지 않으면 고함을 지르고 좌석을 구두로 차고 하다가, 결국은 배우를 무대에서 쫓아버려 극의 상연을 중지시켰다. 그래서 작자는 관람객의 기호를 항상 염두에 두지 않으면 안 되었는데, 플라톤이나 아리스토텔레스의 책 속에서 이에 대한 비난의 말을 볼 수 있다. 그런가 하면 한편 작자는 관람객 속에 특별한 지지자를 만들었다. 말하자면 앞잡이를 써서 크게 박수를 치게 하여 승리를 확실하게 하려고 했다. 그러나 어쨌든 현존하는 3대 시인의 작품처럼 문학적 가치가 높고 어려운 것을 매일 세 가지씩 본 아테네의 관람객은 상당한 취미의 소유자들이었음이 틀림없다.

8. 그리스 극의 구조

그리스 극은 간략하게 말하자면 대화 부분과 노래하며 춤추는 코러스 부분으로 이루어져 있다. 완성된 형식에서는 처음에 프롤로그, 이어서 코러스의 입장, 다음에 플롯을 전개하는 에페이소디온이라 불리는 대화와 스타시몬이라는 코러스만의 부분이 몇 번 거듭된 뒤, 마지막 부분(엑소도스)으로 끝난다.

그리스 극은 고작해야 1천 몇백 행의 길이로, 대략 한 장면을 가지고 긴 이야기를 마지막 장면에만 집중해서 제시하는 방법을 취하고 있으므로, 무대에서 복잡한 그 장면에 선행하는 줄거리를 관객 앞에 전개하기가 어렵다. 이것이 셰익스피어 등과 전혀 다른 점인데, 이 때문에 여러 가지 방법이 강구되고 있다.

물론 그리스 비극의 관중들은 영웅 전설이나 신화를 잘 알고 있었기 때문에 작자가 모두를 이야기할 필요는 없다. 그러나 작자는 단순히 전승된 대로 극을 꾸미지는 않는다. 이미 알려진 이야기를 어떻게 전개해서 어떻게 해석해 보이느냐에 작자의 솜씨가 달려 있는 것이다. 그 때문에 작자는 우선 자기의 극이 전제로 하는 상황을 관객에서 알릴 필요가 있으며, 또 이야기 속의 어느 부분을 다루는가를 설명하지 않으면 안 된다. 이에 대한 가장 간단한 방법은 극에 관계없는 인물을 써서 극이 시작할 때까지의 상황을 설명시키는 것인데, 이러한 인물로는 신들이나 비유적인 인물을 쓰는 수도 있으며, 극 중에서 중요하지는 않지만 극 속에 등장시켜도 부자연스럽지 않은 인물을 등장시켜 말하게 하는 수도 있다. 이 방법의 가장 훌륭한 예는 아이스킬로스의 《아가멤논》 서두에 나타나는 파수병의 독백인데, 여기서 그는 장대한 말로 클리타임네스트라가 아가멤논의 귀국이 얼마나 신속하게 알려지도록 연구하고 있는가를 말하고, 당장에 이 대장의 귀국을 기다리는 아르고스의 불길한 분위기를 알리고 있다. 그러나 가장 자연스러운 방법은 극의 주요 인물의 대화 속에서 자연히 상황이 밝혀지는 방법인데, 이것을 가장 능란하게 사용한 것이 소포클레스이다. 《오이디푸스 왕》의 첫머리에서 왕이 등장하여 시민의 왕에 대한 소원을 듣고 있는 동안, 극의 발단에서부터 자연히 극 속으로 융합해 들어간다. 《트로이의 여인들》을 제외하고 소포클레스의 현존하는 극은 모두 같은 방법으로 도입되고 있다. 이에 반하여 그보다 젊은 에우리피데스는 고의로 그러한 것이겠지만, 우리가 볼 때 어색한 제1의 프롤로그 형식을 사용하는 수가 많다. 희극에서도 마찬가지로서, 아리스토파네스의 현존된 희극은 위에서 말한 두 가지 프롤로그의 방법을 쓰고 있다. 희극은 완전한 픽션이기 때문에 프롤로그는 불가결하였다.

이 밖의 방법은 극 전개의 첫머리를 코러스에게 맡기는 것이다. 그러나 이것은 코러스가 사정을 잘 알고 있는 사람들로 구성되어 있는 경우, 이를테면 아이스킬로스의 《구원을 청하는 여인들》처럼 극이 갑자기 코러스로 시작되는 것은 예외이며, 이 방법이 제일 오래된 형식이라고 생각하는 일은 위험하다.

작자가 장면의 변화를 제약받고 있기 때문에 당하는 어려움은 이뿐만이 아니다. 당면한 무대 밖에서 일어난 사건을 어떻게 처리할 것인가 하는 문제도 있다. 그 빠져 나갈 방법 가운데 하나는 사자(使者)에 의한 보고라는 형식인데, 이는 벌써 아이스킬로스가 《페르시아인》에서 살라미스 해전 상황을 페르시아 궁정에 보고하는 데서 이용했고, 소포클레스도 즐겨 이 방법을 썼다. 스포클레스는 이것을 곧 소서사시(小敍事詩)라고 할 정도의 훌륭한 기법으로 발달시켰다. 소포클레스의 《안티고네》에 있어서의 파수병의 보고, 《엘렉트라》에 있어서의 '피티아 전차 경주 보고' 등은 그의 걸작이며, 에우리피데스도 종종 훌륭한 솜씨를 '전령의 보고' 가운데 보이고 있다.

코러스는 흔히 작자나 당시 일반 사람들의 사고 방식에 의한 주인공에 대한 비판 형식을 취하고 있는데, 여러 가지 뉘앙스를 갖는 코러스의 교훈이나 비판 가운데에 이야기의 줄거리를 아로새겨 넣을 수가 있었다. 《구원을 청하는 여인들》에서 코러스는 제우스에 대한 기도 가운데 자기 집의 숙명을 이야기 했고, 《페르시아인》에서는 코러스가 크세르크세스 왕에 대한 비난의 말 가운데 극의 상황을 밝혔으며, 《안티고네》의 코러스는 테베의 승리를 알리고 있다. 관람객은 이야기의 줄거리를 대개 미리 알고 있기 때문에 아주 사소한 힌트에 의해서도 모든 걸 짐작할 수 있었다.

비극 배우는 긴 옷, 가면 등으로 자유로운 행동이 어려운데다가, 가면은 얼굴 표정 변화의 표출을 방해한다. 옥외의 몇만이라는 관중을 상대로, 넓은 오케스트라를 사이에 둔 극장에서는 목소리의 미묘한 뉘앙스에 의한 감정 표출도 또한 어려웠을 것이다. 따라서 오늘날 옥내의 극이 갖는 여러 가지 기교를 쓸 수는 없었으리라고 생각하지 않으면 안 된다. 그리스 비극은, 현재의 영화가 대사를 극단적으로 단축시켜서 배우의 행동에 따라 줄거리의 진전을 알리려고 하는 것과는 반대로, 독백이나 대화로 줄거리를 알렸으며, 등장 인물의 생각이나 감정을 말하여 다투고 토론하고 화해한다. 그러나 셰익스피어식으로 인물의 감정이나 의지나 음모 같은 마음 속의 일을 독백으로 나타내는 일은 적으며, 그리스 극에 있어 독백이란 관람객에 대한 일종의 프로그램 역할을 하여 신들에 대한 기원의 형식에서도 독백이 말하는 자의 감정이나 소망을 나타내는 일은 드물다. 이미 알고 있듯이 코러스는 한번 등장하면 끝까지 오케스트라에 머무르고 있기 때문에 독백도 독백이 되지 않는다. 게다가 셰익스피어식의 독백(aside)은 아직 발명되어 있지 않았다. 이와 반대로 코러스는 노래와 춤의 부분에서는 배우가 모두 퇴장하여 무대가 비기 때문에 완전히 자유스럽게 자기의 생각을 노래로 부를 수가 있었다. 따라서 작자는 여기서 그들의 생각을 노래로 부르게 할 수가 있었던 것이지만, 코러스는 극이 발달될수록 점점 작자에게는 방해로운 존재가 되었기 때문에, 작자는 이 특유한 자유를 이용하기보다는 코러스 부분을 줄이는 쪽으로 노력을 기울이고 있었다.

비극의 무대에서 행동으로 직접 줄거리를 진행하는 것은 《프로메테우스》 속의 이 거인신을 바위산에 붙들어 매는 장면, 《구원을 청하는 여인들》 속의 다나오스 중 두세 장면 등이 있기는 하나, 살인이나 그 밖의 대부분의 행위는 무대 뒤에서 벌어진 것으로 하여 결과만 보고된다. 《아가멤논》에서의 왕의 살해, 《오이디푸스 왕》에서 왕이 자기 손으로 눈을 찔러 장님이 되는 행위 등 잔혹하거나 혹은 심한 행위는 모두 무대에서는 보이지 않는다.

희극에서는, 아리스토파네스를 보면 무대에서의 행동이 훨씬 많아서 때리거나 두들겨 패는 것이 보통이고, 여러 가지 장면을 말과 함께 행동으로 나타내고 있지만, 《구름》에서 소크라테스의 집이 타거나, 《평화》에서 큰 갑충(甲虫)을 타고 하늘에 오르거나 하는 장면을 어떻게 표현하였는지 도무지 짐작이 가지 않는다. 따라서 그리스 극에서는 말이 특히 중요했으며, 우리가 오늘날 2천 몇백 년이나 지난 뒤에 배우들의 동작에 대한 주의서(注意書)도 없이 그냥 읽기만 해도 그 장면을 상상할 수 있는 것은 이 때문이다. 희극에서 이것이 충분히 되지 않는 이유는 행동이 비극보다 훨씬 많기 때문이다.

코러스가 옛 시대의 극에서는 아주 큰 부분을 차지하고 있는데, 이는 극에 봉납하는 신인 디오니소스가 코러스를 좋아하였으며, 비극이 신의 제사 행사라고 하는 종교상의 생각에서 유래한다. 따라서 아이스킬로스의 《구원을 청하는 여인들》이나 《자비로운 여신들》처럼 코러스가 주인공이라고 할 극이나, 코러스가 항쟁하는 영웅들 어느 쪽인가의 편으로서 극 자체에 참가하고 있을 때 외에는, 한번 등장하고 나면 쉽사리 퇴장시키기 어려운 코러스는 작자에게 있어서 거추장스럽다. 등장 인물이 무엇인가를 비밀리에 획책하거나, 둘이서 뭔가 음모를 꾀하여 의논하려 할 때에 코러스는 아주 다루기 어렵다. 그러나 아이스킬로스 등은 이런 자질구레한 일에는 신경을 쓰지 않고, 형편이 좋지 않을 때는 코러스에게 '잠자코 있으라'고 명령한 뒤 그들의 존재를 일시적으로 무시했다(《제주를 바치는 여인들》 581행). 이 방법은 아이스킬로스 이후 작자들도 이용했는데, 또 한 가지 방법은 주인공이 신들에게 호소하여 일시적으로 코러스와 관계를 끊는 방법이었다.

진정한 의미에서의 극의 시작은 코러스의 입장 이후, 거꾸로 말하자면 입장 이전의 부분이 프롤로그이다. 코러스는 지금 말한 것처럼 대화의 장면과 장면 사이에 노래부르고 춤추었다. 스타시몬이라고 일컫는 이 부분은 오늘날의 막간에 해당하는 것이다. 그러나 단순한 간주(間奏)는 아니며, 그 앞 장면에서 벌어진 일에 대한 서정시에 의한 반성이라고 할 수 있는 것이다. 여기서 작자는 기원전 7세기 이래 눈부신 발달을 이룬 코러스 합창의 기교를 구사한다. 노래는 스트로페라 불리는 복잡한 운율에 따른 것인데, 짝으로 되어 있는 스트로페는 하나하나가 완전히 작자의 창조에 의한 운율에 맞추어서 만들어져 있다.

이 밖에 코러스는 배우와 대화를 하는 수도 있다. 코러스는 무대의 감정이 고양되어 왔을 때에 배우와 번갈아 노래를 부르는 수도 있다. 이 부분은 '콤모스(Kommos)'라고 불리는데, 이 말은 어원적으로 '가슴을 친다'라는 뜻인 koptesthai로부터 만들어진 것으로, 이 동작은 슬픔의 표시였다. 그런 까닭에 아리스토텔레스도 이것을 '코러스와 배우가 끼는 만가(挽歌)(《詩學》 12. P. 1452b 25)'라고 정의하고 있다. 이 명칭이 처음에는 극의 종말에 있어서 코러스와 배우에게 공통되는 죽은 자를 애도하는 장면에 사용되고 있었던 것이 틀림없다. 그러나 콤모스에는 또한 코러스와 두 사람의 배우가 부르는 삼중창이나 배우들끼리만의 노래도 있어서, 배우의 기법이 발달하면서 콤모스에 있어 배우가 노래하는 부분이 차츰 많아지게 되어 마침내 배우의 독창으로 진행되는 아리아(monoidia)가 된 것 같다.

따라서 배우와 코러스의 대사의 일부분은 단순한 시행(詩行)의 낭창(朗唱), 그 밖에는 악기의 반주에 의하는 레시타티프, 그리고 진짜 노래가 있었다. 그러나 어느 부분이 이른바 레시타티프였는지에 관해서는 의문이 있다. 이 부분에 −(−(|−(−(|−(−(|−(−×|의 형식이 피리의 반주로 사용되었던 것은 알고 있으나, 비극에 있어서의 이 운율 부분이 모두 반주와 함께 노래된 것은 아닌 성싶다. 사용 악기는 노래 부분에서도 피리였던 것 같으나, 때로는 하프, 예외적으로 캐스터네츠가 사용된 일도 있다.

희극에서는 이 밖에 대체로 극의 한가운데서 코러스가 관람객을 향하여 작자의 의견을 대변하는 '파리바시스', 두 개의 대립하는 의견의 대표자가 심하게 논쟁하는 '아곤', 무섭게 빠른 투로 불러대는 노래(pnigos) 등 비극과는 다른 종류의 형식이 있었다. 그리고 아리스토파네스에서는 대체로 전반이 작자의 풍자나 주장, 후반은 그 결과에서 생기는 재미있는 장난으로 되어 있다.

여기서는 문학사적인 것을 피하고, 고대 그리스 극이 어떤 것이며 어떤 식으로 상연되었는가를 부족한 자료에서나마 알고 있는 한 약술하려고 노력했다. 아이스킬로스, 소포클레스, 에우리피데스, 아리스토파네스 이외에도 우수한 작자가 겨루었겠지만, 작품은 이 네 사람 이외의 것은 전해지지 않는다. 다만 누구의 작품인지 잘 모르는 《레소스》가 우연히 에우리피데스의 작품으로 남아 있을 뿐이다. 이 작자들에 관해서는 연표를 보기 바란다.

9. 로마극
끝으로 로마의 극에 관하여 간단하게 언급해 두고자 한다.
그리스의 비극은 3대 시인의 뒤에도 많은 작품이 지어지기는 하였으나 기원전 4세기가 되자 급속도로 조락(凋落)해 갔다. 그러나 희극은 여전히 왕성한 힘을 이어갔다. 기원전 4세기 중엽의 희극은 '중기 희극(中期喜劇)'이라고 하여, 기원전 5세기의 '고희극(古喜劇)'의 주요한 제재가 시사 문제였던 것과는 반대로, 일반적인 유형적 제재와 인물로 극을 구성하게 되었다. 까다로운 노인, 으스대는 군인, 방자한 아들, 사랑 때문에 번민하는 젊은이, 순정적인 소녀, 여러 가지 타입의 유녀(遊女), 포주, 충실하거나 교활한 노예 등의 형이 만들어졌다. 코러스는 극과 관계없이 막간의 간주가 되어서 코러스와 배우와의 교류가 필요없게 되었기 때문에, 배우만으로 높은 무대에서 극을 연출할 수 있게 되었다. 이 변화 덕분에 작자는 자유로이 배우를 움직일 수 있게 되었다.

중기 희극이 점차 '신희극(新喜劇)'으로 이행해 가자, 희극은 점점 멜로드라마에 가까워졌다. 이 경향은 이미 에우리피데스의 비극 일부에 나타나 있었던 것인데, 이것을 계승하고 발전시킨 것은 비극이 아니라 희극이었다. 신희극의 대표자는 메난드로스(기원전 342~292)로, 발견할 수 없었던 그 작품의 대단편(大斷片)이 최근에 이집트의 사막 속에서 출토되었다. 신희극 작품의 줄거리는 거의 사랑에 관한 것이다. 젊은 남녀가 사랑을 한다. 거기에 여러 가지 방해가 끼어들지만 결국은 좋게 된다. 게다가 이 경우에도 유형이 있다. 여자의 신분이 천해서 결혼을 못하게 되면 여자의 신분이 판명되거나, 남매가 서로 모르고 사랑을 하다가 아슬아슬하게 알게 되거나, 유녀가 의리를 지키거나 연인의 사랑을 돕거나, 눈치빠른 노예가 주인을 위해 일을 하거나, 쌍둥이가 동일인으로 오인받는 바람에 우스운 일이 생기거나 한다. 이런 인물은 모두 평범한 사람들이라 재미는 있으나 엄격한 데도 없고 속되며 도덕도 의문스럽다. 로마의 희극은 이와 같은 그리스 희극의 번안(飜案: 남의 작품을 원안으로 하여 고치어 지음)인 것이다.

로마에도 조야(粗野)한 즉흥식 소극(笑劇)이 예전부터 있었다. 그러나 일관된 줄거리를 가진 희극은 리비우스 안드로니쿠스가 기원전 240년에 그리스의 비극과 희극을 번안해 상연하였을 때부터 시작된다. 이 연대가 나타내듯이 그것은 신희극의 전성기와 그다지 멀지 않은 시기였다. 여러 가지 비극이나 희극의 작자 이름이 알려져 있으나, 이 시대의 작자로 작품이 전해지고 있는 것은 플라우투스와 테렌티우스의 희극뿐이다. 이 극들도 역시 신희극의 번안이지만, 시정(市井)의 작자인 플라우투스는 자유로이 취사선택하였고 또 배우에게 노래를 부르게 했다. '칸티카'라고 하는 이 부분은 플라우투스의 특징 있는 대목이다. 그리고 작중 인물의 말도 평소의 대화체에 가까운 것이었다. 마음대로 재담을 섞었고 외설스러운 곳도 상당히 있다. 메난드로스의 단편이 점잖을 빼는 모습에 비하면, 플라우투스 쪽이 자유분방하고 자연스럽다. 로마인이 아니며 움브리아에서 태어나 예술인 세계에서 고생한 이 사람 쪽이, 아테네의 명문 출신인 그의 스승보다도 오히려 재미있는 것같이 여겨지는 것이다.

그러나 희극은 점점 고상해져서 테렌티우스 이후로는 별로 유행하지 않게 되었으나, 그대신 '미무스'(구연·촌극 등)라고 하는 오늘날의 레뷔(뮤지컬의 한 종류)식으로 옮겨져 갔다. 연극이라고 하면 대체로 이런 식의 것이었던 것으로, 남녀 배우들은 현재의 영화 배우와 마찬가지로 인기가 대단했으며 막대한 수입을 얻었다.

비극도 지어지기는 하였고 또 기원전 1세기까지는 왕성하게 상연되기도 했으나, 역시 마지막에는 미무스에 압도되고 말았다. 오늘날 실물이 남아 있는 세네카 비극 등은 이미 실제로 상연되기 위해 씌어진 것은 아닌 듯하다.

플라우투스 시절의 극장은 목조로서 무대 장치도 간단했고, 막도 아직 없었다. 코러스도 없고, 단지 다섯 명의 배우로 플라우투스의 어떤 작품이라도 상연할 수가 있었다. 노래의 반주는 피리였다. 그러나 키케로의 시대가 되자 로마 제국의 판도가 급속적으로 확대되어 동서의 부가 로마로 유입되었기 때문에 극장은 장대한 석조로 변했다(기원전 55년). 처음으로 막이 사용되어 아키우스의 《클리타임네스트라》를 상연했을 때는, 아가멤논의 전리품 중에 6백 마리의 노새가 무대를 가로질러 끌려갔다고 한다. 이처럼 스펙타클로 빠진 것은 로마극의 몰락이며, 관람객은 레뷔나 음악만을 찾게 된 것이다.

그리스·로마 연극사 연표

1. 여기 든 시인의 생애, 극의 상연 등의 연대에 관해서는 문제되는 것이 많고, 또 여러 가지 자료와 판단의 차이 등에 의하여 다른 주장이 있는 것도 적지 않다. 그러나 특별히 의심스러운 것에 의문부(疑問符)를 단 외에는 일반적으로 통설(通說)에 따랐다.
2. *를 단 작품명은 현존하는 작품을 나타내고, (失)은 이미 잃어버리고 이름만 알려져 있는 작품을, (斷)은 단편만 남아 있는 작품을 각각 가리킨다.
3. 〈 〉에 들어 있는 사항은 연극사와 관계가 깊은 사건 및 주된 역사적 사건이다.

여명기(기원전 7~6세기)

628~625 아리온 디티람보스를 창시.
594~593 〈솔론의 개혁〉
582~560 무렵 스사리온 희극을 창시.
560 〈페이시스트라토스, 아테네의 참주(僭主)가 되다(~527)〉
550 〈키로스, 페르시아 제국을 건설〉
546 〈이오니아, 페르시아의 지배하에 들어가다〉
534 테스피스, 이 무렵부터 시작된 비극 경연에서 우승(처음으로 배우 사용, 일반에게 비극의 시조라 일컬어짐).
530 희극 시인 에피카르모스 태어나다(~440 무렵).
525~524 비극 시인 아이스킬로스 태어나다(~456). 비극 발전사상 그의 공헌으로서는 이제까지 한 사람이었던 배우를 두 사람으로 늘린 일, 무대 배경의 사용 등을 들 수 있다.
523 비극 시인 코이리로스 처음으로 극을 상연(468 무렵까지 활약).
521 〈탈레이오스, 페르시아 왕이 되다〉
511 비극 시인 프리니코스 처음으로 우승(476 무렵까지 활약).

508~507 〈크레이스테네스의 개혁〉

고전 그리스 시대(기원전 5~4세기)

499 아이스킬로스 처음으로 극(劇)을 상연. 그 무렵 목조로 된 극장이 무너져서 관객이 부상을 입었기 때문에 석조로 개축되다.
499~493 〈이오니아의 여러 도시 페르시아에 대해 반란〉
496~495 비극 시인 소포클레스 태어나다(~406). 세 사람의 배우 사용, 코러스의 개혁 등으로 비극에 고전적 형식을 부여했다.
494 〈밀레토스 함락〉
493 프리니코스《밀레토스의 함락》을 상연. 밀레토스의 비참한 최후를 여실히 나타내었기 때문에 1천 드라크마의 벌금형을 받고 재연(再演)을 금지당함.
492~491 〈페르시아군 트라키아와 마케도니아에 침입〉
490 이 무렵 희극 시인 크라티노스 태어나다(~423 무렵). 비극 시인 이온 태어나다(~421 무렵). 〈페르시아군 마라톤의 전쟁에서 패하다〉
487 대 디오니시아에 처음으로 희극 경연이 행해지다. 키오니데스 우승. 법령에 의하여 코러스의 경비가 시민의 부담으로 되다(코레고스 제도).
486~485 〈달레이오스 죽다. 크세르크세스, 페르시아 왕이 되다〉
484 아이스킬로스 처음으로 우승.
480 이 무렵 에우리피데스 태어나다(~406). 전통적 소재의 새로운 해석과 참신한 수법을 통해 비극의 새로운 경향을 열었다. 〈크세르크세스가 이끄는 페르시아군, 그리스에 침입. 테르모필레 및 살라미스의 전쟁〉
479 〈플라타이아 전투에서 페르시아군 전멸〉
478~477 〈히에론, 시라쿠스의 참주가 되다. 에트나 산 대분화(大噴火). 델로스 동맹의 결성〉
476 〈프리니코스《페니키아의 여인》(斷)을 상연. 처음으로 여자 가면을 사용. 아이스킬로스, 시칠리아 참주 히에론의 초대받고 가다. 이때《에트나의 여인》(失)을 상연. 삼부작《불을 가져오는 프로메테우스》(斷),《결박된 프로메테우스》,《해방된 프로메테우스》(斷) 상연(단, 처음에 든 극은 삼부작의 끝이었다고 하는 설도 있다).
476~475 〈히에론, 에트나 시를 건설〉
472 아이스킬로스의 삼부작《피네우스》(斷),《페르시아》,《글라우코스》(斷), 사티로스 극《프로메테우스》(斷) 우승.
470 이 무렵 미무스 극의 창시자 소프론 태어나다(~400 무렵). 〈테미스토클레스 추방

되다〉

469 〈소크라테스 태어나다(~399)〉
468 소포클레스 처음으로 극을 상연, 아이스킬로스를 제치고 우승.
468~458 이 무렵 극장에서 처음으로 무대 배경이 사용되다.
467 아이스킬로스의 삼부작 《라이오스》(失), 《오이디푸스 왕》(失), 《테베로 향하는 일곱 장군》, 사티로스 극 《스핑크스》(斷) 우승.
466 〈히에론 죽다〉
465 〈크세르크세스의 죽음. 아르타크세르크세스, 페르시아 왕이 되다〉
462~461 〈에피아르테스의 개혁. 아레이오 스파고스 법정의 권위 실추〉
460 뒷날의 30인 참주 중의 한 사람인 크리티아스 태어나다(~403). 비극 시인으로서 활약.
459~446 〈아테네, 펠로폰네소스 동맹 여러 나라와 싸우다〉
458 아이스킬로스의 삼부작 《아가멤논》, 《제주를 바치는 여인들*》, 《자비로운 여신들*》, 사티로스 극 《프로메테우스》(斷) 우승. 이 무렵 다시 시칠리아를 방문.
456~455 아이스킬로스, 게라에서 객사(客死). 〈아테네, 페이라이에우스에 이르는 장성(長城)을 완성〉
455 에우리피데스의 최초의 극 《펠리아스의 처녀》(斷) 3등.
451 비극 시인 이온 처음으로 극을 상연(421 무렵까지 활약).
450 희극 시인 크라테스 처음으로 우승.
449~448 〈카리아스의 평화〉
446 비극 시인 아가톤 태어나다(~401). 비극의 소재를 전통적 제재에서 택하는 것을 중단하고, 코러스를 막간 음악으로 삼음으로써 비극에 새로운 바람을 일으켰다.
445 희극 시인 아리스토파네스 태어나다(~385). 희극 시인 에우폴리스 태어나다(~411).
443~432 〈페리클레스의 전성〉(페리클레스 시대).
443~442 소포클레스, 헬레노타미아스 직에 나가다. 《안티고네*》의 상연(441?).
442 레나이아에 있어서 처음으로 희극의 경연이 거행되다.
441 에우리피데스 처음으로 우승.
440 희극에 있어서 개인적인 풍자를 금한 법령의 제정. 〈사모스의 반란. 소포클레스, 장군으로서 출정〉
438 에우리피데스의 4부작 《크레타의 여인*》, 《프소피스의 아르크마이온》(斷), 《테레포스》(斷), 《알케스티스*》 2등. 〈파르테논 신전의 완성〉
437~432 〈프로퓔라이아의 건조(建造)〉
431 비극 시인 에우포리온(아이스킬로스의 아들) 우승. 소포클레스 2등. 에우리피데스

그리스·로마 연극사 연표 667

의 삼부작 《필록테테스》(斷), 《딕티스》(斷), 《디데이아*》, 사티로스 극 《추수하는 사람들》(失) 3등. 〈펠로폰네소스 전쟁 시작(~404)〉

430 〈아테네에 괴병(怪病) 만연〉

430~429 희극 시인 에우폴리스 처음으로 극을 상연.

429(?) 소포클레스 《오이디푸스 왕*》을 상연, 피로클레스(아이스킬로스의 조카)에게 패하다. 에우리피데스 《헤라클레스의 자식들》? 이 무렵 소포클레스의 《트라키스의 여인들*》?

429 〈페리클레스 전염병으로 쓰러지다〉

428 에우리피데스 《히폴리토스》 우승. 이오폰(소포클레스의 아들) 2등, 이온 3등*. 희극 시인의 활동을 제한하는 법령.

427 아리스토파네스의 최초의 극 《연회하는 사람들》(斷) 2등. 〈철학자 플라톤 태어나다 (348~347)〉

426 아리스토파네스 《바빌로니아인》(斷) 우승. 크레온을 풍자했기 때문에 고소당하다.

425 에우리피데스의 《헤카베*》(423?). 아리스토파네스 《아카르나이인*》 우승. 〈아테네군 스파크테리아를 공략. 크레온의 전성〉

424 아리스토파네스 《기사(騎士)*》 우승. 크라티노스 《사티로이》(失) 2등. 아리스토메네스 《땔감 나르기》(失) 3등. 〈스파르타군 암피폴리스를 공략. 투키디데스 추방〉

423 에우리피데스 《스테네보이아》(斷)? 《키클로프*》? 이 무렵 비극 시인 카르키노스의 성시(盛時). 크라티노스 《술병》(斷) 우승, 아리스토파네스 《구름*》 3등.

422 희극 시인 칸타로스 우승, 아리스토파네스 《벌*》 2등. 〈크레온, 암피폴리스 전투에서 전사(戰死)〉

421 에우리피데스 《엘렉테우스》(斷), 《크레스폰테스》(斷). 아리스토파네스 《평화*》 2등. 〈니키아스의 평화〉

420 에우리피데스 《구원을 청하는 여인들*》, 페레크라테스의 희극 《조야(粗野)한 사람들》(斷) 우승.

419 에우리피데스 《안드로마케》? 〈펠로폰네소스 전쟁 재개〉

418 소포클레스 《엘렉트라*》(410?). 〈스파르타군 만티네이아 전쟁에서 승리〉

417 또다시 희극 시인의 활동을 제한하는 법령 발표.

416 아가톤, 레나이아에서 처음으로 우승. 에우리피데스 《발광한 헤라클레스*》(423?)

416~415 〈아테네군 멜로스를 공략. 전시민의 살육〉

415 비극 시인 크세노클레스 우승. 에우리피데스의 삼부작 《알렉산드로스》(斷), 《팔라메데스》(斷), 《트로이의 여인들*》, 사티로스 극 《시지포스》(斷) 2등. 〈아테네군 시칠리아에 원정. 알키비아데스, 스파르타 측으로 달아나다〉

414 아메이프시아스의 희극 《주연의 사람들》(失) 우승. 아리스토파네스 《새*》 2등.

413 에우리피데스, 《엘렉트라*》. 〈아테네의 시칠리아 원정군 전멸〉
413~408 에우리피데스 《이온*》, 《타우리스의 이피게네이아》
412 에우리피데스 《헬레네*》, 《안드로메다》(斷).
411 아리스토파네스 《여자의 평화(리시스트라테)*》, 《여자의 축제*》. 에우폴리스, 헬레스폰토스의 해전에서 전사. 〈5월, 4백인의 정권(政權). 9월, 위 정권의 붕괴〉
410 희극 시인 피로니데스 처음으로 우승. 〈키지코스의 해전. 아테네 해군의 승리〉
410~370 희극 시인 피리오스(~390 무렵). 테오폼포스, 스트라티스의 성시(盛時).
409 소포클레스 《필록테테스*》. 에우리피데스 《페니키아의 여인*》 《힙시퓔레》(斷) (407?).
408 에우리피데스 삼부작 《오이노마오스》(斷), 《크리시포스》(斷), 《오레스테스*》.
407 에우리피데스, 아가톤, 마케도니아 왕 아르켈라오스의 궁정으로 가다.
406 에우리피데스, 이어서 소포클레스 죽다. 〈아르기누사이의 해전. 아테네 해군의 승리. 디오니시오스 1세 시라쿠스의 참주가 되다(~367)〉
405 에우리피데스의 유작(遺作) 《바쿠스의 여신도들*》, 《아우리스의 이피게네이아》, 《코린토스의 알크마이온》(斷) 상연되다. 아리스토파네스 《개구리*》 우승. 프리니코스 《무사이》(斷) 2등. 〈아이고스포타미의 해전에서 아테네 함대 전멸〉
404 이 무렵 비극 시인 디오게네스의 성시(盛時). 〈아테네 항복. 펠로폰네소스 전쟁의 종결. 장성(長城)의 파괴, 추방자의 귀국. 30인 정권의 수립. 스파르타, 전 그리스의 패권을 장악하다(~371)〉
403 〈30인 정권의 실추〉
401 소포클레스의 유작 《콜로노스의 오이디푸스》 상연. 아가톤, 마케도니아에서 객사.
400 이 무렵 중기(中期) 희극 시인 아낙산드리데스 태어나다.
399 〈소크라테스 사형〉
398 비극 시인 아스티다마스(아이스킬로스의 조카 피로클레스의 손자) 처음으로 극을 상연.
396 비극 시인 소포클레스(대 소포클레스의 손자) 처음으로 극을 상연.
395 〈코린토스 전쟁 시작되다(~386)〉
394 〈크니도스 앞바다 해전에서 스파르타 함대 패하다. 콜로네이아 전쟁 시작〉
392 아리스토파네스 《여자 의회(議會)*》. 이 무렵부터 중기 희극의 경향이 뚜렷해진다.
389~388 아리스토파네스, 《복신(福神)*》
388 이 무렵 중기 희극 시인 안티파네스 태어나다(~311무렵).
387 비극 시인 테오피로스, 디오니시아에서 우승. 희극 시인 아랄로스(아리스토파네스의 아들), 《아이오로시콘》(斷), 《코카로스》(斷)를 상연.
386 대 디오니시아에서 처음으로 구작(舊作)의 재상연이 행하여지다. 〈안타르키다스의

　　　　평화. 코린토스 전쟁 끝나다. 플라톤, 아카데메이아를 창설〉
385　아리스토파네스 죽다.
384　〈아리스토텔레스 태어나다(~322)〉
378~377　〈제2 아테네 동맹의 결성〉
376　아낙산드리데스 처음으로 우승. 〈아테네 해군 낙소스 앞바다의 해전에서 스파르타 함대를 격파하다〉
375　이 무렵 수사학자(修辭學者) 테오데크테스 태어나다(~334). 비극 시인으로서 활약.
372　비극 시인(詩人) 아스티다마스 처음으로 우승. 이 무렵 중기 희극 시인 알렉시스 태어나다(~270 무렵).
371~362　〈테베의 흥륭(興隆)〉
368~341　비극 시인 아파레우스의 성시(盛時).
367　시라쿠사의 참주 디오니시오스 1세, 레나이아에서 《헥토르의 유체(遺體) 수취(受取)》(失)를 상연하여 처음으로 우승.
365　이 무렵 철학자 크라테스 태어나다(~285). 비극 시인으로서 활약. 이 무렵 중기 희극 시인 무네시마코스 우승.
361　새로운 희극 시인 필레몬 태어나다(~263).
359　〈필립 2세 마케도니아 왕이 되다(~336). 마케도니아의 흥륭(興隆)〉
356　〈알렉산더 대왕 태어나다(~323). 신성전쟁(神聖戰爭) 시작되다(~346)〉
350　카타네의 참주 마뒤르코스, 비극을 쓰다. 비극 시인 카레이몬, 칼키노스(동명(同名) 비극 시인의 아들)의 성시(盛時). 새로운 희극 시인 뒤피로스 태어나다(~263). 이 무렵부터 각지에 상설 극장이 설치되고 배우 조합이 결성되다.
347　희극 시인 알렉시스 우승. 〈플라톤 죽다〉
346　〈피로클라테스의 평화. 신성 전쟁 끝나다. 필립, 델포이의 경기를 주최〉
342　새로운 희극 시인 메난드로스 태어나다(~291).
340　아스티다마스의 《파르테노파이오스》(失), 《리카온》(失), 대 디오니시아에서 우승. 에우아레테스 3등. 티모클레스의 사티로스 극 《리코르고스》(失) 우승. 이 무렵부터 3대 비극 시인의 작품이 종종 재상연되다.
336　〈필립의 암살. 알렉산더 왕위에 오르다(~323)〉
334　〈알렉산더, 아시아에 침입하여 페르시아군을 각지에서 격파하다〉
332　비극 시인 파노스트라토스 우승.
331　〈알렉산드리아의 건설〉
330　디오니소스의 극장 재건되다. 3대 비극 시인 작품의 필사(筆寫), 보존에 관한 법령.

327 필레몬, 처음으로 우승.
324 비극 시인 퓌톤 《아젠》(失)을 상연.
323 데이피로스의 희극 《추첨하는 사람들》(失) (플라우투스에 의한 번안 《카시나*》)
     〈알렉산더 죽다〉
322 〈아리스토텔레스 죽다〉
321 메난드로스 최초의 극 《분노》(斷)를 상연.

알렉산드리아 시대(기원전 4~3세기)

320 비극 시인 리코프론 태어나다.
317 〈팔레론의 데메트리오스, 아테네를 지배(~307)〉
316 데이피로스 처음으로 우승.
315 메난드로스 처음으로 우승.
315~307 필레몬 《상인(商人)》(失) (플라우투스의 번안 현존).
310 이 무렵 미무스 극작가 테오크리토스 태어나다(~250 무렵).
300 이 무렵 헤로다스(또는 헤론다스) 태어나다(~250 무렵). 린톤, 프리아케스 극(남
     이탈리아 지방 기원의 민중극)으로 활약.
292~287 필레몬 《보배》(斷) (플라우투스 번안 현존).
285 희극 시인 아폴로도토스 처음으로 극을 상연.
285~247 리코프론, 호메로스, 필리코스, 소시테우스, 알렉산드로스 등 7대 비극 시인
     (프레이아데스)의 성시(盛時). 〈프톨레마이오스 2세, 도서관과 박물관을 창설, 학
     술의 흥륭〉
281~265 아폴로도로스 《시어머니》(失) (플라우투스의 번안 현존).
275~270 테오크리토스의 미무스 극 《목부(牧夫)》, 《아도니스 제(祭)의 여자들》.
273 리코프론의 비극 《알렉산드라*》

로마 연극

284 이 무렵 리비우스 안드로니코스 태어나다(~204 무렵).
272 〈타렌툼, 로마에 항복하다〉
270 이 무렵 극시인 나이비우스 태어나다(~201 무렵).
264 〈제1차 포에니 전쟁(~262)〉
254 이 무렵 희극 시인 플라우투스 태어나다(~184).

240	리비우스 안드로니코스, 루이 로마니 제(祭)에서 로마 최초의 비극 및 희극 각 1편을 상연(그리스 극의 번안).
239	시인 엔니우스 태어나다(~169). 〈로마 문학의 시조(始祖)〉.
235	나이비우스, 크레피다타 극(그리스 비극의 번안), 토가타 극(그 당시 로마인의 생활에서 취재한 희극)으로 활약.
227~226	〈로마인, 처음으로 그리스의 경기에 참가〉
222	이 무렵 나이비우스, 플라에텍스타 극(로마사(史)에서 취재한 비극)을 창시.
220	루디 프레베이 제(祭)의 제정, 극의 상연. 이 무렵 비극 시인 마르크스 팍비우스 태어나다(~130 무렵).
220~150	플라에텍스타 극의 융성.
219	이 무렵 희극 시인 스타티우스 카에 키리우스 태어나다(~166 무렵).
218	〈제2차 포에니 전쟁(~202)〉
216	〈카나에 전쟁〉
213	루디 아폴리나레스 제의 제정, 상연(212?).
206	나이비우스 필화(筆禍)에 의하여 투옥되다.
204	플라우투스 《허풍쟁이 군인(軍人)*》(작자 미상, 그리스 희극 《허풍쟁이》의 번안).
202	자마 전쟁에서 카르타고군 대패.
201	이 무렵 나이비우스, 아프리카에서 객사(客死).
200	이 무렵 마르크스 아티리우스, 팔리아타 극으로 활약.
195	이 무렵 희극 시인 테렌티우스 태어나다(~159).
194	메가레시아 제에서 처음으로 극의 경연이 행해지다.
194~185	플라우투스 《서푼짜리 돈》(필레몬 《보배》(斷)의 번안).
191	플라우투스 《거짓말쟁이》.
186~184	플라우투스 《카시나》(디필로스 《추첨하는 사람들》(失)의 번안).
173	플로라리아 제에서 처음으로 극의 경연이 행해지다.
170	비극 시인 루키우스 아키우스 태어나다(~86 무렵).
169	엔니우스 죽다.
166	테렌티우스 《안드로스에서 온 처녀*》(메난드로스의 동명극 및 《페린토스의 처녀》(斷)의 번안.)
165	테렌티우스 《의붓어미*》(아폴로도스의 동명극*의 번안).
163	테렌티우스 《자기가 자기를 무서워하는 사람》(메난드로스 동명극의 번안).
161	테렌티우스 《거세(去勢)된 사람》(메난드로스 동명극(斷)의 번안), 《포르미오》(아폴로 도로스 《재판(裁判)에 의하여 아내를 얻는 자(者)》(斷)의 번안).
160	테렌티우스 《형제》(메난드로스의 동명극(斷), 디필로스의 《죽음을 다같이》(失)의

번안). 테렌티우스 《시어머니》 재상연.
160~159 티티니우스, 퀸티우스 아타 등 토가타 극으로 활약.
159 테렌티우스, 그리스에 갔다 객사.
150 이 무렵 시인 루키우스 아프라니우스 태어나다.
149 〈제3차 포에니 전쟁(~146)〉
146 〈그리스, 로마의 속주(屬州)가 되다. 카르타고 멸망하다〉
140 비극 시인 아키우스, 팍비우스와 경연. 비극 시인 가이우스 티티우스의 성시(盛時).
130 이 무렵 희극 시인 트라베아의 성시(盛時). 이 무렵부터 극장에서 막이 사용되었다고 한다.
123~122 〈그라쿠스의 개혁. 귀족당과 민중당의 투쟁이 심해지다〉
120 아프라니우스, 토가타 극으로 활약.
111 〈유구르타 전쟁(~105)〉
106 〈정치가이자 철학자인 키케로 태어나다(~143)〉
103 파리아타 극의 쇠퇴.
100~85 보노니아의 폼포니우스, 노비우스 등 아테라나 극(아테라 시 기원의 민중극)으로 활약.
79 토가타 극의 쇠퇴, 아테라나 극, 미무스 극의 융성.
70 시인 베르길리우스 태어나다(~19).
60 〈폼페이우스, 시저, 크라수스의 삼두 정권〉
55 아키우스 《클리타임네스트라》(斷) 재연. 로마에 처음으로 상설 극장이 설치되다(폼페이우스의 극장).
54 퀸투스 키케로(정치가 키케로의 동생), 소포클레스의 비극 4편을 번안.
46 미무스 극의 작가 피브리우스 쉬르스의 성시(盛時).
44 〈시저 암살되다〉
43 시인 오비디우스 태어나다(~기원후 17).
43 〈안토니우스, 옥타비아누스, 레피두스의 삼두 정치〉
31 〈악티움의 해전〉
30 〈옥타비아누스의 정권 확립〉
29 이 무렵 멜리수스, 트라베아타 극(로마 중류 계급의 생활에서 취재한 희극)을 창시.
23~13 마르케루스의 극장 건설되다.
22 이 무렵 필라데스 및 바티루스, 판토 미무스 극(무언극(無言劇))을 창시.
13 코르네리우스 바르부스, 로마에 극장을 건설.
기원후 4 철학자 세네카 태어나다(~65), 비극 시인으로 활약.

그리스·로마 연극사 연표 673

13 비극 시인 그라쿠스, 티베리우스의 아내 율리아와의 불륜 혐의로 처형되다. 〈티베리우스 황제 즉위(~37)〉
23 아테라나 극의 배우, 티베리우스를 풍자한 죄로 추방되다.
34 마메루크스 스카우루스, 비극 《아트레우스》(失)로 티베리우스의 기분을 상하게 하여 자살.
37 〈칼리굴라 황제 즉위(~41).
37~41 미무스 극의 작자 카투르스의 《라브레 오르스》(失), 《유령(幽靈)》(失).
41 세네카, 코르시카로 추방되다(~48). 〈크라우디우스 황제 즉위(~54)〉
54 〈네로 황제 즉위(~68)〉
64 세네카, 네로의 명에 의하여 자살. 〈로마에 큰불〉
79 〈베수비우스의 대분화(大噴火)〉
108 베르길리우스 로마누스, 아리스토파네스를 모방한 희극을 상연.
117 〈하드리아누스 황제 즉위(~138)〉 이 무렵부터 서로마 제국의 몰락(476)에 이르기까지 로마 연극은 쇠퇴의 길을 걸어서 예를 들만한 것이 별로 없다.

곽복록(郭福祿)

일본 조치(上智)대학교 독어독문학과 수학. 서울대학교 문리과 대학 독어독문학과 졸업. 미국 시카고 대학교 대학원 독어독문학과 졸업(석사). 독일 뷔르츠부르크 대학교 독문과 졸업(독문학 박사). 서울대학교·서강대학교 독문과 교수 역임. 국제펜클럽 한국본부 사무국장 및 전무이사 역임. 한국 독어독문학회 회장. 한국 괴테학회 초대회장. 현재 서강대학교 명예교수. 저서에 《독일문학의 사상과 배경》, 역서에 폰타네의 《사랑의 미로》, 토마스 만의 《마의 산》, 헤르만 카자크의 《강물 뒤의 도시》, 하인리히 뵐의 《아담, 너는 어디 가 있었나》, 프리덴탈의 《괴테 생애와 시대》, 슈테판 츠바이크의 《어제의 세계》, 요한 볼프강 괴테의 《빌헬름 마이스터의 수업시대》《빌헬름 마이스터의 편력시대》 등이 있다.

조우현(趙宇鉉)

서울 출생. 연세대 철학과 졸업. 연세대 철학과 교수와 미국 하버드대 초빙교수를 지냈다. 비교사상연구회 회장을 역임. 국민훈장 모란장 수여. 지은책 《서양철학사 개요》《철학개론》《인간에의 향수》《인간과 윤리》《사람과 사상》《철학과 생활》《이성과 감성 사이에서》과, 옮긴책 플라톤《잔치》《소크라테스의 변명》《크리톤》《국가》 등이 있다.

World Book 52
Aeschylos/Sophocles/Euripides
GREEK TRAGEDY
그리스 비극
아이스킬로스 소포클레스 에우리피데스 지음/곽복록 조우현 옮김
1판 1쇄 발행/1978년 6월 10일
2판 1쇄 발행/2007. 12. 25
2판 5쇄 발행/2017. 8. 15
발행인 고정일
발행처 동서문화사
창업 1956. 12. 12. 등록 16-3799
서울 중구 다산로 12길 6(신당동 4층)
☎ 546-0331~6 Fax. 545-0331
www.dongsuhbook.com

*

이 책은 저작권법(5015호) 부칙 제4조 회복저작물 이용권에 의해 중판발행합니다.
이 책의 한국어 문장권 의장권 편집권은 저작권 법에 의해 보호받으므로
무단전재 무단복제 무단표절 할 수 없습니다.
이 책의 법적문제는 「하재홍법률사무소 jhha@naralaw.net」에서 전담합니다
사업자등록번호 211-87-75330
ISBN 978-89-497-0419-7 04080
ISBN 978-89-497-0382-4 (세트)